Brentano · Godwi

Clemens Brentano

Godwi
oder
Das steinerne Bild der Mutter

Ein verwilderter Roman

Herausgegeben von
Ernst Behler

Philipp Reclam jun. Stuttgart

RECLAMS UNIVERSAL-BIBLIOTHEK Nr. 9394
Alle Rechte vorbehalten
© 1995 Philipp Reclam jun. GmbH & Co., Stuttgart
Gesamtherstellung: Reclam, Ditzingen. Printed in Germany 2007
RECLAM, UNIVERSAL-BIBLIOTHEK und
RECLAMS UNIVERSAL-BIBLIOTHEK sind eingetragene Marken
der Philipp Reclam jun. GmbH & Co., Stuttgart
ISBN 978-3-15-009394-8

www.reclam.de

H. Ramberg pinx.   C. Schule sc. 1800.

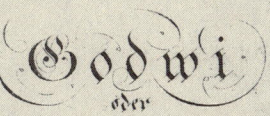

Godwi

oder

Das steinerne Bild der Mutter.

Ein verwilderter Roman
von
Maria.

Bremen
bei Friedrich Wilmans 1801.

Den schönen Launen
der lieblichen Minna,
dem
guten Geiste Juliens
und
dem stillen heitern Sinne
Henriettens

weihe ich dies Buch ohne Tendenz.

Ihr schönsten Launen, du guter Geist, und du heiterer Sinn, ihr seyd mein ganzes Publikum, oder wenigstens, was es bedarf, aus mir einst einen leidlichen Dichter zu machen. Neckerei, freundliche Strenge, und Duldung, können mich von allen moralischen und künstlerischen Fehlern heilen. Enthusiasmus ist in mir, ihr kennt und liebt seine schöne Quelle. Ich sagte euch ohnlängst, daß ich euch dies Buch geweiht, die Dedikazion aber vernichtet hätte, weil ich fühlte, wie sehr wenig mein Buch es verdiene. Aber seit ich einen schönen Abend in einer schönen Umgebung zubrachte, fühle ich, daß ihr alles hören dürft, was ich weiß und wußte, ja daß es mir sehr heilsam wäre, wenn ihr alles hörtet, denn ich würde mir dann Mühe geben, alles so gut zu sagen, als ich kann. Du holde Dreieinigkeit stehst also nicht hier, meinem nachlässigen Buche einen schönen Vorredner zu geben, auch steht mein Buch eben so wenig wie eine üble Nachrede hinter deinem guten und lieben Namen, noch weniger soll mit den wenigen guten Gedanken darinn dir eine spärliche Ehre erwiesen werden. Nein, wie drei gute Feen stelle ich euch hierher an die Wiege meiner jüngsten Thorheiten (denn das Buch ist schon ein Jahr alt), damit ich in eurer Miene das Schicksal meines Buchs in der schönsten Welt ergründen möge. Am meisten aber verführte mich meine große Sehnsucht dazu, eine von euch dreien Du zu nennen, was ich öffentlich nur unter dem Verluste meiner ewigen Freiheit erlangen könnte, und hier in meiner poetischen Freiheit mit Recht nach Herzenslust darf. Welche es ist, die kann es sicher fühlen, doch wird keine je errathen können, ob es die andre ist.

———

So wende ich mich denn zu dir, liebliche Minna, und rede
deine schönsten Launen, nicht ohne einige Begeisterung,
folgendermaßen an:

»Ihr Leichtbeflügelten, die ihr ihr schönes Bild im ewig
neuen Wechsel von tausend glühenden Farbenschimmern in
dem bunten Staub eurer Psychen Flügel zerstreut, sammelt
euch freundlich in ihrem Herzen, wenn sie mein Buch in die
Hand nimmt.«

Warum ich sie alle gern in dein Herz herein hätte, will
ich dir gleich sagen. Es ist, weil ich sie dann förmlich
drinne belagern mögte, denn ich empfinde, daß sie im
freien Felde nicht zu bezwingen sind, und mir manche
bange Stunde machen. Etwas würde ich in jedem Falle gewinnen, entweder würden deine Launen sich ergeben, und
du würdest mich in dein Herz hereinlassen, auf das ich so
unendlich begierig bin, oder sie würden siegreich sterben,
und dann brauchte ich nicht mehr herein, denn dein Herz
würde sich deutlich auf deiner Oberfläche aussprechen. Du
kannst nicht begreifen, wie ich es wage, gar nicht von der
Gewalt deiner schönen Augen zu sprechen, die deine Lieblinge, wie du meinst, wohl bald entsetzen würden. So will
ich denn von ihnen sprechen. Deine Augen! auf die verlasse dich nimmer. Du hast keine Macht, als deine Launen,
deine Augen sind gerade, was den Feind zu dir hinziehen
wird. Es liegt für mich eine dunkle Tiefe darinn, wie in den
Augen der Ossianschen Mädchen, in die man leise hinabgezogen wird. Auch schlägst du sie selbst zu oft nieder, und
sind sie zu weiblich schön, als daß sie je streitbar werden
sollten.

Du selbst weißt nicht, was du mit diesem Buche anfangen
sollst; das ist ja eben die Klage, daß du nicht weißt, was du
mit mir anfangen sollst. Du sollst es lesen und auf den
zweiten Theil hoffen, der mehr für dich allein seyn wird.
Aber wirst du das je können, wenn deine Launen nicht ein-
gesperrt sind, die dich zwingen werden, in meinem Buche
hin und her zu blättern, bald den Anfang, bald das Ende

vorzunehmen, Druck- und Schreibfehler drinne zu zeigen, und es wieder von dir zu werfen, was zwar dies Buch, ich aber nie verdiene.

So nimm sie dann zusammen in dein Herz, die launigten Kinder, nimm ihnen das gefährliche Spielzeug, deine Waffen, aus den Händen, und laß sie lieber mit sich selbsten, als mit deinem Besten spielen. Sei nicht unwillig, daß ich wie ein Pädagoge auf die wilde Natur deiner Lieblinge schmähle, die in holder Verwirrung über dir herumirren, und sich in deine einzelnen Reize muthwillig vermummt haben. Sieh, es thut mir nur Leid, daß du dir selbst zur Beute wirst, es ist mir oft, als wäre dein Schmuck nicht an seiner rechten Stelle, wenn Kinder mit ihm spielen, auch mögte ich dich einmahl selbst sehen. Aber du fragst: Was sollen meine muthwilligen Launen in meinem Herzen anfangen, sie werden mein ruhiges Herz auslachen? Wenn du mich je hinein lassen wolltest, so wäre dem geholfen, ich würde ihnen Mährchen erzählen, bis sie einschliefen.

Willst du aber das alles nie zugeben, so verzeihe mir wenigstens, wenn ich mich unter deine Launen mische, blinde Kuh mit ihnen spiele, und wenn ich gehascht werde, nicht etwa die Binde mit ihnen wechsle; nein, ich will mich betragen, als wäre ich Meister geworden, will der Laune etwas muthwilliges ins Ohr flüstern, und wohl auch ein solches Kind in der Eile küssen. »Oder gar wie der Popanz in den Italienischen Kindermährchen eine solche Königstochter aufessen, mein Herr«, sagst du – Fliehet nicht, fliehet nicht ihr Leichtbeflügelten, bin ich denn der schreckliche, vor dem die Spiele des üppigsten Frühlings, die Blumen sterben?

———

Du guter Geist! mein guter Geist hat mich mehr verlassen, da ich dies Buch schrieb, als da ich es dir weihte, nicht als verdiene es vor dir zu erscheinen, nein, es ist fast lauter Eigennutz. Es war weniges in dem Buche, was ich lei-

den mogte, aber seitdem dein Name davor steht, habe ich
selbst Freude an ihm, so wie ich manche Freude an mir
habe, seitdem ich öfter, doch oft sehr unerkannt, vor dir
stehe. Das einzige, was dir bei dieser Dedikazion, du guter
Geist, gehört, ist, daß ich dir mit diesem Buche wie mit meiner Bekanntschaft die Freude mache, deine Lieblingsbe-
schäftigung zu üben, dein Herz auf Unkosten deines Geistes sprechen zu lassen; denn dein Geist hat die Oberhand,
dein Herz aber die Vorhand.

Ich hätte euch alle drei zugleich angeredet, wenn du guter
Geist nicht so allein stehen müßtest, denn du bist sehr
schön, wenn du allein stehst, sonst wärst du nie schön.
Denn nach meiner Meinung stehst du in der Welt mutter-
seeligallein, und kannst es, weil, könntest du je aus dir her-
austreten, und dich selbst betrachten, wärst du weniger un-
theilbar, und konsequent, du vor Selbstliebe verschwinden,
du so zu dir selbst hingerissen werden würdest, daß du nach
Außen alle Thätigkeit verlieren, und verschwinden müßtest.
Du würdest nach dir selbst streben, du würdest sehen, daß
du den Umriß und das Colorit, das Vorzutragende und den
Vortrag der Weiblichkeit erschöpft hast. Du hast mir oft
meine bisarre Aeußerung vorgeworfen, denn du warst zu
bescheiden, um zu gestehen, daß ich meistens so vor dir
stehe, wie ich sage, daß du selbst vor dir stehen würdest, in
dich selbst verloren. Meine Erscheinung ist vor dir zertrümmert, unharmonisch, und halb von dir aufgehoben, denn ich
bin eins von den Wesen, die nur bei einer scharf gezogenen
kalten Trennungslinie, oder in der schönsten Auswechslung
rein thätig erscheinen, und dies ist, Gott sei Dank und leider! hier nicht der Fall.

Sei meinem Buche freundlich, doch lasse an ihm alles aus,
was du mir verzeihst, denn dies Buch hat wenige meiner
Tugenden, und alle meine Fehler. Da ich es schrieb, kannte
ich dich noch nicht. Es hat dir daher so wenig, als ich vieles,
zu danken, wovon du guter Geist wohl gar keine Ahndung
hast, und was, sagte ich es hier, du nicht verstehen würdest.

So lebe wohl, und denke, daß mein Buch diesen Zeilen, wie ich dir, gegenüber stehe. –

———————

Was habe ich dir endlich zu sagen, mit dem stillen heitern Sinne, und warum stehst du hier? Ich bedarf das unbefangenste Urtheil, und das ist das Deinige, denn du bist unbefangen, duldend und gerecht. Wenn ich es recht betrachte, so müßtest du eigentlich im Buche selbst stehen, oder in mir, damit das Buch oder ich dir nur einen Augenblick gefallen könne, denn beiden fehlt stiller heitrer Sinn, Duldung, Gerechtigkeit und Fröhlichkeit. Glaube nicht, ich wolle den Lesern verrathen, wer du bist, damit sie dich anhören und ansehen können, um ihnen zu ersetzen, was mein Buch vermißt, denn wenige werden vermissen, was darin fehlt, und diese wenigen sind die Vorzüglichern, denen du so ähnlich bist, und denen ich hier vor dir als einem Repräsentanten des ruhigen, gesunden Verstandes und der Lesefähigkeit in der Vorrede ein Selbstbekenntniß ablege. Fahre fort, mit mir freundlich zu seyn, damit ich lerne, das Tiefste auf die Oberfläche zu führen, und mich bestrebe, einstens wie die Natur selbst das dem Menschen zum frohen erlaubten Genusse hinzugeben, wovor das Vorurtheil, wie man sagt, zurückbebt. Aber man sagt nur so, der Innhalt der ganzen Welt ist immer der schönste, heiligste, oder freudigste, nur der Vortrag, die Unbeholfenheit des Vortrags, ist verboten.

Vorrede.

Dies Buch hat keine Tendenz, ist nicht ganz gehalten, fällt
hie und da in eine falsche Sentimentalität. Ich fühle es izt.
Da ich es schrieb, kannte ich alles das noch nicht, ich wollte
damals ein Buch machen, und izt erscheint es nur noch, weil
ich mir in ihm die erste Stufe, die freilich sehr niedrig ist,
gelegt habe. Ich vollendete es zu Anfang des Jahres 99, hatte
mich damals der Kunst noch nicht geweiht, und war unschuldig in ihrem Dienste. Ich werde sie an diesem Buche
rächen, oder untergehen. Diese Blätter gebe ich nicht wie
ein Opfer hin, nein, sie sollen die Flamme nähren, in der ich
ihr einst mein reines Opfer bringen will. Du wirst mir
darum wohlwollen, lieber Leser, daß ich mich mit diesem
Buche, das nur zu sehr mehr von mir als sich selbst durchdrungen ist, gleichsam selbst vernichte, um schneller zur
Macht der Objektivität zu gelangen, und von meinem
Punkte aus zu thun, was ich vermag. Es ist mir schon izt ein
inniger Genuß, alle Mängel, die ich vor 2 Jahren hatte, zu
übersehen; sie alle zu verbessern, dazu müßte ich auf der
letzten Höhe stehen, die ewig vor uns flieht. Doch will ich
schneller, kunstreicher und begeisterter immer vorwärts
schreiten, damit der Raum, der mich vom Ziele trennt, stets
kleiner wird, und endlich nur dem Seher sichtbar bleibt.

1800. Juni.

                                                    Maria.

Erster Brief.
Godwi an Römer.

Hu! es ist hier gar nicht heimisch, ein jeder Federstrich
hallt wieder, wenn der Sturm eine Pause macht. Es ist kühl,
mein Licht flackert auf einem Leuchter, der aus einem in Silber gefaßten Hirschhorne besteht. In dem Gemache, in dem
ich sitze, herrscht eine eigene altfränkische Natur, es ist, als
sey ein Stück des funfzehnten Jahrhunderts bey Erbauung
des Schlosses Eichenwehen eingemauert worden, und die
Welt sey draußen einstweilen weiter gegangen. Alles, was
mich umgiebt, mißhandelt mich, und greift so derb zu wie
ein Fehde-Handschuh. Die Fenster klirren und rasseln, und
der Wind macht ein so sonderbares Geheule durch die Winkel des Hofes, daß ich schon einigemal hinaussah, und
glaubte, es führen ein halb Dutzend Rüstwagen im Galopp
das Burgthor herein.

Diesem äußern Sturme hast du meinen Brief zu danken,
er stürzt sich zwischen mir und meiner Umgebung wie ein
brausender Waldstrom hin, und alle Betrachtungen liegen
am jenseitigen Ufer. So muß ich dann meine Zuflucht in
mich zurück, in mein Herz nehmen, wo du noch immer in
der Stellung der Abschiedsstunde gegen mir über in unserm
Garten sitzest, und mir gute Lehren giebst.

Es ist oft so, wie in diesem Augenblicke, und ich glaube,
daß der Sturm in der Natur und dem Glücke, ja daß alles
Harte und Rauhe da ist, um unsern unsteten Sinn, der ewig
nach der Fremde strebt, zur Rückkehr in die Heimath zu
bewegen. Wenn draußen der wilde Sturm in vollen Wogen
braust, dann habe ich nie meinen so oft beklagten Drang
nach Reisen empfunden. Mein Ideal – kennst du es noch? –
verschwindet in der Nacht. Ich wünsche nicht, zwischen

schwarzbewachsnen Bergwänden, ein liebliches
einstimmiges Weib an meiner Seite, auf weißer mondbe-
glänzter Bahn, im leichten Wagen hinzurollen, daß mir die
schönste Heimath in dem Arme ruht, die mich nie mit trägen Fesseln bindet, wo Ring an Ring gereiht, höchstens ein
bewegliches Einerlei entsteht, daß vor mir laut das muntre
Horn des Schwagers die lockenden Töne nach der Fremde
glänzend durch die Büsche ruft, und Echo von allen Felsen
niederspringt, und alles frei und froh die verbotenen Worte
durch die Nacht ruft:

> So weit als die Welt,
> So mächtig der Sinn,
> So viel Fremde er umfangen hält,
> So viel Heimath ist ihm Gewinn.

Nein, alles dieses nicht, ich empfinde dann fast die Zuläng-
lichkeit von guten Familiengemählden, wo es ohne Zugluft
hergeht, und keiner in die Hitze trinkt, und jeder Husten
oder Schnupfen von gutem Adel ist, und viele Ahnen
zählt.

Wenn die Katzen vor den Thüren Minnelieder singen,
und ein Käuzchen vor dem Fenster das Sterbelied von ehrlichen Bürgern singt, die ohne die Anlage des Schwans, das
letzte Leben in Melodien auszuhauchen, doch ohne Singen
nicht sterben mögen, dann drängt sich wohl das Weib zu
dem Manne furchtsam hin, es wird die Furcht zur Liebe, in
der sich alles löst, und alles bindet sich in dieser schönen
Minute, die Sinne, die in Träumen, wie in fremden Feenlän-
dern schwebten, sie kehren in sich selbst in die eigentlichste
Heimath zurück, und in dem Traum, der das höchste Wachen unter sich sieht, ersteht nun hier das Denkmal jener
schönen Mythe, wo Gott sich mit dem ersten Menschen im
Schlafe dicht verband, und sich seinem Herzen das Schöne,
die Poesie, das Weib entwand. Wie hier Furcht zwischen der
Ehe und ihrer Pflicht stand, so steht sie hier zwischen der
Freundschaft und diesem Briefe.

Das Blatt Postpapier vor mir und ich, wir sind wohl die leichtesten Wesen in dem ganzen Umkreise, den ich über-schielen kann, denn um mich sehen könnte ich um alles in der Welt nicht; von allen Seiten bin ich eingeschlossen, die
5 Ahnherren schließen ein Bataillon carré um mich. Vor mir vereinigt sich die Linie mit Anfang und Ende. Rechts hängt der bärtige Herr Kunz von Eichenwehen, vom Kopfe bis zum Fuße in Eisen gehüllt, er hat im eisernen Zeitalter die-ses Schloß erbaut, zur Linken kommt Frau von Eichenwe-
10 hen mit bloßer Brust – man schoß in ihrem Zeitalter nicht mehr mit eisernen Pfeilen, dann kommt ein Hirschkopf, der in die Wand eingemauert ist, und ach! wer kommt nun? – das liebe schöne Mädchen, das mich hier verließ, sie hat eine Rose in der Hand, neben mir auf meinem Tische liegt auch
15 eine – wenn ich der Maler gewesen wäre, so hätte ich der Mutter eine Spindel in die Hand gegeben, und der Tochter ein Buch, um anzuzeigen, wie Flachs Leinewand, Leine-wand Lumpen, und Lumpen Bücher werden.

Sie hat ein weißes Kleid an – das war der letzte freundli-
20 che Lichtstrahl, den ich heute erblickte. Mein Blick stand auf der räucherigen Wand, als sie verschwunden war, und das Aechzen der ungeheuren Thüre verschlang ihre freund-liche gute Nacht und meinen Seufzer. Die Rose vor mir sieht mich so freundlich an, – o du verfluchtes Tischbein!
25 Der Tisch hat Beine, die sich mit meinen leichten Füßen gar nicht vertragen. – Sonderbar, kaum spreche ich dieses Wort mit Schmerz und Unwillen aus, so bin ich auch schon wie-der mit ihm versöhnt. Unter dem Gemälde des freundlichen Mädchens steht: Tischbein pinxit. Doch was soll das!
30 Ich bin in der Burg irgend eines Landedelmannes, das merk'st du wohl, und fühle nur zu sehr, wie viel langweili-ger es hier ohne ein gewisses Etwas wäre, als bey den himmlischen Einfällen in den geschmackvollen Gemächern der einzigen Molly in B., aber das gewisse Etwas wird in
35 der unangenehmen Atmosphäre, wie die Rose vor mir in diesem ungeheuren Saale, wie ein einziger kleiner Stern in

der dunkelsten Gewitternacht, so reizend, so freundlich, daß ich es lieber anschaue, als die Sonne im Glanze des Mittags. Die Rose, der Stern tröstet mich, indeß die Sonne mich nur blendete. Pfui! keine Ungerechtigkeit, sie erwärmte mich.

Dir zu Lieb', kalter Freund, steig' ich wieder von den Stelzen herab, auf denen ich das gewisse Etwas anredete, das du am Ende dieses langen langweiligen Briefes kennen lernen sollst. Geduld!

Dein letzter Brief machte mir Vorwürfe, daß ein Weib wie Molly (du kennst sie aber gar nicht) meinen Aufenthalt in B. vierzehn Tage verlängern konnte, machte mir Vorwürfe, daß ich ein Weib bis zu den Sternen erhöbe, die frey und ohne Fesseln des Geistes, oder irgend eines Verhältnisses mit andern, die verlassene Bahn der Menschlichkeit wieder betritt, die allein da steht, wo alle stehen sollten, und wo auch ich bey ihr gestanden habe. Sich selbst genug, und den meisten zu viel, lebt sie glücklich und wahr, obschon ihre Geschlechtsgenossen sie einseitig beurtheilen, weil ihrem kurzsichtigen Blicke die Uebersicht einer so großen, so ganzen, so harmonischen Oberfläche zu unermeßlich ist. Du sprachst als ein Freund mit mir, du wolltest retten, aus Gefahren retten, die es nur dem Schwachen werden können. Du glaubtest, ich hätte mich in die Arme der zügelloseren Liebe gestürzt – o dann hätte ich bey Molly nicht um alles bitten müssen, die nur giebt, wo sie liebt, und nur liebt, wo ihre Liebe im vollen Verstande Belohnung ist. Molly befriedigt nie Leidenschaften, wo ihre Befriedigung Menschen schaden kann. Godwi! sagte sie an einem Abende, an dem ich durch ihre Freundlichkeit, durch die trauliche Anschmiegung ihrer Ideen an die meinigen und meiner Sinnlichkeit an die ihrige kühner, sehr verwegne Hoffnungen wagte, Sie sind hier um meinetwillen, Sie sind hier ohne Zweck, erwarten Sie mehr? ich kann Ihnen nicht mehr geben, als ich Ihnen gab, ich gab Ihnen mein Herz – nur dem, der es fassen kann, der es ganz kennt, bin ich alles, bin ich ein Weib, Sie sind weit, sehr weit davon entfernt. Hier ward sie ruhig, und reichte mir ihre Hand, die in der meinigen bebte, in ihrem Auge glühte eine reine Flamme, die in der Thräne, ach! in der Thräne des Abschieds erlosch.

5   Sie reisen morgen, ich befehl' es Ihnen, sprach sie ernst, und stand vor mir wie mein Herr – ich bitte Sie um meinet- und Ihrentwillen, folgen Sie meinen Befehlen, fuhr sie mit einer unwiderstehlichen Anmuth fort, sie hatte sich, wie die Liebe, sanft über mich herab gebogen, und nun konnte ich
10 ohne Kühnheit die Thräne des Abschieds von ihrer Wange küssen – seltsam süßer Widerspruch von Gefühlen, ihr Befehl macht mich zum Sclaven, ich muß gehen, ihre Bitte umarmt mich, hält mich fest an sie gefesselt, und indem sie mich zum Gehen bittet, wird es so süß, ihren Willen zu
15 thun, und ich möchte doch nicht gehen.

Der Kuß des Abschieds, er war so Inhaltreich, es lag das Bleiben so deutlich darin, er hatte ja die Scheidethräne weg- geküßt, denn was ist Scheiden anders als eine Thräne, und Wiedersehen anders als ein Kuß. Ach hätte ein Kuß kein
20 Ende, Molly hätte mich gerne behalten, und vertrocknete eine Thräne nicht, so könnte ich sie nicht vergessen. Es lag viel Wahrheit in dem Kusse, und da er offenbar ganz ande- rer Meynung als Molly war, so mußte wohl ein anderer Umstand sie zwingen, vielleicht gar die Furcht, bald durch
25 die sinnliche Wahrheit der Küsse im Rausche der Leiden- schaft die geistreiche Heucheley ihrer Enthaltsamkeit im Rausche der Eitelkeit enthüllt zu sehen. – Süß waren ihre Lippen, es schwamm ein stilles liebendes Hingeben auf ihnen, und im Gefühle des Uebergehens eines andern We-
30 sens und seines Genusses in mich und den meinigen lag der entzückende Traum einer Ewigkeit der Wollust des Kusses. – Doch auf dem Gipfel des Rausches entsinkt uns der Be- cher, kalt strömt die Wirklichkeit zwischen unserer glühen- den Lippe und seinem Freuden-Rande durch, reißt den
35 letzten Tropfen los und wir erwachen. So löste sich die Raserey des ersten und letzten Kusses. Stumm stand Molly,

um sie her die Trümmer ihres stolzen Befehls, Schaam
färbte ihre Wange, Blässe folgte. Der Kuß hatte die Scheidethräne und nicht die Scheidestunde weggenommen. Sie
richtete sich auf, und so wie etwa Ludwig der achtzehnte
aussieht, wenn er in Reval über Frankreich regiert, erschien
sie mir in ihrer Armuth, in diesem kleinen Schiffbruche
ihres Plans, der mir nicht entging bey folgenden Worten:
Godwi! Sie gehen morgen, ich bin dem Jünglinge gut, aber
ihm darf nie werden, was Belohnung des handelnden Mannes ist, gekrönte Liebe. Es ist Verdienst, im Arme des Weibes ruhen zu dürfen, es ist Elend, vom Arme des Weibes
ruhen zu müssen. Müssen Sie nie um zu dürfen.

Ach wie klangen diese Sentenzen so kalt und so gezwungen nach einem Kusse, der ihr Verräther war. Mir war dabey
zu Muthe, wie dem Gaste eines geizigen Wirths, der seinen
Gast berauscht glaubt, und die spätere Weinflasche, die also
nach ihrer Herkunft aus dem Keller die jüngere ist, auch
immer die jüngere nach ihrer Herkunft aus dem Weinberge,
das heißt, ein bischen saurer seyn läßt, er denkt, der Rausch
der älteren mag die jüngere betten; sehr weislich – der
Chirurg betäubt uns erst die Ohrläppchen, ehe er uns die
Ohrlöcher sticht, wer gern Ohrringe trägt, wer gern zu
Gaste geht, und wer gern küßt, muß sich das alles gefallen
lassen.

Ich theile gerne mit dir, sehr gern, aber nur meine Freuden. Laß mich deswegen von der Nacht schweigen, die ich
gepeinigt durchwachte. Du kennst mein Talent, alles von allen Seiten anzusehen, die lachenden und weinenden Seiten
jedes Gefühls und jeder Geschichte hervorzuziehen, so daß
ich nie ganz glücklich und nie ganz unglücklich werden
kann. Auch diese Nacht zerriß mich ein steter Gefühlswechsel. Den freundlichen Traum, der meinen Morgen-
schlummer umgaukelte, kann ich nicht beschreiben, wer
kann das süße Licht der ersten Sonnenstrahlen nach dem
Gewitter, wer den lächelnden Frieden und die holde Versöhnung mahlen. Ich selbst fühle nur noch unbestimmt und

verwischt die rosigten Fußtapfen dieses Traums in meiner
Erinnerung.

Ich saß auf meinem Pferde, die Regentropfen schlugen
mir um die Nase, und der wache Donner weckte mich aus
dem Seelenschlummer, in den ich versunken war. Wir können uns durch innen von außen verhüllen; eine vollfühlende
Seele bedeckt den Körper mit Gefühllosigkeit. Ich kenne
kalte Gesichter, ruhige Oberflächen, unter denen ein warmes Herz pocht. Stille Wasser gründen tief. Wohl dem, der
kalt von außen ist, weil alle seine Flammen im Innern brennen, er ist Feuer unter der Asche, und wird keinen entzünden, sicher ruht er auf dem häuslichen Heerde des Lebens;
weh dem, dessen Oberfläche kalt ist, weil Jammer und
Elend eine Eisrinde um ihn gezogen haben. Scheint die
Sonne, so wird leicht die Eisbahn zum Grab, und wird der
Winter kälter, so stirbt das Leben auf dem Grunde des
Stroms.

Mein Tiefsinn hatte mich dichter umhüllt als mein Mantel. Dieser hing über meiner Schulter und ich ward über und
über naß. Was weckst du mich nicht, Conrad! rief ich meinem Purschen zu, da es so stürmt, und da es dir doch selbst
lieb seyn muß, bald in eine Herberge zu kommen.

»Nun Herr Junker, unser einer thut selten, was ihm selbst
lieb ist, ich habe nun einmal meinen Willen vermiethet, und
der Unterschied zwischen Herrn und Diener besteht darin,
daß der eine seinen Willen aus Armuth versetzt, und der andere ihm auf dieses Pfand geliehen hat, darüber dachte ich
nun so nach und lobte Gott den Herrn, daß Sie nicht immer
so große Intressen von dem Pfande nehmen, als jetzt.«

»Und deswegen wecktest du mich nicht?«

»Nichts vor ungut, Junker, ich dachte, wen dieß liebe
Wetter nicht wecken kann, der schläft nicht zum wecken;
wer von der schönsten Frau von der Welt wegreitet, der reitet nicht schnell; wer dabey einen Kuß von einer so char-
manten Dame auf den Weg hat, ach! der ist so beladen, daß
sein Pferd den Schritt kaum aushält.«

»Von einem Kusse weiß ich nichts.«

»Wenn Sie was davon wüßten, so hätten Sie ihn nicht gekriegt, so wüßte ich nichts davon, und hätte auch nichts gekriegt.«

»Conrad sprich deutlich, oder ich werde Intressen von meinem Pfande nehmen.«

»Sie drohen ein Geheimniß heraus, das Sie heraus locken sollten. So will ich denn sprechen, um auch einmal großmüthig gewesen zu seyn. Ich war heute Nacht immer um Sie her und packte ein, und konnte nicht recht begreifen, wie Sie nun so auf einmal fortwollten. Sie wälzten sich im Bette und konnten nicht schlafen, und ich dachte, wohl eben deswegen, weil Sie reisen müßten. Heute Morgen überfiel Sie endlich der Schlummer, und Sie waren so freundlich dabey, daß ich mich mitfreute über den verliebten Traum, den Sie wohl haben mochten.«

»Du vergißt die Intressen; keine Bemerkung. Ja ich träumte.«

»Nu, Herr, ich träumte fast dasselbe, nur mit halb offnen Augen. Die Thüre geht leise auf, und, nun kömmt's, es kommt Milady auf den Fußspitzen hereingetrippelt, in der Hand hatte sie einen Brief, den steckte sie in Ihre Brieftasche, die auf dem Nachttische lag, und, ach! nun« –

Du kannst dir denken, lieber Römer, mit welcher Eile ich den Brief aus der Tasche zog. Welch sonderbare Adresse! »Ich beschwöre meinen lieben Godwi, diesen Brief nicht eher zu öffnen, als bis ich's ihm selbst erlaube!« Schwer, sehr schwer ward meinem Gehorsam der Sieg. Nur ihrem Befehle kann man bei dem Reitze, den sie selbst gegeben, gehorchen. Nun weiter!

»Nun schlief ich fest, bis alles vorbei war, dann wacht' ich auf, weil ich eben nicht dumm bin, und weil die Zeit zu kurz war, als daß die reifen Aepfel hätten von selbst fallen sollen, so fing ich an zu schütteln.«

»Laß dich weg aus der Geschichte, oder die Gedult geht mir aus. Was that sie, der Engel?«

»Nun ich habe keinen gesehen, und wollte bey Gott mit Milady zufrieden seyn, und alle Engel entbehren, denn sie machte mir sehr warm, als sie Sie so umarmte und küßte. Herr, wenn Sie gewacht hätten, hätten Sie ihn, den Kuß, so nicht gekriegt, das Glück kam Ihnen im Schlafe. Hier that ich, was ich vorhin das Schütteln nannte, das heißt, ich dachte, nun ist es Zeit zu wachen, und ein Lebenszeichen von sich zu geben. Ich gähnte und Milady seufzte, beyde sehr laut; ich streckte mich und Milady beugte sich über Sie hin; ich wischte mir den Schlaf und Milady sich eine Thräne aus den Augen. Ey, schon auf, gnäd'ge Frau? Gott! schweig' Er, Conrad! sie drückte mir ein Goldstück in die Hände, schweig' Er wenigstens bis sein Herr weg ist. Die Aepfel waren gefallen, und nun schlüpfte sie wie ein Lüftchen davon.«

»Nie mehr ein Wort hiervon. Das Geld wirst du dem Weibe wohl wieder geben müssen, und wenn du noch einmal schüttelst, so sollen dir Stockschläge fallen.«

Ich gab meinem Pferde die Sporen, und so schnell bin ich lange nicht geritten, außer mir flogen die Gegenstände wie Augenblicke vorbey, in mir drehten sich langsam die Begriffe, Coquetterie, Betrug, Liebe, geheimnißvoller Brief. – Ach glückliche Stunde, wenn ich ihn erbrechen darf, wann wirst du erscheinen, war der einzige Zusammenhang, dessen ich mich erinnere, und ich jagte, als könnte ich die Stunde im Raume ereilen. – Ganz verschiedene Dinge treten sich in den Weg – ein Fluß, der durch den Regen so angeschwollen war, daß wir nicht durchreiten konnten, hob meine ganze Liebesqual einstweilen auf; ich ritt also links einen andern Weg, und meine Sorge schien mir wie die Straße durch den Fluß zerschnitten, und blieb rechts liegen. Reite ich nicht in die Welt, lebe ich nicht in der Welt? Soll ich etwa am Flusse harren, bis die letzte Welle vorüber eilt, und soll ich etwa auf die Stunde passen, bis sie der Strom der Zeit vorüber wälzt? Ueber unerklärbare Dinge will ich mich nicht quälen. Ich und mein Leichtsinn wurden stark

genug, die ganze Geschichte einem Ausschusse, wie die
Herren zu Paris, zu übergeben. Der Ausschuß bist du. –
Lieber Freund sage deine Meynung.

Der Fluß zwang uns nach einem Dorfe, das an einem
Berg lag, zu reiten. Ueber dem Dorfe lag ein altes gothi-
sches Schloß, das bewohnt zu seyn schien, und ich träumte
gar nicht mehr, weil mich die Hoffnung, bald unter ein
Dach zu kommen, von aller Empfindsamkeit heilte.

Wir waren kaum einige Minuten weiter geritten, als wir
einen Trupp Jäger aus dem Walde, der an der Seite der
Landstraße lag, hervorspringen sahen, die eben so sehr als
wir eilten. Die Hauptperson war ein etwas bejahrter Mann,
er hatte einen grünen Tressenrock, ähnlichen Jagdhut und
Haarbeutel an. Er ritt immer mit einer gewissen Grandezza
in kurzem Galopp an der Spitze, und wenn einer mit ihm
sprechen wollte, mußte er auf die Seite reiten, nach welcher
der gnäd'ge Herr seinen Kopf drehte. Hinter ihm ritt noch
ein Grünrock, der dem alten im verjüngten Maaßstabe alles
nachmachte, er schien mir der Herr Sohn zu seyn, ein derber gesunder Landjunker mit ungeheuren Stiefeln, einem
preußischen Zopfe und Tressenhut; den Zug beschlossen
mehrere reitende Jäger und eine Kuppel Hunde. Die Herren ritten schnell, und wir ritten schnell, und waren kurz
hinter einander, als aus der Tasche der Hauptperson eine
Brieftasche fiel. Ich rief, allein das Geplätscher des häufig
herabfallenden Regens und das Geräusch der Reitenden
machten es ihm unhörbar. Mein Pursche hob die Brieftasche
auf, und da wir mit unsern müden Pferden den Besitzer
nicht mehr einholen konnten, und uns eine Schenke am
Wege ein Obdach anbot, so warteten wir den Sturm ab. Der
Wirth sagte mir, daß der Jäger der Besitzer des nahe liegenden Schlosses und Dorfes sey. Ich eilte nun die Brieftasche
zu überbringen und zugleich um Herberge für eine Nacht
zu bitten.

Es war Abend, der Himmel hatte sich erheitert, und die
Natur um uns her athmete mit vollen Zügen die Ruhe, die

alles Leben nach einem heftigen Sturme so leise und liebend umweht. Auch dein Freund war ruhig, dachte an dich, wie dir diese Stunde auch Ruhe giebt, nach deinen vielen Arbeiten des Tages, und war in der Erinnerung froh bey dir.

Unsere müden Rosse arbeiteten sich mit Mühe den steilen Burgweg hinan; ein offnes Thor empfing uns, ein halb Dutzend hungrige Hofhunde blekten uns die Zähne, und der Herr Castellan, Cammerdiener, Minister der auswärtigen Geschäfte und Thorschließer brachte diese Störer meiner Gefühle von der Ruhe in der großen Natur zur Ruhe, indem er sein Phlegma und seine thönernen Pfeifen ihnen zuwarf. Nachdem er ein bischen geflucht hatte, und mit den Füßen auf der Erde herum gestampft, kam er auf einmal in die dritte Position, und sprach: »Herr Jost Freyherr von Eichenwehen, und Herr Jost, Stammherr von Eichenwehen, zu welchen Sie vermuthlich hinzugelassen zu werden wünschten, sind so eben wieder weggeritten, weil seine Excellenz, der Herr Freyherr, seine Brieftasche verloren, die das ganze Glück der Hochadelichen Familie, seiner Excellenz Stammbaum, enthält, seine Excellenz« – Die Brieftasche habe ich gefunden, schicken Sie Herrn von Eichenwehen nach, bringen Sie die Pferde in den Stall, und zeigen Sie mir eine Stube, in der ich mich ein bischen umkleiden kann. Das Umkleiden mußte der Herr Castellan nicht für nöthig halten. Er führte mich etliche Wendeltreppen hinauf – unmuthig und träge tappte ich seinen schwerfälligen Fußtritten nach – ach! so dreht sich die Wendeltreppe meiner Laune aus dem traulichen Wollustdüstern Boudoir meines Herzens hinauf zu dem wüsten todten Leben in meinem Kopfe, dachte ich, und kaum hatte ich es gedacht, so entstand eine sonderbare Generation in mir. Ich sah mich im Durchschnitt wie den Riß eines Gebäudes, in meinem Kopfe war ein großer Redoutensaal, aber alles war vorbey, den letzten Ton des Kehraus sah ich dicht bei der Orchesterbühne meiner Ohren mit sterbendem verschossenen Gewande gähnend zur Thüre hinausschleichen. Eine Menge

meiner jugendlichen Plane standen verstört und mißmuthig
da, der Tanz war vorbei, sie hatten die Masken in den Händen, weinten aus den trüben erhitzten Augen Abspan-
nungsthränen, und guckten sich an, und gebehrdeten sich,
wie Phöbe, Diane und Proserpina in Wielands Göttergesprächen, sie konnten nicht glauben, daß sie alle dieselben
seyen. Unten in meinem Herzen, da war das düstere Cabi-
net, Molly stand da wie eine Zauberin, sie kam von dem
Maskenballe herab, meine Zufriedenheit saß bey ihr, sie
suchten ihre krausen Gewänder aus einander zu wickeln,
die sich auf der Wendeltreppe verwickelt hatten, und zeig-
ten beide ziemlich unzieliche Blößen. Gut, daß vor die
Fenster Gardinen aus rosenrothen Träumen gewebt, gezogen waren, und der Luxus der Sinnlichkeit in dicken wohl-
riechenden Rauchwolken den kleinen Raum mit Nebel erfüllt hatte, man konnte sich nicht recht erkennen. Ja räu-
chert nur, dachte ich, Göthe sagt doch, der Herr vom Hause
weiß wohl, wo es stinkt. Nun ward es ganz dunkel, das
letzte Lichtstümpfchen auf dem Kronleuchter im Ballsaale
war erloschen, es schimmerte kein Fünkchen mehr die
Treppe herunter. – Nun, nun Herr Baron, wo bleiben Sie
denn, donnerte mich eine Stimme von oben herunter an, ich
war aus der Wendeltreppe des Schlosses auf die meiner
Laune gerathen, und hatte vergessen, auf der ersten weiter
zu gehen, nun schlich ich vorwärts. Die breite schöne
Treppe in Molly's Landhaus, wo führte die mich hin, ach! in
das Amphitheater ihrer Arme, das schöne Schauspiel ihres
Geistes in ihren Augen zu sehen, und diese verdammte
Wendeltreppe, wo führt sie mich wohl hin? Ich brauche Sie
nicht zu melden, sagte der Castellan, als wir an eine kleine
gothische Thüre kamen, das Fräulein hält nicht viel davon.
Das Wort Fräulein lasse ich mir nicht zweymal sagen.
Schnell tröstete ich mich, daß ein Fräulein, welche dem Un-
angemeldeten verzeiht, wohl auch dem im Reisehabit durch
die Finger sieht. Ich klopfe; herein! Ein niedliches Mädchen
von achtzehn Jahren hüpft mir entgegen, sie entschuldigt

die Abwesenheit ihres Vaters, ich meinen Anzug. Sie setzt sich in den Erker, ich mich ihr gegenüber, auf kleine steinerne Bänke, die in der Mauer angebracht waren.

Sie. Wollen Sie Licht, es ist schon Abend.

Ich. Es ist nicht Abend in uns, wenn es Abend außer uns ist.

S. Was meynen Sie damit – doch Ihr Name?

I. Godwi.

S. Godwi? Dieß ist ein schöner Name, ach! das ist ein schönerer Name als Eichenwehen, ich möchte wohl auch so heißen. Doch ich will Licht holen.

I. Nein, Fräulein, lassen Sie es, es wäre eine Sünde gegen die Natur, und die Stunde, die ich bey dem Untergang der Sonne mit Ihnen durchleben kann.

S. Nun so lassen Sie uns denn so sitzen bleiben.

I. Und uns unserer Freunde erinnern, die vielleicht jetzt eben so glücklich sind, als ich und Sie – Sie verzeihen, ich meyne nur durch diese schöne Naturscene. Sie haben doch auch Freunde?

S. O ja, aber doch nicht viele – Otilien, Sophien, und – nein, das sind sie alle. – Es ist mir recht lieb, daß Sie kein Licht wollen, denn Sie hätten mir sonst meine Lieblingsstunde verdorben. Sehn Sie, so sitze ich alle Abende hier, und sehe wie ein Nönnchen in der Klause nach der untergehenden Sonne, manchmal werde ich ganz traurig, da drüben, wo Sie sitzen, da saß sonst meine gute Mutter, die war so freundlich, und wir spannen dann immer in die Wette, jetzt bin ich immer allein, und wenn die Langeweile, ach! die Langeweile – der Vater ist gut, aber er ist immer auf der Jagd, und Jost, mein Bruder – nu der ist gar nicht freundlich. Doch Sie werden bald sehen, daß hier nur ein Jäger froh seyn kann – Doch was plaudere ich – verzeihen Sie, Ihre Ankunft hat mich so überrascht, daß ich ganz verwirrt spreche.

I. Nein, gnädiges Fräulein, Sie sprechen nicht verwirrt. Sie sprechen eine schöne seltene Sprache, die Sprache der Wahrheit, der Unschuld und der Natur. Ich habe lange keinen Menschen, am wenigsten ein Weib so sprechen hören, und zwar in einer Minute, wo fast alles heuchelt, in der Minute des ersten Zusammentreffens.

S. Es ist sonderbar – in einer andern Stunde würde ich nicht so gesprochen haben – aber hier darf ich nicht mit Fremden sitzen, und nicht in dieser Stunde, daß ich nicht so sprechen sollte, denn hier habe ich immer alles gesagt, was ich fühlte, hier hörte mir immer die Mutter zu. – Wir waren aufgestanden, ich hatte ihre Hand gefaßt, Joduno weinte ihrer Mutter eine stille Thräne, sie sah in die letzten Strahlen der sinkenden Sonne, wie wir dem fliegenden Gewande eines scheidenden Freundes, der unserm Nachsehen verschwindet, mit nassem Blicke folgen, und drückte mir dennoch die Hand, wie einem Freunde beym Wiedersehn. Mein Herz, Römer, war verloren. Die Sonne ging unter, und Herr von Eichenwehen, Vater und Sohn, kamen herauf. Joduno machte geschwind Licht, wir setzten uns in eine ehrerbietige Entfernung, indeß unsere Blicke und unsere Herzen ganz dicht beysammen steckten, so dicht, daß sie seufzten. Alles dieses geschah ohne die mindeste Verabredung, wir verstanden uns, und obschon es dich wundern mag, so wunderte es mich doch nicht. Unser Zusammentreffen war ein Wiederfinden. Die Sonne war unter, und als der Vater mich bewillkommte, und der Sohn mit offnem Munde vor mir stand, waren wir schon so vertraut, daß ich mit ihr lachte, schäkerte oder seufzte, wenn der Vater den Rücken wandte. Man dankte mir beim Abendessen für meinen Fund, und bat mich mit vielen Worten, einige Tage zu bleiben; ich entschuldigte mich mit vielen Worten, daß ich morgen wieder reisen müßte. Joduno sah mich an, und ich sprach, recht gerne will ich bleiben, wenn ich Ihnen nicht beschwerlich falle. Von dem Tischgespräche weiß ich nichts mehr, als daß ich mehr von meinen Ahnen erzählte, als wahr ist, daß mir der Herr Sohn nochmals für meinen Fund danken sollte, aber schon schlief, und daß sich meine Schuhspitzen mit den Fußspitzen Jodunos unterhielten.

Joduno war etwas früher vom Tische aufgestanden als ich, sie kam wieder. Leuchte den Herrn Baron in seine Stube, Joduno – Sonderbare Sitte – Unbefangen und ohne ein Wort zu sagen, geht sie vor mir her, eine große ungeheure Thüre eröffnet sich, das Licht steht auf dem Tische, eine süße freundliche Stimme sagt, gute Nacht! – das übrige weißt du. Ich hatte bey Tische gesagt, daß ich noch schreiben wollte, Joduno hatte einstweilen alles dazu auf den Tisch gelegt, selbst den Stuhl hingerückt. Neben das Papier hatte sie die schöne Rose hingelegt – hat sie den Tisch wohl auch vor ihr Bild hingerückt?

Ach die Wendeltreppe führte mich doch auch zu einer schönen Aussicht. Molly deine Worte: gekrönte Liebe gehört nur dem Manne, haben einen sonderbaren Doppelsinn für mich erhalten, seit ich den Hirschkopf gegen mir über habe – das Bild der lieben Joduno sieht mich so freundlich an, daß ich jetzt fast schon vor der Dunkelheit erschrecke, wenn ich das Licht auslöschen werde. Gute Nacht, ich steige ins ungeheure Riesenbette, in dem vielleicht alle Herrn von Eichenwehen, und wohl auch die liebe Joduno gebohren sind, um heute Abend zu sterben, und morgen früh wieder neu gebohren zu seyn. Dein

Godwi.

Römer an Godwi.

Wo die Herren im Nationalkonvent zu Paris zu viel Arbeit sehen, bey Arbeiten, deren Erfolg kritisch ist, bey denen sie sich in ihren oder in des Publikums Augen durch den Erfolg beschämt finden könnten, muß ein Ausschuß dran. Bey der Verwirrung, bey der Abentheuerlichkeit seiner Streiche, stößt mein lieber Karl auf einen Punkt, der ihm nicht so

ganz hell in die Augen leuchtet, und er ernennt mich zum
untersuchenden Ausschuß. O lieber Karl, wann wirst du
die gerade Menschenstraße wählen, und nicht mehr aus
dem Hundertsten ins Tausendste denken, handeln und
plaudern, ich kann mir ihn ganz denken, den incroyablen
Karl, vis a vis, oder in den Armen, denn ich weiß, du bist
kein Freund von Entfernung, einer andern Merveilleuse. Es
ist ein Unglück, daß du auch immer in die Hände der Ex-
treme fallen mußt. Wo wohnt das gute bürgerliche Mädchen, das tugendhaft und häuslich dir einst den verwirrten
Kopf aufräumen, und deine Hände zu nützlicher und
zweckmäßiger Arbeit geschickt machen wird. War es nicht
der Aufgang der nämlichen Sonne, der dir das Bild weniger
Tage vorher neben der räthselhaften Molly so rosenfarben
malte, nicht der Untergang der nämlichen Sonne, die mit
den letzten Strahlen gleich darauf dein wächsernes Herz in
eine andere Form goß? Du nanntest Molly ein göttliches
Weib, das heißt: du bedientest dich zur Bezeichnung ihres
Werthes des Namens der höchsten dir denkbaren Vollkommenheit, und schon haben diese Göttinn ein paar Hirschgeweihe und ein lustiges sonderbares Geschöpf gestürzt.
Du hast ein Geschöpf kennen gelernt, das du noch höher
stellen könntest. Wie heißt denn die Stufe über deinem
Götzen? oder, lieber Karl, willst du wohl eingestehen, daß
der die Menschen und all' ihr Streben und Ringen nach irgend einem Zwecke für eine Caprice Gottes halten muß,
der ein Weib göttlich nennt, das mit den Herzen, Gefühlen
und Worten ihrer armen Anbeter spielt? Sie hat nicht genug, dich zu ihren Füßen zu sehen, sie berauscht sich in
den Gefühlen ihres Stolzes, und stößt deine Begierden zurück; sich hätte sie ganz befriedigt, sie will nur ihrem Betragen noch das Gewand der schönen Tugend, Enthaltsamkeit und Abentheuerlichkeit umhängen, ernst und streng
weiset sie deine feurige Liebe in die Schranken des Wohl-
standes zurück, vergißt nicht, dir mit der feinsten Coquetterie die Mühe zu zeigen, die ihr es kostet, läßt sich einen

Kuß von dir rauben, wo du ihn rauben solltest, um ihr den Schwur der Ehrerbietung gegen ihre strengen Grundsätze zu besiegeln, und fordert durch das Feuer eben dieses Kusses dich auf, das Gebäude ihrer ganzen Weisheit zu zertrümmern.

Es mag der feinste sinnliche Genuß das bezauberndste Spiel der Gefühle seyn, allein es ist nichts desto weniger das gefährlichste und gewagteste, denn wer es verliert, hat sich selbst verlohren. Molly weiß auf die geschmackvollste Weise die äußersten letzten Fäden der Sinnlichkeit durch affektirte Menschlichkeit in die Gränzen einer edlen empfindungsvollen Sittlichkeit hinüber zu weben, so daß ihr Betragen zwar ihren Geist, ihren Geschmack, und durch augenblickliche, liebenswürdige Geistesgegenwart ihre Erfahrung, aber nichts weniger als ihr Herz, ihre Tugend vor der Verdammniß der Moralität retten kann.

Danke Gott, mein Lieber, daß du so glücklich aus den Schlingen dieser liebenswürdigen Verderberin entkommen bist; aber entgehe zugleich dem Gefühle der Eitelkeit dieses Entgehens. Du selbst warst nicht stark genug, sie hat dich in den Plan ihres Siegs zurückgestoßen, und in der Beendigung der Geschichte mit dem Morgenbesuche und dem Kusse sehe ich wohl, daß du ihren Waffen nur ein Spiel, kein Kampf, warst. Die Geschichte am Morgen scheint mir das, was den Mozart ausgezeichnet hätte, der aus Laune, oder auf Bitte eines mächt'gen Geschmacklosen, ein elendes Lied auf seiner Violine hinzauberte. Es war in Rücksicht auf den moralischen Werth der ganzen Sache das Selbstgefühl eines Bierfiedlers, der, hat er in seinem Gassenhauer die Beine seines Pöbels genug zum Tanzen gezwungen, an das Ende des letzten Takts noch einen Ohrenzwang gratis anhängt. In jedem gefälligen Landschaftsgemälde ist Ferne, und die abgestufte Verkleinerung und Verundeutlichung reizender Natur im letzten Grade in eine Morgenröthe überschwebend, giebt uns in gleich nahen Gegenständen das Täuschende der Perspektive. Hier hat der Künstler den

Raum behandelt, Molly, die Künstlerin, endigte ihre Scene
durch eine versprechende Anspielung in die Zukunft, sie
behandelte die Zeit.

Ich halte sie für bewunderungswerth in ihrer Art. Es ist
der feinste Egoismus, den Sieg, der wegen der Schwachheit
des Gefesselten ohne Lorbeer war, seinem Selbstgefühle
durch die Kraft und Zierlichkeit, mit der man das Schlacht-
feld verläßt, zur Schmeicheley zu erschaffen.

Ueber den zweytes Abentheuer zu urtheilen, habe ich
keinen Beruf erhalten, und überhaupt liebe ich nicht, dir,
lieber Freund, Lehren zu geben, denn du willst durch die
Zeit und ihren Inhalt geheilet seyn.

Dein Vater ist seit deiner Abreise trauriger und sonderbarer als je geworden. Er will nicht wissen, was du mir
schreibst, denn, sagt er, es ist unedel, wenn ein Mensch
durch die Benutzung zufälliger Rechte im mindesten die
Heiligkeit der Herzensergießung zweyer Freunde stört. Ist
ihm wohl, liebt er mich, fragt er nur ängstlich, und als er
mir diese Fragen bey deinem letzten Briefe that, ging er
weinend in seine Stube zurück, noch eher als ich ihm antwortete. Es ist mir unbegreiflich, Karl, daß er dich so unnütze Reisen thun läßt, da er dich so liebt, und deiner fröhlichen Laune so sehr bedarf. Ich stellte ihm dieses neulich
Abends vor, da er sehr heiter war, und mir sagte, in diesem
Augenblicke, Römer, könnten Sie mich fragen, was Sie
wollten, ich würde nichts übel nehmen. Er ward sehr be-
troffen und sprach: Sie hätten diese Saite dennoch nicht berühren sollen, Römer; doch Sie sind unschuldig, ich halte
Wort, es liegt ein Geheimniß über Karls Kindheit, das mich
tödten würde, wenn ich ihn noch lange um mich gesehen
hätte, dann entfernte er sich und schloß sich ein. Ich werde
nie mehr hiervon mit ihm sprechen, aber dir mußte ich es
sagen, damit du deinen guten Vater nie falsch beurtheilen
mögest.

An dem Abende, lieber Freund, an dem unvergeßlichen
Abende, der uns zum erstenmal trennte, und uns dennoch

durch den erneuerten Bund unserer Freundschaft um vieles
näher brachte, habe ich dir versprochen, aufrichtig und redlich an dir zu handeln; ich beschwöre dich, Karl, werde ein
Mann, der unveränderlich nach Recht und Billigkeit handelt, denn mir ahndet, du wirst unglücklich genug werden,
ein schweres Urtheil über Menschen fällen zu müssen, denen du unendlich viel, denen du alles verdankst. Die Geschäfte deines Vaters werden mich bald nöthigen, eine Reise
machen zu müssen. Ich habe diesen Augenblick so lange als
möglich verschoben, denn es ist mir ein ängstlicher Gedanke, ihn sich ganz selbst überlassen zu müssen; zwar
kann ich seinen geheimen Kummer nicht heben, allein ich
kann ihn doch zerstreuen.

Vielleicht komme ich nach B., vielleicht höre ich bey
Molly ein Kollegium ihrer praktischen Kriegskunst, das du
hoffentlich wie diesen langweiligen Brief in der Hoffnung
eines baldigen Vergessens absolvirt hast. Lebe wohl, in F.
werde ich die Messe zubringen. Adressire deine Briefe an
die Herren Gebrüder Buttlar, bey denen ich wohl absteigen
werde.

Joduno von Eichenwehen
an Otilie Senne.

Meine Otilie, ich schicke dir hier eine alte Flasche Wein für
deinen lieben Vater, dessen Geburtstag heute ist. Gieb ihm
alle meine guten Wünsche und die Versicherung meiner
Achtung mit der deinen hin, und suche, wenn du kannst,
ihm einen recht fröhlichen Tag zu verschaffen. Es ist recht
schön, daß ich dir zugleich schreiben kann, obschon ich lieber etwas anders thun möchte. Ich möchte lieber mit dem
jungen Manne sprechen, von dem ich dir schreiben will.

Du würdest die eine Lügnerinn nennen, die dir sagte, Fräulein Joduno von Eichenwehen sitzt, seit drey Tagen, alle Morgen um fünf Uhr mit einem schönen Manne unter der großen Eiche, streicht seit drey Tagen mit einem zwey und zwanzig jährigen schlanken Manne durch alle Schlupfwinkel und Wildbahnen im Holze, und sie thun vertrauter als Bruder und Schwester. Es ist nun nicht anders, man mag treiben, was man will, man wird verleumdet, aber immer gut ist es doch, daß alles dieß wahr ist, und daß dazu noch viel, viel mehr könnte gesagt werden. Denn wenn einer unter dem Tische stäcke, wo wir uns einander auf die Füße treten, und wenn einer das blaue Maal sehen könnte, das ihm in den Arm gekneipt habe, als er mir die Locke über dem Auge wegschnitt, die dein Vater, ich weiß nicht warum, immer die Locke der Erinnerung nannte, so würde er wunder was für eine alte Bekanntschaft vermuthen.

Ich kann nun nicht anders, ich glaube nicht, daß ich ihn liebe, ich würde mich schämen, in einer Stunde mein Herz verloren zu haben. Ich vermuthe, daß vieles von dem Eindrucke, den er auf mich machte, dem Moment gehört, in dem er mich sah. Wenn man so, wie ich, von der Welt abgeschnitten lebt, und von Gestalten umringt ist, die uns nur durch angeborne Rechte beherrschen, so ist es sehr verführerisch, aus freyer Wahl einem edlen Menschen gut zu seyn. Ja man legt selbst Vorzüge in jeden Bessern, die ihn zum Besten erheben können. Doch verzeihe, ich spreche über einen Zustand, ohne dich erst mit seinem Entstehen bekannt gemacht zu haben, und beweise grade so, indem ich eine vermuthliche Leidenschaft entschuldigen will, daß ich ganz von ihr beherrscht werde. Ach ist es denn wahr, daß es nur die Liebe ist, die uns ganz und gar verändert, gäbe ich dir wirklich einen Beweis von meiner Schwachheit, indem ich dir einen längern Brief schreibe als je? Und wenn ich aufrichtig seyn soll, so muß ich noch mehr sagen, sagen, daß ich nicht einmal wegen dir schreibe. Ich schreibe wegen ihm, der Vater ist auf der Jagd, und er hat ihm, um ihm zu gefal-

len, folgen müssen. Er ging mit mir im Garten, wir waren
so freundlich mit einander gewesen, er hatte mir von seinem Freunde erzählt, den er über alles liebt, und ich erzählte ihm von dir, wie ich dich liebe, von meiner Mutter;
ich hatte ihm gesagt, daß wir nicht so schnell bekannt geworden wären, wenn er nicht auf dem Sitze meiner Mutter
gesessen, und meine Erinnerung an sie so theilnehmend an-
gehöret hätte; ich hatte ihm noch vieles, vieles zu sagen, da
kam der Vater, und er ging mit ihm weg. Ich sah ihm bis zur
Gartenthüre nach, und glaubte, er würde gewiß noch einmal nach mir umsehen, aber er that es nicht, das machte
mich sehr traurig, warum? das weiß ich nicht. Nun ist er auf
der Jagd, und ich schreibe an dich von ihm, weil ich mich
nicht anders mit ihm unterhalten kann, als wenn ich von
ihm spreche. An ihn denken, so ganz allein an ihn denken,
das kann ich nicht, es wird mir dann ganz bange. Wenn ich
allein an ihn denke, so sehe ich lauter Dinge, die man nicht
beschreiben, und die ich nicht verstehen kann, und da wird
mir so ängstlich, als guckten mich eine Menge weltfremder
Menschen an, und flüsterten sich in die Ohren. Aber mit dir
will ich über ihn sprechen, da muß ich alles wieder erzählen,
wie er kam, und wie es mir zu Muthe wurde; das wird mir
sehr wohl thun.

Doch nun auch kein Wort mehr, bis du weißt, wer der
Glückliche ist, und wie sich denn endlich einmal eine heitere
Seele außer mir in die prachtvolle Residenz meiner Ahnen
und vieler Uhu's und Eulen hat verschlagen lassen.

Du weißt, Otilie, vor drey Tagen war ein schreckliches
Gewitter, und der Vater war mit Josten auf die Jagd geritten.
Er kam zurück, und hatte seine Brieftasche verloren, in der
unser Stammbaum ist, er kehrte also mit Josten schnell wieder um, um dieß Kleinod zu suchen. Ich bedauerte ihn sehr,
daß er in dem Wetter reiten wollte, und sagte ihm, er
möchte den Castellan wegschicken, und wenn der ihn nicht
fände, so könne er sich ja vom Amtmann, der doch nicht
wisse, was er vor Langeweile treiben soll, einen andern

machen lassen. Ich glaubte nun wunder, was ich Gescheites
gesagt hätte, und der Vater machte große Augen, hob die
Hand in die Höh', und ich glaubte, nun würde er mich in
die Wangen kneipen, und da wollte ich meine Bitte, dich zu
besuchen, vorbringen. Aber, denke nur, er gab mir eine
Ohrfeige. Gänschen, einen andern machen; nein, dich und
deine Mutter ausstreichen lassen. Jost sagte: und so ists
recht Fräulein Claudia, und nun gings mit ihnen zur Thüre
hinaus. Ich setzte mich auf das Plätzchen im Erker, wo
sonst meine Mutter saß, wie sie noch lebte und weinte. Ich
dachte an sie und weinte auch. Nun ging die Sonne unter,
und das Wetter zog vorüber, und ich konnte auch nicht
mehr weinen. Danke doch deinem Vater, der mich die Natur lieben lehrte, der mir sagte, so wie die Sonne jeden
Abend untergeht und jeden Morgen wieder kömmt, so
kömmt und geht auch jeder Mensch. Man sieht ihm entgegen, man sieht ihm nach, und freut sich, wenn er gut war.
Ich sehe ihr nach, der lieben Mutter, o könnte ich werden
wie sie, und möge man mir nachsehen wie der Sonne, die einen schönen glücklichen Tag erleuchtet hat. So stand die
Scene, und ich armes beohrfeigtes Mädchen saß mitten
drinne.

Der Vorhang ging auf, es pochte an und es trat ein junger
Mann herein, neigte sich schnell mit dem Kopfe, nicht etwa,
um eine Verbeugung zu machen, nein, um mir die Hand zu
küssen. Er behielt meine Hand in der seinigen, führte mich
in den Erker, setzte sich mir gegen über, nun antwortete er
mir erst auf alle meine Entschuldigungen, daß der Vater
nicht da sey, und nun sollte ich kein Licht holen, er wollte
die Sonne untergehen sehen, bis der Vater käme. Ich armes
Mädchen that alles, was er wollte, und wenn ich dachte, es
ist doch ganz sonderbar, wie dieser Mensch sich beträgt,
und sah ihn an, so mußte ich doch heimlich wünschen, ach
wenn doch der Vater, wenn doch Jost, der Amtmann, ach
wenn doch alle Menschen so sonderbar wären. Kaum hatte
er schweigend ein Paar Minuten die Gegend durchsehen,

und ich kein Aug' von dem seinigen verwandt, so kam er
mir gar nicht mehr sonderbar, er kam mir sanft, heiter und
schön vor. Er entschuldigte die Eigenheit seiner Ankunft
und seines Benehmens auf eine äußerst feine Weise, und ich
schämte mich, als er mich hierdurch erinnerte, daß ich eigentlich hätte ungehalten seyn müssen. Ach! nie ist mir eine
Stunde so schnell verschwunden, als die zwischen seiner
Ankunft und der Rückkunft des Vaters; selbst wenn ich bey
dir bin, Otilie, du mußt aber nicht böse werden, selbst bey
dir flieht die Zeit nicht so. Der Vater hatte vor Freude über
seinen wiedergefundenen Stammbaum ganz vergessen, was
ich für nasenweise Reden geführt hatte, und sagte zu
Godwi: er bedaure sehr, daß er sich so lange mit mir habe
unterhalten müssen, und er müsse ihn entschuldigen, denn
er könne wegen seiner Standesgeschäfte sich wenig mit meiner Erziehung abgeben. Godwi entschuldigte mich auf eine
äußerst verbindliche Art; dieß gehörte meinem Vater, aber
ich beneidete ihn nicht, denn der Blick, den er mir zu-
schickte, wollte mir doch nichts anders sagen, als daß er sich
lieber mit mir in Camschatka unterhalten, als mit meinem
Vater in Italien langweilen möchte. Bey Tische unterhielt er
meinen Vater von seinen Ahnen, und sagte wohl mehr davon, als er wußte. Jost stichelte auf des Fremden Kleidung
und leichtes Betragen, doch du weißt ja, wie mein Bruder
ist; aber dem Vater gefällt er sehr, denn er stammt von einer
alten Familie her, und hat sehr viel edle Männer unter seinen Voreltern. Er wollte den andern Morgen schon wieder
weg, aber sein Pferd wurde krank, und wir haben ihm
schon zugestanden, daß wohl nie ein Pferd zu gelegnerer
Zeit krank wurde.

Der junge Mensch ist aber bey aller seiner Leichtfertig-
keit äußerst gut, und oft, wenn er neben mir geht, leicht wie
ein Schmetterling, spricht aus ihm der Ernst und die Erfahrung eines Greises, so daß man glauben sollte, er heuchelte;
aber dazu sind nun seine Augen wieder zu aufrichtig. Nun
sieh nur, da habe ich mir es doch wieder merken lassen, daß

ich ihm nicht allein hineingesehen, sondern, daß ich auch
darinne gelesen habe. Auch kannst du dir nicht denken, wie
leutselig er ist; unsere Bauern, die ihn kaum einigemal gesehen haben, grüßen ihn schon viel lieber, als Josten, der immer so grob durch sie durchreitet, als seyen sie eine Heerde   5
Vieh.

Gestern Abend, als ich mit ihm unter der großen Eiche
saß, erzählte er mir von seinen Reisen manche rührende Begebenheit, und manchen lustigen Scherz. Und da ich ihn
fragte, warum er denn immer so die Kreuz und Queer her-   10
umreite, sagte er mir mit einer Wärme, die bis in mich her-
überdrang, denn meine Hand lag in der seinigen, so ruhig,
so aufmerksam, daß ich jeden seiner Pulsschläge fühlte: »ich
liebe den Zufall, überlasse mich ihm mit Sorglosigkeit; habe
ich ihm nicht vieles zu danken, hat er mich nicht unter die   15
Eiche, neben Sie, schönes Fräulein, gesetzt? Sorgenlose
Freude soll mich immer begleiten, kein einförmiges Lied,
nein, wie der Gesang der Vögel über uns, in den Schlupf-
winkeln der Eiche, frey und ohne Fessel, natürlich und genügsam. Soll ich grübeln, sinnen, calculiren, speculiren, so   20
lang ich froh und gut bin, so lange Freude in jedem meiner
Blutstropfen pocht, und jede meiner Handlungen ihr Gepräge trägt? Und gut bin ich, wahrlich gut; Sie glauben mir
doch Fräulein?« Er sagte dieß so rasch, und sein Blick war
so sonderbar, begehrend und doch so sanft, daß ich hätte   25
schwören sollen, er sey der nämliche, der mir meine Locke
der Erinnerung raubte. Ob ich aus Angst oder aus Freude
und Zutrauen zu ihm sagte: ich würde nimmer froh werden,
wenn ichs nicht glauben könnte, weiß ich nicht. Meine
Hand konnte ich nicht mehr in der seinigen lassen. Ich   30
glaube, ich sprach aus Zutrauen, und zog meine Hand aus
Bangigkeit zurück. Wir sahen beyde ein Paar Minuten auf
ein Fleckchen, er wurde ernst und sagte feyerlich: Fräulein!
lassen Sie uns jetzt nach Hause gehen, und dem Zufalle
überlassen, was wir uns morgen sagen sollen; der Mensch,   35
der vorgreift, thut vergebliche Arbeit, so lange die Welt

noch von selbst geht. Wie edel war es von ihm, daß er abbrach, denn ich glaube doch, ich hatte zu viel gesagt; was
meinst du, Otilie?

Mit Josten hat ers verdorben, deswegen will er fort, er
soll aber erst mit deinem Vater und dir bekannt werden; dir
ist er wohl nicht gefährlich, denn er ist viel zu kindisch lustig. Lebe wohl und freue dich, bald wirst du mich sehen.

Joduno.

Godwis Antwort
auf Römers ersten Brief.

Ihr Menschen hinter euren Pulten nennt doch alles, was außer der Poststraße liegt, Abentheuer. Ich kam in das Schloß
eines Landedelmanns; bin ich deswegen ein Abentheurer?
Ich finde seine Tochter, ein gutes natürliches Mädchen, liebenswürdig, ich fand Molly, ein schönes, kluges und freyes
Weib, bezaubernd: was thue ich denn mehr als meinen Gefühlen, meinen gerechten Gefühlen, Gerechtigkeit wiederfahren zu lassen? Ich liebe das Schöne um meinet- und sei-
netwillen, bin froh und heiter; soll, muß das nicht jeder gute
Mensch ganz seyn? Du bist ein listiger Feind, du weißt
meine Stimmung zu benutzen, und forderst mich zu einem
Kampfe auf, indem du meine Günstlinge angreifst, und
weißt, daß ich in diesem Augenblicke nur mit den Waffen
der Liebe streiten kann. Ich bin mit Rosen gefesselt, meine
Arme können sich noch sanft zur Umarmung ausbreiten,
und meine Seele sucht im Blicke über die sanften Gesichts-
beugungen Jodunos hingleitend, den Umriß ihrer Seele,
und tändelt schüchtern um die Falten ihres Gewandes, die
noch üppigere Formen verrathen.

O Römer! in welchem Auserwählten wohnt die Seele, die
das Sinnliche in eben dem schönen Geiste vergißt; es thut
mir weh, es vernichtet mich, wenn ich fühle, daß ich die
Majestät, den Schatten und die Kühlung der Eiche nicht
genießen kann, ohne ihren Stamm, ihre Aeste und ihre
Blätter zu denken, ich fühle mich trotz meiner sogenannten
Bildung so wenig mehr als die Thiere, und alles, was ich
thue, so wenig werth, so wenig davon gehört nur mir allein.
O mein Stolz, mein armer Stolz! Nun sieh doch, Römer,
sieh welchen Kampf, ich zeige dir alle meine Blößen, entdecke dir mein Mißtrauen in mich selbst, und wage es dennoch, dir manches meiner sogenannten Philosophie hinzustellen, die freylich nicht fest, aber rasch, glänzend und lok-
kend ist. Mit allen den schönen Sachen pfleg' ich mich zu
trösten, wenn der Gedanke an dich mir in den Weg kömmt
– mein Stolz wird rege, du lächelst so unerträglich, alles,
was ich sage, nennst du Phantasien, Brausen des gährenden
Mostes.

Bleibe nur immer auf deiner geehrten Mittelstraße,
Schneckenförmig und Schneckenlangsam windet sie sich,
wie die Langeweile durch eure Freundschaft um die Berge
und Thäler eurer Laufbahn. Menschen, die sie wanderten,
haben nie die Adern Erzhaltiger Gebirge, nie das heilsame
Kraut der Thäler gefunden. Sie hören das Geschrey der
Krähen am Rabenstein, der an diesem Weg seiner Genossen
steht, den Gesang der bürgerlichen Gerechtigkeit. Philomele nistet nicht an den Heerstraßen, sie hören das Gewim-
mer des Posthorns, Warnung dem Beschränkten im Hohl-
wege. Sehr bequem. Hast du je auf der Mittelstraße die Vortrefflichen gefunden, die nur Revolutionen und Originalität
aufstellten – Großes Schauspiel des Vesuv's, der glühende
Felsen auswirft, um die fruchtbaren Felder seines Fußes zu
erleuchten, er vernichtet Städte und Dörfer, die Jahrhunderte ängstlich zusammengestoppelt haben, aber erweckt in
Momenten einer Welt von schlafender Größe in unserm
Busen, in unserer Seele erwacht im Wiederscheine seiner

Gluth das Erhabene, emsig regen sich unsere Hände zur
thätigen Sorge der Erhaltung, und durch das Gefühl des
Ungeheuren und seinen Begriff sinken eine große Menge
von Schrecken für uns zur Kleinigkeit herab, die Wichtigkeiten außer uns sterben, und so wird der Muth geboren,
und so flieht der Schlaf, der Tod im Leben, das ihr andern
Menschen schlaft. Laß mir, lieber Junge, das was mir vielleicht gerade angemessen ist, weil du es weder auf den Rheinischen Fuß noch auf Toisen, weder auf den vier und zwanzig noch auf den zwey und zwanzig Gulden Fuß reduziren
kannst. Du kennst mich schon lange, und wenn du mich
messen willst, so siehst du nach dem an den Thürpfosten
unserer Familienstube eingeschnittenen Maaße. Jetzt siehst
du mich nicht mehr, und kannst nur meinen Schatten messen; täusche dich nicht, mein Schatten wird noch oft wechseln, weil noch oft die Sonne des Lebens in einer andern
Richtung über mir stehen wird. Ich bin noch immer ein sehr
vorzüglicher Mensch und möchte des Wortspiels halber sagen, daß ich eben so wenig reduzirt bin, als du mich reduziren kannst.

Du glaubst mich wohl so recht in meiner Sphäre in wohl-
thätiger Ruhe und Trägheit versunken, die du bedauerst,
weil du zu gut bist, mir sie zu beneiden, und zu muthwillig,
mir sie zu gönnen. Nein, schläfrig war ich nie, ich will fort
über die Alpen des Lebens glimmen, wo gränzenlose Aussichten die gebundene Allgemeinheit in meinem Busen lösen, wo mir euer Sonnenadler zur Schwalbe wird, die mit
ihrer silbernen Brust an der Erde streift – später sehe ich die
Sonne am Abend und früher am Morgen, ich kann dann
euren bürgerlichen Kalendertag weit mit dem Tage meines
Geistes überreichen, und wenn ihr glaubt, ich lebe aus dem
Stegreif, so werde ich euer metrisches Leben, ohne daß ihr
es merkt, und noch viel mehr gelebt haben. Ich will durch
die Thäler des Lebens wandeln, wo die Schönheit in der
Spiegelfläche meiner Phantasie scherzt, wo die Wollust von
mir errungen wird, wo ich ihr Meister bin, und sie mir

mehr als sich selbst, mir auch die Ruhe und den Genuß des
Genusses giebt. Laß mich immer die Blumen meines Weges
pflücken, Braut- und Trauer- und Dichter-Kronen draus
winden, meinen Becher mit ihnen kränzen, sie über das Lager der Liebe streuen, und endlich sie mit dem Salze der Er-   5
fahrung zu einem Potpourri umschaffen, um sie, wenn die
Kunst eintritt, und ich auf Rollwagen meine mangelhafte
Natur als Greis in der Familienstube herumbewege, in der
Urne meiner begrabenen Jugend auf den Schrank zu stellen,
in dem die Sparbüchsen meiner Kinder stehen – Laß mich   10
sie pflücken die Blumen meines Wegs, wer weiß, ob ich sie
nicht einst auch zu Heuhaufen mähen und wie die heutigen
Oekonomen zur häuslichen Stallfütterung anwenden muß.
Ich lebe nun einmal in einer Traumwelt, und thue ich nicht
recht, wenn ich darin lebe, wie man es kann? Du hast mir so   15
oft geklagt, daß doch alles, was wir wissen, alles, was wir
thun, Schatten sey; nun sieh, ich lebe dein Schattenleben,
drum bin ich so glücklich an Jodunos Seite im Schatten der
Eichen, drum lernte ich sie kennen in der Sterbestunde des
Tages, in der Abendröthe, in der die Schatten alle geboren   20
werden. Können wir das Glück nicht doppelt genießen, bey
dessen Geburt wir zugegen sind und das wir uns selbst er-
ziehen? Zweck ist doch ein Donnerwort in deinem Munde,
Zweck des Daseyns, des Nützlichseyns, den versäume ich?
Mit deinem Zwecke hat es wenig auf sich, durchlaufe dein   25
System, du kömmst nicht weiter, du stehst im Cirkel, und
zwar in dem kleinsten – Arbeit um Geld, Geld um Brod,
Brod um Nahrung, Nahrung um Stärke zur Arbeit; hier ist
Arbeit Mittel und Zweck, indeß du der Zweck und nie das
Mittel seyn müßtest, und dein Donnerwort ist ein bloßer   30
Schreckenberger gewesen. So lebt, so raisonnirt ihr Herrn
Bürger, und wer ein Kaufmann obendrein ist, der geht ab
von der Wiege unter Gottes Geleite wie ein Frachtballn, gut
oder schlecht conditionirt, wird unter Gottes Geleite von
den Spediteurs gemißhandelt, von den Fuhrleuten bestoh-   35
len oder verfälscht, und kömmt unter Gottes Geleite an

dem Grabe an. Eure Thätigkeit gleicht der eines bigotten
Schmiedes, der sich täglich einen goldnen Nagel zu seinem
goldnen Sarge erarbeitet, um sich einstens in diesen Kasten
zu legen und sich in die Schatzkammer einer reichen Abtey
beysetzen zu lassen. Glück und Genuß ist der Zweck unsers
Lebens, und muß in uns selbst liegen, indem wir die Umstände so auffassen, so behandeln und so in uns tragen, daß
sie in uns Glück und Genuß erschaffen können, und dann
geben wir uns selbst wieder hin und werden zum Zwecke
alles Lebens. Du fühlst das auch wie ich, aber du findest nur
Genuß in deinem stoischen Stolze. Ich kann nichts als gut,
froh und vorsichtig seyn, um ein Mensch zu seyn, das Räthsel der höhern Moralität kann mir nur der auflösen, der
selbst das größte Räthsel ist, also so gut als Niemand. Ich
kann nur Ahndungen folgen; ihr folgt auch Ahndungen,
aber ihr nennt sie nicht so, ihr glaubt an sie und nennt sie
Pflicht. Ich nehme kein Räthsel zum Richter an. Wer will,
daß ich ihm trauen, oder meine Handlungen auf seine Wagschaale legen soll, der lehre mich im Dunkeln sehen, oder ist
er das Licht, so nehme er seine Maske ab.

Ich will gerne helfen, wo ich kann; aber leben ist eine
Freykunst, ich treibe sie, wo und wie ich will. Bleibe du bey
deinem Handwerke, das du von deinem Vater ererbt hast,
bleibe in deiner Zunft, du sollst meinen Namen nie in einer
Sclavenliste lesen, so lange jede Gemeinnützlings-Stelle mit
Supernumerairs versehen ist, die dem noch lebenden Besit-
zer einen Fluch mit den Augen und einen Seegen mit dem
Munde bringen.

Ich will der Welt nützen, ich will besser werden in ihr, indeß ihr in eine bürgerliche Ordnung zusammengezwängt,
nichts kennt, als euch selbst und einer des andern Ehrgeiz
zu Tode ärgern. Kommt ihr weiter mit all' eurem Ringen
nach dem Mittel, Geld, da ihr nicht den Zweck, Genuß,
habt? Werdet ihr besser mit eurem Verbessern eurer Umstände, wenn ihr nicht eure verbesserten Umstände in euch
selbst zurückbringt, um euch selbst zu verbessern? Ihr sorgt

für eure Kinder und lehrt eure Kinder für ihre Kinder sorgen; und wer genießt, wer verschlingt endlich alle die
Früchte? ein allgemeines Phantom, eine Nebelgestalt, die
aus den Gräbern der aufgeopferten Wirklichkeit eurer Einzelnheit verpestend emporwallt, und oft zur Gewitter-
schwangern Wolke zusammengethürmt euch eure Freuden
in der Verheerung des Blitzes und dem Brüllen des Donners
zurücksendet – Ein Bauch in der Monarchie, mehrere Bäuche im Freystaat, und diese Bäuche heißen das allgemeine
Beste.

Ich lebe in der Welt, und die Ordnung der Welt geht nach
ewigen unabänderlichen Gesetzen, sie ist die weiteste
Schranke, und ich der ausdehnbarste Tropfen in diesem
Meere. Ich leihe mein Ohr gerne den Harmonien der andern,
gebe ihnen gerne meine Töne hin; ob sie ihnen nun behagen
oder nicht, der große Einklang kömmt doch heraus. Wenn
meines gleichen nicht da wäre, würde dieser Einklang ein
Einerleyklang werden; und wer giebt das Concert, der, der
das Solo spielt, oder die, welche accompagniren? Das Allgemeine würde ohne meines gleichen über dem alten Adagio,
das ihr von Ewigkeit zu Ewigkeit zum allgemeinen Besten
aufspielet, vor Langeweile einschlafen, und überhaupt müßt
ihr mir erst das allgemein Aehnliche vorzeigen, wenn ich an
ein allgemein Bestes glauben soll, von dem ich eben die Vortrefflichen nicht so viel Lermens machen hörte.

Soll ich mein Leben vielleicht auf einen Karren packen
lassen, und es auf Rädern, die sich immer um sich selbst
drehen und keiner Pfütze ausweichen, hinleyern – Nein, auf
einem unbändigen Rosse ein mächtiger Reuter, will ich
meine Bahn durcheilen, um auf vielen Umwegen mit euch
Langsamen zugleich anzukommen, und doch von manchem
goldnen Rande einen Tropfen, von mancher Purpurlippe
einen Kuß gesaugt zu haben. Leben heißt nicht hundert
Jahre alt werden, leben heißt fühlen und fühlen machen,
daß man da sey, durch Genuß, den man nimmt, und mit
sich wiedergiebt.

Für zwey Pfennige Gift tödtet mehr Fliegen in einer Stunde, als ihr Herrn Praktiker mit all euren Pantoffeln in einer Woche wegklatscht, und ein Ankertau von einer halben Elle derb gefaßt, rettet einen braven Purschen eher im Sturme, als ein ganzes Knaul Bindfaden.

Die Folgen! höre ich dich sagen. Die Folgen verfolgen nur den Unmäßigen. Die Leidenschaften des weisen Menschen nach meinem Systeme können ihn zwar in die Arme der Wollust, aber nie in die des Lasters führen, sein geübter, sein geschmeidiger Geist leitet ihn, nie führt er ihn zu Ausschweifungen. Denn wie mag sich der Tropfen einfallen lassen, im Meere auszuschweifen. Betrachte alle die Unglücklichen, gegen die die Gerechtigkeit Rache erheben muß, du wirst Feuergeister oder begränzte Menschen, aber nur Dummköpfe und Abergläubische finden.

Ich hoffe, ich fürchte nichts nach meinem Tode. Ich habe kaum Kräfte genug, mich und meine Sphäre auszufüllen; soll ich mir meinen Raum erweitern, da dieser schon unermeßlich ist? Wer sich ins Unendliche verdünnt, dessen Umfang muß man mit Mikroscopen suchen, dessen Inhalt muß man mit Säuren finden, und ich mag gerade nicht allein für einen Optiker oder Chemiker leben. Kleinigkeitsgeister, verkrüppelte Menschen, Versteinerungen, und die liquidesten Solutionen hoffen auf ein Jenseits, weil sie sich hier in einem Puppenschranke wähnen, oder an einer Krücke, oder der Stein des allgemeinen Anstoßes sind, oder als unschuldig leidende verkannte junge Herren herumseufzen. Der erste hofft Bebe beym heiligen Christophel zu werden; der andere erwartet ein Hospital, in dem seine kranke Seele die Hauptrolle spielen wird; der dritte erwartet, daß der Patron des Steinschleifer Meyer aus Carlsruhe im Himmel sitze und aus ihm eine Garnitur Knöpfe für den Sonntagsrock des lieben Herr Gotts schleifen werde; und der vierte endlich glänzt schon in seiner Idee als Thauperle an der Keuschheits-Lilie des heiligen Aloysius, träufelt schon als Jupiters goldner Regen in den Schoos der Danae oder wird

gar aus Landwein zum heiligen Blute. – Doch ich wäre bald
bitter geworden.

Ich hoffe nichts nach meinem Tode; dieß ist mir eine Ursache mehr, gut zu seyn. Ich befestige, ich ermuntere mich
so in der Maxime, die mich handeln macht, weil sie dadurch
ganz menschlich, ganz natürlich, ganz mein Eigenthum
wird. Sie heißt Genugthuung, die ich empfinde, mit mir
selbst zufrieden zu seyn. Nie will ich über meine Menschlichkeit erröthen, ich will meine Leidenschaften, statt sie zu
unterdrücken, benutzen; sie verbinden die Menschen unter
einander, und diese Verbindung ist mir alles.

Geistreiche Freundschaft, geistreiche Liebe, geistreicher
Wein und ein Lied an die Freude von Schiller, an deiner
Hand, in Joduno's Arm, in meinem Glase, von Molly gesungen, schöne Natur um mich her, und der Eichbaum über
uns. Wo ist euer Jenseits? Dein Händedruck hört auf, du
mußt Geld zählen, Joduno's Kuß fällt von meinen Lippen,
sie muß husten, das Glas entsinkt mir, ich habe zu viel,
Molly schweigt, sie hat zu hoch angefangen, der Winter legt
die Natur zur Ruhe und den Eichbaum, und ich schlafe
mein Räuschchen aus; das ist mein Jenseits.

Du stellst Molly und Joduno zusammen; zwey sehr vollkommene aber sehr verschiedene Wesen. Du wirst vielleicht
Molly sehen, und dann wird auch gewiß dein Herz für
deine Zunge büßen; sie geht ihren Weg nach Grundsätzen
wie der Mond, den weder das Anseufzen der Haasenfüße
noch das Anbellen der Hunde irre macht. Deine Auseinandersetzung ihrer Coquetterie ist recht gut gerathen. Aber
du hast gar nicht auf den rechten Fleck getroffen. Der Brief,
den ich in der Tasche trage, wird die Sache wohl ausmachen.
Uebrigens habe innigen Dank für deine Freundschaft. Unter das Geheimnißvolle in Molly's Betragen gehört noch,
daß ich nie erfahren konnte, wohin sie Sonnabends fuhr, sie
wollte immer allein seyn. Der Wagen hielt in einem Holze,
und sie stieg ab, um in einer Stunde wiederzukommen. Der
Ort, wo der Wagen anhält, ist drey Meilen von B. hieher zu.

Sie soll einige Mal Bücher, Knabenkleidung und Musik mit-
genommen haben. Alles dieses hat mir ihr Kutscher erzählt.
Sollte sie etwa ein Kind der Liebe im Verborgenen erziehen
lassen? Ich muß auf meiner weitern Reise in dem Walde
mich ein bischen umsehen, vielleicht daß ich das Geheimniß
erfahre.

Die Traurigkeit meines Vaters ist wohl nur durch Ent-
wickelung zu heben, die die Zeit, und nicht wir durch unsern Trost herbeybringen können. Ich liebe ihn und er liebt
mich, und doch war ihm meine Gegenwart Qual, und nun
bin ich weg und er ist noch nicht getröstet. Ein Geheimniß
liegt über meiner Geburt – über meinem Leben soll keines
liegen. Ach! es liegen Geheimnisse über dem Menschen, die
keiner aufdecken möge. Kein Sturmwind in dem Aschen-
haufen des häuslichen Heerdes, damit die zerstäubte Gluth
nicht die Säulen des Hauses verzehre. Störe nie die Geheimnisse der Wiegen, damit Reue nicht durch Verzweiflung zur
Schande werde. Störe nicht in den Geheimnissen der
Grüfte, und decke den Inhalt verlebter Stunden, die wie
Särge in dem Gewölbe der Vergangenheit ruhen, nicht auf,
daß Verwesung dir den Glauben an die Freuden des Daseyns nicht raube. Ich werde nie ein Urtheil über Handlungen fällen, die außer meiner Erinnerung und außer meinem
Stolze liegen.

In einigen Tagen reise ich ab von dem Sohne und dem Vater, aber Joduno wird noch zuvor mich zu einem Greise
bringen, der mit seiner Tochter in dieser Gegend als Einsiedler lebt. Lebe wohl, sage dem Vater, daß ich ihn liebe,
und daß es mir wohl ist, und sey nicht böse auf diesen Brief,
denn ich liebe dich sehr.

Otilie Senne
an Joduno von Eichenwehen.

Herzlichen Dank, meine Liebe, für deinen Brief, in dem du
wieder meine liebe heitere Freundin warst. Deine Worte sehen ganz aus wie du, du glaubst nicht, wie sie mir wohl
thun. Wenn meine Worte so aussähen wie ich, so würdest
du gewiß bald herüber kommen, denn ich fühle mich seit
einiger Zeit einsamer als je, und nie war mir das Leiden
meines Vaters und sein geheimnißvolles Benehmen trauriger. Ich weiß nicht, wer von uns beyden sich verändert hat,
er oder ich! Bin ich anders geworden, und bemerke ich jetzt
erst, daß unerklärbare Dinge, die immer um uns her wandeln, unsere Neugierde und unsere Theilnahme nie ganz
einschläfern können, wenn wir denken und selbst fühlen?
Oder ist mein Vater so anders geworden, so viel trauriger,
daß durch ihn mir sein Kummer jetzt so sehr auffällt? Ich
wünschte es nicht, sonst wäre er unglücklicher geworden,
und dann müßte mich die Sorge plagen, daß er durch irgend
etwas in mir leide, denn er sieht ja keinen andern Menschen.
Du glaubst nicht, wie sorgfältig ich mich und mein ganzes
Betragen beobachte, wie ich meine augenblickliche Freude
erdrücke, um ihm näher zu stehen, und wie sehr ich mich
bemühe, mein ganzes Daseyn, das ihn so sehr liebt, an ihn
zu schmiegen, ihn ganz zu umfassen, damit ich die Wunde
bedecken muß, die in ihm blutet. Aber auch dieß hilft ihm
nicht, es scheint mir, als verdopple sich ihm sein Schmerz,
wenn er fühlt, daß er in zwey Herzen wohnt. Ich bitte dich
deswegen um so mehr, bald herüberzukommen, denn über
dir ruht jener freundliche und milde Schimmer der Freude,
der auch weinenden Augen wohlthut. Bringe ein paar
freundliche Lieder mit, wir wollen sie zur Cither spielen.
Mein Vater, dessen Freund und Tröster immer seine Harfe
war, und dessen traurige Lieder so gern auf den Wogen der
Musik hinwegschweben, ist vielleicht fähig, auf demselben

Wege die Ruhe wieder in seinen Busen aufzunehmen. Ich
liebe dich herzlich, und will auch deinem sonderbaren
Freunde gut seyn, wenn er so gut ist, wie du ihn mahlst. Du
hast eine ganz eigne Empfindung für ihn, die ich gar nicht
kenne, und wenn ich in deinem Briefe lese, wie du an ihn
denkst und von ihm sprichst, so ist mir immer, als müßte er
ein Weib seyn, und müßte dich schon einmal gekannt, oder
mit dir gespielt haben, und dieß sonderbare Gefühl, daß er
ein Mann ist, und du doch so von ihm sprichst, macht mich
sehr neugierig auf ihn. Vielleicht wird er meinem Vater gefallen und ihn zerstreuen. Er dankt dir für den Wein. Froh
ist uns nicht dabey geworden; er ist so des Kummers gewohnt, daß selbst seine festlichen Tage durch ihn gefeyert
werden. Den Abend vor seinem Geburtstage war er ganz
sonderbar heiter, er erzählte mir viel von meiner Mutter,
von seiner Liebe zu ihr, von seinem glücklichen, Eintrachts-
vollen Leben; und da er mir erzählte, daß sie bey meiner
Geburt starb, und mich weinen sah, so kniete er vor mir
nieder, und sprach, indem er seine gefalteten Hände auf
meine Knie stützte, in der heftigsten Bewegung: Liebes, gutes Mädchen, ich habe viel mit dir verloren, und du hast mir
viel gegeben, du bist ein sehr gutes Kind, und doch muß ich
ewig beweinen, was ich ewig vermisse, und was ich nicht
lange besessen habe. Es thut mir weh, sehr weh, daß ich
dich immer mit mir leiden sehe, aber es ist gut, denn so
werde ich früher sterben, so werde ich eher Ruhe finden.
Wenn ich auch todt bin, so wird es dir nicht fehlen, denn ich
habe manches Gute gethan, damit du von meiner Erndte,
die ich kaum mehr reif sehen werde, glücklich leben kön-
nest. Verzeihe mir, es ist nicht recht, daß ich dir in deine Jugend traurige Gestalten sende, vielleicht wirst du dich später, aber wahrer freuen, als die andern Menschen. Ich kann
nicht heiter seyn, mein Leben war Verlust, mein Tod wird
mein erster Gewinnst seyn, ihn werden meine Freuden begleiten, sie gehören ganz dir, und ich werde nur die mit dir
theilen, daß ich dir ein solches Erbtheil erschaffen habe.

Heute sind es – Jahre, daß der Schauspieler zu einer großen
traurigen Rolle der Schicksale geboren wurde. Ich habe
mehr gethan, als sie gespielet, ich habe sie gefühlt, sie hat
mich vernichtet, der Vorhang ist gefallen, und ich weine
hinter der Scene. Du bist zu früh geboren, du mußtest ohne
Schuld noch mit aus dem Thränenbecher trinken, den ich
gern, sehr gern allein in der Lebenslinie, die der Funke der
Allmacht, der in mir wohnt, zu durchlaufen hat, ausgeleert
hätte, damit dir die reine ungestörte Freude übrig bleibe.
Ich werde bald deine Mutter, mein treues, edles Weib, wiedersehen, ich werde auch Jene wiedersehen, die mein Wiedersehn tödtete. Ach! wenn ich es nicht glaubte, so wäre ich
ganz elend, so hätte ich keinen Wunsch mehr und nicht einmal den Wunsch zu sterben. Hier verbarg er sich in meinem
Schoos, ich umklammerte ihn fest, sein Schmerz wüthete in
mir, und ich rief aus: so sterben, ach! so sterben! Ich weiß
nicht, was nachher geschehen ist, ich weiß nicht, wie er aus
meinen Armen gekommen ist. Als ich erwachte, fühlte ich
kalte Tropfen auf meiner Stirne, und eine tiefe schwarze
Nacht hatte mich bedeckt. Plötzlich goß sich das Licht des
Mondes durch die Halle, zu meinen Füßen saß Werdo, ich
sah in seine Augen, die mich lange nicht so himmlisch, so
voll Vaterliebe angeblickt hatten. Kaum blickte das Auge,
das freundliche Auge der Nacht so wehmüthig und so vertraut in unsere Wohnung, als mein Vater die Harfe zu spielen und zu singen anfing. Es war mir, als habe er sein Lied
an dem Monde angezündet, es war so rein, so hell, und
doch so mild, was er sang, daß ich nie von ihm so etwas gehört habe; er sang mit einer festern Stimme als je, und der
Inhalt des Liedes brachte in mir die nämliche Empfindung
hervor, erfüllte mich eben so mit Ahndungen, wie es der
Mond thut, wenn ich allein oder mit Eusebio am Abende
am Thurme sitze. Es ist dann alles so klar um mich, und
doch kann ich die Ferne hinter mir und die vor mir nicht
beschreiben, es verwebt sich der Himmel mit der Erde,
Wolken und Berge, Höhe und Tiefe fließt in ein Meer von

unergründlich tiefem stillen Leben zusammen, das auf seinem Scheiden und Kommen ruhig meinen Blick fort bewegt, und ihn dem freundlichen Monde entgegenträgt. Ich
nenne den Mond, wenn ich ihn denke, immer, wie Eusebio,
la luna, denn es ist mir lieber, und ich kann mir ihn besser
wie ein Weib denken. Da mein Vater so sang und es wieder
dunkel ward, steckte ich unser Lämpchen an, und hörte ihm
wieder zu; sein Lied ward immer tröstender und ging dann
in eine sanfte Freude über. Er stand auf, küßte mich und
sagte: nun ist uns Beyden wieder wohl; nicht wahr, meine
Liebe, so mußte ich endigen, damit du ruhig von mir gehen
kannst, und damit ich heute Nacht denken kann, daß du
nicht um mich weinst und sanft schläfst? Er gab mir die
Hand, und ich ging auf meine Stube. Ich setzte mich hin,
um deinen Brief nochmals zu lesen, und da ich ihn ausein-
ander legte, fand ich einen Ring an meinem Finger, den ich
nie gesehen habe. Ich wußte nicht, wie er an meine Hand
gekommen war, zog ihn ängstlich ab, betrachtete ihn von allen Seiten, und konnte mir es gar nicht erklären. Er ist aus
zwey Armen gebildet, die einen schönen Diamant halten,
und in dem Reif war der Name Marie * * * eingeschnitten.
Der Ring machte mir ganz bange; meinen Vater konnte ich
doch nicht mehr wecken, um ihm zu fragen. Ich legte ihn
sorgfältig eingewickelt in meinem Schrank, sahe einigemal
wieder nach ihm, denn es war mir, als könnte er wieder verschwinden, da er so sonderbar angekommen war. Nun las
ich deinen Brief, dachte an dich auf alle Weise, wie du ihn
schriebst, wie du dabey ausgesehen, gesessen, und angeklei-
det warst, ach! es ist so lange, daß ich nichts von dir gehört
habe, ich sehnte mich so nach dir, es war so leer in meinen
Armen, du warst nicht drinne, um die viele Liebe lesen zu
können, die in meinem Herzen erwachte. Ich verschränkte
die Arme und umarmte dich in meinem eignen Herzen. Es
ward mir so ruhig; ernsthaft war ich nicht, denn vor meinen
Augen tanzten leichte Gestalten, die alle aussahen wir du,
auf einer großen Blumenfläche, sie schwebten höher und

höher, und wiegten sich wie Sonnenstrahlen auf den Blüthen der Bäume, ich saß unten allein, sie grüßten mich
freundlich und winkten mir, aber ich konnte nicht kommen,
die Schwermuth liegt auf mir, und drückt meine heiße
Wange an die kühle Erde, ach! ich mochte nicht kommen,
denn ich war so glücklich, und fühlte mich so gut, so frey,
so wohl, ich konnte nie ein beßres Mädchen seyn, ich
glaubte die Freundin, dich, verdienen zu können, ich
glaubte die Wunde im Herzen meines Vaters ganz auszufüllen und liebte mich selber recht sehr. Es wird mir lange   10
nicht mehr traurig seyn, ich habe heut Abend Stoff gefunden, mich lange Zeit zu freuen, und dann bin ich beneidens-
werth.

Wenn du zu mir kömmst, so will ich eine Stunde mit dir
scherzen, die andere wollen wir mit einander darüber nach-   15
denken, was doch die sonderbaren Bilder, die ich immer um
mich sehe, bedeuten, und die dritte wollen wir uns neben
deinen Freund setzen, er soll uns von seinen Reisen erzählen, und da will ich immer rathen, was dieß oder jenes be-
deute, wenn er mir von der Welt erzählt. Meine Kinder sind   20
alle recht freundlich, und du wirst dich an ihren schönen
Augen recht erfreuen, das sind meine vielen Blumen, so und
meine Geschwister nennt sie Eusebio. Unsere Liebe, dein
sonderbarer Freund und unsere Lieder werden uns die Zeit
beflügeln; beflügle deine Schritte gegen Werdo's Halle.   25
Deine

                                              Otilie.

Römer an Godwi.

Zwanzig Meilen bin ich gereiset, und nichts als meine Geldbörse hat gelebt, recht in den Tag hinein gelebt. Der Anfang meines Traums war ein großes Concert und die allmächtige Stimme eines allmächtigen Weibes, und mein Erwachen ist die süße Stimme eines liebenswürdigen Mädchens, die mit ihren kleinen niedlichen Fingerchen auf einer pariser Guitarre spielt. Sie ist einzig wie ihr Auge, in dem die Macht von zweyen wohnt, denn sie hat nur Ein Auge, aber ein Herz und einen Geist. – Du wirst sagen, mit dem Römer muß sonderbar gespielt worden seyn, daß er so launig geworden ist; sieh noch einmal nach der Unterschrift, überzeuge dich. Ja ich bin es; und wie das alles? Dein Vater hat mich vor vierzehn Tagen meiner Arbeit entlassen, und mir erlaubt, meine Geschäftsreise anzutreten. Meine Stelle ersetzt ein Fremder, ein Freund deines Vaters, den er die Woche vor meiner Abreise ins Haus brachte. Er hat, wie er mir sagt, schon einen Monat auf unserm Landhause gelebt, und ich kenne ihn nur als einen fleißigen, sanften Mann, der in seinem Alter von zwey und dreyßig Jahren viel muß erfahren haben. Seine Züge sind durch Leiden verwischt, wenn er lächelt, so rührt er, und wenn er blickt, so sucht er. In Handlungsgeschäften hat er sehr viel Kenntnisse, was den Geist und den ganzen Umfang betrifft; doch muß er oft bey Kleinigkeiten sich sehr anstrengen und besinnen, um das Resultat zu finden. Er ist überhaupt eine von den zarten großen Seelen, die sehr viel verzeihen, und doch von sehr wenigen gekränkt werden können. Ich hätte ihn gern näher kennen gelernt, wenn es nicht schwer wäre, ihm in kurzer Zeit näher zu kommen, weil seine Oberfläche, mit der man sich zuerst berühren muß, um sie ans Herz zu drücken, zerrüttet ist. Es ist mir, als habe ihm das Schicksal die Hand gelähmt und so den Freundschaftsdruck ermordet. Er muß den Menschen, den er lieben soll, gleich umarmen können,

sonst kommt er ihm nimmer nahe. Dein Vater ist innig mit
ihm verbunden, denn er ist oft allein mit ihm in seinem Kabinette, in das noch keiner außer ihm gekommen ist, und
dennoch zeigt er auch im Umgange mit deinem Vater, daß
er nur noch die Tiefe des Lebens besitzt, und das Nächste   5
verlor. Er geht mit ihm um, wie ein schüchterner Anbeter
mit einem coquetten Weibe, wie der bigotte Catholik mit
seiner Religion, er ist der unermüdliche, stumme, ängstliche
Befolger aller Winke, die dein Vater giebt, oder die er sich
von deinem Vater einbildet. Wenn er ruhig vor sich hin-   10
sieht, und ich wollte dir ihn schildern, so müßte ich dich auf
die Anlage des Colorits eines Bildes des tiefsten Schmerzes,
den das Bewußtseyn verläßt, und die Ahndung des Wahnsinns bewohnt, verweisen.

Froh, deinen Vater in den Armen eines Freundes zurück   15
zu lassen, der ihn sehr beschäftigt, weil er bedarf, stieg ich
in unsern freundlichen englischen Wagen, und dein Vater
war so ungewöhnlich munter, daß er mir zurief, nehmen Sie
sich in Acht, mein lieber Römer, Sie sitzen mitten in der
Caprise einer Huldin meiner Vorzeit, einer Furie   20
meiner Gegenwart. Ich grüßte ihn, fand ihn sonderbar
und rollte in der Caprise recht bequem weiter. Pläne, dein
Bild und das Bild einer Caprise meines zukünftigen Weib-
chens setzten sich zu meiner Seite und wurden meine unter-
haltenden Gesellschafter. Die Epochen meiner Reise mit   25
offnen Augen waren mein Wohlbehagen, als ich durch die
reizenden Fasaden von D. fuhr, hinter denen schlechte
Häuser stecken. Chodowieki's und Jury's Titelkupfer zu
den Romanen des Feldpredigers, den spasmodischen Pro-
dukten des, Gott sey Dank! im Herrn selig entschlafenen   30
Vaters der zwölf schlafenden Jungfrauen, fielen mir dabey
ein; – weiter meine Langeweile bey der schlechten Geburts-
hülfe, die in H. den Musen geleistet wird, denn ihre Söhne
sehn an diesem Orte fürchterlich aus; weiter die unermüdliche Policey in – die den Baum vor dem Walde nicht sieht, 35
das heißt: den Sparren im Kopf, den Balken im Auge, vor

dem Splitterwalde in den Augen der andern, und gern jeden
zum Spitzbuben machte, um allen ihren Häschern und Poli-
zeyknechten Beschäftigung zu geben. Durch diese Stadt
geht der Transito der gesunden Vernunft von wackern
Marktknechten zu Ballen geschnürt und den Beschauern
der Landesaccise durchwühlt.

Ich konnte nirgends unterkommen, als im goldnen X.
Nicht einmal eine Stube für mich allein konnte ich haben,
und mußte, da ich zu Bette ging, das Gespräch zweyer mit
mir einquartirten Studenten hören. Der eine von H. kam
sehr zerstört und traurig nach Hause, und schrieb seinen
Kummer in das Freudendebet eines unglücklichen Frauen-
zimmers, deren Bylanz er heute gezogen und ein großes
Deficit gefunden habe. Der andere, ein ziemlich trockner
Geselle von J., wollte den Kummer gar in keine Rechnung
gebracht wissen, und ärgerte den ersten durch seinen Trost,
F. behaupte, alles läge im Capital Conto des Ichs, fast bis zu
Thränen. Ich reiste vor Tages Anbruch ab, und konnte dennoch den hebräischen Morgengebeten der polnischen Juden
nicht entgehen, sie verdarben mir den Gesang der Nach-
tigalllieder, die mir durch die Stadt nachhallten. Weiter
schlief ich bis nach B., wo, nun du kennst den Werth des
Ortes schon, nach einem zweydeutigen Aufenthalt der ge-
träumte Theil meiner Reise anfing. Ich rollte durch die
schönen breiten Straßen, ein kalter, todter Wind strich mir
um jede Ecke entgegen, alles, was ich sah, waren Leute die
durch Gehorsam grade, und Leute, die durch Stolz
krumm gehen gelernt hatten, Soldaten und Höflinge.
Einige Flüche und das Schallen der Stockschläge der Kinder
des Landes, die die Kreide aus ihren Hosen, den einzigen
Ueberfluß in ihrer Existenz, zur Parade ihrer Arbeit, und
die Gastfreunde aus ihren Bettdecken, die eben so sehr zu
den zehrenden Capitalien, als der fürstliche Stall, gehören,
zur Parade ihrer Ruhe ausklopften, unterbrachen mich in
meiner Angst, die mich jeden Augenblick vor dem Zauber-
pallast deiner Calypso vorbeyführte. Jeder zierliche Nacht-

topf vor einem großen breiten Fenster machte mich vor
ihrer Schlafstube zittern, jeder rothseidne Vorhang schien
mir das erste Princip der Mogenröthe ihres heutigen Tages,
jedes Kammerzöfchen, das mit weißem Arme ein silbernes
Waschbecken vom Fenster herausgoß, schien mir ihren
Schlaf und ihre süßen Träume von dir zu vergießen. Ich
stieg in einem Wirthshause ab, das am militairischen Ue-
bungsplatze liegt, und sah, wie sich einige Landes-Junker
ihres Lebens freuten, da sie ein Landeskind mit Spitzruthen
überzeugen konnten, daß es ihm ein leichtes sey, das ver-
botne Volkslied: Freut euch des Lebens, eben so wenig zu
singen und zu denken, als sein Herz Antheil an dem Sinne
des »Herr Gott dich loben wir« bey der Geburt eines
neuen Ruthenpflanzers nehmen zu lassen.

Morgen werden alle Wasser in dem Lustgarten Seiner
Durchlaucht springen, weil sich ein neuer Segensstrom in
der Geburt des zukünftigen Volksvaters über das Land ergossen hat, das Wasser in seinem Kopfe und die Thränen
seiner Unterthanen abgerechnet, welche sich in ihrer
wechselseitigen Austrocknung wie die Pontinischen Sümpfe zum Schweiße der römischen Päbste
verhalten. Doch sein Kopf und seine Unterthanen gehören nicht zu jenen Fontainen*), die wie eine gewisse Fontaine Wasser und immer Wasser in tausend lang und kurz-
währenden und -weiligen Strahlen zur Freude großer Damen und ihrer Kinderstuben und einer Menge litterarischen
Pöbels und seiner Spinnstuben ausspeyet. Sie haben ihre
Stelle im Jammerthal.

Den 22ten. Ich sitze mitten in einer wollenen Schäferey,
die gewirkten Tapeten meiner Stube sind voll von Schafen
und Schäferinnen, aus den Zeiten der arkadischen Schaf-
zucht unsers Geschmacks, aus den Zeiten Gesners. Hinter

---

*) Soll doch wohl nicht eine Anzüglichkeit auf den Französischen
Schriftsteller La Fontaine seyn?
                                        Anmerk. des irritirten Setzers.

meinem Bette ist eine hingewebt, die immer recht mit mir
harmonirt, wenn ich einschlummernd das Ritardando, Decrescendo und Diminuendo meines heutigen Lebens ertö-
nen lasse. Ihre lange langweilige Taille verträgt sich gar
nicht mit unserm jetzigen kurzgebundnen Geschmack – la
pointe de sa taille est encore au bas ventre et celle d'à pré-
sent se finit au coeur. – Da ich, wie du weißt, gewohnt bin,
seit mehrern Jahren vor dem Schlafengehen Gesners Idyllen
zu lesen, so sind mir diese Surrogate sehr willkommen, weil
ich, obschon ich sehr auf pag. 5. der kleinen Taschenausgabe
gespannt bin, sie vergessen habe, mitzunehmen. Doch so
wie die Kriegskunst von jeher ein Feind und Zerstörer der
hirtlichen Ruhe war, so verhindert seit zwey Abenden auch
die lermende Taille eines in der angränzenden Stube an dem
Pharotische eines Bürgers aus F., der seine Bierbank zu einer Goldbank exaltirt hat, spielenden Kriegers, den Einfluß
der langen Taille der Schäferin. Dieser Krieger gäbe sein
Herz gern zum Karten-Sinnbild hin, hätte seine ganze
Compagnie je an einem andern Flecke Herz gehabt, als
unter dem Ellnbogen, das heißt herzförmige Tuchflecken,
damit sie ihre Montur und die Ellnbogen derselben drey
Jahre lang durchbringen könne, denn diese Pursche sind alle
wie Simson und haben die Eselskinnbacke stets in den
Händen.

Es ist Zeit, daß ich in die Caprise steige und mich nach
dem Lustschlosse fahren lasse, wohin heut alles lustwan-
delt, und ich mir die Leute ansehen will. Ich bin bey meiner
jetzigen Freyheit ein ganz anderer Mensch geworden, und
freue mich über die neuen Seiten, die ich an mir entdecke.
Ich glaube fast, könnte ich mich nur so wenig über meine
Sphäre erheben, daß ich die dummen Streiche von Indivi-
duen alle bemerkte, ich wäre fähig, einen satyrischen Almanach, wie F. zu schreiben.

Hat der, welcher, in einförmigen Arbeiten eingeschlossen,
aus langer Weile gerne moralisirt und guten Freunden gern
mit gutem Rathe an die Hand geht, wohl Anlage, in der

Freyheit hie und da Bemerkungen zu machen, die unter die
launigen und satyrischen gehören? Können die Umstände
aus dem Cothurn eines vortrefflichen Iflandischen Hofraths
wohl den Stiefel eines bissigen Katers erschaffen – mir geht
es fast so, ich habe mir durch den einförmigen Gang meiner
Geschäfte einen einförmigen, systematischen Gang meiner
Ideen und Grundsätze erschaffen, die mich selbst am Ende
mehr langweilen als Herrmann Lange, wenn der seltene Zufall mir schneller die Bilder vor den Augen vorüberjagte,
weil ich viel gesehen, und so wenig bemerkt hatte, als Nikolai in seiner zwölfbändigen Reisebeschreibung; wenn man
umgekehrt geärgert wird, so hat man wenig gesehen und so
viel bemerkt, wie der Verfasser des Romans Godwi, und da
kommen nun deine Briefe hinter drein und sprechen von
Kaufleuten und praktischen Menschen etc. – Doch die Caprise will fort, sie gefällt allen Leuten wohl, sie ist gewa-
schen und geputzt, und erregt allgemeinen Neid. Bis aufs
Wiedersehn. Es geht mir bey dieser Fahrt wie einem Menschen, der immer witzelt, und deswegen manchmal treffen
muß. Er ist zu Menschen von Stande zu Tische gebeten, und
will nun recht witzig seyn, weiß aber noch gar nicht, ob er
bemerkt werden wird, und es bangt ihm vor dem Ausfalle
der Schlacht, da noch alles im tiefen Frieden liegt. Da bin
ich wieder, und wie blaß, zerstört, ängstlich. Haben deine
Bemerkungen nicht getroffen, armer Römer? O! ich wollte
gern nicht bemerken, wenn die verdammte Caprise nicht
wäre bemerkt worden. Ich kann dir nicht sagen, Karl, wie
mir zu Muthe ist, verliebt bin ich wahrlich nicht, hundert
Menschen habe ich umgerennt, hundert Flegels habe ich erhalten, Xenien habe ich gemacht, Straßen bin ich durchlaufen, wer weiß, wie viele stille Liebende gestört, wie viele
argwöhnische Alte erweckt, wie vielen Podagristen auf die
Zehen getreten, und wie vielen Laufern zwischen die Beine
gekommen. Da ich, um nach Hause zu kommen, über die
Fulda setzen mußte, bekam ich fast Händel mit dem Schiffer, dem Uebersetzer der kleinen italienischen Gondel, der

gerade auch ein Paar Damen mit schwarz und weißen Federn übersetzte. Merkur soll diesen Charon etwas verdorben haben.

Gott sey Dank, daß alles dieß vorbey ist, ich habe dieß alles von B. bis nach F. ausgeschlafen; aber doch ist es mir sonderbarer und wilder dabey zu Muthe, als es dir seyn mochte, als du mir deine sanftern Abentheuer an eben diesem Orte erzähltest. Ich saß also in der Caprise, und fuhr durch die Leute durch, die alle geputzt nach W. fuhren, ritten und gingen. Man zog vor meinem Wagen alle Augenblicke den Hut ab, und ich mußte diesem Gruß unaufhörlich antworten; man ist nun einmal hier gewöhnt, sich vor Caprisen zu beugen. Die Leute, die um meinen Wagen herum spatzirten, hatten alle ihre fette Seite zu Tage gelegt, und suchten sich gegenseitig in der Beurtheilung ihrer Glücksumstände zu übertölpeln. So sind nun die Menschen, statt ihre Tage der Ruhe und Erholung, wie Beckers Erholungen, zur Mittheilung ihrer Armuth und langen Weile anzuwenden, so wenden sie sie an, um zu heucheln und erliegen der Arbeit an ihrer Ruhe. Wie wenig brauchen doch diese Menschen, um glücklich zu scheinen, und der Schein in fremden Augen ist ihnen alles, weil sie zu ermüdet und zu geistlos sind, sich selbst zu genießen; sie kennen nur den Genuß im Neide des Nachbars, umgekehrt wie ermüdende und geistlose deutsche Producte allein im Lobe des Nachbars leben. – Sonderbar, daß die Engländer uns die guten Arbeiten ihrer Hände so theuer bezahlen lassen, und die schlechten Arbeiten unserer Geister so theuer bezahlen – Wer ist der angeführte Theil?

Der ganze Schwarm mit seiner Stimmung war mir unerklärbar; so ist der Pöbel über die Krone auf dem Haupte und die Krone auf dem Castrum doloris gleich verwundert; so ißt man Bretzeln beym Leichen- und beym Hochzeitsschmaus; so lacht und tanzt der Dummkopf mit dem lustigen Bruder und dem Patienten an der Chorea sancti Viti;

so geht der Marseillaner Marsch vor den Schaaren der bekannten Halsabschneider her, und ist in Deutschen gesellschaftlichen Zirkeln ein sehr beliebtes Gesellschaftslied. –
Ich sitze in der Caprise, und kann nicht mit lächeln mit
dem Lächeln des Schlafenden, dem ein Vampir Kühlung
und Ruhe zufächelt, während er ihm das Blut aussaugt.
Viel hübsche Gesichter hab' ich gesehen, aber fast alle Ge-
haltlos, am Gehaltlosesten waren immer die, die im
fürstlichen Gehalt standen, und am ausgezeichnetsten
und schärfsten waren die gezeichnet, die Pfennigweise
ihren Unterhalt bettelten, und sie hatten doch ein Eigenthum, das ihnen der Staat nicht nehmen konnte oder
wollte, ihre Armuth. Ueberhaupt ist jeder Sonntag und jeder Tag der Freude eine wahre Seelen-Masquerade; mit
dem Sonntagsrocke zieht der Bürger auch seinen Sonntags-
Charakter an, und nur der Arme wird nicht oder wenig
verändert, weil er entweder kein Sonntagswamms oder einen zerrissenen hat, so daß sein Werkeltags-Charakter entweder ganz erscheint oder durchsieht. Ich glaube, daß der
Fürst daher eben so wenig vom Glück des Volks aus seinem Jubeln auf Tanzböden, und eine vernünftige Hostie,
die im Hochamt emporgehalten wird, eben so wenig von
der Andacht der Christen überzeugt werden kann, als das
Volk von der Huld und Güte seines Fürsten aus seinem
Grüßen im Schauspiel-Haus, und seinem huldreichen Lächeln bey der offnen Tafel, und die betende Kirche von der
Höhe und Heiligkeit ihres Gottes aus der Länge und
Kürze der Arme des emporhebenden Priesters. Auf den
Tanzböden wird durch Gläsergeklirre und Geigengequike
der Verdruß, der sich nur in der Ruhe über den Niveau un-
sers Inhalts verbreitet, niedergeschlagen, so wie in der Kir-
che die reine Thätigkeit, die nur in der Ruhe aus unsrer
Tiefe emporwallet, exaltirt wird, so wie der Fürst, wie der
Götzendienst nie bei einer öffentlichen Ausstellung beur-
theilt werden können, wo alle Sedative der Sklaven- und
Herrscherkunst in voller Arbeit sind.

Ich war angekommen und lief durch die Menge durch,
und es ward mir nicht schwer, mich allein zu denken; denn
wir sind nie mehr allein, als bey einer Menge von Umständen, die ganz und gar verschieden von uns sind. In den Eindrücken der Anlagen liegt Pracht, Reiz, Rührung und Beru-
higung abwechselnd, und der Fehler nach meiner Meynung
liegt in der zu großen Aehnlichkeit dieser Eindrücke mit
dem Augenblicke und seinen Freuden, die nur einen Augenblick brauchen, es nicht mehr zu seyn. Jedes Einzelne ist
nur Einzelnes, indem es das vergangene Einzelne ver-
schluckt. Man kann hier nichts als dem Tode der Vergangenheit nachweinen, durch die Geburt der Gegenwart überrascht werden, und kommt man zu sich selbst, so ist ihr Leben höchstens noch das Nachundnach des Verschwindens.
So ist auch hier durch die Zusammenstellung aller dieser
Verschiedenheiten keine Gegenwart, man sieht nicht, man
sieht nur nach und entgegen. Den schweigenden Geist der
Musik, den mir ein marmorner Faun, der in der größten
Vollkommenheit auf einem hohen Felsen zwischen Gebüschen ausgehauen ist, zu ahnden giebt, zerstört der Körper
der Musik, der mir aus den Glöckchen am chinesischen
Hause sinnlich entgegengaukelt. Der Reiz einer mediceischen Venus, dessen Zauberlicht durch die Schatten kosen-
der Zweige hervorbricht, erfüllt mich mit den Schauern der
Kunst und der Natur. Die Lüge der Kunst ist so unausstehlich wahrscheinlich, daß die reizendste, seltenste Möglichkeit durch die Verführung der Unmöglichkeit mich in Begierden durchzittert, ich möchte mich in diese steinerne
Fluth stürzen, daß die Wogen des Genusses über mir zu-
sammenschlügen, und kann doch nichts fühlen, nichts sehen, als den Satyr meiner getäuschten Sinnlichkeit, der all-
mächtig meine Vernunft wie eine weinende zarte Nymphe
davon schleppt. Lüstern folgen meine Blicke meiner Begierde, die trunken über die Wellenlinie der Grazie hintau-
melt und an der gefährlichsten Stelle hinter dem Aste einer
Zypresse entweicht: so hängt die Angst der Nachwehen um

die Schläfe des Genusses – O warum muß der Trank der Freude ein heller Trank seyn, daß man bey dem kleinen Maaße, das uns gereicht ist, immer den Boden sieht? Sollte man nicht, wie Diogenes, den Becher wegwerfen, und lieber aus seiner Hand trinken, die selbst vom Rausche zittert; nicht lieber den Rausch aus dem Becher trinken, der selbst berauscht ist, da wir nicht schwimmen können, um uns in der allgemeinen Masse zu erfreuen, deren Tiefe uns keinen Boden sehn läßt? Weg mit dir, Freudenstörer! schrie ich den Zypressenast an, und dieß ist wahrlich das Zweckmäßigste, was ich in meinem Leben gesagt habe, so wie das Zweckmäßigste, wo nicht das Mäßigste, was ich in meinem Leben gelesen habe, die Worte sind: Weg mit dem dummen Halstuch, was soll das dumme Halstuch! Weg mit dir, Freudenstörer! Wer über dem Zählen der Falten auf der Stirne der Zukunft die Küsse der Gegenwart unzählig zu machen vergißt, der wird alt und blind, ehe er die Fülle seiner Jugend erblickte. Wer nicht nehmen will, weil er befürchtet, eine Lücke zu machen, der wird auch nie hingeben, um eine Wunde auszufüllen. Wohl dem, der in dem Leben durch seinen Genuß eine so tiefe Spur zurückläßt, als die Lücke ist, die er im Grabe ausfüllen muß. Der Zweig ist weg, eine Hütte steht vor mir, ich schreite träumend zu, trete hinein, und stehe unter einem halben Dutzend alter Männer, die sich sehr ernsthaft ansehen; ich entschuldige mich, ziehe den Hut ab, sie sperren die Mäuler auf und sprechen nicht – Husch fliegt dem einen ein Vogel aus dem Munde, ich schaue auf und finde mich unter einem halben Dutzend hölzerner Philosophen der Vorzeit, die zur Dauer mit Oelfarbe angestrichen sind. Platon, der den Männern mit Baßstimmen die Gefühle der lebendigen Orgelpfeifen in Rom unterschieben wollte, hatte sich ein Sperling mit allen Freuden seines Ehebetts in den offnen Mund einquartirt. Nie habe ich einen stummern Lehrer gesehen, nie ist einem Lehrer Stoff der Selbstverleugnung und die Wahrheit so in den Mund gelegt worden. Meine verfolgte Begierde

war mit dem Sperling davon geflogen, und ich nahm mir
vor, mich hier keiner Laune mehr zu überlassen, weil das
Ganze für Menschen erschaffen ist, die weder froh noch
traurig, sondern amüsirt und zerstreut werden sollen. Ich
5 setzte mich auf eine Bank an einer Einsideley, und sah die
ungeheure Menge von Menschen um mich her wandeln, die
mich in die ödeste Einsamkeit versetzten, weil sie mich alle
nichts angingen. Plötzlich geschahen einige Schüsse. Es lebe
der Fürst! es lebe Casimir, der Fürst! hallte die ganze Wüste
10 wieder, und strömte dem andern Ende des Gartens zu. Es
war mir wie einem ehrlichen Muselmann zu Muthe, der die
Wüste Arabiens hinter sich hat, und der Moschee des großen Propheten schon entgegen sieht. Ich ging ruhig den
Pfad gegen die Moschee hinauf. Chinesische Brücken tru-
15 gen mich über tosende Katarakte. Das ewige Stürzen, Wogen und Schäumen flieht und kömmt, wie die unendliche
Zeit. Ich hänge mitten darin, auf das schwache Geländer der
Treppe gestützt, Tropfen spritzen mir in das Gesicht, und
erwecken mich aus meinem dumpfen Dahinbrüten, ach! nur
20 so wenige Tropfen, nur Tropfen mir! – Ich weiß nicht, was
ich gefühlt habe, bis mich eine Gestalt, die durch die Säu-
lengänge der prächtigen Moschee, wie die süße Trunkenheit
der Andacht und der allmächtige Zauber des Traums einer
Religion, hinwallte, mich durch ihre fast handgreifliche
25 Wahrscheinlichkeit aus meinen sonderbaren Reflexionen
über die schreckliche Zeit erweckte. Ich war bis unter die
langen Arkaden gekommen, da ein leiser Fußtritt an dem
gegenüberstehenden Gange neben mir vorüber hallte. Nie
habe ich so viel Stolz aus Selbstgefühl, so viel Demuth aus
30 Mitgefühl, in der gebildetsten Hoheit eines weiblichen Um-
risses in der heiligsten Tiefe einer weiblichen Fülle vereint
gesehen. Die Moschee, der Turban der Dame, ihr Schleier
versetzten mich in die Feerey des Auslands, schüchtern eilte
ich ihr durch alle die zierlichen Irrgänge nach, oft sah ich
35 eine reizende Falte ihres wallenden Gewandes um eine
Säule herumschweben. Mitleidig bedaurte ich jede Falte

ihres Gewandes, die an den Säulen des Tempels der Religion
anstreifte, um einer Schwester Platz zu machen, die nun innig die Säulen des Tempels der Liebe umschloß. Ich scheute
mich, meine Schritte zu verdoppeln, und sie schien mich zu
vermeiden. Ich ging einen entgegengesetzten Weg, trat in
die Moschee, und die Gottheit stand mitten in dem erhabenen einfachen Betehaus. Nie war ich verwirrter, ich habe nie
mitten im Gebet eine Gottheit vor mir niederschweben sehen. Eine junge Nonne, deren heilige Jungfräulichkeit sich
mit ihrer menschlichen Jungfräulichkeit verwirrt hat, die die
Pfeile im Busen des heiligen Sebastians nicht mehr von einen der Liebe trennen kann, kann nicht verlegner seyn – ich
dachte an dich und wünschte mir deine Kühnheit; hätte ich
diese nicht entbehrt, so würde ich gar nicht an dich gedacht
haben.

Ich grüßte das Weib aus sittlicher Lüge, und sah sie nicht
an aus dem menschlichen Gefühl des Wagstücks der innig-
sten, natürlichsten Vertraulichkeit mit ihr. Ich glühte und
war frey, hingestoßen, mich in ihre Arme zu werfen, ich zitterte und war gefesselt, mit Gewalt zurückgehalten, an ihren Hals zu fallen. Wir drehten uns den Rücken. Ich sah an
die Decke des Gewölbes, weil ich gen Himmel blickte, und
las unter vielen Sprüchen, die mit goldnen Buchstaben an
die Wände geschrieben waren: Hier sey keine Furcht als die
Furcht des Herrn. Dieß erfüllte mich mit einem unerwarte-
ten Muth, ich drehte mich um, um die Dame anzureden,
aber sie kam mir zuvor und bat mich mit vieler Anmuth um
mein Augenglas, um eine weiter entfernte Sentenz zu lesen.
Ich gab es ihr zitternd, indem ich die äußerst gemeine Bemerkung machte, »so schöne Augen und ein Augenglas«.
Sie sah mich lächelnd an und sprach mit einer wehmüthigen
Stimme »die Thränen«. Ich schämte mich und hörte sie die
Worte laut lesen: »Lege hier nicht dein Leiden, lege dein
Handeln in die Wagschaale.« Hier gab sie mir das Augenglas zurück, sah tiefgerührt zur Erde, und schien ganz von
dem hohen Sinn der Wahrheit getroffen zu seyn. Die Hände

nachlässig zur Erde herabsenkend sah sie nieder, als suche
sie ihre Handlungen und fände verlohrne Freuden. Ach! ich
wäre gern vor ihr niedergesunken, hätte ich nur die mindeste Hoffnung gehabt, zu ihren verlornen Freuden zu gehören. Ich seufzte etwas laut, das hohle Gewölbe ertönte und
weckte sie auf. Sie scheinen ein Fremder zu seyn, mein
Herr! redete mich die Dame an. Ich bejahte die Frage. Nun
so können wir, fuhr sie fort, mit einander nach der Stelle gehen, wo die Wagen die Spatziergänger erwarten, ohne daß
der eine in Gefahr ist morgen zu hören, was der andere Böses von ihm gesprochen hat. Ich konnte sie nicht begreifen
und ihr nicht antworten; ich bot ihr meinen Arm, und wir
verließen die Moschee schweigend. Ich wagte es, sie zu fragen, wie sie zu so einsamen Spatziergängen verführt würde;
auch hierauf erhielt ich eine eigne sonderbare Antwort: ich
habe diese Frage schon so oft beantworten müssen, erwiederte sie lächelnd, daß es mir schwer wird, zu antworten,
ohne mir den Vorwurf machen zu müssen, ich hätte die
Antwort auswendig gelernt. Doch ich will es versuchen,
mich mit der Vielseitigkeit meiner Sprachgewalt selbst zu
übertreffen, es ist, weil ich nichts an der Welt zu fodern und
ihr nichts zu geben habe. Man hat mir so viel genommen,
daß man bey der Harmonie meines Daseyns das zerstüm-
melt hat, was mir noch zugehört; mehr kann ich nicht
sagen, und Sie werden so gütig seyn, Ihre Neugierde zu
unterdrücken und mir die Freude zu lassen, Ihre Frage be-
friedigend beantwortet und dennoch mich Ihnen nicht anvertraut zu haben. Madam! erwiederte ich, ein Mann, der an
Ihrer Seite geht, müßte der undankbarste Mensch seyn,
wenn er noch einen andern Wunsch in seinem Busen hegen
könnte, als den, zu wissen, ob er Ihnen nicht mißfällt. Lassen Sie das, mein Herr! erwiederte sie, das sind Zierereyen,
die Sie nicht hierher bringen müssen, wohin ich den Zierereyen des bürgerlichen Lebens entfloh. Wundern Sie sich
nicht über alles, was ich von Ihnen fodern will; wenn Sie
können, so freuen Sie sich darüber. Wir werden uns wohl

nicht mehr sehen, lassen Sie uns das Stückchen Weg, das wir mit einander zu gehen haben, einstens zu den wenigen Minuten zählen können, die wir Menschen waren. Wie heißt du? Karl; und du? Molly. Unsere Arme verschlangen sich. Wo bist du her? Aus B. Aus B., sagte sie mit gedämpfter Stimme und ließ ihren Arm aus dem Meinigen sinken. Der Ton ihres letzten Worts und das ganz sonderbare allein dastehende Impromtu in meinem Leben benahm mir den Muth, weiter zu sprechen. Schweigend, wie auf den Wink eines Geistes, der mich Schätze zu heben führt, ging ich mit ihr. Der Mond hatte sein Licht über die Gegend gegossen. Ich glaubte den Schritten Glyzerens auf dem Pfaden des Lohns ins Elysium zu folgen. Fern hörte ich das Geräusch des Volks vor den Thoren der Unterwelt. Bald huschte wie ein Geist der Schatten eines wankenden Wipfels durch die milde Verklärung der Gestalten, bald sahen kalt und weiß Marmorbilder durch den regellosen zitternden Umriß der Bäume, kleine Vögel schwirrten wie der Flügelschlag meines ahndenden Genius um mich her. Anspruchslos wankte die kleine Gondel im Spiegel des Teichs, und das Glöckchen der Eremitage ertönte wehmütig in dem Wehen des Abendwindes, als wolle es meiner scheidenden Freyheit Lebewohl sagen. Neben mir schwebte stumm die Zauberin mit leisen Tritten, ihre Locken wallten glänzend und zügellos durch die himmlischen Lichter. Hieroglyphisch sprachen flatternd die Wellen ihres Graziengewandes zu meiner Seele, sie schwebte in den Schatten und Lichtern der Mondnacht, als habe jemand die Allmacht der Liebe unter die Sternbilder versetzt – und ich, ich war im Zustand eines hungrigen Dichters, der der Phantasie eines Genie's nachläuft.

Die Abendlieder der Nachtigall verhallten mehr und mehr unter dem sich nähernden Geräusch der Menschen, und das freundliche Mondlicht ermattete bey dem Glanze des erleuchteten Schlosses und der mit Fackeln um die Wagen herlaufenden Bedienten; das Rufen der Kutscher, das Rollen der Wagen, das Pfeifen und Singen und Plappern der

Menge weckte mich unsanft aus meinem Himmel. Umgekehrt, wie ich oft nach dem Geräusche eines Balls in meiner
einsamen Stube weinte, ergriff mich hier ein Unmuth, dessen ich mich jetzt freylich schäme. Alle die Leute, die fröhlich und munter durcheinander strömten, hielt ich für ge-
fühllose und thierische Menschen, und ich wäre gewiß aus
mitleidiger Neugierde keine Salzsäule geworden, wenn So-
doms Feuerregen über sie herabgefallen wäre. Die Dame
wurde von einem jungen Sansfaçon empfangen, der sie nach
ihrem Wagen bringen wollte. Sie drückte mir die Hand und
bat mich, wenn ich noch einige Tage in B. bliebe, sie doch
zu besuchen. Ich betheuerte es, und stieg in meinen Wagen.
Er war durch die herumgezogenen Vorhänge verdunkelt,
ich setzte mich in die Ecke und fühlte nichts als den Händedruck der Dame, sehr beschäftigt, auch die kleinste ihrer
Handlungen zu meinem Vortheil auszulegen, kam ich mehr
todt als lebend in die Nähe von B. Das Trommeln in der
Stadt erweckte mich, und eine Stimme erschallte in meinem
Wagen: Madam, lassen Sie mich doch bey meiner Mutter
aussteigen. Ich wurde wie vom Donner gerührt. Wer sind
Sie? Herr Jesus! ein Mann! ein Mann! schrie die andere
Stimme; Kutscher halt! Die Kutsche hielt, und die Sache
kam zur Auflösung. Vor allen bat ich Mademoisell zu
schweigen, damit der Lerm nicht eine Menge Menschen
herbeylockte, und mir dann zu sagen, wie ich zu der sonderbaren Ehre ihrer Gesellschaft käme. Aber sie fing nur
desto stärker an zu lermen: was? wie ich hierherkomme?
Wie kömmt Er hierher? Wo ist die Lady, wo ist sie? Dieb!
Räuber! So schweigen Sie doch! sagte ich, ich kenne keine
Lady und wie ich in meinen Wagen komme, brauche ich
keinem Menschen zu sagen. Aber, mein Herr, das ist ja Ihr
Wagen nicht, erwiederte sie, als sie bey dem Anblick meiner
Person, beym Schein einer vorübergetragenen Fackel, etwas
höflicher wurde, es ist der Lerm Wagen der Lady Hodefield, die
so gut war, mich in die Stadt mitnehmen zu wollen. Meinen
eignen Wagen muß ich besser kennen, als Sie der Lady

ihren. Lermen Sie nur nicht so, ich will Sie eben so gern nach Hause bringen, als die Lady. Es kann ja wohl seyn, daß unsere Wagen einander sehr ähnlich sehen; damit Sie sich überzeugen, so lassen Sie uns den Kutscher fragen. Der Kutscher war eben derselbe, der mich herausgebracht hatte, und bestätigte meine Behauptung. Meine Gesellschafterin aber war nicht zu beruhigen und stieg aus, weil sie mir nicht zu trauen schien. Sie weinte. Das arme Mädchen dauerte mich recht herzlich, ich bot ihr an, sie zu Fuße zu begleiten; sie sagte nein, mein Herr! gute Nacht, und weinte immer dabey, das geht auch nicht, denn ich bin mehr, als Sie von mir zu denken scheinen, ich bin ein ehrliches Mädchen, und verlor sich unter der Menge. Ich mochte nicht mehr einsteigen, und da wir nicht mehr weit von einem Gasthofe in der Vorstadt waren, hielt ich still, um ein kleines Abendbrod zu mir zu nehmen. Ich ließ meinen Wagen beleuchten, um mich völlig zu überzeugen, daß ich meinem Gaste nicht unrecht gethan. Aber Himmel, das ist ja die Caprise nicht, auf der Thür steht ja kein M. H. sonst ganz dieselbe Gestalt. Der Wirth sagte mir, dieß sey der Wagen der Lady Hodefield, die gleich hier in der Gegend ein Gartenhaus bewohne. Ich entschloß mich also, zu Fuße nach Hause zu gehen, und befahl dem Kutscher, nach dem Gartenhause hinzufahren und meinen Wagen wieder zurück zu bringen.

Verdrüßlich, den Tag, an dem ich so transparent war, an dem ich zum erstenmal, da ich in meinen Busen schaute, so fremde und warme Bilder sich bewegen sah, auf eine so prosaische Weise zu endigen, entschloß ich mich, in ein Concert zu gehen, um zu sehen, ob die Harmonie meine süßen Schwärmereyen wieder ins Leben rufen könnte. Dieß Concert, mein Lieber! war der Anfang meines Traums und des schlafenden Theils meiner Reise. Es sollte meine durch die Scene in dem Wagen erstarrten Gefühle wieder erwekken, und machte sie so wach, daß ich der Anstrengung unterlag, und nun wirklich geistig matt einschlief.

Ich eröffne die Thüre, st! st! st! lispelte man mir entgegen, ich schleiche mich durch die Menge durch, allein ich konnte die Sängerin nicht sehen, die den Saal und die schlechte Begleitung der Instrumente mit dem Himmel ihrer Stimme durchgoß. Ich steckte mich in eine Ecke und tröstete mich mit dem Unglück der katholischen Kinder, die vor der Taufe sterben, und die Last der Erbsünde noch nicht abgewaschen haben, sie müssen daher linker Hand neben der Vorhölle eine kleine Kinderstube beziehen, wo sie die Freuden der getauften Kinder zwar hören, aber nicht mit ansehen und genießen können. Ich hatte so ziemlich meinen Endzweck erreicht, meine Gefühle kamen wieder, so zart als sie uns an der Hand der Erinnerung zugeführt werden; sie haben dann das Ueberraschende, das Ungestüme nicht, das uns immer ihre ersten Küsse raubt, man kämpft nicht mit ihnen, sie kommen uns sanft und schüchtern entgegen, wie die Umarmungen eines züchtigen Mädchens, die uns die bürgerliche Ehe ihren von den Sitten aufgedrungenen Zierereyen entrissen hat.

Die volle gediegene Stimme des Weibes entlief durch unendliche Wendungen meinem geizenden Ohre, wie meinem suchenden Blicke die hohe Gestalt der Türkin durch die Irrgänge der Moschee, dann tönte plötzlich ihre Stimme ernst und doch voll liebender Wärme durch den Saal; alles schwieg; auf der heitern Stirne manchen Greises las ich die Weisheit und in manchem nassen Blicke eines sanften Mädchens die warme tröstende Wahrheit der Sprüche im Tempel. Die Göttin stand in ihrem Werke, in ihrem Lied noch einmal vor mir. Hagestolze und Witzlinge fühlten ein Herz und konnten es nicht finden, hier fand ich beschämt mich wieder. Mein Augenglas ist hundertfach in den Händen der umher gaffenden Stutzer, sie drehen es verwirrt zwischen den Fingern und flüstern mit halboffnem Munde quelle volubilité de gosier, und ich machte in der Moschee die schlechte Bemerkung: so schöne Augen und ein Augenglas.

Ihre Stimme eilte noch einige Minuten mit leichtem
Wechsel durch wehmüthig belebte und sanft ersterbende
Akkorde, und verschwand dann in dem allgemeinen Ein-
stürmen einer unerträglichen Menge Instrumente; ich hörte
noch einmal das Kutschengerassel, eine leichtfertige Pleyelsche Sinfonie beschloß das Concert, ich sah in ihr den jungen Sansfaçon noch einmal, wir wurden noch einmal geschieden.

Meine Erwartung, die Sängerin zu sehen, war äußerst gespannt, ich dachte mir eine Gestalt wie die Türkin, als ich
plötzlich den nehmlichen Windbeutel neben mich hintreten
sah, der die Dame in W. in den Wagen gehoben hatte. Ich
hätte ihn gerne gefragt, wer die Sängerin sey, wenn ich diese
Klasse Menschen nicht eben so sehr haßte, als ich erschrecke, wenn ich eine Grazie schnell und viel essen, sich
jucken oder kratzen sehe. Madame vient, flüsterte ihm ein
anderer seines gleichen zu, und er empfing ein Weib aus der
Menge, die keine andere als meine Türkin war. Sie sah blaß
und zerstört aus, und da sie an mir vorbey ging, durchfuhr
sie wie ein Blitz jenes Nichtbemerken, das bey Weibern in
Augenblicken, wenn sie sich ganz mit sich selbst schon beschäftigen, und dieses Zurücktreten in sich selbst dennoch
sehr merklich wird, eben so sehr der Beweis des schärfsten
Bemerkens, als eine doppelte Verneinung eine Bejahung
wird. Ich beneidete den jungen Herrn, der mit ihr sprach
gar nicht, denn er erhielt auf seine Bitte, sie begleiten zu
dürfen, die einfachste Verneinung, ein kaltes Nein. Ich
konnte nicht mehr bleiben, und das Ausrufungszeichen, das
der Stutzer an seinen verzweifelnden Abschied aus der Orthographie seines Tanzmeisters mit seinen Füßen sehr kühn
anhängte, konnte mich nicht aufhalten, obschon es sich in
meine Schritte, die, so wie die langen Gedankenstriche in
den Ruinen des Schwarzwaldes den guten Einfällen des Verfassers und seiner Tendenz nachlaufen, die Dame verfolg-
ten, verwickelt hatte. Auf der Treppe erreichte ich sie und
ihren Namen. Sie sagte mir ihn freundlich, damit ich sie be-

suchen könne, und hätte sie mir einen andern als Hodefield
genannt, so würde ich ihn gewiß verhört haben, denn ihr
Vortrag war so lieblich, daß er auf den Genuß des Inhalts
gar nicht gierig machte. Madam! so sind Sie wohl die Dame,
deren Wagen ich aus Versehen genommen habe? Ich muß
Sie wegen einer großen Aehnlichkeit um Vergebung bitten.
– Sie sind aus B., der Wagen, in dem ich fuhr, ist der Ihrige?
fragte sie bestürzt. Nein, es ist der Wagen des Banquier
Godwi, in dessen Geschäfte ich reise. – Es stieg ihr eine Röthe in die Wangen, sie wurde verlegen und drückte mir die
Hand. O daß ich dieß gestern nicht wußte! sagte sie; Sie
können mich nicht sehen, bemühen Sie mich nicht umsonst,
und wenn Sie einige Achtung für mich haben, so entfernen
Sie sich, und trösten Sie sich mit dem Schwur, daß ich Ihnen
ein großes Opfer gebracht habe, ein Opfer, das die Natur
nur selten ohne Unnatur bringt. Sie beschleunigte ihre
Schritte, ich stand, auf die Treppe hingebannt, bis mich der
Schwall der Menschen herunter trug. Da ich auf die Straße
kam, sah ich ihren Wagen wegrollen, in dem ich kurz vorher
noch so ruhig saß, und mich erkühnte, ihren Eindruck auf
mich aus ihrer Coquetterie herzuleiten. Ich streckte die
Arme in die Luft dem Wagen nach; ach! welchem sind alle
seine Grundsätze auf vier Rädern so weggerollt. So streckt
der Alchymist seine Arme dem Vermögen nach, das ihm
durch den Rauchfang entwischt, und dennoch sieht er nach
seinem Stein der Weisen zurück, und hofft, aber auch dieser
ist zum Caput mortuum geworden. Ich rannte durch die
Straßen und glaubte mich in einer Wüste, denn Lady Hodefield schien mir die ganze menschliche Gesellschaft. Ich
spazierte durch die große Promenade, störte manche höchste Verindividualisirung, schaute nicht auf bey dem Auf-
geschaut! der Sänftenträger, um die Unsanftheit ihrer Rip-
penstöße zu fühlen, die der Etymologie des Namens dieser
Affenkasten gar nicht parallel liefen, rannte, wie der Jalousieladen, erweckte die Eifersucht, störte manches lang erwartete stille Rendezvous in der Abendstunde und kam so

nach Haus, wie ich dir geschrieben habe. Ich kann nicht
mehr bleiben, die wollenen Scenen aus Gesners Idyllen
schienen mir unausstehlich langweilige Tapeten, ich nahm
Abschied von ihnen wie der zärtlichste, durch die Langeweile der Liebe unglücklichste Schäfer. Man bringt mir ein
Billet, es enthält folgende Zeilen: »Wenn Sie an den jungen
Godwi schreiben, so melden Sie ihm folgende Worte: Seine
Standhaftigkeit würde bald durch die Erlaubniß den be-
wußten Brief zu erbrechen belohnt werden.« Molly.

Nun – du hast gesiegt, deine Molly und meine Engländerin, sind sie nicht beyde, wie Phöbe und Proserpina, Hekate? Hier hast du das Billet, mich brennt es zwischen den
Fingern und dir ist es ein Kleinod. Ich stieg in meinen Wagen und war also auch ein Träumer in B. geworden. Ver-
brenne meinen ersten Brief, ohne den dieser nicht eine
Sünde gegen meinen so sehr angepriesenen Charakter wäre.
Ich kann die Handlung nicht aufheben, um jene Predigt zu
erretten, und könnte ich es, so würde ich es doch nicht thun,
denn die Sünde, durch die ich zur Selbsterkenntniß gekommen bin, ist mir lieb.

Dieser ganze Brief besteht aus einzelnen Bruchstücken,
die ich nach und während der Geschichte in B. für dich niedergeschrieben habe. Die liebliche Stimme, die mich aus
dem Traume weckte, die mich wie ein Syrenengesang aus
meinem trüben Leben in mir selbst in das fremde Element
des hiesigen leichten Lebens rief, ist die Stimme der geistreichen, witzigen Mademoiselle Budlar. Ich hänge mich an
die bunte Reihe ihrer Anbeter, wie oft ein kleines beinernes
Todtenköpfchen das Ende der Ave's und Paternoster im
Rosenkranze macht. Ave und Vale.

Werdo Senne an Lady Hodefield.

Madam! ich schreibe Ihnen im Namen Eusebio's, der krank geworden ist und mit Sehnsucht nach Ihnen verlangt. Er sitzt auf seinem Stühlchen, das er sich aus Weiden selbst geflochten hat, und weint sehr heftig; er bat mich, Ihnen zu schreiben, und an das Ende des Briefs will er einige Zeilen von sich anhängen, die er mir in die Feder sagen will. Jetzt ist er ruhig und denkt nach, was er Ihnen alles zu sagen hat. Ich bin froh, daß dieß ein Mittel ist, ihn etwas zu zerstreuen; ich werde es noch anwenden, er lernt dadurch seine Gedanken ordnen, und tröstet sich, wenn es anders möglich ist, daß bey der Schnelligkeit des Wechsels in allen seinen Freuden und Beschäftigungen dieß ihm lange unterhaltend seyn könnte. Ich kann ihm wenig Hülfe geben. Meine Ottilie allein hat durch Erzählung von Mährchen, die sich in ihrer zarten Phantasie entwickeln, und durch ihre Lieder das Mittel gefunden, seine mit ausserordentlicher Wärme auflebende Einbildungskraft zu beschäftigen. Der Arme dauert mich sehr, er scheint ein mächtiger Beweis für die Gluth der Empfindung der Unseligen zu werden, die ihr Daseyn der Gluth der Empfindung ihrer Eltern verdanken.

Überhaupt, Madam! haben Sie mir keinen Dank für die Bildung Ihres Lieblings. Nur meiner Ottilie gehört er. Und sollte ich ein Verdienst um ihn haben, so ist es mittelbar, so ist es dadurch, daß Ottilie so gut durch mich und die Natur ist. Ich liebe dieses Mädchen unendlich, sie ist eine holde Blume, die sich aus den Trümmern meines Lebens empor windet. Sie ist eine liebliche Sprache der Versöhnung, die aus meinem Grabe zu den Menschen, die mich erdrückt haben, spricht: ich verzeihe und liebe euch. O! ich freue mich dieses freundlichen Nachhalls meines Lebens. Ich habe zu viel gelitten, und hänge noch viel zu innig an meinen Thränen, den einzigen, die mir treu blieben, als daß ich mehr als

selten zum Bildner taugte. Unter meinen Händen können
sich nur in jammervollen Zügen die still und traurig wan-
delnden Gestalten meines Lebens entfalten. Ich wage nichts
mehr. – Einen einzigen Weg habe ich Eusebio'n geführt, den
Weg meines Trostes und meiner Dankbarkeit, den Weg zur
Natur und zu Ihnen, edles Weib. Ich habe ihn schweigend
beten gelehrt, aber sein Dank ist laut, wie der meinige
schweigend, weil für das Gefühl meines Dankes die Worte
eines Greises zu leise sind. – Eusebio ist gut und wird thätig
werden, ich habe manche Stunde seiner horchenden Seele
meine Wahrheiten hingereicht, die nur, welche ihm so nahe
lagen, wie die Natur den Greis an das Kind gestellt hat. Einigemal sprang er heftig auf, stürzte in meine Arme und
weinte zitternd. Ottilie fragte ihn neulich bey einem ähnlichen Falle, was ihn so bewege. Er erwiederte: bey euch
kann ich nicht bleiben, du Vater bist gut, und du Ottilie, ach
wie gut bist du! bringst du den Armen das Brod nicht entgegen, und batst du nicht für meinen Freund das Reh, als es
der böse Jost todt schießen wollte? Euch beyden kann ich
nichts helfen, ich will zu den andern armen Menschen, von
denen der Vater mir sagt, daß sie nicht gut seyen, die will
ich lieben, so lieben, so freundlich mit ihnen sprechen, daß
sie alle werden müssen, wie ihr seyd. Ach! und meine Mutter, meine Mutter, die große freundliche Frau, will ich sehen
– wie sie meiner denken wird, und wenn sie mich sieht,
dann wird sie erst meiner gedenken.

Madam, ich hoffe Sie bald zu sehen, denn ich werde nicht
lange mehr hier wandeln; was soll ein Todter hier im Leben? Meine Augen können das Licht der Sonne nicht mehr
ertragen. Der West erstarret meine Glieder, und das Lied
meiner Harfe hallt nicht mehr so laut aus den Gewölben
meiner Wohnung, und ich leide zu viel, um Ottilien mit leiden zu sehen. Meine Hülle vermag die Glut meines Herzens nicht mehr zu umfassen, ich werde bald ein Aschen-
haufen in mich selbst zusammensinken.

Weste säuseln; silbern wallen
Locken um den Scheitel mir.
Meiner Harfe Töne hallen
Sanfter durch die Felsen hier.
5   Aus der ew'gen Ferne winken
Tröstend mir die Sterne zu.
Meine müden Augen sinken
Hin zur Erde, suchen Ruh.

Bald ach bald wird beßres Leben
10 Dieses müde Herz erfreun,
Und der Seele banges Streben
Ewig dann gestillet seyn.
Schwarzer Grabesschatten dringet
Um den Thränenblick empor,
15 Aus des Todes Asche ringet
Schön're Hoffnung sich hervor.

Meines Kindes Klage lallet
Durchs Gewölbe dumpf und hohl,
Idolmios Zunge lallet
20 Jammernd mir das Lebewohl
Zu der lang' ersehnten Reise.
Senkt mich in der Todten Reih'n.
Klaget nicht, denn sanft und leise
Wird des Müden Schlummer seyn.

25 Und du Gute nimmst die Beiden
Mütterlich in deinen Arm,
Linderst meiner Tochter Leiden,
Lächelst weg des Knaben Harm.
Aus des Aethers lichter Ferne
30 Blickt dann Trost der Geist euch zu.
Es umarmen sich zwei Sterne
Und ihr Kuß giebt allen Ruh'.

Schwermuth glänzt des Mondes Helle
In mein thränenloses Aug',
Schatten schweben durch die Zelle,
Seufzer lispeln, Geisterhauch
Rauschet bang' durch meine Saiten, 5
Horchend heb' ich nun die Hand,
Und es pochen, Trost im Leiden,
Todtenuhren in der Wand.

Sie werden meine Tochter lieben, und werden bald ein
glückliches Weib seyn. Es ahndet mir eine große, große 10
Freude. Dürfte ich ihn wählen, den süßen Tropfen, in
dessen Rausch ich das große Maaß meines Kummers vergessen möchte, so wäre es das Bild der Versöhnung durch
Reue, und der Erkenntniß gegenseitigen Werths, so wäre
es meine Seeligkeit, das Kind meiner Marie in einem ed- 15
len Manne zu sehen. Der ist kein edler Mensch, der sich
nicht freut der Liebe im Arme seines Nebenbuhlers, und
der ist ein niedriger Mensch, der sich nicht freut des
Werths der Kinder, deren Vater er hätte seyn können.
Wir beyde waren die Betrognen, wir beyde werden ver- 20
zeihen können, und ich werde fröhlich sterben, vor
Freude werde ich sterben; der einzige Plan meines Lebens, der mir gelingen sollte, sollte der meines Todes
seyn. Sonderbar steht dieser ungeheure Gedanke vor mir.
Ach! alle meine Thränen sind geweint. Wo soll ich Thrä- 25
nen der Freude hernehmen? Ich werde in die Nacht meines Grabes sinken über dem Tage, der an seinem Rande
aufgehen wird.
Sonderbar ist das Gewebe meines Lebens gewesen, ein
Geheimniß liegt über ihm, keine Staaten-Verhältnisse, keine 30
sogenannten Wichtigkeiten, Menschenliebe und Duldung
haben ihm das Siegel eiserner Verschwiegenheit aufge-
drückt. Und das alles wird sich um uns drehen, diese Freu-
densphäre wird auf meinem Grabe stehen wie der Fuß des
Regenbogens, unter dem in meinem Vaterlande ein freund- 35

licher Aberglaube Schätze wähnt. Trösten Sie sich, edles
Weib, Sie werden hier und ich dort belohnt seyn. Ich breche
ab, ein Fremder tritt herein, es ist mir leid um die Zeilen,
die Eusebio Ihnen schreiben wollte.

Werdo Senne.

Godwi an Römer.

Wenn du bey mir wärest, mein Lieber! und ich könnte die
Lampe auslöschen, und beym großen freundlichen Sternenlicht und dem ehrlichen Monde traulich Hand in Hand mit
dir sitzen und plaudern, ich würde dir dann wahrer und
wärmer alle die Freuden und Empfindungen ans Herz legen
können, die mich seit unserer letzten Unterredung umarmen. Ich wandle nicht mehr in den finstern Gängen und düstern Gemächern ehemaliger Verdienste um das Vorurtheil.
Verdamme mich nicht mehr, daß ich vom äußersten aufs äußerste falle, du kannst sehen, daß ich den Weg der Zeit gegangen bin. Aus einem freundlichen Landhause in eine alte
Burg und von da gar auf eine Ruine, an die der Einsiedler
seine Wohnung gebaut hat. Ist dieß nicht der Weg der
Zeit? –

Ich lebe und liebe – denn was bleibt dem Leben ohne
Liebe? – der Tod – in der Wohnung des Einsiedlers, von
dem ich dir schrieb. Er hat sie in die Trümmer des Rein-
hardsteins, eines alten Schlosses, gebaut, um dort, wie er
sagt, die Menschen seine Klagen nicht hören zu lassen, und
ihre Lügen nicht zu hören. Die Großen in der Materie, die
Ritterschaft, drängte sich in die Städte, um die Kleinen, die
in der Zeit des Geistes mächtiger wurden, in den Schatten
zu stellen; Raubvögel, die das Licht der hellern Sonne nicht

mehr ertragen konnten, drangen sich der brütenden Henne
als Gehülfen auf, und so wurde manches bürgerliche Kü-
chelchen verbrütet, und so entstand das Motto: sub umbra
alarum tuarum. Faulenzer und Blödsichtige lieben das sub
umbra. Das war ein großer Mann, der nicht sub umbra alarum Alexanders ruhen wollte, und ihn bat, er möge ihm aus
der Sonne gehen. Werdo's Glück haben sie auch verbrütet,
und, da sie ihm nicht aus der Sonne gehen wollten, so hat er
sich auf diesen hohen Berg geflüchtet, und sieht sie so aus
der ersten Hand. Er sagte mir neulich: hier hin in die Trüm-   10
mer des Faustrechts habe ich die Trümmer der Freyheit
meines Geistes gerettet, denn, mein Herr, der Kukuk jagt
die Nachtigall aus ihrem Neste, die Menschen finden es
grausam, weil sie es nicht thaten, fangen sie sehr naiv in
Schlingen, sperren sie in einen Käfig, schreiben die Ge-   15
schichte der Stubenvögel, und nennen sie Naturgeschichte,
da sie doch gewiß eine Kunstgeschichte ist, blenden der
Nachtigall die Augen, damit sie immer singt, schreiben
ihren Gesang in Worten nieder, füttern sie mit gestohlnen
Ameiseneyern, und lassen ihre Kinder etwa auch mit höl-   20
zernen Kukuken aus Nürnberg dazwischen schreyen. –
In dieser ganzen Rede lag eine seltsame Darstellung seiner
Leiden.

Es ist mir sonderbar zu Muthe hier, ich habe nie so gesel-
lig eine Nacht so einsam zugebracht, es regt sich alles in mir   25
nach Mittheilung, und doch ist mir die mittelbare des
Schreibens etwas unangenehm.

Die Lampe verdirbt mir den Mond, er sieht über die Erde
herab, wie der Trost über den Jammer, wie das Platonsche
Auge eines zwanzigjährigen Mädchens über ihren wallen-   30
den Busen. Er steht über dem Harem des Großsultans von
Goldblech, wie der Orden pour le merite über dem Herzen
der – und heißt doch ein Broddieb der außerordentlichen
Liebe und Diebe im Kleinen. So macht der Stern kein Herz
und der Mond über dem schlechten Wirthshause in J. hat   35
noch keinem Ermüdeten eine freundliche Nacht gewährt. –

Sieh, so stört mich die Lampe, daß ich den Mond lästere.
Unten im Thale möchte ich auch etwas hemmen, das mir in
meine Ruhe hineinlermt. Eine Pulvermühle klappt durch
die sanfte liebliche Nacht, wie der Puls der Kunst durch die
5 Natur, wie der taktstampfende Fuß eines Musikers durch
seine Melodien, wie der Pantoffel der Ehe durch die
Liebe.

Sent heißt der Bewohner dieser sonderbaren Wohnung,
deren Ganzes mich in eine schauerliche gerührte Stimmung
10 versetzt. Ich möchte auch hier wohnen, wenn ich alles verloren hätte, um das ganz genießen zu können, was jedem
Edlen übrig bleibt, Natur, Ruhe, Erinnerung und innerer
Friede.

Oben auf der Spitze eines großen Bergs liegt in einem
15 Amphitheater, das ein dichter Eichenwald bildet, die Burg
Reinhardstein, und in einem hohen großen Gewölbe, das in
der Mitte des Gebäudes unter einer verfallnen Terrasse
steht, hat sich Werdo Senne einige niedliche Gemächer anlegen lassen, die alle einer vollkommen reinen Luft und einer
20 sehr schönen Aussicht genießen. Ueber sich auf der Terrasse
hat er einen kleinen Gemüsgarten angelegt, und einzelne
Hügel um seine Wohnung her mit Weinreben bepflanzt.
Vor dem Eingange des Gewölbes, der mit Epheu und Geis-
blatt umzogen ist, steht eine ewige Eiche, an sie hat er sich
25 die Rasenbank hingebaut, auf der er seinen Schwärmereyen
nachhängt. Hier sitzt er oft halbe Tage lang, und singt Lieder zu seiner Harfe, die er meistens selbst dichtet. Er hat es
auf diesem Instrument zu einer seltnen Fertigkeit und einem seltsamen Vortrage gebracht, denn seine eigne, durch
30 gewisse Zufälle bestimmte Ansicht der Dinge und seine heftige Sehnsucht nach etwas, das er allein kennt, giebt seinem
Spiel eine ganz eigene Modulation, die alles um ihn her zur
Theilnahme bewegt. Ich habe mir eins seiner Lieder ge-
merkt, er singt es sehr oft, und es scheint mir, als läge viel
35 Aufschluß über seinen Kummer darin.

Die Seufzer des Abendwinds wehen
So jammernd und bittend im Thurm;
Wohl hör' ich um Rettung dich flehen,
Du ringst mit den Wogen, versinkest im Sturm.

Ich seh' dich am Ufer; es wallet   5
Ein traurendes Irrlicht einher.
Mein liebendes Rufen erschallet,
Du hörest, du liebest, du stürzest ins Meer.

Ich lieb' und ich stürze verwegen
Dir nach in die Wogen hinab,   10
Ich komme dir sterbend entgegen,
Ich ringe, du sinkest, ich theile dein Grab.

Doch stürzt man den Stürmen des Lebens
Von neuem mich Armen nun zu.
Ich sinke; ich ringe vergebens,   15
Ach nur in dem Abgrund des Todes ist Ruh.

Da schwinden die ewigen Fernen,
Da endet kein Leben mit dir.
Ich kenn' deinen Blick in den Sternen,
Ach sieh nicht so traurig, hab' Mitleid mit mir.   20

Bis jetzt hab' ich wenig mit ihm gesprochen, denn er
spricht nicht gerne, und ohne zurückzuschrecken hat er
durch sein Betragen die Macht, alle Lippen zu verschließen.
Die Ruhe um ihn her gleicht jener Ruhe, die jeden Gefühlvollen nach den Arbeiten eines reichlich verlebten Tages am   25
stillen Feyerabende ergreift. Aehnliches Schweigen ergriff
mich, als ich die Opfer ihrer Meynungen, alte aus Frankreich
vertriebene Priester, in unsern Promenaden mit Thränen im
Auge ihr trocknes Brod essen sah, als ich den Greis Broglio,
als ich den silberlockigen Condé den Hut in der Hand mit   30
zur Erde gesenktem Kopfe auf Zeitungen warten sah. Aehnliche Ruhe wird mich ergreifen, wenn ich über die Berge von
kalter fester Lava um den Vesuv herum wallen werde. – Er
ruht und träumt nach dem Rausche, den wir uns zu trinken

noch beschäftigt sind, und bang sehe ich nach seiner Ruhe und belausche seine lauteren Träume und passe sie meinem Rausche an. Spärlich spielen einige Silberlocken um seine Schläfe, wie ein Paar freundliche Augenblicke seines Lebens um sein Gedenken, seine schwarzen Augen haben eine schauerliche Mischung von Liebe, Verleugnung und Stärke im Blick, sein Mund ist selten in einen freundlichen Ernst, oft in ein wehmüthiges Lächeln gezogen. Wenn er steht, oder sitzt, so vermißt man etwas in seiner Lage, und weiß nicht was fehlt, bis er die Harfe an seine Brust und seine Stirn an die Harfe lehnt. An diese Stellung scheint er so gewohnt zu seyn, daß, wenn er die Harfe nicht im Arme hat, man ihn sonderbar findet. Mit der Harfe aber ist er mir ganz das Sinnbild der wechselseitigen Freundschaft und des Zutrauens. Er lehnt seine Stirn an sie, wie auf den Arm eines tröstenden Freundes und klagt ihr sein Leiden. Sie ruht wie die Theilnahme und das Mitleid an seinem Herzen, und scheint unter seinen leisen Griffen freywillig ihm zuzuhören, und dann und wann in traulichen Worten ihm Trost zuzuflüstern. Er hängt schwärmerisch an ihr, wie die verwelkten Blumenkränze um ihre Saiten, und wenn durch eine rasche Erhebung des Instruments ein Blättchen von den Kränzen herabfällt, so schweigt er, und letzt, da ich ihn belauschte, rollte eine Thräne über seine bleichen Wangen, und er sagte: wenn alle diese welken Blumen herabgefallen sind, so will ich nicht mehr weinen und nicht mehr singen, so will ich sterben; dann sang er:

> Um die Harfe sind Kränze geschlungen,
> Schwebte Lieb' in der Saiten Klang:
> Oft wohl hab ich mir einsam gesungen,
> Und wenn einsam und still ich sang,
> Rauschten die Saiten im tönenden Spiel
> Bis aus dem Kranze, vom Klange durchschüttert,
> Und von der Klage der Liebe durchzittert,
> Sinkend die Blume herniederfiel.

Weinend sah ich zur Erde dann nieder,
Liegt die Blüthe so still und todt;
Seh' die Kränz' an der Harfe nun wieder, –
Auch verschwunden des Lebens Roth,
Winken mir traurig wie schattiges Grab,
Wehen so kalt in den tönenden Saiten,
Wehen so bang' und so traurig: Es gleiten
Brennende Thränen die Wang' herab.

Nie ertönt meine Stimme nun wieder,
Wenn nicht freundlich die Blüthe winkt;
Ewig sterben und schweigen die Lieder,
Wenn die Blume mir nicht mehr sinkt.
Schon sind die meisten der holden entflohn;
Ach! wenn die Kränze die Harfe verlassen,
Dann will ich sterben; die Wangen erblassen,
Stumm ist die Lippe, verhallt der Ton.

Aber Wonn, es entsprosset zum Leben
Meiner Asche, so hell und schön,
Eine Blume. – Mit freudigem Beben
Seh' ich Tilie so freundlich stehn.
Und vor dem Bilde verschwindet mein Leid.
Herrlicher wird aus der Gruft sie ergehen –
Schöner und lieblicher seh' ich sie stehen,
Wie meinen Feinden sie mild verzeiht.

Der Gram, unzulänglicher Trost und Täuschungen in
seinen Erwartungen von der Wirklichkeit und ihrer Zeit
haben den Kampf und die Niederlage seiner Seele in seine
Gesichtszüge hingezeichnet. Er hat sich mit all seinen
Kräften des Selbstglücks und der Beglückung zur Aschen-
urne seiner Freuden erschaffen gesehen, und die Inschrift
auf dem Maale, das auf seinen Trümmern steht, liest man
in seinem irren Blick, dessen Sprache durch den Jammer,
wie die Sprache der Gräber durch den Zahn der Zeit ver-
wittert ist. Sein Verlust muß unendlich seyn, denn er sucht

noch immer über der Erde mit seinen Augen hin, als habe
er noch Kraft, diesseits eine Blume zu pflücken. Ach Römer! wie werde ich verglühen, da ich die Flamme noch
nicht kenne, die mich durchlodert; o! es ist mehr als Le-
benswärme, was mich ergreift, wenn ich begehre, was mir
fehlt. Ich sehe die Natur um mich her ewig und unermeßlich, und wenn ich sie ganz verschlinge, wie sehr ich es
kann, so bleibt es doch öde in meiner Brust, und mein
Herz pocht so eintönig, so allein in meinem Busen. Alles
ist Harmonie und Melodie, und verschwistert sieht sich alles in den Armen eines andern zum zweitenmal gelebt,
zum zweitenmal beseelt; kein Spiegel meinem Bilde, kein
Echo dem lauten verlaßnen Rufe aus meinem Herzen, kein
Strahl aus der Seele eines Geschöpfs, der nur mir gehöre,
kein Sinn für mich durch das Gepräge der Einzigkeit nur
für mich belebt. Die Natur hat mich nicht gestimmt, daß
jeder Künstler meine Töne mit dem großen allgemeinen
Klang in Akkorde vereinigen kann. Freylich sprach ich anders in meinem vorigen Briefe, da war mir das Leben noch
leicht, – jetzt ist es anders. Nur einer wird mehr als leichtfertige, tanzende Töne aus mir in das große Meer von Gesang hinüberweben.

Sonderbar ist es, lieber Römer, wenn ich alles dieses
fühle, daß es mich ganz vernichtet, zu sehen, daß ich nur
mich beglücken, nur mich befriedigen will, daß dieser
Drang nach Liebe ein Bedürfniß ist, daß auch mit dem Bedürfnisse Liebe und Freundschaft schwindet und wächst. Ist
der Wunsch, seiner Liebe alles aufzuopfern, nur zur Selbst-
täuschung in unsere Verbindungen gelegt? Ist mir denn das
Gefühl, mich dem Ideale meiner kühnen Hoffnung unei-
gennützig, ohne Selbstliebe, nur ganz ihm hinzugeben, nur
zur augenblicklichen Schmeicheley erschaffen, und sucht
man uns den Egoismus nur weg zu raisonniren, damit wir
ihn uns zur Quaal sich wieder in unsere lieblichsten Bilder
von Menschenglück als einzig feststehenden Beweggrund
eindrängen sehen?

Ich habe gesündigt. Die Natur spricht aus, was ich be-
klagt habe. Der Mond tritt hinter eine Wolke. Es ist dunkel
und schwarz in der Nacht, und meine Lampe schimmert etwas heller durch das Stübchen. Da ist nun die Außenwelt,
die Hoffnung und die Sehnsucht, die Tiefe des Himmels
und die kleinen Sterne von meiner innern getrennt. Heller
leuchtet das Lämpchen, aber nie hell. In meiner Brust ist
eine weite Welt gewölbet, mein Egoism kann sie nicht erleuchten. O die Nacht! Ist der Mond für die Welt da und
nur diese Lampe für mich? Im Dunkel herrschet Ruhe und
Vollendung. Die Dämmerung erzeugt das Handeln und verdirbt den Raum, ich will ihr Licht nicht. Der Mond
schwimmt leise auf dem ewig tiefen Meere der ewig hohen
Welt über die Wolkenburg, wie die Natur über den Worten
und Werken von mir Kind hervor. Stirb Erdenlichtchen.
Gute Nacht! Die Lampe verlischt.

Es ist schon wieder Tag geworden. Könnte ich dir das Erwachen eines Seligen im Elysium mahlen, den kein Freund,
keine Liebe, den nur die Mühe im Leben begleitete, dem ein
einsamer Tod die Augen zudrückte, dessen letzter Blick voll
des sterbenden Lebewohls sich in keiner Thräne eines Trauernden brach, und in ihn selbst zurück einen Trost sich
senkte, dessen letzter Kampf mit der Liebe zum Leben wie
Fesselgeräusche von kalten Kerkerwänden wiederhallt.
Könnte ich dir ihn mahlen, wie er ausruft: ich war zu spät
gebohren! wenn er in den Garten tritt, in dem alle seine Er-
denfreuden als himmlische Blumen blühn, so hätte ich dir
meine Empfindung, da ich an diesem Morgen in die Welt
sah, in einem Bild zusammengedrängt, hingereicht. Mir
selbst zu wenig, und der Welt zu viel, und umgekehrt, legte
ich mich gestern Abend nieder; mein Lager war ein mit
Moos ausgestopftes Ruhebett, und die Gastfreundschaft
hatte durch ein liebliches Mädchen wohlriechende Kräuter
drüber hingestreut. Die Handlung beschäftigte freundlich
meine Sinne, und die Wirkung berauschte sie zum Schlafe.
Guter, freundlicher Wirth, wußtest du, daß hier ein Schwär-

mer ruhen sollte, der deine Hütte entweihen konnte, weil
du Kräuter und Blumen wie Hieroglyphen der Liebe und
Unschuld um ihn streutest? Indem ich mit den Bildern
spielte, spielten sie wieder mit mir und ich schlief. Ein sonderbarer Ton weckte mich auf. Es war mir leid, daß es die
Sonnenstrahlen nicht thaten. Ich hätte mich dann eines höheren, einigeren Lebens freuen können. Die Morgenröthe
kämpfte spielend mit dem Grün der Weinblätter, die an
dem kleinen Fenster vom Morgenwinde bewegt, mir um
die Wangen schmeichelten, als wollten sie mich mit meinen
Wünschen versöhnen. Die Liebe hatte den Schmetterling
geweckt. Die Sonne stieg leise hinter dem Gesichtskreise
empor, und küßte die Scheidethränen der Nacht von den
Blumen. Sie drang aus sich selbst empor, wie die Gluth der
Leidenschaft, und das Leben erwachte in steigendem
Glanze, während die unbestimmte Trauer im Schleyer des
Nebels feierlich und verheißend in die Erde stieg. So werden die Seufzer der trauernden Wittwe Seufzer der Liebe,
und der Kranz schwebender Lichter blühet in Irrlichtern
und Feuerwürmchen über Gräbern und Blumen. Die Thränen der Sehnsucht und der Hoffnung haben die Erinnerung
umfaßt. Den Schleyer des Kummers hebt die tröstende
Liebe. Ihr Blick dringt in Mitleid in das Herz. Die zitternde
Hand ordnet die vernachlässigte Locke. Man erkennt das
Leben im Spiegel. Das Grab ist hinabgesunken, der Trost ist
hingewandelt. Die Freude dreht sich wie Liebesneckerey
um uns, und der Hochzeitstanz, der seine jubelnden Kreise
durch unsere Sinne zieht, ertrinkt mit uns in Lebensallego-
rien, um die die Bürgerlichkeit mystische Vorhänge gezogen
hat.

    Unter meinem Fenster entwickelte sich ein freundliches
Schauspiel. Ein junges Reh hüpfte durch den kleinen Garten bis an das Fenster unter dem meinigen, und raschelte
blöckend im Weinlaube, als erwarte es etwas. Dann eilte es
gegen die Thüre, durch die ein Knabe von etwa 13 Jahren
trat. Der Knabe gieng an einen verschloßnen Behälter, holte

einen Bündel Kräuter hervor, womit er das Reh fütterte.
Alles das that er mit einer heftigen Eile, und doch schien
zwischen ihm und seiner Handlung eine traurige Ruhe zu
liegen. Seine schwarzen Augen und die Züge seines bleichen
Gesichts bewegten sich schnell, wie Takt ohne Ton, indeß
seine Haare kraus in dem Winde wehten. Er pflückte eine
große Sonnenblume ab, und einige Buchszweige, steckte
Taxus dazu, gieng langsam nach einer alten Mauer an dem
Thurme dicht neben meinem Fenster, schwang sich mit einer unglaublichen Behendigkeit hinauf, setzte sich nieder,
sang mit durchdringender Stimme ein Lied, das mit wenig
Melodie in schnelle kurze Takte gedrängt war. Das Reh war
zu ihm hinauf gesprungen, und legte ihm vertraut den Kopf
in den Schoos. Dann und wann sah er mit Sehnsucht in die
Ferne, indem er in einer kühnen Stellung auf der Fußspitze
auf dem engen Rande der Mauer stand. Er schaute gespannt
in die Weite, indem er die Hand gegen die Sonnenstrahlen
vor seine Augen hielt; dann winkte er, sprang herab, und
sein Begleiter ihm nach. Die Gartenthüre gieng auf, und so
trat der Engel, von Gott zum erstenmale auf die Erde gesandt, durch die Thüre des Paradieses. Ich stand mit meiner
Unzufriedenheit hinter den Weinblättern meines Fensters
so schamhaft, wie der erste Mensch hinter seinem ersten
Kleide. Ein Mädchen, weiß wie der Schnee, mit schwarzen
Augen und Locken, wurde von dem Knaben heftig umarmt.
Ich verschlang die schöne Gruppe. Das Reh hatte den Blu-
menstraus im Maule, und drängte sich an das Mädchen, um
ihr denselben zu reichen. Es schien mir, als hätten sich die
Geschöpfe Gottes noch nicht verunreinigt, und die Sünde
die Gewalt noch nicht hervorgerufen. Das Ganze war so
unwillkührlich, war so durch sich selbst entstanden, daß es
so schön werden konnte. Meine Seele war in meinen Augen.
Eine flüchtige Erinnerung meines Unmuths beschämte
mich. Die ganze Scene lebte in mir, und doch sah ich nur
das Mädchen. Der Knabe hieng an ihrem Halse, wie ein
kleiner Reiz der Schönheit, den wir nur bemerken, weil er

unserm Auge erträglicher ist. In diesem einzigen Geschöpfe, in dieser Gestalt, und der augenblicklichen Zusammenstellung ihrer Umgebung ward ich mit der ganzen Ordnung der Dinge versöhnt. Die ganze Welt wird uns lieb, wenn sie uns mit dem Blick der Liebe ansieht; und wer die Sonne für das Auge der Welt ansehen kann, der muß glücklich seyn, wenn sie scheint. Ich habe hier gesehen, daß Schönheit in der Welt wohnt, und daß diese Welt auch in meiner Brust eine Heimath hat. Das Ganze war zu überraschend, und meine Seele zum Empfangen solcher Bilder zu wenig vorbereitet, als daß ich sie ruhig in mir hätte bewirthen können. In meiner Seele wechselten alle Gefühle in der kommenden und fliehenden Eile der Leidenschaft. Schaam und Stärke, Liebe und Demuth, kühne Hoffnung und kleinmüthige Furcht eilten mit schmerzlichen Tritten durch mein Herz. Sehnsucht löste sie alle. Die Stimme des Mädchens zündete sie in mir an; ich sahe nicht mehr, ich hörte nur; oder ich sah, was ich hörte, denn ihre Töne waren freundliche helle Gestalten, sie trugen ein fremdes Gewand; es war eine fremde Sprache – ich konnte sie nicht verstehen. Wenn ich in Molly und in Joduno Etwas geliebt habe, und nicht Alles; so finde ich in diesem Bilde gewiß Beides. Es ist keine Kühnheit, daß ich dir sage, wie dies Mädchen ist, da ich sie nur sahe; aber ihre Erscheinung ist ein reines Wort für ihren Inhalt. Sie könnte nur schlechter seyn, als sie scheint, und dann wäre sie schlechter, als alle Schönheit. Molly, durch Erfahrung gewarnt, durch Umstände gezwungen, zwar kein Produkt der Kunst, aus eigenem Bewußtseyn, ist dennoch durch fremde Einflüsse bestimmt worden. Sie ist gewiß vieles nie geworden, was sie hätte werden können, wenn die Natur an ihrer Wiege gestanden, und sie als Jungfrau begleitet hätte. Sie ist kein Wesen, das die Mitgabe der Schöpfung ruhig zu einer eigenen schönen Wohnung erbaut hat. Sie lief nicht glücklich auf dem Meere des Lebens aus. Sie ist zurückgekehrt, und hat sich aus den Trümmern ihres Charakters und ihrer Meinungen mit ihren Erfahrungen ein Da-

seyn gebildet, das ihr gerade deswegen angemessen ist, weil
es allen andern auffällt. Sie hat nicht, was das Weib allein
bezeichnen soll, das Schöne allein; sie hat nur das Große,
das Erhabene, das uns aus dem Kampfe zurück begleitet.
Huldigung und Bewunderung ersteht und beugt sich in jedem, der vor sie hintritt, aber keiner wird es wagen, das
Schöne in ihr zu suchen, das wir in dem Weibe suchen sollen, in so fern es edel ist, und uns angehört. Sie wird jeden
erschüttern, ihn richtig beurtheilen und lieben, in so fern es
ihm gut sey. Ein Starker kann sie nicht lieben, denn er findet
seine Größe nur in sich, und wollte seine Schönheit in ihr
suchen, wo er aber nichts finden kann, als eine bisarre Er-
höhung seines Wesens. Eigenliebe kann zu ihr hinreissen;
man staunt und freut sich, wenn man geschmacklos ist, sich
in so bunten und grellen Farben gekleidet zu sehen. Man
liebt aber nicht, weil man sich nicht verschönert wieder findet. Sie hat es durch die Kunst weit gebracht; Alle ihre
Handlungen sind mit äußerer Anmuth angethan, und tragen das Gepräge einer freien, vorurtheillosen Moralität.
Dieses ist auch der stete Ausdruck ihres Gesichts, in der
Ruhe und Erregung. Aber jeder natürliche Mensch wird gerade durch diese Freiheit, durch diese öffentliche Entblößung von allen Vorurtheilen zurückgeschreckt. Er ist gewohnt, daß die Natur in ihm leise und verschämt die Wahrheit entwickele, zu der er dann wieder das durchsichtige
Gewand wird; – er erschrickt, wenn die Form von dem Geiste plötzlich wie der Schleier von der Nacktheit herabgeris-
sen wird. Es giebt eine Ansicht der nackten Schönheit, die
uns zur Demuth niederzwingt. Das bürgerliche Leben ist
zu sehr Kerkerdunkel, als daß wir es wagen könnten, plötz-
liches Licht hereinbrechen zu lassen – was uns demüthiget,
können wir nicht lieben – Joduno, das gute, muntere
Mädchen, konnte mich nur reizen, weil ich von jener kam.
Die Welt spielte damals mit mir, und es war in mir eine un-
willkürliche Erwiederung dieses Spiels, daß ich mit Joduno auch spielte. Sie war die erste, in der die Welt vor

mich trat, und so kindisch, so zum Spielen geneigt. Mein Umgang mit ihr verschwindet in seinen Ursprung, in ein undeutliches Gefühl, das über meinem Herzen, wie der Hauch auf dem Spiegel lag. Die seltsamen Zauberspiele Molly's, und alle ihre Räthsel schliefen einen künstlichen Schlaf in mir, und meine ganze Aussicht war in einen düsteren, undurchdringlichen magischen Mantel gehüllt.

Lady Hodefield an Werdo Senne.

Friede und Ruhe mit Ihnen, treuer, einziger Freund. Ihr Brief hat mich in einer der wichtigeren Minuten meines Lebens sanft überrascht, er ist, wie ein sanfter Schlaf, lösend über meinen Rausch, wie ein winkender bedeutender Traum über den Zweifel meiner Handlung herabgesunken. Ich habe zweimahl der eisernen Nothwendigkeit den süßesten Genuß geopfert. Die Versuchung, der Zeit einen Possen zu spielen, und selbst mit unendlicher Wollust aufzudecken, was sie in ihrer stillen, folgenden Gesetzlichkeit entwicklen wird, war für ein tollkühnes Weib, wie ich, nicht klein; so nannten Sie mich einst, aber ich darf es ja nicht mehr seyn. Nur die Blüthe darf üppig wagen, darf der Frucht, wie ein jauchzender Bote voraus gehen, und ich darf nichts, gar nichts mehr, das ist alles vorbei, die Zeit bereitet mir nun meine Freuden, damit ich hübsch genügsam sey. Ich habe sonst zu viel genossen, nun ist die Zeit da, daß ich den Genuß andrer genug ehre, um ihn nicht zu stören. Und diese Macht danke ich Ihnen allein; Sie lehrten mich, daß die meisten Unfälle Folgen unserer Voreiligkeit sind, mit der wir der Zeit in ihrer Konsequenz vorgreifen. Ich war in dem Kampfe gegen meine schimmerndsten Gelüsten ermüdet, auf meinem Sopha hingestreckt, blickte ich nicht ohne

Neid nach dem Besiegten. Das Bild der Freude, die ich von
mir in die Ferne gewiesen hatte, stand flehend und drohend
vor mir, ich war so allein, so empfänglich, die Freude so reizend in ihrem Schmerz und Unwillen; »ich komme nicht
wieder,« sprach sie, und schien mich zu dem zudringlich-
sten Besuch der verwegensten Reue zubereiten zu wollen,
falscher Stolz, falsche Schaam, waren ihre Vorwürfe.
Doppelt einsam, indem ich die Gesellschaft des einzigen,
der außer Ihnen Ansprüche auf meine Liebe hat, von mir
gewiesen hatte, war ich, als ich Ihren Brief erhielt. Sie sind
ganz gegenwärtig in ihm für mich, obschon Sie schon leise
dem Leben drinne entschweben, denn ich kann Ihnen nachsehen. Alle meine Leidenschaften, alle meine Wünsche haben Sie nun wieder zu jenem anspruchslosen Frieden gebracht, in den Sie sich Ihren Gram, und so freundlich mir
meine Schuld zu verschleiern wissen. –

Ich habe Karln gesehen – ich wußte nicht, daß er es war,
und doch bewies die Natur ihre geheime Macht, unwider-
stehlich zogen mich ihre Bande zu ihm hin, obgleich Zeit
und Ferne sie versteckt hatten. Ich fühlte, daß er mir angehört, der geistvolle schöne Sohn, auch er war im Innersten
seines Herzens gerührt, und neigte sich gewaltsam zu mir
hin, ohne es erklären zu können. Ich erkannte ihn durch die
Erzählung seines Aufenthalts bey Godwi, und seines Ge-
schäfts. Ich erkannte ihn in der Trennung, und es war die
höchste Wonne und der bitterste Schmerz in die nehmliche
Minute gelegt. Nur die Ueberraschung und die Menge der
Menschen um uns machten mir es möglich, den sanft von
meinen Blicken zurückzuweisen, den ich in meinem Herzen
trage, und den ich um so fester in meine Arme schließen
mochte, da ich ihn als einen edlen ausgebildeten Menschen
wiedersah. Ach ich war nicht standhaft, die Entdeckung zu
verhindern, es war bloßer Zufall, daß ich mich und Sie nicht
verrieth!

Alles was Sie mir überhaupt von Eusebio und insbesondere von seiner Krankheit schrieben, scheint mir eben so

richtig, als Ihre Bescheidenheit falsch. Sie wollen gar nichts
von dem Wenigen, womit ich Ihnen Ihre Existenz erleich-
tere, verdient haben, und ich soll Ihre ewige Schuldnerin
bleiben.

Die Trauer Eusebio's ist mir sehr verständlich. Wäre er
unter dem glücklichen Himmel seines Vaterlandes, wo sein
Herz und der Himmel in einem Gleichgewichte der Gluth
ständen, so würde er froh seyn. Er erwacht vor der Zeit,
weil seine Umgebung auf seine Anlage einen zu großen
Reiz ausübt. Obschon er keinen Druck und keine Geschichte zu bedenken hat, so kann er dennoch nicht mehr
Kind seyn. Das Mißverhältniß seines Temperaments zu seinem Leben, und zum Lande, in dem er lebt, zwingt ihn zu
reflektiren, da er nun keinen bestimmten Gegenstand haben
kann, so entsteht aus seiner Reflexion über das bloße Bedürfniß die Sehnsucht in ihm. Er schmerzt mich; wehe dem,
der kein Kind seyn konnte, er kann nicht Jüngling, nicht
Mann werden, die Jahreszeiten fließen ihm in eines zusammen in seinem Verlangen, und bedarf in jedem Genusse jeden andern. Eusebio hätte noch lange Knospe seyn müssen,
an der der Thautropfen und die Thräne hinabrollt, nun hat
sich sein Busen erschlossen, und die Thräne liegt still in seiner Kindheit, ein Bote innerer Trauer für sein ganzes Leben.
Die Außenwelt hat ihn nicht auf der Stufe, die er einnimmt,
gefesselt, es spielte kein Kind mit ihm, und so treibt ihn
seine innere Gluth aufwärts, die ihn hätte ausbreiten sollen.
Ich fühle deutlich seine Zukunft, er wird nie die Formen
kennen lernen, in denen er lebt, nur in den zusammenge-
setztern, reichern länger verweilen, jedem halben Tone wird
er entgehen, und leicht viele Stufen des Lebens übereilen.
Das Verlangen ist früher und begehrender in ihm ausgebil-
det, als er sich die Welt gewürdiget hat, er öffnet die Arme
mit Sehnsucht, und nimmer kann er mehr umarmen als sich
selbst, so entsteht bey immer neuen Versuchen, und einem
steten Zurückkehren ohne Erfolg diese entsagende Trauer
in ihm.

Sein heftiges Begehren nach mir erklärt sich leicht hieraus. Wenn er mit seiner mächtigen frühreifen Phantasie den kleinen spärlichen Kreis seiner Erfahrungen durchläuft, so ist ihm sein Aufenthalt bey mir der reichhaltigste Punkt. Das Einfache reizt ihn nicht mehr, weil es zu innig und zu schmerzlich mit ihm verwebt ist. Schmerzlich sage ich, weil er an ihm ermüdet ist. Je einfacher das Leben eines phantastischen Gemüths ist, je drückender wird ihm seine Umgebung, seine Anlage zu erfinden wird vielfältiger gereizt, und weil die Sache, an der er bildet, ihm nie entgegen kömmt, sondern er ewig an seinem Zusatze zusetzen muß, um weiter zu kommen, ermüdet er eher. Um eine grade Linie können mehrere Wellenlinien gezogen werden, als um die Wellenlinie. Eusebio hat sich sein Daseyn schon so sehr mit den Gewinden seiner Phantasie umschlungen, daß er die einfache Linie nicht mehr kennt, und gleichsam in den selbstgesponnenen Netzen seiner Einbildungskraft gefangen liegt.

Ich würde schon zu Ihnen, und dem kleinen Insassen meines Herzens gekommen seyn, wenn ich Godwi, Ihren Gast, nicht vermeiden müßte, denn wir sind uns beide gleich gefährlich.

Sie haben mich gelehrt, meine Handlungen nach allgemeinen Gesetzen um der Ruhe und Gesetze willen zu beschränken, ohne deswegen meine Art zu fühlen, welche die Eigenthümlichkeit meines Zusammenhangs mit der Natur bestimmt, zu erdrücken – und auch ohnedieß ist es mir nie möglich gewesen, mich wie eine Bürgerinn in die freye Welt hinein zu heucheln, das Gepräge meiner Seele ist zu tief, es konnte nicht erlöschen, und ich bin schon in so weit vor der Verfolgung der Bürgertugend geschützt, als man von mir, als einer reichen Engländerinn, sonderbare Streiche prätendirt. Doch dieß hat mich nicht bestimmt, Godwin zu lieben, nicht, ihn von mir zu weisen. Ich habe das Erste gemußt und das Zweite gewollt. Er ist einer der wenigen, die bey großer Macht in sich, dennoch nichts von ihrer Kraft entbehren können, weil ihnen ein eben so großes Leben entgegen liegt. Das Leben liegt vor solchen Menschen, wie ein erzhaltiges Gebirg, sie müssen hindurch, und alles gewinnen, aber die Kunst des Bergmanns und des Scheidekünstlers ist ihnen versagt, sie müssen die Strahlen des Lebens in dem Brennpunkte ihres Herzens vereinigen, um eine einzige Glut vor sich herwerfend, sich eine Bahn durch die Goldadern zu glühen, wo andre mit tausend Hammerschlägen sich kaum den Schacht eines Grabes erarbeiten zwischen emporgeworfenem Schutte, der Pyramide ihrer Endlichkeit. Hier im Lande klettern die Kinder an diesem Denkmale des Vaters in die Höhe, um sich in der Kunst des Sturmlaufens im Dienste des Vaterlandes zu üben.

Ich habe ihn von mir gedrängt aus Liebe zu ihm. Er ist zu sehr für das Ganze, und mit zu viel Kraft ausgerüstet, als daß ich ihn hätte unterstützen dürfen, sich im Einzelnsten, in mir zu verlieren. Er ist nicht für mich gewesen, wo hätte ihn sein Engel besser hinführen können, als in Ihre Arme, wo alle meine Unruhen entschlummert sind.

Lieben Sie Ihren Gast, wie Abraham den Engel liebte, der ihm verkündigte, daß ihm ein Sohn auf der Schwelle des Lebens stehe.

O ich bin sehr stark geworden, ich werde der Zeit nicht vorgreifen, auch nicht für Sie. Es wäre zu viel, wenn ich vor Ihnen entwickelte, was ich ahnde, beinah versichert bin. Die lose entwurzelte Eiche würde mit allen den einsamen Reben, die sich innig an ihr hinauf schlingen, hinabstürzen über den Berg Getsemane ihres Lebens, und von neuem in den Gräbern ihrer Freude wurzeln. Ich glaube fast ganz, daß die Ahndungen Ihrer Freuden eintreffen werden, aber dann werden Sie nicht vor Freuden sterben, Sie werden leben und Jahre mit unendlich tiefen Stunden.

Groß und reichlich ist der Tisch des Herrn, und jeglicher hat seinen freudigen Wein neben sich stehen, und wie er trinkt, so genießt er. Später, früher, und zu früh ergreifen die Gäste den Becher. Viele nippen sparsam vom Rande, und wahrlich ihre Höflichkeit ist dem Wirthe und seinem Reichthum ein Schimpf, scheinen sie doch aus der Provinz, aus irgend einer Marktflecken-Welt des Universums hier zu Tische, und wollen fast genöthigt seyn. Dies sind die determinirtesten Herren, in jedem Augenblicke bereit und geschickt, nach einer kurzen kräftigen Rede für die Tugend auf der Henkerbühne zu sterben, und träfe jeden seine Geschichte nach seiner Anlage, so wären diese Leutchen ein ausgesuchtes Chor von Revolutionsopfern, und an ihnen allein würden alle Exempel statuirt. Sie treten mit beiden Füßen auf dem Laster herum, und tragen auch die haltbarste Moral so ab, daß man die Fäden zählen kann. Ohne allen Begriff für eine edle Natur kämpfen sie sich an der Tugend zu Tode. Ihre Herzensgüte sieht ihnen zu den Augen heraus, wie ein fauler Hausherr, der immer in der Schlafmütze am Fenster liegt. Andere Gäste fassen zu derb zu, sie leeren den Kelch zu schnell, und trinken sich krank in Gesundheiten, übersättigt sitzen sie am Mahle wie ein nüchternes Uebelbefinden nach einem tollkühnen Rausche; es sind genialische Renommisten, Sklaven der Freigeisterei, und meistens Parvenus im Leben. Sie wollten das Mahl begeistern, und fressen die Begeisterung, und viele unter ihnen, die sich Philosophen nennen, haben keinen andern Wunsch, als ihren eignen Magen zu verschlingen; sie gehen stolz in so weiten Schuhen, daß sie in den Schuhen gehen, mit denen sie gehen; zu gar nichts können sie gelangen, weil sie alles sind, ohne irgend etwas zu haben, und sollten nur sich selbst umarmen lernen. Viele sitzen noch mit zu Tische, auch wohl welche, die den Spargel verkehrt essen, oder witzige Devisen zum Munde führen, und so alle Arten. Doch unten am Tische, wer hat die stillen Kinder vergessen, die Lieblinge des Wirthes, die ruhig harren, und mit dem Vorwurfe des Unrechts das Mahl nicht stören wollen, und seine Freude? Man gebe ihnen den wohlschmeckenden Kuchen, und den süßen freundlichen Wein des Nachtisches, daß sie fröhlich von dannen gehen. Die Gäste verlassen den Tisch, sie gehen nach Hause, oder werden nach Hause geführt, so wie jeglicher getrunken hat. Wenige und auch Sie, freundlicher Greis, stehen am Ausgange, sie haben das ihrige nicht genossen, und theilen es fröhlich dem Uebermäßigen und Unmäßigen mit, daß jener nicht hungernd von dannen gehe, und dieser nicht leer. – O! Ihre Freuden, Werdo, haben Sie sich selbst gepflanzt, wie die Reben um Ihre Hütte. Sie haben sie auf einen Boden gepflanzt, den Sie selbst erst urbar machten, Sie haben sie erzogen. Dankbar werden sie sich um Ihre wankenden Kniee schmiegen, sie werden Ihre zitternden Schritte nicht mehr fühlen, wenn Sie durch diesen Frühling wandeln. Grüne blühende Lorbeern schlingen sich durch die silbernen Locken des größten Helden des Friedens, sanft umschatten sie Ihren nackten Scheitel, und leise sinkt dann die Abendsonne Ihres Lebens in das stille ruhige Meer befriedigter Hoffnung hinab.

Doch wieder auf Ihren Gast zu kommen: wie gefällt er Ihnen, hat er Sie nicht erheitert? Sprechen Sie mit ihm über mich; doch nicht eher, als Sie merken, daß sein Umgang mit Tilien bedeutender wird, denn ich bin versichert, daß er sie schon liebt, oder doch lieben wird. Sie werden ihn dann sehr überraschen, und gewiß eine Seite ganz an ihm kennen lernen. Es ist schwer, diesen jungen Menschen ganz zu beurtheilen, denn sein ganzes Wesen wird durch Eindrücke beherrscht, und der, welcher vor ihm steht, muß nur zu oft falsch über ihn denken, wenn er ihn und nicht sich zu sehen glaubt. Nur das reinste und einfachste Wesen, nur ein Weib ohne Thräne und ohne Flitter wird ihn begreifen, und lieben. Er ist der Spiegel der trübbarsten und beweglichsten Fluth, und nichts als ein Spiegel. Wie die Welt vor ihm liegt, so sieht sie ihm aus den Augen, das grüne Blatt, das auf ihm schwimmt, ruht auf seinem eigenen Abbilde, und der unendlich hohe Himmel, der auf ihn hernieder blickt, sinkt seinem Bilde entgegen, das aus seiner Tiefe herauf schwebt. Stehen Sie ruhig vor ihm, und Sie werden sich selbst verschönert sehen, und fällt eine Thräne in den Spiegel, so wer-

den Sie Ihr Bild in den Kreisen der Fläche zerrissen sehen.
Er kann nur durch Liebe, die heftigste, ruhigste Liebe, in
der ihm die schönste Menschlichkeit göttlich dünkt, ruhig
und unendlich viel werden. –

Ich bin während vierzehn Tagen mit ihm zusammen gewesen, und habe nicht mehr gethan, als ihn geliebt, und
mich von ihm lieben lassen. Seine Schmeicheleien habe ich
sanft zurückgewiesen, seine Offenherzigkeit in schwachen
Stunden ohne Neugierde freundlich angehört, und mich mit
den Schwingen seiner Hoffnungen gefächelt, wenn die
Gluth seiner bilderreichen Phantasie mich erhitzte. –

Vierzehn Tage habe ich ihm gestohlen, und meine weibliche Eitelkeit glaubte ihm noch ein großes Geschenk gemacht zu haben.

Als ich einstens, unruhig über sein langes Außenbleiben,
Abends nach Tische mich an meinen Schreibtisch setzte,
und in meinen älteren Papieren herum suchte, fand ich mich
wieder in jenen Zauberstrudel von Eitelkeit und Thorheit
zurückgezogen, aus dem Sie mich in England wie ein guter
Geist herausführten. Sie hatten damals alle meine Papiere in
Päcktchen zusammen gebunden, und ich die Ueberschrift
gemacht. Ich habe heute aber erst bemerkt, daß auch Sie die
Päcktchen damals überschrieben haben. Nun fing ich an
meine und Ihre Ueberschrift zu lesen:

»Briefe voll wahrer Liebe, voll Uneigennützigkeit des
Lords Wallmuth, der meine Gesinnungen und mein Herz
schätzte.« Ihre Ueberschrift – »dessen Bekanntschaft also
itzt von Ihnen erst gesucht werden sollte, weil Sie itzt erst
den Entschluß fassen, ein Herz und Gesinnungen zu haben.«

Ich schämte mich, und las weiter:

»Bemerkungen über einzelne Tage in meinem Umgange
mit Lord Derby und Chevalier Rosier, Beweise meiner innigen Freude über die untadelhafte Reinheit und den Geschmack meines Umgangs mit diesen beiden reizenden
Männern.« – »Freude eines phantastischen Kindes über
Schneeflocken, Seifenblasen und Tagthierchen, denen man

keine Minute stehlen darf, weil es ihre Jahrzehnde sind.«
Wehe mir, mein Freund bleibt lange aus! »Süße Stunden des
Trostes in meiner mühsamen Arbeit, keine eitle Thörinn
mehr zu seyn, Resultate meines Umgangs mit Karl von Fel-
sen.« – »Sonnenfleckchen, Minutenlichter, die ich mit dem
Spiegel meiner Toilette, einer Sonne und der Welt, die sie er-
wärmen sollte, gestohlen habe, um sie durch die langweilige
Nacht meiner Moralität hüpfen zu lassen.« –

O! das war zu viel, lieber Werdo, müssen Sie mich noch
einmal mit Ihrem kalten Ernste beschämen – so tief hat die
Thorheit in mir gewurzelt, daß ihre Narbe noch zeichnen
muß. Karl von Felsen und Godwi steht ihr nach Jahren
noch in der Parallele? Ich erwachte aus meinem Traum, tief
rührte mich die Entheiligung Ihres Angedenkens, ganze
vierzehn Tage hatte ich Sie und Ihre Lehren vergessen. – Ich
konnte ihn nun kaum mehr erwarten, den Armen, den ich
betrogen hatte, und so sehr beschämend mir es war, ihn mit
solcher Sehnsucht erwartet zu haben, so süß war mir es
jetzt, die Minuten zu zählen, bis ich seinen leisen Tritt ver-
nehmen würde.

Es ist eine sonderbare Empfindung, in der nehmlichen
Handlung rückwärts Reue und vorwärts Freude zu empfinden.

Ich gab mir alle Mühe, mich bey meinem guten Vorsatze
fest zu erhalten, ich verließ meine Stube, die nur zu viele
Bequemlichkeiten zur Liebe hat, seufzend blickte ich nach
dem wunderheimlichen Sopha, der Wiege so mancher süßen Annäherung, trat in die Bibliothek, verhüllte meinen
Busen, damit mein Herz nicht zu Tage liege, setzte mich
auf einen unbequemen Stuhl, und legte das letzte Päcktchen Briefe vor mich auf den kalten Marmortisch. Es war
Nacht geworden, ich sah auf die Bildsäule der Pallas, der
ernste spröde Umriß der Hohen stach schwarz von den
letzten Dämmrung des Tages ab, und ich hatte mich schon
so ziemlich mit der Idee beruhigt, daß ich auch so eine Pallas wäre. Der leise Schritt meines Freundes gleitete durch

den Hof, er trillerte ein italienisches Liedchen, und ich erwachte aus meiner Metamorphose. Einen großen Sprung mußten meine Gedanken machen, wie Sie wohl meinen, um ihn zu erreichen? – O der Schwachheit! nein, nicht einen Schritt, ich hatte die ganze Zeit an seine liebenswürdige Gestalt, sein süßes Geschwätze gedacht, und recht mitleidig überlegt, ob ich dem armen Jungen denn gar nichts erlauben sollte.

Ich hatte alles vergessen, Sie und mich – der Kuß, den er mir raubte, hatte den ganzen stolzen Tempel meiner Weisheit zusammengestürzt. Der Kontrast war so groß, daß er mich stärkte. Ich nahm alle meine Gewalt zusammen, und bat ihn, gleich den andern Tag wegzureisen. Er kniete vor mir, und bat auch; nun mußte ich befehlen, und er reiste.

Ich weiß nicht, wie ich es anfing, daß er mich nicht verstand. O er hätte ohne vielen Scharfsinn bemerken können, daß mir mein Befehl so viel Mühe kostete, als einem jungen Fürsten sein erstes Todesurtheil. Ich bemerkte sehr deutlich an seinem stummen Erstaunen, daß er von mir so etwas gar nicht erwartet hätte. Er konnte mich nicht begreifen, und meine Kälte an diesem Abende noch weniger zu seiner größern Kühnheit passen. Mit einem rührenden Ernste fragte er mich: »Habe ich Ihre Liebe verscherzt?« und ich antwortete ihm mit einer Lebhaftigkeit, die mich zur Lügnerinn und Heldinn machte: »Nein, ich habe sie Ihnen genommen.« Er verließ die Stube.

– Er wohnte in meinem Hause, das hätte ich früher schreiben sollen, und warum ich es so spät als möglich sagte, ist, weil ich die Falten auf Ihrer Stirne fürchtete. Ich will mich nicht entschuldigen, er ist bey Ihnen, Sie werden den Reiz und die Empfänglichkeit, die Mäßigkeit und die Entsagung gerecht zusammen stellen.

Er war nach seiner Stube gegangen, es war zehn Uhr, und ich bemerkte, daß ich zu lange ohne Licht mit ihm zusammen gewesen war. Und war dies nicht noch mein Glück? Hätte ich ihn gesehen, hätte ich gesehen, wie alles an ihm

Bitte, mächtiges Bitten gewesen, o ich hätte ihm nicht widerstanden.

Wer ist der große Mensch? der auftreten kann und sagen, ich habe eine Handlung mit meiner Kraft vollendet, die mir Mühe und Ueberwindung kostete. Ich habe alle meine Leidenschaften bekämpft, und habe mir den süßesten Genuß geraubt, der sich mir aufdrang, kein Zufall hat mich begünstigt, der Zufall, die Umstände waren meine Gegner, und doch habe ich gesiegt. Hier seht mein Auge, ich habe es ausgerissen, um nicht zu sehen, was vor mir stand.

O du großer Mensch, ich bin nicht im äußersten Grade mit dir verwandt. Und du magst wohl einsam und allein ohne deines gleichen in der Welt stehn, denn du kannst alle entbehren und alle benutzen. Du bist kein Glied des Ganzen, und unnütz. Unglücklich kannst du nicht seyn; was soll dir denn deine Macht. Aber groß kannst du allein seyn. Wenn du Gutes thust, so thust du es frei und unabhängig, selbst gegen deinen Genuß – Wo ist denn nun hier wieder das Verdienst; ist es dir nicht leicht, nicht schmeichelhaft, so zu handeln, o wo ist irgend ein Verdienst? Keine Größe ohne Selbstüberwindung – auch du kannst nicht fortdaurend groß seyn, du bist es nur bis zur That, und diese tödtet deinen ganzen Ruhm – Wo soll ich sie denn finden, die Größe? sie ist ja nie da.

Ich saß so verlassen, so trostlos auf meiner Stube, ich wollte ihn bitten lassen, wieder zu kommen. Ich greife im Finstern nach der Klingel, die vor mir auf dem Tische stand, und ergreife das Päcktchen Briefe. Ihre Aufschrift brannte mir unter den Fingern, und ich hätte fast einen Schrey gethan, wie der Geizhals, dem ein Schalk im Gewande eines Geistes statt des versprochenen Heckethalers eine glühende Münze in die Hand drückt. Ich klingelte, man brachte Licht, und ich setzte mich nieder, an meinen unglücklichen Liebhaber zu schreiben.

Ich schrieb, und las nachher meinen Brief, der mir ein Meisterstück von Ueberwindung schien. Ich entdeckte ihm

versteckt unsre Verwandtschaft, rechtfertigte mein Betragen, bat ihn wegen meiner Liebe um Verzeihung, schilderte
ihm meine Gründe nochmals so dringend, als ich konnte,
und sah am Ende des Briefs wohl ein, daß ich ihn ihm nicht
geben konnte, weil er unsern Plan, meine Geschichte verborgen zu halten, augenblicklich zunichte gemacht haben
würde. Aber der schöne durchdachte Brief voll Selbstüberwindung sollte umsonst geschrieben seyn? – Nein – ich
oder vielmehr meine Eitelkeit, (wenn man uns trennen
kann!) machten die Sache noch viel reizender.

Die Liebe sagte mir: »Giebst du ihm den Brief, so mußt
du ihn nochmals sehen, und dann ist dies keine Schwachheit, dann ist es Nothwendigkeit«; aber die kalte Vernunft
drohte mit Ihrem Unwillen, lieber Werdo! – ich wollte einen andern schreiben, da schlug es 3 Uhr des Morgens, um
6 Uhr reist er ab, es ist zu spät – ich sann, und eine alte etwas vernachlässigte Freundinn benutzte meine Verwirrung,
sich wieder ihrer Rechte zu bemeistern, die Abentheuerlichkeit mischte sich ins Spiel, sie entschied. Ich entschloß mich,
in seine Stube zu schleichen und den Brief in seine Brieftasche zu stecken. Die Adresse wurde abgeändert in: »Ich
bitte meinen lieben Freund, diesen Brief nicht eher zu eröffnen, bis ich es ihm melde.« Molly.

Ihn nochmals zu sehen, und das Heimliche bey der Sache
spannte meine Neugierde bis zur Angst. Es war Alles so
stille, ich hörte mein Herz doppelt schneller pochen, als das
Pendul der Uhr. Die Zeit eilte in mir, und außer mir wollte
es gar nicht 4 Uhr werden.

Ich schlich so leise, so bange mit meinem Briefe über den
Hof nach dem Gartenhause, wie Emma mit ihrem Eginhard
durch den Schnee; wenn meine Diener mich bemerkten –
wie die Hähne schon krähen – die Rosse stampfen – es ist
früh und duftig – der Hofhund, o wenn er nur keine unzei-
tigen Anstalten zur Wachsamkeit macht – so, nun bin ich
vorüber. Seine Vorhänge sind noch vorgezogen. Ich wurde
von meiner Bangigkeit gleichsam schwebend die Treppe

hinaufgetragen, Alles war mir so leicht und schwer, so nach-
gebend und widerstrebend, so dumpf elastisch, wie die
Handlungen im Traum. Ich trat vor die Thüre der Stube,
zitterte, wankte hinein, und wollte, ohne mich nach ihm
5 umzusehen, wieder wegschleichen, wenn ich den Brief in
die Brieftasche gesteckt hätte, aber dabey blieb es nicht. Ich
stand vor dem Schlafenden, und schämte mich vor ihm, ich
war hingewurzelt, er seufzte, meine Thräne fiel auf seine
Wange, und mein leiser Kuß schwebte über den sanft geöff-
10 neten Lippen. Es war die schwächste Minute meines Lebens, und nichts wollte mir den letzten kleinen Stoß geben,
daß ich hinab in die tollkühnste und süßeste Umarmung gesunken wäre. O ich hätte weinen können vor Unwillen, daß
die Schwäche so schwach ist, daß sie mich nicht in seine
15 Arme werfen konnte, und nicht zurück von der Stelle bewegen. Wie ein Schwindelnder am Rande der Tiefe, der
nimmer fällt und nimmer zurückweicht, stand ich da. Nun
krachte ein Stuhl, ich sehe um mich, der Bediente saß auf
dem Stuhle, er erwachte, rieb sich die Augen, öffnete sie et-
20 was unmäßig, und grüßte mich etwas überlaut. Ich gab ihm
Geld, und bat ihn zu schweigen, wenigstens bis sein Herr
weg sey. Ich weiß nicht, was ich nachher dachte und that, als
ich wieder glücklich unten war; um 10 Uhr fand ich mich in
meinem Wagen, es regnete stark, und mein Kutscher bat
25 mich, wieder nach Hause zu fahren.

Ich habe gesiegt, und daß ich so unwillig auf diesen Sieg
bin, ist mir sein Werth, es ist das Gefühl der Größe meines
Kampfs. Er ist weg, nicht ohne Thränen, ich bin zurückge-
blieben mit dem Bedürfnisse nach einem Menschen wie er.
30 Der Abschied war in der Dämmerung, und das ist mir
Stärke gewesen. Hätte ich lesen können, was in seinen Zügen geschrieben stand, ich hätte nicht widersprechen können. Seine Gestalt zerrann in der Scheidestunde aller Gestalten, er schied in der Dämmrung des Abends, und so ist
35 ihm ein Übergang gewesen von meinem deutlichen Besitze
zum Vermissen. Ich schied in der Dämmerung des Mor-

gens, und nun scheint mir der leere Tag in die Augen. Ich
bin nicht mehr zu bewegen, so erregt bin ich, ich träume auf
meinem Sopha, das ich so spröde Abends verlassen hatte,
und das sich mit allen Erinnerungen bitter an mir rächt. Auf
das eine Kissen hat er mit Stecknadeln meinen und seinen
Namen verschlungen gesteckt. Ich mag mich gar nicht mehr
ankleiden. Es verbreitet sich eine allgemeine Nachlässigkeit
über mich, und meine Umstände scheinen mir wie Gränzen, die ihren Inhalt suchen, und sich ewig selbst durch-
kreuzen. Immer will sich noch kein Genuß aus mir heraus
über diese Welt verbreiten, das gewöhnliche Leben ist mir
wie ein ewiges Halbdunkel, es reizt zur Handlung und zerstört den Raum dazu. Nacht! Nacht! du undurchdringliche,
ewige, du liebende Geliebte, du Gipfel der unendlichen
Tiefe, du Ruhe der Vollendung. –

Meine Liebe zu diesem Menschen war kunstlos, und
mehr als die Kunst, denn die Kunst kann mich nicht trösten.
Allgemeine Träumereyen über die Kunst sind mir am zu-
länglichsten, ich bringe dann mit, was ihr fehlt zum Leben,
die Liebe, aber sie endigen sich leider meistens mit Sehnsucht nach ihm, und sind der Weg meiner Pflicht zu meiner
Sünde. Wer mit einer solchen Thätigkeit in dem Herzen der Natur liegen kann wie ich, dem genügen ihre
einzelnen Sinne nicht, die in das Leben wie winkende Denkmale hingestellt sind. Und was ist das Herz der Natur anders, als die Minute, wo sich die Arme umschlingen, und alle
Trennung ein einziges wird, und was ist die Umarmung der
Liebe anders, als der geistigste und körperlichste Gedanke
des Lebens, wo alles nur die Kraft wird, zu bilden, ohne zu
reflektiren, das Objektivste ohne Bewußtseyn, das Kunstwerk der Genialität? Wenn wir die Kunst nur kennen, so
werden wir auch Künstler werden können –! Ja es giebt
auch gesunde Kinder der Ehe, aber die Kinder der Liebe
sind genialischer, und schöner, und fähiger.

Ich will umarmt seyn, indem ich mich selbst umarme.
Ewig kehre ich an den Aehnlichkeiten der sogenannten

Kunst im Einzelnen zu jener Sehnsucht eines Umgangs mit
einem Höheren, wie an dem Anblick schöner Zerstörung in
verfloßne Zeit der Jugend und Fülle des Werks zurück.
Dort scheint mir der Sinn des Wortes zu liegen, das nur
noch Silbenweise um mich tönt, als wäre nur noch eine Silbe
der Zeit da, die es ausspricht. Das Element ist in dem ganzen Raume verbreitet, aber tief unter den Bergen rauscht die
kristallene Woge, in einsamen Klüften dringt sie noch im
Quelle rein aus dem Grabe der Jahrtausende. O ihr werdet
sie nimmer zwingen, in den häuslichen Brunnen zu dringen,
ihr werdet sie nicht durch die Fontainen eures Marktes
künstlich dem Himmel entgegen treiben, höchstens zum
Schauspiele könntet ihr sie gebrauchen, wenn ihr sie leiten
könntet, denn das Geschlecht ist wahrlich zu krank, um das
Reine zu ertragen.

Mir steht die Musik, die Malerey und Bildnerey und die
Poesie itzt da, wie eine Reliquie des Ganzen, das die Liebe
ist, und das mir auch die meinige immer war. Ich habe das
alles umfaßt in Einem, der das alles im Einzelnen nicht
war.

Der Tempel ist über mir zusammen gestürzt, und mein
Gebet, das so frey und unwillkührlich aus dem Gewölbe
der Kuppel sich in Worte ründete, durch die Räume der erhabenen Säulenordnung in Takte zerklang, und in ihren
Kronen liebliche Tonspiele umarmte, ist mit dem Echo zertrümmert. Am freyen Himmel hallt es nicht wieder, und
mein Dienst trauert wortlos und ewig in sich selbst zurücke
sinnend an den schönen Trümmern, die alle zu Altären geworden sind. Soll ich Opfer bringen? Ein Opfer ist keine
Liebe, es müßte sich sonst selbst entzünden. O dieses Nachsehen, und dieses Nachhallen!

Wenn ich Musik mache, so ist mir jeder einzelne Theil so
traurig wie ein Brief an eine ferne vertraute Welt, die mich
mißversteht, weil sie den Takt meines Herzens, meinen
Blick, das Bild des Vorgetragenen in meiner Phantasie, die
Schwäche der Maschiene und die Tyranney des Hebels nicht

sieht, den mein Körper so ungeschickt zwischen mich und
meine Aeußerung hinlegt; und doch ist dieses Stammeln,
dieser Kampf zwischen Wollen und Können ein Muß, dem
der Vorzug einzelner Töne vor einer weiten stillen Oede
wenig Reiz giebt, denn der Starke ist lieber todt, als er tändelt.

Doch spiele ich, ich spielte Anfangs fremde Erfindung.
Das dauerte nicht lange, es war mir, als schriebe ich an die
ferne Welt, um an der Unzulänglichkeit schuldlos zu seyn,
aus einem Briefbuche ab, und schämte mich. Als mich mein
Freund begleitete, fand ich in dem Einstimmen seiner Flöte
in meine Akkorde wenigstens das scheinbare freye Schaffen
der Liebe zu ähnlichen Gegengenüssen, wie das Schachspiel
ein geistreiches Gespräch scheinen kann. Wer seine Flötenuhr akkompagnirt, oder mit sich selbst Schach spielen mag,
der muß mehr Kraft als Stoff haben, und das habe ich nicht.
– Ich phantasierte, und sprach mich ganz aus, aber bald
hemmte mich die sonderbare Empfindung, ich würde selbst
ein wildes gestaltloses Lied, das ewig aus sich selbst ringt,
und nie wieder in sich zurückkehrt: dies war mir schrecklich, ich erschien mir, wie eine kalte Bildsäule, die in der
fortstrebendsten Leidenschaft ewig ruht, ohne Ruhe zu
seyn, und auch dies war fürchterlich. – Habe ich denn
nichts, wenn man mir nichts giebt, und bin ich denn nichts,
wenn ich nicht durch die Augen eines andern gesehen
werde? Kein Genuß ohne Auswechselung; ich hatte gesungen, und niemand hatte mich gehört. Der Ton, der nicht gehört wird, ist nicht da, ich hörte mich nicht mehr, denn ich
sang mich.

Ich sang dann in öffentlichen Konzerten und berauschte
mich in der allgemeinen Stille. Es war keine Eitelkeit, es war
das Gefühl, als breite ich mich über alle aus, mit weiten tausendfachen Armen, indem ich mich aus mir selbst in eine
große Höhe verfolgte, und wenn ich mich in diesem Zustande in einem Bilde aussprechen sollte, so war ich der
Strahl eines Springbrunnens, der aus der Mitte eines Bassins

emporsteigt, sich in den Sonnenstrahlen spiegelt, und wieder zurückfällt. Es freute mich, daß ich Reize genug besitze,
mir selbst alles geben zu wollen, und doch noch die Menge
zu rühren. Da aber ihr Beifall im Händeklatschen über
mich herfiel, war der schöne Traum geweckt. Sie schienen
mit Gewalt aus sich herauspochen zu wollen, was ich in sie
hineingesungen hatte. Die Männer hatten allein geklatscht,
ich verachte die Galanterie wie gemachte Blumen, und will
keinem mehr gefallen. Der scheinbare Umriß der Musik,
sein ewiger Wechsel, und dabey doch die Sklaverey gewis-
ser Verwandtschaften, Fesseln, denen man nie entgeht, und
die, wegen ihres Spielraums, doch solchen Reiz der Freiheit
hinbieten, ihre bildlose Fülle, die ich zu tausend Bildern
schaffen kann, diese unerschöpfliche Menge, die nie das erreichen kann, dessen Theil sie nur ist, alle Liebe und die
meine, die ich doch so ganz umfaßte, ängstigte mich zuletzt,
als hätte ich ein Spiel in Händen, das sich kühn über den
Meister erhebt, und mit ihm selbst spielt, oder zu dem ich
selbst würde.

　　Ich bestehe selbst, und so im Kampfe, mit dem Ganzen
eins zu seyn, daß mir nur das schnelle Umfassen des Ganzen mit einem Blicke ein Genuß werden kann. In seinem
Blicke sprach sich mir alles Licht, alle Farbe, alle Malerey
meiner Welt deutlich aus. Wenn er an meinem Arme im
Garten auf und ab gieng, waren mir die Töne der Natur
nicht mehr roher und ungebildeter als die Töne der Kunst.
Er war mir der Mittler, indem ich mich mit ihm verbunden
fühlte, war in ihm alle Kunst, ohne die Härte des Alleinste-
hens, leise aus der Natur weggeleitet, und so leise, daß keine
Verwunderung, keine Unerklärbarkeit mehr zwischen ihr
und mir lag. Ich war zum Selbstbewußtseyn gekommen,
daß ich vom Aeußern, und das Aeußere von mir unzer-
trennlich sey, und daß wir in einer freundlichen lebendigen
Abhängigkeit von einander leben.

　　Es ist mir nur immer, als hätten die Menschen, da die
Liebe die Erde verließ, und mit dem süßesten, thätigsten

Nichtsthun, mit dem Bestehen durch aus sich selbst wür-
kende unendliche Kraft, die schreckliche Mühe und die Ma-
schinerie ohne Perpetuum mobile abwechselte, als hätten
damals die Menschen in schneller Eile das Deutlichste und
Reinste aus dem herrlichen Haushalte der Welt stückweise
errettet, und in künstlichen Kisten und Kasten verschlossen.
Das sind nun die einzelnen Künste, deren Zusammenhang
sie ängstlich zusammensuchen, und sie mit den Resten des
allmächtigen Verstandes zusammenkleben und beschreiben
wollen. Mir stehen sie itzt nur da, wie ich Ihnen schon
sagte, wie traurige Denksäulen verlorner Göttlichkeit, die
uns ewig winken, wir sollen hin zu jener Welt, die vor
uns geflohen ist, und die wir mit unendlicher Sehnsucht
erwarten.

Wir liegen halb aufgerichtet vor diesen göttlichen Apo-
steln, die in alle Welt versandt sind, und werden von den
göttlichen Trümmern eines Ganzen gerührt, das wir selbst
mitbildeten. Wir knieen vor der Reine unserer eignen
Schönheit in weinender Rührung – und die beste Theorie
der Kunst scheint mir immer antiquarisch und unzuverläs-
sig. Obschon es ein schönes Beginnen ist, die göttlichen
Trümmer mit Mühe zu ergänzen und zu erläutern, so bleibt
mir doch der Gedanke traurig, daß wir uns dann selbst mit
zerlegen und zusammensetzen müssen, um in unserm Einzelnen die wenigen Stralen, die das Verlorne zurückgelassen
hat, aufzufinden, und so aus uns verderbten und verkehrten
Wesen die entarteten Gliedmaßen herzustellen, die den
Torso ergänzen sollen.

Wenige Schöne sind mehr in der Welt, die durch Unwissenheit sich schuldlos fühlen, die das Verlorne nicht suchen,
weil sie es nicht vermissen, indem die freie Liebe, die Mutter aller Kunst, in ihnen wohnt. Wie reine Wesen erblicken
sie den Spiegel, in dem sie sich spiegeln, und tragen aus der
Welt mit ihrem eignen Bilde die Welt in sich zurück. Sie
durchströmt das Leben, das sie selbst durchströmen, und
das Schaffen, das sie mit dem Ganzen in sich aufnahmen,

schafft unwillkührlich wieder in ihnen. Wie alle mit der süßen Gewalt der Geschlechtsliebe im Innern auf die rege
Bahn treten, so treten nur wenige mit der Allmacht der
freien Liebe ins Leben. Denn das Schaffen liegt im Geschaffenen. So wie die Materie aus ihrem allgemeinen Daseyn in
der Geschlechtsliebe in die Vereinzlung und Aehnlichkeit
des Liebenden tritt, so spricht auch die freie Liebe den
Geist, oder die Gottheit in schönen Kunstwerken aus, indem sie das Unendliche in die Form ihrer Aehnlichkeit
trägt, und dieser Form ein Leben im Einzelnen giebt.
Durch eben diese Vereinzlung werden wir sonderbar gerührt, weil die Mannichfaltigkeit bis zur
Unkenntlichkeit in ihr gebunden ist, das Einzelne
ungeheurer und seltsamer vor uns steht, und wir
erregt werden, indem wir das vor uns und mit uns
leben sehen, worin und wodurch wir leben. – Ueber
ein schönes Kind kann ich mich eben so sehr freuen, als
über ein schönes Kunstwerk, weil diese zwei Arten sehr in
mir zusammenhängen, und ich zu der ersten eine größere
Fähigkeit habe. Jemehr der einzelne Theil der Göttlichkeit in dem Werke in sich selbst geründet ist, je
weniger schmerzhaft dem Blicke der Uebergang
von dem Alleinstehen des Einzelnen in die volle
Verbindung des Lebens ist, je schöner ist das
Werk, je reiner, je vollkommner ist ein Sinn hingestellt, ohne uns an das traurige Vermissen des Ganzen zu mahnen.

Die meisten Verbindungen der Künste zu einem Einzelnen werden mir daher gräßlich und erhalten etwas sonderbar todtes und ekelhaftes. Masken und Wachsfiguren können mir nie schön werden. Unsre Stümperei erscheint hier
verbunden mit unsrer Unwissenheit. Die Farbe darf nie mit
der greiflichen todten Form zusammenkommen, denn sie
begleitet nur den Wechsel, indem sie sich selbst nicht angehört, sondern dem Lichte. – Deswegen sind Augäpfel an der
Bildsäule so unerträglich. Denn eine Bildsäule soll nur die

Oberfläche aussprechen, sie erscheint mir wie ein umge-
kehrtes erdichtetes Leben, in dem die Seelenäußerung von
aussen nach innen geht. –

Ich habe Ihnen geschrieben, wie es mir mit dem Singen erging, mit dem Zeichnen und Mahlen wird es mir nie anders
ergehen. Ja hätte ich das reizende Bild in mir, das mich in süßer Bewunderung auflösen kann, bestimmt mit allen seinen
feinsten Umrissen, wie es in meinen Glauben, meine Liebe,
in mich selbst hinüberschwebt, ohne Gränze ewig und vollkommen, und könnte ich es fest, wie es nur die Allmacht
kann, auf eine Stelle hinbannen, ohne ängstlich die Linie an
die Linie, den Punkt an den Punkt zu reihen – o des Mechanismus im Lebendigsten! – so würde ich mahlen. Wo ist der
Künstler, der sich erreichte, und wer kann im Staube nachbil-
den, was seine Seele ahndet? Die großen angestaunten Bildner geben mir nichts, als das Gefühl ihres Uebergewichts.
Wir stehen in Staunen hingerissen vor Bildern, die wir nicht
begreifen können, wir schreiben dicke Bände über Gefühle
bey einzelnen Kunstwerken, die uns unerklärbar sind. Sein
Gemälde, das er in der Seele trug, hat der Künstler nur hinge-
stümpert, und das Gemälde unsrer Seele bey weitem über-
troffen; ihm selbst wird kein reiner Genuß, denn es ist unedel, im Gefühle des Schwächeren den Stral seiner Stärke
brechen zu lassen. Darum muß man weit über mich erhaben
seyn, um in seinem stets mislungenen Werke mein gelungen-
stes Ideal hinzustellen, und ich selbst kann mich also nicht
damit trösten. Ja es ist mir mehr Genuß, mich, durch den leisen schwimmenden Nebel der Ahndung von meinem Geiste
getragen, bescheiden dem größten Bilde meiner Phantasie zu
nähern, als es schändend zum Spotte meiner Augen in Hand-
greiflichkeit vor mein Erröthen herabzuzerren. Uebrigens ist
in meinen Idealen der Uebergang, der Wechsel, die Beweglichkeit zu reissend, um sie je in den stillen bildenden Künsten zu suchen; nicht der Blick, nein der Augenblick des
Blicks, ist meine Sehnsucht, nicht die Bildung der Glieder,
nein der Tanz, reißt mich fort.

Wenn ich vortreffliche Kupferstiche oder Gemälde betrachte, überfällt mich eine Bangigkeit, eine Unruhe, die oft in Schwermuth übergeht, wenn gleich diese Gemälde diese Empfindung nicht schildern. Ich glaube diesen Eindruck durch das Gesagte hergeleitet zu haben.

So ergeht es mir, lieber Freund, in den einzelnen Künsten; wie sollte es mir besser gelingen in der Seele aller, in der Poesie? Bin ich doch selbst ein Gedicht, und meine ganze Poesie. Aber ich lebe in einer Zeit, wo die schöne Form verlohren ging, und so fühle ich mich geängstet, und unglücklich, weil ich nicht in meiner eigentlichen Gestalt lebe. Nimmer werde ich der Welt ein Lied hingeben, denn sie giebt mir nichts hin. Die Gedichte der Natur, sie gehen stille vor mir auf und nieder, und ich traure, wenn ich in das Morgenroth sehe, und in das Abendroth, in den heißen treibenden Tag, und die tiefe volle Nacht. Sie rühren mich, als träten sie vor mich, und sagten flehend zu mir, o gieb uns eine Seele und ein Leben, daß wir deinesgleichen seyen, daß wir mit dir seyn können und mit dir lieben. Ich stehe vor ihnen wie ein Spiegel, sie sehen in mich und ich in sie, und sie sinken vor mir hinab, denn ich kann sie nicht befestigen. Im Leben muß ich sie sehen, um sie freudig zu erblicken. Nichts kann ich umarmen, denn mir ist die freie Liebe versagt. Zwischen mir und dem Geliebten muß die Poesie stehen, die von mir selbst ausgeht. Wenn er mich umarmt, und ich mich in ihm umfasse, so ist die Gestalt in mir und ihm, und ich habe gedichtet.

So wie mir das einzige Talent des Bildens in der Geschlechtsliebe liegt, so ist wohl durch die Stummheit mancher Sänger verstummt, so wie der größte Mahler blind, und der größte Tonkünstler taub geblieben seyn mag. Aber diesen letztern bleibt ein Ausweg, die Poesie ist und bleibt die Seele ihres Drangs zu bilden, und sie sind Mahler, Sänger oder Tonkünstler geworden durch die größere Macht eines einzelnen Organs in ihnen. So kann denn aus den Gemälden des Blinden eine Musik oder ein Gedicht werden,

und aus der Musik des Tauben ein Gemälde. – Nur der
Größte und Gesundeste und Freudigste kann ein großer
Dichter werden, der alles dichtet, denn wem die Macht der
Ausübung und des Stoffs, das Leben und der Genuß im
vollen blühenden Gleichgewichte stehen, der wird und muß
ein Dichter werden.

   Menschen mit voller Lebensfähigkeit, und so auch ich,
stehen immer im Kampfe mit dem geregelten Leben. Sie
sind blos für das Daseyn, und nicht für den Staat gebildet.
Schmerzhaft schlägt sie die bürgerliche Gesellschaft in das
eiserne Silbenmaaß der Tagesordnung, und sie kämpfen,
und verderben, weil die Liebe in ihr in das Handwerk des
Ehestands gewaltsam eingezünftet ist. Häusliches Glück
und gesellige Freude trägt man ihnen auf, die nur weltliches
Glück und Freude des Universums erkennen. Viele, die
frühe schon in diesem Kerker eingefangen sind, ja die in
ihm die Augen eröffnen, siechen mit ihrer größern oder
geringern Anlage fort, oder brechen durch übergroßen
Reiz einseitig hervor, und der geringste muß wenigstens in
einem Fieber, in einem Rausche, und oft schrecklich im
Wahnsinn der ewigen Poesie ihren Tribut bezahlen. Solche
heftige Reize sind Einsamkeit, Freundeslosigkeit, und
Eitelkeit. –

   Nimmer werde ich das wunderbare Mädchen vergessen,
die ein junges Opfer des Lebens fiel. Kordelia war innig an
mich gefesselt, und glücklich, da ich noch unfähiger meine
Gluth in unbestimmte Sehnsucht ergoß, und doch wendete
ich mich schon leise zur Sinnlichkeit, und konnte keine
weite Aussicht ertragen. Sie war eine Schottländerin, und
ihren Eltern entflohen. Sie ward dem Prediger, der mich erzog, zugeführt, man hatte sie bettelnd in den Straßen aufgefangen und meinem Pflegevater überbracht. Sie sagte ihren
Namen nie, so sehr man sich darum bemühte, denn sie
fürchtete sich, zurückgebracht zu werden. Nach dem Tode
meines Pflegevaters, der bald darauf erfolgte, blieb sie bei
mir, und war enge mit mir verbunden. Sie arbeitete nie, ja

sie hatte einen seltsamen Abscheu vor der Arbeit, was sie
auch bewogen hatte, ihre Eltern zu verlassen, für die sie
nicht ohne Zärtlichkeit war; aber auch diese Liebe war ihren
Eltern nicht begreiflich gewesen, wie ihr Abscheu vor der
5 Arbeit, wegen dem sie von ihnen öfters hart behandelt worden war. Ich fand sie einstens Abends im Garten auf dem
Angesichte liegen, und erschrack, weil ich glaubte, es müsse
ihr etwas zugestoßen seyn. Ich rief sie, da sprang sie auf,
nahm mich bei der Hand, und lief mit mir den Garten hin-
10 aus, nach unsrer Wohnstube. Ich war heftig erschrocken,
und da ich sie dringend bat, mit die Ursache ihres Zustandes
zu erklären, sagte sie mir: Sieh, ich saß im Garten, und sah
die Abendsonne, ich war froh und glücklich, denn es war alles schön; aber plötzlich zerriß sich der Himmel, und es war
15 alles noch herrlicher, und immer anders, und wieder und
wieder, da konnte ich es nicht allein ansehen, es war zu viel
und zu schnell. Mir fiel ein, daß meine Mutter einstens
sagte, wie der Abend so schön sey, und mir die Thränen dabei in die Augen traten, weil ich nicht draussen am Walde
20 seyn könnte, da nahm mich meine Mutter hinaus in den
Wald, setzte sich zu mir, und ich liebte sie unendlich, aber
sie lief wieder zurück an die Arbeit, und war traurig, daß sie
nicht da bleiben durfte. Wie ich nun itzt im Garten saß, und
den schönen Wechsel der Farben ansah, fühlte ich, daß
25 meine Mutter itzt an der Arbeit sitze, und dies nicht sehe,
und dies nicht; so warf ich mich denn auf das Angesicht, um
es auch nicht zu sehen, denn es zerriß mir das Herz, daß die
Farben so schnelle verschwanden, und nicht warteten, bis
wohl die Arbeit meiner Mutter vorüber sey.

30   So war ihre Liebe, die Vorstellung des Todes war ihr nur
fürchterlich, in so fern sie fürchtete, die Sonne nicht wieder
zu finden, und den Mond; ob ein andrer stürbe oder lebte,
das rührte sie wenig. Nie waren wohl verschiednere Menschen verbunden als wir beide. Zwischen ihr und der todten
35 Natur war kein Mittler nöthig, so wie ich kein Interesse für
die todte Natur habe, wenn sie sich mir nicht im Auge eines

andern reflektirt. Der Abend- oder Morgenschimmer an
den Bergen bestimmte ihre ganze Glückseligkeit. Jeder
schöne Morgen war ihr ein freudiges Geburtsfest, jeder Tag
ein glücklicher oder unglücklicher Freund, und jeder Abend
ein Tod. Sie stiftete einzelnen Tagen, die ihr besonders lieb   5
gewesen waren, Denkmäler, indem sie einzelne Blumen
pflanzte, oder mehrere in eine bestimmte Ordnung stellte.
An einem ähnlichen Tage erinnerte sie sich immer des verflossenen, und lebte mit der Zeit und ihren Gliedern in einer wunderbaren Verwandtschaft. Bei mondhellen Nächten   10
war sie voll freudiger Wehmuth, und sie saß dann oft in einer wunderbaren Begeisterung im Garten. Sie nannte die
Nacht die enthüllte Zukunft und Vorzeit, jeder Stern war
ihr das Bild eines Tages in weiter Entfernung, der vorbei sey
oder komme, es ergriff sie dann eine heftige Sehnsucht, und   15
sie schien sich selbst nicht gegenwärtig; ich eile nach und
eile entgegen, so drückte sie ihren Zustand aus. Sie liebte am
Tage, und betete in der Nacht, dies war ihr Leben. Ich lehrte
sie mit vieler Mühe schreiben, und sie schrieb dann die Geschichte ihrer verstorbenen Freunde, der Tage, auf, schrieb   20
Briefe an sie, und dichtete im Winter elegisch. Sie entwik-
kelte meine Anlage zur Schwärmerei, aber meine Schwärmerei war die der Sinnlichkeit. Wenn sie in den weiten
Himmel sah, so berührte ich ängstlich, mit wunderbarem
Entzücken, die Blätter und Blumen der Pflanzen, ich saß   25
oder lag immer in mich selbst verschlungen im Garten,
wenn wir solche Nächte zubrachten, und sie stand aufrecht
und frei, mit gehobenem Gesichte. So trennten wir uns im
Innern schon bestimmt, wie wir uns nachher ganz trennten.
So wie ich geschloßne heimliche Gegenden liebte, so war es   30
ihr höchstes Entzücken, von Bergen oder Thürmen weit
hinaus zu sehen. Auch hatte sie das Bedürfniß nicht, sich
mir zu nähern, wenn sie mit mir sprechen wollte, jede Entfernung, die die Stimme bequem erfüllen konnte, war ihr
schon hinlänglich, und lieber als Annäherung, und jede   35
Umarmung war ihr unerträglich. Sie erschrak leicht, wenn

sie von ungefähr meine Hand oder irgend etwas Lebendes
berührte, und war bey einem hohen Grade von Schönheit,
mit wunderbar durchsichtigen Bewegungen und Mienen
das keuscheste Weib durch Anlage. –

Sie liebte mich, weil ich sie duldete, sonst empfand sie
keine Neigung zu mir noch zu irgend einem andern Menschen. Als Godwi mich kennen lernte, als er mir immer
näher kam, und endlich am nächsten, war sie in ein kleines
Gartenhäuschen gezogen, und in der Nacht, in der ich
Karln gebahr, verschwand sie. Vier Jahre nachher fand ich
zufällig eine Sammlung von Gedichten in London, die ich
für die ihrigen erkannte. In der Vorrede fand ich die Anzeige der Herausgeberinn, daß die Verfasserinn todt sey. Ich
konnte nie erfahren, wer die Herausgeberinn war.

Meine Freundinn hatte in der Zeit, da ich meinen Weg
von dem ihrigen trennte, mehr gedichtet als gewöhnlich,
und eines ihrer Lieder hat mich wunderbar gerührt. Es ist
mit dem Namen des Tags nach der Geburt Karls überschrieben, da sie also schon geflohen war. Das Lied ist ein
Quartett zwischen dem Monde, der Sonne, der Nacht und
einer geblendeten Nachtigall, die sich zu Tode singt, weil sie
die Stunden der Ruhe nicht mehr erkennen kann. So gehen
ihre Lieder allegorisch fort, und nähern sich zum Ende einem ganz eignen Sterben in sich selbst, alles, was mit den
Sinnen erkannt wird, schwindet mehr und mehr. So klagt
sie, daß der Mond immer dunkler werde, und die Sonne immer matter. Auch ist ein Klagelied darunter, an die ewige
Dämmerung, die schon mehrere Wochen daure, dann ein
Ruf an die fliehende Natur, die Bitte, nicht so schnell zu
fliehen, damit das Mädchen mit könne; dann ein Lied an das
Leben, das einzige, in dem sie von Menschen spricht, und
das letzte, die Wiedergeburt genannt. Sie beschreibt in ihm,
wie sie in die todte Natur zerrinnt, wie sie nun die Rolle
wechseln, und so nach dem Leben schauen, und das Lebendige besingen werde, wie sie bis itzt der todten Natur gethan habe. –

Wie wenig ich mich zur Dichterinn schicke, beweist
schon, daß ich immer auf den Verfasser zurückkehre. Ich
kann nicht lange auf dem Gedichte verweilen, gleich überra-
sche ich mich auf dem Gedanken, welche Seele! die so dichtet, und nie habe ich die Schönheit des Werks, immer nur
die Kraft und die Fülle des Meisters geliebt. Die Dichtkunst
ist mächtiger als Mahlerei; wie mir jene Herabzerrung des
Ideals ist, so ist mir diese Beflügelung desselben oder doch
wenigstens völliges Erreichen. In der Poesie übergebe ich
das Werk sich selbst, und die Macht, welche bildet, bildet
sich selbst, denn das Werk ist in ihr die ganze Kraft des
Meisters. Ich habe in ihr mit der Phantasie begehrt, und er-
fülle mit einer eben so großen Gewalt, mit der Phantasie.
Die Bildung verhält sich in ihr zum Ideal, wie die Sprache
zum Denken, in der Malerei aber wie die Farben, die Gestalt zum Denken. Ich kann mein Ideal in mir in der ge-
drängtesten Gestalt empfinden, und es in der Dichtung unendlich ausbreiten und entfalten, denn das Wort hat Farbe
und Ton und beide haben Gestalt. So kann ich mit den Geistern aller Sinne mein Gedicht allen Sinnen übergeben, da
ich in der Malerei das ganze weite vielgestaltete Bild auf die
Macht des Auges beschränken muß, ich muß einen Sinn
zum Richter der unendlichen Phantasie machen, und mit
den Farben die Sprache erreichen wollen. – – Die Besinger
sind den Mahlern so unähnlich, als die Sänger den Bemah-
lern – der Dichter ist größer als der Mahler, denn der erste
hat mehr gedichtet als er mahlen konnte, der letztere aber
kann nie mahlen, was er dichtete. Zum Mahler bin ich zu
klein, welch' Lied würde das werden?

Alles dies hatte ich gedacht; und gefühlt, daß die Kunst
mir nimmer die Liebe ersetzen kann. Diese künstliche
Kunst! So war ich, als ich meinen Sohn fand – o könnte jeder, der einen Mißton in der Liebe griff, sich auf diesen Einklang retten. Diesen kann man mir nicht nehmen, nicht ich,
nicht die Pflicht, nicht der Ueberdruß. Er ist von mir, er ist
mein wieder beginnendes Leben, und wenn ich noch so

viele Grundsätze zu befolgen habe, so kann dieser doch nie
wegraisonnirt werden.

Oft ist mirs sehr wunderbar zu Muthe mit den Grundsätzen, ich kann sie dann gar nicht begreifen, und möchte
dann so ein halb Dutzend Grundsätze auf den Kopf stellen,
und sie umgekehrt befolgen, gar nicht aus Verachtung der
Grundsätze, nein – aus lauter Langeweile. Grundsätze? –
das ist mir so gar schwerfällig, als sollte ich eine Bastille aus
Quadersteinen von Grundsätzen in mir erbauen; um die
Gelüsten darinne einzusperren; ich sage die Gelüsten, denn
wer kann die That erwischen, wenn sie geboren ist? Erklärt
sie vogelfrei, sie ist unendlich geschwind, und fällt in die
Anlage zur Handlung, wie ein Funke in das Pulver, nimmer
werdet ihr sie bändigen, denn sie ist das Leben.

Godwi hat seinen Bedienten, der mich in meiner Mor-
gens-Wallfahrt so unangenehm störte, einem Landedel-
mann, der mit seinem Sohne hier auf dem Landtage ist,
überlassen, und von diesem Bedienten weiß ich, daß er bey
Ihnen ist.

Der gute naive Landjunker, der aus Unerfahrenheit mit
den Sitten der Stadt einen Platz in meiner Loge nahm, erzählte mir viel von einem seltsamen Herrn Baron Godwi,
der bey ihm gewohnt habe, und ich erfuhr mit einigem Unwillen, daß er mit der Schwester des Junkers recht vertraut
gewesen sey, so daß es diesem wie eine pur angelegte Sache
vorgekommen ist, wie er sich in seiner Unschuld ausdrückte.

Nun so bin ich dann schon vergessen; oder ist er einer von
den Mächtigen, deren Leichtsinn Universalität, deren Treue
Einseitigkeit, deren Langeweile Tiefe, deren Schwärmerei
Höhe ist? –

Küssen Sie Ihre Ottilie, danken Sie ihr für ihre Mühe an
Eusebio.

Sollte Godwi nicht auf diesen Kleinen wirken, und wie
wird er es thun?

                                    Molly.

Jost von Eichenwehen
an seine Schwester Joduno.

Der Papa, liebe Klaudia, hat viel zu viele Geschäfte, darum
hat er mir befohlen, zu schreiben, und siehst du, unter uns
gesagt, es wäre auch ohne Geschäfte nicht so recht seine
Sache mit dem Schreiben.

Man kann es ihm auch nicht verübeln, denn zu seiner Zeit
gieng's noch nicht so rasch mit der Kultur und der Aufklärung, wie es jetzt geht; da denn der Sohn den Vater immer
überschreiten muß. Es geht dir auch jetzt so höllisch geschwind, daß man ordentlich recht auf seiner Hut seyn
muß, um seinen Vormann nicht übern Haufen zu werfen.
Mir brummt der Kopf vor lauter Bildung, und wenn ich
mich nicht fast allein auf die Taktik und Heraldik legte, so
würde ich sicher vor Eilen in der Aufklärung den Athem
verlieren.

Mit dem vierten Band vom Acacienbaum bin ich kaum
fertig, und habe noch viel von der Pockennoth, und besonders vom Runkelrüben-Zucker vor mir. Ich möchte des
Teufels werden, wenn ich denke, daß unsre Kühe so viel
Zucker gefressen haben, den wir hätten zu unserm Kaffee
brauchen können, und so viele Blattern gehabt haben, die
wir hätten den Menschen inokuliren können. So geht es
aber, wenn man in seiner Kindheit fortlebt. Wenn ich nur
wieder zurückkomme, da soll eine ganz andere Bildung los-
gehen.

Das Leben in der Residenz ist freilich ein ganz andres Savoir vivre, da herrscht dir ein Ton, der sich darf hören lassen, und du mußt mir's verzeihen, wenn ich manchmal in
diesem Brief hie und da so etwas durchblitzen lasse, das dir
Kopfbrechens kostet; aber wenn man einmal in dem Strom
der Aufklärung drinne sitzt, so muß man immer weiter mit
fort, und ich möchte mir noch so viel ennui geben, ich kann
mich nimmer auf meinen alten Stil und Schreibart besinnen.

Ich habe aber auch die Ohren gespitzt, um alles recht zu erwischen, gieb Achtung.

Morgens um – – 10 Uhr stehen wir auf, dann wirft man sich in eine Negligence, und hat, man sagt aber nur so, nicht gut geschlafen. Dann geht man in der Stube auf und ab, bis der Friseur kömmt. Da geht es dann gleich mit der Bildung an, die schönen Wissenschaften nehmlich, und zwar das Theater. Der Friseur macht alle Perücken für die Schauspieler, und wickelt einen mit lauter Komödienzetteln auf. Gestern hat er mich mit lauter Familienstücken gebrennt, und itzt habe ich den Gustav Wasa und Bayart von Kotzebue hinter den Ohren.

Der Friseur sagt einem auch, was am stärksten gelesen wird, denn er sieht das immer, wenn er die Leute frisirt, wo er recht schöne Stellen den Leuten über die Schulter weg aus dem Buche liest, und auswendig lernt. So hat er mir auch gesagt, daß im Wallenstein recht schöne Stellen wären. So komme ich denn so nebenbei zu den schönen Wissenschaften. Aber ich lese, wenn er mich frisirt, gewiß so kein Buch mit schönen Stellen, weil ich bemerkt habe, daß einen der Mensch dann rauft, und manchmal gar über den schönen Stellen dieser großen Köpfe an meinem kleinen eine Stelle sehr häßlich macht.

Im Anfange wollte mir das lange Liegenbleiben des Morgens gar nicht recht von statten gehen; ich hatte schon eine halbe Stunde lang die indianischen Blumen auf meiner Bettdecke betrachtet, und alle die seltsamen Figuren auf der Tapete, als ich es nicht mehr aushalten konnte. Ich machte mich also auf, und wollte mir die Stadt ein bischen besehn. Die Hunde nahm ich mit, und nun gieng es hinaus.

Keine Menschenseele war zu sehen, nur einigemal kam eine Hetze Soldaten, guckten mich an, oder fragten mich aus. Auch bin ich in zwei große Verlegenheiten gekommen. Du kennst meine Wißbegierde zu der Taktik, ich stellte mich also an ein Schilderhaus und erzählte einem schönen großen Grenadier, der drinne stand, daß ich hier sey, um

auch Soldat zu werden, und noch vieles dergleichen. Der
Kerl antwortete nicht, und da er, als ich ihm einen guten
Morgen bot, mit dem Kopfe nickte, so glaubte ich, daß er
auf seinem Posten nicht sprechen dürfe, und erzählte ihm
immer wacker zu. Er stand im Häuschen drinne, und ich   5
hatte mich auch so halb hineingedrückt, weil es frisch war in
der Morgenluft. Gerade in meinem besten Erzählen da ruft
es draussen: Rund! ich weiß nicht, was das bedeutet, und
ein paar Augenblicke darauf prügelt es sich derb in das Häuschen herein. Das war dir eine schöne Geschichte, rühren   10
konnte ich mich nicht, und der Soldat war wie verrückt, er
wußte gar nicht, wer ich war, und ich hatte ihm doch alles
erzählt. Endlich ging es an ein Examiniren, wie ich hierher
komme, was ich mit der Schildwache vorhätte. Ich erzählte
alles, aber da war der Grenadier so undankbar, und schwur,   15
daß ich ihn mit meinen Diskursen eingeschläfert hätte. Wir
konnten gar nicht aus einander kommen, bis ein Brand-
weinschenke seinen Laden aufmachte, und das Schild, das er
eben heraushängen wollte, unter dem Arme haltend, zu uns
hintrat. Da nahm das Ding gleich eine andre Wendung; der   20
Unteroffizier schlug vor, die Sache bey dem Manne auszu-
machen, und die ganze Gesellschaft trank meine Gesundheit bey dem Brandweinschenken. Ich bezahlte die Zeche,
und machte die Bemerkung, wie äußerst wohlthätig es im
Staate ist, daß der Wehrstand und der Nährstand sich einan- 25
der unter die Arme greifen.

Die zweite Verlegenheit war den andern Tag auch morgens ganz früh. Der Vater hatte mir Abends im Bette, wo er
mir denn immer viele guten Lehren aus seinen Erfahrungen
über den Umgang mit Menschen giebt, vieles von Gefahr   30
mit Seelenverkäufern erzählt, die einen in großen Städten
wegnehmen, und einen zu Matrosen machen. Das nahm ich
mir besonders zu Herzen, denn ihrer Schlingen, eine arme
Seele zu fangen, sind unzählige.

Ich ging wieder so früh hinaus, denn ein Mensch, der Sol-   35
dat werden soll, darf sich von nichts abschrecken lassen. Es

war auf dem großen Platz, wo die vielen Bäume stehn, da ging ich auf und ab, und denke dir, was das für ein Wesen mit den Frauenzimmern in dieser Stadt ist, eine ging schon da auf und ab spazieren. Sie mußte wohl melancholisch seyn, denn sie sah gar verwirrt aus, und that mir leid. Endlich kam sie auf mich zu, und sagte gar freundlich, sie wünsche bey mir zu deschöniren, sie sei gar wunderbar gestimmt, und ein wenig hungrig, auch könne ich zu ihr kommen, neben ihr wohne ein Kaffeewirth, da könne ich die Schokolade holen lassen. Ich verwunderte mich ein bischen, und meine Hunde beschniffelten sie. Sie hängte sich mir in den Arm, und sagte, es sey ihr gar heiß auf dem Herzen, deswegen öffnete sie das Halstuch ein wenig; dann sagte sie: »was das doch eine seltsame Krankheit ist, mein Herr, sehn sie, die Hände sind mir eiskalt«; da reichte sie mir die Hand, und drückte mir sie sehr heftig. Ich konnte gar nicht begreifen, was das für Manieren seyen, und fragte sie, wie sie heiße? Ich heiße Aurora, erwiederte sie, und erwarte meine Schwester am Himmel. Ich verstand, daß ihre Schwester gestorben und im Himmel sey, daß sie es gar nicht mehr erwarten könne, zu ihr zu kommen, und darum fing ich an, sie zu trösten. Aber sie guckte mich groß an, und meinte, ihre Schwester werde alle Morgen geboren. Das machte mich nun ganz verwirrt, es ward mir angst und bange, denn die mußte keinen Vater noch Mutter mehr haben, und närrisch obendrein seyn.

Sind Sie denn die ganze Nacht hier so spazieren gegangen, fragte ich. –

Ach nein, sagte sie, ich komme so eben da aus dem großen Hause, da war ich heute Nacht bey Freunden. Gehen Sie doch mit mir, kommen Sie geschwind, ich höre Fußtritte, die Wache – Da nahm das Mädchen plötzlich den Reißaus, und hinter mir kamen Kerls mit langen Stangen, ich lief deswegen auch, so gut ich konnte, denn es waren sicher Matrosenpresser mit Mastbäumen gewesen, und das Mädchen vielleicht gar eine Schlinge von ihnen. Da ich nach

Hause kam, lag der Papa noch im Bette, und sagte mir ganz
ruhig, es würden wohl ein Fill de Schoa und einige Karson
de Poliß gewesen seyn, aber das macht nichts aus, ich weiß
ja eben so wenig als vorher, was die im Sinne hatten.

In die Komödie gehen wir alle Tage, und sind lustig oder
traurig drinne, wie es seiner Durchlaucht gefällig ist, was
man leicht an Dero Schnupftuch oder lautem Lachen merken kann. Manchmal ist man recht in Verlegenheit, wann
Ihro Durchlaucht der Fürst lacht, und die Fürstinn weint,
was letzthin der Fall war, da muß man sich denn, so gut
man kann, herausziehen. Mit der Komödie ging es noch an,
aber mit der Oper mag ich nichts mehr zu schaffen haben.
Ich werde mein Lebetag nicht vergessen, wie es mir da erging. Der Papa bekam ein Billet gratis vom Hof, und sagte
mir, ich möge nur der Schildwache ein paar Groschen geben, die würde mich schon herein wischen lassen; ja mit
dem Hereinwischen, da kam dir ohne Billet keine Katze
herein.

Der ersten Wache vorn auf dem Platze gab ich zwei Groschen, denn der Kerl hatte doch Ehre im Leibe und begehrte nichts; dem an der ersten Thüre gab ich wieder etwas
oder mußte wohl, denn er begehrte recht derb, und je näher
ich der Musik kam, je gröber forderten die Kerls. Ich hatte
mich schon einmahl mit dem Geben verstiegen, und mußte
immer weiter, endlich war die Musik ganz nah, da zeigte
mir der letzte ein Treppchen, da sollte ich hinabgehen und
mich unten nur immer rechts halten. Aber, ach Gott! was
war das ein Elend da unten, es war, als würde hier die ganze
Welt erschaffen im Geigen und Donnern und Singen um
mich, dabei ganz stichdunkel, alle Augenblicke stieß ich
mich an. Neben mir kam einer mit samt einem Stuhle nie-
dergefahren, ich wußte über den unvermutheten Besuch mir
gar keinen Rath, und steuerte ruhig vorwärts der Musik
nach, bis ich einen matten Schimmer von oben herunter bemerkte. Da griff ich dann nochmals um mich, und ergriff etwas, das sich wie ein paar Beine anfühlte, und bald war ich

fest davon überzeugt, denn sie fühlten sich auch so, indem
sie mir ein paar Tritte in die Rippen gaben, und eine
Stimme, die herunter flüsterte: »verdammte kleine Katze,
hat Sie denn nimmer Ruhe, Sie wird machen, daß ich falsch
souflire; warte Sie nur, bis der Vorhang fällt, da wollen wir
scherzen,« verstand ich auch nicht; doch war er freundlich,
langte mit der Hand herunter, und kneipte mir in die Wangen. Ich steuerte endlich weiter und tappte immer mit den
Händen voraus, bis ich endlich den Ausweg fand. Ich war
wieder auf einem Gange, die Musik ganz nahe, sie spielten
einen Marsch; ich mache die letzte Thüre auf, und denke dir,
ich stand auf der Straße, der Zapfenstreich zog vorüber, ich
hätte fast geglaubt, es wäre im Stücke, und blos so natürlich
vorgestellt, wenn nicht die Kutschen vorüber gerasselt wären. Da hatten die Schurken mich unterm Theater wegge-
schickt, ich biß mir vor Boßheit die Lippen und zog mit den
Trommeln durch die Stadt, bey denen geht es doch offenherzig zu.

Du würdest mich gar nicht mehr kennen, wenn du mich
sähest, so bin ich dir zugestutzt, ein leibhaftiger Engländer
und Franzose habe ich werden müssen, dem Allart und dem
Packan wird es heute noch so gehen, denen haue ich heute
Schwanz und Ohren ab. Alle dergleichen Thiere werden
hier gestutzt, das kömmt vom Kronprinzen, und der hie-
sige Sterngucker ist schon in einer großen Verlegenheit, wie
er den Kometen, der sich jetzt sehen läßt, englisiren soll.

Du hast dem Vater geschrieben, daß du nach F. willst. Ja,
das ist nun so eine Sache, die Verführung soll dort groß
seyn, ich habe es in der Kasette de Kolong gelesen. Was
mich hier oft ärgert, ist, daß fast alles französisch spricht,
und man dann kein Pipswörtchen versteht.

Der Vater meint, daß es wohl nichts schaden könne,
wenn du nach F. giengst, weil du so allein zu Hause bist und
leicht das Heimweh kriegen könntest; aber ich meine, weil
es dir nichts nutzt, da der Musje Godwi nicht weit von unserm Schlosse ist, und zu dir schleichen, und dich mir nichts

dir nichts verführen könnte. Denn sieh, ein guter Freund
von mir hier in der Stadt England, der Kellner, sagt mir, in
jetziger Zeit sey jedes Mädchen zu verführen, thäten es die
Männer nicht, so thäten es die Bücher. Mit dem Bücherlesen
hast du nun schon einen guten Grund gelegt, wenn nun der
Fantast dazu käme, der ohnedieß alle Bücher von Anfang
bis zu Ende gelesen hat, da könnten wir leicht einen
Schandfleck in die Familie kriegen.

Nein! zu Hause kannst du platterdings nicht bleiben, du
mußt nach F. – Ich kann dich nicht hinbringen, ich habe viel
zu viel zu thun, theils mit meiner Bildung, theils mit dem
Militairwesen; dreimahl ist Wachtparade in der Woche, und
die übrigen Tage wird geprügelt und Gassen gelaufen, da
kann ich gar nicht abkommen. Du kannst nur einen von
deiner guten Freundinn Brüdern verschreiben, und ihn dem
Amtmann vorstellen, der wird mir schon schreiben, wenn
du mit ihm fort bist, was es für ein Mensch war, und ob du
mit ihm ohne Gefahr reisen kannst.

Der Godwi ist doch bekannt, wie ein Pudelhund. –
Letzthin setzte ich mich zu einer Dame in ihre Loge, und da
mir die Komödie Mackbeth nicht gefiel, fing ich mit ihr an
zu sprechen; der Teufel weiß, was das für eine Dame war,
die mußte auch von einer schönen Bildung seyn, alle die
Hexen und Gespenster gefielen ihr, und ich war schon zu
Haus darüber hinaus, als ich mit dem Amtmanne das Buch
gegen den Aberglauben gelesen hatte. Ich fragte sie, wie sie
nur an den Vorurtheilen Freude haben könne? Sie lächelte
höhnisch, und sagte, es wären tragische Motive, Gott weiß
aber, was das für Dinger seyn sollen; dann sah sie immer
wieder nach dem Theater, wo einer den Leuten mit schreck-
lichem Gebrülle weiß machen wollte, es marschire ein
Dolch vor seinen Augen in der Luft.

Als ich ihr den Namen Godwi genannt hatte, ja da war
ihr freilich alle das Zeug nicht phantastisch genug, der
Name allein war ihr viel toller. Sie ließ gar nicht mehr nach
mit Fragen, was ich von ihm wisse; sie sagte auch, er wäre

ein sehr reizender Mensch, und da hatte sie freilich sehr
recht; denn, bey meiner Ehre, du weißt, alle Menschen sind
mir lieb, aber wenn mich je einer reizte, so war es dieser. Da
ich ihr anvertraute, daß du in ihn verliebt seyst, ward sie
ganz blaß vor Unwillen und ganz still. Siehst du, liebe
Klaudia, alle Leute sagen es ja, daß er ein Abentheurer ist,
es ist nicht meine Meinung allein. Ich wollte recht gern, daß
du einen braven gesunden Mann kriegtest, denn es ist ein
altes Sprüchelchen, und ein Sprichwort ein Wahrwort: Was
macht die Frauen gesund und aufgeräumt? Alle Jahre ein
Kind und eine tüchtige Wirthschaft; dabei bleiben sie gesund und ehrlich.

Es ist kein Einfall von mir, liebe Klaudia, viele brave so-
lide Leute denken so. Du bist schon so mager und sehnsüchtig, um Gotteswillen, laß von diesem Wege ab, sonst
bist du ein armes verlornes Kind!

Hier giebt es viele schöne Leute, besonders bey den Soldaten; da sind Kerls bey, wie die Kerzen gerad, und fest wie
Brandmauern; auch sind die Straßen sehr hübsch gepfla-
stert, und stehn gewaltig große Häuser in der Stadt, und
viele Industrie ist da, das sägt Holz auf den Straßen und
klopft Röcke aus, man muß fast die Ohren verstopfen.

Gestern waren wir im großen Irrgarten, wo mir besonders der große Christoffel gefallen hat, der steht auf einem
hohen Berge und guckt in die Welt hinein, und aus seinen
Augen gucken wieder Leute hinaus, denn sein Kopf ist
hohl und seine Augen sind ungeheure Schalusieladen. Er ist
von eitel Kupfer, und wenn man lauter Pfennige davon
schlüge, könnte fast jeder Bettler einen im Lande bekommen; das will was sagen! Da sind auch viele Statuen, aber
sie sind alle in steinerne Betttücher gehüllt, oder unverschämt nackigt, und haben keine Augäpfel, was gegen alle
Moralität und Natur ist. Wasser springt von allen Seiten,
und man kann gar nicht evitiren, etwas naß zu werden.
Tabak darf darinne nicht geraucht werden, auch darf man
keine Stecken schneiden.

Der Papa läßt dich grüßen – es trommelt schon, mein Lebetag habe ich keinen so langen Brief gesehen, du kannst daraus abnehmen, wie sehr ich dich liebe, und daß ich es gut meine. Adieu, grüße die alte Margarethe, sage ihr, ich würde ihr etwas mitbringen, und füttre den Staar – der ich verbleibe bis ins Grab dein

Jost von Eichenwehen.

Postskriptum.

Es ist hier auch ein großer Lerm, weil der König hierher kömmt. Den ganzen Tag werden die Straßen gefegt und Lampen geschmiedet zur Illumination vom großen Christoffel, es ist ein Gepimper in der Stadt, daß man die Uhren gar nicht hört; wenn ich nur die Post nicht verhöre. So eben werden Vivat von hölzernen Stangen zur Illumination vorbeigetragen und allerlei poetische Sachen in Oel getränkt, was sich sehr vortrefflich ausnehmen wird, wenn man die Lichter dahinter steckt.

Auf die große Rewü freue ich mich recht, die Soldaten bekommen andre Kamaschen dazu, und an jeder Seite einen Knopf weniger, damit die Kamaschen nicht gar zu hoch kommen; auch sollen ihre Röcke verkürzt werden und ihre Gage erhöht. Bey der Rewü da wird dir es einen rechten Staub geben, wenn sie die entsetzlich vielen Beine bewegen, und das geht alles auf einen Wink, Links um! da siehst du zwanzig tausend Haarzöpfe, einen wie den andern – Rechtsum! da siehst du zwanzig tausend Schnurrbärte, das geht Alles, als kehrte sich die Welt um. Ist das nicht schön? und dabei der rasende Lerm mit Trommeln und Pfeifen. Dann die Kavalerie, da ist der Mensch wie das Pferd, und das Pferd wie der Mensch, alles wie es der Herr Kommandant will. Auch werden kleine Attaquen gemacht werden, Einhauen und dergleichen, aber alles zum Vergnügen, denn die Potentaten stehen alle recht bequem zum Zusehen, und wenn ein gemeiner Soldat vor Strapaz umfällt oder überritten wird, so schafft man ihn beiseite, damit es nicht ekelhaft aussieht. Gott sey Dank, liebe Klaudia, daß ich in diesem Säkulo geboren bin, wo solche erhabene Wissenschaften getrieben werden. Adieu.

Godwi an Römer.

Werden wir uns wieder kennen, Römer, da der Wechsel die Dinge nun ergriff, und in der Werkstätte des Lebens wir, andere Bilder, dastehen? Werden wir unsre Herzen herausfinden aus diesen Falten augenblicklicher Stimmungen? und wann werden wir ewig unveränderlich, nackt und vollkommen die schönste Vollendung unsrer Eigenthümlichkeit seyn? wo kein äußeres Zeichen mehr unsre Ordnung bestimmt, sondern wir selbst ein einziges, untheilbares Zeichen für unser höchstes Daseyn sind.

Ich fand dich wieder in deinem zweiten Briefe, in dem dich das Leben so bunt vermummt hatte. Ich kann dich auch so, und vielleicht so noch mehr lieben, obschon du die Narben vieler Abentheuer der äußern und innern romantischern Zeit deiner Jugend trägst, und mir kein Einzelner mehr erscheinst.

Wie ist dir? du Armer! Soll ich den aufrichten, der mich nicht aufrichten konnte?

Dein Urtheil war in deinem ersten Briefe weiter als dein Leben, und dein Geist richtete an der Wiege deiner Handlungen über die Sünden deiner Männlichkeit. – Ich erkühne mich nicht, über diese Zufälle auszusprechen, denn ich achte nicht die Gefahr, nein! nur die Süßigkeit des Lebens.

Man soll mich nie eines Eingriffs zeihen in das stille feierliche Weben der Liebe durch die Natur, womit sie uns dicht

neben einander in die bunten Farbenmelodieen des Lebens
verschlingt.

Nie habe ich den lächelnden Ernst und die kindische
Feier dieses heiligen Gewerkes mehr empfunden, als jetzt.
Auch mich hat die Liebe mit unendlich zarten Armen umfangen, und an das warme lebendige Herz der Natur sanft
herangezogen. Ich stehe nicht mehr allein, trotzig und kühn
die Welt zu beschauen, und ihren tausendfachen Schritt, und
das Begehren und Hingeben ihrer glühenden Pulsschläge.
Ich bin im Leben, o Freund, und wo? in seinen unschuldig-
sten Blicken, in den freundlichsten Grübchen seiner Wangen, in der theilbarsten Fülle seiner Lockenfluth, und in seinen zartesten Träumen.

Alle meine Pläne, alle meine Hoffnungen sind freiwillig
losgetrennt von mir, ich sah sie ruhig, mit wehmütigem
Entzücken leise über mir hinwegschweben, wie mächtige,
leichte Luftbälle, als habe sie die in uns so traurig gefangene
Allgemeinheit des Lebens, als ein Bild ihrer schönen verlornen Freiheit erschaffen, das sich ungetreu von dem Künstler
losreißt, um sein Urbild zu suchen, als habe die sehnende
Einsamkeit meiner Seele einen herrlichen Boten ihres Ver-
langens in den unentdeckten Himmel gesandt. Aber
Freund! es ist nur ein freudiges herzerhebendes Schauspiel
geworden für meine Liebe und mich, da ich mit ihr den fliehenden Kugeln nachsah, drückte sie mich sanft in die Arme,
und mein Herz ward größer, je kleiner die entwichenen aufwärts schwebten. Sie waren schon unkenntliche Punkte
über mir, und die Welt unermeßlich groß unter mir geworden, als die Liebe zu mir sagte: »O hebe dein Haupt,
Jüngling, sieh, wie weit sind die Sterne und wie
leuchtend, deine Pläne sind noch viel näher, und
wir sehen sie nicht mehr.«

Alles ist mir entschwunden, dem ich sonst ein Spiel war.
Die Welt ist von mir gesprungen, wie eine Form, die nun
ein reines Bild gebar, ach! ich werde es nun nicht mehr be-
klagen, da ich nun so lieblich begränzt bin. Das Leben ist

hier oben so mild widerstrebend, und ich fühle, daß ich am
Busen der Natur in einer elastischen Ruhe des Genießens
liege. Mein ganzes verflossenes Leben liegt in ungestalten,
farbenlosen Massen hinter mir. Das alles sollte ein ungeheurer Tempel werden, und sank vor dem Himmelsbogen erbe-
bend in den Willen eines Kindes zusammen. Ich stehe an
meinem vorigen Leben wie an einem Hügel unordentlich
gesammelter Steine, die eher zur Ruine wurden, als zum
Gebäude, und bin zufrieden, wenn nur eine wilde einsame
Blume an ihm aufblüht. Vor mir wird alles so deutlich, so
groß im Kleinsten, und ein ewiger Spiegel. Kein Geist tritt
auf, den das Wort nicht reichlich, geschmeidig und durchsichtig bekleidet, kein Vorsatz schreitet ruhmsüchtig mit
eitlem Klange vor der bescheidenen That her, ich finde mich
in Allem, und der Liebe.

Ach wie braucht es doch so wenig, um zu vergessen, so
wenig, unser Daseyn wenige Schritte vorher selbst zu übersehen. Gleichen die Menschen nicht Kindern, die jedes
Spielzeug mit Begierde umfassen, sich mit ihrem ganzen
Verstande darüber hinwerfen und heftig weinen, wenn es
ihnen genommen wird? Doch schnell erholen sie sich, und
das neue, das man ihnen hingiebt, ist das wahre, nun haben
sie's endlich gefunden, was sie wünschten. So wechseln sie
immer, und endlich löst sich das ganze Spiel von ihnen. Wir
wissen nicht, was der liebe Bruder nun vornimmt, wir kennen den Ort nicht, an den er geführt wird, und was er nun
erhalten wird, und die äußre Natur von sich zurück zu
drängen, damit er nicht in sie zerrinnt. Wir werfen das
Spielzeug aus den Händen, und knieen um das Kleid
herum, das er trug, als er bei uns war, »wohin bist du? daß
dies schöne Kleid nicht der Mühe werth war,« und kühle
Erde umfaßt den engen Schrein, der seine Hülle versteckt.
Wir glauben, um den Todten zu weinen, aber wir weinen
um den Tod, wir empfinden den Schmerz, weil unsre Seele
aufwärts blickt, der Linie nach, die unser Freund nach dem
Ziele unsrer Bestimmung gezogen hat, und weil das Leben

uns gewaltsam zurückzieht. – Aber nimmer lernen sie, zu
fühlen, daß selbst der Tod nur eine solche Trauer des Kindes über das genommene Spiel ist. – Wir sterben auch im
Leben, nur sind die Uebergänge sichtbarer, oder ganz unsichtbar, und immer gebährt uns die Liebe wieder. Ich fühle,
daß ich in einer andern Welt bin, und ein Kind; wenige werden ja mehr als Kinder in der Liebe, und Kinder in der
Kunst, es sind die, welche für die zurückgebliebenen schon
Meister in beiden scheinen.

Sieh, Römer! ich habe alles vergessen, und wenn ich dich
auch einmal vergesse, so weine nicht, denke, daß dann noch
ein Leben zwischen uns liegt. Willst du mich aber übereilen,
so will ich dir dasselbe thun; wohl uns, wenn wir gleiche
Schritte gehen, und ewig jeder neben dem Freunde.

Fern liegt mir die vergangene Zeit, nur was mir damals in
Dunkelheit gehüllt bang vor den Augen schwankte, was mit
der wundersüßen fremden milden Sprache der Sehnsucht in
tiefen Stunden neben mir erklang, was mit unendlicher Gewalt mich in schwindelnde augenblickliche Höhe warf,
steht itzt hell, verständlich und mit gleicher Stärke neben
mir. Es waren damals kühne Minuten meiner Zukunft, die
sich in meine Gegenwart wagten, und itzt wie bekannte
Freunde neben mir stehen.

Ich denke nie zurück, auch wenn ich etwas von dorther
sehe, so ist es Nordschein, oder Blitz, der die Jugend erleuchtet, und wahrlich, ich kann solche Erinnerungen wehmüthig anblicken, die wie verspätete Worte verstorbener
Sprachen um mich wandeln, und nur in den tiefern Narben
meiner Wunden eine Heimath finden.

Nur dann sind wir glücklich, wenn wir nicht wissen, wie
wir es sind, wenn wir geboren sind, und Kinder. Wenn wir
jeden Mechanismus eines Lebens ergründen wollen, so
sind wir zum Tode reif, und kennen wir ihn, so sind wir
vorüber; denn dann ist das Leben mit uns selbst zusam-
mengeflossen, und ist nicht mehr, und jedes heftige unwill-
kührliche Begehren in uns ist Sehnsucht nach dem Tode,

wie jede willkührliche Begierde die Meditation des Selbst-
mordes ist.

Vollkommenes Gleichgewicht der Natur in uns und außer uns, so viel Streben als Erlangen, so viel Geben als Umfangen ist die Minute des Entzückens der Liebe, und die
thätigste, wo nicht vollendetste des Daseyns. Wer je einen
solchen Moment in sich fühlt, der winde ihn sanft und
rasch, mit Begeisterung, aus dem Gewirre seiner Wünsche;
denn dies ist sein Glück, seine Bestimmung und all' sein
Talent.

So ist es mir geworden!

Die Dämmerung lag zwischen dem Streben und der
Vollendung, der glühende Tag im Feuer des Lichtes zu seiner eignen Gestalt geschmiedet, verglimmte in die dunkle
Nacht, in der unendlichen Zahl seiner Brüder unsichtbar
untergehend. Ich saß am Thurme zu den Füßen Ottiliens.
Ihre Hand lag dicht neben der meinigen, und ich schien
mit dem Rande des Gewandes, das sie bedeckte, zu spielen,
es war ein solches Spiel des Lebens. Eusebio stand
hinter ihr, und legte ihr die Haare in Flechten. Ich empfand
eine Kühnheit in mir, die schnell in eine große Ruhe zerfloß, als habe mein erhöhtes Daseyn meine Kühnheit wieder eingeholt. – Meine Sehnsucht war durch die ihrige umarmt, und meine Hand lag in der ihrigen. – So war ich aufgelöst in der Natur, die mich umgab, und in der ich nun
Alles umgab.

Leise, wie ein Lied des Danks, zündete sich Eusebios
Stimme am Monde an, der seinen Blick über den Bergen
öffnete, ich sah ihr Auge nicht glänzen, denn sie blickte zu
mir herab, ich fühlte den Puls in ihrer Hand, und die sanft
schimmernde Nacht wandelte um uns her. – Eusebio sang:

> Sieh, dort kömmt der sanfte Freund gegangen,
> Leise, um die Menschen nicht zu wecken;
> Kleine Wölkchen küssen ihm die Wangen,
> Und die schwarze Nacht muß sich verstecken.

> Nur allein
> Wer mit Pein
> Liebt, den kühlet sein lieblicher Schein.
>
> Freundlich küsset er die stillen Thränen
> Von der Liebe schwermuthsvollen Blicken,
> Stillt im Busen alles bange Sehnen,
> Alles Leiden weiß er zu erquicken.
> Liebe eint,
> Wenn erscheint
> Ohnvermuthet die Freundinn dem Freund.
>
> Auch mich kleinen Knaben siehst du gerne,
> Kömmst mit deinen Strahlen recht geschwinde,
> Mir zu leuchten aus der blauen Ferne,
> Wenn ich Tiliens seidne Locken winde.
> Zuzusehn,
> Bis wir gehn,
> Wenn die kühleren Nachtwinde wehn.

Als Eusebio die Worte sang:

> Liebe eint,
> Wenn erscheint
> Ohnvermuthet die Freundinn dem Freund, –

fühlte ich, daß sich unsre Hände dichter verschlangen, und daß mein Daseyn in dieser Minute alle Wichtigkeiten meines Lebens aufwog.

O Römer! es wohnt so viel Freude um uns und schmachtet unerkannt, aber wir gehen stolz vorüber, und unser ungebehrdiges Wesen macht die zarte Tochter des Himmels so menschenscheu. In dem einklingenden Akkorde unsres äußern und innern Lebens kömmt sie uns zu umarmen. Wenige Auserwählte nur erreichen das Rückkehren einer selbstgeschaffenen schönen Welt der Kunst in sich, in die liebende lebende Natur, und alle Klagenden konnten die

Oktave höher nicht erreichen, und sind zu stolz, aus den paar errungenen Tönen in das Echo des reinen Grundtons zurückzukehren.

Itzt sehe ich, daß mir der Stoff des Glückes fehlte, der stille einfache Friede, in dem sich alle Sehnsucht beantwortet, wie die Welle im Teich. Alles dieses hat mir die Liebe gegeben. Es ist mir ein reines kunstloses Weib begegnet, und sie hat alle Hindernisse in mir gehoben, die sie nicht kannte, und sie hat alle Krankheiten einer Welt in mir geheilt, die sie nicht kannte. Ist der Tod nicht eine Genesung, und Liebe nicht der Tod? Es giebt eine allgemein treffende Antwort, eine milde wahre Auflösung aller Räthsel der Kunst, in der reinen Natur, und die Natur hat sie in die Liebe des reinsten Weibes gelegt. – Wenn mich Tilie liebt, so habe ich keinen Wunsch, kein Begehren, keine Geschichte mehr, ich bin aus dem Leben in die Natur getreten, und, guter Römer! knie dann neben mein Andenken hin, stille deine Thränen, und sprich die wahren, heiligen Worte: Er ruht sanft, ihm ist es besser als uns, wir müssen alle diesen Weg, wohl uns!

wohl dir!

Godwi an Römer.

Werdo, der Vater Tiliens, ist heiterer, seitdem ich hier bin. Tilie dankt es mir, und nennt mich darum den Freund. Da ich sie zum erstenmal sprach, es war in der Gesellschaft des Alten, waltete für mich eine seltsame Zauberei über ihrer Rede. Sie sprach in weiten geisterischen Umrissen von der Welt, und ich fühlte, indem sie mit einer hohen Theilnahme und vielem Geiste die Leiden und das Uebel der Gesellschaft vermuthete, daß alles in der Welt recht sey, und wie es seyn könne.

Unsre Wirklichkeiten wurden unter der zarten Bestimmung ihrer Phantasie zu einer fremden freundlichen Poesie,
so wie ihre Wirklichkeit unsre Poesie seyn könnte. Es ist
mir, als sey der Genius der höchsten Kultur auch derselbe
der einfachsten Natur, und habe seinem Kinde die Sitten der
Kinder der Gesellschaft anvertraut, um sie durch die Darstellung jener Unzulänglichkeit für ihr eignes Leben emp-
fänglicher zu machen.

Werdo, der mein Erstaunen über sein weissagendes Kind
bemerkte, ergriff in einer seiner traulicheren Stunden meine
Hand, und sprach: »Mein Freund! du bist mein Hausge-
nosse geworden, und freuen soll es mich, noch lange in stiller Liebe so mit dir zu theilen! Ich schwieg bis itzt, ich
glaubte, daß auch dich das Mitleid ekelhaft durchdringe,
und alles müßte ich vor dir und deines Herzens Vorwitz
bang verhüllen. Doch freudig habe ich des Herzens stille
Theilnahme gefunden, vor der ich ohne Scheu, daß du in
lautes Seufzen, in Verwundern, wie kein Mensch es darf,
verfielest, die lang entwohnte Offenheit ergieße. Mein
Schmerz ist still, du hast ihn nie mit Klang und lauten Worten angeredet, so liebt er dich und mag dich wohl in seiner
Ruhe leiden. Das Leben, das ich sonst um gar nichts fragte,
es wollte mir auf alles Antwort geben, und that es rauh mit
scharfen lauten Worten, so daß es mich hinausgedrängt. Itzt
frag' ich nichts, und nichts mehr spricht mit mir; so lebe
ich in tiefer Einigkeit mit Allem, was hier um und um mich
lebet.«

>   Wenn der Sturm das Meer umschlinget,
>   Schwarze Locken ihn umhüllen,
>   Beut sich kämpfend seinem Willen
>   Die allmächt'ge Braut und ringet,
>
>   Küsset ihn mit wilden Wellen,
>   Blitze blicken seine Augen,
>   Donner seine Seufzer hauchen,
>   Und das Schifflein muß zerschellen.

Wenn die Liebe aus den Sternen
Niederblicket auf die Erde,
Und dein Liebstes Lieb begehrte,
Muß dein Liebstes sich entfernen.

5 Denn der Tod kömmt still gegangen,
Küsset sie mit Geisterküssen,
Ihre Augen dir sich schließen,
Sind im Himmel aufgegangen.

Rufe, daß die Felsen beben,
10 Weine tausend bittre Zähren,
Ach, sie wird dich nie erhören,
Nimmermehr dir Antwort geben.

Frühling darf nur leise hauchen,
Stille Thränen niederthauen,
15 Komme, willst dein Lieb' du schauen,
Blumen öffnen dir die Augen.

In des Baumes dichten Rinden,
In der Blumen Kelch versunken,
Schlummern helle Lebensfunken,
20 Werden bald den Wald entzünden.

In uns selbst sind wir verloren,
Bange Fesseln uns beengen,
Schloß und Riegel muß zersprengen,
Nur im Tode wird geboren.

25 In der Nächte Finsternissen
Muß der junge Tag ertrinken,
Abend muß herniedersinken,
Soll der Morgen dich begrüßen.

Wer rufet in die stumme Nacht?
30 Wer kann mit Geistern sprechen?
Wer steiget in den dunkeln Schacht,
Des Lichtes Blum' zu brechen?

Kein Licht scheint aus der tiefen Gruft,
Kein Ton aus stillen Nächten ruft.

An Ufers Ferne wallt ein Licht,
Du möchtest jenseits landen;
Doch fasse Muth, verzage nicht,   5
Du mußt erst diesseits stranden.
Schau still hinab, in Todes Schooß
Blüht jedes Ziel, fällt dir dein Loos.

So breche dann, du todte Wand,
hinab mit allen Binden;   10
Ein Zweig erblühe meiner Hand,
Den Frieden zu verkünden.
Ich will kein Einzelner mehr seyn,
Ich bin der Welt, die Welt ist mein.

Vergangen sey vergangen,   15
Und Zukunft ewig fern;
In Gegenwart gefangen
Verweilt die Liebe gern,

Und reicht nach allen Seiten
Die ew'gen Arme hin,   20
Mein Daseyn zu erweitern,
Bis ich unendlich bin.

So tausendfach gestaltet,
Erblüh' ich überall,
Und meine Tugend waltet   25
Auf Berges Höh, im Thal.

Mein Wort hallt von den Klippen,
Mein Lied vom Himmel weht;
Es flüstern tausend Lippen
Im Haine mein Gebet.   30

Ich habe allem Leben
Mit jedem Abendroth

Den Abschiedskuß gegeben,
Und jeder Schlaf ist Tod.

Es sinkt der Morgen nieder,
Mit Fittigen so lind,
Weckt mich die Liebe wieder,
Ein neugeboren Kind.

Und wenn ich einsam weine,
Und wenn das Herz mir bricht,
So sieh im Sonnenscheine
Mein lächelnd Angesicht.

Muß ich am Stabe wanken,
Schwebt Winter um mein Haupt,
Wird nie doch dem Gedanken
Die Glut und Eil geraubt.

Ich sinke ewig unter,
Und steige ewig auf,
Und blühe stets gesunder
Aus Liebes-Schooß herauf.

Das Leben nie verschwindet,
Mit Liebesflamm' und Licht
Hat Gott sich selbst entzündet
In der Natur Gedicht.

Das Licht hat mich durchdrungen,
Und reisset mich hervor;
Mit tausend Flammenzungen
Glüh ich zur Glut empor.

So kann ich nimmer sterben,
Kann nimmer mir entgehn;
Denn um mich zu verderben,
Müßt' Gott selbst untergehn.

Die Harfe lag, während er sprach, schon an seiner Brust, wie ein Theil seines Gemüths und seiner Aeußerung.

Ich empfand erst in der Mitte seines Liedes, daß er sie spielte, so leise hatte er angefangen. Alles das hatte sich verschlungen und durchdrungen, ohne daß ich irgend einen Übergang sah.

Morgen schreibe ich dir weiter; ich habe den Greis verlassen, sitze hier auf meiner Kammer, weine und bete; der Abend kömmt schon, von ihm den Abschiedskuß zu fordern. O lebe wohl!

Godwi an Römer.

Ich will dir nun weiter erzählen, was Werdo sprach.

Als er sein Lied geendigt hatte, sagte er: »Sieh, keiner konnte mich mit Trost erquicken, drum habe ich in mir das Wort getilgt, und lebe wie Natur, in freien und ungebundenen Tönen.

Du bist ein Mensch wie wenige gebildet, denn aus dir spricht, was andre träg verstecken, und was mir nur die leblose Natur gezeigt.

Die Sitte ist in dir Gesetz geworden, nach dem die Sonne auf und nieder gehet, und alles kann ich gleich erwarten, denn nirgends willst du überraschen, und nimmer folgst du ihr, die dich begleitet.

Doch das soll dich nicht eitel machen, denn ein Gedicht der ewigen Natur ist Demuth. Auch kannst du es nicht bilden, oder weiter in dieser hohen Gabe vorwärts schreiten, denn alles Wissen ist der Tod der Schönheit, die in uns wohnet, und dieselbe wäre, wär' gleich die Wissenschaft noch nicht erfunden.

Mein Lieber, vieles muß ich dir verbergen, und in den ersten Augenblicken warst du schrecklich. Die Vorzeit, die ich mir mit

Mühe und vielen tiefen Schmerzen abgewöhnte, sie trat aus
dir mir drückend bang entgegen, und Zukunft rann so hell
aus den Augen, daß ich mit Sehnsucht schon hinüber sah.

Es war kein Bleiben sonst auf Erden, darum habe ich am
Felsen dort den Quell zum Teich gehemmt, der immer mich
auf seinen wilden Wellen in ferne Zeit mit Sehnsucht hingezogen.

Itzt steht er still, kein Schwinden und kein Kommen, und
jede Welle, die sich regt, umarmt die andre, die ihr froh entgegen wallt. Und mir ward wohl!

Als du nun vor mich tratst, so wars, als wollte Vergangenheit mir schnell zum todten Bilde und Zukunft in der
Gegenwart gerinnen. – Das Alles ruhet schon, ich liebe dich.

Auch Tilie, die holde, will dir wohl, und freue dich. Sie
kennet keine Welt, von Menschenhänden trügerisch erbaut,
und du bist wie Natur natürlich, liebt sie dich.

Sprich nie von ihr, denn auch der Wahrste lügt, will er mit
Worten, was er fühlt, sagen, und nur die Aeußerung ist wahr,
die unvermuthet und unverschuldet aus der Tiefe steiget.

Es leitet unwillkührlich die Natur die Sprache aus der
Tiefe unsers Herzens durch die Oberfläche in sich selbst zurück, und enger, enger ziehen sich die Kreise und gehen
endlich in den Tropfen über, die Thätigkeit so in sich selbst
beschließend, die in der Ruhe stillen Spiegel fiel.

Ich weiß nicht, wo mein Kind nach meinem Tode ein
Bündniß mit dem Leben schließen sollte, drum habe ich sie
der Natur verbunden, und so muß sich in ihr schon alles
finden, und nirgends braucht sie Rath zu suchen.

Es findet selbst ein blindes Kind die Brust der Mutter, deren Schooß es barg.

O stör' sie nicht, und liebe still, und stille Liebe wird dir
danken – doch höre, hüte dich vor ihr, und bleib' dir ewig
gleich, denn zarte Ordnung bildet ihr Gemüth; zerreißt du
sie, so wird sie dir zur Marter.

Dem stillen heil'gen Leben blieb sie treu, und fasset ohn-
bewußt vom Ganzen doch den Geist.

Nur wenige sind so, von der Natur in tiefen Schöpfungs-
stunden so geprägt, und hast du Zeit, noch mehr als
Mensch zu seyn, füllt dir des Lebens Ernst nicht alle Thätigkeit, bist du ein Bürger? o so fliehe schnell!

Denn solchen Reiz bestehet keine Pflicht, sey sie auch   5
noch so fest gehämmert, Natur ruft dich mit aller Weibes
Allmacht hier, sie reicht die Arme dir so frei und schön entgegen, und ihres Busens Wellen dich verschlingen. Du keh-
rest nimmermehr zurück.

So muß es die Natur, sie meint es gut.   10

Die Mutter sehnt sich ewig nach dem Sohne, den sie aus
ihrem Schooße hervorgerufen, daß er sich ihr an ihrem Busen angesaugt verbinde.

Er stehet oft fürs Ganze draußen im Kampfe, und sieht
den Frieden nicht, der nur im Innern blüht.   15

Sie kennt den Ruhm, die Ehre nimmer mehr, der Lorbeer
grünt in ihr, und auch die Myrthe, und beide liebt sie nur als
frohes heitres Grün, das wir zur Hoffnung uns erwählten.«

Hier sah mir der Alte mit Begeisterung ins Auge, ich
wußte nichts von seiner Rede. Das Ganze schwebte wie ein   20
unbekanntes Element um mich her. – Nur einige seiner
Aeußerungen über Tilien traten mir aus seiner sichtbaren
unsichtbaren Rede entgegen. Sie wurden mir Gesetze, ich
kannte keine Pflichten mehr, aller voriger Glauben sank wie
ein gestürzter Götze.   25

> Die Liebe fing mich ein mit ihren Netzen,
> Und Hoffnung bietet mir die Freiheit an;
> Ich binde mich den heiligen Gesetzen,
> Und alle Pflicht erscheint ein leerer Wahn.
> Es stürzen bald des alten Glaubens Götzen,   30
> Zieht die Natur mich so mit Liebe an.
> O süßer Tod, in Liebe neu geboren,
> Bin ich der Welt, doch sie mir nicht verloren.

Ich sank ihm in die Arme, und rief ihn mit dem Namen:
Vater! und alles zerrann um mich.

Er staunte mich an und sprach wild:

»Ich war sein Vater nicht, bin keines Menschen Vater,
jetzt geh zu meinem Kinde hin.«

Lebe wohl!

Godwi an Römer.

»Ich war sein Vater nicht, bin keines Menschen Vater, jetzt
geh zu meinem Kinde hin.« Wunderbare Worte; o Römer,
wie sie mich ergriffen!

Der Greis, der rührend vor mir saß, und mit dem Blicke
in das Thal hinab und über die Berge hin, als sey er überall
gegenwärtig, mir allen Druck vom Herzen nahm, dessen
begeisterte Rede, ein sanfter leuchtender Engel, meine
Wünsche wie abgeschiedene Seelen in einen freudigen Him-
melsfrieden brachte, der nehmliche, der sich in seinem
Liede, in seinen Worten der ganzen Welt so schön verbrü-
derte, – stieß mich wild zurück, da ich mit allen Mächten zu
ihm hingezogen, an seinem Halse den Namen: Vater,
nannte. –

Ach, soll ich keinen denn aus vollem Herzen so nennen
können? Muß der es bleiben, der ein peinlich Leben mir,
ohne daß ich leben wollte, gab? Die Worte dieses Mannes
könnten mich befriedigen, könnten das Silber mir im Herzen bis zum Blicke glühen, wenn mir nicht jener durch eine
unselige Mischung ein seltsames unerfüllbares Sehnen mit-
gegeben hätte.

So kann ich nur das Hohe unendlich lieben, so kann ich
nur den Sinn verstehen, und nimmer den Leib, die herrliche
Gestalt umfassen. Alles zerbricht mir unter den Händen,

und ewig hoffe ich und will; doch feindlich tritt ein böser
Geist zwischen Willen und Handlung hin, und reißt mich in
mich selbst zurück, das Ziel stets weiter rückend.

Wo mich die Weisheit schon im Arme zu halten scheint,
und ich ihr wie ein Schwur versichert in die Augen sehe,
reißt mich der Wahnsinn wild zurück. Was kann ich nur ergreifen wie ein Schwerdt, um jedes Leben, jede Rede zu zerlegen, damit mir nur das werde, was mir dient, denn keiner
ist wohl in der Welt, dem ich so ganz angehöre, in den ich
sorglos und kühn mit allen Zweigen verwachsen darf; und
werde ich je das Leben selbst erschaffen, das alle diese
Zwecke mir erfüllt, oder erschaffe ich jetzt die Welt mir so,
daß keiner mir erreichbar ist?

Es ist mir, als stritten Wahnsinn und Poesie sich um Werdo's Geist, und siegend faßt ihn diese oder jener. Der Wahnsinn ist mir wie der unglückliche Bruder der Poesie, er ist
im Leben verstoßen. Siegt er, dann führt er treu den schwer
erkämpften Preis bis zu den Göttern, der Schwester aber
tritt die ekle Wirklichkeit oft breit in den Weg, und oft muß
sie für die Duldung, die man ihr gewährt, die harte Schmach
erdulden, daß ihre Beute der Welt anheim fällt.

Ich verließ Werdo'n sehr zerrüttet, er hatte meine Ansicht
der Dinge wunderbar verändert, mich fest mit seinem
Glauben verwebt, daß alles, was mir entgegen trat, mir
fremd und neu erschien. Seine letzten Worte hatten meine
Hingebung wieder erschüttert, und ich stand wie ein unent-
schloßner, ungeschickter Gott da, der nicht weiß, wie er die
Welt erschaffen soll, weil sie schon da ist.

Ich näherte mich den Gebüschen, die von einer Seite seine
Wohnung einfassen, und hörte Tilien mit Eusebion sprechen. Der Ton ihrer Stimme rührte mich wie ein Zauber, es
war der Ton, den ich verloren hatte, und alle meine Gedanken reihten sich, und alles war mir wieder wahr und gut,
unbezweifelt – Liebe.

Eusebio saß zu ihren Füßen, versteckte sich bald, bald sah
er traurig in die Höhe, doch sprach er nicht. Sie redete ihn

an: »Eusebio, wie bist nur so still, versteckst dich und siehst
dann wieder so traurig auf; des Knaben Herz muß froh und
heiter seyn.«

Hier sprang er schnell auf und sagte:

»Tilie, ich will singen, fange an, ich will singen, daß ich
froh werde wie ein Lied.«

Tilie sang:

> Frei, frei
> Von Trauer sey
> Des Knaben Herz.

Hier fiel Eusebio ein,

> Von Trauer frei
> Ist nicht sein Herz;
> Schmerz, Schmerz,
> Ganz tiefer Schmerz
> Ist selbst sein Scherz.

> Will nach der Buche,
> Will nach der Buche gehn,
> Wird sie dort freundlich stehn?
> Will sie dort wiedersehn,
> Die ich nur suche.

> Sehnsucht!

> Im Mondschein,
> Ganz allein
> Will sie bey mir seyn.
> Fürchte mich nicht,
> Ihr Gesicht
> Ist Tageslicht.

Hier trat ich auf die Stelle, wo sie beide standen, Tilie
kam mir freundlich entgegen und küßte mich; ich weiß
nicht, wie mich gerade in dieser Minute eine wunderbare

Verlegenheit ergriff, da ich sie in den Armen hielt. Der
Knabe schien an Tiliens Klage über seine Trauer sich schalk-
haft rächen zu wollen.

Er drängte sich an mich, faßte meine Hand, dann wendete
er sich zu Tilien und sang:

> Mild, mild
> Von Liebe, schwillt
> Des Mannes Brust;
> Von Liebe schwillt
> Auch Tiliens Brust.
> Lust, Lust,
> Ganz stille Lust,
> Ihr unbewußt.
>
> Sonst war der Liebe
> Stille im Herzen bang,
> Bis sie zum Auge drang
> Und von der Lippe klang,
> Ihr Spiel sie triebe.
>
> Liebestrieb!
>
> Im Mondschein,
> Ganz allein
> Will sie bey ihm seyn.
> Fürchtet euch nicht,
> Mondeslicht
> So freundlich spricht.

Hier ließ er mich los und eilte in den Wald. Tilie rief ihm
nach:

Eusebio! Eusebio! verspäte dich nicht –

Aber der Knabe war verschwunden, und das Echo rief
aus dem Walde zurück:

– Verspäte dich nicht!

Tilie wendete sich zu mir und sprach:

Ich weiß nicht, was in diesem Knaben webet,
Je mehr er faßt, je mehr verschließt er sich,
Und sollte doch stets reicher auch mehr geben,
So wie Natur, die immer mehr uns bietet,
Je mehr sie Reichthum in dem Schooße faßt.

Wie rührt mich nicht des Frühlings Kindergabe,
Der, kaum des Winters hartem Geiz entflohen,
Schon freundlich grüne Sprossen bringt und Blumen.

Er trägt ein Kleid von dünnem Glanz gewebet,
Und sieht mit lindem Sonnenschein uns an,
Und weckt mit süßen Liedern alle Wesen.

Steht ihm auch gleich die Thräne noch im Auge,
Die ihm des harten Winters Frost entlocket,
Und zittert gleich sein zarter Leib von Kälte,
Weil ihn so dünn der strenge Vater kleidet,
So regt er doch zum Tanze und zur Arbeit
Mit leichtem Flug die neugebornen Glieder.

Er schürzet sich, blickt in den festen Spiegel,
Der aller Flüsse wandelnd Leben decket,
Und unter seinem heißen Blicke springet
Der zarten Nymphen und Sirenen Fessel;
Sie fassen dankbar seiner Jugend Schöne
Und eilen, sie in alle Welt zu tragen,
Und tragen sie hinab durch alle Thäler.
Mit seinem frohen Bilde kindisch spielend,
Entzünden sie zu seinem Dienst die Ufer,
Durch die sie wollustmurmelnd freudig gehen;
Die Blumen all, die an dem Rande stehen,
Sie winken still hinab, ihr zitternd Bild begrüßend.

Er schwebet liebend über todte Wälder,
Die bang mit kalten Armen aufwärts langen,
Da zündet er den Wald mit grünen Flammen,
Und alle Blätter küssen sich so lieb zusammen,
Und blicken still, das Götterkind zu fangen.

So sprach Tilie noch lange vom Leben und Geben, und
wahrlich, sie giebt alles, könnte ich nur alles nehmen; aber
da wohnt eine unausstehliche Sparsamkeit in mir, die man
immer in eurer ärmlichen Haushaltung von Leben davon
trägt.   5

Dann stand sie auf und sprach:

> Der Name Reichthum kommt allein von reichen;
> Hinreichen sollen wir das eigen; allen,
> Die arm sind, sollen froh wir geben,
> Weil sie die Arme so gar traurig heben.   10

> Wir wollen mit einander nach dem Walde,
> Den Knaben, der allein ist, aufzusuchen;
> Er sagte ja, er wollte nach den Buchen.

Hier nahm mich Tilie an der Hand und führte mich
durch kleine schmale Wege in den dunkeln Wald; es war mir   15
recht heilig zu Muthe.

Wir schwiegen lange, und horchten auf das Abendlied der
Nachtigall, das mit glänzenden einzelnen Tönen durch die
lebenden Gewölbe zog. Der Mond sprach wehmüthig mit
einzeln zündenden Silben durch das Flüstern der Bäume,   20
Ahndung wehte mit ihren dämmernden Flügeln durch die
Büsche, und alle heimlichsten Gedanken wagten sich aus je-
der Seele, wo sie sich vor dem geschäftigen vorwitzigen
Tage versteckt hatten.

Morgen, Römer! hörst du weiter; ich muß nun schlafen.   25
Tilie sagte heute, meine Augen seyen so verwacht, da bist
du schuld dran.

Dies Mädchen besitzt einen so, daß man, um nur wenige
Augenblicke nach einem Freunde zu sehen, fast vor Anstrengung erblinden muß. Schlafe wohl.   30

                                          Godwi.

Godwi an Römer.

Hat sich die Zeit in ihrem Gange verändert? – Kein Tag schleicht mehr mit seinen gähnenden Stunden, und keiner stürzt mit seinen Augenblicken hinab. –

O welche stille Wechsel in mir, im gemessenen Takte schreiten die Augenblicke wie Töne zu einer schönen Melodie des Lebens hin, und irret mein Geist durch alle Akkorde auf harmonischen Wegen einen dem andern verbindend, so gelangt er nicht selten, der schönen Folge zur wunderbaren Erquickung, auf einen Gipfel, wo aller Takt weicht, und das Lied gleichsam einen freien ungebundenen Blick in die Ewigkeit thut, und neuerdings kehrt die Melodie zurück, wie das Athmen unsers Busens, das ein sanfter Seufzer unterbrach.

Hier eilt das Leben nicht, ich sehe ihm nimmer nach, auch weilt es nicht träg, und ich brauche es nie zu treiben.

Ich gehe ruhig mit den Stunden, und jede bietet mir das volle Leben an; so lange ich hier oben bin, habe ich noch nicht an die Zeit gedacht.

Der Morgen ist schon wieder da, und alle Farben, alle Töne und Gestalten singen ihm ein Lied, das noch nie gesungen ward, so oft er auch die Welt begrüßte, die ihm jedesmal mit schönen Worten geantwortet.

So ist und bleibt der Stoff, der des Dichtens werth ist, ewig derselbe und einfachste, der eben darum unerschöpflich ist. Denn nach dem einzigen Punkt, der in der Mitte der Welt liegt, kannst du die meisten Linien ziehen, und nur von ihm aus zu Allem gelangen.

Hier folgt die Fortsetzung meines Tagebuchs.

So war der Wald, und wir – Tilie unterbrach unser Schweigen:

> Du hast mit meinem Vater lang geredet,
> Wie war er, war er freundlich, warst du es?

Ich.

Ich sah ihn niemals so, Otilie, niemals
War seine Rede so voll süßer Worte,
Die alle zwischen Ernst und Wehmuth schwankten;
Sein Aug' war feurig und ein mildes Lächeln
Umschwebte seinen Mund, und um die Wangen
Schwamm eine zarte Röthe, wie ein Heil'ger
Sah friedlich er zum Himmel und zur Erde.
Er sprach von dir, von mir und von der Liebe,
Und hingerissen sank ich vor ihm nieder,   1
Umfaßte ihn und konnte ihn nicht lassen.
Von meinen Lippen drang der Nahme, Vater!
Da riß er sich von meiner Brust und zürnte,
Sprach wild zu mir: »Ich bin sein Vater nimmer,
Bin keines Menschen Vater; geh! o gehe   1
Zu meinem Kinde hin«; so komm' ich zu dir.

Tilie.

Es thut mir weh, o Freund! denn du wirst glauben,
Daß du den Vater so mit deiner Rede
Gekränkt hast, und das könnte dich verführen,   2
Was nimmer gut ist, dich in Acht zu nehmen.

Ich.

Was nimmer gut ist?

Tilie.

      Nein, denn die Natur,   2
Sie nimmt sich nie in Acht, drum handelt sie
So mächtig und so rein, stets zur Genüge.
Willst du gleich Alles schon zum voraus seyn,
So kannst du in der Handlung nie genügen.

Ich.

Ich konnte nicht, denn alle meine Sinne,   3
Und alles, was geheim in mir verborgen,

Hat er erweckt mit wunderbarem Leben.
Die tiefsten Wünsche kühn in mir bewaffnet,
Ihr Ziel, sonst unerreichlich, zu erreichen.
Ich fühlte mich wie neu geboren, dankend
Nannt ich ihn Vater!

Tilie.

Vater, und er zürnte –
Er liebt den Namen Vater nicht, und nimmer
Darf ich ihn anders, als nur Werdo rufen;
Und er hat recht, denn es ist sonderbar,
Den einzelnen im Leben so zu nennen,
Da wir ja nur ein einziges Leben kennen.
Beruhigtest du ihn?

Ich.

Nein, ich vermied es,
Weil es nach ihm nur eine Ruhe giebt,
Die in der Nacht, wo alle Farben sterben,
Die in der Ferne, wo der Ton verklingt,
Und Grabesruh, die die Gestalt verschlingt.

Als wir an einen kleinen runden Platz kamen, in dessen
Mitte zwey junge Pappeln standen, sagte Tilie, auf die Pappeln zeigend:

Dies ist Joduno, und dies hier Otilie.
Als wir vor zehen Jahren in dem Walde
Still mit einander wandelnd uns verloren,
Vertheilten wir uns, um den Weg zu suchen,
Daß eine doch nach Haus zu Werdo komme,
Den Abendtrunk in dem krystallnen Glase
Ihm freundlich vor dem Schlafengehn zu reichen.
Mich traf das Loos, den Rückweg bald zu finden,
Joduno irrte lang' im Walde hin,
Bis ich sie hier auf dieser freien Stelle

Am Boden ruhig sitzend fand, sie lauschte,
Wie eine Nachtigall die süßen Töne sang.
Ich setzte mich zu ihr, und wir verbanden
Mit kindschen Schwüren unsre kleinen Herzen.
Als sie mich drauf verließ, pflanzt' ich und sie
Die Pappeln hier zum ewigen Gedenken.
Und wie die Bäume wachsen, sieh, so sind wir
Uns lange gleich an Muth und Freud' geblieben.
Doch sie, Joduno, neigt die schlanken Aeste,
Sie trauert; sprich, wie hast du sie gelassen?

Ich.
Sie wollte bald zu dir herüber kommen.

Tilie.
Ich kann es kaum erwarten, bis sie kommt,
Und doch, ich weiß nicht, wie mir bangt,
Daß sie mich überraschen wird, die Gute;
Sonst freute sie mich, wie im Frühling
Die erste Blume, die sich regt, mich freut.

Ich.
Und jetzt – wird sie dich jetzt nicht freuen?

Tilie.
Sonst war sie jung und ihre Mutter brachte
Sie zu mir her. Wir waren beide Kinder;
Die Kinder theilen sich so gern ins Leben,
Weil ihnen allen gleich die Welt erscheint,
Doch meistens bildet sich die größre Jungfrau
Das Leben schon zur eignen Wohnung aus,
Und formt sich alles, wie's bequem und schicklich
Sich zu dem inneren Geschmacke füget.
So ist es wohl Joduna auch ergangen. –
Ich blieb stets Kind, ich kenne keinen Zeitpunkt
In meinem Leben; wenn ich rückwärts schaue,

Ergießt sich alles still in tiefe Ferne,
Und nimmer habe ich mit Sinn gewechselt.

Joduno wird mir nun wohl nicht mehr gleichen,
Und sich nicht – Ach, mich wird es schmerzen!
Wenn ich sie sonsten sah, dacht ich zurücke
An's letztemal, es ward ein Wiedersehen.
Der Funke brach sich hell in vielen Spiegeln,
Bis zu den fernsten Bildern meiner Jugend
Erleuchtete die Liebliche mein Leben.
Wenn sie verändert mich nun hier umarmt –
Wie war sie, als du sie verlassen? sage –

Ich.

Sie sehnte sich nach dir, und war begierig,
Wie du und ich sich wohl vertragen möchten.

Tilie.

Vertragen möchten? – wir? Das ist nicht gut,
Hieraus wird mir kein Wiedersehen – ach,
Sie ist gewiß verändert, und ich finde
In ihr das treue Gegenbild nicht wieder.
Sie gab als Kind mir alles, was mir fehlte,
Jetzt fehlt mir nichts; wird sie auch Alles haben?
Ich glaube nicht, weil sie sich nach uns sehnt.
Sie möchte wissen, wie du mich veränderst,
Da sie durch dich sich selbst verändert fand.

Ich.

Verändert? ach! und hat vielleicht verloren,
Was sie, die Einsame, zu deiner Freundin
Gemacht? Es thut mir weh! Durch mich verloren?

Tilie.

Es thut dir weh? – So wolltest du's; ich bitte,
Ach! wolle, was dich einstens schmerzt, nicht wieder,

Was wird Joduno fühlen? wenn sie sieht,
Daß du nun nicht mehr willst, was du gewollt hast.

Ich.

O! Tilie, ich weiß nicht, ob ich's wollte.
Ich kam auf ihres Vaters Schloß, und trübe,   5
So trübe Stunden lagen hinter mir,
Schnell wie ein Blitz war eine große Freude,
Mit vieler Liebe mir hinabgestürzet.
Mein Leben war so dunkel, und ihr Auge
Erweckte freundlich blickend mir im Busen   10
Zuerst des Friedens holdes Weben wieder.

Es war am Abend, ruhig sank die Sonne
Und mit ihr ging mein müdes Leben unter.
Sie sprach mit mir von Allem, was sie liebte,
Von ihrer Mutter, dir und deinem Vater –   15
Ich liebte nichts, mußt ich sie so nicht lieben?
Und ist mir dieser Wille nicht verzeihlich?
Der Wille? Tilie, der so leise war –

Tilie.

Ich fühle wohl, wie dies in dir und andern   20
So ist; mir selbst ist es schon so ergangen.
Wenn du die Fremde, die du Heimath nennst,
Mit bunten Bildern rauschend um mich weckst,
Von deinen Reisen so beweglich sprichst:
So liebe ich dich nicht; und wenn ich wieder   25
Für mich allein dran denke, reut es mich –
So ist es umgekehrt, was du gethan.

Doch, trübe Stunden lagen hinter dir,
Und eine große Freude war verloren,
Du Armer, sprich, wie war das Alles?   30

Ich.
                              Eins nur
Von Allem, was du mir gesagt, betrübt mich,
Sonst wollt' ich gerne Alles dir erzählen.

Tilie.
Niemals sollst du durch Tilien verlieren –

Ich.
Ich kann nun fernerhin nichts mehr verlieren,
Denn alle das Vergangne ist verloren,
Und nichts mehr kann vergehen, nichts mehr kommen,

Seit ich zum erstenmal das holde Leben
So gegenwärtig und geliebt empfinde,
Und das, Otilie, hast du mir gegeben,
Du wolltest, daß die Liebe mich entzünde.
Aus deinen Augen helle Lichter schweben,
Daß alles Dunkel rück- und vorwärts schwinde,
Doch sagtest du, du konntest mich nicht lieben,
Wenn ich das bunte Leben dir beschrieben.

So lasse mich vergessend hier gesunden,
Laß mich von meinem alten Leben schweigen,
Da du das neue schon mit grünen Zweigen
Und deiner Küsse Liebesblüth' umwunden.

Du öffnest mir die kaum vernarbten Wunden,
Und in die Wunden wie in Gräber steigen,
Sollt' deine holde Liebe von mir weichen,
Die ew'ge Freude und das Licht der Stunden.

Vertreibst du mich aus diesem Heiligthume,
So muß das junge Leben früh verstummen,
Das du mit Liebesseligkeit gewürzet.

Sind dann nicht alle Stunden ohne Schimmer,
Ist's weniger als Freude, die auf immer
So unerreichlich tief hinab mir stürzet?

Tilie.
Es sey dir Nacht, und nächtliches Entzücken,
Das mild der Sterne Blumengluth ergießt,

Erblühe dir aus meinen stillen Blicken.
Und wenn du mir nicht in die Augen siehst,
So will ich deinen Arm gelinde drücken.
Damit sich nie das Leben dir verschließt,
Sollst du an meinem Arme hängend fühlen,
Wie warm mein Herz, will deines gleich erkühlen.

So sprich mir dann von deinem jüngsten Leben,
Von deiner Freud' und Schmerzen Heiligkeit,
Denn über dieser wunderbaren Zeit
Kann nur der Schmerz, kann nur die Freude schweben.

Dem Aeltern sind die Stunden hingegeben,
Er führet sie zu Frieden oder Streit,
Er herrschet über sie. So Freud und Leid
Muß er allein sich selbst bestimmend weben.

Um Vater, Mutter und das Vaterland
Weint oft Eusebio so stille Thränen,
Und hat verloren, was er nie gekannt.

Auch mich hält fest ein tief unendlich Sehnen,
Der frühverlornen Mutter zugewandt;
Denn uns besitzt, was wir verloren wähnen.

Besinne dich ein wenig, was du sagest,
Denn selten, lieber Freund, sagst du das Rechte.

So sollte ich mich besinnen, Römer, und wußte doch von
nichts, kannte niemand mehr, als sie. O, wie hat mich dies
Weib gefangen genommen, und wie werde ich durch sie leiden
müssen, Schmerzen, die sie nimmer verstehen kann. Sie heilt,
wie die Natur, alle Wunden, ohne sich zu einzelnen hinzuwenden; sie heilt mit einer eigenthümlichen heilenden Kraft, mit
einem Balsam, der wie ihre eigne Gesundheit in ihr lebt.
   So bin ich denn einem Wesen hingegeben, das in seiner
eigenthümlichsten Macht dasteht; ich liege in der Wiege der
Natur, ihr Fußtritt bringt mein Leiden mit leichten Schwingungen in die Träume der goldnen Zeit; möge ich erwachend

an ihrem Busen von einem Geiste beseelt seyn, für den meine
jetzige Sprache ein Stammlen des Kindes ist. Oder werde ich
sterben, wenn ich an ihrem Busen erwache, und die Form aller
Formen mir vor den Augen und der Quell aller Nahrung und
Wollust zwischen meinen Lippen schwillt? O wie werde ich
dich dann nennen, Freund! mit aller Macht des Worts, allem
Zauber der Poesie nennen können.

Godwi.

Godwi an Römer.

Ich habe dir gestern geschrieben, Römer, wie wir sprachen,
und will gerne fortfahren, aber ich habe hier in jeder Minute
stets so viel geliebt und gelebt, daß ein ganzes Leben der Erinnerung immer hinabsinken muß, um die Gegenwart zu
umfangen.

Wer in der reinen Natur und unter den Menschen Gottes
lebt, o! der ist so von der unendlichen Kraft durchdrungen,
daß er keine Augen für die Handlung hat. Ich bin so gezwungen zu leben, daß alle Reflexion mir Mühe kostet, und
wäre ich nicht so ungeschickt, und so verschroben, daß in
jeder Minute des Alleinseyns mir alles Genossene als Bedürfniß erscheint, weil ich noch nicht in mir selbst fortdau-
ernd empfinde, daß diese Welt ewig in mir entzündet, so
könnte ich dir nichts schreiben, als abgebrochene Sätze und
Ausrufungen, wie der, der in dem tiefsten Schooße der Wollust versunken, sich selbst mit aller Aeußerung in ihm auflöst, und keine Beschreibung, als in der Anschauung des
Genusses selbst geben kann. –

Godwi.

Fortsetzung meines Tagebuchs.

Es ist eine Thorheit, Römer, daß ich dir diese Scene zu schildern anfing, da es keine war – – Es ist als wollte ein Maler ein wunderbar heiliges, lebendiges Leben im Mondschein, wo alle Gestalt leise zerrinnt, vor dir in bestimmten Formen hinzeichnen, wo der Mensch und alles Einzelne in das Ganze zerrinnt, wo nichts von dem Hintergrunde sich trennt, und alles in ein leises Gefühl der ewigen Gleichheit verschwimmt, und unser bestimmtester Begriff nur der des allgemeinen seligen Daseyns des Lebens seyn kann.

Es war kein Umriß da und keine Fülle, und kein Selbstgefühl, es war alles eins, und ich fühlte Tiliens warmen Busen an meiner Brust, wir wandelten leise, als wollten wir den Schlaf des Waldes nicht erwecken. Mein Herz drängte sich in meiner Brust schüchtern hinüber zu dem ihrigen, dessen vollen Schlag ich fühlte, sie drängte sich im Gehen dicht an mich, und alle Fibern zitterten in mir.

Ich wußte nicht, ob die Eichen oder unsre Locken so sanft über uns rauschten, ob Tiliens Blicke den Mond, oder der Mond ihre Blicke anzündete. Ich war nie mehr – und doch nichts als ein Lebender. Das Aeußre fühlte ich in meiner Seele in einem stillen Weben, und mich das Aeußre bildend und von ihm gebildet. Es war, als habe ich ein Element um mich erschaffen, das seinen Schöpfer mit Wellen dankend umschlingt, und ihn von sich selbst trennend zur Einzelheit erhebt. – – Es war die letzte Empfindung des Geschaffenen, und die erste des Schöpfers.

Mit dunkeln Wünschen ist die Ordnung in unserm Herzen angeknüpft, ihr stiller Strom fließt zu der Liebe hin, und kehrt mit allem Leben ewig in unser Herz zurück.

Ich habe bis jetzt noch keinen Genuß im Leben gehabt, den mir die Reue über den Misbrauch meiner Fähigkeit, mich zu freuen, nicht begleiten würde, wenn es nicht nichtswürdig und eine schnöde Verachtung der Gegenwart wäre, etwas zu bereuen.

Schnell nieder mit der alten Welt,
Die neue zu erbauen.
Der, dem die Liebe sich gesellt,
Darf nicht nach Trümmern schauen.
Aus Kraft und nicht aus Reue dringt,
Was die Vergangenheit verschlingt.

Nie darf die Erinnerung mit Neid nach der Gegenwart
blicken, auf den Gräbern wollen wir tanzen, wenn wir Leben kennen, und sterben können.

Ich stehe wieder wie ein Kind im Leben, wie ein mächti-
geres Kind eines mächtigeren Lebens. Und jetzt soll ich
mich auf das Ehemals besinnen, da mir die Gegenwart
meine ganze Möglichkeit so süß vereinzelt hinbietet?

Es ist mir, als ob alle dunkle sehnsüchtige Stunden meiner
Jugend voreilige muthige Boten der Zukunft gewesen wären, die ich jetzt verstehe.

Meine Liebe zu der Engländerin war voll Kenntniß, voller Übung aller selbstischen Bemühung des Herzens in der
Leidenschaft. Es war eine Liebe, wie die des Naturforschers
zur Natur, die er in Kabinetten mit seinem Leitfaden in der
Hand überrascht, und in seinem Laboratorium chemisch in
einem Schmelztiegel küßt.

Jetzt hat mich die allgemeine Verbindung einer Schweiz
umarmt. Das Leben wiegt sich wie ein Blumenkranz in meinen Locken, den Tilie hineingelegt. Ich fühle ihn nicht, und
meine Phantasien wohnen in seinen Kelchen. Nie wird ihn
mein Geist entblättern, denn mein Gemüth hat sich wie
Dank und Rausch an Frühling und Liebe entzündet. Die
Stimme meines stillen innern Danks spricht wie die Liebe
im Liede der Nachtigall, aus Liebe, ohne Liebe zu dichten.

Ich liebte die Engländerin, weil sie meinen Sinnen
schmeichelte, weil sie meinem Bedürfnisse und meinem Geschmacke das Bild der Natur hinzureichen schien. – Aber
sie kam nur von der mißverstandenen Kunst zurück – dies
Bild war nicht rein, der Zwang hatte hie und da einen

schmerzhaften Zug zurückgelassen – es war Genesung, die
nimmer Gesundheit wird.

Tilien liebe ich, weil sie so ist, denn die Gesundheit allein
ist liebenswürdig. Sie war nie anders, sie ist nie so geworden, und wird nie anders werden. Sie ist so, und ewig so.

Sie schafft sich ewig selbst, und weiß es nicht. Jede Minute
ihrer Schönheit wird durch sie, und sie ist das Kind jeder Minute ihrer Schönheit. Wie die Liebe ihren Busen hebt, so ist
ihr Busen das göttliche Gefäß ihres liebenden Herzens.

Aeußere Dinge bestimmen sie nur, in sofern sie in die un-
wandelbare treue Folge der Lebensaussprache tritt, in deren
Sittewechselnden Bildungen sie eine wunderbar ehrwürdige
Urgeberde geblieben ist.

Sie selbst steht da, wie die Natur im schönen Menschen;
ihre Gedanken, ihre Worte, Geberden und Mienen, ihre
ganze Erscheinung ist der heiligsten Anschauung fähig.
Man könnte jede Folge ihrer Aeußerung mit schönen ab-
wechselnden Bildern allegorisiren.

Wenn ich mir sie denke, wie sie sich bewegt, wie sie
spricht, oder singt, so sehe ich eine Reihe schöner weiblicher
Gestalten in harmonischen Wellen vor mir hinschweben,
die sich bald mit ihren zarten Armen, bald mit einzelnen
Blumen oder Tönen, mit ganzen Blumen- und Tonfolgen,
bald mit süßen durchsichtigen Liedern aus beiden gewebt
berühren.

Diese Gestalten bilden mir dann keinen Zirkel, sondern
kommen unmittelbar aus der Natur, die Sie umgiebt, und
schweben wieder so aus ihr hinüber.

So fühlte ich, als sie mir befohlen hatte, mich zu besinnen, und besann mich also nicht –

Tilie.

Hast du denn bald genug gedacht? ich fürchte,
Du suchst so lange, bis du mehr als findest.
Denn suchst du über's Finden, so erfind'st du.

Ich.

Verzeih', ans Suchen dachte ich noch gar nicht.

Tilie.

Was dachtest du?

Ich.

Ich weiß nicht, was ich dachte,
Ich sprach mit dir, und diese ganze Welt,
Der Wald, der Mond, sie lagen mir am Busen.
Ich fühlte, daß sie mit mir sprachen, daß ich
Mit Allem Leben innig tief verbunden,
Doch keinem Einzelnen eröffnen könnte,
Und keinem das erwiedern, was sie mir vertraut,
Als dir, du liebe Tilie, dir allein.

Tilie.

So sprich mir nun von deinen Kinderjahren,
Du hast dich schon besonnen; was du fühltest,
War Wahrheit, Leben; wo sie einig sind,
Kann sicher nur das Rechte einzig seyn.
Laß dies Gefühl um deine Worte währen,
Und reine Dinge wird Otilie hören.

———

Scene aus meinen Kinderjahren.

Oft war mir schon als Knaben alles Leben
Ein trübes träges Einerlei. Die Bilder,
Die auf dem Saal und in den Stuben hiengen,
Kannt' ich genau; ja selbst der Büchersaal,
Mit Sandrat, Merian, den Bilderbüchern,
Die ich kaum heben konnte, war verachtet,
Ich hatte sie zum Ekel ausbetrachtet.

So, daß ich mich hin auf die Erde legte,
Und in des Himmels tausendförm'gen Wolken,
Die luftig, Farben wechselnd oben schwammen,
Den Wechsel eines flücht'gen Lebens suchte.
Kein lieber Spielwerk hatt' ich, als ein Glas,
In dem mir Alles umgekehrt erschien.
Ich saß oft Stundenlang vor ihm, mich freuend,
Wie ich die Wolkenschäfchen an die Erde,
Und meines Vaters Haus, den ernsten Lehrer
Und all' mein Übel an den Himmel bannte.
Recht sorgsam wich ich aus, in jenen Höhen
Den kleinen Zaubrer selbst verkehrt zu sehen.

Ich wollte damals alles umgestalten,
Und wußte nicht, daß Aenderung unmöglich,
Wenn wir das Aeußre, nicht das Innre wenden,
Weil alles Leben in der Wage schwebet,
Daß ewig das Verhältniß wiederkehrt,
Und jeder, der zerstört, sich selbst zerstöret.

Dann lernt' ich unsern Garten lieben, freute
Der Blüthen mich, der Frucht, des goldnen Laubes
Und ehrte gern des Winters Silberlocken.
An einem Abend stand ich in der Laube,
Von der die Aussicht sich ins Thal ergießt,
Und sah, wie Tag und Nacht so muthig kämpften.

Die Wolken drängten sich wie wilde Heere,
Gestalt und Stellung wechselnd in dem Streite,
Der Sonne Strahlen schienen blut'ge Speere;
Es rollte leiser Donner in der Weite,
Und unentschieden schwankt des Kampfes Ehre
Von Tag zu Nacht, neigt sich zu jeder Seite;
Dann sinkt die Glut, es brechen sich die Glieder,
Es drückt die Nacht den schwarzen Schild hernieder.

Da fühlte ich in mir ein tiefes Sehnen
Nach jenem Wechsel der Natur, es glühte

Das Blut mir in den Adern, und ich wünschte
In einem Tage so den Frühling, Sommer,
Herbst, Winter, in mir selbst, und spann
So weite, weite Pläne aus, und drängte
Sie enge, enger nur in mir zusammen.

Der Tag war hinter Berge still versunken,
Ich wünschte jenseits auch mit ihm zu seyn,
Weil er mir diesseits mit dem kalten Lehrer,
Und seinen Lehren, stets so leer erschien.
Der Ekel und die Mühe drückte mich,
Ich blickte rückwärts, sah ein schweres Leben,
Und dachte mir das Nichtseyn gar viel leichter.
Dann wünscht' ich mich mit allem, was ich Freude
Und wünschenswerthes Glück genannt, zusammen
Vergehend in des Abendrothes Flammen.

Der Gärtner gieng nun still an mir vorüber
Und grüßte mich, ein friedlich Liedchen sang er,
Von Ruhe nach der Arbeit, und dem Weibe,
Das freundlich ihn mit Speis und Trank erwarte.

Die Vöglein sangen in den dunkeln Zweigen,
Mit schwachen Stimmen ihren Abendsegen,
Und es begann sich in den hellen Teichen
Ein friedlich monotones Lied zu regen.
Die Hühner sah ich still zur Ruhe steigen,
Sich einzeln folgend auf bescheidnen Stegen.
Und leise wehte durch die ruh'ge Weite,
Der Abendglocke betendes Geläute.

Da sehnt' ich mich nach Ruhe nach der Arbeit,
Und träumte mancherlei von Einfachheit,
Von sehr bescheidnen bürgerlichen Wünschen.
Ich wußte nicht, daß es das Ganze war,
Das mich mit solchem tiefen Reiz ergriff.

Des Abends Gluth zerfloß in weite Röthe,
So löst der Mühe Gluth auf unsern Wangen
Der Schlaf in heilig sanfte Röthe auf.
Kein lauter Seufzer hallte schmerzlich wieder,
Es ließ ein Leben ohne Kunst sich nieder,
Die hingegebne Welt löst' sich in Küssen,
Und alle Sinne starben in Genüssen.

Da flocht ich trunken meine Ideale,
Durch Wolkendunkel webt' ich Mondesglanz.
Der Abendstern erleuchtet, die ich mahle,   10
Es schlingt sich um ihr Haupt der Sternenkranz,
Die Göttin schwebt im hohen Himmelssaale
Und sinkt und steigt in goldner Stralen Tanz.
Bald faßt mein Aug' nicht mehr die hellen Gluthen,
Das Bild zerrinnt in blaue Himmelsfluthen.   15

Und nie konnt' ich die Phantasie bezwingen,
Die immer mich mit neuem Spiel umflocht;
So glaubte ich auf einem kleinen Kahne
In süßer Stummheit durch das Abendmeer
Mit fremden schönen Bildern hinzusegeln.   20
Und dunkler, immer dunkler ward das Meer,
Den Kahn und mich, und ach, das fremde Bild,
Dem du so ähnlich bist, zog's still hinab.

Ich ruht' in mich ganz aufgelöst im Busche,
Die Schatten spannen Schleier um mein Aug',   25
Der Mond trat durch die Nacht, und Geister wallten
Rund um mich her, ich wiegte in der Dämmrung
Der Büsche dunkle Ahndungen, und flocht
Aus schwankender Gesträuche Schatten Lauben
Für jene Fremde, die das Meer verschlang.   30
Und neben mir, in todter Ungestalt,
Lag schwarz wie Grab mein Schatten hingeballt.

Und es schien das tiefbetrübte
Frauenbild von Marmorstein,

Das ich immer heftig liebte,
An dem See im Mondenschein,
Sich mit Schmerzen auszudehnen,
Nach dem Leben sich zu sehnen.

Traurig blickt es in die Wellen,
Schaut hinab mit todtem Harm,
Ihre kalten Brüste schwellen,
Hält das Kindlein fest im Arm.
Ach, in ihren Marmorarmen
Kann's zum Leben nie erwarmen!

Sieht im Teich ihr Abbild winken,
Das sich in dem Spiegel regt,
Möchte gern hinuntersinken,
Weil sich's unten mehr bewegt,
Aber kann die kalten, engen
Marmorfesseln nicht zersprengen.

Kann nicht weinen, denn die Augen
Und die Thränen sind von Stein,
Kann nicht seufzen, kann nicht hauchen,
Und erklinget fast vor Pein.
Ach, vor schmerzlichen Gewalten
Möcht' das ganze Bild zerspalten!

Es riß mich fort, als zögen mich Gespenster
Zum Teiche hin, und meine Augen starrten
Aufs weiße Bild, es schien mich zu erwarten,
Daß ich mit heißem Arme es umschlinge,
Und Leben durch den kalten Busen dringe.

Da ward es plötzlich dunkel, und der Mond
Verhüllte sich mit dichten schwarzen Wolken.
Das Bild mit seinem Glanze war verschwunden
In finstrer Nacht. In Büsche eingewunden,
Konnt' ich mit Mühe von der Stelle schreiten.
Ich tappe fort, und meine Füße gleiten,

Ich stürze in den Teich. Ein Freund von mir,
Der mich im Garten suchte, hört den Fall,
Und rettet mich. Bis zu dem andern Morgen
War undurchdringlich tiefe Nacht um mich,
Doch bleibt in meinem Leben eine Stelle,
Ich weiß nicht wo, voll tiefer Seligkeit,
Befriedigung und ruhigen Genüssen,
Die alle Wünsche, alle Sehnsucht löste.

Als ich am Thurm zu deinen Füßen saß,
Erschufst du jenen Traum zum ganzen Leben,
In dem von allen Schmerzen ich genaß.
O theile froh mit mir, was du gegeben,
Denn was ich dort in deinem Auge las,
Wird sich allein hoch über alles heben.
Und kannst du mir auf jenen Höhen trauen,
So werd' ich bald das Tiefste überschauen.

Ich glaube, daß es mir in jener Nacht,
Von der ich nichts mehr weiß, so wohl erging,
Als ich erwachte, warf sich mir die Welt
Eiskalt und unbeweglich hart ums Herz.
Es war der tödtende Moment im Leben,
Du, Tilie, konnt'st allein den Zauber heben.

Mein Vater saß an meinem Bette, lesend
Bemerkte er nicht gleich, daß ich erwachte.
Es stieg und sank mein Blick auf seinen Zügen
Mit solchem Forschen, solcher Neugierd', daß
Mir selbst vor meiner innern Unruh bangte.
Dann neigte er sich freundlich zu mir hin
Und sprach mit tiefer Rührung: Karl, wie ist dir?
Ich hatte ihn noch nie so sprechen hören,
Und rief mit lauten Thränen aus – O Vater!
Mir ist so wohl, doch, ach! die Marmorfrau –
Wer ist sie? – Wessen Bild? – Wer that ihr weh?
Daß sie so tiefbetrübt aufs holde Kind,
Und in den stillen See hernieder weint?

Mein Vater hob die Augen gegen Himmel,
Und ließ sie starr zur Erde niedersinken,
Sprach keine Silbe und verließ die Stube.
In diesem Augenblicke fiel mein Loos.
Ein ew'ger Streit von Wehmuth und von Kühnheit,
Der oft zu einer innern Wuth sich hob,
Ein innerliches, wunderbares Treiben
Ließ mich an keiner Stelle lange bleiben.

Es war mir Alles Schranke, nur wenn ich
An jenem weißen Bilde in dem Garten saß,
War mir's, als ob es alles, was mir fehlte,
In sich umfaßte, und vor jeder Handlung,
Ja fast, eh ich etwas zu denken wagte,
Fragt' ich des Bildes Wiederschein im Teiche.
Entgegen stieg mir hier der blaue Himmel,
Und folgte still, wie die bescheidne Ferne,
Der weißen Marmorfrau, die auf dem Spiegel
Des Teiches schwamm. So wie der Wind die Fläche
In Kreisen rührte, wechselte des stillen
Und heil'gen Bildes Wille, und so that ich.

———————

Meine Stimme war nach und nach gesunken, und mein
Gefühl konnte ich nicht mehr erreichen.

Wir wendeten uns denn, es war spät in der Nacht und
kühl, der Mond goß den kalten Tag der Geister durch die
Nacht; in sonderbar wilde fremde Formen zerriß sich das
einsame traute Leben der Dämmerung, Schauer wehte aus
den Gebüschen, und in den Gewölben der Eichen herrschte
bange Geisterfeier.

                                          Godwi.

Godwi an Römer.

Ich bin krank, und diese Krankheit ist mir nicht schmerzlich, denn ich hoffte viel für meine Genesung, ich hoffte Genesung für meine Krankheit, und mein voriges Leben von ihr.

Ich bin nicht in dem Zeitraume zwischen diesem und meinem letzten Briefe krank geworden; ich bin es, seit ich dir von meinem Spaziergange mit Tilien in den Wald schreibe, nur in dieser Minute fühle ich es, daß ich es bin.

Ich bitte dich, habe hier keine voreiligen bürgerlichen Gedanken, und denke nicht, daß ich mich sicher verkältet hätte. Es wäre mir fatal, wenn ich glauben müßte, daß in solchen Momenten man sich verkälten kann, in denen man glüht, und doch ist es leider so; aber ich will es nicht haben, daß ich es glaube, und du sollst es mir zum Gefallen thun, und es nicht glauben.

Meine Spannung, meine Überspannung, meine Abspannung und ein Schrecken, dessen Ursache nur in dem natürlichsten und künstlichsten Zustande uns eine ruhige Ansicht seyn kann, hat mich krank gemacht.

Tilie verpflegt mich und der Knabe. Der einzige Arzt in der Gegend ist der, der Tiliens Mutter, wie Werdo glaubt, umgebracht hat, und der Alte kann ihn daher nicht leiden; doch hat sie ihn einigemal heimlich zu mir gebracht, nur um ihn zu fragen, ob meine Krankheit gefährlich sey; aber er versteht nichts davon. Er sagt, es käme ganz allein von meinem Leben mit den seltsamen Menschen hier oben, die alle nicht klug seyn, das habe mich angesteckt, und der Geist wirke auf den Körper, und – er wäre ein Schaafskopf, dachte ich.

Seine Arzneien glaubte ich lange genommen zu haben, und war meiner Genesung schon nah, da sagte mir der Knabe, daß die Tränke alle von Tilien seyn; er suche die Kräuter und sie koche sie.

Ich habe nur einen Tag zu Bette gelegen, und länger
konnte ich auch nicht; denn könntest du wohl ruhig liegen
bleiben, wenn sich dir von jeder Seite deines Lagers eine
weite, herrliche Aussicht öffnet, die mit allen Punkten ihres
5 Eingangs dich ergreift, und mit Gewalt, den Eindruck und
sich selbst immer mehr vereinzelnd, dich in den einzigen
Punkt der Perspektive ihres Ausgangs hinreißt?

Ich habe mancherley gedacht, indem ich so hinaussah,
über Aussichten, ihre Ansicht und ihren Genuß, aber ich
10 habe dennoch keine Ideen über Landschaften gehabt.
Es ist wunderbar und macht mich immer für meine Neben-
menschen in der Gegenwart unnütz, daß ich nie eine Sache
an sich selbst betrachte, sondern immer im Bezuge auf etwas Unbekanntes, Ewiges; und überhaupt kann ich gar
15 nichts betrachten, sondern ich muß drinnen herum gehen,
denn auf jedem Punkte möchte ich leben und sterben, der
mir lieb ist, und so komme ich dann nimmer zur Ruhe, weil
mit jedem Schritte, den ich vorwärts thue, der Endpunkt
der Perspektive einen Schritt vorwärts thut.

20 Nur der Mensch kann glücklich und ruhig werden, der
Etwas ansehen kann, und der nicht den Drang in sich hat,
daß ihm alle Ferne Nähe sey.

Aus eben derselben Art zu fühlen kann ich auch nie spielen, weil ich platterdings mich nie entschließen kann, den
25 anerkannten Zweck des Spiels für mich als Zweck und den
Gewinnst für mich als Gewinnst gelten zu lassen. So stelle
ich mir immer unter den Figuren des Schachbrets eine
Menge Charaktere vor, die ich durch mein Spiel, gegen den
gegenarbeitenden Mitspieler, der mir das Schicksal vorstellt,
30 in eine dramatische Zusammenstellung zu bringen suche,
und so weiß mein Gegner nie, wie ich nur so dumm spielen
kann, gerade wenn ich am zufriedensten bin, und mein
Held recht herrlich dasteht. Es wird dann meistens ein
Trauerspiel, und ich stehe recht gerührt und mit tiefen Be-
35 trachtungen über das Geschick auf, während mein Gegner
mir vorwirft, daß ich geizig sey, und unzufrieden, wenn ich

gleich meinen Verlust selbst verschuldet hätte. So wie mancher Dichter allein seine Werke versteht, und tief gerührt
von seinen Geburten, dem Publikum die gutmüthige Aeußerung abgewinnt, wenn er nur etwas Lesbareres schrieb,
da würde er nicht vor Armuth Thränen weinen.   5

Auch mit dem Billardspielen geht mir es so; ich möchte
immer gerne mit den schönen weißen Bällen irgend eine
Gestirnstellung auf der grünen Fläche hervorbringen, und
der andere stößt mir alles in die Löcher.

Ich schrieb dir meine Krankheit mit Fleiß nicht eher, bis   10
ich wußte, daß ich leben bleiben mußte, und wäre ich gestorben, so hättest du nichts davon erfahren, denn nur im
Vergessen wird man glücklich.

Hier folgt die Fortsetzung meines Tagebuchs, und – lebe
wohl!   15

                                        Godwi.

              Fortsetzung meines Tagebuchs.

Ich fühlte plötzlich, daß ich mich in meiner Erzählung
verloren hatte, und aus der Folge meiner innern Erneue-
rung getreten war.   20

Ich hatte mich auf meiner Erzählung in mein wirres Leben zurückgetragen, ich hatte meinen Talisman abgelegt.
Meine ganze Umgebung sprach mich wieder fremd an. Ich
war mit diesem zarten einfachen Leben uneins geworden,
und schauerte in alle Farben der wilden Welt gehüllt, vor   25
dem Umriß meiner Lage, die mich so farbenlos, wie ein
Geist anredete – die Natur kommt uns armen unnatürlichen
Menschen leider oft so übernatürlich vor.

Tilie, die an meinem Arme hing, schwieg. Ihr Anblick
überraschte mich, und ihre Berührung machte mir bang; die   30
ganze Reihe von Bergen um uns her, deren Häupter unsre
Nachbarn waren, verschwammen im Mondenglanz in die

Wolken, und thürmten sich regellos wie Dampfsäulen wechselnd in den Himmel.

Eine unergründliche Tiefe zwischen itzt und ehedem, wie die Thäler zu meinen Füßen, ohne eine einzige Gestalt, wie siedende Kessel voll weißer Nebel und Dünste, ein ganzes Klima zu erschaffen.

Alles um mich her, ohne eine einzige Stelle etwas hinzustellen, alles so voll und so wogend, wie ein Meer, und in mir die drückende Last und der Drang, mich ewig von den Erinnerungen zu trennen, die ohne Frucht üppig in Blätter und geruchlose Blüthen schießend, jedem Bessern die Nahrung stehlen.

Alles das hatte mich zugleich umfaßt, meine ganze Vergangenheit, die ich durch meine lebhafte Erzählung erweckt hatte, ergoß sich misgestaltend in meine Gegenwart, ich war ganz verloren, und wachte in dem abentheuerlichsten Traum.

Ohne irgend etwas zu denken, meine Seele wie in einem Wirbelwinde unter tausend Bildern und Ungestalten herumschwindelnd, blickte ich in den Wald, während ich mit vollem Bewußtseyn neben Tilien in der herrlichen Nacht hätte gehen sollen.

Ich blickte schon eine Zeitlang auf einen leuchtenden Punkt im Holze, der zwischen den Bäumen hin und her schwankend, in der Ferne zwischen die Blätter leuchtete, und das Grün der Bäume entzündend, schimmernde Zweige in der tiefen Nacht des Waldes erblühen ließ. Meine Zerstreuung suchte dieß nicht näher zu erforschen, sondern reichte bequem lieber zu dem nahen Gefühle, das mir so oft die erleuchteten Hüttenfenster auf meiner Reise einflößten.

Unwillkührlich malte ich mir eine kleine Bauernstube, und fühlte das Behagliche der Ruhe nach der Ermüdung; ich sah die Kinder rund um den Ofen, die Spinnräder und die Lampe nach der Reihe einschlafen, und dachte gar nicht dran, daß hier auf eine Meile Wegs keine Bauernhütte seyn könne.

Ich wollte schon anfangen, Tilien meine Gefühle über die Hüttenfenster mitzutheilen, als es mir auffiel, daß sie so lange geschwiegen habe.

Ach, es ist sehr traurig, wie ungeschickt uns unsre Erziehung macht; unsre Seele wird vom bürgerlichen Leben, wie von einem Tanzmeister, in eine wunderbare steife Konsequenz und eine auswendig gelernte Mannigfaltigkeit geschraubt, die, sobald wir in die Natur treten, zu höchstverderblicher Ungeschmeidigkeit und Einseitigkeit führen.

Mit meiner Rückkehr in meinen vorigen Seelenzustand verbanden sich nach und nach alle seine Schwächen, so wie ein Weltmann nicht leicht einen französischen Pas und einen natürlichen Sprung in der Mitte vereinigen kann.

Ich war zu verwirrt, ich möchte sagen, zu erniedrigt, um Tiliens hohes, reines Leben voraussetzen zu können, und meine Frage, warum sie so lange geschwiegen habe, schien nur eine gewöhnliche Dame zu berühren. Ich vermuthete, sie sey ängstlich geworden, meine Erzählung von der weißen Marmorfrau, die Nacht und die Einsamkeit mit mir habe in ihr jene weibliche Furcht erregt, die uns Männern so hinreissend wird, weil sie eine der wenigen Aufwallungen ist, in denen sich das eigne innere Verhältniß noch äußert.

Es ist so selten, daß die bloße Liebe von beiden Seiten gleichthätig die Geschlechter näher verbindet, daß uns bis jetzt die raschere, bestimmtere Annäherung zugetheilt wurde; ebendeswegen thut es uns äußerst wohl, wenn wir einmal der feststehende und nicht der bewegte Theil sind, wenn eine Bewegung der Luft, oder das Gewicht der Reife, die Rosen oder die Früchte, die wir pflücken wollen, uns entgegen bewegt.

Tilie hatte im Gehen dann und wann ihre Hand fester auf die meinige gelegt.

Ich.

Wie ist dir, Tilie, sag', warum so stille?

Tilie.

Daß ich nicht spreche, ist dein eigner Wille,
Wie konntest du das Alles so erzählen,
Nur diesen hohlen bangen Ton erwählen,
Der wie durch einen dunkeln, tiefen Gang
In deiner seltsamen Erzählung klang.

Im Anfang folgt' ich dir, verließ die helle,
Die sterngezierte Nacht, die ernste Schwelle
Neugierig überschreitend, drang ich vor,
Bis ich mich ganz in Dunkelheit verlor.
Du warst so weit, so tief hinein gegangen,
Und Tilie konnte dich nicht mehr erlangen.
Ich eilte rückwärts, hörte dich nicht mehr,
Nur deine Stimme klang noch zu mir her.

Ich setzte mich still an der Höhle nieder
Und liebte dich nicht, denn du kamst nicht wieder.
Ich schaute einsam durch die dunklen Räume,
Aus Waldestiefen kamen zarte Träume
Und spielten mit des Mondes Geisterbildern,
Um meines Freundes Abschied mir zu mildern.

Nur eins von allen blieb bey mir zurücke,
Die weiße Marmorfrau, und meine Blicke
Ließ ich durch Schatten und durch Lichter spähen,
Und hoffte fest, die Arme zu ersehen,
Aus den Gebüschen, glaubt' ich, müss' sie schauen,
Und könne mir allein ihr Leid vertrauen.

Mich ergriffen ihre Worte heftig, wohl war ich Armer in
einem langen düstern Gang, und konnte nicht wieder heraus.

Ich konnte Tilien nicht antworten; ich wußte nichts, gar
nichts, und hätte fast vom Wetter gesprochen, hätten mir
die Hüttenfenster nicht eine freundliche Unterhaltung an-
geboten.

Tilie.

Hier oben – Hüttenfenster, sag, wie ist dir?
Hier oben sind ja keine Hütten –

Die Auflösung meines Irrthums, der sich nun schon eine
ganze halbe Stunde lang in meine Gedankenreihe verflochten hatte, vollendete meine Zerstörung. Mit einem sehr häßlichen Unwillen fuhr ich fort:

                           Was denn sonst
Soll's seyn, was dorten leuchtet?

Sie.

                Nun, es wird wohl
Ein stilles Licht seyn, kennst du diese nicht?

Ich.

Ein stilles Licht? – das ist ein Aberglaube.

Tilie.

Ein Aberglaube? – sag, was nennst du so?

Ich.

Ein Aberglaube? nun, ein falscher Glaube.

Tilie.

Wie sprichst du Mann, wie hast du dich verändert;
Die Worte, falsch und schief, versteh' ich nicht.
Woher sind sie gekommen, hast du sie
Aus deiner falschen Welt herauf gebracht?

Ich.

Ich meine, liebe Tilie, daß die Lichter
Aus der Natur entspringen, und daß jeder
Verschiedne Glaube ihres Ursprungs falsch sey.

Tilie.

Von allem diesem weiß ich nichts. Natürlich
Ist alles. Von den stillen Lichtern schweige,
Ich ehre sie, sie sind mir lieb. Sehr selten
Ist's, daß sich eines zeigt; es gehet dann,
In meinem Leben sicher etwas Seltnes
Und Wunderbares vor, sie schimmern
Wie Winke meines Schutzgeist's in der Nacht,
Und wandeln ferne in der Gegenwart,
Wie kühnere Minuten meiner Zukunft vor mir.
Eusebion lieben sie, er sprach schon oft
Mit ihnen, und sie tanzen freundlich um ihn.
Willst du mir meine zarten Freunde stören,
So gieb mir erst, was sie mir still gewähren.

So weit für heut, ich bin so müde.

                                              Godwi.

Godwi an Römer.

Ich bin schon wieder genesen. Ich gehe schon wieder durch
Wald und Flur, und ohne Mühe, ohne Kampf mit dem Vorigen. Auch mein Körper ist sanfter gestimmt. Alles ist einfacher in mir. Ich kann lange an einer Stelle stehen, ohne
jene innere Angst, die mich immer weiter treibt.

O wie ist die Natur so groß, und wie ist der Mensch größer! Wie kann er sie bändigen in sich; wie kann er weit hin-

aus sehen, und so unendlich viel in sein Auge fassen, und es
mit seinem Geiste ruhig anfühlen und betrachten.

Es ist mir nun alles erklärbar, alles verstehe ich; es hängen
mir nicht mehr um jede Aussicht alle Erinnerungen, und
reissen mich von der Gegenwart gewaltsam zurück.

Sonst mußte ich immer durch eine düstere Wolke von Reflexionen durchbrechen, um zu genießen. Es ist als sey nach
dieser Krankheit mein Bedürfniß kleiner und mein Begehren heftiger geworden.

Der Alte ist nun immer freundlicher mit mir, und ich
bringe heilige Stunden mit ihm und Tilien zu.

Eins nur kann ich noch nicht lösen; wer war sie, die mit
dem Knaben auf dem Arm am Ende der Wiese stand? –

Godwi.

Fortsetzung des Tagebuchs.

Die Worte Tiliens beschämten mich. Ich schwieg. Ich
wollte Tilien ihre Götter rauben, und sie blieb mir freundlich. Ich sah in mich zurück und um mich her, da blieb es
kalt und leer. Kein Bild sprach mit mir von einem heiligen
Zusammenhange mit einem höhern Leben. O, wer giebt
mir diese Religion?

Wenn ich Tilien und mit ihr den schönen Zusammenhang
mit ihren stillen Lichtern erhalten könnte! Wie ehre ich nun
diese stillen Lichter – Sind sie Tilien, was sie mir ist? – sollte
mich nicht eine schöne Eifersucht bewegen, an ihre Stelle zu
treten, meine Stelle mit ihnen zu vertauschen? Wie – wie
kann die wilde verzehrende Flamme in mir zum stillen
Lichte werden? –

So war es in mir. Tilie ging ruhig an meiner Seite und
sang:

Sprich aus der Ferne
Heimliche Welt,
Die sich so gerne
Zu mir gesellt.

Wenn das Abendroth niedergesunken,
   Keine freudige Farbe mehr spricht,
Und die Kränze stillleuchtender Funken
   Die Nacht um die schattige Stirne flicht:

Wehet der Sterne
Heiliger Sinn
Leis' durch die Ferne
Bis zu mir hin.

Wenn des Mondes still lindernde Thränen
Lösen der Nächte verborgenes Weh;
Dann wehet Friede. In goldenen Kähnen
Schiffen die Geister im himmlischen See.

Glänzender Lieder
Klingender Lauf
Ringelt sich nieder,
Wallet hinauf.

Wenn der Mitternacht heiliges Grauen
Bang durch die dunklen Wälder hinschleicht,
Und die Büsche gar wundersam schauen,
Alles sich finster tiefsinnig bezeugt:

Wandelt im Dunkeln
Freundliches Spiel,
Still Lichter funkeln
Schimmerndes Ziel.

Alles ist freundlich wohlwollend verbunden,
   Bietet sich tröstend und traurend die Hand,
Sind durch die Nächte die Lichter gewunden,
   Alles ist ewig im Innern verwandt.

> Sprich aus der Ferne
> Heimliche Welt,
> Die sich so gerne
> Zu mir gesellt.

So sang Tilie durch die Büsche, als bete sie. Der ganze
Tempel der Nacht feierte über ihr, und ihre Töne, die in die
dunkeln Büsche klangen, schienen sie mit goldnen, singenden Blüthen zu überziehen.

Ich selbst war wunderbar gerührt und weinte fast, daß ich
an der Seite dieses hellen freundlichen Bildes so trüb und
verschoben dastehe.

Hier wendete sich Tilie zu mir und sprach:

> Dir ist nicht wohl, du magst den Wald nicht leiden,
> Weil Dunkelheit schon in dir selbst regiert;
> So will ich dich den andern Weg geleiten,
> Der über eine helle Wiese führt,
> Wo Licht und Schatten nicht so bange streiten,
> Und sich der Pfad in hellen Glanz verliert.
> Durch jene Flur, in sanften grünen Wogen,
> Wird sie von leisem Wehen hingezogen.

Tilie trat mit mir aus dem Walde auf die glänzende Wiese
heraus, und ich erschrack fast vor ihrer Schönheit.

> Ist des Lebens Band mit Schmerz gelöset,
> Liegt der Körper ohne Blick, ohn' Leben,
> Fremde Liebe weint, und er geneset.
> Seine Liebe muß zum Himmel schweben,
> Von dem trägen Leibe keusch entblößet,
> Kann zu Gott der Engel sie erheben.
> Und er hält sie mit dem Arm umfasset,
> Schwebet höher, bis das Grab erblasset.

> Ist er durchs Vergängliche gedrungen,
> Kehrt die Seele in die Ewigkeit,
> O, so ist dem Tod genug gelungen,

Und er stürzet rückwärts in die Zeit.
Um die Seele bleibet Wonn' geschlungen,
Alles giebt sich ihr, die alles beut,
Wird zum ew'gen Geben und Empfangen,
Kann des Wechsels Ende nie erlangen.

So war mir, als ich auf die Wiese trat und Tilie neben mir;
es war als stürze alles Licht auf sie herab, sie zu verschlingen, oder zu erschaffen, oder sie erschaffe alles Licht; es war
als entstehe sie aus den Wellen der Grashalmen und Blumen, über die sie schwebend hinging, wie Venus aus dem
Schaume des Meeres.

Ich.

Wie diese stille Fläche sah der See
In meines Vaters Garten aus; Otilie,
Dort, wo die Büsche sich verengen, stand
Das weiße Bild, o Gott –

Tilie.
Was ist dir?

Ich.

Dort steht die Frau.

Tilie.
Wo? Laß uns zu ihr hin;
Da steht sie, ja ich sehe sie, die Arme!

Ich war in die Erde gewurzelt, die weiße Marmorfrau
stand am andern Ende der Wiese, und hatte den Knaben im
Arm.

Tilie saß neben mir, rief mich dann und wann und rüttelte
mich leise, ich war sinnlos niedergesunken.

Tilie.

Wie ist dir, sprich, du machst mir bange,
Liebst du das weiße Frauenbild nicht mehr?
Hast du ihm wehgethan, daß du es fürchtest?
Mir war es lieb, daß sie sich vor uns stellte.   5

Ich.

Sahst du sie denn?

Tilie.

Gewiß, bis sie verschwand.
Doch komme, wunderbarer Mann, komm schnell,   10
Laß uns nach Haus zu meinem Vater eilen,
Mit dir ist es nicht gut allein zu weilen.

Das stille Licht sahen wir schnell durch den Wald hinflie-
hen, und trennten uns an der Thüre. Ich bin krank –

                                        Godwi.   15

Joduno von Eichenwehen
an Sophie Butler.

Du hast mich mit dem freundlichen Briefe recht in Versuchung geführt, und ich war nie so reich in meiner Einsamkeit. Unter zwei Freuden soll ich wählen – ich armes Mäd-   20
chen bin an Freuden gar nicht gewöhnt.

Wenn du wüßtest, was auf der andern Wagschaale liegt,
und das ist etwas, was dich schier aufwiegen könnte. Ich soll
auf einige Tage nach Reinhardstein zu meiner Otilie, ihrem
Vater und dem kleinen Eusebio. Auch Godwi ist dort, und   25
ich hätte ihn immer zuerst nennen dürfen.

Auf deiner Seite liegt eine große Stadt mit Spatzierfahrten, Schauspielen, Bällen, neuen Moden, und du, liebes Mädchen, dich hätte ich wohl auch zuerst nennen können. Der Vater und mein Bruder sind nach B. auf den Landtag gereist, und ich warte nur auf seine Antwort, ob ich zu dir kommen darf. Es ist mir sehr lieb, daß mein Bruder mit nach B. ist, er würde sonst mich sicher nach Reinhardstein oder zu dir begleitet haben. Nach Reinhardstein bringe ich ihn nicht gerne, weil er meine Otilie mit seiner Liebe quält, und bey dir, sieh, da möchte ich doch ein wenig brilliren; mein Herr Bruder aber hat gar keine Anlage zum Chevalier d'honneur. Nun weiß ich noch nicht, wer mich begleiten wird. Könntest du mir nicht einen deiner Brüder schicken? Ich will sehen, ob es der Vater erlaubt.

Ich freue mich recht sehr auf dich; wir wollen dann die kindische Zeit wieder aufwecken, die wir zusammen im Kloster verlebten. Ob diese Erinnerungen für dich noch reizend seyn können, weiß ich nicht, denn du hast mit einem glänzenden, bunten Leben das alles vertauscht; aber ich, ich kann nimmer das zarte Leben vergessen, in dem wir so verschwistert neben einander einher gingen; die große, stille Laube, am steilen Abhange des Klostergartens, ist nirgends mehr in der Welt. Wie die Mühlen klappten, die Bäume rauschten, und sich unten alles in den dunklen Wellen eines lebenden grünen Meeres bewegte. Immer steht mir noch ein Abend im Sinn: der Bruder der Priorin und ein freundlicher geistlicher Herr waren angekommen, und es war ein großes Fest im Kloster. Nach Tische mußten wir beide das ave singen, um den Fremden eine Freude zu machen, und es war uns so gut gelungen, daß uns erlaubt wurde, eine Bitte zu thun: wir besannen uns lange, damit wir die rechte thun möchten, und standen beide am Fenster, mit einander zu überlegen. Es war Abend und ganz dunkel draus, da ging auf einmal der Mond auf, und der Garten war so schön, die kleinen Springbrunnen rauschten so freundlich, daß du um die Erlaubniß batst, eine Stunde in den Garten gehen zu dürfen.

Als wir unten durch die dunklen Gänge gingen, da wurde
uns sehr wohl; wir setzten uns in die Laube und sahen in
das glänzende Thal hinab. Nachher merkten wir, daß der
alte Gärtner noch wachte, wir klopften an sein Fensterchen,
da kam er dann heraus, setzte sich zu uns in die Laube und
erzählte uns, wie er sich als kleiner Knabe bey seinem seligen Vater erinnere, daß hier in der Laube sich einmal ein
wunderschöner junger Prinz in eine Nonne verliebt und sie
nachher entführt habe. Wie der Gärtner fort war, sprachen
wir noch lange von der Liebe, und wählten uns jede einen
Ritter, und schufen an ihnen allerlei kleine Liebenswürdig-
keiten, die wir theils an den Freunden unsrer Eltern, theils
an unsern Gespielen bemerkt hatten, zum Heldencharakter
um. Ich wollte einen lustigen, offenherzigen Ritter mit
braunen Locken; er brauchte gar nicht alle zu besiegen, nur
meine Lieblingsfarbe Himmelblau mußte er tragen, auch
tanzen, singen, und nun, auch sehr zärtlich seyn konnte er.
Dein Auserwählter war schon viel preziöser und zusammengesetzter. Er hatte schon den Zug ins heilige Land voll-
bracht, du wolltest ihn zum Lohne seiner Arbeiten mit deinem großen schwarzen Auge freundlich anblicken, und ihn
die Räthsel und Charaden deines Witzes auflösen lassen. Er
war ein ernster, erfahrner Mann, voll Wahrheit und milder
Majestät. Sein Auge mußte schwarz seyn, und nicht einen
süßen Blick wolltest du ihm verzeihen. Treue und Achtung
war das eigentliche Band. Sein Gewand war grau, braun
oder schwarz. Perlen durfte er tragen, und die feinsten Kanten zur Halskrause, aber alles ächt und einfach; auch sollte
er die Zitter spielen, und du wolltest ihm verzeihen, wenn
er Lieder der Liebe sänge. Aber die Erinnerung, die Zeit,
die Zukunft müßte sein Vorspiel seyn, er sollte sie zur Ehre
der Damen singen, mit denen er in Frankreich getanzt, die
er in Italien geküßt, unter deren Fenstern er in Spanien die
süßeste Langeweile empfunden hatte, und am Ende sollte er
dich küssen, einen ernsten Kuß der Ueberzeugung; dann
griff er wieder in die Saiten und sang ein Lied von dir, in

dem sich alles, seine bunte Welt und sein wilder, strebender Sinn ruhig gelöst hatte. –

Wenn das Glöckchen zur Mette läutete, und wir traulich wie zwei verwünschte Prinzessinnen die langen Gänge an den vielen alten Bildern hinab ins Chor schlichen, machten wir bey einem von den Bildern immer die Augen zu, es war eine Martergeschichte, und mußten deswegen Gesichterschneidens halber stehend essen. Wir waren damals die Aeltesten, und freuten uns, wenn es in das Chor ging, immer über die vielen fröhlichen kleinen Mädchen, die um uns her wallten, über die neugierigen Nonnen, die die Köpfe zu ihren Thüren heraus streckten, oder wie Gespenster um die Ecken herumschwebten. Wir konnten den eintönigen Gesang von den vielen Mädchen-Stimmen gar nicht mehr leiden, drehten an dem Rosenkranze und steckten die Köpfe zusammen, und ich sagte einmal recht offenherzig: ach! wenn doch unsre Ritter mit sängen. Wir waren immer einig, nur ein einzigesmal haben wir ein paar Stunden geschmollt, es war, als dein Bruder deine jüngere Schwester gebracht hatte. Ich vergesse den Abend nie, die Nonnen huschten wie Geister um ihn her, und keine wollte ihn vor der andern angesehen oder gesprochen haben, und er scherzte mit allen. Du wurdest aufgebracht und weintest, weil ich in meiner Einfalt die Schwester Rosalie gegen dich auslachte. Sie wanderte so sonderbar bewegt mit deinem Bruder im Garten herum, und konnte gar nicht von ihm loskommen. Die Arme war deiner Thränen wohl werth, sie ist nun todt. – Wenn ich spröde, dummzierige Mädchen sehe, so wünsche ich sie immer ein paar Jahre ins Kloster, damit sie fühlen lernen, was die arme Rosalie fühlte. – Seitdem ich Godwi kenne, fühle ich, daß ich die Männer liebe, und daß nur sehr elende Weiber sie nicht lieben können. Ich freue mich auch sehr, viele gescheidte und schöne Männer bey dir zu sehen. Es ist so todtenstill hier im Schlosse, seit der Vater, Jost und Godwi fort sind, daß ich mich nicht getraue, aus meinem Winkelchen herauszugehen; das Fleckchen von unserm

Garten, das ich aus meiner Stube übersehe, habe ich fast
auswendig gelernt. Der Himmel allein ist es, der mich unterhält, die Wolken mit ihren tausendfaltigen Gestalten sind
meine einzige Lektüre; bald suche ich Umrisse von Gesichtern, bald Schlösser, bald kämpfende Drachen und Schlangen in ihnen, und indem sie selbst immer leise zerrinnen,
wird aus meinen einzelnen Arten ein allgemeines Dichten,
ohne eigentlichen Stoff; doch lange dauert es nie, so steht
Godwi mitten drinne. Oft sehe ich ihn in allen Ecken. Stundenlang sitze ich in dem Armstuhl auf seiner ehemaligen
Stube, alles, was von ihm übrig ist, habe ich durchsucht, und
ein Stückchen Papier, worauf er, indem er die Feder pro-
birte, meinen Namen und seinen schrieb, liegt unter den
heiligsten Blättchen meiner Brieftasche. Der Morgen, an
dem er wegging, ist sehr traurig für mich gewesen, ich
wußte gar nicht, wo ich bleiben sollte; ich ging in meiner
Stube an die Kommode, in der meiner verstorbenen lieben
Mutter ihre Kleider liegen, nahm sie heraus und betrachtete
die schönen Kanten und schwarzen Paladine, las in dem Ka-
lender, in den sie geschrieben hatte, wann ich geboren war,
und setzte mich dann an ihr künstliches Spinnrad, das mein
Vater ihr zur Hochzeit schenkte, und spann, indem ich heftig weinte, um Godwi und die Mutter. Es ist so allein, es
hallt alles wieder, ich klettere an jedem Schranke in die
Höhe, um zu sehen, ob nicht etwas Vergessenes oben liege,
das mich zerstreuen könnte. Die alte Margarethe hat alle
ihre Gespenstergeschichtchen wiederholt, die Legende und
hundert königlichen Jagdgeschichten habe ich durchgelesen,
und möchte fast, daß mir ein kleiner Schloßzwerg er-
schiene, und mir irgend einen geheimen Schrein voll der
seltsamsten Sachen entdeckte. Aber ich glaube, fast alle
meine Groß- und Urgroßherrn waren viel zu trockene
Leute, als daß so ein poetisches Männlein bey ihnen hätte
seßhaft werden können. Es ist mir wie einem Indianer, an
dem eine herrliche Musik mit allen ihren blitzenden Tönen
vorüber rauschte, die göttlichen Flammen schlingen sich um

seinen unschuldigen Sinn, und er kann nimmer mehr ruhen,
weil er die glänzenden Töne vermißt, die in einem Augenblicke einen Himmel aufschlossen, den er nimmer wieder
sieht. Godwi ist nun fort, ich finde ihn nirgends, aber er hat
eine Begierde in mir entzündet, die er selbst nicht ausfüllen
kann, eine Begierde nach Dingen, die ich nie kannte. Ich
liebe Godwi nicht, denn er ist viel weiter als ich in allem Leben. Vieles, was ihn ganze Stunden beschäftigt, fällt mir gar
nicht auf. Seine ganze Stimmung kann durch einen kleinen
Mißton, durch eine auf andre gar nicht wirkende Wendung
der Unterhaltung zerstört werden, und oft ergreift ihn wieder die größte Heiterkeit bey Dingen, die mich gar nicht
rühren. Ich scheine mir viel zu arm für ihn. Er selbst liebt
sich wenig, und oft hat er mir geklagt, er sey sich viel zu
wenig gegen andre Menschen, die er kenne. Und nun sieh
das Verhältniß: für mich waren die Empfindungen, die er in
mir hervorbrachte, die unbegreiflichsten, höchsten, die ich
je gehabt habe; er selbst, um den er sich so wenig bekümmert, war mein einziges Dichten und Trachten. Wenn er
scherzend sprach, mußte er mir oft vieles erklären, und
wenn er ernst sprach, war er mir oft unverständlich, und
doch hörte ich ihm dann gerne zu, ich hatte die Empfindung
der italienischen Musik dabei, wo ich den Text nicht verstehe, oder sah ihm in die Augen, die ihm oft abtrünnig mit
vielen Dingen umher ein ganz eignes Gespräch führten. Er
verband immer die größte Delikatesse mit einer hohen Vertraulichkeit, und nie hat er mir von Liebe gesprochen.
Wenn ich an ihn denke, wie er hier war, so zerfällt mir diese
Zeit in eine Menge von Zusammenstellungen und Gruppen,
unter denen einzelne mir besonders hervorspringen. Ich saß
einstens in einer kleinen Gitterlaube mit ihm Abends im
Garten, ich sah ins Thal hinab, und er saß auf der Erde zu
meinen Füßen, der Mond schien herein, und der Schatten
der Gitterlaube fiel über seine Gestalt; wenn ich ihn ansah,
so war mir es, als wäre er gefangen, aber nicht von mir, als
wäre er gefangen von einer andern Welt. Da legte er seine

Hände auf meine Knie, und bald auch seinen Kopf, und wir
sprachen nur wenig mehr. Daß ich sagte, ich will schlafen,
und den Kopf auf den Arm legte, und daß er sagte, wir fangen an ganz stumm zu werden, ist wahr, aber von beiden
Theilen eine kindische Entschuldigung gewesen. Wir gingen
sehr still zurück, er nur sagte etwas schüchtern: Fräulein!
würden Sie auch einem andern erlaubt haben, seine Arme
und seinen Kopf auf Ihre Knie zu stützen, oder wollen Sie
mir besonders wohl, und warum that ich es? Hier ging er
auf seine Stube, und diese Fragen stehen beide ganz verlassen und nackt in unserm Leben; diese Fragen, an die sich
eine Folge von schönen Räthseln und Auflösungen hätte
knüpfen lassen. Den Abend vor seiner Abreise schnitt er
meinen Namen in die Eiche, er ging dann auf seine Stube,
um einiges in Ordnung zu bringen; ich blieb allein zurück
und mußte seinen Namen unter den meinigen setzen, es kostete mir viele Mühe, und ich habe mir zweimal die Hand
dabei verletzt.

Als ich gestern hinkam, um mich nach den Stunden umzusehen, die hier so schön gewesen waren, als er noch da
war, sah ich das Wort Freunde unter die Namen geschnitten. Eine schmerzhafte Empfindung durchdrang mich, als
ich diese Hinzusetzung las. Hatte ich mehr erwartet, als
Freundschaft, und bin ich werth, daß er mir mehr gebe?
Ach! ich thörichtes Mädchen weinte, als habe er mir Unrecht gethan, und itzt sehe ich das Wort schon so gerne, daß
ich es unterstrichen habe.

Diesen Mann nun soll ich sehen, ungestört, in der schönsten Gegend, bey der Einsamkeit und Einfachheit. Fühlst
du wohl, wie schwer dies Gegengewicht ist? Und doch ist es
besser, wenn ich ihn nicht sehe, da er mir nie mehr als
Freundschaft geben kann, und die Forderungen meines
Herzens noch so vorlaut sind. O, wenn du doch da wärst,
liebes Mädchen, und mich zu dir fortreissen könntest; ich
glaube doch, wenn du vor mir ständest, ich könnte Godwi
vergessen.

Welche Veränderung in mir, wenn ich lese, was ich sonst schrieb – das war alles so leicht und so deutlich, wie ich es dachte, und itzt kann ich nicht einmal alles schreiben, was ich denke, die Worte fehlen, und doch finde ich viele Worte in diesem Briefe, die mir fremd vorkommen, die ich nie gehört habe, als von Godwi. Auch denke ich vieles, was ich sonst nicht dachte, und wieder von ihm ist. – Doch, was nützt das alles. Hier ist auch von ihm, und viel zu viel.

Wenn du mir schreibst, so sage mir, welcher von deinen Brüdern mich abholen soll, ob es der sonderbare undeutliche, ungezwungene, der sonderbare ernsthafte, zierliche, oder der sonderbare trockne, spaßhafte ist. Jeder dieser sonderbaren drei Herren erfordert ein eignes Benehmen, bey jedem müßte ich anders in den Wagen steigen. Dem ersten muß man Zutrauen ohne Vertrauen geben, seine Schwäche nicht zeigen und ihm nicht sagen, daß er nicht gut sey. Der zweite duldet keine Schachtel im Wagen, er erfordert lauter Eleganz, und man weiß gar nicht, wie man ihn eigentlich ansehen soll, weil man noch keine englischen Patentblicke hat. Der dritte endlich fordert Duldung für Taback, Widerspruch, Bisarrerie und Spaß. Darum zeige mir meinen Schutzgeist vorher an, damit ich in der Ueberraschung meine Rolle nicht fallen lasse. Lebe wohl!

Joduno.

Antonio Firmenti an Godwis Vater.

Segen über Sie und das Ihrige! Sie haben mir die fröhlichste Nachricht ertheilt, die ich seit zwölf Jahren erwartete. Mein Bruder, mein geliebter Francesco lebt und ist in den Armen eines Freundes. Meine Nachfragen sind ganz Europa durchlaufen, fünf Jahre lang habe ich selbst alle große Städte durchreist, ohne eine Spur von ihm zu finden. Schon wollte ich auf die Freude Verzicht thun, ihn je wieder zu umarmen, schon löschte die Zeit sein Bild aus meinen Augen, als er mir plötzlich und unerwartet wiedergefunden ist. Die wenigen Blicke, die er Sie in sein Schicksal thun ließ, will ich Ihnen, so viel als möglich, erläutern. Seine Geisteszerrüttung, die mich so sehr schmerzt, würde es ihm ohnedieß zu gefährlich machen, in der Darstellung in seine Leiden zurück zu kehren. Wenden Sie alles an, ihn so viel als möglich zu zerstreuen, und wieder herzustellen. Ich sende Ihnen hierbei einen Wechsel auf dreihundert Pfund Sterling; geben Sie mir von Zeit zu Zeit Nachricht von ihm, und wenn Sie mir endlich den glücklichen Punkt melden, wenn er fähig ist, die Erschütterung des Wiedersehens zu ertragen, so komme ich selbst, umarme ihn und führe ihn dem sanften Himmel seines Vaterlandes zu. Doch itzt zur Erzählung seiner Geschichte, die die Geschichte meiner ganzen Familie werden wird, die Sie ganz kennen müssen, da der Himmel Sie zu ihrem größten Wohlthäter gemacht hat. Ich werde ganz aufrichtig seyn, und Ihnen meine innersten Meinungen über diese Familie aufschließen.

Unser Vater war ein redlicher, kluger und reicher Mann, doch alles dieses aus kaufmännischen Gesichtspunkten betrachtet. Redlich, ohne doch die sogenannten Handlungsvortheile zu verwerfen, klug in Spekulationen und bürgerlichen Verhältnissen; auch seine Religion war Spekulation auf den Himmel, Verhältnisse mit der Menschheit hatte er wenige, und hier waren Mönchsköpfe seine Maschienen, reich an Gütern des Lebens – Gott segne seine Asche!

Wir beide waren seine einzigen Kinder; das Taufbuch bezeugte es, sonst hätten wir es wenig erfahren, denn er war rauh und hart. Ein Glück für uns war es, daß er auch stolz war, so, daß er wenig mit uns sprach, und nur seine Mienen uns weh thaten. Wir standen in keinem Umgange mit ihm, und sahen ihn oft Wochenlang nicht, bis der Tod unsrer vortrefflichen Mutter uns plötzlich in eine engere Verbindung mit ihm brachte, die um so drückender war, da die

freundliche Mittlerin nun fehlte. Sie war die Tochter eines
vornehmen Römers, der wegen einiger gewagter Ausfälle
auf den Nepotismus Rom verlassen, und seine Güter bezogen hatte. Ihr Vater hatte sie zum geistvollen, vorurtheillosen Weibe gebildet, und ihre Mutter ihr Herz und ihre Sitte
zu einer Zartheit der Empfindung und einer Bescheidenheit
geleitet, die sie fähig machten, den Flug ihres Geistes und
die Freiheit ihres Denkens auf dem Punkte in der Erscheinung zu begränzen, auf dem Weiber, um die Forderungen
der sogenannten Weiblichkeit nicht zu übersteigen, verweilen müssen, und der in sie jenen unergründlich reizenden
Hintergrund legt, der uns wie ein verborgener Schatz aus
den tiefen Augen der wenigen entgegen sieht, die ihn besitzen. Mein Vater, der bey Bergwerken mehr Sinn für den Inhalt der Tiefe als bey Menschen besaß, berührte mit all seinem Geize diese Fülle nie, die sie in Liebe und inniger
Theilnahme über uns ausgoß. Ihre Handlungen gingen immer mit ihren Aeußerungen in gleichem Schritte; wo ihr
Geist viel weiter als ihre Aeußerung war, verbreitete er über
diese eine helle, deutliche Allgemeinheit, so daß, indem sie
das ganze im Einzelnen äußerte, sie weder der Welt durch
ihre Größe drückend, noch sich selbst ungetreu werden
konnte; und wahrlich, nur der Blick nach innen, nur ihr hohes Selbstbewußtseyn konnte sie für den Druck einer rau-
hen Umgebung, für die harte Behandlung meines Vaters
und seine ungestüme Liebe zu ihr entschädigen. Ich habe sie
nie gegen ihn murren hören, und zu uns, die wir ihre
Freunde waren, sprach sie nie von ihm, als mit allgemeinen
Worten der Achtung und Pflicht.

Unsrer Mutter ging es sehr kümmerlich, sie theilte ihr
kleines Taschengeld mit uns und den Armen. Mein Bruder
war ihr ganz heimgefallen, mein Vater haßte ihn, indem er
durch seinen allgemeinern Sinn und seinen Künstlerglauben
keinen Berührungspunkt in dem engen Herzen des Kaufmanns hatte. So umfaßte die Mutter den Sohn mit doppelter
Liebe, da sie ihn lieben und schützen mußte, und legte in

seinem Herzen dadurch den Grund zu der wunderbaren
Leidenschaftlichkeit seines Gemüths, die die Wirkung des
wirklichen Lebens auf ihn so rauh und schmerzlich machte.
Er verließ sie selten, saß halbe Tage zu den Füßen dieser
Märtyrerinn, und suchte ihren stillen Kummer, den er aus
Delikatesse mit Worten nicht zu zerstreuen wagte, mit Singen, Vorlesen oder Verfertigung kleiner allegorischer Bilder
zu zerstreuen. Seine Liebe ward immer heftiger in ihm, sie
brannte eigentlich ohne Gegenstand und verzehrte ihn
selbst; sein ganzes Daseyn war umfassend und voll Wunsch
ohne Hoffnung, so daß er ewig in sich selbst zurückkehrte,
und indem er an sich selbst allein immer von neuem und
neuem bestimmen mußte, ward er der unbestimmteste, un-
deutlichste Mensch. Meine Mutter gab sich ihm ganz mit
ihrem innersten Wesen aus Mitleid hin, und er verwuchs
mit seinem eignen Ursprung, aus dem er sich doch hätte
entfernen und sich seinen eignen, freien Raum hätte erfüllen
müssen. Bald lag keine einzige Folge mehr in seinen Gedanken noch seinen Handlungen, und wer nicht sein Bruder
oder seine Mutter war, mußte über den zerstückten, seltsamen Menschen trauern. Bald bemerkte die Mutter selbst
diese leidenschaftliche Liebe in ihm mit Angst, und fühlte
nur zu sehr, daß sie ihn ganz vernichten müsse, um sich ihm
zu entwinden; um so lieber ergriff sie die Gelegenheit, die
sich ihr darbot, seiner Leidenschaft einen andern Gegenstand unterzuschieben. Sie nahm die Tochter einer Freundin
zu sich, die ihre Ehre auf dem geradesten Wege der Natur
verloren hatte. Die Mutter des Kindes verlor sich, und die
Anverwandten hörten, daß sie gestorben sey. Cecilie wurde
bis ins vierzehnte Jahr bey meiner Muhme in Ankona erzogen, dann nahm sie unsre Mutter zu sich, voll Freude, ein
weibliches Wesen um sich zu haben, die Jugend, diese verlorne einzige glückliche Zeit ihres Lebens, noch einmal in
einem zarten Herzen zu sehen, und sich gleichsam in diesem Spiegel nochmals unter Sonne und Liebe zu entwik-
keln. – Mein Vater fragte öfters bitter, wo denn das Kind

herkomme? und da meine Mutter antwortete: von der Unschuld und Armuth, so fragte er: was soll aus ihr werden?
Meine Tochter, antwortete die Mutter. So! sagte er bitter, ich
werde nie Ihre Kinder anerkennen, die nicht die meinigen
sind, und verließ uns.

Cecilie war nun die stete Gesellschafterin Franzescos und
der Mutter, die mit Freude bemerkte, wie diese beiden sich
immer näher und näher kamen, und endlich sich ganz
durchdrangen.

Ich brachte den größten Theil des Tages in kaufmännischen Geschäften zu, und machte nebenher kleine Spekulationen zum Besten Ceciliens, der ich für den Fall der Noth
einen heimlichen Schatz sammelte, denn ich liebte sie herzlich, und wußte, daß der Vater ihr nichts geben würde, die
Mutter nicht könne und mein Bruder viel zu sehr aus ihren
Augen getrunken hatte, um nur den Gedanken an ernähren
möglich werden zu lassen. Meine Mutter begünstigte Franzescos Leidenschaft auf alle Weise, um sich mit ihm selbst
wieder in das Verhältniß kindlicher und mütterlicher Liebe
gesetzt zu sehen, denn sie hatte sicher erfahren, daß Franzescho von dem freisten, allgemeinsten Geiste der Liebe beseelt war, und keine gefesselte Unterabtheilung ihn zu beschränken vermochte.

Ich sah Cecilien selten, ja es gab eine Epoche, in der ich
sie sorgfältig vermied, denn ich liebte sie; und warum soll
ich es nicht gestehen, da alle diese Lieben nicht mehr sind?
Ich fand einen großen Genuß darin, meinem Bruder ein stilles Opfer mit dieser Leidenschaft zu bringen. Francesco
hatte sich der Malerkunst gewidmet, und würde es weit gebracht haben, hätte seine Schwärmerei, sein nicht ganz heitrer Blick in die Zukunft und sein durch den Umgang mit
den zwei einzigen Weibern tief, aber einseitig bestimmter
Umgang seiner Phantasie kühnere Bilder gereicht. Sein ganzer Stoff lag in ihm und seinem kleinen Zirkel. Er konnte
nur stille, zarte und leidende Gestalten bilden, und das
höchste war so ewig über seiner Gränze; er fühlte das inner-

lich, doch wußte er es nicht, und siechte, wie jede volle Seele
leise hinwelkt, die von der Vollendung zurückgehalten ist.
Es lag in allen seinen Bildern eine geheime Sehnsucht nach
irgend einem andern Gegenstande, und es war mir oft vor
ihnen, als sagten sie mit dunkeln unverständlichen Worten,
wir sind die wahren nicht, sie schienen ewig zu entfliehen,
um höhern Wesen die Stelle zu räumen, oder standen ängstlich da, als ständen sie nicht an der rechten Stelle. In Blumen, Stilleben hatte er es weit gebracht, und in seinen Ara-
besquen lag sehr viel Harmonie und Musik. Cecilie, welche
eine sehr geschickte Stickerin war, hatte ihn zu diesem
Theile der Kunst besonders gestimmt. So lebten wir drei
Jahre lang in einem zarten Wechsel von Arbeit und traulicher Erholung in unserm kleinen Zirkel, der heilige Stunden umfaßte, Stunden, die mir mit seiner Zerstörung nimmer wiederkehrten.

Der traurige Zeitpunkt trat ein, in dem der innere Harm
meiner Mutter ihren Körper besiegte. Sie bekam heftige
Krämpfe auf der Brust. Cecilie und Franzesco verließen ihr
Lager nicht, sie theilten den kostbaren Schatz ihrer letzten
Augenblicke, und wenn ich einige Minuten von den Geschäften loskommen konnte, so trat ich zu ihnen, und wir
alle hörten die Lehren und den Trost unsers sterbenden
Glücks. Die fürchterliche Stunde kam heran, der Vater
wagte es nicht, sich dem Krankenbette zu nahen, er reiste
weg, ohne jemand zu hinterlassen, wohin. Vor ihrem Tode
hatte jeder von uns dreien eine besondere Unterredung mit
ihr. Ich war der letzte, sie starb in meinen Armen, mit den
Worten: Antonio! du bist der stärkste, nimm dich Ceciliens und deines unglücklichen Bruders an. Die Zerrüttung
war fürchterlich unter uns; von dem Sterbebette mußte ich
auf die Schreibestube, der Vater war weg, Francesco war in
Wahnsinn verfallen, und Cecilie stumm und ohne Bewegung, nur dann und wann löste sich die Wuth ihres
Schmerzes in einem heftigen Schrei, der das ganze Haus
durchschallte, und unter allem diesem Jammer arbeitete ich

des Tags und wachte die Nacht bei den zwei Leidenden. Da Cecilie wieder etwas besser war, ließ ich sie in ein Kloster bringen, in dem eine Freundin unsrer Mutter Aebtissin war, weil sie ihren Kummer dort ruhiger zerstreuen konnte, bis ich mit meinem Vater weitere Maaßregeln mit ihr ergreifen konnte. In Francesco kehrte mit seinem Verstand auch seine Liebe zurück, und ich konnte ihn nur mit der Vorstellung über Ceciliens Abwesenheit beruhigen, daß ich sie meinem Vater und seinem Verdrusse hätte entziehen wollen.

Der Vater kehrte zurück und mit ihm seine Strenge. Er billigte mein Verfahren mit Cecilien, doch wohl nicht aus der Ursache, die mich bewogen hatte. Francesco und ich besuchten sie öfters, und unsre Zuneigung zu diesem lieben Wesen ward um so heftiger, als sie uns durch den Verlust der Mutter einziger und unentbehrlicher geworden war. Mein Vater war einst nach Tische vorzüglich guter Laune, und einige Mönche, die ihm und seinem Weine Gesellschaft leisteten, nicht minder. Er äußerte sich, er werde Cecilien eine Nonne werden lassen, und verbot uns daher für die Zukunft, sie zu besuchen, weil wir beide zu weltlich gesinnt wären. Meine Bitten rührten ihn nicht, und den schrecklichen Blick Francescos, der in seiner Gegenwart immer stumm war, verstand er nicht. Sie ward hierauf in ein andres Kloster gebracht, und wir konnten sie nicht mehr sehen.

Franzesco hatte nun alles verlohren, was ihn ans Leben fesselte, er brachte den ganzen Tag auf einsamen Spaziergängen zu, und ängstigte mich mit seinem heimlichen, stillen Betragen sehr.

Eines Abends kam er in die Stube meines Vaters, seine Erscheinung war mir ungewöhnlich kräftig, er ging auf mich zu, umarmte mich heftig und trat dann vor den Vater mit den Worten:

»Vater! wo ist Cecilie?«

»Sie ist im Kloster, erwiederte dieser unwillig, und wird die künftige Woche eingekleidet werden.«

»Sie wird nicht eingekleidet, erwiederte Franzesco, denn
sie liebt mich und ich sie; sie ist meine Braut, und ich werde
ihr Gatte seyn.«

»Sie ist die Braut des Himmels, Bube! brach mein Vater
im Zorne aus; denke wie du leben kannst; reiche ich dir
nicht schon zwanzig Jahre Allmosen, Ketzer! An ein Weib
denke nicht, denke an Brod.«

Franzesco erbebte im innersten, fürchterlich stand er da,
wie ein Mensch, der sich von der Natur losreißt, die Bande
des Blutes rissen tief in seiner Seele; ich faßte ihn in meine
Arme, damit er seinem Vater nicht lästern möge, und er rief
mit Wuth folgende Worte: Gerechter Himmel! Gott und
meine Mutter seyen meine Zeugen, ich will mich nähren und
sie, und kein Bissen mehr von deinem Tische! Große ungeheure Schuld über mir, ich muß dir alles wiedergeben, was du
mir gabst, und habe gegen meinen Vater mich empört. Ich
führte ihn nach seiner Stube, er stand starr und stumm, sein
Blick wurzelte in den Boden, da floß ein Strom von bittern
Thränen über seine Wangen, er umklammerte mich fest –
ach! ich wußte nicht, daß dies der letzte Rest meiner Freude
war, die ich zum letztenmale umarmte. – Er bat mich, ihn allein zu lassen; ich hörte ihn noch lange über mir mit schnellen Schritten auf und abgehen, bis ich einschlummerte.

Der folgende Tag erschien, ich eilte auf seine Stube und
fand ihn nicht mehr. Ein Brief lag auf dem Tische:

Antonio! o könnte ich neben dir stehen und dich trösten!
Lebe wohl! ich gehe zu sterben, oder fliehe mit ihr; zeige
meine Flucht nicht an, bis sie sich selbst kund thut, denn
wahrlich, ich tödte mich und sie, wenn man uns ergreift.
Die Gewalt ist schrecklich in mir erstanden, ich habe zwei
Wesen dem Schicksal entrissen, und trage sie mit Macht zu
ihrem Ziel. Lebe wohl! du Theurer, in einigen Monaten
sollst du wissen, wo ich bin. Die Thräne, die auf dies Blatt
fällt, gehört dir und dem Grabe meiner Mutter. Lebe wohl!

O Francesco, sie war heiß die Thräne, die du mir weintest, denn alle meine Freuden, mein ganzes Leben ist in ihr

versiegt. Mein Vater erfuhr die Flucht meines Bruders, und
die Entführung Ceciliens. Die Sache machte ein ungeheures
Aufsehen, denn eine Nonne zu entführen, heißt ein Ehe-
bruch im Bette des Himmels. Man setzte ihnen von allen
Seiten nach, doch vergebens. Mein Vater enterbte ihn, und
er ward mit Cecilien in den Kirchenbann gethan. Einige
Monate lang zeigte man mit Fingern auf mich, als den Bruder des Verbrechers; von allen Kanzeln hörte ich die Namen
meiner theuersten Freunde unter den schimpflichsten Be-
nennungen ablesen, und wenn ich in die Kirche ging, um am
Grabe meiner Mutter für ihre Kinder zu beten, so mußte
ich erst den Bannfluch über sie an der Thüre angeschlagen
sehen. So sehr mir auch von jeher diese Machtsprüche der
Kirche in weltlichen Dingen, und überhaupt alle grobe Ver-
sinnlichung von Dingen des tiefsten Gefühls erbärmlich
schienen, so machte es doch mechanisch den fürchterlich-
sten Eindruck auf mich; so wie uns immer schaudert, wenn
wir etwas Ungewöhnliches sehen, ohne daß wir deswegen
an Geister zu glauben brauchen. Ich hatte nun keinen Menschen mehr, dem ich mich offenbaren konnte, und mußte
dabei den ganzen Tag dem Feinde meiner verlornen
Freunde gegenüber die trockensten und langweiligsten Arbeiten verrichten. Allein das Maaß war noch nicht gefüllt:
ich erhielt einen Brief von Francesco ohne Datum und Ort,
er war ein Bild des Wahnsinns, der Tod Ceciliens und verwirrte Ideen von Selbstmord waren die einzigen lichten
Stellen. Mein Schmerz war gränzenlos, alle Hoffnung war
gebrochen, ich unterlag, eine Sinnenermattung warf mich
nieder, ich konnte nicht außer dem Bette seyn. Bei allem
dem mußte ich arbeiten, mein Vater brachte mir die Briefe
ans Bette, die ich beantworten mußte. Ihn selbst schien in
dieser Zeit etwas ganz eignes zu rühren. Eines Tages war ich
matter als je, einige Arbeiten hatten meine letzten Kräfte erschöpft, die Gegenstände verschwanden um mich, und ich
starrte träumend vor mich hin, bis ich einschlief. Da ich
wieder erwachte, war es Nacht, der Mond schien in die

Stube und erleuchtete eine Statue der heiligen Marie, die zu
den Füßen meines Bettes in einem Glasschranke stand. Der
goldne Mantel des Bildes glänzte schön, und die Glorie
leuchtete wunderbar heilig um das liebliche süße Angesicht
der Mutter. Ich glaubte, Cecilie stehe vor mir, ich war ganz
in die Anschauung der Erscheinung zerflossen, und fühlte
sie in und außer mir, so schlummerte ich wieder ein, und
auf einem seligen Traume schwebte das Bild in meinen
Schlaf hinüber, und bewegte sich lebendig mit himmlischer
Grazie in meinen trunknen Sinnen. Es war mir als bräche
sich des Bildes Schein in drei großen Spiegeln in mir, und
Francesco, Cecilie und die Mutter lebten in mir; dann hörte
ich eine rauhe Stimme, Pietro, mein Vater, stand vor meinem Bette, mit einem Lichte in der Hand, er sprach: Antonio, ich verreise, in vierzehn Tagen kehre ich zurück, dann
sollst du angenehmere Tage haben, jetzt arbeite fleißig.

Ich stellte ihm vor, er möge bis zu meiner Genesung bleiben. Allein dazu war er nicht zu bereden. Er befahl und reiste. Nach einigen Tagen konnte ich wieder auf seyn. Der vierzehnte Tag erschien, es kamen einige Neapolitanische Offiziere zu mir und fragten nach der Signora Fiormenti. Die ist
schon längst todt, erwiederte ich. Nein, nach der jetzigen Gemahlin Fiormenti's fragen wir; sollte er noch nicht angekommen seyn? Ich kenne sie nicht, erwiederte ich stammelnd,
und bat die Herren, mich zu verlassen. Also eine neue Mutter erwartete ich. Ich fand die Sache mit Vortheil verbunden,
denn so wurde mein Vater doch beschäftiget; und mußte
nicht jedes Weib besser seyn, als er, schon weil sie ein Weib
war? Der Gedanke, an ihr ein Organ zu finden, durch das ich
zu ihm sprechen könnte, tröstete mich. Den Mangel des Zutrauens zu mir, der in der Verheimlichung der Sache lag, war
ich gewohnt, und harrte mit einiger Neugierde auf die Weiblichkeit meiner neuen Hausgenossin.

Der Abend kam, mein Vater stieg aus dem Wagen, aber es
war kein Weib bey ihm. Ich wagte ihn nicht zu fragen. Er
ging auf seine Stube und schrieb, dann verließ er das Haus

um die zehnte Stunde. Ich hüllte mich in meinen Mantel und
folgte ihm. In einem entlegenen Theile der Stadt trat er in ein
Haus, dessen Fenster festlich erleuchtet waren, und aus dem
mir das Getümmel muntrer Gäste und der Klang fröhlicher
Musik entgegen schallte. Ich stellte mich dem Hause gegenüber an eine Gartenmauer, und lauschte ängstlich auf jede
weibliche Stimme, um in ihr die Stimme der Braut zu bemerken. Ich war plötzlich von einer tiefen Theilnahme für sie ergriffen, ohne sie zu kennen. Ihr Schicksal rührte mich. Als ich
so stand und lauschte, ertönte die Betglocke der Nonnen
hinter mir, die mich tief erschütterte; ich hatte so oft dies
Glöckchen in schlaflosen Nächten mit zärtlichen Wünschen
für Cecilien gehört, es war mir eine Sprache aus untergegangenen Zeiten, die schrecklich an ein verlornes Leben mahnte.
Gleich neben mir flüsterte die Laube, aus der sie sich in Francescos Arme herabgelassen hatte, flüsterte die grüne Halle
lebendig, aus der sie in ihr Grab gestiegen war. Von allen Seiten umgaben mich Bilder des Schmerzes. Ich hörte die Pappeln von dem Kirchhofe der Mutter herüberrauschen, und
vor mir den hellen Jubel einer unsinnigen Verbindung. Der
nächtliche Wind spielte in meinem Mantel, ich verbarg das
Gesicht und weinte. Die Musik verstummte und die Gäste
verließen das Haus, meinen Vater allein hatte ich nicht her-
ausgehen sehen. Die Braut öffnete ein Fenster, und ich bemerkte an dem Schnupftuche, das sie vor die Augen hielt,
und den Worten meines Vaters: o liebe Julie, Sie weinen an
dem freudigsten Tage meines Lebens! daß sie eben so gestimmt war, wie ich. Sie sprach wenig, aber ihre Stimme war
sanft und lieblich, und ihre Worte voll tiefen Gefühls. Die
Reden meines Vaters standen mit den ihrigen in einem widrigen Miston, und in ihren Antworten lag für mich ein Stolz,
der sich aus Ueberzeugung opfert. Sie sagte viel über das
Kloster, und bat dann meinen Vater zu schweigen, damit sie
dem Gesange der Nonnen zuhören könne. Dann beurlaubte
sie meinen Vater, der sie mit Zärtlichkeiten überhäufte, und
ich trat in einen Winkel, um ihn vorüber zu lassen.

Ich wollte schon eilen, um auf einem andern Wege vor
Pietro nach Hause zu kommen, als mich die Töne einer
Laute zurückhielten, an die sich eine süße Stimme schloß.
Es war mir, als hörte ich Cecilien singen, es war ganz ihre
Stimme. Ich kehrte zurück, und es war Julie, die sang:

> So bricht das Herz, so muß ich ewig weinen,
> So tret' ich wankend auf die neue Bahn,
> Und in dem ersten Schritte schon erscheinen
> Die Hoffnungen, der Lohn ein leerer Wahn.
> Mit Pflichten soll ich Liebe binden,
> Die Liebe von der Pflicht getrennt;
> Und frohe Kränze soll ich winden,
> Die keine Blume kennt.

> Der erste Blick muß schon in Thränen schwimmen,
> Mir gegenüber steht das stille Haus,
> Der Orgelton schwillt bang um helle Stimmen,
> Die blassen Kerzen löschen einsam aus.
> Ihr Stimmlein kann ich nicht erlauschen,
> In Gottes Hand erlosch ihr Licht,
> Und aus der schlanken Pappeln Rauschen
> Die stumme Freundin spricht.

Eine Menge Lichter, die sich die Straße herauf bewegten,
und einzelne Töne wie von getragenen Saiten-Instrumen-
ten, unterbrachen dies Lied, das mich durch seine dunkeln
Andeutungen tief gerührt hatte. Die Musikanten näherten
sich, und ich bemerkte Pietro unter ihnen, zweifelte also
nicht, daß es eine Galanterie meines Vaters gegen seine
Braut sey. Der Kreis ordnete sich unter den Fenstern Juliens, die, als sie es bemerkte, das Licht ausgelöscht und die
Fenster zugemacht hatte. Ich war begierig, wie mein Vater
in der Musik gewählt habe, die er seiner Geliebten brachte;
aber wirklich, er übertraf alle meine Erwartung, als er nach
einer rührenden Simphonie selbst eine Arie sang, und zwar:

> I miei pensieri
> Corrieri fedeli
> Ihr, meine Gedanken,
> Lauft eiligst, geschwind,
> Correte volate
> E Passion portate
> Verehret die Dame,
> Die mich hat entzünd't etc.

Ich konnte nicht länger bleiben, ein tiefer Unmuth bemeisterte sich meiner bey dem Gesange Pietro's, und ich ging mit dem Gedanken nach Hause, daß der Verbindung der Liebe und des Alters keine Grazie beiwohne.

Den folgenden Mittag war bey Tische der Platz meiner verstorbenen Mutter wieder besetzt, und mit einem, wo nicht so feinen, doch eben so freundlichen Wesen. Mein Vater war heftig fröhlich und zärtlich, Julie in einer wehmüthigen Verlegenheit, und da ich einmal ihren Blick überraschte, der lange auf mir verweilt zu haben schien, überflog eine sanfte Röthe ihr Gesicht und drang eine Thräne in ihr Auge. Ich dankte dem Himmel, daß sie in die Familie getreten war, die seit dem Verluste Ceciliens und Franzesco's einer Einöde glich. So wandelte doch wieder ein sanftes, weibliches Bild wie ein guter Geist durch das stille Haus, das sonst einen ganzen Himmel umfaßt hatte, so konnte sich mein innerer Kummer doch wieder in der schönen Entsagung einer Mitleidenden erheben. Ich ging öfters durch alle Gänge des Hauses, nur um sie zu finden, und so oft sie mir begegnete, überraschte sie mich mit einem süßen Schrecken, Cecilie oder die Mutter schien mir entgegen zu kommen, durch ihre Schritte über die gewohnten Wege dieser Verlornen, indem sie die häuslichen Verrichtungen besorgte, erhielt sie über mich die Macht der sinnlichsten Erinnerung. Wenn wir uns begegneten, schienen wir beide verlegen, und dennoch schienen wir uns zu suchen.

Ich saß Nachmittags in meiner Stube, und in dem Augenblicke, daß ich die Worte in mein Tagebuch schrieb: »Meine Stiefmutter ist ein gutes, sanftes Weib, das Leben hat mir durch ihre Nähe einen neuen Reiz erhalten, sie erweckt die schönste Zeit meines Lebens, indem sie wie ein guter Geist auf den Wegen geht, die einst Cecilie und die Mutter gingen,« pochte es leise an der Thüre und Julie trat zu mir herein. Sie bat mich, ihren Besuch zu entschuldigen, und er schien ihr eine kleine Überwindung gekostet zu haben; sie setzte sich zu mir auf das Sopha und redete mich mit schüchterner Stimme an:

»Signor Antonio, wir wohnen unter einem Dache, und ich glaube, uns näher, als es scheint. Ich habe schon lange auf den Zufall gehofft, der uns bewegen könnte, uns diese Nähe zu erklären, ich habe nicht länger darauf warten können, um so mehr, da ich bemerkte, daß Sie mir wohlwollen, und daß es nur der Zufall ist, der uns bis jetzt von einander entfernt hielt.« – »Signora, erwiederte ich, Sie sind gütig, und es thut mir wohl, daß Sie den Schritt thun, den ich allein verzögerte, weil ich Ihre Gesinnungen gegen mich nicht kannte.« – Hier schwieg sie, ihr Blick verweilte mit Rührung auf dem Gemälde meiner Mutter. Es war allein in meiner Stube, denn Pietro hatte es seit seiner zweiten Verbindung aus allen Gemächern, in die er treten konnte, verbannt. Es schien ein tiefer Schmerz in ihr zu erwachen, und helle Thränen traten in ihre glänzenden Augen.

Kannten Sie dieß Weib? sprach ich ernst.

O, ich kannte sie, ich liebte sie, sie war meine Freundin, meine Wohlthäterin, erwiederte sie in einer schönen Leidenschaftlichkeit des Schmerzes. Ich staunte, und sah gespannt einer Auflösung von vielen Räthseln und Ahndungen entgegen.

Sie sind Ihr Sohn, fuhr sie fort, und mein Freund in dem Grade, als wir uns gegenseitig in der Liebe zu Ihrer Mutter begegnen. Hier reichte sie mir ihre Hand mit unendlicher

Anmuth, und ich erkannte in ihrer Würde die Freundin
meiner Mutter.

Signora! erwiederte ich, Sie sind die Freundin dieses Weibes gewesen, Sie haben die Stelle gekannt, auf der jene un-
tergegangen ist, und konnten die nehmliche Stelle betreten;
wissen Sie, was Sie thaten?

Es war mein Wille, sprach sie stark, aber ihre Stimme
sank bey den Worten: da zu leben, da unterzugehen, wo
meine Cecilie, meine Tochter –

Cecilie Ihre Tochter – rief ich aus, und lag in ihren Armen
– so sind Sie dann auch meine Mutter! Sie zog sich zurück
und sprach ruhig: Fassen Sie sich, ja ich bin Ceciliens Mutter, ich will Ihnen alles erklären. –

Verzeihen Sie, wenn ich hier meiner Stiefmutter etwas in
die Rede falle, um Sie um Ihre Verzeihung zu bitten, daß
mich die Freude meines wiedergefundenen Bruders so ge-
sprächig macht. Es ist eine innerliche Gewalt, die mich
zwingt, Ihnen alles zu erzählen, es ist mir, als hätten Sie
mich gefragt, als wären Sie ein Glied meiner Familie, das
ganz von ihr getrennt, jetzt erst von ihrer Geschichte unterrichtet werden müßte. Sie müssen es auch dem Nationalcha-
rakter des Italieners zu Gute halten, den die Freude allein
aufschließen kann – Sie werden meinem Bruder dann und
wann wie ein Arzt etwas von diesen Begebenheiten hinreichen, um ihn zu der großen Ueberraschung vorzubereiten,
die ihn erwartet. Ich kehre nun zu meiner Geschichte zurück. Julie sprach mit ruhiger, gelassener Stimme:

Ja, Cecilie ist meine Tochter, ihr Vater war mein Gatte
nicht, sie hatte einen kühnen Schritt gethan, auf die Welt zu
treten, auf der sie nur das beleidigte Gesetz erwartete.
Meine Eltern lebten nicht mehr; der Mann, der mich zur
Mutter gemacht hatte, wurde von meinen Verwandten ermordet; ich, eine arme Waise, ward einer Waise Mutter. Ich
hatte nichts als meine Schande, und wäre gewiß dem Hohne
und der Rachsucht meiner Verwandten ein Opfer geworden, wie sie auch noch bis jetzt glauben, hätte Ihre Mutter,

die meine Milchschwester und lange Zeit meine Gespielin war, nicht mich und mein armes Kind gerettet.

Den täglichen Kränkungen meiner Verwandten ausgesetzt, konnte ich es nicht länger ertragen, mein Kind, das Einzige, was ich auf Erden hatte, mit Verachtung behandeln zu sehen, und ich entschloß mich daher, eher mit ihm zu verhungern, ja lieber zu betteln, als länger in dem Hause einer alten Muhme zu bleiben, bey der ich lebte, und mit der niedrigsten Arbeit ein Leben voll Undank und Spott verdiente. Eine alte Frau, die meine Amme gewesen war, die mich sehr liebte und mir bey der Geburt der unglücklichen Cecilie beigestanden hatte, machte mir den Vorschlag, zu ihr in ihre kleine Hütte zu ziehen, das Leben wollten wir schon gewinnen, meinte sie. Der Vorschlag wurde gerne von mir angenommen, ich gab der Alten mein weniges Eigenthum einzeln hin, und sie schaffte es nach und nach weg, und endlich verließ ich Nachts mit Cecilien auf dem Arm das Haus selbst, in dem ich alles verlohren hatte. Nimmer vergesse ich die stille Mitternacht, in der ich wie eine Geächtete durch die breiten Straßen Roms, wie das Gespenst meiner gestorbenen Ehre hinschlich. Die Welt war um mich verwandelt, die Häuser, an denen ich sonst so unbefangen am hellen Mittage vorüber gegangen war, rückten wie schwarze Kerkerwände gegen mich; die Bildsäulen standen kalt und streng vor mir, und sahen beleidigt auf mich herab, mein Herz bebte, Cecilie schlief in meinem Arme. Als ich an die Peterskirche kam, riß es mich unwillkührlich auf die Knie nieder, ich kniete auf den Stufen des Eingangs und betete für mein Kind. Ueber diese Stufen war ich zwei Jahre vorher in einer Reihe unschuldiger Mädchen, mit Blumen gekrönt, zum erstenmale an den Tisch des Herrn gegangen, und nun, wie kniete ich hier, es war, als wollte die hohe Kirche über mich hinstürzen und mich begraben. Ich betete mit Inbrunst zur heiligen Jungfrau, plötzlich hörte ich ein Geräusch innerhalb der Kirche, ich zitterte, die ungeheure Thüre öffnete sich mit einem donnernden, traurigen Tone,

und ich zuckte tief auf. Es war ein Meßner, er bemerkte
mich nicht und ging seinen Weg fort. Cecilie war durch das
Geräusch erwacht, sie weinte, ihre Stimme drang jammernd
durch die Nacht, und kehrte in vielfachem Echo von den
Säulen der Kirche mit tausendfach schneidenden Dolchen in
mein Herz. Ich setzte mich nieder, lehnte den Kopf an die
kalten Steine, und reichte meinem armen Kinde die Brust.
Ich bemerkte eine Laterne, die sich gegen mich bewegte.
Die Alte mußte befürchtet haben, es sey mir etwas zugesto-
ßen, weil ich so lange ausblieb, sie suchte mich daher, und
Ceciliens Stimme brachte sie zu mir. Nachdem sie mich aus-
geschmäht hatte, so in der Nacht da zu sitzen, und zärtliche
Gedanken zu haben, wie sie sich ausdrückte, brachte sie
mich zu sich, wo ich hierauf noch einige Monate lebte. Die
Alte nährte sich von einem kleinen geistlichen Handel mit
Reliquien und geweihten Wachskerzen, auch machte sie von
Wachs alle Gliedmaßen des menschlichen Körpers, welche
fromme Leute kaufen, um sie den wunderthätigen Bildern
zu opfern, wenn sie an irgend einem Gliede ein Gebrechen
oder böses hartnäckiges Uebel hatten. Ich arbeitete fleißig
mit, aber wir konnten uns doch nur kümmerlich ernähren.
Mein Kummer stieg täglich und meine Gesundheit sank
immer mehr, die Einsamkeit machte mich mit den fürchter-
lichsten Gedanken vertraut. Mein altes Mütterchen kam erst
spät Abends nach Hause, und ich saß den ganzen Tag ver-
zweifelnd in einer kleinen dunkeln Stube, Cecilie lag kränklich in meinem Schooße, und das Bild ihres Vaters hing über
meinem Herzen, wie ein ewiger Vorwurf. So saß ich an einem von den vielen langen, langen Tagen Abends ohne
Licht, und wartete auf die Alte, die mir manchmal etwas aus
der Stadt erzählte, wenn sie zurückkam. Heute blieb sie länger als gewöhnlich, der Mond blickte schon herein, und ich
hatte Cecilien schon zum Schlafen hingelegt. Ich saß und
brütete über meinem Elende, das mit helleren Farben als je
vor mich trat: wenn nun die Alte stürbe, wenn sie ausbliebe,
was würdest du anfangen, dachte ich, du müßtest mit dei-

nem Kinde betteln. Dieses Gefühl durchdrang mich mit all
seiner Schmach, es war mir schon als würde die Alte nicht
wiederkommen, mein Gram ließ sich nicht mehr denken,
ich sank in die dunkelste, tiefste Bewußtlosigkeit meines
ganzen Zustands, und es war mir, als würde mir es wohler,
als mischte sich ein banger, heiliger Leichtsinn in meine Geschichte, starr und kalt standen einzelne Gedanken in meinem Kopfe, und eine Menge wunderbare nackte Gestalten
gaukelten weinend und lachend mit einer fürchterlich süßen
Trunkenheit vor meinen Augen. Ich riß mein Kind aus der
Wiege, entkleidete es und bedeckte es mit heißen Thränen
und Küssen, und alles das mit einem bangen Gefühl von
Unrecht und Verbrechen. Das Kind weinte nicht, es lächelte
und bewegte sich freundlich, als spielte ich mit ihm, ich zitterte dabei am ganzen Körper, und mein Zustand war dem
Wahnsinn nah. Ich hörte die Thüre gehen und erwartete die
Alte, aber es näherte sich ein fremder Schritt meiner Stube,
und eine Person, in einen Mantel gehüllt, trat herein. Ich
hielt sie anfangs für einen Mann und erschrak vor der Idee,
es möge ein junger Wollüstling seyn, der mir Hülfe um das
höchste Elend bringen wollte. Ich hatte diese Erniedrigung
schon einigemal ertragen. Aber ihre Stimme flößte mir
Muth und Vertrauen ein, ich erkannte ein edles Weib in der
Unbekannten, die mir und Cecilien helfen wollte. Sie trat
an das Fenster und nahm mein Kind in die Arme, ich war
wunderbar durch ihr ganzes Betragen gerührt, und als die
Alte mit einem Lichte herein trat, sanken wir uns in die
Arme; es war Ihre Mutter und ich, Antonio! die sich erkannten. Sie verließ mich bald darauf, um mich völlig abzuholen. Als sie weg war, erzählte mir die Alte, warum sie so
lange ausgeblieben, und wie sie die Dame gefunden habe.
Sie hatte weniger als je verkauft, saß ängstlich hinter dem
Tischchen mit bunten Lichtern, Rosenkränzen und Reliquien, es war schon dunkel, die Leute verließen die Vesper,
und kein Mensch wollte ein Lichtchen kaufen; endlich kam
noch eine Dame aus der Kirche, und als sie sie sehr drin-

gend bat, sie möge ihr doch etwas zu verdienen geben, weil
sie eine gar feine Dame mit ihrem Töchterchen, die ins
Elend gekommen, zu ernähren habe, so hätte sich die
fromme Frau erbarmt, hätte sie mit nach Hause genommen
und wäre dann so verkleidet mit ihr hierher gegangen.

Den folgenden Morgen kam Ihre Mutter mit einem Wagen, mich aus der Wohnung der Alten abzuholen, die ich
nicht ohne Thränen verließ. Emilie bezahlte sie reichlich für
das Gute, das sie an mir und meinem Kinde gethan hatte,
und verschaffte ihr die Stelle einer Pförtnerin in einem Kloster, dem eine Freundin von ihr als Aebtissin vorstand.

Ihre edle Mutter berührte mein Unglück mit keinem
Worte mehr, und begehrte keine Bedingung, als die Befol-
gung ihres Willens; denn, sagte sie, liebe Julie, du kannst in
deiner Lage keinen Entschluß fassen, du bist zu sehr durch
Reue zerstört, und könntest leicht eine Menschenfeindin
werden, weil die andern dich für geringer halten, als sich
selbst, und du dich für mishandelt.

Sie versorgte mich mit allem Nöthigen, und brachte mich
in die Gesellschaft zweier Menschen, deren Gesellschaft mir
eine immerwährende Darstellung der Gesetze war, die ich
übertreten hatte. Vassi, ein Maler, und Bettina, eine Jüdin,
liebten sich von der frühsten Jugend an, und da sie die große
Trennung ihrer Religion an einer engern Verbindung ver-
hinderte, so lebten sie schon zwanzig Jahre in der reinsten
Seelenverbindung. Diesen beiden vortrefflichen Menschen
ward ich zur Gesellschafterin gegeben, und sie nahmen sich
meiner und Ceciliens wie Eltern an. Als Cecilie sechs Jahre
alt war, kam sie nach Ankona zu ihrer Tante, und nachher
zu Ihrer vortrefflichen Mutter im vierzehnten Jahre, und
jetzt – jetzt bin ich an der Stelle, wo mein Kind aufblühte,
wo meine Emilie starb an der Seite ihres Sohnes, meines
Freundes. – – Da mein Vater nach dem Tode meiner Mutter,
um sich zu zerstreuen, nach Rom gereist war, hatte er sie
kennen gelernt, und sie gefiel ihm. Sie wußte wohl, daß sie
ihm nicht sagen durfte, daß sie Ceciliens Mutter sey. Er

sprach oft von dem Tode seiner Gemahlin mit ihr, und da er
nicht wußte, daß sie dann um ihre größte Freundin weinte,
hielt er diese Thränen blos für eine Folge ihrer Neigung zu
ihm. Dies fesselte ihn immer mehr an sie; er hatte wenig
Gründe gegen den Vorschlag, ein junges Weib zu nehmen,
und setzte seine Bewerbung mit ununterbrochnem Eifer
fort. Julien lag in dieser Verbindung, selbst in der Unan-
nehmlichkeit seines Alters und Charakters, ein schwärmerischer Reiz der Entsagung. Sie wußte, daß er gesagt hatte, da
Emilie ihm Cecilien als ihre Tochter vorstellte, daß er ihr
Vater nicht werden werde; nun konnte sie ihn zwingen,
ihres Kindes Vater zu werden.

Der Gedanke, sagte sie zu mir, auf die Stelle zu treten, wo
meine Freundin stand, alles das zu leiden, was sie erduldet
hatte, hatte einen sonderbaren Reiz für mich. Es war mir,
als könnte ich mich in die Form und Gestalt eines bessern
Wesens, als ich selbst war, einschleichen, um auf mich zu-
rückschauen und meiner Gebrechen lachen zu können. Ich
habe Cecilien nicht mehr gefunden, ich trete in eine aufgelöste Familie, Sie sind der einzige, letzte Zweig, der Rechte
auf mich hat, so nehmen Sie denn meine heilige Versicherung, daß mein Eintritt in dieses Haus keinen Zweck hat,
als Ihnen ein Herz voll Dank, voll Freundschaft näher zu
bringen, als in diesen todten verödeten Mauren Ihnen das
Leben wieder in einem zärtlichen vertrauten Umgange zu
entzünden. O, wir sind leider durch die fremde Macht des
gewaltigen Geschicks verbunden, alle unsre Lieben haben
wir verlohren, unsre Vergangenheit ist ein Grab aller unsrer
Freuden der Gegenwart und der Zukunft geworden. Die
Gegenwart, Antonio, sie ist zu enge, wir müssen sie zersprengen, wir müssen in einander alle Zeit zerstören, wir
müssen uns lieben. Es umschwebt uns dann das Bild der
Mutter und Ceciliens, und ziehet unser Leben in leiser
Sehnsucht hinüber zu sich. – – Sie weinte, meine Arme um-
schlangen das edle Weib, ich glaubte meine verlohrnen
Freuden alle wiedergefunden an mein Herz zu drücken –

O, so habe ich alles gefunden! – rief ich aus, und mein Vater
trat herein. Julie blieb ohnmächtig in meinen Armen. Der
Schrecken benahm mir die Sprache, mein Vater drückte nur
eine Minute den verzweifelnden Zustand seiner Seele in einem glühenden Blicke aus, und stürzte zu Boden. Wir kamen ihm zu Hülfe, aber es war zu spät, der Schlag hatte ihn
gerührt. Er mußte geglaubt haben, ich sey der Verführer
seines Weibes gewesen, seine Eifersucht kannte keine
Gränze. Sein alter schwacher Körper konnte den Sturm des
Verdachts der Wahrscheinlichkeit und der Ueberzeugung
des unvermuthetsten Betrugs nicht in derselben Minute ertragen, und unterlag.

Lange nachher noch wagten Julie und ich nicht, sich gegenseitig zu nähern, sein Tod war gleichsam zwischen unsre
Umarmung gefallen, und hatte uns gewaltsam aus einander
geschleudert. So unschuldig wir auch waren, so schreckte
uns doch der Gedanke aus einander, daß er die Welt mit
dem Verdacht der schändlichsten Verrätherei von uns verließ.

Wir näherten uns furchtsam und konnten nur nach und
nach die stumme Betrachtung dieses Zufalls durch Blicke
und einzelne wenige Worte unterbrechen. In dieses Dunkel, das kaum zur Dämmerung übergegangen war, warfen
Sie, lieber Freund! durch Ihre Nachricht von Franzescos
Leben, ein fröhliches, helles Licht. Verzeihen Sie daher die
Unordnung und Unbestimmtheit, die diesen Brief begleiten könnte. Es ist so lange her, daß ich der Freude entbehrte, daß mir wohl ihre Sprache etwas ungeläufig ward.
Meinem Bruder werden ich und die Mutter seines Weibes
mit offnen Armen entgegen kommen. Sein Vermögen blieb
ihm unversehrt, mein Vater ist ohne Testament gestorben.
Er soll kommen und mit mir theilen, was auch ihm gehört,
und in Ruhe seine Tage beschließen. Ich kann kaum die
Zeit erwarten, ihn an mein Herz zu schließen. Ob ich ihn
wohl noch kennen werde? – Lassen Sie ihn doch malen,
und schicken Sie mir sein Bild, bis ich ihn selbst mit sei-

nem Bilde vergleichen kann, das fest, unauslöschlich in meinem Herzen steht.

Wenn Sie können, ohne ihm weh zu thun, so suchen Sie
doch einiges von dem wahren Schicksale seines Weibes zu
erfahren, damit ich Julien etwas über ihre Tochter sagen   5
kann.

Leben Sie wohl, antworten Sie bald, denken Sie, daß Sie
das Glück zweier Menschen dadurch vermehren, die so
lange unglücklich waren, und deren besseres Geschick Ihr
erster Brief begründete.   10

Römer an Godwi.

Ich habe eine ganze Reihe von Briefen von dir, und wenn
ich sie beantworten wollte, was könnte ich sagen? Können
wir beide uns etwas sagen? da keiner fest steht, da ein jeder
getrieben wird.   15

Wir können höchstens einer dem andern das Eigne zeigen, und vertauschen; aber uns erfüllen können wir nicht,
ich kann dir nicht geben, was dir fehlt, und du mir nicht,
denn der Streit ist mit einem jeden losgebrochen, und jeder
hat nur mit dem Seinigen zu thun.   20

Unsre Seelen treibt eine seltsame Laune des Geschicks,
wohl uns, daß ein Punkt in unsern Herzen ist, wo wir uns
beide ewig wiederfinden, die Freundschaft, denn im Aeußern sind wir für einander verloren.

Unsre Briefe können sich nicht mehr beantworten, denn wo   25
du glühst, starre ich, und bin ich nur erwärmt, so schmilzst
du schon. Dies war gerade der Fall bey deinem ersten Briefe
von Reinhardstein, in dem du gar nicht aus dir selbst
kömmst; du tappst in deinem Herzen herum, daß es mir oft
ein Jammer ist, und zertrittst eine Blume nach der andern.   30

Ich habe nie einen Brief gesehen, in dem ein solcher Gefühlswechsel des Schreibers hervorleuchtete, und dies ist
mir um so sonderbarer, da du meistens vergangene Dinge
erzählst, die dich hinrissen, als sie geschahen, denn sie geschahen alle nur, insofern sie dich hinrissen, die dich aber
nicht mehr hinreißen mußten, wenn du sie nochmals vor
den Augen eines Freundes erschaffst; oder ist es die Illusion
der Darstellung, die mir manchmal für deine Nerven ein
wenig bange macht.

Doch laß das gut seyn; ich weiß nicht warum, aber ich
hoffe das Beste für dich. Die Folge deiner Bekanntschaften
und deiner Briefe machen mir eine vollkommene Krise
wahrscheinlich.

Von dem Landhause einer Engländerin in die Burg eines
Landedelmanns, von da zu einer Ruine, zu einem Einsiedler; ist das nicht der Lauf der Zeit?

So auch deine Briefe: der erste Thatendürstend, Molly;
der zweite Küssedürstend, Joduno; der dritte Thränendürstend, Otilie; und alle die folgenden Ruhedürstend und
voller Heimgehenwollen in die Natur.

Du schläfst, lieber Godwi, einen ruhelosen Schlaf des Lebens, schwere Träume ängstigen dich, bey deinem Erwachen wird dir es leer und müde seyn; aber nicht wieder einschlafen, um Gottes willen nicht!

Tilie ist ein Mädchen, über die ich nicht urtheilen mag,
oder auch kann. Es ist überhaupt eine krittliche Sache,
über deine Weiber zu urtheilen, und mein Urtheil über
Molly ist mir übel bekommen; aber du kannst das Wesen
nicht mit der Ofengabel aus mir heraustreiben, es ist
meine Natur, immer etwas über die Leute zu denken, und
zwar laut.

Tilie nun scheint mir sehr natürlich, und zwar so natürlich, daß sie nach meinen armen Begriffen schon ein wenig
ins Uebernatürliche geht. Aber dennoch ist sie dir ohnstreitig die beste Gesellschaft und bringt dich sicher in die Wirklichkeit zurück.

Es war einmal ein seltsamer Engländer, der über den Verlust seines gewöhnlichen Verstandes, seiner Freuden an der
Industrie, der Oekonomie, dem Pferderennen und Hahnen-
gefechte, und seines Geschmacks an Kotzebue's Stücken und
zuckerbunten Kupferstichen, äußerst melancholisch ward.
Er las mit tiefen Schmerzen den phantastischen Shakspeare,
und verzweifelte fast darüber, daß er ihm so wohl gefiel,
deswegen verfiel er, wie schicklich, in den Spleen, und war
immer in einem dunkeln Zimmer, obschon das Tageslicht
und die Mittagssonne zu seinen Füßen schien; er aber klagte
immer über die Dunkelheit, Tag und Nacht war ihm ganz
einerlei, er hielt immer den tollen Lear in den Händen, und
las Tag und Nacht in ihm, weil er sagte, die Buchstaben
glühten. Aus Kotzebue's sämmtlichen Werken hatte er sich
aus Bosheit einen Patent-Papiermachénen Fußboden,
Spuckkasten und Leibstuhl machen lassen, und weinte
bittre Thränen über diese verkehrte Ueberspanntheit.
Seine Freunde konnten ihm nicht helfen, bis endlich einer
den Einfall bekam, ihm das Haus über dem Kopf anzustek-
ken, und das geschah. Kaum war die Flamme bis zu seiner
Stube gekommen, so sagte er, es werde nun Licht, und da
alles um ihn her brannte, und ihm die Hitze sehr zu Leibe
ging, deklarirte er, daß es Tag sey, und ward wieder ge-
scheidt. Das erste, was er that, war, daß er ein halb Schock
Pferde zu Tode ritt, fünfhundert Hahnen todt hetzte, immer
in Kotzebueschen Wortspielen sprach, und diesem so lang
verkannten Dichter zu Ehren einen Patent-Esel, der vor
Apollo tanzt, aus Kararischem Patent-Marmor in seinem
Park aufrichten ließ, welches Monument der Dichter aus Er-
kenntlichkeit vor sein bestes Werk in Kupfer stechen ließ.
Sieh, so wird es dir auch gehen, Tilien hältst du für Tageslicht, und sie ist schon Flamme.
Wenn sie dich nicht heilt, so bist du unheilbar, denn ihr
seyd euch völlig entgegengesetzt, und das in den Extremen.
Da du nun natürlich einen ewigen Drang fühlen wirst, ihr
ähnlich zu werden, ihr aber nie ähnlich werden kannst, so

wirst du, um näher zu kommen, gerade so weit gehen, als
du kannst, bis zum gesunden Menschenverstand.

Daß du ihr nicht ähnlich werden kannst, verstehe ich so:
sie ist mehr als natürlich, denn sie ist auf eine gewisse Weise
unterrichtet, und ich möchte sagen, sie sey eine weise Frau
in einem früheren Leben, und sey in die Jugend dieses Lebens herüber gewachsen. Sie ist gleichsam für mich ungebo-
ren. Da nun meine Stufenreihe folgendermaßen geht – Natur – Bildung – Ueberbildung oder Tod, und alles immer
vorwärts schreitet, so kannst du ihr nicht ähnlich werden,
weil du mit dem Tode aufhören müßtest; du wirst es also
bey der Bildung stehen lassen, weil du von der Ueberbildung nicht vorwärts, und nur bis zur Bildung zurück
kannst; zur Natur kannst du schon nicht mehr, weil die Bildung die Natur aufhob, du mußt platterdings auf der Bildung stehen bleiben, oder sterben, was du mit deiner Lebensfähigkeit nur bis zum Wunsche bringen wirst. Ich wünsche dir also viel Glück zur Bildung.

Sie wird dich sanft aus deinem Ideenparadies hinausfüh-
ren – du sagtest ja von ihr: so trat der Engel von Gott gesandt ins Paradies –

Du im höchsten Grade zusammengesetzt, sie von Grund
aus einfach – du stürmend und glühend wie Sirocko, sie
sanft und warm wie West – du schmelzend und glühend wie
Lava, sie biegsam und zart wie Wachs – du aus der Welt in
ihr Leben hineinträumend, sie aus ihrem Daseyn in deine
Welt hinein staunend –

Gleich, lieber Junge, wird sie dich nicht lieben, aber vielleicht noch einstens, und das sehr innig. Du bist ihr jetzt
eine Masque, die sie blendet und reizt, und wenn du bescheiden einen Flitter nach dem andern von deinem Wesen
zu ihren Füßen gelegt hast, wenn sie naiv und neugierig einen Flitter nach dem andern von dir gelöset hat –?

Dann wird sie dich lieben, weil wir alles lieben, was wir
bildeten; und wenn es unser erstes Werk ist, und noch dazu
ein gutes, o so wird es die erste Liebe und die letzte.

Ich fühle, daß Tilie voll von dem Triebe ist, etwas zu bilden, denn ihre Grundsätze sind hiervon schon ein Beweis, sie sind eine seltsame Moral, die sie sich selbst erschaffen hat, und die bey ihrem einzelnen Leben so trostreich und passend ist, als eine allgemeine für unsre Gesellschaft so selten hinreicht, und alle Lücken mit gutem Ton, Freigeisterei und Galanterie verstopfen muß. –

Das Haus, in dem ich lebe, ist hiervon ein auffallender Beweis, und du sollst die Leute auch kennen lernen, wenn ich sie ganz kenne.

Lebe wohl, man ruft mich irgend wohin, wo es allerliebst und wenig mehr ist; sey versichert, daß ich in dieser folgenden Stunde gar nicht an dich denke, und halte daher meine Versicherung recht lieb und warm, daß ich ewig bin dein

Römer.

Römer an Godwi.

Mein voriger Brief und mein vorletzter scheinen dir wohl nicht recht innig zu seyn. Du wirst glauben, ich sey schon wieder ganz klug geworden, und doch ist es nicht so.

Die sogenannte Türkin ist noch immer der Gedanke, der mich beherrscht, wenn ich Zeit habe, von irgend einem beherrscht zu werden. Aber dies ist hier im Hause schwer, man kann und darf hier fast nichts, als auf seiner Hut seyn, und seinen Kopf auf dem rechten Fleck haben.

So eben bekomme ich einen Brief von deinem Vater. Ich bin meiner sogenannten Geschäftsreise entledigt, und darf noch ein paar Monate ausbleiben und so fröhlich seyn, als mein Aufenthalt mich machen kann.

Du wirst dich aus meinem zweiten Briefe des Fremden

erinnern, der zu deinem Vater kam; er versieht alle meine
Geschäfte und ist völlig genesen.

Ich schrieb dir, daß er immer in deines Vaters heimlichen
Kabinette ist, nun bin ich noch begieriger, was dieß Zim-
merchen wohl verbirgt, denn dein Vater schreibt vermuthlich in der Vergessenheit, daß ich nichts davon weiß:

»Ja, es ist mir lieb, einige Zeit mit dem Manne allein zu
seyn, der mich durch seine Arbeit in meinem Kabinette so
glücklich gemacht; er hat mein Innerstes aufgedeckt, und
zarter verhüllt, als ich es je konnte.«

Auch nach dir fragt er:

»Wo ist mein Sohn, wissen Sie von ihm? Ich suche seine
Freundschaft, o daß ich –«

Hier brach er ab, Gott weiß, was der Gedankenstrich und
das Kabinett verstecken.

Du solltest ihm doch schreiben, er glaubt dich beinahe
schon auf dem Kapitol in Rom, und erwartet wohl Antiken
von dir, und du sitzest fest für die Ewigkeit auf dem Reinhardstein, und könntest ihm zur Noth einen Eichen- oder
Epheukranz schicken.

Dein Vater kennt dich nicht, gar nicht, und wenn du so
fort in dir revolutionirst, so wirst du vielleicht um den Zirkel der Bildung herum gereist auf seinem Punkte stehn,
wenn er unter der Erde ist.

Höre, da fällt mir etwas ein, womit ich dich ärgern will:

Gestern Abend las man hier im Hause den Brief des einen abwesenden Bruders vor, der dir sehr ähnlich zu seyn
scheint, den Brief hättest du auch schreiben können.

Die Frage an den Bruder war: was willst du denn endlich
werden?

Die Antwort: »ein Mensch.«

Weiter: »Du bist Extravagant« –

Die Antwort: »O du armer Bruder, du weißt nicht, was
du sprichst; einstens wünschtest du, ich möge selbstständig
seyn, und da haben wir es, ihr Leute könnt nie etwas ganz
seyn, ihr könnt in nichts die Vollendung; da ich nun selbst-

ständig bin, versteht ihr mich nicht mehr, weil ihr mit eurer
Selbstständigkeit nicht die Selbstverständigkeit verbindet. –
Du hast damals gemeint, ich sollte Standselbstig seyn, und
auch das bin ich so, wie ich bin, denn ich bin mein Stand
selbst, weil das Ich selbst allein mein Stand ist, und ich
nicht im Stande bin, in irgend einem andern Stande zu seyn.
Ihr aber seyd nicht in eurem Stande, noch auf eurem Stand-
punkte, sondern euer Stand ist in euch, und euer Standpunkt auf euch, so daß ihr übel steht, und euer Stand gut,
denn er läßt euch keinen Platz in Herz und Kopf, und hat
euch unter den Füßen. Was die Extravaganz angeht, hast du
dich auch verschrieben, – o wäre ich ein wenig Extravagant,
so wäre ich nicht allein Intravagant, so ging ich nicht in mir
selbst herum, und räumte ängstlich auf. Ihr seyd Extravagant, denn ihr seyd aus euch heraus, in die Kaufmannschaft
geschweift, und eure Seelen klettern wie Affen auf Kaffee-
bäumen herum.« etc.

Nun, bist du böse? Nicht wahr, der Mensch hat Recht? –
Lebe wohl, ich muß ins Bureau d'Esprit der Mademoisell
Buttlar. Je was ist das für ein Bureau? Nicht viel Kluges,
mehr Witziges, keine zwei jungen Pappeln, keine Tilie.
Nächstens lernst du die Menschen kennen.

Römer.

Römer an Godwi.

Ich habe dir versprochen, die Leute zu malen, mit denen ich
umgehe; ich will es, aber es ist schwer. Sie sind alle äußerst
verschieden, haben alle einen einzigen auffallenden Zug von
Aehnlichkeit, sind alle sehr originell, und doch alle abge-
schliffen.

Ich möchte die Familie einem Bilde in Mosaik vergleichen, lauter verschiedne Steine, alle glatt auf einer Seite geschliffen, mit vielem Lapis Lazuli drinne, bringen ein
kunstreiches, kuriöses, doch nicht ganz geschmackvolles
Ganze heraus. –

Vor allem gehe mit mir zu den Weibern. Sie sprechen immer in Räthseln, du hast es nicht errathen, oder so künstlich
errathen, daß du wieder ein Räthsel gemacht hast. Dich ein
wenig brüstend, bringst du die Auflösung vor, mehrere fallen über den neuen Knoten her, die Brünette sieht dich dabei an, als wäre es deine Schuldigkeit, einem so geistreichen
Mädchen die Sache ein wenig leichter zu machen; die
Blonde löst und löst, und fällt darüber in eine italienische
Arie, die sie auch sogleich am Claviere singt; die Brünette
singt mit, und dein Räthsel? – du wendest dich gegen eine
Ernste hin, die in einem Winkel sitzt und strickt, sie sieht
dich mit einem strafenden Blicke an, als hätte sie einen un-
rechten Gedanken in deiner Seele gelesen. –

Du senkst aus höflichem Bewußtseyn deiner Schuld (die
du eigentlich gar nicht kennst), deinen Blick von ihrem
Auge herab, und verlierst dich in ihren gar nicht ernsten,
sehr naiven Busen.

Du fühlst nun, daß der strafende, ernste Blick prophe-
tisch und a priori war, auf ihrem sanften lächelnden Munde
aber vergaßest du das Beste, es hing ein Ablaßzettel auf ihren Lippen, den solltest du mitnehmen, die Sünde am Busen
hineinwickeln, und so das Fleisch am Fasttage verschlucken
– Nun, wo ist dein Räthsel? Nun – unterstehe dich nicht, es
wieder aufzuwärmen, das wäre ungezogen; und hast du
nicht genug dafür erhalten?

So geht es hier mit allem, man fängt alles an, aber jedes
Bild verliert sich in Schnörkel, und wahrlich, diese Weiber
haben alle etwas vom Sirenenwesen, das sich in einen Fischschwanz auflöst.

Il faut dorer la pillule, sagt ein witziger Kopf von dem
Goldnen Kopf, der das Schild des Hauses ist.

Jede Münze gilt hier, auf der ein Kopf steht, und heller (Kopf) ist hier so viel werth, als alle Pfennige des Römischen Reichs.

Unter allem diesem Leben und bunten Durcheinanderwühlen wandelt ein schlankes, sanftes, weißes Bild herum, dessen Geist richtig und ruhig, aber wenig sieht; dessen Herz wahr, tief, aber kalt fühlt. Sie erscheint unter den andern, und es ist, als sage sie: ich bin euch allen gut. –

Sie geht, und es ist, als sage sie: mit euch ist es nicht auszuhalten. –

Sie kömmt mit dem Herzen, ihr Geist, der richtig und ruhig sieht, sieht, daß man es nicht aushalten kann; aber, weil er wenig sieht, sieht er nicht, daß man es wohl aushalten kann, wenn man sie einhalten kann.

Von den Stürmen der andern verschlagen, lege ich mich oft vor dieser friedlichen, ruhigen Insel vor Anker, und der kleine Anker von Jaspis, der an ihrem Halse hängt, mit seinen sanft wogenden, tiefen, stillen Gründen, hat sich oft so mit meinen Tauen verstrickt, daß ich kappen mußte, um weg zu kommen.

In solchen Verlegenheiten kam mir oft unvermuthet ein Gedanke so originell, einsam und wunderbar frei, wie ein Robinson aus der stillen Insel entgegen, und half mir großmüthig selbst fortkommen.

Ein Hauptzug in ihrem Charakter ist, daß sie sich nie mit andern Weibern geheime Bagatellen in die Ohren flüstert; sie ist offen und geheim im Ganzen, so daß man nur eins von beiden von ihr sagen könnte. –

Es läßt sich gut von ihr und mit ihr sprechen, sie tödtet keinen Begriff, faßt jeden mit Liebe, und giebt ihm einen zarten Gesellschafter, sie macht das Gespräch glücklich.

Die Brünette, die ich schon in meinem zweiten Briefe anführte, ist mir gefährlich. Sie läßt fast jede Unterhaltung eines erhabenen Todes sterben, und spielt das Schicksal dabei; doch blüht auf ihren wohlthätigen Wink gleich ein ganzer Frühling von Blumen und den Rosmarin eines solchen

Grabes, und jeder solcher Hügel wird durch sie ein Berg, von dem du eine fröhliche Weinlese und Erndte übersiehst.

Die ganze gegenwärtige Gesellschaft fällt dann über die Kränze her; und das Gespräch winkt in einzelnen Blumen von Busen, Locken, Lippen und Blumenkrügen dir entgegen, sie selbst aber nahm einen kleinen Rosmarinzweig und hält ihn aufmerksam vor ihr einziges großes Auge, und zieht eine Linie in die Ewigkeit. –

Die Blonde möchte es auch gerne so machen, aber sie kömmt nicht dazu; es liegt in ihr zu viel Begierde und Geberde, so daß fast jede Begierde eine Geberde, und jede Geberde eine Begierde wird. Sie ist zu mimisch, um mehr als sich und andere nachzumachen, und verliert in jeder Heftigkeit des Vorsatzes die Kraft zur Handlung. Wenn sie witzig seyn will, so ist schon in dem Pfeil, den sie abschießt, mehr Drang, als in der Senne des Bogens; ist der Pfeil angekommen, so kann er nicht mehr verwunden, weil die Spitze sich gierig in sich selbst umgebogen hat. – Sie kann keinen langen Ton singen, ohne daß er in einen Triller fällt, und will sie einen Gedanken gerade aus in die Höhe oder Tiefe schicken, so wird das Ende kraus, und kehrt in sich selbst zurück; sie wird nie etwas erhalten, wenn nicht einer in die selbstthätigen Schlingen fällt, oder sie sich nicht selbst umarmt.

Aber da sitzt noch so eine Rabenschwarze in dem Winkelchen, es dämmert schon in der Stube, und ich hätte sie übersehen, mit ihren Locken der Nacht, wenn ihre schönen Augen nicht leuchteten, und milde, schöne Blicke aus ihnen stiegen, wie Stralen zweier einsamen Sterne am Himmel. Kannst du dir ein Mädchen denken, mit allen Zeichen der Gluth, die sanft und stille ist, ein schöner Busen so sittlich verhüllt, daß sich jeder umsonst bemühen wird, irgend den Zwiespalt – – in ihrer Brust zu erkennen?

O du freundliche begehrende Zufriedenheit, du wohlthätige getrennte Einigkeit, du Streit im Frieden, warum sprichst du nicht? –

– Ich höre.

Nein, du bist zum Sehen gemacht.

– Sehen Sie mich so gerne?

Nein, du bist zum Sehen und nicht zum Hören gemacht, meinte ich –

– Ich höre und sehe – doch, warum sagen Sie das, das versteht sich von selbst.

Du bist zum Sehen gemacht, weil du so viel mit deinen großen Augen sprichst, und nicht zum Hören, weil du so wenig mit deinen kleinen Lippen sprichst; du bist zum Sehen gemacht, weil du so große Augen hast, und nicht zum Hören, weil du so kleine Ohren hast; ei, wie klein sind deine Ohren –

– Drum sollten Sie ihnen nicht zumuthen, so groß Lob zu hören. –

Ich schweige, denn, lieber Freund, ihr Busen ist leicht zu erregendes Meer, und es würde sie schamroth machen, wenn sie bemerkte, daß man in solchen Stürmen so leicht den Zwiespalt – – in ihrer Brust sieht.

O weh, es ist Abend, ganz dunkel, es ist eine Fledermaus in der Stube. Ach je, es ist mir eine Fledermaus was Schreckliches; keine Maus, kein Vogel, gar nichts, o ich bitte, verschonen Sie mich, das ist mir verhaßt bis in den Tod; von nichts, als von der Unsterblichkeit der Seele sprechen Sie, und alles wird unsterblich, und so langweilig, daß man die Unsterblichkeit zum Gukguk wünscht, wenn sie immer während der langen Zeit einem die Zeit lang machen, und die Fledermaus fliegt mir immer um den Kopf, sehen Sie, gerade wie die Fledermaus ist Ihre Unsterblichkeit, sie kriecht nicht, wie andre honnette Mäuse, sie fliegt nicht, wie andre honnette Vögel. Gott sey Dank, nun ist sie fort, die Fledermaus; nun die Unsterblichkeit? – sie ist auch fort.

Alle Lichter sind abgelaufen in der Stube von dem Flattern der Fledermaus. –

Die Brünette. Wie sind Sie doch so menschenfeindlich.

Ich. O, ich halte alles, was ich hasse, nicht für Menschen. Zum Beispiel, solche Leute halte ich für Fledermäuse. Weiter ist mir in Tod verhaßt Zwieback, wie sie ihn gewöhnlich hier beim Theetrinken essen, er gleicht gewissen Leuten, deren Witz nie reif wird, obschon er zweimal gebacken ist, und die immer beide Backen voll nehmen, nichts zu sagen.

Die Blonde. Und weiter –

Ich. Und weiter ist mir verhaßt eine Art von Zeug, Damis genannt, er hat einen verdammten Glanz, schreit alles an, ist äußerst spröde, reißt leicht, und am Ende ist gar nichts darhinter.

Die Ernste. Und weiter –

Ich. Und weiter ist mir verhaßt: wandle auf – (Rosen) und (Vergißmeinnicht), das ist eine dumme Sentimentalität, die einen an allen vier Ecken der Welt einholt, ein Gedanke, ja, fast so abgeschmackt, wie die Anekdote der Herren von Viereck, die hinter einander ins Thor ritten; wenn mir die jemand erzählt, möchte ich ihm immer sagen: wandle wo du willst, und denke nach Belieben an mich. –

Das schlanke Bild. Und weiter –

Ich. Und weiter seyen weit von mir alle todte Vivat auf Torten und Illuminationen, Gott weiß, warum, es giebt eine Art höfliche Leute, die nichts, als wünschen, und die man verwünschen sollte.

Das war ein Stückchen der Unterhaltung dieses Abends. Gute Nacht, lieber Godwi, morgen weiter – ich komme morgen an die Männer.

Römer.

Römer an Godwi.

Mein letzter Brief war ein wenig toll, lieber Godwi, aber ich kann es gar nicht anders einrichten, ich verliere mich so in das Wesen hier, daß ich fast Maaß und Ziel vergesse, und hätte ich nur Zeit, mich ein wenig mit einer einzigen von allen den Weibern zu beschäftigen, so würde mich vielleicht eine einzige fesseln, aber so bin ich immer in eine ganze Tapete mit eingewebet, alle Augenblick fliegt eine andre, wie ein Weberschiff an mir vorüber, und reißt mich hin, an ihrem Punkte mein Kolorit herzugeben; bald muß ich ein Stückchen Blume, bald einen Punkt im Auge, bald einen Funken, bald eine Perle vorstellen helfen.

Es wird dir, glaube ich, wohl thun, oben auf deinem Berge, wo du halb im Himmel steckst, solche Menschenbilder zu sehen, und du kannst Tilien meine Portraits vorlesen, die ohnedieß keine Weiber als Joduno und deine Molly kennt, und keine Männer, als dich und den Landjunker.

Es sind drei Söhne im Hause, die übrigen, zu denen der gehört, der einen Brief geschrieben hat, den du auch geschrieben haben könntest, sind in der Fremde.

Ich will dir die drei ein wenig eintheilen, in den Allzudeutlichen, den Deutlichen und den Undeutlichen.

Der Allzudeutliche.

Er ist der juristische Codex des Familienarchivs, und läßt in seinen Urtheilen das Ur und Ur Ur noch stark hören. Er steht wie eine Eule geneckt unter den vielen leichten Vögeln.

Er trägt die Jurisprudenz, wie Atlas die Welt auf seinem Nacken, und hat das Schöne und Wahre in das Chaos versinken lassen, als er diese Welt auf seinen Nacken packte.

Sein Kopf ist gedrückt, sein Leben gebückt, doch schlägt sein Herz edel und frey, denn da liegt ein liebevolles Natur-

recht drinne, das dem Ballen positiven Rechts, in dem sein
Kopf wie ein Türk im Turban (meine Türkin auszunehmen)
bis über die Augen steckt, die Spitze bietet.

Uebrigens ist es ihm gar nicht türkisch zu Muthe, denn er
liebt den Wein, wie jene die Weiber, das heißt öffentlich,
und die Weiber, wie jene den Wein, das heißt heimlich.

Er ist ein sonderbares Wesen, ganz für sich und in sich,
und selten in den andern, die er doch alle liebt, die ihm alle
nichts geben, und denen er gerne giebt, wenn er hat. –

Jetzt komme ich an den

Deutlichen.

Ich wage ihn kaum zu beschreiben, vor ihm neigt sich die
ganze Erscheinung, er ist die Wahrheit, die Güte, die Liebe,
die ruhige Sorge, der Friede und der entsagende Fleiß, der
von allen verstanden, geliebt und geachtet wird, in ihm und
der Brünette, die ein inniges Bündniß mit ihm schloß, findet sich alles wieder, sie halten alles zusammen, sie durch
Geist und Sinn, er durch Herz und That, und es ist wirklich
viel, so viele zu vereinigen. Es ist ein Künstler in ihm verdorben, er hat viel Sinn für Gemälde und Zeichnung, und es
ist rührend zu sehen, wie bey dem großen Mangel solcher
Gegenstände um ihn sein Blick oft mit Aufmerksamkeit auf
dem Basrelief seines Ofens, oder auf der Arabeske seiner
Papiertapete verweilt. Er hat unendlich viel Sinn für Poesie,
und ist es nicht viel, wenn ein Mann von sechs und dreißig
Jahren mit ungeheuren Geschäften und Familiensorgen beladen, über Tiecks Genoveva weinen kann, und wenn sein
gutes Weib Tage nach der verflossenen Lektüre sagt: »Lieber, es ist kalt in der Stube;« daß er ihr antwortete: gute
Frau, Genoveva hatte mit ihrem Bambino noch viel kälter
im Walde, und jener schrie und war schon auf der Welt, deiner wärmt sich noch an deinem Herzen. Es ist mir nicht sowohl für seinen Kunstsinn, als für sein Herz bestimmend,
daß unter so vielen gelesenen Gedichten gerade dieß einzige

wunderheilige ihn so ergriff – ich schicke dir es hier, du sollst es mit Tilien lesen im Walde.

Der Deutliche ist ein Kaufmann, ich habe viel von ihm gelernt; ich ende so, daß ich sage, jeder sollte in seiner Art seyn, wie er, Liebe und Ernst zu dem Seinigen.

Sein Herz liegt seit kurzem an den tiefen, stillen Gründen des sanften, schlanken, weißen Bildes vor Anker – der kleine jaspisne Anker ist von ihm ausgeworfen worden, er hängt am Halse seines Weibes.

Jetzt wende ich mich zu dem

Undeutlichen.

Dieser Mensch ist in einzelnen Minuten eine wahre Erscheinung, doch kämpft meistens Mode und Genialität mit seiner Oberfläche. Außer diesen Minuten könnte man ihn für einen Dichter und nicht für einen Kaufmann halten.

Er ist selten unter uns, und wenn er es ist, so führt ihn Liebe und Gefälligkeit her; aber weil er ewig seines Ehrgeizes wegen sich muß gefangen halten, um seine Nichtanlage zu seinem Stande zu verbergen, so erscheint diese Liebe fast nie anders, als eine nothgedrungene Kälte, indem er die Zeit oder die Gewandtheit nicht hat, nur das Einzelne zurückzuhalten.

Er ist durch diese ewig in ihm gespannte Feder verschlossen, ohne es zu wissen, und freundlich mit Aengstlichkeit.

Oft schweigt er Wochenlang, und bald ist er die Macht der Unterhaltung; die Weiber schätzen ihn, und wagen es nicht, ihn zu lieben, weil er sie liebt, und es nicht wagt, sie zu schätzen.

Alles außer seinen Gesichtspunkten nennt er Schwärmerei, und ihm sieht sie aus den Augen, denn sein Stand hält ihn nur gefangen, weil er in ihm aus Schwärmerei seine Freiheit hingegeben hat.

Ein innrer Kummer über alles das drückt sein Herz, und äußre Umstände, denen er huldigt, fesseln seinen Geist. Er

ist ein trauriger Beweis, wie der Stand seinen Menschen ver-
bildet, und der Mensch in seinem Stande unterjocht ist.

Aus einer freigebigen, schönen, edeln, freien, herrsch-
süchtigen Seele ist – ein Kaufmann geworden – ist das einzige, was ihn ganz charakterisirt.

Er bekümmert sich wenig um mich, weil er dadurch um
sich selbst bekümmert werden könnte, und sucht nur
Menschen, die ihn in seiner Sphäre erhalten können, die er
als Bürger mit Ehre erfüllt, und es ist traurig zu sehen, wie
er aus Ehrgeiz mit Menschen umgeht, die seiner nicht werth
sind, die ihn, indem er sie nur als Mittel gebraucht, wieder
als Mittel gebrauchen, freilich nicht zum Mittel einer edlen
Entsagung, wozu er sie gebraucht, sondern zum Gegentheil.
– Du würdest ihm ein Schrecken seyn. – Er schämt sich fast
jeder Rührung aus dem mißverstandnen Worte: »sey ein
Mann,« er, der zu nichts Anlage hat, als zu dem süßen Namen, in dem Schooße eines schönen, liebenden Weibes: »o
du lieber, schöner Junge.« Er schämt sich fast jeder Rührung,
und wenn er für sich allein in seiner Stube Guitarre spielt, so
hebt ihn sein eigner Gesang eines einfachen Liedes in die
Höhe, er wendet die Blicke phantastisch zum Himmel, und
hebet den Kopf zärtlich, und schwärmt sich auf seiner runden, vollen Stimme, Gott weiß, in welche Umarmung eines
andern höhern Lebens, einer Liebe, oder einer Kunst.

Er liebt seine Pflicht zu sehr, und seine gerechte Forde-
rung zu wenig, und wird einstens sehr unglücklich seyn,
wenn er nicht ein Weib bekömmt, in deren Genuß, in deren
Genialität, selbst das Band der Ehe lüftig, leicht und schön
wird. –

Das wäre so ziemlich das Häufchen, das mich umzingelt,
und schon so gefesselt hat, daß ich nicht weiß, wie ich wieder nach Hause kommen soll.

Außer allen diesen Menschen existiren noch zwey aus-
wärtige Mitglieder des Bureau d'esprit, die sehr aktiv sind,

und die ich gelegenheitlich schildern werde, wenn sie mich
ein wenig geärgert haben, weil es schwer ist, sie gern zu
schildern, wie sie sind, ohne daß man etwas böse auf sie sey.

Zu dieser Gelegenheit komme ich sicher leicht, denn ich
darf den einen nur einmal recht betrachten und erkennen,
und den andern einmal recht obenhin ansehen, so habe ich
mich gewiß über beide geärgert.

Lebe wohl. Ist heute Abend keine Sitzung, so gehe ich ins
Theater, die herrliche Sängerin zu hören. Der Undeutliche
ist so von ihr entzückt, daß sie durch alle seine Vorurtheile
über Schauspieler eine Lücke, eine Ausnahme gesungen hat.
Ich gehe allein hin, um zu hören, ob sie besser, rührender
singt, als die – Türkin in B. – Dein

                                                    Römer.

Römer an Godwi.

Tröste dich, mein Lieber, du wirst nicht in die Verlegenheit
kommen, das Herz eines treuen, zarten Mädchens zu kränken.

Joduno von Eichenwehen wird nicht zu Tilien kommen.
Sie kömmt hierher zu der Brünette, zu Sophien. Es hat
mich ihr Brief, den ich lesen durfte, weil man nicht weiß,
daß ich dich und sie durch dich kenne, tief gerührt.

Das arme Mädchen, ja sie liebt dich, und schwankt in ihrem Briefe schüchtern hin und her, ob sie zu ihrer Freundin
oder dir soll; am Ende besiegt sie die schwere Wahl, und
will scheinen, nur ihre Freundin geneckt zu haben mit dem
Nichtkommen.

Ihr Entscheiden, hierher zu kommen, hat mich erfreut
für dich, und mir ist es wunderbar bang darum geworden,
ihr Brief schon hat mich seltsam berührt.

Es ist seltsam, wie mir das Schicksal deine verlassenen Schmetterlingshüllen in den Weg führt.

Vielleicht werde ich bey ihr die Engländerin vergessen, wie du, die Engländerin vergessen, die mich oft zum Träumer macht. Sie übt eine wunderbare geheime Gewalt über mich aus, die mich drückt, und von der ich mich um keinen Preis loskaufen möchte. Ich fürchte mich daher vor Joduno.

Du weißt, daß ich mit meiner planen, ehrbaren Erziehung, in meinem äußerst verständlichen Kaufmannsstande, gar nichts Geheimnißvolles habe, als daß ich nicht weiß, wessen Kind ich bin, und daß ich nichts verberge, als den Einkaufspreis. Nun quält mich das Mystische in der Engländerin Betragen unendlich, die sich wie ein unbekannter thätiger Genius in unsre beiderseitige Existenz hineingefunden hat.

Das Wunderbarste ist, daß sie zu uns beiden eine Art von Liebe hinzog, und sie plötzlich abbrach, als habe sie nur so lange geliebt, bis sie ein Zeichen in uns erkannte, daß sie es nicht darf. Doch ich hoffe auf den Brief, den du von ihr erhieltst, er muß alles erklären. Verliere ihn nur nicht, mache um Gottes willen keinen Papierdrachen für Eusebio, noch einen Haarwickel für Jemand anders draus. –

Joduno also kömmt hierher – und wie das?

Die Brünette war mit ihr in einem Kloster, wo sie mit einander erzogen wurden, sie ist ihre innige Freundin, und dies verspricht viel für Joduno.

Denn wer dieses Mädchens Freundin ist, mag wohl die Achtung der Welt verdienen; aber wenige sind es ganz, das heißt, wenige können ihr geben, was ihr fehlt – Sie selbst – und nur der kann es, der ihr Freund nicht so ist, wie es alle diese sind, die sie nur lieben, weil sie so viel giebt; nur der kann es, der wie ein Spiegel vor sie tritt, der nur alles nimmt, um es ihr zu geben.

Ihr Leben war bestimmt, zum Himmel, zu der Kunst, zur unendlichen Liebe hinzuströmen, aber sie ward aufgefangen zum Strome, sie ward von dürftigen Ufern einge-

faßt, und ergoß sich aus Mitleid freundlich rauschend, näh-
rend und spiegelnd durch das arme Leben andrer; viele ganz
taugliche, schiffbare Flüsse, einige fischreiche Bächlein, und
viele Waldströme und wilde Schneegewässer rannen gierig
in sie hinein, um sich vergrößert und auf der Landcharte in
ihr geehrt zu fühlen. Schweigend nimmt sie alle auf, die sich
ihre Freunde nennen, und führt sie weiter; durch diesen
Zufluß ist sie aufgehalten zu vergehen, sie muß langsam die
trüben Wellen abwärts wälzen, und ihre Freunde merken es
nicht, daß sie sie aufreiben – über ihr steht die Sonne und
saugt sie gierig hinauf, schon an der Quelle dort strahlt sie
dankend der Sonne Bild zurück, und sie wird wohl bald
versiegt seyn, und im Gedanken leben, wenn das zusam-
mengeflossene Gewässer ihrer Freunde den Strom allein
ausmacht, den man Sophie nennt. – Sie ward umfaßt, und
sollte alles gelinde umfassen, und wenn ich sie ansehe, ist
mir als sey sie nur noch die Form ihres Lebens, und zerbricht diese, so werden die, die sie so fest zusammenpack-
ten, mit den Köpfen zusammenstoßen, und weinen, daß sie
nun auf ihren eignen Füßen stehen müssen.

Weil ich doch dabei bin, so will ich über die Brünette in
einer Fabel weissagen. –

Eine kraftvolle, herrliche Eiche wächst in der Mitte von
vielen andern gewöhnlichen Bäumen. Die Menschen kommen und wollen sich Hütten bauen, sie hauen die gewöhnlichen Bäume nieder, und keiner möchte gern die Eiche verlieren, so bauen sie denn rund um die Eiche schlechte, bau-
fällige Hütten. Die Eiche, die sich durch inneres Leben weit
und mächtig ausbreitet, wußte gar nichts von den Hütten
und wächst ruhig fort, die Menschen aber glauben, es wäre
recht schön, wenn sie die herumstrebenden Aeste der Eiche
in ihre Häuser hinein verbauten, damit sie doch in ihrem
todten Holze einen grünen Zweig hätten, und so muß nun
die arme Eiche in dunkle Stuben, feuchte Gewölbe etc. hin-
einwachsen – sie vertrauert leise, ohne es zu wissen, sie folgt
dem angewiesnen Wege. Ihre Krone nur spielt noch in der

freien Luft, die einzelnen Aeste verdorren, und die Menschen bauen immer näher heran, sie lehnen Ueberhänge und Altanen auf die Zweige. Da wächst sie unter dem herrlichen Lobe, o die gute, herrliche Eiche, gegen alles ihr Streben,
5 endlich, drängt sich gewaltsam ihre Kraft empor, sie strebt mit allem ihrem Leben zwischen den engen Hütten hinauf, die Sonne blickt auf sie, sie blüht heftig im Winter, treibt Frucht und Blüthe und Saamen mit Gewalt neben einander in die Höhe; dieß ist die einzige Minute ihres eignen Le-
10 bens, und die letzte. Alles bricht an ihr herunter, alle die leichten Werke, auf sie gestützt, zertrümmern, und die Hütten senken sich traurig gegen die Mitte, wo sie war.

Lieber, ich habe nicht geglaubt, daß ich das schreiben würde, was ich schrieb, es hat ein Wort das andre gegeben,
15 und nun, ach! nun ist mir wunderbar still zu Muthe, von der Straße steigt ein stöhnender, gebrochener Ton herauf, es ist ein armes Weib, das geistliche Lieder singt, um zu leben. Ihr Gesang hat mich erweckt, und es ist mir ein wehmüthiger Nachklang geblieben. Ich will ihr ein brennendes Pa-
20 pierchen mit Geld hinabwerfen. Ach! ist das der Stern, der sich deiner erbarmt, du armes Weib? – Es ist schrecklich, daß in der Bürgerschaft das Beten zum Betteln werden muß. Ach, wie ist es traurig, daß der Mensch aus Armuth singen muß, und daß alle Töne, die Seufzer und Klagen
25 werden möchten, gezwungen werden, den Gang fröhlicher Töne und des Jauchzens anzunehmen, wodurch der rührende Anstrich solcher Lieder entstehet.

Das Weib hört plötzlich auf, ich lausche am Fenster, es ist ein Frauenzimmer aus dem Hause gewesen, die mit ihr
30 sprach. Ich erkenne die Stimme nicht, und da ich doch gerne wissen mochte, wer es war, so gehe ich hinab, zu sehen, wer in der Versammlung der Uebrigen fehlt. Du sollst es gleich erfahren, lieber Glodwi –

Es war die Brünette, sie tritt herein, und als ich ihr sage,
35 weil ihr ein Geldbeutel aus der Hand fällt: sind Sie noch so spät wohlthätig? antwortete sie: ich bin noch so spät wohl

thätig, und manchmal wohl noch später, denn ich thue wohl
oft in der Nacht lesen, jetzt habe ich meine Kammerfrau bezahlt.

Verzeihe, Lieber, ich habe mich verirrt.

Man will nun debattieren, welcher der Brüder deine
Freundin holen soll, und das wird im Bureau d'esprit geschehen. – Lebe wohl.

Römer.

Römer an Godwi.

Ich schreibe dir heute das Resultat der gestrigen Consulta-
tion.

Es fand sich gleich, daß die möglichen Gesandten nach
Eichenwehen nur zwei seyen, entweder der Zudeutliche,
oder der Undeutliche.

Der erste war leichter zu haben, als zu wollen, und der
zweite war leichter zu wollen, als zu haben.

Man zieht ihn zur Seite, man lobt ihn, man schmeichelt
ihm, man verspricht ihm, seine feinen Hemden aufs zier-
lichste zu sticken, alle Hände erbieten sich, ihm eine ele-
gante Satteldecke für sein Pferd zu machen, alle Finger wollen ihm Stiefelstrümpfe aus englischer Baumwolle stricken,
man nennt ihn das schönste, edelste, geschmackvollste Mit-
glied der Familie – wenn er Joduno holen will.

Er nimmt alles an, um nicht stolz zu scheinen, er geht,
um für das Angenommene nicht verbindlich zu seyn, und
wahrlich, wer ihn kennt, wie ich, wird gerne gestehen, daß
es ihm sehr uninteressant seyn muß, ein Mädchen, das er
nicht kennt, wie er glaubt, aus dem Hühnerhof ihres Lebens in den Aelstern- und Pfauenhof seiner Familie einzuführen, und eigentlich geht er frank und frei aus Liebe und

Gefälligkeit, und die Kälte, welche diese zwei Motive verhüllt, ist durch die mißverstandnen Pflichten seines Standes
in ihn gekommen.

So eben steigt er beklatscht in den Wagen, Grüße und
Kußhändchen von allen Seiten. – Bald werde ich nun deine
Joduno sehen und beurtheilen.

Ich will dir heute Abend schreiben, ob ich mich geärgert
habe über die zwei außerordentlichen Mitglieder, wenn ich
aus dem Kabinette der Brünette komme.

———

Guten Abend! Noch konnte ich mich nicht ärgern, kann
also den zwei Leutchen nicht Gerechtigkeit wiederfahren
lassen. Das Gespräch war heute zu allgemein, und ich zu
geneckt, als daß ich die zwei Menschen, die gegenwärtig, so
obenhin und durch und durch hätte betrachten können.

Die ganze Gesellschaft war beschäftigt, sich über einige
Charmants riens, die Titus, Karakallas, Charles douze, Gustav Adolph, Iglou, Vergettes, Terroristes, Incroyables und
Merveilleux Köpfe zu zermartern – Das sind lauter Arten
von Verstand, Denkungsarten, die in verschiednen Gattun-
gen von unordentlichen Frisuren bestehen, und oft kömmt
man in der Gesellschaft durch unwilliges Wühlen in den
Haaren in eine ähnliche Verstandeslage.

Damit man nun nicht merkt, daß ich am öftersten in diese
Verlegenheit komme, und damit mein Verstand dann nicht
so parvenü drein sieht, habe ich mir heute einen Haarkräusler bestellt, der mir die eklatanteste Frisur machen soll, damit ich weiß, zu welcher Art von Verstand ich mich mit der
größten Anlage bekennen soll. – Da ist er; gleich, wenn ich
gescheidter bin, sollst du die große Begebenheit hören.

Ich. Wie heißen Sie?

– Christ – ich soll Ihnen die Haare schneiden. –

Ich. Christ? – schneiden Sie nur keinen Mönchskopf –
höchstens etwas aus dem dreißigjährigen Krieg – etwa einen
Gustav Adolph –

Es klopft an der Thüre – herein – ein zweiter Haarkräusler; der Bediente hat zwei bestellt. –

Wie heißen Sie?

– Heidenblut (mit einem wilden Blick auf Christ), und komme, Ihnen den Kopf aufzuräumen.

O wehe! da haben wir's, es wird einen Religionskrieg geben. Nun werden Sie einen Karakalla aus mir schneiden wollen –

Christ. Ihr Kopf hat alle Anlage zu einem Gustav Adolph –

Heidenblut. Ihr Kopf hat alle Anlage zu einem Karakalla –

Ich. Was wird das nun? Ich schwanke von einem zum andern. –

Christ. Herr Heidenblut wird Sie unchristlich raufen.

Heidenblut. Herr Christ, ich weiß, daß Sie immer mein Blut, mein Leben, mein Unglück verlangen; Sie nehmen mir alle Kunden.

Christ. Nein, wenn ich Ihr Blut verlangte, müßte ich Sie selbst verlangen, und ich brauche Sie gar nicht.

Heidenblut. Er wird Sie ganz gegen die Aufklärung schneiden; er wird Ihnen eine fromme Frisur schneiden.

Ich. Nun, so will ich ungläubig geschnitten werden. Herr Christ, wickeln Sie mich auf, brennen Sie mich, und Sie, Herr Heidenblut, schneiden mir dann die Haare.

Beide. Ja – ja, Ihre Haare haben alle Direktion zu einem tres incroyable.

Ach, wie warm wird mir um die Ohren; Herr Christ, nur keinen Märtyrer, nur keinen Märtyrer – so – ich sehe drollicht aus mit den papiernen Locken – nun schneiden Sie, Herr Heidenblut. Meine langen Haare fallen mir Bündelweise vom Kopfe – schneiden Sie nur nicht alles weg. –

Er. Um die Ohren muß alles weg – damit sie besser wachsen können.

O wehe! die Ohren sollen wachsen –

Er. Nein, die Haare. –

Ich fühlte eine sonderbare Kühlung über dem ganzen Gehirne, es ward mir viel leichter zu Muthe; so zugestutzt kam ich in das Kabinett, wo man mich mit großem Erstaunen aufnahm. Die Brünette führte mich im Zirkel herum, die Blonde hielt mir einen Spiegel vor, und alles begann mich zu necken. –

Morgen fahre ich fort zu erzählen, und dann wird Joduno ankommen und eine große Lücke in der Korrespondenz entstehen.   Dein

Römer.

Römer an Godwi.

Heute bin ich dazu gekommen, die zwei außerordentlichen Mitglieder des Bureau d'esprit zu beschreiben, ich habe mich geärgert.

Ich trete in die Stube, und will wie gewöhnlich gleich nach dem Heiligthume, dem Kabinette zu – aber eine Menge Hände fahren mir entgegen, halten mich auf – pst – pst – still – sie ist krank – sie hat ein Nervenfieber. –

Das ganze Vorzimmer rauscht von Theilnahme, seufzende neue Stiefeln und rauschende seidne Kleider bezeugen ihre Theilnahme, und eigentlich nehmen diese Leute nur auf zwei Arten Theil, erstens, indem sie noch Theil an dem Bischen gesunder Luft der Kranken nehmen, und zweitens, indem in ihnen alle ihr Theil genommen wird, denn seitdem die erste erregende Potenz, die Brünette krank ist, und zwar (wie der Arzt sagt,) asthenisch, hat sie alle die höchste Sthenie überfallen, sie sind alle fade, man hört keinen guten Gedanken, alle ihre wunderlichen Frisuren sind nur wunderliche Frisuren, und hören auf, Arten von Verstand zu seyn.

Ich ärgerte mich über die zwei außerordentlichen Mitglieder, weil der eine mit einer ungeheuren Prätension von Theilnahme der armen Sophie dicht vor das Lager gerückt ist, und ihr mit Gewalt jedes gesunde Wort, das sich ihr entwindet, dicht vor den Lippen wegfängt, es mit Ungeschicklichkeit in seiner zerstreuen wollenden Unterredung auffängt, und ihr verwickelt wie ein Räthsel zurückgiebt. Er weiß nicht, daß dies Mädchen auch in der Krankheit über seine kranke Gesundheit Meister ist, und mit einer getheilten Mühe ihm halb aus Gutherzigkeit seine Arbeit an ihrer Zerstreuung mühselig zu erleichtern sucht, und aus der frohen, natürlichen Wildheit ihres Geistes, die in diesem Augenblicke etwas mit Ueberreiz kämpft, wieder hingerissen wird, ihn zu verwirren. So versetzt er das arme Geschöpf in die schädlichste Arbeit, und kann, indem er mit dem Unglauben an die Lage der Sache durch seine Eigenliebe und seine Höflichkeit zu kämpfen veranlaßt wird, nicht einsehen, daß er ihr schädlich ist, so wie sie aus dem ewig fatalen, und auf dem Krankenbette fatalen Motive, das die Franzosen Egard nennen, verhindert wird, ihn fortzuschicken.

Ich setze mich in der Vorstube schweigend auf den Fußteppich, höre unwillkührlich diese erbärmliche Conversation, denn ein Gespräch war es nicht, an, und lasse meine Blicke in der Stube herumschweifen.

Auf diese Weise thätig, erlitt ich, ohne zu wissen wie, die Handlung des zweiten außerordentlichen Mitglieds, durch die ich auch geärgert wurde.

Der Mann saß da und schnitt meine Silhouette mit der größten Gleichgültigkeit aus, und trifft meine Seele so wenig, daß er die herunterhängende Schlafmütze, die er dran geschnitten hat, ganz allein schnitt, weil er behauptet, ich hätte geschlafen; ja, denke dir, ich bin versichert, daß er meinen Schattenriß allein schnitt, um der Schlafmütze willen, daß er mich an eine Schlafmütze hängen wollte.

Über die übelverstandne Schlafmütze bös, weil ich in demselben Augenblicke sehr traurig über die Conversation

des ersten Mitglieds war, und drauf studierte, wie ich ihn
hinaus spediren wollte, beschwerte ich mich; er wollte sich
entschuldigen und sagte:

Ihr Profil ist so schön.

5 Deswegen sollten Sie es nicht in den Schatten stellen, erwiederte ich.

O schneiden Sie mir darum kein Gesicht, fuhr er fort.

O hätten Sie darum mein Gesicht nur ungeschnitten gelassen – setzte ich hinzu. –

10 Meine Antwort erregte Lachen, die Kranke ward aufmerksam und wollte das Ganze hören, und den Schattenriß
sehen, und ich zog mich traurig zurück, daß ich, indem ich
mehr Ruhe um sie zu bringen suchte, die Unruhe selbst ver-
anlaßte.

15 So bin ich nun auf meiner Stube über beide geärgert, und
kann sie dir beide beschreiben. –

Diese zwei Männer, die sich weder von aussen noch innen gleichen, die weder in ihren Gesinnungen, noch in ihrer Aeußerung, die mindeste Aehnlichkeit haben, können
20 von einem Gesichtspunkte angesehen werden, daß sie das
Produkt der nehmlichen Ursache auf umgekehrten Wegen
sind.

Zusammengeschoben machen sie ein verschobenes Viereck, und einzeln sind sie gleiche Dreiecke mit zwei spitzen
25 und einem stumpfen Winkel, sie stehen, wie Figura zeigt:

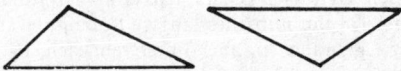

Der erste hat den stumpfen Winkel nach oben, der andre
nach unten gewandt, und keiner einen rechten in sich.

Des ersten Erscheinung wird sich leicht in dich drücken,
ohne einzudringen, noch zu bleiben, und des zweiten Er-
30 scheinung sich scharf, bleibend und schmerzlich eindrängen.

An keinen von beiden kannst du etwas erbauen, daß es
zugleich fest und gerade stehe. Gegen den ersten kann sich

dein Wesen höchstens schlafend anlehnen, und an den zweiten kannst du höchstens etwas hängen.

Der erste, der die gerade Linie zur Basis hat, steht fest, und der zweite, der den stumpfen Winkel zur Basis hat, schwankt entweder von einer Seite zur andern, indem er das Gleichgewicht sucht, oder steht auf dem stumpfen Winkel fest, indem er etwas unterschiebt, oder lehnt sich auf die linke oder rechte Seite, doch muß er dir ewig den spitzen Winkel entgegen halten.

Das wäre das Allgemeinste, was man von ihnen sagen kann; nun will ich etwas in das Einzelne gehen.

Es giebt Menschen, die so geschäftig oder träge im Leben waren, daß sie nichts Eigentliches gethan haben, noch irgend thun können, indem immer eine Handlung die andre durchkreuzte, oder jedes Aufnehmen in sich das andere verlöschte. Das ist mit beiden der Fall.

Ich will den mit dem stumpfen Winkel oben B nennen, und den entgegengesetzten A.

B ist, der in der Trägheit lebte, ein Mensch, der nie etwas gethan hat, nie um etwas gekämpft, er sitzt auf seiner breiten Basis recht kommode, oder er ward vielmehr von Jugend an drauf gesetzt; so bequem, wie er da lag, hatte er weiter keinen Drang, als sich gelinde zu erheben, und hat es bis zum stumpfen Winkel in die Höhe gebracht. Er hat so viel genossen, daß er nicht mehr viel genießen kann, und schon so viele Genossen gehabt, daß er keinen Freund mehr haben kann. Da ihn nun alles langweilt, fängt er an, seinen Verstand zu gebrauchen, aber untersteht sich, nach seiner Aisance, die nun anfängt wirkliche Mattigkeit zu werden, nichts zu thun, als nach den Zipfeln der schönen Wissenschaften, geistreichen Umgangs und der Wohlthätigkeit zu greifen, die ins gemeine Leben herab hängen. Er faßt nie mehr als einen Zipfel, und nie begreift er den Gipfel.

(Hörst du, ich werde poetisch, ich habe à contre-coeur einen Reim gemacht).

Seine einzige Erhebung ist also nichts als Folgendes –

Er legte sich zu Bette aus Wollust, wälzte sich drinn herum aus Veränderung, blieb liegen aus Mattigkeit, und kann nun nicht wieder aufstehen, – aber über dem Bette des bürgerlichen Lebens hängt der Himmel der Kunst, und in jedem guten Himmelbette hängt ein Bettzopf herunter, an dem man sich in die Höhe ziehen kann – nun faßt er also diesen Bettzopf, diesen Zipfel des künstlichen Himmels, um sich in die Höhe zu bringen, und fällt wieder in die Kissen hinein. Wenn er so ein wenig in die Höhe ist, regen sich alle erdrückte Möglichkeiten in ihm, und er hat, so lange er sich oben erhalten kann, einige gute Gedanken, Wünsche und eilfertige Thaten, aber pumps fällt er wieder nieder.

Die Menschen sind zum Aufrechtstehen, zum Herumgehen gemacht, und so auch liegt ihnen das Herz im Leibe; wenn sie sich aber ins Bette legen, um immer drinnen zu liegen, kann nichts in ihnen handeln, sondern alles wird zur Verdauung, es werden keine Weltmenschen, sondern Bettmenschen draus.

Sein Inneres ist auf vielfache Weise verschoben, und sein Aeußeres gelinde aufgeschwemmt.

Könnte dieser Mann nicht durch die Liebe geheilt werden? Ja, wenn er die Liebe nicht meistens mit in sein Bett nähme; er müßte sich in Bettzöpfen ruinirt haben, so viele herunter gerissen haben, daß er sich keinen mehr kaufen könnte, dann müßte man ihm eine Liebe recht hoch von einem andern Himmel herabhängen, und weit von seinem Lager, weil, wäre sie ihm bey seiner Gewandtheit erreichlich nah, so würde er sich mit Gewalt herauslehnen, den Bettzopf ergreifen und durch sein Uebergewicht abreissen. Ist das Band, an dem er sich hinaufziehen kann, aber weit von ihm, und recht hoch, so wird er sich entschließen, herauszusteigen, wird sich wieder ans Gehen gewöhnen, und endlich, um die Geliebte zu erreichen, sogar springen lernen.

Alles das könnte als eine Allegorie seiner Lage in einem Feenmährchen recht schön erzählt werden, am Ende würde

dann die Fee, die ihn beschützt, aus dem Bettzopf eine herrliche Prinzessin machen, das Bett würde zu Asche zerfallen,
der Betthimmel mit seinen seidnen Wolken zum Himmel
werden, der über ihm strahlte, und er würde sicher bey seinem Geiste, seiner Leichtigkeit und seiner Uebung ein achtungswerther, liebenswürdiger Mann seyn.

Du weißt, daß ich in meinen Erzählungen immer den
Menschen und den Bürger trenne; ich sprach hier nur vom
Menschen, in sofern er sich von der Basis erhebt: als Basis ist
er Bürger und feststehend, solid und durch seine große Flä-
che thätig, ist er als solcher ein rechter Quaderstein seines
Standes, ein achtungswerther, geschickter, fleißiger Bürger –

Wenn er wüßte, lieber Godwi, daß ich dir dieß schrieb,
und könnte es wahr fühlen, und könnte begreifen, wie ich
ihn bey allem dem mehr als irgend einen seines Standes
liebe, die meistens ganz auf dem Ohr liegen; wenn er begreifen könnte, wie ich ihn mit Rührung und herzlichen
Wünschen den Bettzopf mit seiner Sehnsucht in die Höhe
ergreifen sehe; wenn er wüßte, wie sehr ich den Menschen
und den Thalern böse bin, daß sie ihn so zurichteten, und
könnte drüber traurig werden, und keinen Groll hegen: so
wäre noch Hoffnung für ihn, und ich wollte dem Himmel
danken.

A. war so thätig, so geschäftig, daß er nie was gethan hat;
bey seinem übergroßen Drang aber ist er mit der ganzen
Fläche nach außen auf sein Schicksal losgegangen, und sein
Schicksal war tausendschneidig und tausendfach, das siehst
du an seiner Fläche, die er nach außen kehrt.

Er ist nicht leise von der Seite und offensiv seinem Leben
entgegen gegangen, sondern die Augen zu, durch einen Ha-
gel von Widerwärtigkeiten, tappte er blindlings nach dem,
was er erreichen wollte, und hatte es nur in sich; denn indem sein Höchstes in ihm pochte und rief: ergreife mich,
bilde mich, stelle mich ins Leben, und seine Aufmerksam-

keit durch das ewige Balanciren, indem er auf seinem
stumpfen Winkel stehend, nie Ruhe hat, sondern von einer
Seite zur andern fällt, getheilt, diese Stimme nicht verstand:
so fühlte er sein Innres nicht als Ruf, sondern blos als Stoß,
Reiz, Sehnsucht, und tappte nimmer findend vorwärts.

Er hat daher alle Spuren des Lebensstreites auf seinem
Aeußern, sein Körper ist ein vernarbter derber Krieger, aber
seine Muskeln sind durch dasselbe abgehärtet. Er ist kein
zerstörter, nur ein markirter Mensch, er ist nicht gebildet,
nur geübt, er ist kein geschickter, nur ein abgehärteter
Mensch.

Stoße einen Menschen, der ein Dichter oder ein Philosoph werden sollte, in das Brausen einer Staatenumwäl-
zung, und mache, daß er, seine Oberfläche nach außen, alle
Zerstörungen derselben auffangen muß, gieb ihm dabei keinen festen Punkt, weil er das in sich nicht entwickelt und
zur Stütze gemacht hat, was ihn halten kann; gieb ihm dabei
Gluth, Liebe, Feuer, gieb ihm Ehrgeiz, sich aufrecht zu halten, laß das Ganze los, daß die innre Wildheit ihn treibe,
und die Wellen der kämpfenden Außenwelt über ihm zusammen schlagen – und du wirst in der Erscheinung sein
Leben sehen.

Alles das, durch Dauer und Dauerhaftigkeit zur Gewohnheit, zur Natur geworden – hier ist A. Es ist angenehm, mit ihm zu leben, er ist treuherzig, wenn es sein Witz
erlaubt, vergnügt, immer voll Hoffnung, und ewig derselbe;
wird nicht aufgerieben werden, er wird einstens zerbrechen,
das ist die Art seines Untergangs.

Nun bin ich ruhig, und will, da du dir nun alle Glieder
des Bureau d'esprit denken kannst, den Ort der Versammlung, in sofern er ein Produkt der Brünette ist, beschreiben.

Die äußerst einfache doch krause, harmonische doch
bunte Meublirung der Stube, zeigt gleich, daß hier ein Weib
haust, das die Welt und ihren Inhalt in sich hält, und das
nichts in seine liebenswürdige Caprice, sondern seine liebenswürdige Caprice in alles trägt.

Sie herrscht hier, ohne es scheinen zu wollen, aber alles, was man hier mit geistigen Fühlhörnern und den Händen berühren kann, ist so von ihrem Sinne übergossen, so von ihr ausgegangen, daß man an keinem Orte der Welt auf eine angenehmere Weise seinen Willen nicht hat.

Sie ist ein vollkommnes Wesen, das in allen Saiten, die über die Tonweite ihres resonnanten Daseyns gespannt sind, ewig erklingt, und wo sie ist, ist sie auch so in das ganze Irgendwoseyn verwebt, daß sie in allen Punkten des Irgendwo's wiedertönt.

Was sie beherrscht, und was sie umgiebt, ist die Variation ihres eignen Themas, doch leider schon mehr Gesellschaftslied, als göttliches Gedicht.

Und wenn ich sie auf ihre Möglichkeit, die unmöglich geworden ist, nicht zurückgeführt, gerade wie sie ist, auf Noten setzen könnte, so müßte sie selbst mit ihrer sehr künstlichen Resignation das ganze Bild, auf ihrem kleinen Klaviere, mit ihren kleinen Fingern spielen, mit ihrer feinen Stimme singen, damit es nicht allerliebst langweilig klänge.

Denn wäre in dieser kleinen irdischen Hütte nicht ein einziges, schön gewölbtes Fenster (sie hat nur ein Auge), auf das von aussen die Sonne der Welt blitzte, und durch das von Innen die andächtigste, zarteste Seele einer Sakontala die Augen gegen den Himmel höbe, so könnte man bey den vielen Manieren und der Eleganz die ganze Erscheinung leicht für so leicht, als eine erhabene Gartenverzierungsidee halten.

Lebe wohl! morgen kömmt Joduno.

Römer.

Römer an Godwi.

Ich eile, wir gehen alle in die Kirche, ich auch, in die katholische Kirche.

Es ist Allerseelentag, dieses Fest ist das Fest aller Seelen; auf jeder Gruft brennen so viele Wachsfackeln, als sie geliebter Freunde Körper umfaßt. Die Lichter brannten so heilig, als wollten sie die Seelen vorstellen.

Alle die Kinder des Hauses gehen nach dem Grabe der Mutter, heute gleichen sie sich alle, sind alle stille Trauer und Nachdenken, und guter Vorsatz.

Die Brünette kniete so heilig, so gerührt am Grabe ihrer Mutter, sie betete und ward ohnmächtig, man brachte sie nach Hause, hier finden wir Joduno und den undeutlichen Bruder. Alles ist voll Freude. Die Brünette sagt, es sey ihr gewesen, als wenn es sie leise in die Gruft hinab zöge.

O Godwi, wo ist deine Mutter! die Schmerzen des steinernen Bildes fielen mir ein; wo ist meine Mutter!

Römer.

In dem Bureau d'esprit hängt das Bild der Mutter Sophiens, in einer gelinden, zarten Zeichnung, die Geschwister gleichen ihr alle, jedes hat seinen schönen Zug, und den findest du gewiß in dem Bilde ihrer Mutter wieder.

Ende des ersten Theils.

H. Ramberg del.   Weinrauch sc. Vienne 1801.

Godwi

oder

das steinerne Bild der Mutter.

Ein verwilderter Roman

von

Maria.

~~~~~~~~~~~~~~~~~~~~~~~~~~~~~~~~~~

Zweiter Band.

Herausgegeben von den Freunden des Verstorbenen, mit
Nachrichten von seinem Leben, seinen Arbeiten und seinem Tode.

~~~~~~~~~~~~~~~~~~~~~~~~~~~~~~~~~~

Bremen,
bei Friedrich Wilmans.
1802.

Godwi

oder

Das steinerne Bild der Mutter

Ein verwilderter Roman

von

Maria

Zweyter und letzter Theil.

Seinen grünen Kranz mag ich nicht mehr.

Bremen

bei Friedrich Wilmans 1801.

An B.
unabhängige Dedikazion.

Es ist unstreitig ein reiner Enthusiasmus in mir, denn jeder heller froher Anklang von außen öffnet alle Schleusen meiner Seele, das Leben dringt dann von allen Seiten wohlthuend in raschen Strömen auf mich ein, und meine Aeußerung ergießt sich ihm in gleicher Freude. Ich fühle dann keinen Druck, keine Gewalt, weder eine Erniedrigung, noch eine Ueberlegenheit. Ach! in solchen Momenten habe ich nur eine Reflexion, sie ist Segen, den ich über mein Daseyn ausspreche, und ich fühle dann Egmonts Gebet durch alle meine Adern strömen, ich lebe dann die Worte:

So ist es mir, wenn sich ein frohes Gemüth, dem die ausübende Kunst das Höchste zur lebendigen Kraft, zum bewußtlosen Innewohnen geschaffen hat, rein und mit klopfenden warmen Pulsen um mich bewegt, und in leichten Spielen ohne Studium ein Leben vor mir entfaltet, dem das Abstrakte durch eine glückliche Beugung der Formen zum lebendigen Elemente ward. Die Minuten, in denen ich mich in ihr verloren fühle, unter den Stralen seiner gesunden Freude leichter athme, die Minuten, in denen ich vergesse, daß seine Schönheit auch der Mühe errungenes Kind ist, sind die einzigen, die ich vertraulich mit dem Leben umgehe, und nicht ein unwillkührlicher Kummer auf meiner Seele liegt. Ich verzweifle dann nicht an meiner Fähigkeit, die großen Werke der Künstler erschüttern mich nicht, und in meiner Brust ist hell und deutlich geschrieben: dahin magst du auch noch gelangen, die Werke der großen Meister erscheinen mir dann wie ferne Städte, nach denen sich mein wanderndes Leben hinsehnt, und die ich in warmen Frühlingstagen wohl auch noch erreichen möge.

Wenn dein holdes Bild vor mich tritt, meine Liebe, so ist mir, als harrtest du meiner dort, als wohntest du in jenen

glänzenden Städten, sie wären deine Heimath, du sehntest
dich nicht heraus: wie eine schöne wunderbare Blume be-
wachte dich der Genius der heiligen Fremde und verehrte
dich in geheimnißreichem Gottesdienste.

Als hohe in sich selbst verwandte Mächte
In heilger Ordnung bildend sich gereiht,
Entzündete im wechselnden Geschlechte
Die Liebe lebende Beweglichkeit,
Und ward im Beten tiefgeheimer Nächte,
Dem Menschen jene Fremde eingeweiht,   10
Ein stilles Heimweh ist mit dir geboren,
Hast du gleich früh den Wanderstab verloren.

Die Töne zieh'n dich hin, in sanften Wellen,
Rauscht leis ihr Strom in Ufern von Kristall,
Sirenen buhlen mit der Fahrt Gesellen,   15
Aus Bergestiefen grüßt sie das Metall,
Der Donner betet, ihre Segel schwellen,
Aus Ferne ruft der ernste Wiederhall;
Die Wimpeln weh'n in bunten Melodien,
O wolltest du mit in die Fremde ziehen.   20

Die Farben spannen Netze aus, und winken
Dir mit des Aufgangs lebenstrunknem Blick,
In ihren Stralen Brüderschaft zu trinken.
Am Berge weilen sie, und sehn zurück –
Willst du nicht auch zur Heimath niedersinken?   25
Denn von den Sternen dämmert dein Geschick,
Die fremde Heimath, spricht es, zu ergründen,
Sollst du des Lichtes Söhnen dich verbünden.

Und magst du leicht das Vaterland erringen,
Hast du der Felsen hartes Herz besiegt,   30
Der Marmor wird in süßem Schmerz erklingen,
Der todt und stumm in deinem Wege liegt:
Wenn deine Arme glühend ihn umschlingen,
Daß er sich deinem Bilde liebend schmiegt;

Dann führt dich gern zu jenen fremden Landen,
Dein Gott, du selbst, aus ihm und dir erstanden.

Dich schreckt so stiller Gang, so schwer Bemühen,
Du sehnest dich in alle Liebe hin,
Des Marmors kalte Lippe will nicht glühen,
Die Farbe spottet deiner Hände Sinn,
Die Töne singen Liebe dir und fliehen,
Gewinnst du nicht, so werde selbst Gewinn,
Entwickle dich in Form, und Licht, und Tönen,
So wird der Heimath Bürgerkranz dich krönen.

O freier Geist, du unerfaßlich Leben,
Gesang der Farbe, Formen-Harmonie,
Gestalt des Tons, du hell lebendig Weben,
In Nacht und Tod, in Stummheit Melodie,
In meines Busens Saiten tonlos Beben,
Ersteh' in meiner Seele Poesie:
Laß mich in ihrer Göttin Wort sie grüßen,
Daß sich der Heimath Thore mir erschließen.

Ein guter Bürger will ich Freiheit singen,
Der Liebe Freiheit, die in Fremde rang,
Will in der Schönheit Gränzen Kränze schlingen,
Um meinen Ruf, des Lebens tiefsten Klang,
Mir eignen, ihn mit Lied und Lieb erringen,
Bis brautlich ganz in Wonne mein Gesang,
Gelöst in Lust und Schmerz das Widerstreben,
Und eigner Schöpfung Leben niederschweben.

Du sollst dies Buch nicht lesen, denn ich liebe dich, und
was ich in dir liebe, ist dieses Buches Unwerth, und der
Werth des Lebens, die Poesie – daß ich hier zu dir spreche,
ist meines Herzens innrer Drang, du hast mich gefangen,
und bist mir die höchste Lehre. O ich möchte dichten, wie
du da stehst, wie du wandelst und blickst, ich möchte denken, wie du gedacht bist, und bilden, wie du geschaffen bist.

Wie freundlich würde dann mein Werk mir in die Augen
sehn, wie würdig sich dem Gedanken des Gebildeten in seiner Unschuld gesellen, denn Würde ist Unschuld der freien
Hoheit, wie würde ich mein innres Leben gleich der Mutter
meines Werkes verehren, und es rein erhalten von dem
Uebermuthe einzelner Kräfte, die roh und gewaltig wie ewiger Sturm die schöne Thätigkeit der Ruhe in mir vernichten.
Ich würde mich selbst schätzen, um des Schatzes willen, der
in dem Menschen und der Natur verborgen liegt, aus dem
ich glänzende Edelsteine zu Tage gefördert, sie geschliffen,
und zu künstlichen Geschmeiden, meiner Liebe, meines
Lebens, aller Liebe, und alles Lebens gebildet hätte.

Dir würde ich den herrlichen Schmuck anlegen, und du
wärest eins mit diesem Schmucke. In deinem Auge und dem
Diamant bricht sich der leuchtende Stral, aber mein Diamant würde blicken wie dein Aug, mein Werk würde
schweben, wie dein Gang, wie deine Lippe würde es singen,
den Sinn würde es hinabziehen, wie die Woge deines Busens, es würde umfassen wie dein Arm, und lieben wie dein
Kuß, rein wäre mein Werk, groß, von sich selbst durchdrungen, und vom ganzen Leben thätig begränzt, wie die
Seele des Menschen.

Ich fühle tief in meinem Herzen, wie die Jünglinge jetzt
da stehen, da sich die Zeiten trennen, und die Philosophie
mit der Reflexion alle Töpfe des Prometheus zerschlägt,
traurig sehn sie ihr kindisches Bilden zertrümmert, und vergehen in weinerlichem Enthusiasmus. Gerne möchten sie
das Feuer vom Himmel stehlen, und fürchten, daß der
schreckliche Gott sie an den Felsen schmiede, des Geiers
ewige Nahrung. –

O ihr hängt schon an dem Felsen, unbeweglich seht ihr
den Wechsel des Tages, und des Jahres: weder der leichte
Flug des Vogels über eurem Haupte, noch das Rauschen des
Stroms, der des Himmels Spiegel zu euern Füßen wälzt,
löst eures Todes Band. Ihr vermögt nicht die Blume des
Thales zu ergreifen, denn eure Hand erreicht kaum den blü-

henden Dorn neben eurem Lager. Ihr blicket nieder in das
Getümmel der Schlacht mit Sehnsucht nach gekrönter That,
und die Trommeten des Kampfes zerreißen euch das Herz.
Ihr blicket nieder in die Gebüsche, wo Hirten in Liebe spielen, und die Flöte des Hirten zerreißt euer Herz.

Hoch seyd ihr erhaben über die Aussicht, aber ihr seyd
an den Felsen geschmiedet, die Welt habt ihr erschaffen, die
euch erschaffen sollte, und sie zielet mit Pfeilen des Todes
auf euch, der Geier der Reflexion zernagt euer ewig wieder-
kehrendes Herz.

Wohl mir, meine Liebe, daß ich keiner von diesen bin,
daß ich noch lieben kann, und fühlen im Ganzen, ein volles
Leben mit vollem Herzen umarmen, und daß jedes einzelne
getrennt vom schönen Körper, und zergliedert, mich wie
todt zurückschreckt. – Erschafft mich die Welt, oder ich sie?
– die Frage sey die älteste und verliere sich in die dunklen
Zeiten meines Lebens, wo keine Liebe war, und die Kunst
von dem Bedürfnisse hervorgerufen ward. – Du bist meine
Welt, und du sollst mich erschaffen, o bewege dich, öffne
mir die Augen, oder sieh nach deinen Lieblingen den Blumen. –

Hiazynth.

Wende die hellen,
Heiligen Augen
Zu deiner Liebe,
Daß ich erkenne,
Wie mir das Schicksal
Leben und Liebe
Gütig vertheilt.

Schone nicht meiner,
Wende dich zu mir,
Daß ich im Strale
Liebend erblinde,

Nicht mehr betrachte,
Wie sich das thörichte
Leben bewegt.

Scheint dann die Sonne,
Duftet der Frühling,
Wehet die Kühle,   5
O so erfind' ich
Heimlich im Herzen
Glühende Rosen,
Blüthen und Blätter,
Dir zu dem Kranz.   10

Wie sie der Frühling,
Den du entzündet,
Freundlich mir bietet,
Wie sie mir färbet,
Glänzend, bescheiden,   15
Glühend, und hoffend
Die Phantasie,
Wie sie mir ordnet,
Festliche Andacht.   20

Keiner mag wissen,
Was ich im Herzen
Dir nur bewahre,
Keiner verstehen,
Was ich den glühenden   25
Rosen, den Blüthen,
Was ich den kühlenden
Blättern vertraut.

Keiner begleite
Führend den Blinden,   30
Einsam, und ruhend
Will ich verweilen,
Wo du die Augen

Liebend mir schlossest,
Wo du das Leben
Mir in dem Busen
Liebend erschlossest.

Still wie die Blumen
Einsam nur leben,
Freundlichen Kindern
Liebe Gesellen,
Zärtlicher Mädchen
Holde Vertraute,
Und des Vergehens
Schönste Bedeutung
Will ich vergehn.

Schone nicht meiner,
Wende dich von mir,
Daß ich im Dunkel
Berge die Thränen,
Daß ich umschattet
Betend erwarte
Wie mir geschehe!

Wer mir erglänzet,
Erblühet das Leben,
Blumen eröffnen
Die duftenden Augen.
Glühende Rosen,
Blüthen und Blätter
Zeigst du mir freundlich
Von mir gewandt.

Alle sie pfleg' ich,
Verwandle
Und bild' ich
Dichtend die eine
Der andren in Liebe
Gattend und webe

Aus deinen Lieblingen
Zart dir ein Lied.

Und in dem Liede
Werde ich singen,
Wie sich die Göttin
Von mir gewendet,
Wie ich im Dunkeln
Einsam nun stehe,
Wie sie nur glühenden
Rosen, nur Blüthen,
Wie sie nur kühlenden
Blättern vertraut.

Werde dir singen,
Wie du mit Liebe
Unter den Blumen
Deinen Getreuen
Einst noch erblickest
Und mit den hellen,
Stralenden Augen
Auf ihm verweilst.

Zephirus liebt mich:
Als mit den Blumen
Scherzend er spielte,
Hat er mich kindisch,
Scherzend geküsset,
Weil ich so emsig
Blumen verwebte
In deinen Kranz.

Aber Apollo,
Der wohl die muthigen,
Singenden, ringenden,
Freundlichen Knaben
Liebend umarmet,
Spielt auch mit mir,

Lehrt mich die Pfeile
Schießen, den Diskus
Werfen zum Ziel.

Zephirus eifert,
Daß ich dem ernsten,
Herrlichen Gotte
Mich nur geselle,
Und in den Blumen
Nicht mehr ihn küsse,
Nicht mehr des Lebens
Freuden hinwehe,
Daß sie erwogen
Ein lustiges Meer.

Und mit Apollo
Werf' ich den Diskus,
Und in dem Herzen
Fühl' ich dich näher,
Fühle mit süßen
Ahnenden Schmerzen,
Wie ich dir nah. –

Sieh wie schon kreiset
Höher der Diskus.
Zephirus eifert,
Wirft mir die Scheibe
Tödlich umnachtend
Auf die erhobene,
Blickende Stirn.

Und in dem Busen
Brechen die Saiten,
Die mir Apollo
Liebend verliehen,
Nieder am Boden
Lieg' ich erkaltet,

Und mir zur Seite
Trauert der Gott.

Will mich dem ernsten,
Finsteren Tode
Nicht überlassen,
Wandelt mich liebend
Zur Hyazinthe;
Zephirus küßt mich,
Nun mit den Andern.

Unter den Blumen,
Die du nur liebest,
Weile ich stille –
Trink' mit den glühenden
Rosen, den Blüthen
Und mit den kühlenden
Blättern dein Licht.

Wende die hellen,
Heiligen Augen
Zu deiner Liebe,
Daß ich erkenne,
Wie mir das Schicksal
Leben und Liebe
Gütig vertheilt.

Vorrede.

Wo will es am Ende hinaus! Die Begebenheit steht zuletzt wie ein schwankendes Gerüste da, das die Behandlung nicht mehr ertragen kann, und jagt den Lesern Todesangst für sich und sein Intresse ein. Das traurigste aber bleibt es doch immer, wenn dem Buche der Kopf zu schwer wird, durch Gold, oder mehr noch durch Blei. Werden beide Arten nicht Hollundermännchen? die sich auf den Kopf stellen, und ist dieses nicht äußerst gefährlich? wenn zarte weibliche Figuren darin leben sollen.

Ich habe leider diese Briefe mit dem meinigen vermischt, und hoffte einige Entschuldigung, wenn ich erzähle, wie ich zu diesen Briefen gekommen bin.

Einen Theil meines Lebens brachte ich damit zu, mich zu besinnen, als was ich eigentlich mein Leben zubringen sollte, einen andern damit, da mich die Theorie langweilte, und meinen Vorgesetzten Faulheit schien, alle Stände wie die Röcke einer Trödelbude anzuprobiren, und ich stack wahrlich recht unschuldig mit einem von den besten Willen in allen Arten von Propyläen, aber eben so willig, eben so unschuldig verließ ich sie wieder nach der Reihe.

So kam ich endlich in meinen vielen nicht ausgehaltenen Lehrjahren zu Herrn Römer, den die Leser aus meinem Buche kennen, er ist ein reicher Kaufmann in B., und ich sollte mich seinem Stande widmen. Ich ward in seiner Familie freundlich aufgenommen, seine Gemahlin kannte meine Eltern, die ich nicht kenne, und nahm sich meiner wie eine Mutter an. Ich habe ein leicht bewegliches Gemüth, und Herr Römer hatte eine sehr schöne Tochter, in die ich mich etwas verliebte. Obschon mein Herz an einer früheren Leidenschaft litt, die ich nie zur Ruhe bringen konnte, so ergab ich mich hier dennoch neuen und leichtern Fesseln.

Herr Römer bemerkte bald, daß diese Leidenschaft, weder mir noch seiner Tochter, zuträglich sey, und überhaupt fand er, daß der Stand, den ich unter seiner Leitung ergriffen hatte, mich nie ergreifen würde.

Er stellte mir beides mit vieler Freundlichkeit vor, und da er meinen Schmerz über meine ewige Unbestimmtheit bemerkte, gab er mir ein Päcktchen Briefe mit folgenden Worten:

Mein lieber Maria, dies ist ein Briefwechsel zwischen sehr edlen und intressanten Menschen, er enthält auch einen Theil meiner Lebensgeschichte; lesen Sie ihn durch, ich glaube, die Geschichte dieser Menschen wird Sie über Ihre, im Verhältnisse mit jener noch sehr einfache, Geschichte trösten. Zu gleicher Zeit bitte ich Sie den Versuch zu machen, diese Briefe nach dem Faden, den ich Ihnen geben will, zu reihen, und hie und da zu ändern, damit mehr Einheit hinein kömmt. Ich denke das Ganze herauszugeben, und habe die Erlaubniß der vorkommenden Personen dazu. Und weiter eröffnete er mir, daß er von unbekannter Hand reichliche Anweisungen erhalten habe, mich zu unterstützen, und zwar unter der Bedingung, daß ich auf der nahe liegenden hohen Schule studiren solle.

So sehr mich auch mein Glück erfreute, war es mir doch schmerzlich meine Leidenschaft zu der Tochter des Herrn Römers aufzugeben, und da ich diesen Schmerz recht von Herzen äußerte, sagte er mir: –

Wenn Sie sich mehr bilden, werden Sie leicht einsehen, was zwischen Ihnen und meiner Tochter liegt, und es leichter überwinden können.

Wie ich mit den Briefen umging, weiß man, wie ich mich bildete, wird die Zukunft vielleicht auch wissen, denn bis jetzt habe ich noch nichts gesehen, was zwischen mir und meiner Liebe liegen konnte.

Herr Römer erhielt den ersten Band, und über meine ungeschickte Behandlung aufgebracht, versagte er mir seine Tochter auf immer, und noch trauriger – er zeigte mir an, daß ich, durch meine unbeholfne Buchverderberei, einer spanischen und englischen Büchersammlung sey verlustig geworden, die mir von einem anonymen Intressenten an der Herausgabe des Buchs sey versprochen gewesen, wenn ich es gut bearbeiten würde.

Unmuthig über mein Unglück, und ohne alle Quellen zu der weitern Fortsetzung des Buchs, zu der ich mich doch durch den ersten Band verbindlich fühlte, – unternahm ich es, Herrn Godwi, von dem ich wußte, daß er sich auf seinem Gute aufhielt, aufzusuchen, wo möglich seine Freundschaft zu gewinnen, und meinen zweiten Theil mit seiner Hülfe auszuschreiben, und der zweite Theil ist die treue Geschichte, wie ich ihn fand, und was mir mit ihm begegnete.

Der Leser wird hieraus sehen, wie mühsam mir dieser zweite Theil wird, und mit mir bedauern, daß Herr Römer mir eigentlich nicht mehr und nicht weniger genützt hat, als daß er mich in neue Lehrjahre hineingestoßen. – Denn zu der gütigen Unterstützung, die mir von unbekannten Händen zufließt, ist er doch nur das kaufmännische Werkzeug – und was wird endlich mein Loos seyn? Ich habe mich auf einem schwachen Bote auf das unabsehbare Meer gewagt, und treibe den Wellen überlassen hin. O ihr wenigen Herzen, die ihr liebevoll an mir hängt, ihr seht mich ohne Mast und Steuer auf gutes Glück hinaustreiben, und ich werde euch nimmer danken können, schon regen sich die Lüfte von allen Seiten, die Wellen bewegen sich, und ich werde in meinem kleinen Kahne wohl zu Grunde gehen!

Erstes Kapitel.

Als ich in der Stadt nahe bey Godwi's Gut angekommen war, erkundigte ich mich im Gasthofe auf eine unbefangene Weise nach Godwi, und hörte mancherlei von den Bürgern, die mit an dem Abendessen Theil nahmen, was ihn betraf. Sie erzählten mit jener gemüthlichen Geschwätzigkeit, in der sich gewöhnliche Menschen so gern über jeden Ausgezeichneten ergießen, der in ihrer Mitte lebt, oder lebte. Ein jeder hatte eine eigne Ansicht von ihm, ich meine hier den Vater, denn von dem Sohne erfuhr ich nichts bestimmtes, als daß er ganz allein auf seinem Gute lebte. Ich habe das Bestimmteste dieser Urtheile gesammelt, und kann mit einiger Gewißheit folgendes von seiner Erscheinung erzählen.

Godwi's Vater ging mit wenigen um, und wenige liebten ihn; dennoch lagen in seinem Leben viele schöne Beweise seiner Menschenliebe, aber keines dieser Bilder zeigte freundlich auf den Meister zurück, keines seiner Werke wollte ihn als Vater anerkennen. Alle Urtheile über ihn waren dunkel, und man sprach immer von ihm, wie von einem Gespenste, das keinen kränkt, abwechselnd mit Ergebenheit, mit kaltem Absprechen oder einer Art Frechheit, die am Glauben ermüdet ist.

Dieses Alles berechtigt mich, ihn für einen Mann zu halten, der seine Umgebung nicht sowohl durch Vorzüge, als durch Verschlossenheit beherrschte. Er lag wie ein Geheimniß zwischen Neugierigen, und alles, was er that, erhöhte dieses Geheimniß; denn seine Handlungen waren oft wirklich bedeutend, und wurden auffallend, indem sie aus innern Gründen auszugehen schienen, die mit seinem bürgerlichen Standpuncte in keiner Verbindung standen.

Er war in die Stadt gekommen, hatte sich das Bürgerrecht erkauft, und ein größeres Handlungshaus errichtet, als je in diesem Orte gewesen war; aber keiner seines Standes konnte Nachricht geben, woher er kam, warum er es that, und wie die Wege gewesen, die ihn so schnell zu allem diesem geführt hatten.

Man wußte nur, daß er Abends angekommen war, und im Wochenblatte gelesen hatte, daß ein großes Gut bey der Stadt zu verkaufen sey, welches er auch gleich den folgenden Morgen kaufte. Dann war er einigemal auf die Börse gekommen, hatte große Händel abgeschlossen, und ein Comptoir in der Stadt errichtet. Er selbst arbeitete wenig in diesen Geschäften, sondern überließ sie seinen Factoren, die er sehr begünstigte; und besonders zeichnete er einen jungen Menschen unter ihnen aus, der ihm als elternlos aus England geschickt worden war; und endlich zog er sich ganz auf sein Gut zurück.

Von diesem Gute selbst erzählte man vielerlei, von seiner ganz eignen innern Einrichtung; doch kannte es eigentlich niemand genau, seit er es bewohnte, denn die wenigen Diener, die er um sich hatte, waren für jede Erklärung verloren. Er hatte seinen Sohn dort bey sich, der, nach der Aussage der vielen Erzieher, die ihn verlassen hatten, ein wunderlicher Mensch seyn sollte.

Das Gut gehörte ehemals einem Menonitischen Edelmann, und die Pächter waren alle von dieser Glaubenslehre. Da der Besitzer gestorben war, fiel es der Regierung anheim, und von dieser kam es in Godwi's Besitz.

Seine Gesellschaft auf diesem Gute war stets wechselnd, denn sie bestand aus durchreisenden Künstlern, die er einige Zeit beschäftigte, und die ihm stets betheuern mußten, was sie bey ihm gebildet hatten, zu verschweigen. Viele Mahler, Bildhauer und Dichter kannten seine Freigebigkeit, und hatten einige Zeit bey ihm zugebracht.

Ein Theil seiner Wohnung soll nach der allgemeinen Sage sogar seinem Sohne und allen seinen Hausgenossen verschlossen geblieben seyn, und hier war es, wo er die Arbeiten der Künstler, die bey ihm gewesen waren, aufbewahrte.

Ehemals war es eine kleine Kirche, der sich die verstorbenen Besitzer des Gutes zu den religiösen Versammlungen
ihrer Glaubensbrüder bedient hatten; von außen war es
auch Kirche geblieben, im Innern aber nach dem Plane des
Engländers verändert worden.

Das Wohnhaus des Gutes hatte er in seinem vernachläs-
sigten Zustande gelassen, so nicht die Gärten, deren Verun-
staltung er zu einer zierlichen Verwilderung erhob.

Der gesuchten Nachlässigkeit in der Erhaltung dieses
Gutes war sein Haus in der Stadt völlig entgegen gesetzt,
wie seine eigene finstre Unthätigkeit seinem kaufmännischen Wohlstande. Dieses Haus war das geschmackvollste
und geräuschvollste; seine Zahlstube wimmelte von zierlichen Arbeitern, seine Gewölbe waren in voller Thätigkeit,
die Treppen und Eingänge waren mit Bedienten und Thür-
stehern besetzt, und die Einrichtung der Gemächer schimmerte in dem gediegensten Luxus.

Seine Factoren gaben Gesellschaften, Gastereien, Kon-
zerte und Bälle, an denen der ganze gebildete Theil der
Stadt, und die vielen, an seine Handlung empfohlenen Reisenden Theil nahmen.

Er allein erschien nur das erstemal bey der Eröffnung eines solchen Zirkels, und bemühte sich dann mehr ernstlich,
als theilnehmend, die ganze Gesellschaft zu einer fröhlichen
Anmaßlichkeit auf diese Vergnügungen seines Hauses zu
bewegen, und erschien gleich einem Lehnsherrn, der sie mit
herkömmlichen Besitzen belehnt.

Das Gute, was er that, wagte er nicht sich anzumaßen;
dennoch wendete er eben so wenig Fleiß darauf, es zu verbergen, als es bekannt zu machen, und niemand ehrte seine
Wohlthaten, wenn gleich jeder Bedürftige sie wünschte.
Seine Wohlthaten sahen aus wie Buße.

Wie er gekommen war, war er auch wieder verschwunden; schon einige Jahre waren hin, daß er mit einer Gesellschaft, deren Zusammenhang mit ihm man nicht näher
kannte, plötzlich nach Italien gezogen war. Das Gut aber

blieb dem Sohne, der es jetzt bewohnte, und von dem mancherlei Gerüchte gingen.

Besonders schwatzte man viel von einem prächtigen Grabmahle, das er einem Mädchen habe errichten lassen, welches nicht den besten Ruf habe, und mit ihm von seinen Reisen gekommen sey. Man sprach davon, daß sie verrückt geworden sey, und daß das Grabmahl darauf anspiele; sie habe Violette geheißen, und einige Offiziere, die den letzten Feldzug am Rheine mitgemacht hatten, wollten sie sehr gut gekannt haben.

Dem sey nun wie ihm wolle, aber alle stimmten darin überein, daß man nichts schöneres sehen könne als dieses Grabmahl, denn es war in der Stadt öffentlich gezeigt worden.

Dies waren ungefähr die Nachrichten, die ich Abends in dem Gasthofe sammelte, und in dieser Ordnung niederschrieb.

Ich entschloß mich, den andern Morgen vor Sonnenaufgang meinen Weg nach dem Gute anzutreten, das einige Stunden von der Stadt entfernt im Gebürge lag.

Zweites Kapitel.

Der Morgen dämmerte kaum, als ich meinen Weg antrat; meine wenigen Geräthe hatte ich im Gasthofe zurückgelassen, und mir vorgenommen, ehe ich mich Godwi als seinen unberufenen Geschichtschreiber zu erkennen gäbe, ihn unter einem andern Vorwande zu berühren, um seinen guten Willen zu gewinnen. Ich wollte mich für einen reisenden Künstler ausgeben, der Voilettens Grabmahl sehen wolle.

Ich ging unter diesen Gedanken den Berg hinauf, und
hatte auch wirklich eine große Begierde, Violettens Grab zu
sehen, denn der Gedanke des Bildes konnte unstreitig sehr
schön ausgeführt seyn, und ich liebe besonders bedeutungs-
volle Werke, die zugleich schön sind, wenn sie auch nichts
als sich selbst bedeuteten. Durch die Bedeutung erhält ein
gutes Bild immer ein höheres Leben, denn es liegt so eine
Geschichte in seiner Erscheinung, indem es, um schön zu
seyn, seine Bedeutung besiegt.

Als ich auf dem Berge angelangt war, ergoß sich eine
herrliche Aussicht um mich, die Sonne ging schön auf, und
es war mir sehr wohl. Ein schöner Wald drängte sich von
der entgegengesetzten Seite, und rauschte freudig mit seinen
Zweigen des Friedens in der frischen Morgenluft.

Ich fühle in einem Walde, bey den großen lebendigen
Säulen der kühlen zusammenrauschenden Gewölbe immer
eine tiefe Berührung im Innern.

Friede, Versöhnung, freudigen Ernst, und schaffende
Ruhe könnte ich nur singen in Wäldern, bey den allmächtigen Stämmen, die nicht streitbar sind, in der Ruhe freudig
verwachsen, sich umarmen, und ausweichen, still und ernst,
leises Wehen ihrer Küsse, und leichtes Sinken sterbender
Blätter. Fest auf sich selbst, und aus sich selbst, im Sturme
mächtiges Brausen, kräftige schwingende Bewegung, oder
großer stürzender Tod, daß die Erde erbebt, und die nahen
Freunde mit hinab müssen zu der Ruhe; und wenn die
Sonne aufsteigt, und weg geht, wie die Gipfel sie golden begrüßen, und es niedersteigt an den Stämmen leise und feierlich, wie einer des andern Licht theilt, und Dunkel, wie jeder seinen Schatten dann an den Boden streckt, das Maaß
seiner Größe, das endlich in allgemeiner Herrlichkeit zerrinnt, wenn der Mittag herabstralt, und ihre Häupter in
Pracht und Leben verglühen, während die Füße noch im
kühlen Grabe der Schatten weilen, wie dann die Schatten
wieder auferstehen, wenn die Sonne untergeht; wie endlich
der letzte Kuß der Sonne noch an den Wipfeln hängt, bis

alle gleich werden in der tiefen Nacht, wie sie es in der
Pracht des Mittags waren, oder der sanfte Mond nach denselben Gesetzen den milden Tag der Liebe, und des innern
stillen Treibens im Herzen über sie ausgießt. Friede, Versöhnung, freudigen Ernst, und schaffende Ruhe möchte ich
nur singen in Wäldern.

An dem Ausgange des Waldes, der das ganze Thal erfüllte, und auf der andern Seite wieder in die Höhe zog, wo
er sich endigte, bemerkte ich einen hohen Rauchfang, auf
dem ein Storch sein Nest erbaut hatte, und vermuthete, daß
dieses Gebäude zu dem Landgute gehöre. Der Storch war
noch nicht wieder da, denn er hat eine weitere Reise zu machen, als der Frühling.

Die Seite des Bergs, an der ich hinabstieg, war meistens
Felsenwand, und hin und wieder mit reinlichen steinernen
Treppen unterbrochen. Es zog sich so freundlich hinab, um
und um rauschte der Wald, die Sonnenstralen fielen schräg
das Thal herein, und mein Schatten hüpfte und ging mir ge-
sellig in allerlei gebrochenen Gestalten zur Seite. Ich war
recht munter, blieb manchmal stehn, wenn mir mein Schatten gar zu wunderlich aussah, bewegte mich auf verschiedene Weisen, um ihn zu verändern, und freute mich über
meine langen großen Schattenbeine; dann dachte ich, wenn
du nur so auf den Schattenbeinen hinunter gehen könntest,
und hob einen Fuß auf, beynahe zwanzig Stufen wäre ich
unten; da ich aber nicht lange den Fuß so halten konnte,
setzte ich ihn wieder nieder, und war auf dem alten Flecke.

Ueber dem engen Thale voll Wald stieg ein zarter Nebel
auf, und löste sich um mich herum in den Sonnenstralen,
die höchsten Bäume schimmerten schon in der Sonne, und
bald war der ganze Wald unter mir erleuchtet; auch wurden
die Vögel immer lustiger, und ich wünschte nur, auf der andern Seite bald wieder oben zu seyn, damit ich bald an dem
Schlosse wäre; denn ich vermuthete, da unten in der Wildniß möchte irgend eine allerliebste Anlage, ein Tempelchen,
oder dergleichen stecken, in das ich mich hineinsetzen, aus-

ruhen, und weiter gar nicht ans Weitergehen denken könnte. Ich vermuthete so etwas, weil ich weiß, daß die Engländer immer viele Anlagen zu solchen Anlagen haben, und weil ich durch mein munteres, unregelmäßiges Gehen und besonders durch meine Schattenspiele etwas müde geworden war.

Ich schritt darum wacker zu, der Rauchfang mit dem Storchneste war mir wie ein Magnet: es liegt etwas heimliches, getreues und heimathliches in so einem Storchneste; denn ein gastfreies Dach bedeckt gastfreie Menschen. So reflectirte ich, denn ich war hungrig, und um mir diese Reflexion zu bemänteln, machte ich geschwinde noch folgende über das Schreiten auf Schattenbeinen, und hob, um der Anschauung willen, die Beine noch einigemal, den Schritt des Schattens beobachtend.

Drittes Kapitel.

Es giebt allerdings Leute, die so mit den Schattenbeinen zu gehen glauben, und große Beschreibungen von solchen Reisen zu erzählen wissen. Ich meine eine gewisse Gattung junger Philosophen, denen die Sonne noch nicht grade über dem Kopfe steht, sondern hinter dem Rücken.

Das Licht, das die Sonne vor ihnen hergießt, nennen sie ihr eignes Product, ihr ganzer Gesichtskreis ist ihnen ihr Object, und ihren Schatten nehmen sie als ihr Subject, ihr Ich an, das ihnen durch Anschauung zum Object geworden ist. Erst stehen sie sehr ernsthaft still, schütteln in tiefen Gedanken den Kopf, schneiden Gesichter, und betrachten das im Schatten, und nennen es zum Selbstbewußtseyn kommen; dann heben sie wechselweis Arme und Beine – so

viel als möglich zierlich, der Aesthetik halber – und haben
sie dies im Schatten beobachtet, so sind sie zum Bewußtseyn der reinen Acte gekommen. Haben sie dieses Alles
einige Zeit getrieben, so bedenken sie, daß es nützlich sey,
die äußere Welt an sich zu reißen, ihre physische Kraft zu
befestigen. Dies geschieht nun, indem sie ihren Gesichtskreis, ihr Object auf alle Weise in sich herein bringen, das
heißt, indem sie durch Hin- und Wiederspringen, bald dieses, bald jenes Stück Wegs mit ihrem Schatten bedecken.
Am Ende werden sie dann müde, sie setzen die Füße nieder,
ihr Schatten wird immer kleiner, denn die Sonne steigt, und
steht ihnen bald grade über dem Kopfe. Es ist voller Mittag,
und sehr heiß, sie haben nichts gethan, nicht einmal Optik
studirt. Um sich abzuspannen, trinken sie eiskaltes Wasser
in der Hitze, und werden krank, das heißt, verlieren die Bewußtlosigkeit ihrer Organisation, und sterben. An ihr Grab
stellen sich einige Freunde, und berühren es so lange mit ihrem Schatten, oder vielmehr, stellen so lang reine Freund-
schaftsacte an, bis andre Freunde es ihnen eben so machen.
Ich erinnerte mich dabey mehrerer Jünglinge, die ich gekannt hatte, auch eines Dichters, der zwar nicht zu den
Schattenbeinichten gehörte, aber doch gute Freunde unter
ihnen hatte, und mir nicht recht gut war, denn ich haßte
stets allen Schatten-Bombast.
Während diesen wunderlichen Gedanken war ich weiter
hinab gegangen, und erschrack nicht wenig, als ich plötzlich
neben mir an der Bergwand folgende Worte ängstlich sprechen hörte:

Nun kömmt es, nun kömmt es, ach es ist sicher ein wildes Thier, wenn ich nur erst geschossen hätte, – ein
Thier, ein Thier!

Ich war von jeher auch nicht sehr muthig, besonders
fürchtete ich mich vor Feuergewehr in ungeschickten Händen, und sprang deswegen schnell bey Seite, indem ich mit
furchtsamem Pathos ausrief:

Wer Sie auch sind, der sich hier zu schießen fürchtet, so
fürchte ich mich, geschossen zu werden, und bin kein
Thier, sondern ein Mensch. –

Hierdurch hatte ich meine und seine Furcht vor dem
Schießen aufgehoben, und ging nach der Stelle hin. Hinter
dem Gebüsche fand ich eine kleine Nische in den Felsen
eingehauen, und wer war darin? –

Niemand anders, als der Dichter Haber, dessen ich so
eben bey den Schattenphilosophen gedacht hatte –

Er sah mich so groß an, als er klein war, und sprach dabey mit Verwunderung: Ei, Maria, wo kommen Sie her?

Ei, Haber, wie finde ich Sie hier, erwiederte ich, Sie hätten
mich ja beynahe todt geschossen –

Er. Ich bitte sehr, – ehe ich schieße, spreche ich immer
das Wesen an, damit es, wenn es ein vernünftiger Mensch
ist, antworten kann.

Ich. Sie können auf diese Weise immer noch die Tauben
und Stummen todt schießen. Das Beste wäre das Ansehen.

Er. Ich bin von Herrn Godwi zur Jagd beredet worden,
der gleich hier im Gebüsche auf dem Anstande steht. Eigentlich wollte ich bloß hier einige Verse machen, konnte
aber über dem Geräusche, das Sie durch die dürren Blätter
machten, meine Gedanken nicht sammeln, und noch etwas
sehr seltsames störte mich; vor einigen Minuten, als ich anfing zu schreiben, flog mir einigemal ein ungeheurer Schatten über das Papier, gestaltet wie ein ungeheurer Fuß.

Ich. Der große Fuß ist etwas wunderbar, besonders da
Sie grade mit den Füßen der Verse beschäftigt waren, und
eben so sehr wundert es mich, daß ich in dem Augenblicke,
in dem Sie mich beynahe erschossen hätten, sehr lebhaft an
Sie dachte.

Er. Gott weiß, es ist hier in dem ganzen Thale sehr
schauerlich, und Ihre Gesellschaft ist mir recht angenehm.

Hier wendete ich mich gegen die kleine Flinte, die er zwischen den Ast eines Baumes gezwängt hatte, und noch im-

mer auf mich zielte, um sie wegzunehmen. Er hatte vermittelst seines Strumpfbandes und Schnupftuches, die an einander, und den Drücker der Flinte geknüpft waren, sich eine künstliche Maschine verfertigt, um bey dem Schusse weit vom Feuer zu seyn; ich nahm die Flinte weg, und schoß sie in die Luft, worüber er etwas erschrack.

Auf den Schuß kam Godwi herbey, er glaubte, Haber habe etwas geschossen, und wollte ihm Glück wünschen.

Haber erzählte den ganzen Hergang, Godwi lächelte, und fragte, wer ich sey. Der Dichter stellte mich vor, und ich bat ihn um die Erlaubniß, Violettens Denkmahl zu sehen.

Er ward etwas ernster bey meiner Bitte, und sagte mir, nachdem er mich mit den Augen gemessen hatte:

Sie können es sehen, aber nicht eher als Morgen früh, denn es ist Niemand zu Hause, wir sind alle auf der Jagd. Harren Sie also, bis wir heute Abend heim ziehen, Sie können die Nacht bey mir zubringen. Bedürfen Sie irgend einer Erquickung, so lassen Sie sie sich im Jägerhause reichen, und wenn Sie gerne schießen, so lassen Sie sich eine Flinte geben.

Ich dankte ihm, und nahm alles gerne an.

Hier wendete er sich zu Haber, bat diesen, mich hinab ins Jägerhaus zu führen und verließ uns. Haber hängte seine Flinte mit einem lustigen Stolze, und etwas lächerlichen Vorsicht um, da sie abgeschossen war, und trabte stillschweigend an meiner Seite tiefer ins Thal hinab.

Dies war also der Godwi, von dem ich so viel geschrieben habe – es ist eine eigne Aufklärung, wenn so plötzlich die Wirklichkeit vor das Ideal tritt.

Ich hatte mir ihn ganz anders vorgestellt.

Ich fürchtete mich etwas vor ihm, denn es gehört eine große Seelenruhe dazu, einen Autor vor sich zu sehen, der einen so unschenirt herausgiebt, und die Menschen noch im Wahne läßt, als habe er alles das erfunden. Gut, daß er nichts davon zu wissen schien, und da mein Buch erst einige Wochen in der Welt war, hoffte ich, der Dichter Haber

werde auch nichts davon wissen, ich wendete mich daher
mit der Frage an ihn –

Sind Sie schon lange hier?

Sechs Wochen sind es, erwiederte er, daß ich Herrn
Godwi hier im Walde fand, und auf eben die Weise mit ihm
bekannt ward, wie Sie. Ich arbeitete grade auf meiner Reise
an einem allegorischen Gedichte, und machte, um dem
Dinge mehr Leben zu geben, einen Spaziergang hierher, wo
ich ihn jagend traf, mit ihm ging, und bis jetzt bey ihm blieb.

Ich bat ihn, mir Godwi etwas zu schildern.

Es ist ein ganz eignes Wesen um diesen Mann, fuhr er
fort, Sie werden schwerlich mit ihm auskommen, denn er ist
sehr einfach, ruhig und verschlossen; innerlich muß er einen
großen Kummer haben, und ich fühle mich sehr von ihm
angezogen. Er ist ein schöner, kräftiger Mann, voll Seele,
ganz zur süßesten Freundschaft gemacht. Ueber seine ganze
Erscheinung ist ein tiefer Strom von reiner Wollust ergossen, und dennoch hat er gar keinen Sinn für innige, dringende, brennende Freundschaft. Er lebt hier in einer ganz
eignen Einsamkeit, und fühlt gar kein Bedürfniß des Um-
schlingens mit andern Menschen; ich werde daher nicht
lange mehr hier seyn, denn in einem so trocknen lieblosen
Leben halte ich es nicht mehr lange aus.

Nach Ihrer Beschreibung zu urtheilen, fuhr ich fort,
werde ich mich besser zu Herrn Godwi schicken, als Sie;
denn wenn er keinen Sinn für die verliebte Freundschaft
hat, so ist mir das recht lieb, ich mag sie auch nicht recht leiden. Der Liebe bin ich gern so nahe als möglich, denn in ihr
liegt Nothwendigkeit, man muß sich in ihr wechselweise
recht innig beystehen, sonst kömmt nimmer nichts heraus,
der eine oder der andere Theil wird krank, vor Hunger und
Durst nach dem andern, und es giebt eine elende erbärmliche Ziererei, der die Sentimentalität zu einer lindernden
Salbe werden muß.

Das nüchterne Lieben ist nur ein Cursus, in dem sich das
Wesen der beiden, vor beider Augen entwickelt, damit sie

sich erkennen, und, einsehen, ob sie sich einander zutrauen
können, das körperliche und geistige Daseyn ihrer selbst
freudig aus einander zu entwickeln, zu verwickeln, und einem Dritten, ihrem Kinde, zu vertrauen, damit ein lebendiges Product, des bloßen Liebens und Lebens, des reinsten,
süßesten Geheimnisses unschuldige Verkündigung hervor
gehe, mit denselben Rechten, als sie.

So wird jedes Paares Liebe unendlich, ein Werk der
Ewigkeit, und ein Heiligthum aller Erkenntniß. Die allgemeine Liebesziererei ist übrigens das Geschäft eines Complimenteurs, wie es Philander von Sittewald übersetzt, eines
compli menteur, eines vollkommnen Lügners.

Die verliebte Freundschaft aber ist nichts anders, als entweder erbärmliche, süßliche Schwäche, völlige Unmännlich-
keit des einen Theils, oder Täuschung. Ich bin versichert,
daß der Freund, der mir lange in den Armen liegt, entweder
ohnmächtig, sterbenskrank, verwundet, und dergleichen ist,
oder mich gar nicht meint, sondern irgend ein hübsches
Mädchen, oder eine heimliche, unerreichliche Geliebte, in
deren Armen er gern so rechtlich, so ungestört, und frei liegen möchte.

Wenn ich es daher ja dulde, daß mein Freund so etwas
thue, so thue ich es aus Mitleid, ich laß ihn an sein Mädchen
denken, und denke wo möglich auch an irgend eine.

Das Wesen der eigentlichen Freundschaft wird hierdurch
gestört, denn es besteht nicht in Auswechslung, in Vermischung und Durchdringung, es besteht in bloßer Geselligkeit.

Hier unterbrach mit Haber, – bloße Geselligkeit ist nach
meinen Gefühlen noch lange keine Freundschaft, ich kenne
sehr gesellige Menschen, die keiner eigentlichen warmen
Freundschaft, die so recht aus der Seele kömmt, fähig sind,
die den Drang, sich an Freundesbrust zu schließen, Herz an
Herz, Aug an Aug, Lippe an Lippe, Pulsschlag, Blick, Hauch
und Wort zu theilen, nicht in sich haben, – oder gar eine Art
von Handschuh über den ganzen frierenden guten Freund

werden mögen, fuhr ich lächelnd fort, ich zum Beyspiel
kann schon keines Menschen Freund werden, der mit seinem Herzen, seinen Augen, seinem Hauche, nicht für sich
allein fertig werden kann; seine Worte, auf die mache ich
Anspruch, aber am meisten auf seinen Geist, und seine   5
Wahrheit. –

Freundschaft ist allein durch die verschiedenen Stufen der
Bildung entstanden, die in einem ewigen Krieg mit einander
stehen, und ist daher nichts als stillschweigendes Bündniß
durch gleiches Bedürfniß.   10

Aber, versetzte Herr Haber, die reinste Freundschaft
dringt über alle Stufen hinab und hinauf, sie ist frei, und
kein Vorurtheil des Standes kann sie hemmen, sie schließt
sich bloß an den geliebten Menschen, an das bloße Nackte
ohne alle Bekleidung von Sitte, Stand, und anderm derglei-   15
chen Unsinn.

Was Herr Haber sagte, langweilte mich, dennoch wollte
ich es der Freundschaft nicht entgelten lassen, da ich hier
unter den hohen Eichen so recht gestimmt war, ihr eine
Rede zu halten.   20

Viertes Kapitel.

Ich lehnte mich daher an einen Baum, und hielt folgende
Rede an Herrn Haber –

Was nennen Sie Freundschaft, jenes Weinen an einander,
jenes Lachen an einander, jene Würdigung unserer eignen   25
Armuth in den Augen des Freundes, das gegenseitige Er-
seufzen über die Beschränktheit und Gränzenlosigkeit, das
Hingeben und Annehmen von Dingen, die keiner brauchen
kann, und die den, der sie giebt oder nimmt, zu unserm

Freunde machen, weil grade kein andrer die Sache genommen hätte, das Aufessen einer einzigen Person, daß man
endlich an einem einzigen übersättigt, allen Sinn für das
andre verliert, die gegenseitige Nothülfe der sich nächsten,
5 weil sie Noth haben, und faul sind – nennt ihr das Freundschaft – o dies kann nur in ärmlichen, stolzen und einseiti-
gen Menschen Raum haben, die einen großen Nutzen in der
Welt zu schaffen glauben mit ihren Empfindungen, und
ihre eigne Armuth zu beherbergen, einen Freund brauchen,
10 der ihr in seinem Herzen ein Obdach verschaffe. –

Alles dieses ist entweder gleichseitige Erbärmlichkeit
oder Niederträchtigkeit und Barmherzigkeit, Dummheit
und mitleidiger Stolz von der einen oder andern Seite.

Freundschaft ist nur unter den Vortrefflichen möglich,
15 deren ganzes Leben ein ewiger Fortgang nach dem Höchsten ist. Sie streben nicht darnach, denn alles Streben geht
von Armuth, Bewußtseyn der Armuth, Begierde und Vorsatz aus, wird dadurch absichtlich, und hört auf, eine freie
schöne Handlung zu seyn.

20 Hier fiel Herr Haber wieder ein:

Streben wäre nicht frei, nicht schön, es dürfe keine Absicht seyn. –

Lieber Herr Haber, sagte ich, stören Sie mich nicht. –
Streben ist freilich erlaubt, auch Absicht, aber nur dem
25 Künstler, der Genie war, und Künstler geworden ist, an diesem bin ich aber noch nicht – also –

Sie streben nicht, sie sind ausgesandt von Gott, und wissen es nicht; ihr Leben ist nichts als das fortgehende Bilden
eines Kunstwerks alles Schönen, wozu sie gleichsam die
30 Zeichen, die Buchstaben sind; sie berühren sich, wie Akkorde, und ihr Zweck ist der schöne Ausdruck des Liedes.
So reihen sich Glieder an Glieder in schön geschwungenen
Wellen, und bilden das herrliche Bild, so wechselt der
Schritt der Sylben, um des Liedes Tanz hervor zu bringen,
35 so gießt sich Farbe an Farbe, und bildet des Gemäldes Zauberei. Diese Berührung ist die Freundschaft.

Durch ihre eigne innere Bildung können zwei neben einander stehen, aber nur um der großen Harmonie ihrer Aufgabe willen.

Die Eigenthümlichkeit eines jeden bleibt unangetastet, und bleibt sie es nicht, so entsteht bey Farbe, eine gebrochene schmutzige Halbtinte, wie bey Form, Verwachsenheit.

Die Stufen der Bildung, der Rang der einzelnen Freunde, verhält sich wie Buchstabe, Wort, Periode, Ton, Akkord, Satz, und im innern sind sie als Zeichen gleich verwandt und würdig. Ja ich trage das Ideal eines Menschenkenners im Kopfe, der die Menschenarten, in die einzelnen Redetheile, oder Tonarten zertheilen und wirklich eine Grammatik, und einen Generalbaß des Zusammenlebens hervorführen könnte. Man könnte nach seiner Wortfügung, den Staat oder die Menschenfügung allein verbessern, und durch seinen Generalbaß allein die wahre Freundschaft finden, die in eben so geheimnißvollen Gesetzen begründet bleibt, als die Verwandtschaft der Töne. Man könnte dann ganze Völkergeschichten auf dem Claviere spielen und in einzelnen Versen absingen, und es wäre das Leben zur Kunst geworden.

Uebrigens gehören zwei männliche Töne, die sich etwas herausnehmen, und nur sich allein bilden wollen, in keine Melodie, und ihr Durchdringen kann ihnen nie gelingen, denn dieses liegt nur in der Liebe. Nur die Liebe kann erzeugen aus sich, die Freundschaft aber kann es durch sich.

Die Liebe giebt den Ton und die Musik, die Freundschaft ist nur das Nebeneinanderstehen der Töne zur Melodie, die wieder ein Product der Liebe ist. Die Freundschaft wohnt in der Liebe, aber in ihr selbst ist keine Liebe, sondern nur Harmonie, Tonverhältniß.

Die Eichen über uns, der ganze Wald um und um gedrängt, alle einig einem einigen Zwecke, sie stehen grad und aufrecht neben einander. Jeder einzelne trägt die Liebe in seiner eignen Blüthe, trägt die Liebe in sich – nur aus der Liebe konnten die Bäume erstehen, nur aus den Bäumen erstehet der Wald. Freunde sind sie alle, welche den Wald bil-

den; einzelne stehen sich näher, diese werden Freunde genannt. Aber alle, die sich so an einander drängen, stören
sich. Sie mögen noch so malerische Gruppen bilden, noch so
schöne Lauben wölben, so ist dieses doch nur für andere.

5 Zwei dringen selten zugleich hervor, denn einer opfert sich
immer dem andern, seinem eignen Leben zum Trotze, das
zum Himmel in die Höhe sollte, zu athmen und zu duften.

Neben einander stehen, vereint grünen oder welken, alles
das gehört zum Walde, sterben früher oder später, sich er-
10 kennen und zur selben Gattung gehören, das alles gehört
zur Freundschaft.

Wer den größten heiligsten Zweck hat, der hat die gebildetsten und treuesten Freunde, denn an dem höchsten arbeitet nur die Wahrheit. Ob sich nun die Freunde kennen
15 oder nicht, das ist gleichviel, ja sich nicht zu kennen und in
allgemeiner Menschenliebe fortbrennen, ist bey gehörigem
Maaß und Ziel wohl das schönste, denn das allzu innige und
angepriesene Freunschaftswesen wird meistens nichts anders, als ein abgekartetes Spiel, einander freundschaftlich zu
20 hudeln, und ist mir immer wie ein Product der langen Weile
oder des Kurzweils erschienen.

Das Letztere wäre wohl das Beste, wenn doch eins von
beiden seyn sollte, denn es liegt etwas äußerst komisches
darin, mit großen, herrlichen Empfindungen vereinigt zu
25 seyn, um kleine lustige Empfindungen zu gewinnen, und
dieses scheint mir die einzige Art von Freundschaft, die unsern großathmichten Jünglingen zu erlauben wäre, denn sie
lernten dadurch die Würde des kleinen und bloß scherzhaf-
ten, des reinen Spieles oder Spaßes kennen, da sie doch zu
30 glauben scheinen, die Freundschaft gehe allein und schnurstracks zum Tragischen hinauf. Auch kann man allerdings in
einer solchen kurzweiligen Freundschaft vieles lernen, man
übt sich hier an einem tausendfachen Stoffe, dem die Ungeschicklichkeit der Behandlung nicht schadet.

35 Ein junger Stümper voll Drang und Eifer, und dadurch
um so tölpischer, soll sich nicht an einem kararischen Mar-

morblocke üben, um den Stoff eines Meisterwerks zu zerstören, er mag die ersten Schläge seines Meißels an einem
Sandsteine mildern, und ein fröhliches Bild hauen, dem es
auf einen Buckel nicht ankömmt, und an dem er seiner Ungeschicklichkeit lachend genießt. Dieses letztere ist der erste   5
Schritt zu jeder Kunst und auch der des Lebens. Wir sollen
Freunde werden lernen durch Geselligkeit, denn die
Freundschaft ist nichts, als Geselligkeit unter ernstern Umständen.

Die andere Gattung aber oder die innige Freundschaft   10
aus langer Weile will nie etwas von ihrer Mutter wissen,
und kann auch nicht wohl, denn sie müßte sonst von sich
selbst wissen. Sie ist nämlich die lange Weile selbst, und
zwar eine der gediegensten Arten, jene langwierige erbliche,
die sich ewig erklären will und wie blinde, stumme und   15
taube Seuche herumkriecht.

Zwei Menschen, die nichts zu thun haben, was können
sie schlechteres oder besseres anfangen, als Freundschaft,
und solche nun sind es, denen ich jene innige brennende
Freundschaft vorschlagen möchte, da sie selbst so leer sind,   20
mögen sie es in der Form wieder einbringen, mögen sich
den ganzen Tag umarmen.

Zu dieser Art Menschen gehöret eine gewisse Gattung, die
Sie sehr gut kennen, mein lieber Haber, ich meine den jugendlichen philosophischen Anflug der letzten fünf Jahre. Diese   25
Menschen sind in ihrer ganzen Jugend in einem geräusch-
vollen Veranstalten ihrer Jugend begriffen, und zernichten
sich einer in dem andern. Ewiges Umklammern ist der Charakter ihrer Freundschaft, und wenn sie aufhören sich zu
umfassen, so hat sicher ihre Verirrung gesiegt, denn dieses   30
Umfassen ist ein Streich, den ihnen die Natur noch spielte,
die sich immer an die Gestalt hält. Da ihr inneres Wollen
und Treiben aber ganz gestaltlos und daher langweilig ist, so
müssen sie sich in solcher Freundschaft entschädigen.

So wie bey den Griechen, die das gestaltvollste Volk wa-   35
ren, es wirklich eine bloße Gestaltenliebe gab, die Knaben-

liebe, eine künstlerische bildende Verirrung, eben so liegt in
diesen Menschen, welche die gestaltlosesten sind, eine Ge-
staltenfreundschaft, die ewig Verderbtheit bleiben wird, indem sie eine krankhafte Metastase der Liebe in die Freundschaft, ein unglückliches Vermischen der heiligen ersten Ursache mit dem geselligen Zwecke ist.

Erlauben Sie mir, ihnen die Geschichte jenes jungen philosophischen Anflugs in einer Parabel zu erzählen.

Ein frommer und tapferer Held, im Herzen für den
Glauben brennend, forderte seine Brüder auf, das heilige
Grab des Erlösers aus der schändenden Gewalt der Ungläu-
bigen zu befreien. Mächtig war seine Rede und hinreißend,
von allen Seiten strömten ihm an Andacht, Gesundheit und
Kraft gleiche Seelen wie Wogen entgegen. Alle zogen seinen
Weg, ein stürmendes Meer, das sich gegen Orient wälzte.

Unter dem versammelten Volke, das des Helden Rede
verschlang, befand sich auch eine Schaar junger Schüler und
unerfahrner Neubekehrten. Leicht, wie jugendliche Gemüther hingerissen werden, machte auf diese Jünger die glänzende, ergreifende Rede des frommen Helden einen heftigen Eindruck. Sie standen tief erschüttert, gerührt, oder erregt, wie jedes einzelne Gemüth es werden konnte, unter
den streitbaren Männern. Vorwärts strömte bald die Fluth
des frommen Krieges; aber man hatte vergessen, die Jünglinge zu ermahnen, wie sie sich zuerst durch tieferes Ein-
dringen in die Geheimnisse des Glaubens weihen müßten,
bevor sie an dem heiligen Werke Theil nehmen könnten.

Sie sahen das Bild des Kreuzes in den wehenden Fahnen,
sie sahen die heiligen Zeichen der Erlösung von allen Waffen und Werkzeugen des frommen Bundes stralen, und
längst war der heilige Zug schon über Berge und Meere, als
sich in hitziger Ungeduld die fantastischeren unter ihnen erhoben mit dem Aufrufe, –

Auf! auf! laßt uns im schönen Bunde der Freundschaft,
dicht von Jugend umblüht, das heilige Grab erlösen, nach!
dem heiligen Kreuzzuge.

Aus allen Studierwinkeln rannten die jungen Thoren
heran und schlossen sich an die Freunde. Sie bezeichneten
ihre Schülermäntel mit dem Kreuzeszeichen und bestachen
ihre kleinen Liebschaften, ihnen aus abgedankten seidenen
Röckchen zierliche Fahnen zu verfertigen. In einem lustigen   5
Taumel voll kindischer Andacht und Pralerei zogen sie auf
demselben Wege, den die andern genommen und deren
tiefe, ernste Fußtapfen ihnen als Führer dienten. Durch lustige Wiesen zogen sie hin die Blumen zertretend, oder als
Futter ihren Eseln opfernd, deren sie viele bey sich hatten.   10
Wahrlich die besten im Zuge, denn sie waren doch bescheiden und führten des Haufens Nahrung mit sich. Da aber
der Weg in der Folge schwerer zu erkennen war, ja wol hie
und da die Spuren vom Winde verwehet oder auf hartem
Boden nicht sichtbar waren, blieben sie stehen, und stritten   15
– wohin nun?

Früher schon hob sich der Unmuth unter den Jüngsten,
sie wollten nicht begreifen, was das heilige Grab ihnen nützen würde. Von den Muthigern verlacht, kehrten sie um,
und kamen in die Heimath zurück, doch nicht ohne den Ih-   20
rigen lange ein Spott zu bleiben, denn sie hatten sich in die
Sprache und Zeichen der Kreuzfahrer so eingewöhnt, daß
sie alle Augenblicke irgend einen dummen Streich mit
Kreuz und Fahne begleiteten, oder etwas ganz gewöhnli-
ches mit Sehnsucht nach dem Grabe Christi und tiefer An-   25
dacht vollbrachten.

Unter den übrigen, die weiter gezogen waren, entstanden
mehrere Secten. Sie waren in der Nacht an einen großen
Teich gekommen, den sie meistens für das Weltmeer hielten,
denn es war dunkel, und ein schwerer Nebel lag auf dem   30
entgegengesetzten Ufer. Die stärksten unter ihnen hielten
nun einen Rath, was zu thun sey, da sie keine Schiffe bey
sich hätten, und der übrige Haufen stellte sich auch zusammen und hatte seine Redner.

So schwebte ruhend die Fittige in unentschiedenem Fluge   35
ihr Geschick.

Fünftes Kapitel.

Hier trat Godwi aus dem Gebüsche und sagte: lassen Sie die Kreuzfahrer so stehen und uns nach dem Jägerhause gehen, um etwas zu essen.

Haber lächelte und ging mit. Er hatte mir gegenüber gestanden, an einen anderen Baum gelehnt in gebückter Stellung, und viel an seinem Stockbande gespielt.

Von Herzen gern, sagte ich, denn eigentlich fühle ich mehr Anlage zum Hunger als zur Allegorie.

Godwi erwiederte, Sie sollen uns dennoch Ihre Allegorie nicht schuldig bleiben, ich bin begierig, die Reden der einzelnen Haufen und das fernere Geschick der jungen Kreuzfahrer zu hören, unter denen Sie so artig die letzte academische Generation verstecken. Ihre Ideen über Freundschaft gefallen mir, und es ließe sich darüber noch manches zwischen uns wechseln.

Sie haben das alles gehört? versetzte ich beschämt, das war etwas boßhaft, ich glaubte nur vor meinem alten Bekannten so frei sprechen zu dürfen, und hatte die Nebenabsicht bey der Rede, einen Freund zu gewinnen.

Hier versetzte er, wenn es diese war, so kann es sich bald entwickeln, ob Sie Ihre Absicht erreichten, und Sie sagten ja mit so vielem Nachdrucke – ob Sie sich kennen, ob Sie sich sehen, oder nicht das ist gleichviel – verzeihen Sie daher, daß ich mich versteckt hatte.

Dabey war sein Blick fest, es war einer von den seltenen Blicken, die nur frühe Erfahrung geben kann. Der Blick eines Auges, das Blicke der Lust und des Rausches gegeben und genommen hatte, und nicht mehr begehrt, sondern bildet und begründet, der Blick eines Freundes. Wir erreichten bald den tiefsten Theil des waldigten Thales, und da wir noch einige Schritte links in das Gebüsche gethan hatten, ertönten mehrere Jagdhörner auf eine sehr muntere Art. Es war eine rufende Melodie, und ich unterschied bald drei

Hörner, die von verschiedenen Puncten aus sich in einem
Wechselliede antworteten. Das Echo verdoppelte die Töne,
und brachte dadurch in die gedrängte Melodie eine angenehme tonschimmernde Verwirrung. Bald schien sich auch
das Echo zu verdoppeln und aus allen Tiefen des Waldes
tönte es der Melodie nach, als ziehe ein geheimnißvolles
musikalisches Leben durch die Wipfel der Bäume.

Das Echo verdoppelt sich, sagte Haber, haben Sie es bemerkt?

O ja, sagte Godwi, ich habe das leider so oft bemerkt, daß
mir durch die Gewohnheit die Rührung entgeht, welche alles fremde geheimnißartige begleitet.

Auch ich war durch den tönenden Wald wunderbar überrascht, und fühlte, was die Alten in ihren Wäldern empfinden mochten, die noch mit Göttern belebt waren, welche in
wunderbaren Waldstimmen um den Wanderer ertönten.

Ich mache hier noch die Bemerkung, daß in den Reden
Godwi's etwas trocknes, ernstes und bewunderungsloses
lag. Er zeigte jene Art von Ruhe, von der die Erfahrung begleitet wird, und welche die muntere offene Jugend mit dem
Stolze auf ihre wenigen errungenen Begriffe nicht reimen
kann, und die ihr daher drückend wird. Die Jugend sieht
solche Wesen wie den traurigen Vorwurf der Menge an, die
sie noch zu erringen hat. Ein solches Wesen wird ihr geheimnißvoll und erdrückt durch seine anspruchlose Strenge
ihre Wißbegierde. Wenn ich mit meinem muntern, schnellen
Sinne eine Zeitlang gelehrte und vortreffliche Freunde erfreut habe, die sich vertraulich zu mir herablassen, und ich
in ihrem Umgange vergessen habe, wie weit mehr sie umfassen, als ich, so befinde ich mich wol auch oft in solcher
Jugendlichkeit, denn ich darf nur irgend ein Werk solcher
Freunde in die Hand nehmen, um jene Bangigkeit zu empfinden, oder habe ich gar das Unglück, mit einer solchen
leichtsinnigen Fröhlichkeit in eine große Bibliothek zu treten, so werde ich ganz zertrümmert und empfinde einen
recht panischen Schrecken.

Als wir in einen Winkel gekommen waren, wo sich die Wildniß immer mehr drängte und der Weg sich verlohr, sprach Haber:

Nun haben wir uns verirrt, die geheimnißreiche Musik hat uns irre geführt, denn dies ist nimmermehr der Weg nach dem Jägerhause.

Godwi lächelte und sagte:

Hier haben wir keine Hülfe, als die Hülfe aller Menschenkinder, wir müssen zurück kehren, oder, sind wir fromm, die Unsterblichen anrufen, dies nun ist die Sache der Dichter. Lassen Sie uns daher unter die große Eiche treten, die hier neben dem Gebüsche steht.

Da wir einige Schritte durch das Gebüsch gethan hatten, waren wir unter der großen Eiche; ich erinnere mich, nie eine solche Säule des Himmels gesehen zu haben, sie quoll wie ein ungeheurer Strom aus der Erde, und zerstreuete ihre grünen Flammen in den Himmel.

Haber fragte, in welchem Silbenmaße er beten sollte, in Stanzen oder Sonnetten?

Godwi lächelte, und ich sagte, überlassen Sie mir das Gebet, mein Hunger wird mich ein kräftiges lehren, und wenn es mein Eifer nicht ungereimt macht, so soll es doch sicher reimlos seyn. Dann sprach ich:

> Unter des lebenden
> Grünenden Tempels
> Flüsternde Hallen
> Komme ich irrend.
>
> Wie sich die Eiche
> Himmelwärts thürmet,
> Wie in dem Gipfel
> Ruhet des Mächtigen
> Jupiters Fuß.
>
> Und in dem Herzen
> Fühl ich die Nähe

Heiliger Wesen,
Die durch die Zweige
Zu dem Olympos
Wandeln empor.

Führt mich ihr friedlichen
Geister des Haines,
Die mich umschweben
Lachend und rufend,
Führt mich zurück.

Irrende, flüchtige,   1
Tönende Geister,
Die ihr mit schäkernden
Lispelnden Worten
Irr' mich geführt.

Hier wo in mondlichen   1
Nächten ihr rauschet,
Und um die wohnsame
Herrliche Eiche
Tanzend euch schwingt.

Wo ich im Thaue   2
Freudigen Grases
Von euren flüchtigen
Goldenen Sohlen
Ehre die Spur. –

Hört mich ihr freundlichen,   2
Die ihr verlorene
Götter gepfleget,
Die ihr die fliehende
Daphne umarmt.

Frohe, geheime,   3
Lindernde Geister,

Die in des Waldes
Rührigen Schauer
Weben den Trost.

Mächtige, lebende,
Stärkende Geister,
Die in der Stämme
Alter und Jugend
Bilden die Kraft.

Wenn ich je frevlend
Eure geheiligten
Stämme verletzet,
O! so verdorre
Welkend die Hand.

Nimmer auch hönt' ich
Echo die Jungfrau,
Die mit euch wohnet,
Theilt ihr vertraulich
Liebe und Schmerz.

Führet mich heimwärts!
Bin nur ein Wandrer,
Bin kein Unsterblicher,
Der mit ambrosischen
Bissen sich nährt.

Wisset mich hungert,
Führet mich heimwärts,
Daß ich dem Freunde
Von der Dryaden
Hülfreicher Güte
Bringe die Mähr'.

Während meinem Gebete hörten wir verwirrte Stimmen jenseits der Eiche.

Der betet, glaube ich, sagte eine Stimme, wer mag das wol seyn?

Ein Narr – erwiederte die andere.

Gott gebe, daß er ihn erhört, sagte die erste Stimme.

Daß wer ihn erhört? fragte die zweite.

Ei nun Gott –

Das ist ja dumm, Gott soll geben, daß Gott ihn erhört, es wäre wol besser, Gott erhörte ihn, damit er ihm gleich was gebe.

Flametta, Flametta, du spaltest die Worte wieder. –

Das Spalten macht mir vielen Spaß, wenn ich deinen Verstand dazwischen klemmen kann, und sollte ich es allein thun, um dich empfinden zu lassen, wie es den Thieren zu Muthe ist, die du lieber in Fallen fängst, als sie, wie ich, rechtlich todt zu schießen. Glaubst du mich auch so zu fangen? das lasse dir nur vergehen.

Sechstes Kapitel.

Hier ging plötzlich eine Thür auf, die in der großen Eiche versteckt war. Godwi hatte mit uns gescherzt. Es war diese Eiche der Eingang eines Parkes, der an die hintere Seite des Jägerhauses angrenzte und Habern noch nicht bekannt war.

Mich bekömmst du nimmer so, sagte das Mädchen Flametta, das hinter der Eiche stand und lief davon, als sie uns durch die Thüre eintretend bemerkte.

Ein Jägerbursche, der uns nicht so früh gesehen hatte, rief: freilich du bist schneller, als ein Reh, und wenn du läufst, kriege ich dich nimmer – nun bemerkte er uns und lief auch davon.

Godwi rief ihnen beiden nach, aber sie hörten nicht. Es ist eigen, sagte er, wie man nimmer den geringeren Ständen die Scheue nehmen kann; es liegt ihnen mehr Genuß in der

Freiheit, davon laufen zu können, als in der sich nähern zu dürfen. In jedem Menschen liegt eine ewige Rache gegen die Bestimmung seiner Geburt, und aus dieser Rache läßt sich mehr Kraft und Vollkommenheit erweisen, als aus jeder Art der Toleranz.

Haber meinte, es sey Mangel an Bildung der Menschen.

Ich meinte, es sey Mangel an Bildung der Stände, die zu sehr durch bloße menschliche Bedürfnisse und zu wenig durch ihre innern Standesbedürfnisse verbunden seyen, so daß die Stände die Menschen trennten und die Bedürfnisse allein sie vereinigten.

Der Park, in dem wir waren, war nichts anders als der kräftigste Theil des Waldes, ein kleiner Eichenhain. Alle Stämme waren voll gesunden Lebens, wie eine Versammlung der Bürger einer großen Republik standen sie da, alle voll Selbstgefühls, und eignen Sinnes, doch nur eine Absicht.

Godwi sagte zu Haber, sehen Sie, diese sind Freunde, wie man es seyn soll.

Ich fragte ihn, wie diese brave, wackere Gesellschaft zusammengekommen sey.

Es sind lauter Antiken, erwiederte er, bis auf einige neue, die mein Vater gepflanzt hat, und dann noch eine junge Zucht von Flametten.

Wir waren wenige Schritte gegangen, als durch die grüne Nacht eine glänzende weiße Fasade hervorbrach.

Wundern Sie sich nicht, sagte Godwi zu Haber, dies ist der hintere Theil des Jägerhauses, von einem Italiäner für meinen Vater angelegt, der in der letzten Zeit viel bauete.

Wir traten durch den geräumigen, luftigen Eingang, an dem keine Thür war, und links in einen runden gewölbten Saal. Der Thüre des Saales gegenüber, sprudelte ein Wasserfall über einen Haufen moosigter Steine nieder. Das Fenster, wodurch man ihn sah, gab dem Saale allein Licht, außer einigen grünen Scheiben, welche von oben herab einen anmuthigen Schimmer ergossen. Die Wände ringsherum waren täuschend mit Gebüschen bemalt, die oben an der Kuppel zu-

sammenliefen und das ganze einer Laube ähnlich machten. An
dem Fenster standen zierliche Vasen, und als ich sie betrachten
wollte, bemerkte ich, daß dieses kein Fenster war, sondern ein
großer Spiegel, dem das Fenster, durch welches der Wasserfall
erschien, gegenüber stand. Es war über der Thüre angebracht
und fiel nicht in die Augen. In der Mitte des Saales stand ein
kleiner marmorner Tisch, der schon gedeckt war.

Wir legten unsere Mordgewehre ab, und erfrischten uns
mit dem Wasser, das an der einen Wand des Saales in einem
Becken von grünem Glase unter einem Haufen von Früchten hervorquoll, die auch aus grünem Glase von verschiedenen Lichtstufen sehr künstlich gebildet waren. Die Früchte
drangen unmittelbar aus der Wand hervor, und lagen in
schöner Unordnung über einander. Die Mitte nahmen einige große Trauben ein, und um sie drängten sich andere
Früchte, über den Trauben lag ein Lorbeerkranz, auf dem
ein Schmetterling saß.

Als ich das kunstreiche Werk betrachtete, sagte Godwi,
das alles wäre recht gut, wenn nur der Schmetterling nicht
der Hahn wäre, der den Stral des Wassers schließt und öffnet, und der Lorbeerkranz nicht die Wasserröhre verbärge,
aus der die Ströme hervorrinnen und über die Früchte laufen, besonders die Traube setzt er unter Wasser.

Ja, sagte ich, er liegt über der Traube, wie ein schlechtes
Trinklied, das uns den Wein verdirbt. Es ist viel Unschuld
oder Boßheit in der ganzen Idee.

Hier nahm Godwi ein kleines silbernes Jagdhorn von der
Wand, und that einige helle Stöße hinein, die wie Flammen
an der Kuppel durch die grünen Wände hinauf liefen.

Die Töne sind ein wunderbarer lebender Athem der
Dunkelheit, sagte ich, wie alles rauscht und lebt und mit uns
spricht in dem heimlichen Saale, den die Töne wie glühende
Pulsschläge durchzuckten.

Godwi sagte, die Töne sind das Leben und die Gestalt
der Nacht, das Zeichen alles Unsichtbaren, und die Kinder
der Sehnsucht.

Es traten einige reinlich gekleidete Jäger herein, und trugen Speisen und goldenen Rheinwein auf. Godwi sagte ihnen, sie möchten die Speisen hinstellen, und uns dann an dem Wasserfalle etwas singen und blasen. Er gab ihnen das silberne Horn dazu, und sagte ihnen, sie mögten Flametta bitten, ihr Conzert zu unterstützen.

Wir machten uns nun herzlich über die Gerichte her, und besonders hielt Haber ein schreckliches Gericht über sie, er sagte:

Es ist nichts vortrefflicheres in der Welt, als der Geschmack so eines wilden Schweinkopfs. Man verzehrte ihn so siegreich, wie ein Indianer seinen skalpirten Feind.

Das Essen überhaupt ist das wahre erste Studium, sagte Godwi; in einer recht gründlichen Naturlehre müßte die erste Eintheilung seyn – dies kann man essen, und dies nicht.

Ich setzte hinzu, daß recht vernünftig essen zum vollkommnen Menschen gehöre, und daß, wer nicht mit ernstlicher Freude esse, weder ein guter Philosoph noch Dichter seyn könne.

Wie die Helden im Homer zugreifen, sagte Haber.

Rechten Hunger haben, heißt viel Anlage haben, und verhungern, heißt eine größere Anlage haben, als die gegenwärtige Bildung, sagte Godwi.

Und der ist der vernünftigste Esser, fügte ich hinzu, der die Bildung durch seinen Hunger so lange steigert, bis sie ihn sättigt.

Hier brachte Haber Göthens Gesundheit aus, wir tranken rund um aus voller Seele und vollen Bechern, und ich sagte: es ist seltsam, mit dieser Gesundheit ist mein Mahl geschlossen, ich bin ordentlich satt.

Siebentes Kapitel.

Nach Tische hörten wir einige Waldhörner, die lustig erklangen. Godwi sagte: wir wollen uns gegen den Spiegel wenden, da werden wir unser Orchester besser sehen können, und besonders Flametta, die ein sehr schönes Mädchen ist, und sich bey solchen Gesängen öfters sehr reizend dekorirt.

Wir warteten auch nicht lange, als wir an dem Wasserfalle einen zahmen Hirsch trinken sahen. Er hatte ein blankes Halsband mit Schellen an, und sah sehr zierlich aus. Er drehte sich um und sah zu uns herein. Godwi gab ihm etwas Brod, und er guckte uns mit seinen hellen freundlichen Augen groß an, dann rief ihn Flametta und er lief wieder weg.

Godwi sagte, das gehört sicher zu dem Liede, und wir können uns nun von Flametta etwas dramatisches erwarten.

Nun begannen die Hörner wieder ein lustiges Jagdlied zu blasen, verloren sich dann in der Ferne, und ahmten das Echo nach, als ob eine Gesellschaft Jäger auszöge, dann verstummten sie ganz, und an dem Wasserfalle erschien eine liebliche Maske.

Flametta war es, sie hatte sich in einen jungen Jäger verkleidet. Ein grünes Mäntelchen hing schön geschürzt über ihren Schultern. Die kräftigen Hüften hatte sie mit weißen Puffen bedeckt. Sie setzte sich, und streckte die schlanken behenden Beine nachlässig an den Boden. Ihr hoher Hals drang stolz aus dem strengen Dianenbusen, den sie leider aus Costum, so viel als möglich verbarg. Sie wußte wohl nicht, wie gern solche Fehler übersehen werden. Sie stützte das trotzige freie Köpfchen, auf dem sie einen schönen Kranz von frischen Blättern und Flittergold trug, in die Linke, und warf mit der Rechten Bogen und Pfeil von sich.

Indem sie sich über das Wasser beugte, und ihre Worte mit gelinden Bewegungen begleitete, sang sie mit heller klingender Stimme, und die Hörner tönten leise nach.

Cyparissus.

Nicht lachen mehr, nicht singen mehr,
Nicht mehr in Wäldern jagen,
Still sitzen hier und klagen
Weil ich nun mein Hirschlein geschlagen todt.

Wollt eilen hin, wollt eilen her,
Könnt einer mir nur sagen,
Daß ich es nicht erschlagen,
Daß ich nicht vergossen sein Blut so roth.

O böse Jagd! o böser Pfeil!
Mit lieben Blut geröthet,
Mein Freund hab' ich getödtet,
Der um mich verlassen die Freiheit sein.

Nicht lachen mehr, nicht singen mehr,
Nicht mehr in Wäldern jagen,
Still sitzen hier und fragen,
Wer hat erschlagen das Hirschlein mein?

O Sonnenschein! o heißer Schein!
Hier sitz ich an der Quelle,
Wo in dem Wasser helle,
Das Hirschlein sah sein güldin Geweih.

Was rauschet wohl, was blinket fein?
Was brauch ich's dann zu hören,
Mein Hirschlein kann nicht kehren,
Es ist ja todt und blinket nicht meh'.

Welch hoher Schritt, welch güldner Schein!
Zwei Hörner seh ich blinken,
Mein Hirschlein kömmt zu trinken,
O Freude groß! daß ich es noch seh.

Hier trat der Jägerbursche mit einer goldenen Leier auf.
Flametta hatte ihn als Phöbus maskirt. Flametta, welche den
Cyparissus vorstellte, glaubte nach der Wendung ihres Lie-

des, als sie die Leier blinken sieht, es sey das Geweih ihres
Hirschleins.

Phöbus.

O Cypariß! du holder Knab!
Dein Hirschlein ist im Walde,
Mein hoher Tritt so schallte,
Mein güldin Leier gab solchen Glanz.

Seit ich dich nicht gesehen hab',
Und hier bey dir gesessen,
Hast du mich schon vergessen,
Und flochte dir doch den grünen Kranz.

Flametta nahm hier den grünen Kranz und warf ihn in
das Wasser, wobey ihr die schönen lange Haare herabflos-
sen.

Cyparissus.

Den grünen Kranz will ich nicht mehr,
Und bist du nicht mein Hirschelein,
Und gehe und laß mich nur allein,
So habe ich es doch geschlagen todt.

Phöbus.

Dein's Hirschlein's Tod verdrießt mich sehr,
Will dir ein andres suchen,
In Eich' und grünen Buchen,
Vom Morgen bis zum Abendroth.

In heißer Sonn', in kühler Nacht,
Will ruhn in keiner Stunden,
Bis ich ein solches funden,
Damit ich tröste dein'n bittern Schmerz.

Cyparissus.

In heißer Sonn' in kühler Nacht,
Kannst kein's du je erjagen
Wie mein's, das ich erschlagen,
Dem ich durchstochen sein treues Herz.

Verlassen hat's sein'n freien Stand,
Von selbst kam es gegangen,
Ich hab es nicht gefangen,
Ein'n treueren Freund giebt es wol kaum.

Am Halse trug's ein güldin Band,
Mit Schellen auch von Golde,
Und wenn ich reiten wollte,
Legt ich ihm auf ein'n Purpurzaum.

Ihm war vergüldt sein hoch Geweih,
Daß mit den vielen Enden
Es alles mogt verblenden,
Wann es rannte durch den dunklen Wald.

Es schien, als ob's ein Blitzstral sey,
In seinen Ohren hinge
Von Perlin ganz ein Ringe,
So war geziert seine hohe Gestalt.

Phöbus.

O Cypariß! Du holder Freund!
Ich geb dir Pfeil und Bogen,
Mit Gold ganz überzogen,
O höre doch auf betrübt zu seyn.

Dein' schöne Augen sind ganz verweint,
Von deinen süßen Wangen
Ist ganz das Roth vergangen,
Und deine Lippen sind so voll Pein.

Komm, geh mit durch den dunklen Wald,
Den wilden Schmerz zu kühlen,
Will singen dir und spielen,
Komm und vergesse dein Hirschelein.

Cyparissus.

Dein Pfeil und Bogen nur behalt
Und in den Wald alleine geh,
Denn ich vergeß es nimmermeh',
Und sterbe hier voll großer Pein.

Will setzen zu dem Hirschlein mich,
Am heißen Mittag, wenn alles schweigt,
Will ruhen da,
Will sterben da,
In der Einsamkeit will ich sterben,
Meine Gedanken ganz traurig,
Will sterben bey dem Hirschelein.

Hier verließ Phöbus und Cypariß die Scene. Die Waldhörner spielten eine traurige Weise, und mehrere Stimmen
sangen, ohne gesehen zu werden, folgendes Chor:

Da saß der Jüngling und weinte,
Der Gott konnt ihn nicht trösten,
Und mogt nicht, daß er leide.
Da macht er ihn aus Liebe
Zu einer Trauerweide.

Des Baumes Zweig' sich senken
Und scheinen still zu denken
Und leis herab zu weinen
Cypressus er nun heißet.

Hier war das Fest zu Ende, und alles schwieg still. Die
Sonne hatte recht gut dekorirt. Im Anfange schien sie ganz

heiß auf den Wasserfall und zog dann mit dem Gesange davon. Sie ging von der Seite des Phöbus, so daß Cypariß nach
und nach ganz in den Schatten kam und auch der Saal viel
düstrer ward.

Achtes Kapitel.

Wir waren alle durch Flamettens Lied bewegt. Godwi allein äußerte nichts bestimmtes. Es schien mir überhaupt, als
habe er ein ganz eigenes Instrument im Busen, und seine
Rührung sey sich stets gleich. Er hat sein Leben einer schönen Erinnerung hingegeben, und was ihn rührt, schlägt
diese an, dennoch hat er ein gesundes originelles Urtheil.
Diese Originalität aber besteht aus einem einzigen großen
Eindruck in seinem Inneren, von dem er immer seinem Urtheil einen Klang mitgiebt und es so stempelt. Unsere Aeußerungen über das Lied Flamettens führten uns zu einem
allgemeinen Gespräche über das Romantische, und ich sagte:

Alles, was zwischen unserm Auge und einem entfernten
zu Sehenden als Mittler steht, uns den entfernten Gegenstand nähert, ihm aber zugleich etwas von dem seinigen
mitgiebt, ist romantisch.

Was liegt denn zwischen Ossian und seinen Darstellun-
gen, sagte Haber.

Wenn wir mehr wüßten, erwiederte ich, als daß eine
Harfe dazwischen liegt, und diese Harfe zwischen einem
großen Herzen und seiner Schwermuth, so wüßten wir des
Sängers Geschichte und die Geschichte seines Thema's.

Godwi setzte hinzu, das Romantische ist also ein Perspectiv oder vielmehr die Farbe des Glases und die Bestimmung des Gegenstandes durch die Form des Glases.

So ist nach Ihnen also das Romantische gestaltlos, sagte Haber, ich meinte eher, es habe mehr Gestalt, als das Antike, so, daß seine Gestalt allein schon auch ohne Inhalt heftig eindringt.

Ich weiß nicht, fuhr ich fort, was Sie unter Gestalt verstehen. Das Ungestaltete hat freilich oft mehr Gestalt, als das Gestaltete vertragen kann; und um dieses Mehr hervor zu bringen, dürften wir also der Venus nur ein Paar Höcker anbringen, um sie romantisch zu machen. Gestalt aber nenne ich die richtige Begrenzung eines Gedachten.

Ich möchte daher sagen, setzte Godwi hinzu, die Gestalt selbst dürfe keine Gestalt haben, sondern sey nur das bestimmte Aufhören eines aus einem Punkte nach allen Seiten gleichmäßig hervordringenden Gedankens. Er sey nun ein Gedachtes in Stein, Ton, Farbe, Wort oder Gedanken.

Es fällt mir ein Beyspiel ein, versetzte ich, verzeihen Sie, daß es die so sehr gewöhnliche Allegorie auf die Eitelkeit der Welt ist. Nehmen Sie eine Seifenblase an, denken Sie, der innere Raum derselben sey ihr Gedanke, so ist ihre Ausdehnung dann die Gestalt. Nun aber hat eine Seifenblase ein Moment in ihrer Ausdehnung, in der ihre Erscheinung und die Ansicht derselben in vollkommner Harmonie stehen, ihre Form verhält sich dann zu dem Stoffe, zu ihrem innern Durchmesser nach allen Seiten, und zu dem Lichte so, daß sie einen schönen Blick von sich giebt. Alle Farben der Umgebung in ihr schimmern, und sie selbst steht nun auf dem letzten Punkte ihrer Vollendung. Nun reißt sie sich von dem Strohhalme los, und schwebt durch die Luft. Sie war das, was ich unter der Gestalt verstehe, eine Begrenzung, welche nur die Idee fest hält, und von sich selbst nichts spricht. Alles andere ist Ungestalt, entweder zu viel, oder zu wenig.

Hier versetzte Haber, also ist Tasso's befreites Jerusalem eine Ungestalt –

Lieber Haber, sagte ich, Sie werden mich ärgern, wenn

Sie mir nicht sagen, daß Sie mich entweder nicht verstehen, oder mich nicht ärgern wollen.

Ärgern Sie sich nicht, erwiederte er, denn ich thue weder das eine, noch will ich das andere, aber mit Ihrer Ungestalt des Romantischen bin ich nicht zufrieden, und setzte Ihnen grade den Tasso entgegen, da ich ihn kenne, und leider nur zu sehr empfinde, wie scharf und bestimmt seine Gestalt ist. Das fühle ich nur zu sehr, da ich damit umgehe, ihn einstens zu übersetzen.

Daß Sie es zu sehr fühlen, ist ein Beweis für mich, sagte ich; die reine Gestalt fühlt man nicht zu sehr, und nehmen Sie sich in Acht, daß Sie es auch den Leser Ihrer Uebersetzung nicht zu sehr fühlen lassen, denn nach meiner Meinung ist jedes reine, schöne Kunstwerk, das seinen Gegenstand bloß darstellt, leichter zu übersetzen, als ein Romantisches, welches seinen Gegenstand nicht allein bezeichnet, sondern seiner Bezeichnung selbst noch ein Colorit giebt, denn dem Uebersetzer des Romantischen wird die Gestalt der Darstellung selbst ein Kunstwerk, das er übersetzen soll. Nehmen sie zum Beispiel eben den Tasso, mit was hat der neue rhythmische Uebersetzer zu ringen, entweder muß er die Religiosität, den Ernst und die Glut des Tasso selbst besitzen, und dann bitten wir ihn herzlich, lieber selbst zu erfinden, hat er dieses alles aber nicht, oder ist er gar mit Leib und Seele ein Protestant, so muß er sich erst ins Katholische übersetzen, und so muß er sich auch wieder geschichtlich in Tasso's Gemüth und Sprache übersetzen, er muß entsetzlich viel übersetzen, ehe er an die eigentliche Uebersetzung selbst kömmt, denn die romantischen Dichter haben mehr als bloße Darstellung, sie haben sich selbst noch stark.

Bey den reinen Dichtern ist dies der Fall wol nicht, sagte Haber, da sie doch noch etwas weiter von uns entfernt sind.

Nein, erwiederte ich, obschon sie etwas weiter von uns entfernt sind, und grade deswegen nicht, weil diese große Ferne jedes Medium zwischen ihnen und uns aufhebt, wel-

ches sie uns unrein reflectiren könnte. Die Bedingniß ihres
Übersetzers ist bloße Wissenschaftlichkeit in der Sprache
und dem Gegenstande, er darf bloß die Sprache übersetzen,
so muß sich seine Übersetzung zu dem Original immer verhalten, wie der Gypsabdruck zu dem Marmor. Wir sind alle
gleichweit von ihnen entfernt, und werden alle dasselbe in
ihnen lesen, weil sie nur darstellen, ihre Darstellung selbst
aber keine Farbe hat, weil sie Gestalt sind.

Godwi sagte scherzend, nun also lieber Haber, fangen Sie
nur vorher an, sich zu übersetzen, schwerere Kontraktionen
wollen wir Ihnen erläutern helfen, und tiefe Stellen, sollten
welche vorkommen, müssen Sie erst in Konfessionen ergießen, um sie ans Licht bringen zu dürfen. Denn, übersetzen
Sie sich nicht zuerst, so möchte für alle die Religiosität, den
Ernst und die Glut Tasso's, liebenswürdiger Atheismus,
süße Prosa und jene in den Musenalmanachen so häufige
ästhetische Glut, Äther-Glut, Rosen-Glut oder Johannis-
würmchen-Glut hervorkommen.

Die Reime allein schon, fuhr ich fort, sind in unserer
Sprache nur als Gereimtes wieder zu geben, und ja, sehen
Sie, eben diese Reime schon sind eine solche Gestalt der Gestalt, und wie wollen Sie das alles hervorbringen? Der italiänische Reim ist der Ton, aus dem das Ganze gespielt wird.
Wird Ihr Reim denselben Ton haben? ich glaube nicht, daß
Sie ein solcher Musiker sind, der aus allen Tonarten und
Schlüsseln auf ein andres Instrument übersetzen kann, ohne
daß das Lied hie und da still steht und sich zu verwundern
scheint, oder seiner innern Munterkeit nach aus Neugierde
mit geht und sich selbst in dem luftigen ästhetischen Rock,
der hier zu eng und dort zu weit, überhaupt seinem Charakter nicht angemessen, so ein Rock auf den Kauf ist, wie
einen Geniestreich ansieht, oder, wird es blind, wie ein vor-
trefflicher Adler, dem man eine Papiertute über den Kopf
gezogen hat, dumm in einer Ecke sitzt.

Godwi lachte und sagte – eine Frage für ein Receptbuch
– Wie übersetzt man einen italiänischen Adler ins Deut-

sche? – Antwort – Recipe eine Papiertute, ziehe sie ihm über den Kopf, so ist er aus dem Wilden ins Zahme übersetzt, wird dich nicht beißen, ja er ist der nämliche Adler und zwar recht treu übersetzt.

Recht getreu, sagte ich, denn er sitzt nun unter den deutschen Hühnern recht geduldig und getreu, wie ein Hausthier.

Jede Sprache, fuhr ich fort, gleicht einem eigenthümlichen Instrumente, nur jene können sich übersetzen, die sich am ähnlichsten sind, aber eine Musik ist die Musik selbst und keine Komposition aus des Spielers Gemüth und seines Instrumentes Art. Sie erschafft sich da, wo das Instrument, der Tonmeister und die Musik in gleicher Vortrefflichkeit sich berühren. Viele Uebersetzungen, besonders die aus dem Italiänischen, werden immer Töne der Harmonika oder blasender Instrumente seyn, welche man auf klimpernde oder schmetternde übersetzt. Man versuche es einmal mit dem Petrarch, wenn mehr herauskömmt, als ein gereimtes Florilegium, an dem man die Botanik seiner Poesie studieren kann, wenn mehr herauskömmt, als eine officinelle Übersetzung, wenn nicht jedes Sonnet ein Recept an ein Wörterbuch wird, wo man des Reimes wegen immer die Surrogate statt der Sache nehmen muß, statt Citronensäure Weinstein, statt Zucker Runkelrüben, so will ich den Entschluß aufgeben, sollte ich je lieben, eine Reihe deutscher Sonnette zu machen, die keiner ins Italiänische übersetzen wird

Den Dante halten Sie denn wol für ganz unübersetzlich, sagte Haber.

Grade einen solchen weniger, fuhr ich fort, eben so wie den Shakespear. Diese beiden Dichter stehen eben so über ihrer Sprache, wie über ihrer Zeit. Sie haben mehr Leidenschaft als Worte, und mehr Worte als Töne. Sie stehen riesenhaft in ihren Sprachen da, und ihre Sprache kann sie nicht fesseln, da ihrem Geiste kaum die Sprache überhaupt genügt, und man kann sie wol wieder in einen anderen wackeren Boden versetzen. Es kann gedeihen, nur muß es

ein Simson gethan haben. Transportirte Eichen bleiben sie
immer, an denen man die kleinen Wurzeln wegschneiden
muß, um sie in eine neue Grube zu setzen. Die meisten anderen italiänischen Sänger aber haben ganz eigenthümliche
Manieren, die in der Natur ihres Instrumentes liegen, es
sind Tonspiele, wie bey Shakespear Wortspiele, Tonspiele
können nicht übersetzt werden, wol aber Wortspiele.

Wie sind wir auf die Uebersetzungen gekommen, sagte
Godwi. – Durch das romantische Lied Flamettens, sagte
ich. Das Romantische selbst ist eine Uebersetzung –

In diesem Augenblick erhellte sich der dunkle Saal, es ergoß sich ein milder grüner Schein von dem Wasserbecken,
das ich beschrieben habe.

Sehen Sie, wie romantisch, ganz nach Ihrer Definition.
Das grüne Glas ist das Medium der Sonne.

Neuntes Kapitel.

Es ging wirklich etwas bezauberndes mit diesem Becken
und seinen Früchten vor, und die Erscheinung war mir
äußerst überraschend.

Die Früchte, die halb in der Wand verborgen waren, fingen allmählig an zu schimmern. Zuerst erleuchteten sich der
Lorbeerkranz mit dem Schmetterlinge und die Trauben, ein
dunkles ernsthaftes Grün, das endlich in verschiedene Stimmungen über die umgebenden Früchte zerrann. Dann
glühte das ganze Becken in mildem grünen Feuer und die
schillernden Tropfen, die zwischen den Früchten hervor
drangen, leuchteten und sammelten die verschiedenen
Grade des Feuers in dem Boden des Beckens, das mit grünen Spiegel überzogen die immer gleiche Menge des Was-

sers mit einer zurückstralenden Seele belebte, und in dieser brannte das Ganze noch einmal reflektirt.

Wir standen alle erfreut vor dem großen Smaragde, der zu leben schien, und ich empfand in mir einen heftigen Eindruck, eine ganz wunderbare Sehnsucht.

Ich wollte, das Ding schwiege still, erblaßte und verlöre seine Gestalt, sagte ich, denn eins allein von diesen könnte ich nicht sagen. Hier ist Ton, Farbe und Form in eine wunderliche Verwirrung gekommen. Man weiß gar nicht, was man fühlen soll. Es lebt nicht und ist nicht todt, und steht auf allen Punkten auf dem Übergange, und kann nicht fort, es liegt etwas banges, gefesseltes darin.

Aufhören wird es bald, sagte Godwi, wenn sich nur die Sonne wendet. In der Einrichtung liegt das Schöne, daß es mit dem himmlischen Lichte in Verbindung steht. Wenn die Sonne sich wendet, verliert es sein Leben und stirbt.

Bald wechselte die ganze Beleuchtung gleichsam stoßend, einmal, zweimal, und alles war vorüber.

Godwi erzählte uns, daß der verborgene Theil des Kunstwerks von außen der Sonne ausgesetzt sey, die, wenn sie auf einem gewissen Punkte stehe, durch mehrere geschliffene Spiegel, die im Inneren sehr künstlich angebracht seyen, das Becken so erleuchte. Sein Vater habe eine Zeitlang viele Künstler um sich gehabt, denen er vieles verdanke, und unter ihren Arbeiten seyen auch manche, die ihm selbst wohl thäten.

Ich fragte ihn, warum nur manche, da doch jedes schöne Werk ein allgemeines Gefallen zur Bedingung hat.

Mein Vater, erläte er, wollte nicht das Schöne der Kunst, er wollte nur ihre Macht. Sie sollte ihm dienen, denselben Eindruck, den er wollte, ihm auf alle Arten zu geben. Sie sollte ihm etwas, was er gern vergessen hätte und nie vergessen konnte, seinem unerreichlichen Wunsche zum Trotze auf allen Seiten hinstellen. Nehmen Sie an, er habe sich vor Geistern gefürchtet und sie seyen oft neben ihm getreten, so sey er nun aus Verzweiflung ein zweiter Faust geworden, habe die Geister zu sich gezwungen, um ihm zu dienen, habe sich unter sie gestürzt, um sie nicht zu fürchten. So ist er mit der Kunst umgegangen; Alles, was er arbeiten ließ, umfaßte einzelne Ideen, von denen eine mich in meiner Jugend schon peinigte, und die mich jetzt, daß ich sie kenne, da ich mich kenne, und meine Bestimmung, nur dann und wann rührt.

Hier hielt er ein, und ich durfte ihn nicht fragen, denn mit seiner Rede war sein Schmerz gestiegen; aber Haber durfte ihn fragen, weil seine Neugierde größer war, als seine Schonung; – und diese Idee? – sagte er.

Godwi sah ihn an, und sprach lächelnd – und diese Idee habe ich in meinen Worten ganz allein verhüllt, weil ich sie nicht sagen wollte.

Dies Becken aber, das uns so eben erfreuete, fragte ich, wie kam er zu diesem, warum bauete er den wunderbaren Saal, in dem wir sitzen, und das ganze Jägerhaus?

Godwi erwiederte, er that dieses einer gewissen Kordelia*) wegen, die sich hier aufhielt, und auch hier gestorben ist, einem sehr merkwürdigen Weibe, durch seine so einseitige Anhänglichkeit an die todte Natur, daß es alle Menschen, und besonders die Männer vermied. Diese Kordelia brachte ihre letzten Jahre hier zu. Sie war ein Jahr vor meines Vaters Abreise nach Italien in meiner Abwesenheit hierher gekommen. Mein Vater ließ ihr dieses Haus nach ihrer Phantasie erbauen. Sie starb unter freiem Himmel, und liegt hier im Walde begraben. Ich erbrach ihren letzten Willen, der nichts enthielt als die Bitte, den versiegelten Schrank in ihrer Schlafstube nicht eher zu erbrechen, bis ihr eigentlicher Name bekannt sey, der immer noch verborgen ist. Dies einzelne Werk, das Becken, kaufte ich von einer emigrirten Familie auf meiner Reise. Es ist von einem Straßburger Künstler aus dem funfzehnten Jahrhundert, der nicht be-

---

*) Siehe den ersten Band. pag. 178, wo Molly von dieser Kordelia schreibt. (In vorliegender Ausgabe S. 112.)

kannt geworden ist, weil er mit seltsamen ganz eigenthümlichen Zwecken arbeitete. Alle seine Werke sind in einem
solchen phantastischen romantischen Stiel, und bezeichnen
seinen wunderbaren Gemüthszustand. Dieses Becken war
ihm eigen geblieben, und seine Erben kannten den Gebrauch durch ihn. Da die Wirkung mir gefiel, kaufte ich es,
und schickte es meinem Vater, der es Cordelien zur Freude
hier anbringen ließ. Zu gleicher Zeit habe ich mancherlei
Papiere dieses Künstlers gekauft, die wir einmal mit einander durchlesen wollen*).

Ueber diesem war es Abend geworden, und Haber erinnerte an das Heimgehen vor Nacht.

Wenn es Zeit ist, sagte Godwi, kömmt mein Jäger von
selbst uns zu rufen. Er kennt unsre gewöhnliche Zeit, und
überdies ist Flametta so spröde gegen ihn, daß er sicher früh
genug aufgebracht seyn wird, und dann wird er uns schon
abholen, es wäre unfreundlich, ihn jetzt zu stören, da er bey
dem Apollo uns zu Liebe schon so viele Zeit versäumt hat.

Erzählen Sie uns doch etwas näheres von Flametta, sagte
ich.

Er erinnerte aber, ich sey die Rede der Kreuzfahrer noch
schuldig, ich möchte diese nur erst sprechen lassen; denn es
wäre äußerst unartig, solche entschlossene Jünglinge länger
in der Berathschlagung stehen zu lassen.

Haber sagte, ihr letzter Satz war –

So schwebte ruhend die Fittiche in unentschiedenem
Fluge ihr Geschick.

*) Ich besitze durch die Güte des Herrn Godwi jetzt diese Papiere, die
nichts anders, als das selbstgeschriebene Tagebuch dieses höchst interessanten Menschen enthalten. Er lebte in dem funfzehnten Jahrhunderte,
und ich bin willens, so bald ich Muße habe, dem Publikum dieses interes-
sante Manuscript mitzutheilen.
                                        Maria.

Zehntes Kapitel.

Drei Haufen standen die Edeln am Ufer des Weltmeers. Nebel lag um sie her, und die Treuen sahen sich kaum unter einander, doch erkannten sie sich immer noch, wenn hie und da ein Wort aller im Enthusiasmus der Redner lauter schallte. Von dem einen Haufen hörte man unaufhörlich die Worte:

Kraft, Ideale Natur, Individualität.

Von dem andern die Worte:

Streben in sich zurück, Selbsterkenntniß, Tiefe, Fülle.

Und von dem dritten hörte man:

Lebensgenuß, Zurückreißen der Natur in sich, Verindividualisirung.

Endlich nun erstand ein Redner aus jedem Haufen. Der Redner der Tapfersten trat hervor, und rief aus –

Dränget euch an einander, ihr Freunde, ein einziger Wille, ein Phalanx dem Nebel, der uns neidisch einander entreißen will, ich habe ein Wort der Kraft an euch zu reden, welches gleich einem Magnete alle reine eisenhaltigen Herzen an sich ziehen, und zu einer Individualität vereinigen wird. Die Anderen näherten sich, ihre Redner an der Spitze, und der Erste fuhr fort:

Stehet fest, fest meine Freunde! lasset euch nicht irren – es gilt jetzt –

Ihr habt in der Kraft eurer idealen Natur, eure Selbsten einer Aufgabe geweiht, was darf euch berechtigen, sie fallen zu lassen, als die Anschauung ihrer Nihilität –

Ich sprach mit euch, da ihr noch schwach waret, jetzt müßt ihr entern, das nenne ich mit eigner Kraft euer Selbst, eueren Vorsatz und alle selbstgefundenen Mittel fassen, halten, durchführen. – Nur so seyd ihr für den heiligen Krieg – oder diesen Gedanken in euren Seelen in den Abgrund der Vergessenheit senken, und alle Wellen eurer alten Gedanken über ihm zusammenschlagen lassen, wie die Wellen des vor uns liegenden Weltmeers über unsre streitglühenden Körper hinschlagen werden; denn wer dem Weltmeere die Brust nicht bieten mag, der ist kein Sohn seiner Mutter, die es thut, der Erde –

O ihr habt mich so oft angestaunt, da ich in objectiver Ruhe unter euch wandelte, erschrecken werdet ihr, wenn ihr schwach seyd, und ich handelnd auftrete.

Ergründet schnell eure Subjectivität, und sprechet mit Klarheit, ob ihr fähig seyd mit mir zu handeln?

Hier hielt der edle Mann ein, einige riefen bravo! viele murrten, dann sprach ein andrer Redner. Mit der zärtlichen Undeutlichkeit eines Menschenliebenden, aber ganz in sich allein zurückkehrenden Gemüthes, redete er alle an, indem er sich zu dem vorigen Redner wendete.

In der Tiefe deiner Brust bemerke ich eine apriorische Anschauung unsers Zustandes, die du mit Recht als ein Produkt von dir selbst giebst, weil sie falsch seyn dürfte für die Intensität vieler, die hier stehen und erkannt haben den Ursitz der Welt, und die einzige Straße nach dem Besitze und der Gabe.

Ich spreche daher zu jenen Glücklichen unter uns, deren Wesen dem unendlichen tiefen Milchbrunnen gleicht, von dem ein kindlicher Aberglauben sagt, daß die unschuldigen Kindlein aus ihm herauskommen, – zu jenen spreche ich, welche die Schöpfung in der Brust, in dem reinen tiefen Spiegel ihres Herzens tragen, und welche mit mir die tiefen Worte des begeisterten Helden, der damals so feierlich zu dem Volke sprach, verstanden haben. – Er selbst hat sich nicht verstanden, und war nur ein Organ der Religion, wie hätte er sonst nach seinen eignen Worten:

Glaubet aber nicht, das Grab Christi sey außer euch, und es stehe zu erlösen im Kriege fanatischer Waffen – in euch selbst ist das Grab des Herrn, von den Sünden des Unglaubens geschändet, nur in euch könnt ihr es befreien, und die äußerliche That ist nur gesellschaflich, in euch ist die Tiefe, die Fülle, die Klarheit, strebet in euch zurück, kommet zur Selbsterkenntniß.

Wie hätte er sonst nach diesen seinen Worten hinziehen können in Unendlichkeit und leerem Streben der Individualität ins Universum.

Wohin fliehet ihr, ihr Geister! – in die Unendlichkeit? – Diese Kraft euch aufzuschwingen, gab euch die Natur – aber sie treibt euch auch in die Endlichkeit zurück – schon die unfreundlichen Wellen dieses Weltmeers thun es, und sind, obschon sehr lange, doch wol lange noch nicht die Natur – o Freunde, die ihr in euch, wie ich, den Lampenfunken des heiligen Grabes brennen sehet, bleibt zurück, denn das heilige Grab ist in euch – o! verliert es nicht in den Wellen, weil ihr es erobern wollt. Flattert nicht über die Endlichkeit hinaus, sonst werdet ihr bald der Unendlichkeit müde in eure Leerheit zurückkehren – durch inneres Vergraben erwerbet euch das heilige Grab – und schreitet so in ewiger Vertieferung in die Unendlichkeit dieses Grabes.

Wo wollt ihr euch aber finden, als in der Endlichkeit! Wo könnt ihr Kraft anwenden, als in dieser! – Überfliehet ihr sie, so stumpfen sich eure Kräfte mehr und mehr ab, es ist kein Rückhalt da, der euch fest halte, es ist kein Schiff auf diesem Weltmeere, und euer endloses Streben, eure schwimmenden Arme werden endlich doch in einen Wallfischmagen verendlicht, oder gar endlich als Fischthran auf Schuhen und Stiefeln, oder Fischbein in Schnürbrüsten (schreckliche Beschränkung schöner Weiblichkeit!) verindividualisiret werden.

Greifet ein in die Endlichkeit – suchet in euch das Ideal des heiligen Grabes, das euerm Wesen harmonirt, dieses fasset ganz und alle Äußerungen, wonach ihr die Unendlichkeit modificirt, seyen euch nach diesem Ideale bestimmt. So könnt ihr das heilige Grab in euch erlösen, und von seiner Fülle, die sich in der Blüte ewiger Herrlichkeit erneuert und füllt, die Wunder auf alle andere durch euch ausströmen lassen.

Bravo, heiliger göttlicher Ausleger! schrieen viele Stimmen mit einem seufzenden sehnsüchtigen Tone.

Der dritte Haufen und seine Redner hatten sich während dem über den Mundvorrath in den Körben der Esel hergemacht, sie lagen umher und schliefen.

Pumps, pumps, pumps, that es drei Schläge ins Weltmeer, die wenigen Anhänger des muthigen ersten Redners stürzten sich hinein.

Die Anhänger des Zweiten traten dicht zusammen und umklammerten, einer dem andern in den Armen ruhend, die heiligen Gräber; unter diesen waren jene innigen, dringenden, brünstigen Freunde.

Sie zogen wankend Feld ein, und man hat weiter nichts von ihnen gehört, als in einigen Volksromanzen, welche die Fischer und Schäfer dort singen, allerlei Überbleibsel ihres selbstischen Wahnsinnes. Auch sollen durch ihre fernern Thaten fast alle Arten von Aberglauben, fliegende Drachen, Beischlaf des Teufels mit Hexen und besonders das Alpdrücken bey jungen schlafenden Frauenzimmern entstanden seyn.

Die Eingeschlafenen aber erwachten den folgenden Morgen, und gingen langsam nach Haus. Sie leben nun in einer Art von Traum, aus ihren Krisen und aus den Volksliedern habe ich die Geschichte dieser entscheidenden Gemüthsschlacht zusammen getragen.

Das Weltmeer aber war nichts als ein sumpfichter Fischteich, die Tapfern brauchten gar nicht zu schwimmen, und auf der andern Seite stand ein Wirthshaus, in dem sie sich es recht gut schmecken ließen. Auch fanden sie dort einige zurückgebliebene Bagagewagen des heiligen Zuges. Sie setzten sich mit auf, und kamen auch in den Krieg. Doch hat man von ihren Thaten bis jetzt noch nichts gehört.

Das wäre nun so ziemlich die Geschichte des philosophischen Anflugs der letzten Jahre.

Haber näherte sich mir, und wollte mich umarmen, aber ich trat zurück und sprach:

Verbannen Sie diesen fabelhaften Zug von inniger Freundschaft aus Ihrem Gemüthe, ich bin Ihr Freund und aller derer, die nach dem Bessern streben, oder die schon weiter sind, als ich.

Hier kam der Jägerbursche herein und fragte, ob wir nun gehen sollten.

Was macht Flametta? sagte Godwi.

Sie hat bis jetzt nichts gethan, erwiederte er, als mir gepredigt, daß ich den Apollo so schlecht gemacht habe. Sie behauptete, wenn sie ihren Akteon aufführen würde, werde ich die Scene, wo mir die Hirschgeweihe wachsen würden, besser spielen. Ich sagte, sie solle sich mir nur einmal nackt im Bade zeigen, für die Hörner wolle ich schon sorgen: da gab sie mir eine Ohrfeige, die, wäre sie nicht auf das Ohr gefallen, leicht die Grundlage eines Hornes hätte werden können – und für diese Ohrfeige gab sie mir denn wieder einen Kuß, weil ich so geduldig gewesen sey, sagte sie, und sauste mir die Ohrfeige in den Ohren, als knacke einer die Welt wie eine Nuß auf, so schmeckte auch der Kuß, wie der Kern jener Nuß. Jetzt ist sie in dem Walde mit den Hunden und den kleinen Mädchen des Försters, denen sie das Fürchten abgewöhnen will, und wir müssen wol auch gehen, wenn uns der wilde Jäger nicht die Haare versengen soll.

Haber drang auch sehr aufs Gehen, und wir verließen mit dem Jäger das Haus.

Elftes Kapitel.

Wir gingen, und die Nacht ging mit uns; um uns her küßte sie den Schatten des Waldes, und lag in dämmernder Liebe in den Gebüschen. Auf lichten Stellen standen noch freundliche Sonnenblicke, als wollten sie uns Lebewohl! sagen. Durch die Tiefe des Waldes drang der rothe glühende Himmel, der leise verstummte. Er sprach wie die jungfräuliche Schaam, wenn sie der tiefsten Freude weicht, und die Natur bebte in leisem Schauer, wie Liebestod.

Alles verlor seine Gestalt und sank in Einigkeit. Es gab nur einen Himmel und eine Erde, auf ihr wandelte ich, und mein Fuß rauschte im Laube, in des Himmels mildem Glanze ging mein Auge und trank große herrliche Ruhe. O! wem hätte ich sagen können, wie mein Herz war, wer hätte mich verstanden, und das elende Fragment meiner Sprache entziffert, und wer hätte es verdient?

Ich achtete Godwi, und konnte ihm das nicht sagen, denn ich hätte ihm gesagt, was Freundschaft sich nicht sagen darf. Hier ist sie klein und erblickt sich nicht. Freunde schweigen in solchen Momenten, wo die Liebe sich vom Himmel niedersenkt, und gehen bange einer um die Freundschaft, und schämen sich, daß sie nicht Mann sind und Weib, um sich niederzusetzen und sich zu küssen.

Ich dachte an dich, die mich erwartet, wo bist du Geliebte? sprach ich, die so zu mir strebt, die in Waldesschatten athmet, und von dem Himmel mit goldenen Fäden mein Herz umspinnt – wo bist du? die mich küßt im kühlen Abendwinde – soll ich nimmer zu dir und mit dir seyn? wie der Abend, in dem ich deiner gedenke – ach Alles sprach mit mir! auch die Brünette drängte sich leise an mein Herz, und sagte – ich bin nun wie dir ist – da sprach ich folgende Worte zu ihr:

An S.

Wie war dein Leben
So voller Glanz,
Wie war dein Morgen
So kindlich Lächlen,   5
Wie haben sich alle
Um dich geliebt,
Wie kam dein Abend
So betend zu dir,
Und alle beteten   10
An deinem Abend.

Wie bist du verstummt
In freundlichen Worten,
Und wie dein Aug brach
In sehnenden Thränen,   15
Ach da schwiegen alle Worte
Und alle Thränen
Gingen mit ihr.

Wol ging ich einsam,
Wie ich jetzt gehe,   20
Und dachte deiner,
Mit Liebe und Treue –
Da warst du noch da
Und sprachst lächlend:
Sehne dich nimmer nach mir,   25
Da der Lenz noch so freudig ist
Und die Sonne noch scheint –

Am stillen Abend,
Wenn die Rosen nicht mehr glühen
Und die Töne stumm werden,   30
Will ich bey dir seyn
In traulicher Liebe,
Und dir sagen,
Wie mir am Tage war.

Aber mich schmerzte tief,
Daß ich so einsam sey,
Und vieles im Herzen.
O warum bist du nicht bey mir!
Sprach ich, und siehst mich
Und liebst mich,
Denn mich haben manche verschmäht,
Und ich vergesse nimmer,
Wie sie falsch waren
Und ich so treu und ein Kind.

Da lächeltest du des Kindes
Im einsamen Wege,
Und sprachst: harre zum Abend,
Da bist du ruhig
Und ich bey dir in Ruhe.

Dein Herz wie war es da,
Daß du nicht trautest,
Viel Schmerzen waren in dir,
Aber du warest größer als Schmerzen,
Wie die Liebe, die süßer ist,
Als all ihr Schmerz.

Und die Armuth, der du gabst,
War all dein Trost,
Und die Liebe, die du freundlich
Anderen pflegtest,
War all deine Liebe.

Einsam ging ich nicht mehr,
Du warst mir begegnet
Und blicktest mich an –
Scherzend war dein Aug
Und deine Lippe so tröstend –
Dein Herz lag gereift
In der liebenden Brust.

Freundlich sprachst du:
Nun ist bald Abend,
Gehe, vollende,
Daß wir dann ruhen,
Und sprechen vom Tage.

Wie ich mich wendete –
Ach der Weg war so schwer!
Langsam schritt ich,
Und jeder Schritt wollte wurzeln,
Ich wollte werden wie ein Baum,   10
All meine Arme,
Blüthen und Blätter,
Sehnend dir neigen.

Oft blickte ich rückwärts
Hin, wo du warst,   1
Da lagen noch Stralen,
Da war noch Sonne
Und die hohen Bäume glänzten
Im ernsten Garten,
Wo du gingst.   2

Ach der Abend wird nicht kommen
Und die Ruhe nicht,
Auf Erden ist keine Ruhe.

Nun ist es Abend,
Aber wo bist du?   2
Daß ich dir sage,
Wie der Tag war.

Warum hörtest du mich nicht,
Als du noch da warst?
Nun bin ich einsam,   3
Und denke deiner
Liebend und treu.

Die Sonne scheint nicht,
Und die Rosen glühen nicht,
Stumm sind die Töne –
O! warum kömmst du nicht,
Willst du nicht halten,
Was du versprachst?
Willst du nicht hören,
Soll ich nicht hören,
Wie der Tag war?

Wie war dein Leben,
So voller Glanz,
Wie war dein Morgen
So kindlich Lächlen,
Wie habe ich immer
Um dich mich geliebt,
Wie kömmt dein Abend
So betend zu mir,
Und wie bete ich
An deinem Abend.

Am Tage hörtest du mich nicht,
Denn du warst der Tag,
Du kamst nicht am Abend,
Denn du bist der Abend geworden.

Wie ist der Tag verstummt
In freundlichen Worten,
Wie ist sein Aug gebrochen
In sehnenden Thränen,
Ach da schweigen alle meine Worte,
Und meine Sehnsucht zieht mit dir.

————————

   Godwi sagte: am Abend erschließen sich alle Thore des
Himmels, und die Ferne besucht uns freundlich.

Es ist kein schönerer Wunsch, fuhr ich fort, als guten
Abend! Es heißt, mögest du ruhig seyn und liebend, in stillem Umgange mit allem, was du vermißt. – Am Abend erschließen alle Herzen sich selbst, und aus allen Tiefen der
Seele kommen die geliebtesten Gedanken zu uns, und selbst
die heftigen Begierden, und was uns mit Gewalt fesselt,
kömmt zu uns und spricht: Lasse dir nicht bange seyn um
uns, wir sind nicht so feindlich, als du gedenkst.

Zwölftes Kapitel.

Haber ging mit dem Jägerburschen weiter vor uns, und unterhielt ihn in einem dringenden Gespräche. Es schien ihm
etwas unheimlich im Walde zu seyn. Der Jäger erzählte ihm
allerlei Mordgeschichten, und vom wilden Heere. Das letzte
wollte er nun gar nicht recht glauben, und sagte einmal über
das andere mal, das sey lauter Aberglauben. Im Walde ertönte dann und wann ein lauter Pfiff, und hatte Haber geschwiegen, so fuhr er dann schnell den Jäger an: hörst du?
schon wieder, was mag das wol seyn, es lautet recht schön.

Was mag es seyn, sagte der Jäger, Lumpengesindel, aus so
einem Busche heraus fliegt einem mannichmal ein Knüppel
an den Kopf, daß man gleich ans Verzeihen denken muß,
ehe man sich noch recht geärgert hat.

Wie so?

Ei nun, was da pfeift, ist meistens niederträchtiges Volk,
und schlägt einen todt; auf dem Todsbette aber muß man
verzeihen – und wenns geschwinde geht, hat man keine Zeit
sich zu ärgern.

Haber ging hier mehr in der Mitte des Weges, aber es
pfiff wieder, und rief:

Was sprichst du böser Bube von Lumpengesindel?

Es war eine wunderliche Stimme, halb erzwungen derb, halb ängstlich und kindisch. Wir näherten uns, Haber wollte schon auf einen Baum klettern, als unser Schrecken durch die Worte des Jägers im Gebüsche aufgehoben wurde.

Du Waldteufelchen, für den Schrecken muß ich dich küssen.

Nun kamen mehrere Mädchen und Knaben aus dem Gebüsche und lachten; die älteste ging auf Godwi zu, und bat ihn um Verzeihung; die kleine Räuberin sagte: Flametta hat mir es befohlen, weil ich mich fürchtete, als Sie gegangen kamen, so mußte ich Sie zur Strafe attakiren.

Hier kam Flametta auch mit dem Jäger, und Godwi sagte zu ihr, es sey nicht artig, die Leute zu erschrecken; aber sie lachte und bat ihn, ihr eine Buße aufzugeben.

Du sollst uns ein Stückchen Wegs Geleit geben, sagte Godwi, und etwas singen.

Ich will Ihnen meine kleinen Gesellschafter etwas singen lassen, und dazu dann und wann ein wenig auf dem silbernen Horne blasen.

Sie zog an der Spitze ihres kleinen Heeres, und begleitete den Gesang mit ihrem Horne. Das größte Mädchen sang das Solo, und die Knaben das Chor.

Die Kleine sagte vorher: mein Lied ist das Lied einer Jägerin, deren Schatz ungetreu, und stellen Sie sich vor – ein Peruckenmacher geworden ist.

Wir lachten, und der Gesang begann:

Chor.

O Tannebaum! o Tannebaum!
Du bist mir ein edler Zweig,
So treu bist du, man glaubt es kaum,
Grünst Sommers und Winters gleich.

Mädchen.

Wenn andere Bäume schneeweiß seyn
Und traurig um sich sehen,
Sieht man den Tannebaum allein
Ganz grün im Walde stehen.

Chor.

O Tannebaum! o Tannebaum! etc.

Mädchen.

Mein Schätzel ist kein Tannebaum,
Ist auch kein edler Zweig,
Ich war ihm treu, man glaubt es kaum,
Doch blieb er mir nicht gleich.

Chor.

O Tannebaum! o Tannebaum! etc.

Mädchen.

Er sah die andern schneeweiß seyn
Und schimmernd um sich sehn,
Und mochte nicht mehr grün allein
Bey mir im Walde stehn.

Chor.

O Tannebaum! o Tannebaum! etc.

Mädchen.

Der andern Bäume dürres Reis
Schlägt grün im Frühling aus,
Pocht er sein Röckchen, bleibts doch weiß,
Schlägt nie das Grün heraus.

Chor.

O Tannebaum! o Tannebaum! etc.

Mädchen.

Oft hab ich bey mir selbst gedacht,
Er kömmt noch einst nach Haus,
Spricht: Hab mir selbst was weiß gemacht,
Poch' mir mein Röcklein aus.

Chor.

O Tannebaum! o Tannebaum! etc.

Mädchen.

Und klopft' ich ihn auch poch, poch, poch,
So fliegt nur Staub heraus;
Das schöne treue Grün kommt doch
Nun nimmermehr heraus.

Chor.

O Tannebaum! o Tannebaum! etc.

Mädchen.

Drum als er mich letzt angelacht,
Ich ihm zur Antwort gab:
Hast dir und mir was weiß gemacht,
Dein Röcklein färbet ab.

Chor.

O Tannebaum! o Tannebaum! etc.

Mädchen.

O Tannebaum! o Tannebaum!
Wie traurig ist dein Zweig.
Du bist mir wie ein stiller Traum,
Und mein Gedanken gleich.

Chor.

O Tannebaum! o Tannebaum! etc.

Mädchen.

Du sahst so gar ernsthaftig zu,
Als er mir Treu versprach,
Sprich, sag mir doch, was denkest du,
Daß er mir Treue brach.

Chor.

O Tannebaum! o Tannebaum! etc.

So sangen die Kinder lustig in den Wald hinein, und das
Wild, aufgeschreckt von dem Geräusche, stürzte tiefer in
das Thal. Der Mond war aufgegangen, und schien in den
Wald herein. Da wir auf der anderen Seite den Berg oben
waren, sagten uns Flametta und die Kinder: Gute Nacht,
und wir hörten sie in der Ferne noch singen.

Wir standen oben und sahen über das leuchtende grüne
Meer, in dem der Wald hin und her fluthete. Stille Kühle
drang mir ans Herz, ich hätte hier stehen und träumen können von Seen und Meeren, in denen die Götter hausten.
Wenn die Bäume hin und her ihre Schatten wälzten, brau-
sten und wie in geheimnißvollen, nächtlichen Festen tau-
melten, so schwoll es wie Ebbe und Fluth an meinem Herzen.

O! der Mensch ist das Gestade, an das alle Wellen des Lebens schlagen, er steht ewig am Ufer und sehnt sich hinaus
in das, was herüber wehet, seine Gedanken segeln Krieg-
brütend und Goldsuchend wie mächtige Schiffe in die
Ferne, was zu Hause bleibt im Herzen, steht und hoffet
und trauert. Soll er hineinstürzen, oder werden die Wellen
rächend zu forschen kommen, was ihnen vom Gestade herüber wehte?

Mit solchen Gedanken warf ich einen Blick zurück in diesen untergegangenen Tag. Die Eiche, unter der ich die Dryaden angerufen hatte, ragte wie ein Tempel unter allen hervor; einige weiße Gestalten tanzten um sie herum, und man
hörte ein leises Klingen, das durch das Brausen der Bäume

manchmal hervor tönte, als schwämme ein goldenes glänzendes Gefäß in Meereswellen. Ich machte Habern darauf aufmerksam.

Sehen Sie die Waldgötter dort tanzen? Er wunderte sich, und Godwi sagte, es sey ein Tanz, den er Cordelien zum Gedächtnisse gestiftet, Flametta und die kleinen Mädchen tanzten ihn alle Abend, wenn es schönes Wetter sey, und die Musik töne von zwei colossalischen Aeols-Harfen, welche Cordelia in den Gewölben des Baumes habe anbringen lassen. Es war gut, daß es bey meinem Gebete so windstille gewesen war, sonst hätte ich sehr erschrecken können.

Wir legten noch einen kurzen Weg zurück, als sich eine andere Gegend erschloß.

Dreizehntes Kapitel.

Der Weg zog sich noch eine Strecke durch den Wald, aber man konnte unten durch die Stämme schon das freie Thal sehen. Es schien mir, als gingen wir langsamer, als zögen uns die Schatten des Waldes zurück.

Am Ausgange des Waldes trafen wir auf ein kleines Haus, neben dem ein größeres zerstörtes Gebäude stand, und ich bemerkte, daß auf dem Rauchfange des letztern das Storchnest war, welches ich den Morgen gesehen hatte. Aus dem Fenster der Hütte schimmerte ein Licht, und ich fragte, wer hier so einsam wohne. Godwi sagte, in dem Hause wohnt kein Mensch, das Licht, das darinne brennt, ist eine Lampe, die alle zwei Tage angesteckt wird. Schon seit meiner frühesten Jugend erinnere ich mich, daß ich eine furchtsame Ehrfurcht vor diesem Hause hatte. Es ist ein Herkommen, daß dies Licht hier brennt. Wenn eine Jungfrau oder ein Jüngling unter den Mennoniten stirbt, welche meine Pächter sind, so wird er hier in diesem Hüttchen einen Tag und eine Nacht hingesetzt, und hier neben zwischen den Mauern des verfallenen Gebäudes begraben. Warum die Stube ganz eingerichtet ist, als wohne eine Familie darin, weiß ich nicht; aber es ist eine freundliche Idee. Der älteste meiner Pächter hat den Schlüssel dazu; er steigt alle zwei Tage herauf, und steckt die Lampe an, und wenn er todt ist, so bekömmt der älteste wieder dies Geschäft, so daß es zu einem Sprüchworte unter ihnen geworden ist: er trägt den Schlüssel. Die Alten selbst werden unten im Thale begraben, weil sie sagen: er habe nicht mehr hinauf gekonnt, drum sey er unten begraben.

Ich sah zum kleinen Fenster hinein, die Lampe stand in der Mitte der Stube auf dem Tische, an der Wand hingen männliche und weibliche Kleider, und die ganze Stube sah bewohnt aus; es lag ein ewiges Warten auf den Vater oder die Mutter, oder auf den Geliebten und die Geliebte in allem; ich wendete mich und sprach: auch ich habe Ehrfurcht davor.

Habern suchten wir mit Mühe dazu zu bringen, auch hinein zu sehen. Er kehrte aber schnell um, als der Wind an den losen Fensterscheiben rasselte, und ging schweigend mit uns den Berg hinab; vor uns tiefer unten ging ein Licht, und der Jäger sagte:

Das ist der alte Anton, der hat eben die Lampe angesteckt, wenn er sein Verslein noch nicht gesungen hat, so wird er es bald hören lassen.

Bald darauf hörten wir auch eine zitternde Stimme singen, doch konnten wir sie nicht verstehen, weil sie undeutlich aussprach, und zu entfernt war. Wir gingen deswegen rascher, bis der Alte still stand, weil ihm das Treppensteigen beschwerlich war, und wir hörten die zwei letzten Verse seines Gesanges:

Ich hab das Lämplein angesteckt
Zum langen Angedenken,
Und wenn mich kühle Erde deckt,
Mag Kind und Enkel denken:
Der Vater ruht im Thale aus,
Und kömmt nicht mehr ins stille Haus.

Lischst du o Herr mein stilles Licht,
Das tief herab schon brennet,
Und werd vor deinem Angesicht
Ich nur ganz rein erkennet,
So geht mit Freude angethan
Erst recht mein schönstes Leuchten an.

Hier löschte der alte Anton sein Licht aus, und war vor uns zu Haus.

Das Gut lag zu unsern Füßen; von der entgegengesetzten Seite begrenzte es ein hoher Baumgarten, sonst war es einsam und sah öde aus. Die Wildniß über dem Berge, wo wir den heutigen Tag zugebracht hatten, schien mir bey weitem freundlicher. Dies äußerte ich Godwi, und Haber sagte, er habe die nämliche Empfindung.

Godwi sagte, ich bin von Jugend auf an diese Gegend gewöhnt, dennoch habe ich die nämliche Empfindung, so oft ich vom Jägerhause komme. Einsam und öde wird überhaupt alles, was der Mensch berührt, ohne es zu vollenden, nur der Mensch kann tödten. Dieses ganze Thal nun ist das Bild einer Anstalt, die ins Stecken kam, alles verlangt nach einem Ende, und man könnte sagen, es gleiche einer interessanten Erzählung, die mitten durch ein Fragezeichen unterbrochen ist.

Es liegt etwas Derbes und Selbstständiges in der wilden Natur, sie ist voller Leben, und scheint sich den Teufel um den Menschen zu bekümmern; sie geht ihren Weg, ohne sich viel umzusehen, und treibt ihr Geschäft für sich und mit Kraft. Hierdurch rührt sie uns, und das Gefühl der Einsamkeit in ihr begründet sich auf die Schwäche des Menschen; man wünscht einen Freund neben sich zur Unterstützung gegen die Wildniß, die einem so frech in die Bildung hereintritt, das Echo der Felsen giebt uns kalt und spöttisch die Ausrufungen zurück, in denen man umsonst versuchte, dieser Natur etwas abzuschmeicheln; man möchte einen Freund, um seine Empfindungen genommen zu sehen; man wünscht sich ein williges liebendes Mädchen auf das Moos, um am Fuße der stolzen Eiche in lebendiger Beweglichkeit das höchste Opfer der Menschen zu feiern, und der tapfern barschen Natur zu zeigen, daß es im Leben nicht auf kolossalische, unbewegliche Grobheit ankömmt. Aber hier – fuhr ich fort – was will man hier machen, hier ist alles so zahm, da steht Kohl und dort steht Weißkraut und jenseits Korn und dort – wie heißen Sie? wendete ich mich zum kleinen Dichter.

– Haber.

– Und dort steht Haber, und alles sieht aus, als wisse es schon, daß es nächster Tage werde gefressen werden, vielleicht gar als Futter unvernünftiger Thiere.

Ja, sagte Godwi, hören Sie ein Paar Hofhunde klaffen, und einen Hahn krähen, und ein Paar Kühe brüllen, so ist alles in Richtigkeit mit der genialischen Natur, und man muß sich dann meistens, weil es kothig ist, an dem Himmel halten.

Es war ein schöner Himmel, und alles was wir hörten, sahen, war still, müde und ruhend.

Hier ist der Abend nicht viel Anders, sagte ich, als Ruhe ohne alle Erinnerung, es ist keine Selbstthätigkeit in einem solchen Abend, und er sagt nichts als: nun ist es recht gut, nun geht es bald ins Bett.

Sie sind etwas zu unbändig, sagte Godwi, nehmen Sie sich in Acht, daß Sie nicht werden, wie diese öde Landschaft, welche hinlängliche Bildung hat, bey großer Fruchtbarkeit, um die Fruchtbarkeit zu unterjochen.

Ich schwieg, und mein Gewissen drückte mich.

Wir kamen nun an das Gut selbst. Einige kleine Häuser bildeten eine Straße, auf der verschiedene Ackergeräthschaften standen; es war stille, und Godwi sagte: lassen Sie uns ruhig seyn, die Leute schlafen schon. Das Thor des Landhauses stand offen, die Hunde sprangen freundlich an Godwi herauf, und wir traten in das bescheidene einfache Haus, in eine Stube gleich bey dem Eingange.

Godwi hieß uns willkommen, der Jäger brachte Licht, und das Abendessen ward bestellt. Godwi und Haber saßen auf dem Sopha, ich saß am Fenster auf einem Armstuhle, es herrschte eine allgemeine Stille unter uns, und jeder schien sich seinen Gedanken ruhig zu überlassen.

Die Bilder des ganzen Tages gingen mir vor den Augen herum, ich hatte eine seltsame Empfindung, in dem Hause Godwi's zu seyn, und mit ihm selbst so bekannt, von dem ich so vieles geschrieben hatte. Es schien mir unrecht und nicht redlich, wenn ich ihm nicht bald sagte, wer ich sey. Dann entwickelte ich, was ich von seiner Jugend aus seiner Erzählung in Otilien wußten, hier an der Stelle, wo es geschehen war, und indem ich meine Gedanken so ins vergangene Geschichtliche hinüber spann, verlor ich mich immermehr ins Allgemeine, dachte an meine Jugend und alle Jugend, und an den erdrückenden Schmerz, unter dem die meisten guten Kinder ihr Bestes und Eigenthümliches für einige Gesellschaftsregeln hinopfern müssen.

Die Grillen zirpten in den Mauern und der Perpendicul der Uhr ging ewig derselbe, nächtliche Fledermäuse schwirrten über den Hof, und das Licht war weit herunter gebrannt – mir war es tief im Herzen dunkel und traurig.

Hier trat ein alter Mann in die Stube, er hatte einen schönen gesunden Kopf, und einen langen weißen Bart, und war einfach in weißes Tuch gekleidet. Godwi grüßte ihn und sagte: verzeihet Anton, daß ich so spät komme.

Der Alte lächelte und sagte: Sie sind der Herr und immer willkommen. Dann deckte er den Tisch, trug einige kalte Speisen und etwas Wein auf, und wünschte gute Nacht.

Der Alte mit seiner Ruhe und seinem Barte schickte sich
recht zu dem Ganzen und hatte mich sehr gerührt. Godwi
sagte mir, daß seine Pächter aus einer Mennoniten-Familie
beständen, die so lange auf dem Gute sey, als sie existire,
und daß dies nun der dritte Großvater sey, der hier lebe.

Wir setzten uns nun zu Tische, Haber war eingeschlafen;
ich klimperte mit den Gläsern, um ihn zu erwecken, aber
sein Erwachen war nicht hinlänglich, ihn zum Essen zu
bringen, denn er war körperlich und geistig eingeschlafen;
er hatte nämlich in einer Lage auf dem Sopha gelegen, daß
mehrere Glieder seines Leibes seinem Hauptschlafe ungetreu auf ihre eigene Hand eingeschlafen waren. Wir aßen
und tranken dann munter mit einander.

Das Mahl war vorüber, nur die Gläser waren noch ergie-
big, und der Wein bringt in jede Stimmung, in der er mich
antrifft, noch eine muthwillige fantastische Stimmung. Ich
muß mich dann äußern, und empfinde etwas ganz wunderbar Frevlendes, Gewagtes in meinem Herzen; Alles wird
mir unter den Händen lebendig, was mein Leben Schmerz-
liches und Freudiges, Banges und Religiöses umfaßt, reiht
sich an meine Worte, und zieht in einem wilden bacchantischen Zuge von meinen Lippen.

In solchen Momenten verliere ich mich in meiner Rede,
die mit sich selbst zu witzeln anfängt, eine Grundempfin-
dung, Sehnsucht, unerkannte Liebe oder Druck in der
Kindheit bleiben herrschend, alles Andere wird zum fre-
chen Witze, in dem eben diese Hauptempfindungen, die ich
allein in einem bangen Drucke in der Brust fühle, muthwillig hin und her schwanken.

Diese Empfindung fühlte ich sich bey mir nahen, eine
tiefe Rührung geht allezeit vorher. Es ist mir, als sollte ich
bald mein ganzes Leben wie eine Braut umarmen, ich sey
nun allem gewachsen, was mich einzeln erdrückte; ich for-
dere dann alle die Gestalten auf, stoße sie kalt von mir, oder
reiße sie mit einer wilden Bulerei in mich.

Vierzehntes Kapitel.

Warum so still, sagte ich höhnisch zu Haber, fürchten Sie sich vor Gespenstern?

Nein, aber das ganze Leben hatte heute etwas Schauerliches für mich.

Hatt' es? – mich rührt so Etwas nur oberflächlich, und als der alte Anton zu sprechen anfing, ärgerte es mich, daß er kein Gespenst gewesen war – hören Sie, wie die Fahnen am Dache wehen – – o! das geht ewig so und nimmt kein Ende – und wie es dunkel ist – man möchte ersaufen in eigenen dummen Gedanken – in der Welt geschieht nichts – es ist der Tod draußen, und wir sind gezwungen, unsre abgetragenen Erinnerungen zu zerzerren, bis sie wie lumpichte Geister vor uns treten – sehen Sie, dort steht mein Vater, und dort meine Mutter, und dort meine Schwester – wie sie mit den Fingern auf mich zeigen – wie der Alte den Kopf schüttelt – o und du arme Mutter, du schöne Mutter – die Hände abgerungen – durch den weißen duftigen Busen blutet das warme rothe Herz Liebe heraus zu mir – die Schwester sieht so witzig aus, und so arm mit ihrem liebesuchenden keuschen Leibe – ha! seyd mir willkommen – das Leben ist ein geschwätziges breites Wesen, von dem man nicht weiß, wie es im Herzen aussieht.

Haber sah starr in den Winkel, Godwi sah mich verwundert an, meine Worte trugen mich fort, ich fühlte die kalte Gluth in meinem Gesichte und sprach mit Thränen:

Aber das dauert nicht lange, am Ende wird immer was Beßres daraus, das Vorige war matt – sehen Sie, unter diese war mein Leben getheilt, sie kommen und rinnen zusammen, so rann auch mein Leben zusammen, und da steht nun das Weib, dem ich es in die Arme legte, da steht es, wie die schöne Sünde – aber sie hat mir es vor die Füße geworfen – o Sie können es in ihren Garten pflanzen in den fettesten Boden, es schlägt nie wieder aus – es ist verbrannt, in der

Liebe verbrannt – ha und noch ein Mensch – sagt nicht, er
sey schwach – was ist er – schwach? er ist sein Hallunke und
sein Henker zugleich und henkt sich nicht selbst, weil er
seines Henkers Hallunke bleiben muß, und seines Hallun-
ken Henker nicht werden will.

Haber sprang hier wild auf und sagte: Hören Sie auf, ins
Teufelsnamen.

Ha! ha! ha! lachte ich ganz heiter, sind Sie so erschrocken,
nun ich will Ihnen was erzählen –

Godwi bat mich, nicht so heftig zu seyn, obschon ich Sie
verstehe, sagte er, so ist die Wirkung davon doch weder gut
für Sie, noch mich.

Ich will Ihnen ein Lied singen, das hierher gehört, nur
muß ich zuerst erzählen, wo ich es zuerst sang.

Ich ward in meinem sechsten Jahre von Hause entfernt,
und von meiner Mutter, die es gut meinte, zu einer Anverwandten in die Kost gethan, wo sich meine Schwester schon
früher befand.

Bey dieser Frau lebte ich, Gott möge es sich selbst verzeihen, ein recht elendes Leben. Ihr Mann war ein ausschwei-
fender Mensch, und sie ein eingebildetes, eigensinniges
Geschöpf, eine von jenen Weibern, welche hochteutsch
sprechen für moralisch halten. Wir sahen sie nur Morgens,
Mittags und Abends zu unserm Schrecken. Denn Morgens
kam sie mit eiskalten Wasser, stellte uns nackt vor sich, und
ließ es uns aus einem Schwamme über den Rücken laufen.
Ich habe sie nie lachen sehen, als wenn ich ihr die eiskalten
Wasser-Gesichter schnitt; ob es übrigens gesund war, weiß
ich nicht, nur weiß ich, daß ich Abends immer großen Hunger hatte, und daß mein erster Witz war, Morgenstund hat
kalt Wasser im Mund. Mittags aßen wir unter den Aufmun-
terungen, halte dich grad, die Hände auf den Tisch, hänge
den Kopf nicht so, wie du wieder den Löffel nimmst! etc.
Nach Tisch mußte ich dem Lieblingshunde, der die Originalität besaß, Nüsse zu fressen, zehn Nüsse schälen, dafür
bekam ich eine, die ich mit meiner Schwester theilen durfte;

nun band man mir und meiner Schwester, die in eine
Schnürbrust gezwängt war, die Ellenbogen hinten zusammen, und so mußten wir Rücken an Rücken gebunden, um
unserer Muhme zum Nachtische einen Spaß zu machen,
auswärts stehen, bis wir umfielen; dann wurde auch gelacht.
Den übrigen Tag waren wir bey dem Gesinde, oder einem
Lehrmeister, der uns, während er dem Canarienvogel des
Bedienten die Augen mit einem glühenden Drahte blendete,
und seine Stiefel wichste, die Hauptstädte von Europa auswendig lernen ließ, und, wenn wir sie ihm zu früh wußten,
uns strafte.

Vor die Hausthür kam ich nie, und sah oft meine Schwester neidisch an, wenn sie die Magd von den Fräuleins zurück brachte, zu denen sie in Gesellschaft ging. Die Muhme
hielt mich so im Respect, daß wenn sie mir Abends die
Hand nicht zu küssen gab, ich Nachts im Bett weinte, und
meiner Schwester keinen Schlaf gönnte, mit dem Ausrufe,
daß ich ein Verbrecher sey.

Hinten am Hause war ein kleiner Garten, an dem ein
großer Saal war, der voll Oelgemälde hing. Eines, welches
das größte war, stellte das Urtheil Salomons über die zwei
Kinder der Bulerinnen vor, grade wie der Kriegsknecht das
lebendige Kind am Beine hält, und es entzwei hauen will;
das andere Kind lag todt und blau an der Erde; die rechte
Mutter reckte ihm die Hände in die Höhe, die falsche saß
ruhig am Boden und sah zu; der Kriegsknecht hatte einen
recht blutrothen Mantel an, und das ganze Bild war in Le-
bensgröße und mit grellen Farben gemalt. In diesem Saale
war ich meistens, wenn ich allein war, und nährte meine
kindische Phantasie an dem Bilde.

Da ich einmal von meiner Beherrscherin unschuldig viel
böse Worte gelitten hatte, wurde ich weinend zu Bette geschickt; meine Schwester war noch zu Besuche; ich konnte
nicht im Bette bleiben, und schlich herunter in den Garten-
saal, um dort, wie ich oft that, vor einem kleinen Jesusbilde
zu beten, daß er mich bessern möge, denn ich wußte nicht,

was ich begangen hatte, und hielt mich doch für einen Verbrecher.

Als ich in den Saal trat, überfiel mich eine große Angst; es
waren keine Scheiben in den Fenstern, und Weinlaub über
sie gezogen. Der Mond schien herein, und alle die vielen
Oelgemälde schienen zu leben durch das Licht, das sich
durch das Schwanken des Weinlaubs über sie bewegte.

Ich sank in die Knie, es war kalt, und ich war im Hemde;
o! wie war ich so unglücklich, ich betete laut, und fürchtete
mich vor dem Schall meiner Worte.

O lieber, lieber Gott, sage mir doch, was habe ich gethan –

Da trat meine Schwester herein; sie war zwei Jahre älter als
ich, und ging schon allein zu Bette; sie hatte mich gehört, und
sagte zu mir:

Ei du! was machst du da?

Ich umklammerte sie heftig, aber sie verstand mich nicht,
da führte ich sie vor das Salomonsbild, und sagte zitternd:

Sieh der auf dem Throne, das ist der liebe Gott, die Frau,
die die Hände ausreckt, das ist unsre Mutter, die da so sitzt
und ruhig ist, das ist die Muhme, und der Mann, der das
Kind zerhaut, ist auch die Muhme, und das Kind bin ich,
und das todte Kind, ach das bist du –

Sie zog mich mit sich die Treppe hinauf, und brachte mich
zu Bette. Sie erzählte mir vieles von den Fräulein, die sie besucht hatte, um mich zu trösten, aber ich weinte immer fort.
Da stieg die liebe Schwester aus dem Bette auf, und setzte
sich zu mir ins Bett, das am Fenster stand, wir umarmten
uns, und sahen in den hellen Himmel; dann sagte meine
Schwester, wir wollen das Lied singen von dem Kinde, dessen Großmutter eine Hexe war, und das Kind vergiftete.

Wir sangen dies Lied immer, wenn es uns recht traurig
war, meine Schwester sang die Worte der Mutter, welche das
Kind fragt, und ich sang weinend die Worte des Kindes; in
dem Liede lag uns Trost, wir trösteten uns mit der Liebe
der Mutter und des Kindes Tod.

Mutter.

Maria, wo bist zur Stube gewesen?
Maria, mein einziges Kind!

Kind.

Ich bin bey meiner Großmutter gewesen.
Ach weh! Frau Mutter, wie weh!

Mutter.

Was hat sie dir dann zu essen gegeben?
Maria, mein einziges Kind!

Kind.

Sie hat mir gebackene Fischlein gegeben.
Ach weh! Frau Mutter, wie weh!

Mutter.

Wo hat sie dir dann das Fischlein gefangen?
Maria, mein einziges Kind!

Kind.

Sie hat es in ihrem Krautgärtlein gefangen.
Ach weh! Frau Mutter, wie weh!

Mutter.

Womit hat sie denn das Fischlein gefangen?
Maria, mein einziges Kind!

Kind.

Sie hat es mit Stecken und Ruthen gefangen.
Ach weh! Frau Mutter, wie weh!

Mutter.

Wo ist denn das Übrige vom Fischlein hinkommen?
Maria, mein einziges Kind!

Kind.

Sie hats ihrem schwarzbraunen Hündlein gegeben.
Ach weh! Frau Mutter, wie weh!

Mutter.

Wo ist denn das schwarzbraune Hündlein hinkommen?
Maria, mein einziges Kind!

Kind.

Es ist in tausend Stücke zersprungen.
Ach weh! Frau Mutter, wie weh!

Mutter.

Maria, wo soll ich dein Bettlein hinmachen?
Maria, mein einziges Kind!

Kind.

Du sollst mir's auf den Kirchhof machen.
Ach weh! Frau Mutter, wie weh!

Schrecklich, schrecklich! sagte Haber.

Ich fing aber lustig an Ça ira zu singen, weil ich selbst
weinte, und mir im Ça ira von je her alle Adern freudig
schwollen, denn ich liebe solche heftige Uebergänge.

Haber wurde ganz wüthend, und schrie, ich müßte der
größte Teufel seyn.

Nein, sagte ich, lieber Haber, sehen Sie dort an der Thüre
die alte Großmutter stehen, mit der Giftschale in der Hand,
wie ihr die Augen aus der Pelzmütze heraustieren; und
dort sehen Sie die Mutter, die weinend im Stuhle sitzt, und
der kleinen Maria, die vor ihr steht, und sie liebkoset mit
wehe! ach wehe! Frau Mutter; wie sie dem einzigen Kinde
das weiße Todtenhemdlein anzieht; und hier sitze ich mit
meiner Schwester – ich setzte mich auf die Erde, und nahm
ein Küssen in die Arme – ach meine liebe Schwester, wie
geht es mir so traurig – hier sprang ich auf, es riß mich wie

mit den Haaren in die Höhe – es war mir, als hielt ich sie lebendig in den Armen, und ach! sie ist doch todt.

Godwi sagte, Sie übertreiben es; ich lachte, und ging
munter zu Bette.

Haber fürchtete sich vor mir, er mußte mit mir in derselben Stube schlafen, und ich ihm vorher feierlich betheuern,
keine Nacht keine solche Streiche mehr zu machen.

Aber fröhlich war ich doch wol nicht –

Funfzehntes Kapitel.

Haber stellte im Bette noch viele Betrachtungen an, und
versicherte mich seiner Freundschaft, denn sagte er:

Obschon ich noch nicht ganz von der Idee kommen
kann, Sie für etwas böse zu halten, so halte ich Sie doch
nicht mehr für platt. Sie haben ohnstreitig eine gewisse
Macht über die Gemüther, doch sollten Sie sich mehr appliciren, und nicht so vom Beyspiele hinreißen lassen.

Ich danke Ihnen, und bin eben im Begriffe, mich zu apli-
ciren, nämlich abzuschlafen, das Beyspiel thut bey mir, wie
Sie sagten, leider alles, also schlafen Sie wohl.

Ich versuchte hin und her, und Haber schnarchte schon;
aber sein Beyspiel, so stark es auch war, nützte nichts, und er
hatte Unrecht; ich kam immer auf den Gedanken, ich müsse
mich erst auf die Aplication appliciren, und so kam ich nicht
zum Schlafe. Es war eine helle Nacht, und nicht sehr kühl,
meine gereizte Stimmung ward mir nun selbst zur Betrachtung, alles, was sie Abends so kaudisch umfaßte, beschäftigte
mich nun einzeln. Ich fühlte, daß ich auch mehr genossen, als
Andere, und gab mich zufrieden über die Leiden. In solchen
Gedanken schlummerte ich ein, und erwachte dann wieder.

Ich bemerkte Lichtstrahlen, die durch den Fensterladen fielen, und kleidete mich deswegen an, machte das Fenster auf, aber es war Mondschein und um drei Uhr.

Meine Aussicht war sehr reizend, das Fenster ging in den Garten, eine gebildete Wildniß, und mitten unter den träumenden grünen Bäumen stieg eine hohe weiße Marmorgruppe zum Himmel. Ich erkannte bald, es müsse Violettens Denkmal seyn, denn ich bemerkte über dem Ganzen einen gehobenen Arm mit einer Lyra.

Der Mond stand hinter der Lyra, und es war mir, als ströme ein mildes leuchtendes Lied durch ihre Saiten. Ich stand, und suchte neugierig das Bild in der Dunkelheit zu enträthseln, aber es war zu unbestimmt, es war mir wie ein Wort, das man fühlt, und nicht sagen kann.

Meine durch das Wachen überreizte Augen wurden durch das stete forschende Blicken auf das mondglänzende Bild noch unbestimmender, und bald schien mir der ganze Garten durch einander zu wallen.

Ich lehnte am Fenster sitzend den Kopf auf den Arm, blickte mit sinkenden Augen hinaus, und der Eindruck der Aussicht verlohr bald so sehr die Gewißheit einer Ansicht, daß ich nichts mehr vom Garten, noch von mir wußte, und es war mir, als wäre ich das alles zugleich und läge in einem gelinden Traume.

Da der Mond aber etwas gesunken war, und tief unter der Lyra stand, sah ich schöne runde, glänzende Hüften und zierliche Füße und sinkendes Gewand. Ich sah mit vieler Liebe nach den kernigten Hüften, und den netten feinen Füßen, und ärgerte mich mit vieler Aufrichtigkeit, daß ich den Busen nicht sehen konnte. Der Arm mit der Lyra lockte mich nicht, denn eine Leyergestalt ist sehr tonlos; aber solche weibliche, sanft und fest gewundene Formen können mir alle Saiten im Busen erklingen machen.

Ich ärgerte mich über den gehobenen Arm mit seiner Leyer, und sagte im gierigen Unmuthe meiner Lust:

Der kalte Genius, da hängt das göttliche nackte Leben an

ihm, und er hebt die Leyer stets gen Himmel, ha wie
wollte ich sie an die Erde werfen – da liege du alter Leyer!
– und das Weib wollte ich heraufziehen mit liebender
Wuth; in die Arme wollte ich sie nehmen wie ein Kind; der
Mond sollte trunken durch die niederfließenden Locken
blicken, als sey er frei gegeben; stand er doch hinter den
Saiten der Lyra, wie hinter einem Kerkerfenster, und opfern wollte ich sie emporgehoben, wie der Priester opfert;
die ganze Natur würde niederknieen und ans Herz schlagen, wie das Volk, und hätte sie gesprochen, wie der göttliche sprach – nimm hin, das ist mein Leib – o wie sollte sie
unter meinen glühenden Küssen in mich selbst zerrinnen,
und ich in sie.

Ich konnte nun nicht mehr länger auf der Stube bleiben,
der ganze Garten schien mir wie lebendig und in wunderlichen fantastischen Wesen der Nacht begriffen.

Es war mir, als sähe ich auf den Markusplatz in Venedig
in der Karneval, Alles strömte durch einander, und die einzelnen Farben, die unter verschiedenen Gestalten immer
wieder kamen, flossen zusammen: Schatten und Licht rannen in spielender Beweglichkeit durch einander, und kaum
verfolgte ich eine Gestalt, so war sie zu hundert andern geworden. Oben über Allem hervorragend, wie die künstlich
gewundenen Stralen eines ungeheueren Springbrunnens,
wie wundersam spielende Flammen eines weißen reinen
Feuers zum Himmel, drang das Bild Violettens zum Himmel über alle das dunkle Gewirre empor, die Apotheose eines verlornen Kindes, die wohl auch einstens da unten mit
Schmerz im Herzen, und wilder Lust in den Gliedern her-
umwandelte, aus der verwirreten Freude die Grundlage aller Freude in einem einzelnen zu entwirren – um zu leben
– das ist schrecklich, und ich mußte nun hinunter, den armen Kindern Trost zuzusprechen, die vielleicht noch da
wandelten.

Ich stieg das Fenster hinab an dem Rebengeländer, welches die Mauer bekleidete, aber unten verliert sich alle der

Reiz, der nur bey der Ansicht von oben herab mit von oben
herab kömmt. Nun stand ich zwischen den Bäumen, die
sich bewegt hatten, da ich nur ihre Gipfel sah, sie wurzelten
fest im Boden, alles war wieder von mir getrennt, und ich
war allein und einsam.

Ich setzte mich auf die Stufen des Bildes und war ruhig.

Sechzehntes Kapitel.

Ich mogte das Bild nicht ansehen, warum? das weiß ich
nicht, vielleicht des Inhalts wegen und dachte:

Was soll diese liebliche traurige Verirrung auf Erden, was
hat so eine arme Violette gethan? Warum sind die Dichter
verstoßen von der Gesellschaft? bis sie die Gesellschaft mit
ihrem Gesange zwingen, sie zu ernähren – warum sind die
Dichterinnen mit dem Leibe verstoßen? bis sie Aspasien
werden. – Da singt so ein armes Völkchen, weil es nur sein
bischen Kehle hat, und von allem Andern weniger – da liebt
so ein armes Völkchen, weil sein Leib mächtiger ist, als die
Moral, – ist denn keine Welt für die armen Mädchen da, die
lebendiger sind, als die Pflicht, was haben die Kinder gethan, und wer will das Fleisch strafen, daß es in üppigem
Leben den engen Rock des Staates zersprengt, und hervor
tritt natürlich an die Sonne und die Liebe.

Wo ich so ein armes Kind sehe, treten mir die Thränen in
die Augen, und ich fluche, daß nicht Platz genug ist in der
Ehre für das Leben.

O nennt sie nicht unverschämt, die nicht zugegen waren,
als die Erbärmlichkeit siegte, und den Thron bestieg in Purpur der Schaam. Sie sind nicht größer als die Schaam, aber
die Schaam ist viel zu klein für sie.

Ich dachte mit einiger Boßheit an die Ehe, die nur in die
Breite geht, und sich so breit macht, die Fläche des Staates
zu begründen, daß Alles, was die Liebe nur in der Eile empfindet, und nicht in der Weile, in die Höhe muß, weil leider
im Staate die Höhe allein noch nicht bevölkert ist.

Die Ehe kam mir vor, wie eine unendliche Fläche mit
dem tiefsten Haß gegen alles Streben in die Höhe. Und der
Stand der freien Weiber kam mir vor, wie eine senkrechte
Linie zum Himmel, die nirgends fest stehen kann, weil die
Ehe keine Höhe duldet.

Die arme senkrechte Linie muß daher immer tanzen, wie
einer, dem der Fußboden glühend gemacht wird, und kaum
richtet sie sich in die Höhe, so muß sie fallen. Zum rechten
Winkel bringt sie es selten – immer findet man sie in kleinen
schiefen Winkeln und immer zum Fallen bereit.

Das Elend der Kinder war mir nun deutlich, wie ihre
Freude, sie müssen stets an den brennenden Boden fallen,
und ihre kleine Freude liegt in ihrer Bestimmung, aufrecht
in den Himmel zu dringen, und man soll ihnen nicht länger
Vorwürfe machen, daß sie sich unterstützen lassen, in die
Höhe zu kommen, die ihr Element ist, da die Ehe den ganzen Boden gemiethet hat, für ihr monopolisches Einerlei.

O wäre eine Fläche auf der Erde, wo die Liebe nicht
zünftig wäre, und läge sie hinter der bürgerlichen Welt und
ihren Gewässern, und wären alle die verlornen Kinder dort,
könnte ich sie dann nicht abbilden in ihren verschiedenen
Graden von Streben nach dem Himmel, wie die Stralen einer aufgehenden Sonne – nach langer Nacht.

Und die kalte Zone der Ehe würde erwärmt werden, und
erleuchtet – wir werden gesund seyn, wenn wir unsere Organisation nicht mehr fühlen, wir werden einen Staat haben, wenn sich die Gesetze selbst aufheben, wir werden
eine Liebe haben, wenn wir keine Ehe mehr kennen. Bis dahin seyen die Thiere des Waldes gepriesen, wegen ihrer Gesundheit, bis dahin seyen die Freiheitsschmerzen edler Seelen geehret, bis dahin dulde man mein Bild der aufgehenden
Sonne für die verlornen Mädchen.

Denn ich will ewig glauben, daß sich die Liebe in sie geflüchtet hat, in dieser Zeit der Ehe, wie alles Gutes sich in
die Poesie flüchtete zur Zeit der Barbarei, und sie stehen
jetzt noch da, wie einst die romantische Poesie da stand.

So hatte ich gedacht, auf den Marmorstufen sitzend, den
Kopf mit geschlossenen Augen in die Hand gelehnt.

Ich fühlte den kühlen Thau auf meinen Händen, stand
auf und öffnete die Augen. Der Mond zerschmolz in das
Licht des Morgens, und es war mir, da ich in die freudige
Welt hineinblickte, als lächelte sie meiner Träume, und ich
wäre aufgestanden, wie eine Blume, die in dem Bach ihr
Bild nur sieht, und tiefer den Himmel. Als ich auf die an-
dere Seite des Bildes trat, lag die Röthe des Morgens am
Himmel.

Der Erde gehört dies Roth und nicht der Sonne. Bald
drangen die ersten Stralen meiner siegenden Colonie zum
Himmel, und küßten alle Thränen des Thaues von der
Erde; sind doch Thränen ihr einziges eignes Gedeihen!

Ich wendete mich nun zum Bilde, und es schien zu leben;
das rothe Licht strahlte dem Genius um Haupt und Herz,
goß Leben und Blut durch das Ganze, und spielte dem
nackten Mädchen um den Busen und den geheimnißreichen
Schooß. Die Sonne wollte schneller in die Höhe, und jeder
Strahl wollte das Denkmal der Schwester dem schaamro-
then Lichte der Erde entreißen.

Vor mir war das Bild gleichsam geboren. Ich sah es in der
Nacht wie in Liebe und Traum, im Mondlichte wie mit dem

Begehren, erschaffen zu werden, in des Morgens Dämmerung wie in der Ahndung des Künstlers, mehr und mehr in den Begriff tretend, und ich stand vor ihm und sah, wie es hervor drang mehr und mehr in die Wirklichkeit, und endlich zum vollendeten Werke ward im Glanz der Sonne, getrennt von dem Schöpfer, der nur ein Gebährer ist, für sich selbst, mit allen Rechten seiner Gattung.

Als es so vor mir stand, wie aus der Finsterniß erstiegen, wie erblühet, gestaltet und frei, drang es heftig auf mich ein, und forderte von mir, was es war; es begehrte mit Gewalt, daß ich es erkenne, und ich fühlte mit Freude in meiner Brust, daß ich es erkannte, und daß es und ich in der Dunkelheit sein Begehren war, und daß sein Erlangen mit dem Lichte kam, in mir und in ihm.

Anfangs hatte ich nur den Totaleindruck seiner Eigenthümlichkeit und so rein, als seine Vortrefflichkeit ihn geben mußte – Wollust, Jugend, Freiheit, Liebe und Poesie im Siege des Wahnsinns den Göttern geopfert. Da ich aber von seinem Ausdruck durchdrungen war, da ich es in mich aufgenommen hatte mit seinem Willen, da ich es liebte, forschte ich nun freundlich nach seiner Entstehung – wie ist dir? hatte ich zuerst gefragt; nun fragte ich, wie war dir, und wie ist dir so geworden? – und es war, als sagte es:

Begreife die Bilder an den Seiten des schweren Würfels, von dem ich zum Himmel schwebe, und du wirst mein Leben erkennen, das ein schwerer Würfel war – doch mußte ich mit ihm um Glück spielen, bis der Gott das Glück fesselte. Ich selbst von der obern Seite des Würfels schwebend bin der Gewinnst. Die Liebe führt den spielenden Wahn zu den Göttern. Die untere Seite des Würfels ist meine Geburt; der Würfel war falsch, diese Seite mußte die eins enthalten, aber sie enthält eine falsche drei, ach! und nur so konnte der Würfel stehen, daß mein Sieg oben wohne.

Ich betrachtete die Reliefs der vier Seiten des Piedestals, welche allegorisch Violettens Geschichte enthielten.

Das erste, wie sich das Kind zum Genusse entscheidet.

Das zweite, wie sich ihr die Jungfräulichkeit nicht anpassen will.

Das dritte, wie sie der Genuß besiegt, ihr den Gürtel
löset, und von dem Schooße um die Augen legt.

Das vierte, wie die Liebe sie besiegt, und sie in der
Umarmung ihres Genius die Poesie nur noch im Wahnsinne
erringt.

Die Gruppe auf dem Würfel aber, ihre Apotheose selbst, ihr Tod im Wahnsinne.

Ueber ihr schwebte der Genius, an seine Brust drängt
sich der fliegende Schwan, in der einen Hand hebt er die
Lyra empor, und schauet selbst zu dem Himmel. Das Mädchen steigt nackt, halb ringend, halb schwebend und mit
Schwere kämpfend aus dem Gewande, das in schönen großen Falten auf den Würfel sinkt. Ihr Kopf ist auf den Busen sinkend und tod; der Genius hat die eine Hand in ihre
Locken geschlungen, um sie heraufzuziehen; das Mädchen
umklammert mit der Rechten seine Hüfte mit Liebe und
Arbeit, und hebt die Linke matt und welk nach der Lyra,
was man an den willenlos sinkenden Fingern dieser Hand
erkennt. Die beiden Vorderseiten der Figuren sind an einander gelehnt, so daß man von jeder Seite eine Figur ganz,
und eine halb sieht. Des Mädchens Brust ruht an dem
Schwane, der die Mitte des Bildes erfüllt, und die beiden
Figuren verbindet. Von der Seite des Genius sieht man den
Unterleib Violettens, um den sich das Gewand noch gierig
anschmiegt, ihren Busen und den schmerzlich liebenden
Zug ihres Gesichts, den der Tod nicht ganz besiegt, und
der Wahnsinn wie ein letzter heftiger Reiz noch einmal ins
Leben zu wecken scheint, sieht man von der einen Seite genug, damit das Bild seinem Sinne genüge; denn der ganze
schöne Leib Violettens ist durch den einen schwebenden
Fuß, und den Zug der Hand des Genius in ihren Haaren
auf ihrem andern schwer an die Erde gebannten Fuße gewendet. Ueberhaupt ist es fein von dem Bildhauer gedacht,
daß er die ganze Seite des Mädchens, mit deren Arm sie

den Genius umklammert, sinkend und schwer gebildet, und
sie zum Anlehnen der Verbindung gebraucht hat, so wie er
die andere, mit deren Hand sie nach der Lyra strebt, und
deren Fuß sie hebt, ganz frei und in gelindem Schweben
hielt. Von dieser Seite ist das Bild anzusehen. In der Mitte
des Bildes, wo sich die Hand in die Locken windet, stirbt
seine Wollust und Liebe, die mit dem Mädchen herauf-
drang, und löst sich sein Stolz und seine Hoheit, die vom
Haupte des schwebenden Genius nieder wallet, und er-
schließt sich gleichsam eine Wunde, die dem Ganzen Einheit giebt, und in der sich beide schön durchdringen, und
schön ist es, wie der Schwan sich an diese Wunde schmiegt,
und den Schmerz des Anblicks lindert. Wenn ich sagen
wollte, wo man das Bild im Leben fände, so würde ich sagen:

Gehst du in Liebeheischenden Frühlingstagen Abends
durch wunderbare kunstreiche Gärten, und suchst Liebe in
der Dämmerung traulicher Lauben, und trittst du in eine,
wo ein Weib so ganz ergeben in Schlaf oder Lust auf wei-
chem Moose ruht, und trittst du hin, bebend in kühnem
Rausche und banger Unerfahrenheit, stehst zitternd vor
ihr; sie erwacht nicht; ein dünnes, formensaugendes Gewand bedeckt sie; der Busen hebt es nicht, und blickt durch
das Gewand, wie deine eigene Lust durch deine bange Unerfahrenheit, du wendest deine Augen hin zum Haupte,
und glaubst das Bild der Würde selbst zu sehen; dein Entschluß wankt, du sinkest nieder, küssest die schöne Hand,
die auf der linken Brust gelinde zu ruhen scheint, und fühlest im Kuß der Hand des Busens ergebenden Widerstand,
und wenn sich dann in allen deinen Gliedern das Leben
regt, und alle Natur ein Bündniß schließt in deines Herzens Mitte gegen die Tyrannei der Furcht der Sitte und der
Unerfahrenheit, und wenn du dann mit kühner Hand das
Tuch, das dich so von der Liebe trennen will, verachtend,
schüchtern, doch gelinde von den Füßen aufwärts ziehst,
und immer höher in Seligkeit die lustbethränten Augen

gleiten, und wenn das geschürzte Gewand das würdevolle
Haupt schon längst bedeckt, den Busen du befreien willst,
um hinzugehn in aller Freiheit in die Lust, wenn dann die
schöne holde Brust – – – – mit einer offenen Wunde
blut'gen Lippen zu dir spricht, was dir des Hauptes Würde   5
nicht, und nicht des Schooßes heimliches Vertrauen sagte,
wenn alle deine Lust in diese Wunde wie in ihr Grab dann
sinkt, und hülfesuchend das Gewand du von dem ganzen
schönen Leibe niederziehst, und von der schmerzenvollen
Wunde aufwärts blickst, hin nach dem Haupte, Gebet zu   10
holen, und nieder über des süßen Leibes Zaubereien, mit
dem Traume der irdischen Wonne deinen Schmerz zu lin-
dern, wie in der Erinnerung des schönen Lebens die Trauer
um den Tod sich mildert, und wenn du ewig zu der Wunde
wieder hin mußt, bis endlich alles das in ihr zusammen-   15
rinnt, und Lust und Schmerz und Hoheit aus der Wunde
blühen – so hast du voll des Bildes Eindruck, so stehst du
vor dem Denkmal Violettens, und wendest du dich, und
trittst ins enge dunkle Haus zu jenen Menschen, die du die
Deinigen zu nennen pflegst, so fühlst du, was du dich vom   20
Bilde wendend fühlest.

Siebzehntes Kapitel.

Violettens Denkmal.

Die vier Reliefs des Würfels und die Apotheose.

Erstes Relief.

Ein kleines Mädchen sitzet in der Mitte,
    Die Arme schalkhaft über sich gerungen,
    Hält sie ein junger Faun mit Lust umschlungen,
    Sie sträubt sich ihm, der ihr mit wilder Sitte

Ein Tambourin mit Früchten reicht, die Bitte
    Ist in des Mädchens Kuß ihm schon gelungen,
    Doch nur die milde Frucht hat sie bezwungen,
    Daß sie von ihm den wilden Kuß erlitte.

Denn von ihr abgewandt, die jungen Schmerzen
    In Tönen lösend, singt ihr Genius,
    Die Rechte in der Lyra, was im Herzen

Die Linke fühlt, es neiget von dem Kuß
    Sich ihm des Mädchens Aug, voll schlauen Scherzen,
    Sie hört sein Lied, doch sieget der Genuß.

Zweites Relief.

Die Jungfrau steht, vor ihr ein Weib und zwinget,
    Die Freie sich den Gürtel zu bequemen,
    Ihr, die sich schämt der Nacktheit sich zu schämen,
    Des Genius Arm die Füße hold umschlinget.

Indeß dem Weib die Gürtung schon gelinget,
    Scheint Neugier nur die Jungfrau zu bezähmen,
    Sie sieht den Schwan vom Genius Speise nehmen,
    Und hebt das Tambourin, das dumpf erklinget,

Hoch mit der Rechten, und mit scheuem Beben
  Forscht ihre Linke, was im Spielwerk rauschet,
  Und fühlet zarte Flügel kleiner Tauben,

Der Faun, der über ihr auf Felsen lauschet,
  Beugt sich herab, die Tauben hinzugeben,
  So konnte Lust ihr nur die Wildheit rauben.

———————

Drittes Relief.

Im Himmel irrt ihr Blick und an der Erde
  Ringt sie in wilder Blöße hingegeben.
  In Lust ersterbend, voll von heißem Leben,
  Uebt sie gereizt, so reizende Geberde.   1

Auf daß ihm währe, was sie sich gewährte,
  Legt schlau der Faun ihr, der in Lustgeweben
  Nun gürtellos die freud'gen Hüften schweben,
  Den Gürtel um das Aug, wie Lust ihn lehrte.   1

In süßem Schmerz will sie die Arme ringen,
  Und schlägt das Tambourin in wilden Lüsten,
  Die Tauben buhlen auf den holden Brüsten,

Es bebt der Schwan in seines Todes Singen,
  Es bricht in seines Liedes Lieb' und Leiden,   2
  Der Genius der Lyra goldne Saiten.

———————

Viertes Relief.

Der Genius hält siegend sie umwunden,
  Aus seiner Lippen liebevollen Hauchen
  Trinkt Lieben sie, im Strahle seiner Augen   2
  Trinkt sie den Tod in Lust erschloßne Wunden.

Sie stirbt im Licht die Binde losgebunden,
  Muß sie in ew'ge Blindheit untertauchen,
  Da ihre Küsse heil'ges Leben saugen,
  Im Wahnsinn muß der Sinne Wahn gesunden.

Das Haupt verhüllt in loser Locken Fluthen,
  Streckt sie die Hand, die Lyra zu erlangen,
  Die hoch er hebt, der Schwan reckt seine Schwingen,

Das Tambourin, in dem die Tauben ruhten
  Zertritt sein Fuß, den Faun sieht man gefangen,
  In jenem Gürtel an der Erde ringen.

————

Die Apotheose.

Canzone –

Gebet.

Es ruht ein hohes Bild vor meinen Blicken,
So kühn und mild verschlungen,
Wie Lieb und Lied, wie Kuß und Tod verwebet,
In Sehnsucht strebt es auf, weilt mit Entzücken,
Von Wollust ganz durchdrungen,
Des Bildes innres Heiligthum erbebet,
Still zu den Göttern schwebet.
Ich knie an des Bildes Marmorstufen,
All meine Sinne rufen,
Gieb Liebe mir und Lied in Tod und Leben,
Laß mich mit dir zum stillen Himmel schweben!

————

Das Gewand.

Die Jungfrau steigt von nackter Lust umflossen
Aus des Gewandes Falten,
Die halb in schöner Ungestalt herabgelassen,
Halb gierig noch, so buhlerisch ergossen,   5
Die üppigen Gestalten
Der Hüften ihr verrätherisch umfassen,
Den holden Leib nicht lassen.
So zarte Hülle kann nur Dämmrung weben,
Will Phoebe sich erheben.   10
So küßt das Meer des Gottes goldne Füße,
Und fern noch glimmt die Glut der goldnen Küsse.

———————

Violette.

Ein schweres Leid strömt durch die holden Glieder,
Die Schwere kämpft mit Schweben,   15
Die Hüften ringen Himmelan zu dringen,
Der Kopf sinkt sterbend auf den Busen nieder,
Um schneller sich zu heben,
Muß sie die Rechte um den Genius schlingen.
Hoch auf des Schwanes Schwingen   20
Schwebt er, zur Lyra ihre Rechte strebet,
Die seine Linke hebet,
Und mächtig hebt er sie mit seiner Rechten,
Verschlungen in der losen Locken Flechten.

———————

Der Genius.   2

Er, der am Boden freundlich nur geschienen,
Voll Huld und milder Treue,
Schwebt ernst empor in göttlichen Gedanken,
Des Sieges Feier strahlt von seinen Mienen,

Er läßt in stiller Weihe,
Sich von des armen Kindes Arm den schlanken
Geschwungnen Leib umranken,
Ihn hebt der Schwan, und um sie nicht zu lassen,
Muß er ihr Haupthaar fassen.
Des hohen Werkes heil'gen Schmerz entzündet,
Die Hand, die er in ihre Locken windet.

Das Ganze.

Das ganze Bild, in Einigkeit verbunden,
Gleicht rührendem Gesange,
Wie heilige Gebete aufwärts dringen.
Im Herzen glühen ihm so tiefe Wunden;
Mit schmerzenvollen Drange
Muß es nach Lieb und süßen Tönen ringen,
Zu Ruhe sich zu schwingen.
So hebt es sich, so strebt es nach der Leier,
So schwebt in hoher Feier
Der Gott empor und in des Bildes Herzen
Schmiegt sich der Schwan und reiniget die Schmerzen.

O harre, hebe mich empor!
Wie es in tiefer Andacht ganz erbebt
Und zu dem Himmel strebt. –
O Götter löst den Schmerz in süßen Thränen,
Umarmt im kühlen Flug sein heißes Sehnen!

Achtzehntes Kapitel.

Da ich diese Verse niedergeschrieben hatte, hörte ich Habern die Fensterladen unserer Schlafstube aufstoßen, und ging tiefer in den Garten. Ich sah Godwi in einer Allee mir entgegen kommen; es freute mich, und ich war entschlossen, ihm mein ganzes Verhältniß zu ihm zu erklären. Er sprach mit mir von gestern Abend, und warnte mich nochmals ernstlich, mich solchen Stimmungen nicht hinzugeben, er sagte:

Solche Stimmungen führen zu einer frevelhaften Ansicht des Lebens, und unsere Fähigkeit zu rühren erhält endlich so sehr das Uebergewicht gegen jene gerührt zu werden, daß wir der Welt hart und grausam vorkommen, wenn uns das Herz blutet – ich kenne dieselbe Empfindung, und es hat mir viele Mühe gekostet, ihre Narbe zu verlieren.

Sie haben Recht, fuhr ich fort, es liegt eine falsche Dramatik in diesem Zustande, und man zerstört sowol sein Talent zu fühlen, als darzustellen, wenn man die bloße unbestimmte Rührung durch den Witz gewaltsam zum Eindruck erhöht, und die Handlung genug zum Leiden herabstimmt, um dieses Mittelding von Rührung und Eindruck fantastisch äußern zu können. Uebrigens habe ich einen solchen überwiegenden Drang zur Darstellung, daß ich mit großem Genuß in solchen Stimmungen verweile, und ich glaube wirklich, daß diese Art von Aeußerung mir oft nützlich ist, da ich nichts weniger ertragen kann, als das Stumme und Tonlose.

Godwi wollte mich hierauf zu Violettens Grab führen. Ich sagte ihm, daß ich seiner Güte zuvorgekommen sey, und zwar indem ich zum Fenster herausgestiegen wäre.

Er lächelte, und sagte: ich danke Ihnen beinah dafür, denn dieses Bild ist mir mit vielen Schmerzen verbunden.

Auch mir ist es mit Schmerzen und Lust verbunden gewesen, ich habe in mir vieles an dem Bilde erlebt, und wenn

es Sie freuet, so lesen Sie einige Verse, die mir der schöne
Morgen in die Schreibtafel schrieb, als er mich und das Bild
so vertraut fand.

Ich gab ihm hier die Sonette und die Canzone, sie schienen ihn zu rühren, und ich dachte an die geringen Töne des
Alphorns, die dem Schweizer in der Fremde das Herz brechen können.

Ich danke Ihnen, sagte er, und drückte mir die Hand, es
standen ihm Thränen in den Augen; ich danke Ihnen für die
Sonette, und erlauben Sie, daß ich sie abschreibe.

Ich danke Ihnen für Ihre Thränen, erwiederte ich, welche
die fehlenden Pointe meiner Sonette so schön ersetzen, und
erlauben Sie, daß ich diese Thränen abschreibe.

In einem Sonett? das wäre zu gedehnt – in meinem Leben? wenn Sie wollen, ja – ich bin Ihnen gut.

Und wenn ich schon manches aus Ihrem Leben abge-
schrieben hätte, und Sie sähen meine schlechte Schrift, und
meinen selbstischen Stil, würden Sie mir diese Thränen dennoch vertrauen?

Auch dann, Sie scheinen mir das Verwirrteste entwirren
zu können. Sie haben Violettens Leben so treu in einer bloßen Darstellung ihres Grabmahls geschildert, daß ich Ihnen
zutraue, Sie könnten, wenn Sie lange mit mir umgingen, aus
mir, dem Denksteine meines Lebens, meine Geschichte entwickeln.

Ich zog hier den ersten Band dieses Romans aus der Tasche, und reichte ihn ihm mit den Worten hin:

Ich halte Sie beim Worte.

Was ist das? sagte er, schlug das Buch auf, las das Lied:

Und es schien das tief betrübte u. s. w.

sah mich an, blätterte weiter – Römer – Godwi – Otilie –
Joduno – und lief mit dem Buche davon.

Ich reihte schon alle meine Entschuldigungen zusammen,
als ich in mir durch die entschuldigende Ansicht meines
Buchs auf die Geschichte seiner Sünden kam, welche aber

nichts Anders, als eine Geschichte meiner Unschuld blieb,
und diese Unschuld selbst hatte für mich ein so liebenswür-
diges Ansehen, daß ich nicht zweifelte, Godwi mit einer
naiven Darstellung dieser Unschuld ganz besänftigen zu
können.

Hier bemerkte ich Habern, der langsam die Allee herun-
ter geschritten kam; er las in einem Buche, welches ich am
Einbande für Goethens Tasso erkannte, denn ich hatte es
Morgens auf seinem Nachttische liegen gesehen. Er ging so
langsam und nachlässig, daß ich vermuthete, er lese die
Worte der Princessin:

> Schon lange seh ich Tasso kommen. Langsam
> Bewegt er seine Schritte, steht bisweilen
> Auf einmal still wie unentschlossen, geht
> Dann wieder schneller auf uns los, und weilt
> Schon wieder –

Ich zog mich in die Gebüsche zurück, um ihm einen Lorbeerkranz zu flechten, den ich ihm scherzhaft aufsetzen
wollte, fand aber bald seinen eignen Hut, den er auf einen
alten Aloetopf gesetzt hatte, und da er mich einholte, und
mir guten Morgen sagte, nahm ich pathetisch ihm das Buch
aus den Händen und las, indem ich seinen Hut berührte,
der auf dem Aloetopf hing, die Worte Alphonsens parodirend:

> Hat ihn der Zufall, hat ein Genius,
> Gefilzt ihn und gebracht? Er zeigt sich hier
> Uns nicht umsonst. Den Aloe hör ich sagen:
> Was ehret ihr den leeren Topf? er hatte
> Schon seinen Lohn und Freude, da ich blühte –

Ich setzte ihm den Hut auf, und las die Worte der Princessin parodirend weiter:

> Du gönnest mir die seltne Freude, Haber,
> Dir ohne Wort zu sagen, wie ich denke.

Haber machte in seiner Verträglichkeit ein Meisterstück, er freute sich meiner Laune, und fügte hinzu, indem er den Hut wieder auf den Topf setzte:

O nehmt ihn weg von meinem Haupte wieder,
Nehmt ihn hinweg! er sengt mir meine Locken –

Denn ich habe ihn allein hier her gehängt, weil es mir zu heiß war. Übrigens sollten Sie mich nicht necken, daß ich die Idee habe, den Tasso zu übersetzen, Sie kennen meine Kunst noch nicht, und würden sicher mit ihr keinen Kampf bestehen –

Denn wer sich rüsten will, muß eine Kraft
Im Busen fühlen, die ihm nie versagt.

Ich gehe den Kampf zwar nicht ein, sagte ich, aber wir wollen doch zum Scherze ein italiänisches Lied mit einander übersetzen, das ich für ziemlich unübersetzlich halte; es kömmt mir eigentlich nur darauf an, daß das Lied übersetzt würde, heute Abend wollen wir es beide Godwi vorlegen.

Haber willigte ein, und ich schrieb ihm das Lied auf, dann ging er weg. Ich setzte mich nieder, und versuchte meine Uebersetzung, aber ich ward muthwillig, und konnte es nur frei übersetzen. Ich brachte einen Theil des Vormittags damit zu, und da ich so ziemlich damit fertig geworden war, ging ich nach dem Landhause, eine Flöte Douce rief mich in die Familienstube des Pächters.

In der Stube stand ein Mann von etwa dreißig Jahren, der die Flöte blies; die Kinder waren um ihn versammelt, und hörten zu, ein besser gekleideter Mann stand vor ihm und sagte ihm nun ist es bald genug. Hier trat ich in die Stube, und er legte die Noten bey Seite, putzte seine Flöte mit dem Schnupftuche sorgsam ab, und legte sie weg. Die Kinder in der Stube kamen nach einander zu mir, und reichten mir die Hand, wie es die Mennoniten pflegen. Da ich glaubte, der Mann habe meinethalben aufgehört, so bat ich ihn fortzublasen; er versetzte mir, ja wenn es der Herr Doktor er-

laubte! Sie selbst hätten mich nicht stören sollen, denn es ist
lange, daß ich dies Vergnügen entbehre.

Der Herr Doktor war der besser gekleidete Mann, und
sagte mir, dieser Bediente Godwi's, der Georg heiße,
habe einen bösen Husten, darum habe er ihn das Flöten-
blasen untersagt; zugleich flüsterte er mir ins Ohr:
Schwindsucht, Schwindsucht, ist nicht herauszureißen,
machte dann seinen Diener und ging weg. Da er fort war,
war die ganze Stube stille, und ich sah den armen Georg
mitleidig an.

Blase er immer noch eins, sagte eine junge Frau, die am
Spinnrade saß, wir hören es gerne, und bey dem Doktor ist
es ihm doch nicht recht vom Herzen gegangen.

Georg schien mich mit seinen Blicken zu fragen, ob ich
ihn nicht verrathen wolle, und da ich ihn selbst darum bat,
blies er, wie er sagte, sein Lieblingslied, und dann wollte er
lange nichts wieder spielen. Die Thränen liefen ihm dabey
aus den Augen, und mir auch; ich dankte ihm. Man rief
mich zu Tische.

Dort fand ich Godwi, der lächelnd meinen ersten Band
zur Seite legte, und mich fragte, warum ich so ernsthaft sey,
ich solle sein Urtheil nicht fürchten, obschon ihm vieles in
dem Buche sehr lustig vorgekommen sey.

So sehr mich Ihre Verzeihung auch rühren wird, sagte ich,
so ist es doch jetzt Ihr Bedienter Georg, der mich so ernst
gemacht hat. Warum muß der arme Mensch auch grade
Flöte blasen zu seiner Brustkrankheit, und warum muß er
die Musik so sehr lieben, als seine Krankheit sein Instrument haßt; wenn er unheilbar ist, so soll man ihm immer erlauben, früher an dieser schönen Leidenschaft zu sterben,
als an seiner garstigen Krankheit.

Sie haben Recht, sagte Godwi, dieser gute Mann ist durch
dieses Verbot unglücklicher, als durch seine Krankheit, die
er sehr gut kennt. Ich wollte, ich könnte ihn ein anderes Instrument lehren lassen, das zugleich tragbar wäre, denn er
geht gar zu gern mit seiner Musik spazieren. Es freut mich,

daß Sie mich daran erinnern, besinnen Sie sich doch, ob Ihnen nichts einfällt.

Ich fragte ihn, ob er keine Laute oder Zither in der Gegend wüßte, ich wollte Georgen darauf Unterricht geben.

Gut, sagte Godwi, eine Laute ist im Hause, und zugleich erfahre ich, daß Sie bey mir bleiben, warum ich Sie ohne dies bitten wollte.

Ich entschuldigte mich, daß ich mein Hierbleiben so unvorsichtig vorausgesetzt hätte, versicherte ihn, wie gern ich es thäte, und bat ihn, Jemand in die Stadt zu schicken, der meine wenigen Geräthschaften herausbringe.

Georg wartete uns bey Tische auf, und freute sich sehr, da ich ihm sagte, daß ich ihn die Laute lehren wolle. Haber schien etwas unzufrieden zu seyn; ich fragte ihn nach der Uebersetzung, er klagte über die vielen italiänischen Wortspiele, übrigens gehe er nach Tische wieder daran. Wir setzten als Wette fest, daß der, dem die Uebersetzung nicht gelänge, die Person in der Absingung des Wechselliedes übernehmen müsse, welche der Andere bestimme. Haber entfernte sich bald wieder, und Godwi sagte:

Es ist etwas boßhaft von Ihnen, und doch sehr nützlich, daß Sie ihn bschäftigen; denn obschon ich ihn recht gern leiden mag, so hat er doch nicht den Mittelkarakter, dem man sich vertrauen kann; sein Enthusiasmus wird meistens Hitze, und seine Ruhe Frost.

Ist es Ihnen heute nach Tische so vertraulich? sagte ich, auf das Buch hinsehend.

Ja, erwiederte er, wir wollen den zweiten Band mit einander machen.

Ich ging mit ihm in den Garten, und er führte mich ans äußerste Ende in eine Eremitage. Auf unserm Wege zeigte er mir seitwärts einen Teich.

Dies ist der Teich, in den ich Seite 266*) im ersten Bande falle.

---

*) ⟨In vorliegender Ausgabe S. 164.⟩

Dann traten wir in die Eremitage, er stieß den Laden auf, und das erste, was mir in die Augen fiel, war das steinerne Bild der Mutter, welches gleich neben diesem Fenster an dem Teiche stand.

So ist es nun, sagte er ruhig; übrigens haben Sie mich in Ihrem Buche ziemlich getroffen, weniger Otilien und den Greis, und Sie sind zu entschuldigen, denn Sie hatten nichts über sie in Händen, als die Worte eines glühenden Jünglings, die meinigen. Es muß Ihnen vor dem zweiten Bande sehr gebangt haben, denn wo sollten Sie mit Otilien, mit dem Alten, mit mir selbst hinaus.

Warlich ich konnte nur denken, daß ich den zweiten nie schreiben würde, weil ich den ersten nur schrieb, wegen meiner Liebe zu Herrn Römers Tochter, und mußte ich ihn schreiben, nun so –

Ich danke, Sie hätten mich und die ganze Gesellschaft wol vom Blitze erschlagen lassen.

Ungefähr so etwas, denn Sie muthen mir doch nicht zu, daß ich Ihnen Otilien hätte zum Weibe geben sollen –

Nein, soviel nicht – aber ich hätte mich wenigstens umbringen müssen, weil sie mich nicht nehmen wollte oder konnte – einen anderen Ausweg wüßte ich nicht – ihr untreu werden? – das ganze Publikum hätte auf mich geschimpft – sie heirathen? – Sie hätten in geheimnißreichen, chemisch-poetischen, und doch deutlichen Worten die Ehe hereinführen müssen, sonst hätte das Volk bey seiner armseligen Liebe immer noch gelacht, mich bey Otilien im Bette zu wissen, bey dem sternenreinen Mädchen, die so fein ist, daß Ahndung und Erinnerung wahre Telegraphsbalken für sie sind. Ich kann mir Ihre Otilie kaum wie eine Hostie denken.

Sie ist freilich etwas sublime schlecht gerathen, und ich hätte Sie nicht mehr lange oben bey ihr allein lassen dürfen, denn Ihre Phantasien wollten auch nicht endigen. Was sollte der Greis weiter vorbringen? von seiner Geschichte wußte ich nichts. Einigemal war ich entschlossen, durch Sie

Otiliens Tugend angreifen zu lassen, nur um ihr etwas Stoff abzugewinnen, weil sie doch auch gar nichts that, als unendlich zart seyn. Es würde sicher zu einem solchen ehrenrührigen Komplott gekommen seyn, hätte mir der Buchdrucker nicht so zugesetzt, daß ich nicht Zeit hatte, sie zu verführen. Ich mußte mich daher mit der Freude begnügen, alles, was sie gesagt hatte, mit etwas Boßheit durchstudirt zu haben, um auf irgend eine Zweideutigkeit zu stoßen, auf die ich den Baum ihres Sündenfalls hätte pflanzen können, damit ich nachher die verschiedenen vortrefflichen Parthieen ihrer Sünde zu verschiedenen Zweigen verarbeiten könnte, welche wieder Aepfel des Guten und Bösen getragen hätten.

Und was wollten Sie Seite 281*) mit den stillen Lichtern? Sie wollten doch nicht etwa dem Mädchen eine neue Art Mythologie geben?

So etwas für die lange Weile, aber ich fühlte zu sehr, daß ich die alte noch nicht verstehe.

Eine neue Mythologie ist ohnmöglich, so ohnmöglich, wie eine alte, denn jede Mythologie ist ewig; wo man sie alt nennt, sind die Menschen gering geworden, und die, welche von einer sogenannten neuen hervorzuführenden sprechen, prophezeien eine Bildung, die wir nicht erleben.

Sie meinen also, es gäbe keine Mythologie, sondern überhaupt nur Anlage zur Poesie, wirkliche gegenwärtige Poesie, und sinkende Poesie. Mythen sind Ihnen also nichts anderes, als Studien der dichtenden Personalität überhaupt, und eine Mythologie wäre dann so viel, als eine Kunstschule, so wie eine hinreichende Mythologie, eine hinreichende Kunst, und eine letzte endliche Mythologie, nichts als ein goldnes Zeitalter wäre, wo alles Streben aufhört, und nichts mehr kann gewußt werden, weil dann das Wissen das Leben selbst ist, nicht einmal das Wissen kann dann gewußt werden, da wir keine Einheit mehr denken könnten, indem

*) ⟨In vorliegender Ausgabe S. 172.⟩

die Möglichkeit zu zählen in der bloßen Einheit, die allein noch übrig seyn konnte, aufgehoben wäre.

Godwi sah am Ende meiner Rede zum Fenster hinaus, und als ich schwieg, kehrte er sich mit folgenden Worten um:

So ein paar Sachen, die ein jeder verstehen kann, wie er will oder kann, weil sie undeutlich sind, lassen Sie wohl auch im ersten Bande mit einfließen, aber im zweiten soll es nicht seyn.

Er nahm mehrere Papiere aus dem Schreibpulte, und sagte: diese Papiere enthalten die Geschichte meines Vaters in Bruchstücken, wie auch die meiner Mutter, und das Meiste der Jugendgeschichte des Alten und Molly's, von Cordelien nichts, auch von mir nichts; aus allem diesem nun müssen Sie ihren zweiten Band zusammenschreiben und mir vorlesen, von den Nebenpersonen des ersten Bandes dürfen Sie nicht viel sagen, weil sie bald abtraten. Das Uebrige meines Lebens, bis jetzt, will ich Ihnen dann erzählen. Sie können hier von dieser Zelle Besitz nehmen, und darin arbeiten. In der Zwischenzeit führe ich Sie in die Bildergallerie, welche zu Ihrem Buche hier in dem heiligern Theile des Hauses sehr vollständig ist, denn mein Vater ließ beinah alle die Hauptscenen aus seinem Leben malen, daher waren auch immer so viele Künstler bey ihm. Ich habe diese Eigenschaft mit wenigen anderen nur in soweit von ihm geerbt, daß ich Violettens Denkmahl verfertigen ließ, die bestimmendste Scene meines Lebens.

Ich dankte ihm für seine Güte, und versprach ihm es so gut zu machen, als ich könnte; dann las er mir hintereinander die Aufsätze vor, und ich bildete daraus, was die Leser nun hören werden.

Neunzehntes Kapitel.

Geschichte der Mutter Godwi's und ihrer Schwester.

In einer Handelsstadt an der Ostsee lebte Wellner, ein wohlhabender Kaufmann, der seine beiden Töchter liebte, und fleißig über ihren Sitten, und ihrer Bildung wachte. Er hatte seine brave Hausfrau früh verloren, da Marie und Annonciata noch sehr jung waren, und ihr in der letzten Stunde versprochen, diese mehr zu hüten, als sein Geld und Gut, was er auch treu vollbrachte; ja man könnte sagen, wirklich über Vermögen, denn er verlor in der Zukunft nicht nur sein Vermögen, und meistens durch die Liebe zu seinen Kindern, sondern er verlor auch beide Kinder selbst.

Er gesellte ihnen einen Jüngling zu, welcher elternlos war, und den er in seinem Hause unterhielt. Dieser, den ich Joseph nennen will, war immer mit den Mädchen, er hatte gute Schulkenntnisse, und gab ihnen den ersten Unterricht.

In der Blüthe des Lebens, wo sich die Gattung in einer schönen Blume entfaltet, erklärte sich Marie als ein durchaus sanftes und argloses Geschöpf mit einem treuen warmen Herzen, und einem hellen Geiste, der aber meistens in der Wahl das Gute dem Schönen vorzog.

Annonciatens Blüthe war schwerer zu bestimmen, ein kühneres und doch harmonisches Gemisch von Farben ist nicht leicht denkbar. Alles liebte sie, und keiner mogte sie recht leiden. Man wagte seine Liebe selbst in dem Kinde schon nicht zu wissen, weil man eben dieses Kind nicht verstand. Sie selbst machte keine Forderungen an die Welt, und war doch nichts als Begierde; das Meiste genügte ihr nicht, aber sie konnte es nicht sagen, weil sie die Armuth der Gebenden schonte.

Dieser ganze Zustand war nur Zustand in ihr, denn sie konnte noch nicht überlegen, als sie schon so im Leben

stand, und in der Folge meinte sie, es wäre wol nicht anders,
und dieses sey das menschliche Leben. Sie liebte nichts so
sehr als Blumen, und sang recht artig.

Wellner glaubte, ihr stilles und oft heftiges Wesen sey
eine Folge eines geschlechtlichheftigen Temperaments, und
er wünschte sie daher früh verheirathet zu sehen. Freilich
hatte er in seiner Meinung nicht ganz unrecht; aber der gute
Mann wußte nicht, welcher große Unterschied zwischen
dem sogenannten heftigen Temperament, und der von
Grund aus reinen Weiblichkeit ist.

Marie war des Vaters Augapfel, denn sie war ruhig und
bescheiden, und schien nichts zu wünschen, als was er ihr
geben konnte. Er hatte sich daher fest entschlossen, sie spät
oder nie von sich zu lassen. Da er allein für seine Kinder
lebte, und alle seine Gedanken nur sorgend für ihr Wohl
waren, so durchdachte er eben so gern seinen Lebenskreis,
sich für Marien eine Verbindung zu erfinden, als er viele
Stunden überlegte, wie er Annonciaten glücklicher machen
könne, als es die Welt überhaupt konnte.

Joseph, den er in seine Handlung genommen hatte, und
der seine Töchter fleißig unterrichtete, ward ihm täglich unentbehrlicher, denn er war eben so sehr fein und speculativ,
als treu und anhänglich, und die Handlung stieg unter seiner Einwirkung eben so schnell, als der Vater mit Freuden
besonders Mariens Bildung sich entwickeln sah.

Mit Annonciaten war es nicht so, denn lebendige
Früchte können in ihrer Gesundheit nur durch die Sonne
reifen. Sie ermüdete leicht an Josephs Unterricht, und wo
ihre Bildung vor sich ging, im inneren Heiligthume ihres
Busens, da konnte Joseph nicht hinsehen. Der junge
Mann ward oft durch ihre auffallenden Fragen gestört,
und als sie ihn in einer solchen Verlegenheit recht von
Herzen, wie sie oft pflegte, guter Joseph! nannte, beleidigte ihn dieses, und er klagte es Wellnern. Dieser stellte
ihr diese Beleidigung recht herzlich vor, und obschon sie
ihre Unschuld tief empfand, so bat sie ihren Vater doch

mit bittern Thränen um Vergebung, und versprach Josephen dasselbe zu thun.

Es kostete ihr vielen Schmerz, und Joseph konnte ihrer Rührung nicht mehr Einhalt thun, als sie Verzeihung von ihm erflehte, so, daß er anfing, sie für etwas beschränkt zu halten, da er ihre heftige Ausrufung, wie keine Liebe und keine Freundlichkeit in der Welt sey, hörte, denn in dieser Opferung ihres Stolzes löste sich alles in ihrem Herzen, und indem sie um Verzeihung zu bitten glaubte, beschuldigte sie das ganze Leben.

Nach dieser Scene wendete Joseph sich immer mehr zu Marien, und auch Annonciata kehrte mehr in ihr Herz zurück, obschon sie edler als er ihn nichts davon empfinden ließ.

An einem vertraulichen Abend war Joseph noch spät auf der Stube Wellners, und sie sprachen vieles über die Lage der Handlung, und eine Reise, die Joseph übernehmen müsse, um ihr mehr Selbstständigkeit zu geben, und sie den geldsaugenden Commissionairs zu entziehen. Von dieser Unterredung kehrte Wellner wie gewöhnlich auf das Schicksal seiner Töchter zurück, Joseph aber schwieg, als habe er etwas auf dem Herzen. Der Vater sagte:

Es ist wunderbar, wie kein Geschäft auf Erden unserm Leben, unserer Thätigkeit Freiheit giebt, es mag noch so blühend seyn, als es Fleiß und Einsicht machen können. Niemals wird die schöne Gewohnheit einer bezweckten Thätigkeit hinreichen, und wir kehren auf jedem Punkte, der eine Rundung der Ansicht erlaubt, in unser eignes armes Herz zurück, und bringen höchstens etwas Zerstreuung oder Stoff zu neuen Plänen mit, wenn wir zur Arbeit zurück kehren. Wenn ich nun Ihre Reise bedenke, und alle die schönen Vortheile derselben betrachtet habe, was habe ich am Ende gewonnen, was wird aus meinen Kindern werden, wenn ich mit ihnen allein bin, was? wenn Sie wieder kommen?

Joseph hatte eine solche Minute erwartet, und sagte ihm gerührt:

Ich ehre diese Empfindung in Ihnen, Ihre Güte hat mich Ihnen so nahe gebracht, als Ihren Kindern; für Annonciaten weiß ich nichts, als daß es gut seyn wird, sie bald zu verehlichen, um ihren unbestimmten Empfindungen die allgemeine Richtung des Weibes zu geben.

Und für Marien? fuhr Wellner fort.

Für Marien, sagte Joseph, kann ich nicht wählen, denn ich liebe sie.

Dies Geständniß hatte ihm viel Mühe gekostet, weil er nur zu sehr fühlte, wieviel er Wellnern schon zu danken habe. Wellner fand dies nicht, er fühlte die Schuld, wäre je eine da gewesen, längst getilgt, und versprach ihm Marien mit Freuden, als Lohn seiner Treue, wenn sie ihn liebe.

Dies glaubte Joseph beynahe schon, oder wenigstens, daß sie ihn heftig lieben werde. Hierin irrte er sich, denn sie liebte ihn sehr; nur war sie keiner lebhaften Aeußrung fähig; auch reizte sie nichts zum Geständniß, da ihr Herz wie ihr Leben voll stillen Glücks und voll Ruhe war.

Da nur wenige Monate bis zur Abreise Josephs übrig waren, so wurde die Verbindung und seine Aufnahme in die Handelsfirma bis zu seiner Rückreise festgesetzt; doch entschlossen sie sich, ihm Marien näher zu bringen, und zugleich für Annonciatens Versorgung zu denken. So hatten die beiden Freunde gesprochen, und verließen sich beide zufrieden, voll Hoffnung auf eine schöne Zukunft.

Als Wellner nach seiner Stube ging, und im Begriffe war, zu Bette zu gehen, hörte er seine Töchter, die über ihm wohnten, noch wach seyn und im Gespräche. Er war noch ganz von den Worten, die er in Liebe zu ihnen mit Joseph gewechselt hatte, durchdrungen, und setzte sich an das offne Fenster, um ihnen zuzuhören. Die Mädchen, von der schönen Nacht ans Fenster gelockt, sprachen vertraulich mit einander, und von Dingen, die ihn sehr rührten.

Wie ist Dir? sagte Marie zu Annonciaten, wenn Du so in den stillen Himmel siehst, und den Mondschein –

Liebe Marie, wie mir dann ist, wenn ich Dir das so recht beschreiben könnte, oder irgend einem Menschen, so wäre ich recht glücklich; ich denke oft daran, und ich würde Dich nicht immer bitten, mit mir ans Fenster zu treten, wenn mir meine Empfindung dann klar und deutlich wäre, denn überall kann ich wol einsam seyn, wo mir etwas deutlich ist – o! dann kann ich immerfort so in mir allein denken, ja wol ordentliche Gespräche mit meinen Gedanken halten; aber wenn der Mond in die Stube scheint, kann ich nicht ruhen, und muß ans Fenster hin. Es ist mir, als rufe er mich, ich müsse ihn wieder ansehen, die ganze schöne Nacht spräche mit mir, und frage mich scharf aus; die Antwort aber liegt mir tief im Herzen begraben, und es ist mir oft, als müsse mir das Herz brechen, damit ich es nur sagen könnte.

Das ist seltsam, da bist Du wieder ganz anders als ich, in mir ist es nicht so.

Wie ist Dir dann, was möchtest Du thun, was möchtest Du haben? Jetzt, da Du siehst, daß es draußen ganz anders in der Welt ist, was möchtest Du, das auch Dich verändere? damit Du wieder ruhig würdest, und mit der Welt zusammenstimmtest; denn wenn Du schläfst, ist es Dir doch nur wol, weil Du nichts von der Nacht weißt.

Ich verstehe Dich nicht, Du bist wol wieder melancholisch, – wenn ich schlafe, ob ich da nichts wisse; nun das weiß ich nicht. Manchmal träume ich auch, und wenn ich hier bey Dir stehe, und Du sprichst nicht, oder ich bin schläfrig, so wünsche ich, Joseph wäre bey mir, und spräche vertraulich mit mir, wie er nun bald abreise, und wir Briefe mit einander wechseln wollen. Auf diese Briefe freue ich mich sehr, denn ich habe noch an Niemand geschrieben; es ist mir, wie ein neuer Sinn, der mir aufgehen soll, und ich denke schon oft ganze Briefe an ihn aus.

Du bist glücklich, Du liebst Josephen wol.

Ich denke meistens an ihn, liebe ihn lieber als den Vater, und kann denken, daß ich gern mein ganzes Leben mit ihm seyn möchte: wenn dies Liebe ist, so hast Du recht.

Ich habe Recht, das ist Liebe, das ist Deine Liebe.

Meine Liebe? giebt es denn mehr als Eine Liebe.

Es giebt vielleicht nur Eine, aber jeder Mensch hat wol doch eine andre. Mir ist nicht so, wie Dir, wenn ich hier stehe; es ist mir, als müsse ich mich verlieren in ein anderes Wesen, wie die Bäume dort sich in einander verlieren; ich möchte nicht immer Annonciata seyn, und doch weiß ich nicht, wie ich das soll; ich kenne Niemand, in den ich mich verwandeln könnte; ich möchte oft sterben, um nicht mehr allein zu seyn, und sterben, für wen? das kann ich auch nicht sagen, und das ist es, was ich immer empfinde, und Abends mehr als sonst; das ist es, was mich im Herzen drückt, und wenn so der kühle Wind weht, wird mir es besser, ich fühle dann in meinem Herzen, als sey ich gut, als tröste ich mich mit der Ruhe da draußen in der Nacht und dem Glücke der Natur.

So sprachen die beiden Mädchen noch lange, Wellnern flossen die Thränen über die Wangen; er hätte noch gerne zugehört, aber er konnte die kühle Luft nicht vertragen. Er schloß deswegen das Fenster mit Geräusch, damit seine Kinder ihn hören, und auch schlafen gehen möchten. Marie zog sich zurück, denn sie hatte einen stillen verstehenden Gehorsam, Annonciata aber blieb allein wach.

Einige Stunden nach Mitternacht hörte sie den Vater Josephen klingeln, und diesen auch zu ihm kommen. Da sie ans Kamin trat, welches ihre Stube mit der des Vaters verband, hörte sie, wie der Vater am Fenster gesessen, ihre Unterredung gehört habe, und daß ihm nicht ganz wohl sey. Er erzählte Josephen von Marien, wie sie von ihm gesprochen, mit Freuden; auch von ihr hörte sie ihn sprechen, wie sie seltsame Dinge gesagt, die ihn sehr bekümmerten, und daß er sie mit dem jungen Genueser, der hier sey, bekannt machen wolle; es schien ein reicher kluger Mann zu seyn, und es würde ihn glücklich machen, wenn sie ihn lieben könne.

Annonciata hörte das alles mit Ruhe an, freute sich des Glücks ihrer Schwester, und da sie glaubte, es wäre wol

recht hübsch, wenn Marie auch unten wäre, so näherte sie
sich ihr und sagte, um sie zu wecken: liebe Marie, stehe auf,
und gehe hinab zum Vater, ich glaube es ist ihm nicht wohl,
er hat jetzt noch Josephen rufen lassen, frage ihn, was ihm
fehlt und pflege ihn, ich weiß, daß Du es ihm besser thun
kannst, als ich, und daß es ihm viel Freude macht.

Marie dankte ihr, zog sich schnell an, und ging hinab. –
Annonciata aber weinte –

Wellner freute sich herzlich der Aufmerksamkeit Mariens, sie saß so freundlich auf seinem Bette, und Joseph still
an der Erde: da konnte er sein Herz nicht mehr erhalten,
und legte ihre Hände in dieser Nacht für die Zukunft ver-
sprechend zusammen, und gab ihnen beiden zwei goldne
Ringe, die sie vor ihm verwechselten.

Zwanzigstes Kapitel.

So weit hatte ich geschrieben noch diesen Nachmittag,
nachdem mich Godwi verlassen hatte. Da ich fertig war,
kam er zu mir, und ich las es ihm vor. Dann führte er mich
durch den sehr ausgedehnten Garten nach einer andern
Seite, die ich noch nicht kannte, und sagte, daß er mir die
Bilder zu meiner heutigen Arbeit zeigen wolle. Dieses
freute mich sehr, und ich versicherte ihm, daß es mich auf-
muntern würde. Bald standen wir vor einem alten Gebäude,
welches das Aussehen einer verfallnen Dorfkirche hatte. Da
er die große Thüre mit rasselnden Schlüsseln aufschloß,
sagte er scherzend: Es ist mir immer, als sey ich das Gespenst eines alten Küsters, welches die gewohnten Wege
schleicht, wenn ich diese Kirchthüre aufmache. Ich mag
diese Anstalt nicht leiden, sie hat etwas Abentheuerliches,

und wäre sie von meinem Vater nicht in einem Zustande der
größten Verschlossenheit und Versteckheit gemacht worden, und nur für ihn allein, so würde ich gar nicht böse
seyn, wenn die Leute ihn einen Narren nennen. In meinem
Knabenalter lag diese Kirche schon wie ein unerträgliches
Geheimniß vor mir, und es schauderte mir immer, wenn
mein Vater mit einem der fremden Künstler hineinging,
und wieder allein heraus kam, als habe er ihn ermordet. Die
Treppe, welche grade der Thüre entgegen kam, führte in
einen ovalen Saal, in dessen Mitte eine mit Tuch verkappte
Figur stand, ähnliche standen an den Wänden umher.

Godwi blieb neben mir in dem Saale stehen, und sagte:
kann man sich etwas Tolleres denken, als sein ganzes Leben
in Stein hauen zu lassen, und so in einer Stube zusammen
zu stellen?

Es liegt etwas Fürchterliches darin, und eine wunderbare
Eitelkeit im Dunkeln, wo einen Niemand sieht; es ist, als
prahle einer um Mitternacht so recht auf seine eigne Hand.

Sie sind zu streng, sagte Godwi; Eitelkeit war es nicht,
und nicht Prahlerei; toll bleibt es ziemlich, doch hat diese
Tollheit eine edle Quelle, die bitterste Reue mit der Idee sich
alle diese Figuren wie Richter herzustellen, welche ihn seines Lebens anklagten, das zwar kein Verbrechen, aber große
Verirrungen umfaßte, bis auf eine Handlung, die zwar auch
ein Kind seiner Leidenschaft, doch bestimmter bösartig war;
diese hatte den Scheiterhaufen angezündet, auf dem er hier
in ewiger Reue brennend lebte. Jetzt ist er ruhig.

Meines Vaters Bisarrerie war die schöne Bisarrerie, das
Böse, welches nie gut gemacht werden kann, schön zu machen; seine Idee war, das Gute sey in der Zeit, und das
Schöne im Raum, und die Möglichkeit des Ersatzes einer
verderbten Jugend sey, ihr in reifern Jahren Gestalt zu geben. Er sagte, jede Handlung wird zu einem Denkstein, der
mich beschuldigt, und den ich nimmer umwälzen kann,
aber ich kann diesen Stein zwingen, zu einem schönen Bilde
der Handlung zu werden, die er bezeichnet.

Die Idee Ihres Vaters ist groß, und man sollte nie sagen: ich will es wieder gut machen, denn dies bleibt nur Vorsatz, und ist das Wort der Reue, man sollte sagen: ich will es schön machen. Auch liegt unstreitig in dem Gedanken, daß Böses und Gutes in der Zeit liege, viel Tröstliches, wir dürfen dann nur unsere Handlungen als Folgen denken, so haben wir bloßes Leben.

Jeder Mensch, sagte Godwi, der in sich selbst groß werden will, sollte in sich den Stoff und den Geist auffinden. Alles, was in ihm bloß Geschichte wäre, müßte ihm Stoff zu Idealen seiner selbst werden. So bliebe ihm der größte Theil seiner Jugend unverlohren, und ein herrlicher Gewinn. Er hätte dann in sich eine eigne Welt der Kunst und Natur, und büßte er auch alle seine Sinne ein, so könnte er doch in sich fortbilden, denn ihn ihm läge ein Universum, und er könnte sich lieben und anbeten.

Mein Vater that dieses mit einer großen Anstrengung, auch kam er dadurch immer mehr und mehr zur Ruhe. Doch fing er zu spät an, und hatte seine Unbefangenheit schon zu sehr verlohren. So erschuf er diese Bilder mehr in phantastischer Buße, als in Liebe zu sich. Endlich ward es ihm zur selbstischen Gewohnheit, ja zur Bequemlichkeit, und hätte sich sein Geschick nicht gelöst, so würde es ihm zum Laster geworden seyn, denn er erhob der Nothwendigkeit halber, eine Form zu erfüllen, oft seine kleinsten Fehler zu Verbrechen, und seine ganze schöne Leidenschaft war auf dem kürzesten Wege, Pietisterei oder Pedanterei zu werden. Doch wir wollen uns zu dem Unsrigen wenden.

Wir traten zur rechten Seite des Saales in eine Stube, an deren Wänden mehrere verhüllte Gemälde hingen. Godwi blieb vor einem stehen, zog den Vorhang in die Höhe, und sprach:

Hier ist Annonciata, die Jungfrau, einer Umgebung, dem Spiegel ihrer Seele, gegenüber.

Das Bild war warm und voll Allegorie, der ganze Ausdruck leise vordringend, und von allen Punkten gleichmäßig ausströmend; es war mir, als walle eine laue leichte Luft von den Farben auf mein Herz, und ich stand mehrere Minuten voll leichtathmender Lust; doch stieg meine Empfindung mit der Dauer, und das Gemälde schien fortschreitend erhöht.

Es wehet, wie aus warmen Thälern zu mir herauf, sprach ich, mir ist wohl, ich werde mild berührt, und in mir erhebt sich ein körperlicher Reiz, der unbestimmt und doch allgemein ist. In Stunden, in denen ich liebte und nicht fühlte, wie ich leise auf wolkigten Träumen hinab zog in ein anderes Wesen, wo die Ströme lieblicher unausgesprochener Rede schneller flossen, und die gestaltlose Flut der Seele fromm von dem schweigenden Mädchen empfangen wurde – wo die Liebe schon verstummte, und keinen einzelnen Sinn mehr hatte; wo meine Brust schon hörte und mein Auge küßte, wo mir die stille Woge ihres Busens begegnete, und ich so trunken war in dem Widerspruche der milden Annäherung, da war es mir so. – Doch nimmer weilt solches Leben – wohin, wohin gleitet die sehnende Fahrt? o Heimath! fliehe ich dich, eile ich dir entgegen? – wie löst sich aller Besitz! ist die Welt mein, und bin ich ein Bettler? wo ist mein Vaterland, wo ist meine Liebe? – ach! bist du nicht für die Erde? Annonciata! wer löst dir die Zauberei des Frühlings, wer löst dir dein Herz? das in Sehnsucht bricht, will keine Sonne kommen? die tiefen dunkeln Augen der Gedanken zu öffnen, die aus deinem Herzen steigen, und ist dein Busen eine Wiege der Kinder, die hier nicht leben dürfen? Schmerz, Schmerz! brennendes Verlangen, wer bricht dir das Siegel im Herzen, und welchem bist du gesendet? du dunkler Edelstein im Diademe der weissagenden Zeit – Wunderkind! –

Hier ließ Godwi den Vorhang niederrollen. – Es war genug, lieber Maria, der Maler hat seine Schuldigkeit gethan, und Sie waren auf dem besten Wege, den Eindruck des Bildes auf Sie und nicht das Bild zu betrachten.

Verzeihen Sie, ich dachte bey dem Bilde an ein Mädchen, das ich sehr liebe, und diesem Bilde gleicht. Lassen Sie mich das Bild nur wieder sehen, Gott weiß, wann mich das unselige Selbstbewußtseyn ohne Geistesgegenwart verlassen wird, ich komme nimmer dazu, Etwas wie ein vernünftiger Mensch zu betrachten.

Sie wissen wol von dem Bilde gar nichts mehr, sagte Godwi.

Nein, das ist ja eben das Unglück, daß ich mich mit jeder Erscheinung begatte, und der Mutter ewig ungetreu eine Menge unehelicher Kinder habe, nimmer komme ich zu einer honetten Haushaltung in meiner Seele.

Godwi zog den Vorhang wieder in die Höhe, und ich nahm mich recht zusammen.

Abend-Dämmerung, rechts sinkt die Sonne, links dunkler Vorgrund, ein kleiner Hügel mit fetten großblättrigten Gewächsen, auf dem sich eine Rebenhütte erhebt. Annonciata ohngefähr vierzehn Jahre alt, sitzt unter dem Rebendache, weiß gekleidet, das schwarze Lockenhaar wallend, ihr Gewand mehr als malerisch, wirklich bürgerlich nachlässig; ihr Blick ruht in der Minute, wo sich der Himmel und die Abendröthe durchdringen; um ihre Stirne schlingt sich Orangenblüthe, sie umfaßt mit beiden Händen ein Körbchen voll rother Früchte, das auf ihrem Schooße steht, so daß sie die jungen keuschen Brüste etwas in die Höhe drängt, und der Flor sich liebevoll öffnet. Sie sitzt ohne Schaamhaftigkeit, keine Spur von Zucht; sie will nichts, sie wird gewollt; das Leben verlangt sie; von allen Seiten glüht Liebe und Lust zu ihr hin; alle Blätter gießen ihre hoffenden Flammen über sie aus; die Blumen geöffnet blicken ihr in die Augen, und die Kräuter schmiegen sich um ihre Füße; die Sonne will nicht sinken, und das schwellende Herz der Nacht sinkt schwerer voll Lust nieder, sie will zu ihr herab. Die Ferne dringt zu ihr herüber, und die Nähe lehnt sich dieser siegreich und stolz entgegen. Sie selbst athmet nur, sie ist nicht gefangen in diesem wunderbaren Kampfe der Liebe; in ihrem Herzen ist Andacht, und ihr Antlitz ist Gebet. Neben ihr steht eine Urne, in welcher Aloe blüht; auf dem steinernen Geländer einer Treppe, und vor der Urne sitzt ein Pfau, der den goldnen glühenden Hals der Sonne nachrufend ausstreckt, aus seinem sinkenden Schweife blikken köstliche Augen von Saphir und Gold nach den Sternen, die still am Himmel heraufblühen.

Dies Bild, fuhr Godwi fort, ist mit einer wunderbaren Resignation gemalt, man kann es nicht recht geduldig ansehen; der Maler that auch gar nichts für den Betrachter.

Ja, versetzte ich, Annonciata nur allein kann es betrachten, und wir nur Annonciaten, denn Alles ist nur für sie gemalt, oder vielmehr sie malt es in jedem Augenblicke. Wenn ich bedenke, daß diese milde Glut der Sonne, der schwermüthige Himmel und die freundlichen Sterne, daß die ganze rührende Melodie des Bildes nur die aufgelöste Annonciata ist, und Annonciata nichts als die menschliche Gestalt dieser Umgebung, so erkläre ich deutlich in mir ein Gefühl, das mich in der Natur begleitet; sie beunruhiget mich, es ist mir als könne ich sie nicht betrachten, als belausche ich sie nur in einem stillen treibenden Geschäfte der Wandlung, und es giebt wenige Gegenden, die nicht einen andern Menschen, als mich, bedürften.

Nur der allgemeinste Mensch, sagte Godwi, nur ein Mensch, der groß, glücklich und gesund ist, kann ohne Druck den ganzen Umfang der Naturanschauungen ertragen. Jeder einzelne hat seine eigne Natur, vor der er gleich einem höheren Bilde steht, welches mit Rührung auf seine Geschichte zurücksieht. Ich empfinde mit Freuden, wie ich seit einiger Zeit mehrere Arten der Aussicht liebe, die mich sonst verwunderten, und dies ist mir eine Erfahrung, welche mir eine Erweiterung meiner selbst versichert.

Mir ist noch nicht so, sagte ich, ich kenne nur eine Aussicht bis jetzt, und habe noch keine Landschaft gesehen, die mir wohl that, als diese, und wäre meine Gestalt von meinem Gemüthe ganz durchdrungen, könnte ich überhaupt jemals mich selbst vorstellen, so hätte in diese Landschaft ein Maler keine Figur als die meinige stellen dürfen, um nicht aus der Haltung zu fallen.

Wo ist diese Aussicht? fragte Godwi, wenn Sie sie nicht wie eine Geliebte verbergen.

Am Rhein, auf einer herrlichen Stelle.

Gut, so habe ich sie wahrscheinlich auch gehabt, und es sind wirklich Gesichtspuncte am Rhein, die ich nicht auszusprechen wage.

Ich saß höher, als der höchste Berg der Gegend, auf der Spitze eines jungen Baumes, den eine muthige Hand in die höchsten Trümmern eines zerstörten Thurmes gepflanzt hatte, über Untiefen voll Wald, die wie Katarakte und stürmende Heere unter meinem Blicke auf und nieder stürzten, brauste der herrliche Fluß des üppigen Friedens und der trotzigen Ruhe. Ringsum weit die Städte und Flecken hingesäet, viele tausend Blicke auf meinen Standpunkt gerichtet, in tiefer Einsamkeit, Vor- und Nachwelt um mich aufgelöst in ein unendliches Gefühl des Daseyns. Ich hatte ein trauriges Herz voll verschmähter Liebe da hinauf getragen, so recht gar nichts da oben erwartet, und ging mit einer sehr breiten Resignation durch den Wald. Aber der Mensch ist so enge in sich selbst gefangen, daß er sich meistens selbst verzehrt, wo er die Welt verzehren sollte. Ich weinte, als sich die Aussicht mir erschloß, vor Schaam, und fühlte, wie meine Thränen gelinde auf der Wange trockneten, und sich meine Seele, wie der Duft einer Blume zum Himmel hob; mein Körper wuchs in den Stamm, der mich trug, und meine Arme streckten sich wie Zweige in die Luft: da war mir wohl, und ich sah den Zugvögeln nach, die neben mir vorüberreisten, wie Freunden, die noch nicht zur Ruhe gekommen sind, und wünschte ihnen glückliche Reise.

Es ist recht hübsch, daß grade welche vorbei flogen, sagte Godwi; doch wollen wir jetzt das Bild Mariens betrachten, ehe es dunkel wird.

Godwi enthüllte ein anderes Bild, und sagte scherzhaft:

Nehmen Sie den Huth hübsch höflich in die Hand, stauben Sie die Schuhe ab, und sein Sie artig, wir wollen zu einem lieben Mädchen gehen. Welcher Contrast! Dies ist Marie,

Annonciatens Schwester. Welche Ruhe, welcher Frieden;
man schweigt, sie athmen zu hören, und wünscht, daß die
Taube in ihrem Schooß den Flügel senke, um sie aufmerksam zu machen. Wehet denn kein Lüftchen durch das enge
Fenster, daß die Lilie sich bewege und dem Mädchen sage,
wir seyen da, damit sie uns mit den lieben Augen erblicke,
die sie so fleißig auf den Stickrahmen niedersenkt; nur die
Lilie darf zusehen, wie sie Blumen stickt, sie senkt den
Kelch stille zu ihr, und thut wie die vertraute Freundin. Wie
die Sonnenstrahlen so nachbarlich zu dem kleinen Fenster
hereinsehen; wenn die Sonne sinkt, so sieht sie uns wol an,
indem sie dem Glanze ausweicht, oder wird sie nach dem
Bilde des jungen Mannes schauen, das an der Wand hängt,
und so recht behaglich und mit Ansprüchen da zu hängen
scheint? Ich beneide ihn, er ist sicher mit des Mädchens Vater einverstanden, und die Sache geht den einfachen Weg.
Lebe wohl, Marie, wir wollen nicht vor dich treten, da wir
deiner begehren müssen, denn du bist schon einem gegeben,
der dir genug ist. Hier ließ Godwi den Vorhang fallen.

Dies ist ein Mädchen, sagte ich, zu dessen Vater auch der
zügelloseste Mensch sagen könnte: mein Herr, da ich in den
Stand der heiligen Ehe zu treten gesonnen bin u. s. w. Ich
habe noch nirgends ein häusliches Gemählde im Ideal gesehen, dies ist es, Friede. Und dieses ist Ihre Mutter?

Dies ist sie, ziehen Sie von diesem Bilde, bis zum steinernen Bilde eine Linie, so haben Sie das Unglück meiner Mutter ermessen.

Hier verließen wir die Stube, und gleich darauf den Bildersaal, nachdem Godwi zuvor ein ruhiges Abendlied auf
der kleinen Orgel gespielt hatte, die noch in der Kirche von
ihrer ersten Bestimmung her übrig geblieben war. Die Töne
der Orgel gingen feierlich, wie ein betender Geisterzug um
die stummen steinernen Bewohner des Hauses herum, und
schienen sie zu trösten. Ich trat dann an Godwi's Seite gerührt in den Garten, und es that mir im Herzen wohl, wieder im Freien zu seyn; es war ein freundlicher Abend, und

wir freuten uns, noch den ganzen Park durchgehen zu müssen, ehe wir in das Landhaus kamen.

An der Thüre kam uns Haber entgegen, den ich sogleich um seine Uebersetzung fragte, aber er klagte über seine Zerstreutheit, und daß einer der Pächter unter seinem Fenster geschlachtet habe, und daß das Geschrei des sterbenden Thieres dem italiänischen Ton und Wortspielen sehr entgegen sey –

Sie haben also die Wette verlohren, denn ich habe es übersetzt, und wir wollen nun bald an die Aufführung des Liedes gehen, Sie müssen die Laura vorstellen, und ich den Hiazinth – schreiben Sie sich die Rolle ab, nach Tisch, wenn die Lämpchen am Himmel angesteckt sind, und Luna uns souflirt, müssen Sie vom Fenster herunter mir den Korb geben, ich will die Laute erst in Ordnung bringen, und ein wenig dazu klimpern.

Haber wollte nicht daran, und entschuldigte sich, besonders mit seiner schwachen Stimme.

Desto besser, sagte Godwi, Sie können dann noch einen Vers anhängen, in dem Sie ihn ausschimpfen, daß er Ihnen einen Schnupfen zugezogen hat. Doch ich will sehen, ob die Laute angekommen ist.

Ein und zwanzigstes Kapitel.

Georg, der stille Diener, brachte mir die Laute, er hatte sie selbst aus dem Jagdhause geholt, wo sie, wie er sagte, noch von Cordelien her in einem Winkel gestanden habe.

Es war ein schönes großes Instrument, und die gothischen Schnirkel, welche die Resonanzöffnung verschlossen, waren fein mit Gold und Elfenbein durchzogen. Eine recht

freundliche Idee war, daß durch dieses Gitter alle Töne in
Gestalt kleiner Engelsköpfe heraussahen, als seyen sie, wie
himmlische Kinder hinein gebannt, und sängen liebliche
Lieder durch das Gitter; sie öffneten nach der Reihe die
Lippen recht kräftig und immer feiner, wie auch ihre Ge-   5
sichter die Höhe und Tiefe des Tons durch das Alter aus-
drückten. Der Steg stellte eine Aeolsharfe vor, hinter der
eine lauschende Jungfrau auf den Arm gestützt in schlafender Stellung lag.

Ich brachte die Saiten mit Vergnügen in Ordnung, und   10
ergötzte mich an dem ruhigen vollen Tone des Instruments.
Ich war mit ihm in den Garten gegangen, denn meine ersten
Accorde opferte ich wie eine Libation eurem Angedenken,
schwesterliche Seelen! Ich hatte lange nicht gespielt, und es
war mir, als erwache ein entschlummertes Götterbild in mir,   15
und breite mit Wollust die Arme wieder wirkend und schaf-
fend aus. Es war schon dunkel, und die Töne schienen die
Dämmerung zu heben. Ich sang das herrliche katholische
Mutter-Gottes-Lied.

> Ave maris stella etc.   20
> Meerstern ich dich grüße u. s. w.

Dann ging ich zurück, und wir schickten uns nach Tische
an, Habern seine Buße bestehen zu lassen. Die Sache ward
recht lustig, er kam oben ans Fenster in ein Betttuch gewik-
kelt, als jage ich ihn aus dem Schlafe, und wir sangen wech-   25
selweise zur Laute folgendes scherzhafte italiänische Lied,
wie ich es in der Eile im Deutschen nachgeahmt hatte.

Giacinto.

> Dorme la bella Amor deh tu con l'ali
>   Rinfresca tal'hor l'aria, e fagli vento   30
>   Accioche dell' estate alcun tormento
> Non risenta la Dea, ch'è tra mortali.

2.

Se i miseri occhi miei posar, non ponno,
    Godi la quiete tua, la quiete mia,
    E quello ch'io perdei placido sonno
    Se venga adormentar l'anima mia.

3.

Se ben che tu mi dai cattivi giorni,
    Ecco ti vengo a dar la buona notte
    Lontananza, ne tempo far non puote,
    Ch'al lume qual farfalla io non ritorni.

Laura 4.

Chi è colui, che dormire non potendo
    Sen vien a perturbar i sonni altrui,
    Che dica quanto volei, io non l'intendo
    Son qual' Aspide sorda a canti suoi.

Giacinto 5.

Canto mia bella, mà ne piange il core,
    Io canto come il Cigno in sul morire,
    Se ben vorrei tacer conuengo dire,
    E ridir ciò, che và dettand' Amore.

Laura 6.

Non intendo Signor vostre ragioni.
    Che siete, che volete, e cosa sate
    Andate altroue sempelicetto, andate,
    Che voglion' esser altro, che canzoni.

Giacinto 7.

Mendico io son hor eccomi alla porta,
    Che chieggio in elemosina del pane.
    Deh non mi fate andar d'oggi in dimane,
    Doppia è la gratia al fin quã d'ella è corta.

Laura 8.

Al chieder vostro io sarò sempre muta,
  Qui non s'apre la porta, a chi non porta,
  Presso di noi la Caritade è morta,
  Chi non conta non hà la ricevuta.   5

Giacinto 9.

Prendetemi Signora per soldato,
  Sarò vostro guerriere senza paga
  Di già assueffatto all' amorosa piaga
  Non temerò d'esser per voi piagato.   10

Laura 10.

Noi non stimiamo l'amoroso drudo
  Non habbiamo questione, e non ci aggrada
  Quell' Amante, che sà portar la spada,
  Quando non sappia maneggiar lo SCUDO.   15

Giacinto 11.

Soldato no, dunque Poeta almeno
  Che v'immortalerà ne propri versi.
  Famosa vi farò trà Sciti, e Persi
  Loderò il crine, gl'occhi, il volto, il seno.   20

Laura 12.

Poesia, e pouertà van di concerto,
  Che val' il saper far un buon Sonetto
  E non haver per far un sonno in letto,
  Far sempre STANZE, en non haver coperto.   25

Giacinto 13.

Vado cercando, come Pellegrino
  Il più bello del Mondo in ogni parte,
  Mà amico il Cielo à voi sola comparte,
  Il Terrestre non solo, ma il diuino.   30

Laura 14.

Alloggiar Pellegrini già mai si suole
    Quando che non venisse di Ungaria.
    Solo all' UNGHERO apperta, è qui la via.
    E molto più s'è armato di PISTOLE.

Giacinto 15.

Signora son Barone, e sono Conte
    Nacqui di duca, e son d'altro Lignaggio,
    Sudditi hò molti, che mi fanno omaggio.
    Della gran nobiltà nasco dal fonte.

Laura 16.

Non si fà quì gran stima d'antenati,
    E non vale essere Conte à chi noˉ CONTA
    Ogni lignaggio al sin passa, e tramonta.
    E tutti Ducchi son quei, che haˉ DUCATI.

Giacinto 17.

Non sprezzate, vi prego, Amante fido,
    Ch'adorerà in perpetuo il vostro nume,
    Che seguirà qual Talpa il vostro lume,
    Deh non siate rebelle di Cupido.

Laura 18.

Seguir nudo fanciul, dite, che vale,
    Hor che i vestiti son tutti alla moda
    Se voi siete fedel, e senza froda
    Per voi solo, è fedel quel ch'è REALE.

Giacinto 19.

Dunque sprezzate Amor perfida, e ria
    Donna vorace più che nero Corvo.

Laura.

Non ch'anzi per il Cieco con voi stia
  Cerchia~ di quei che fanno ca~tar l'ORBO.

Hiacinth.

Liebchen schläft, mit deinen Flügeln fächle
  Amor, daß des Sommers heiße Schwüle
  Um des Mädchens Lager bald sich kühle
  Und sie in dem Schlafe freundlich lächle.

Kann nimmer ich die armen Augen schließen,
  Ist meine Ruhe nur allein die ihre,
  So möge, was ich hier am Schlaf verliere,
  Wie Ruhe mir ins kranke Herze fließen.

Giebst du mir gleich nur immer böse Tage,
  So sieh mich hier, dir gute Nacht zu geben,
  Nicht Zeit, nicht Ferne lindert mir die Plage,
  Ein Schmetterling ein Lämpchen zu umschweben.

Laura.

Wer ist es, der nicht schlafen kann, und andre
  So frevlend in dem süßen Schlafe stöhret,
  Ein Felsen bin ich, der sein Lied nicht höret;
  Er sing', doch packe er sich bald und wandre.

Hiacinth.

Die Lippe voll Gesang, das Herz voll Zähren
  Sing' ich, ein Schwan in seines Todes Ringen
  Und schwieg ich gern, so würde ohne Singen,
  Und Wiedersingen Liebe mich verzehren.

Laura.

In Eurer Schlüsse Wahrheit einzudringen
  Hab ich nicht Zeit; was seyd Ihr, wollt Ihr, macht Ihr?
  Geht Simpelchen, steht nicht die ganze Nacht hier;
  Die Dinger, die ich brauch, kann man nicht singen.

Hiacinth.

Ein Bettler bittet hier vor Eurer Thüre,
    Gebt Liebe ihm, und fristet Euch ein Leben:
    O daß er gleich, o daß er bald Euch rühre!
    Denn gleich gegeben heißt ja doppelt geben.

Laura.

Wer mir nichts bringt, hat nichts von mir zu hoffen,
    Dem Mitleid hab’ ich längst den Hals gebrochen,
    Und ohne Klingen hilft euch hier kein Pochen,
    Nur offnen Händen steht die Thüre offen.

Hiacinth.

Nehmt mich zum Krieger an, hört auf zu höhnen,
    Will streiten für, und mit Euch aller Stunden,
    Denn abgehärtet fürcht’ ich keine Wunden,
    Die Löhnung sey mir nur, Euch anzulehnen.

Laura.

Bey mir war offner Krieg stets schlecht empfohlen,
    Auch führ ich keinen Krieg, wo ich was kriege;
    Und weil ich meist dem Degen unterliege,
    So ehr’ ich das Duell nur auf Pistolen.

Hiacinth.

Zum Streiter nicht? So nehmet mich zum Dichter!
    Bin Dichter ich dem Busen, sing’ in Versen
    Ein Lied ich Euch bey Scythen und bey Persen
    Zum Lob’ des Haares und der Augenlichter.

Laura.

Mit Poesie geht Armuth nur gesell’t,
    Macht Ihr Sonnette, macht sie noch so nette,
    Ihr bleibt ein armer Sohn und so ohn’ Bette:
    Gebt Geld statt Versen oder Fersengeld.

Hiacinth.

Ein Pilger bin ich, suche aller Orten,
  Das Göttliche im Irdischen zu finden,
  Doch ist umsonst, denn Euch ist nur geworden,
  Das Göttliche im Ird'schen zu entbinden.   5

Laura.

Gott helf Euch! geht, ich bitte, geht von hinnen,
  Denn wißt, allhier beherbergt man nur ungern,
  Nur Kremnitzer, was sonst woher, muß hungern,
  Auch für Zechienen ist die Zeche innen.   10

Hiacinth.

Ein Graf bin ich, ein Duc, bin mit Souvrainen
  Verwandt, und habe mehr als sechzehn Ahnen,
  Auch fröhnen mir gar viele Unterthanen,
  Und Euer Unterthan, laßt mich Euch fröhnen.   15

Laura.

Ein Duka ist mir lieb, doch mit Dukaten,
  Souvrainen pflege ich für Severinen,
  Baronen ohne Baares nie zu dienen,
  Und kann mit Ahnen keine Hahnen braten.   20

Hiacinth.

Verachtet nicht die Liebe des Getreuen,
  Vor Eurem Sterne will er ewig knien,
  Nach Eurem Lichte wie ein Maulwurf ziehen;
  O suchet nicht Cupiden zu verscheuen.   2

Laura.

Auch Ihr seyd nackt, drum bleibt nur sein Geselle,
  Ich brauche Kleider und des wackren Glauben
  An Eure Treu' will ich Euch nicht berauben,
  Doch nur Reale sind bey mir reelle.   3

Hiacinth.

Mit Spotten siehst du, wie ich hier vergehe,
　　Du Weib, goldgierig, fleischfressend wie Raben.

Laura.

Von ihm ist Nichts, er nur zum Narr'n zu haben,
　　Ich stand sein Narre hier, er steh, ich gehe.

Haber zankte noch ein wenig in Prosa über Husten und
Schnupfen; ich aber ging ins Haus, das Bild Annonciatens
und Mariens in zwei Sonnetten aufzuschreiben.

Mich reute der Scherz mit Habern, denn die stillen Sitten
der Mennoniten schienen das muthwillige Lied nicht zu vertragen, und der alte Anton rief während dem Gesange die jungen Burschen und Mädchen weg, welche zuhörten. Die Unschuld ist sich selbst die größte Freiheit und andern Beschränkung.

Annonciatens Bild.

Am Hügel sitzt sie, wo von kühlen Reben
　　Ein Dach sich wölbt durchrankt von bunter Wicke,
　　Im Abendhimmel ruhen ihre Blicke,
　　Wo goldne Pfeile durch die Dämmrung schweben.

Orangen sind ihr in den Schooß gegeben
　　Zu zeigen, wie die Glut sie nur entzücke,
　　Und länger weilt die Sonne, sieht zurücke
　　Zum stillen Kinde in das dunkle Leben.

Der freien Stirne schwarze Locken kränzet
　　Ihr goldner Pomeranzen süße Blüthe,
　　Zur Seite sitzt ein Pfau, der in den Strahlen

Der Sonne, der er sehnend ruft, erglänzet.
　　Mit solchen Farben wollte das Gemüthe,
　　Von Annonciata fromm ein Künstler mahlen.

Mariens Bild.

Im kleinen Stübchen, das von ihrer Seele,
　　An reiner Zierde uns ein Abbild schenket,
　　Sitzt sie und stickt, den holden Blick gesenket,
　　Daß sich ins reine Werk kein Fehler stehle.

Was ihres Busens keuscher Flor verhehle
　　Und ihre Hand in stillem Fleiße lenket,
　　Die Lilie an ihrer Seite denket,
　　Das Täubchen dir in ihrem Schooß erzähle.

Durch's Fenster sehen linde Sonnenstrahlen,
　　Die Josephs Bild, das eine Wand bedecket,
　　Mit ihrem frohen Glanze heller mahlen,

Und wär der Schein der Taube zu vereinen,
　　Die sie herabgebückt im Schooß verstecket,
　　Marie würde Mutter Gottes scheinen.

———————

　　Ich ging früh nach der Eremitage an meine Arbeit, und
als ich zum Fenster hinaus blickte, und die Fische in dem
hellen Teiche munter hin und wieder spielen sah zu den Füßen des Marmorbildes, wünschte ich recht herzlich, auch
nicht mehr von ihm zu wissen, als so ein Hecht oder
Karpfe, denn eine Geschichte aus bloßem Respect gegen
den Leser zu schreiben, ist unangenehm; überhaupt bin ich
ein großer Feind von Arbeiten, wenn die anderen Geschöpfe alle zum frohen Müßiggange aufstehen. Die Vögel
sangen, die Bäume säuselten, die Fische plätscherten im
Wasser, und ich mußte schreiben.

Zwei und zwanzigstes Kapitel.

Fortsetzung der Geschichte der beiden Schwestern.

Annonciata hatte dem Glücke ihrer Schwester mit Freuden zugehört; in ihrem Busen aber war Schmerz, sie verbarg Vieles, und hatte keinen Freund.

Solche Menschen werden nie glücklich, denn das gewöhnliche Leben allein befriedigt die Bedürfnisse, und ist es gleich so schön, wenn eine Seele in reinerm, höherm Umgange der Liebe steht, so sind diese Wesen doch nur arme Kinder, denn vom Himmel kömmt nur Begierde, und zwar die unendliche Begierde, die auf Erden keine Hülfe, keinen Frieden findet. Wer das Haupt im Himmel trägt, dem verwelket das Herz in der drückenden, niederen Sphäre.

Annonciata hatte Vieles im Herzen, dessen Vertraute sie selbst nicht war. Zwar hatte sie eine Freundin an einer Wittwe, die von einem kleinen Vermögen in der nehmlichen Stadt lebte; aber auch diese würde keinen Sinn für ihren Zustand gehabt haben, denn sie erschien bey ihr nur als ein lebhaftes gutes Wesen. Ob sie ihr nicht mehr vertraute, oder ob diese Freundin sie nicht verstand, weiß ich nicht.

Annonciata besuchte sie manchmal Abends, wenn der Bruder der Frau Helsing zugegen war, welcher sehr gut vorlas, um ihm zuzuhören. Dieser Bruder war der Hofmeister eines jungen Edelmanns gewesen, der hier in der Gegend lebte. Er sprach oft mit Enthusiasmus von seinem ehemaligen Zöglinge. Die Weiber hörten ihm gerne zu, und in Annonciatens Herz wurzelte diese Beschreibung, wie in einem fruchtbaren Boden. Wenn Helsing aufgehört hatte, vorzulesen, so war sie immer die erste, die das Gespräch auf den jungen Edelmann lenkte, so daß Helsing, der sich in seiner Erzählung gefiel, weil er von alle dem Guten immer etwas einärntete, bald nichts mehr wußte, und bis zu seinen pädagogischen Beobachtungen über des Jünglings

früheste Jugend zurückkehrte, um Annonciaten zu befriedigen.

Sie brachte hier meistens die Abende zu, während Marie
die letzte Zeit, welche Joseph noch in Deutschland war, mit
ihm in Liebe theilte. Annonciata war gern zu Haus, und
daß sie jetzt öfter als gewöhnlich ausging, war, um Marien
nicht zu stören. Dieses erkannte man übrigens nicht. Es lag
in ihrem Karakter, Gefälligkeiten, Wohlthaten und Alles,
was sie in den Augen anderer erheben konnte, durch eine
oft künstliche, mühsame Vorbereitung unscheinbar zu machen; denn nichts that ihr weher, als Lob; doch erkrankte
ihr Gemüth in diesem selbstbereiteten lieblosen Zustande.

In dieser Zeit empfing sie einen Brief von ihrer Taufpa-
the, einer in der Gegend wohnenden Gräfin, die sie schon
vor einiger Zeit besucht, und mit deren Tochter sie einen
freundlichen Umgang angeknüpft hatte. Die Gräfin bat sie
dringend, sogleich zu ihr zu kommen, weil ihre Tochter
Wallpurgis gefährlich krank sey, und sehr nach ihr verlange.

Annonciaten bestürzte diese Nachricht, sie hatte sich, als
sie den vorigen Abend wie gewöhnlich am Fenster stand, so
lebhaft nach dem Schlosse gesehnt, und nun rief sie eine so
traurige Nachricht hin.

Sie brachte den Brief ihrem Vater, der es ihr gern erlaubte,
und nachdem er sich bey der Kammerfrau der Gräfin, die
mit einer Kutsche gekommen war, Annonciaten abzuholen,
über die Krankheit erkundigt und erfahren hatte, daß sie in
einer bloßen tiefen Melancholie bestehe, so sprach er mit
Annonciaten noch einmal allein, wie man mit Melancholi-
schen umgehen müsse, machte sie aufmerksam auf ihren eigenen Tiefsinn und beurlaubte sie mit den Worten: gehe mit
Gott, mein Kind. Annonciata ward durch die Rede ihres
Vaters sehr gerührt, die letzten Worte nämlich, »gehe mit
Gott, mein Kind,« bewirkten ihr eine heftige Bewegung,
denn in diesen selbstgebildeten Ausdrücken des Herzens,
die wie die Wünsche: guten Morgen, guten Abend, die
Frage: wie geht es? bey den meisten Menschen durch die

Gewohnheit ganz bedeutungslos werden, lag für sie eine tiefe Bedeutung, und ich glaube dieses mit Recht für den Zug eines kindlichen und tiefen Gemüths halten zu dürfen, welches fromm an das Wort glaubt, und dem der Sinn nie verloren geht.

Annonciata fiel dem Vater um den Hals, und konnte vor Thränen nicht sprechen. Wellner verstand dies nicht; er dachte nach, ob er sie gekränkt habe, und da ihm nichts einfiel, so legte er auch das zu seiner allgemeinen Idee von ihr zurück, und seine Sorge ward erhöht. Zu Marien ging Annonciata auch, wo sie Joseph fand. Auch hier fühlte sie sich tiefer gerührt, als der Zufall es erforderte, und sie erstaunte selbst über das Wesen ihrer Trauer.

Joseph redete viel Freundliches zu ihr, und viel von der Zukunft, aber das war es grade, was ihr das Herz zerbrach.

Die Zukunft! rief sie, die Zukunft, o wäre sie vorüber!

Dann schnitt sie sich eine Locke über der Stirne ab, und gab sie Marien, die dasselbe that. Joseph und Marie sahen ihrem ganzem Betragen mit banger Aufmerksamkeit zu, denn sie hatten sie nie so vertraulich und so freundlich gesehen.

Annonciata brachte Marien noch ein kleines Orangenbäumchen auf die Stube, und bat sie, es treu zu pflegen und ihrer oft zu gedenken Abends, wenn sie nun nicht mehr bey ihr am Fenster stehe. Dann reiste sie ab, nachdem sie alle Leute des Hauses noch gegrüßt hatte, und ihre Trauer verbreitete sich über alle die Zurückgebliebenen, als sollte sie nie wiederkehren.

Das ganze Haus war nun mit den Zubereitungen zu Josephs Abreise beschäftigt. Er selbst aber suchte die genauere Bekanntschaft des jungen Genuesers, den sich Wellner für Annonciaten ersehen hatte. Dies war ihm nicht schwer, denn jener war ein offener, lustiger Mann, und ihm schon durch mehrere Geschäfte bekannt. Er wohnte in dem Hause eines seiner Schuldner als eine Art Exekution, da er den Mann nicht zahlbar gefunden hatte.

Eigentlich war er kein bestimmter Kaufmann, sondern
bloß der Erbe einer großen aufgelösten Handlung, und reiste, um die Schulden dieser Handlung einzutreiben. Joseph
entschuldigte seinen Besuch bey ihm durch den Vorwand,
daß er ihn um einige genuesische Kaufleute fragte. Da der
Italiäner ihm hierüber Auskunft gegeben hatte, begann er,
mit vielem Feuer über sein Vaterland zu sprechen, und ge-
rieth in eine lange Auseinandersetzung der Staatsverfassung
von Genua, bis es Josephen bange ward, er möge seinem
Zwecke heute nicht näher rücken. Der gesprächige Italiäner
kam endlich auch auf die Weiber zu sprechen. Er klagte
über die unsittliche Sprödigkeit der Deutschen und sagte:

Ich wollte meinem Hausherrn gern die halbe Schuld er-
lassen, wenn er nur eine weise Tochter mit schwarzen Augen und Haaren hätte, die ich ein wenig lieben könnte; nun
aber ist kein Mitleid im ganzen Hause, denn die Tochter hat
rothe Haare, und ich muß hier sitzen und unbarmherzig
seyn. – Ihnen geht es wol besser, mein Freund, denn ich
habe jüngst bey Ihnen so im Fluge ein paar hübsche Mädchen bemerkt.

Joseph erzählte ihm von Marien und Annonciaten, und
der Italiäner versprach, ihn nächstens zu besuchen.

Den folgenden Tag war er schon Morgens bey Wellner,
und Abends aß er dort. Wellnern gefiel es sehr wohl, denn
er hatte ein großes Talent, alte Leute zu unterhalten. Er
ward bald der tägliche Besuch, und man freute sich immer
recht auf ihn. Abends kam er meistens während dem Essen,
setzte sich nieder und plauderte, erzählte italiänische Co-
mödien, und machte die Touren des Harlekins, Pantalons
und Scaramuz. Marien lehrte er auch ein wenig die Colombine zu machen, und sie spielten manchmal kleine Scenen
aus dem Stegreif, um Josephen zu necken, dessen Liebe er
immer hinein zu mischen wußte. Marie gewann manche
Reize durch ihn, er lehrte sie tanzen, und a l'amore spielen,
doch mochte sie ihn nicht leiden, denn er hatte oft im Spiele
zu ernste Bewegungen.

Wellner glaubte nun, das sey der rechte Mann für Annonciaten, bey ihm werde sie den Tiefsinn schon verlieren, und wünschte sehr, sie möge hier seyn. Er hatte so eben mit Joseph davon gesprochen, ob man sie nicht rufen sollte, als Marie einen Brief von Annonciaten brachte.

Drei und zwanzigstes Kapitel.

Annonciata an Marien.

Was machst du liebe Marie? mir muß es nicht gut gehen, denn ich frage, was du machst und weiß es doch. Du bist glücklich und liebst Josephen, o! schreibe mir doch und frage, wie mir ist, recht mit Liebe frage, vielleicht wende ich mich dann in mich, und erfahre, wie mir ist.

Jeder Tag, wie der andere, Wallpurgis geht dem Grabe entgegen. Ach sie ist so liebenswürdig in ihrem Sterben, das Leben will sie nicht lassen, denn sie ist Allem so freundlich. Es ist, als stände der Frühling zu Füßen ihres Lagers, und wolle sie nicht sterben lassen. Sie ist krank wie ein Weib, und wird auch so sterben, sie fühlt es und ist ruhig; aber was sie zerreißt, ist das Leben, denn sie liebt ohne Hoffnung.

Ich erzählte ihr gestern von Dir und Josephen, wie ihr so glücklich seyd; sie bat mich dringend darum, und der Arzt will, daß man ihr allen Willen thue. Als ich fertig war, gab sie mir die goldne Halsnadel für Josephen, und die Ohrringe für Dich, die hierbei liegen; sie nahm beides von sich, und weinte dann sehr. Sie liebt einen jungen Edelmann, der es auch verdienen soll; aber wer verdient, daß die Jugend um ihn sterbe?

O! es ist ein Jammer, Marie, wie Wallpurgis aussieht, bleich und abgezehrt, die schönen langen Haare verwirrt, und die herrlichen Augen erloschen. Die Gräfin möchte verrückt werden vor Kummer. Mir thut es nichts, es ist mir nur fremd zu Muthe, wenn ich es selbst wäre, würde ich noch ruhiger seyn.

Das Schreckliche ist, wenn sie oft plötzlich auflebt, und der Gedanke an den Tod ihr fürchterlich wird. Sonst weilt sie oft halbe Tage in einer ruhigen Betrachtung des Todes, und spricht mit einer schönen Rührung von ihm, so daß man gern sterben möchte, wenn es so ist; aber dann faßt sie plötzlich der Gedanke, wie das Leben lächelte, da ihre Liebe noch jung, und er mit ihr war. In einer solchen Minute sagte sie jüngst zu mir:

Ach ich kann doch nicht sterben, so sterben ohne Freude, ohne Liebe, wenn Du wüßtest, Annonciata! wie ich meine Kinder lieben könnte, wie sie schön seyn würden und freundlich, und sich die ganze Welt ihrer freuen müßte – aber das ist alles nicht, und ich muß wohl sterben, nicht wahr, Annonciata!

Was soll ich dann sagen? ich, die unbekannt ist mit Leben und Tod, und mit Liebe – Alles ist schön in einem solchen Herzen Wallpurgis, sage ich dann, nur die Trennung ist Schmerz, und alles Erreichte ist Glückseligkeit und Schönheit.

Da erwiedert sie:

Schweige, Annonciata, ich werde nichts erreichen, auch über dem Grabe nichts, ich werde auch dort herumgehen, und so fort immer sterben.

Jüngst sagte sie auch:

Ich quäle dich recht mit meinem Elend, aber wenn du jenen Mann kenntest, du wärest auch so. Gott gebe, daß ich nach dem Tode hier seyn könne, so will ich dir alles vergelten, ich will dich mit sanfter Stille erfüllen, und dich stärken gegen die Liebe; denn sieh', wir Mädchen sind recht arm in der Liebe, wenn wir lieben können. Wir sind wie die Blu-

men, die nimmer sagen können, wie es ihnen ist; wir blicken
den Himmel mit schönen Farben an, und sterben.

Solchen Worten soll ich Trost geben? solchen Worten? die
mein Trost sind – du hast recht, Wallpurgis, sage ich, auch
ich fühle, wie es sich in meinem Herzen regt, und wie sich
meine Gedanken ausbreiten in einer andern Welt, auf welche die Blume nur hinweist, und dann verwelkt. Doch ist
mein Herz stolz auf dieses Zeugniß eines höhern Zusammenhangs, und ich will mich meiner als eines edleren Gedankens erfreuen, wenn mich keiner lieben sollte.

Gestern war sie mit mir im Garten, sie sprach kein Wort,
und setzte sich mit mir mitten unter die Blumen. Es war
rührend zu sehen, wie sie leise mit den müden Augen über
sie hinblickte, bey einzelnen sinnend verweilte, und keine
Thräne in ihr Auge kam.

Da ich sie fragte, warum sie so nachdenklich sey, sprach
sie lange, und erklärte mir ihre Gedanken, es war ihr schon
oft so bey den Blumen gewesen, und sie gab mir nachher
ihr Tagebuch, wo sie folgendes hinein geschrieben hatte:

Ich weiß nicht, woher es kömmt, aber es ist wunderbar,
was ich Vieles empfinde, wenn ich so über die mancherlei
Blumen hinsehe. Mein Denken verliert sich dann, in jedem
Kelche ertrinken einige Begriffe von mir, und ich fühle
mich leichter als vorher, und willenloser müde. Manchmal
sehe ich meinem Gedanken ordentlich zu, wie er sich auf
dem sanften Rande der Lilie kindisch schaukelt; aber bald
ängstigt ihn die Welt um ihn herum, es ist ihm, als wären
alle Bäume und Berge, ja alles, die ganze Erde eine Kette
von gebundnen Ewigkeiten, und er hält sich bange am
sammtnen Blumenblatte fest. Dann fühle ich, wie er die
Blicke aufwärts hebt, und sich nicht mehr erhalten kann; es
ist ihm, als stürze er in den Abgrund der Höhe, über ihm
schwimmt das öde Meer des Rausches, der noch in keiner
Traube war, und der Liebe, die noch in keinem Körper
webte, und dieses Meeres Wogen brausen ohne Ton, und
Gestaltenstrudel ohne Umriß wühlen in ihm. Aus allen Tie-

fen streckten glänzende Polypen ihre Arme nach dem Gedanken aus, und wo sich die wilden Wogen trennten, war
es, als stürzten blitzende Pfeile nach ihm herüber, die ihm
das Innre mit süßem Tode impften, und näher, wo das Meer
ihm um die Locken spielte, da trennt es sich, und öffnet sich
ihm ein heller Schacht durch den öden wühlenden Kampf,
in den er gelinde hinab sinkt. Von allen Seiten drängen blühende Gestalten aus des Schachtes Wänden, und alle grüßen
ihn wie einen Freund von Ewigkeit, und jede reicht die
Arme nach ihm aus, und er ruht in aller Armen, auch will
ihm jede der Gestalten einen ewgen Weg zeigen; doch weilt
er nicht, und sinkt hinabgezogen in dichterischer Wollust
immer tiefer, bis daß er in dem Grunde ruht. Er schaut nun
aufwärts durch den Schacht, und alle die Gestalten sieht er
wie zwei Säulen emporsteigen, zwei herrliche Bäume, auf
deren einem holde Mädchen wie Blüthe und Früchte aus
einander dringen, und auf dem andern Jünglinge, und wie
die beiden tausendarmichten Leben in einander rauschen,
verschwinden ihm die Blicke, er fühlt um sich ein wunderbares Weben, das höher ist, als alle die Gestalten, die nun
ein einziger Baum vor ihm zu werden scheinen, und er
fühlt, wie sich des Baumes Wurzeln unter ihm regen, und
umarmt bange den lebendigen Stamm, damit ihr geheimnißvolles Treiben ihn nicht verschlinge, und blickt er aufwärts, so betet er, und blickt er nieder, so schwindet er in
dem Gewirre der Wurzeln, die wie lichte Schlangen um ihn
wühlen, und schafft, und wo er schuf, dringen goldne Blitze
aufwärts, klingend schießen sie in die Höhe, und leuchten
an dem herrlichen Stamme bis zu dem Gipfel empor, der in
der Glut sich wieder in die beiden ersten Leben löst. Da
fühlt er sich nicht mehr, die leuchtenden Schlangen der
Wurzeln umschlingen ihn, und eine freundlicher und drin-
gender schmiegt sich um seine Brust, flößt aus dem wollü-
stig gewundnen Leben, das sie in tausend Lüsten um ihn
windet, den süßen Tod verwandelnd ihm in die Lippen –
da sah ich ihn nicht mehr, hinab blickte ich in den Kelch

der Blume, wo er im stillen Tode lag, und der Auferstehung
harrte, welche goldne Bienen singen werden.

So sprach sie, und fuhrt fort:

Sieh, Annonciata, und als ich weiter blickte, so war ich
immer weniger, denn an jedem Kelche mußte ich ein Kind
meiner Seele zurücklassen als ein Opfer des Todes. Als ich
bey einer Blume niederblickte dem traurigsten Gedanken
nach, denn er hatte alle andere überlebt, so war mir, als sähe
ich mich selbst im Kelch der Blume liegen, eine andere
Blume blickte nieder in mein zartes Grab, in das sie kühle
Thränen träufelte, und ich empfand Erinnerung über den
Rand der Blume hinüber wie Ahndung in mir weben.

Da Wallpurgis so gesprochen hatte, war sie sehr schwach,
und ich trug sie in meinen Armen nach ihrer Stube. Ich
konnte nicht begreifen, daß sie bald nun nicht mehr seyn
würde, jetzt noch in meinen Armen warm liebend und denkend, und bald alles das vorüber, – schon die leuchtende
Schlange der Wurzel sich um sie schlingend, ihre blassen
zarten Lippen schon offen dem süßen verwandelnden Tode.

Da ich in der Stube war, legte ich sie nieder, und fühlte
mich zu ihren Lippen gezogen, ich wollte sie küssen, aber
sie erschrack heftig dabey, und drängte mich mit den Worten zurück:

O lebe! lebe! daß die Meinige zurück bleibe, denn zwei
solche können nicht sterben, nicht leben, laß uns die Welten
verbinden.

Sie war heftig gereizt, ich rief den Arzt, der nun im Hause
wohnt, er war über ihren Zustand sehr verlegen. Ich konnte
nicht mehr zugegen seyn, ihre Mutter ging zu ihr, und ich
trat in den Garten. Da ich an die Stelle kam, wo wir gesessen
hatten, fiel mir Wallpurgis Rede ein, und ich betrachtete die
Blumen aufmerksam. Da steht ein Rosenstock, den sie einstens selbst gepflanzt, und seither immer gepflegt hatte, in
der letzten Zeit aber, da sie der Liebe erlag, vernachlässigte
sie ihn, und er war umgekommen bis auf einen Zweig, der
eine weiße Rose trug, die dem Verwelken nahe war. In dieser

Blume schien sie sich gesehen zu haben, denn neben ihr steht
eine Lilie, die ich pflanzte, als wir uns das erstemal sahen, die
Lilie beugt das Haupt nieder, und leert ihren Kelch über der
Rose aus – sie ahndete ihren Tod, und mir ist es eben so.

Mir war eigentlich nur stille zu Muthe, traurig nicht, dies
Wesen ist nun schon ganz mein Leben, und man kann in jedem Leben zur ruhigen Erhebung gelangen. Ich setzte mich
in das Gartenhaus, dessen Fenster auf die Landstraße geht,
und schlief allmählig ein. Ich möchte vergehen, Marie, vor
Aerger, plötzlich störte mich etwas, ich erwachte: ein Mann
hatte mich vertraulich umschlungen, und küßte mich, ich
schrie um Hülfe, und er sprang zum offen stehenden Gar-
tenfenster mit einer lächerlichen Leichtigkeit hinaus. Es war
so närrisch, daß ich mich umsehen mußte, da hörte ich ihn
in den Büschen singen:

> Non gridate per ajuto
> O lo faro senz’ ogn’ ajuto.

Ich empfand nie einen lächerlichern Widerwillen, die Bedienten der Gräfin liefen ihm nach, aber sie fanden Niemand.

Ich habe dies gleich nach dem abgeschmackten Vorfalle
geschrieben, und jetzt will ich Wallpurgis noch gute Nacht
sagen. Lebe wohl! grüße Joseph, und sag dem Vater, ich
wäre wieder ruhig. Ich bin gerne hier, denn dieser Aufenthalt stärkt mich für mein ganzes Leben.

Annonciata.

Marie ward sehr traurig durch diesen Brief, so auch Joseph und der Vater; dieser sagte:

Man sollte nicht denken, was die Umgebung der Mutter
auf das Kind für einen Eindruck macht. Einige Monate lang
vor Annonciatens Geburt, war ihre Mutter sehr traurig über
den Tod ihrer Eltern, und bald darauf des jungen B. wegen,
der sich aus Liebe zu ihr das Leben nahm, so ist das Mädchen
in Kummer und Aengsten geworden, und muß nun ewig das
Zeugniß davon in ihrem trüben Gemüthe tragen.

Bald hierauf kam noch ein Brief von der Gräfin selbst: sie bat Wellner, ihr Annonciaten noch zu lassen, weil ihre Tochter gewiß früher ohne sie sterben würde; sie lobte dabei sehr Annonciatens vortreffliche Seele und versprach, ihr einstens alles zu vergelten.

Da einige Tage nachher die Zeit von Josephs Abreise sehr nahe war, und der Vater sehr gern den Genueser mit Annonciaten bekannt gemacht hätte, so nahm er den Vorwand, daß Joseph sie noch einmal sehen müsse, und fuhr mit ihm, Marien und dem Italiäner nach dem Gute.

Vier und zwanzigstes Kapitel.

Ich hatte gegen das Ende meiner Beschäftigung etwas im Gebüsche rauschen hören, und da ich sah, daß es Georg der Diener war, der am Teiche stand, und die Fische fütterte, rief ich ihn herein, um ihm Unterricht auf der Laute zu geben. Als ich ihm die ersten Töne, und einige Accorde gelehrt hatte, begriff er es gar bald, und wünschte nur, daß er besser singen könnte. Ich bat ihn leise und gelinde eine Melodie zu singen; er weigerte sich auch nicht lange, und sang folgendes Lied mit einem wehmüthigen Tone:

> Ein Fischer saß im Kahne,
> Ihm war das Herz so schwer,
> Sein Liebchen war gestorben,
> Das glaubt' er nimmermehr.
>
> Und bis die Sternlein blinken,
> Und bis zum Mondenschein,
> Harr't er sein Lieb zu fahren
> Wol auf dem tiefen Rhein.

Da kömmt sie her gegangen
Und steiget in den Kahn,
Sie schwanket in den Knien,
Hat nur ein Hemdlein an.

Sie schwimmen auf den Wellen
Hinab in tiefer Ruh,
Da zittert sie und wanket,
O Liebchen frierest Du?

Dein Hemdlein spielt im Winde,
Das Schifflein treibt so schnell;
Hüll dich in meinen Mantel,
Die Nacht ist kühl und hell.

Sie strecket nach den Bergen
Die weißen Arme aus,
Und freut sich, wie der Vollmond
Aus Wolken sieht heraus.

Und grüßt die alten Thürme,
Und will den hellen Schein,
Mit ihren zarten Armen,
Erfassen in dem Rhein.

O setze dich doch nieder
Herzallerliebste mein!
Das Wasser treibt so schnelle
O fall nicht in den Rhein.

Und große Städte fliegen
An ihrem Kahn vorbey,
Und in den Städten klingen
Der Glocken mancherlei.

Da kniet das Mädchen nieder
Und faltet seine Händ'
Und seine hellen Augen
Es zu dem Himmel wend't.

Lieb Mädchen bete stille,
Schwank' nicht so hin und her,
Der Kahn, er möchte sinken,
Das Wasser treibt so sehr.

In einem Nonnen-Kloster
Da singen Stimmen fein
Und in dem Kirchenfenster
Sieht man den Kerzenschein.

Da singt das Mädchen helle
Die Metten in dem Kahn,
Und sieht dabey mit Thränen
Den Fischerknaben an.

Der Knabe singt mit Thränen
Die Metten in dem Kahn,
Und sieht dabey sein Mädchen
Mit stummen Blicken an.

So roth und immer röther
Wird nun die tiefe Fluth,
Und weiß und immer weißer
Das Mädchen werden thut.

Der Mond ist schon zerronnen,
Kein Sternlein mehr zu sehn,
Und auch dem lieben Mädchen
Die Augen schon vergehn.

Lieb Mädchen guten Morgen!
Lieb Mädchen gute Nacht!
Warum willst du nun schlafen?
Da schon die Sonn' erwacht.

Die Thürme blinken helle,
Und froh der grüne Wald
Von tausend bunten Stimmen
In lautem Sang erschallt.

Da will er sie erwecken,
Daß sie die Freude hör',
Er sieht zu ihr hinüber
Und findet sie nicht mehr.

Und legt sich in den Nachen   5
Und schlummert weinend ein,
Und treibet weiter weiter
Bis in die See hinein.

Die Meereswellen brausen
Und schleudern ab und auf   10
Den kleinen Fischernachen
Der Knabe wacht nicht auf.

Doch fahren große Schiffe
In stiller Nacht einher,
So sehen sie die beiden   15
Im Kahne auf dem Meer.

Die Thränen standen ihm dabey in den Augen, und als ich ihn fragte, warum er so traurig sey, und das Lied ihn so bewege, sagte er:

Die Weise ist von des einen Pächters Tochter: sie sang es   20
oft, ich war dem Mädchen gut, und sie ist nun gestorben; es ist mir nur immer, als trieb ich auch in die weite See.

Ich spielte ihm einige naive lustige Lieder, um ihn zu trösten, denn das Naive ist der Trost einfacher Seelen. Dann gab ich ihm einiges, was er lernen sollte, und ging nach   25
Godwi.

Ich fand Flametta bey ihm: es schien uns in ihrer Gegenwart allen wohl zu seyn. Das Mädchen ist so fest, so rein und kalt, wie Marmor, und dabey doch so unendlich beweglich und lebendig. Ihre Figur ist vollkommen die der Ata-   30
lanta, und ich habe eine große Liebe für diese Figur. Es ist mir, als könne man sie noch erbitten, und als habe sie in dem Karakter ihrer Gestalt einen überwindlichen Gegensatz.

Sie kam, um Godwi eine kleine dramatische Arbeit vorzulegen, und um seine Erlaubniß und Unterstützung bey der Aufführung zu bitten; auch bat sie uns, an allen männlichen Rollen zu ändern, wo es uns gut dünke, weil sie, so sagte sie lächelnd, dies Geschlecht täglich weniger begreife.

Godwi sagte scherzend: das ist doch schon ein Beweis, daß Sie über dieses Geschlecht studieren, und Sie werden es vielleicht einstens wol gar umfassen.

Wir nahmen uns dann vor, ihr Gedicht zu lesen, und Godwi gab ihr die Erlaubniß, eine kleine Summe für die Aufführung anzuwenden. Sie bat sehr um unser Mitspielen, wir konnten es ihr nicht versagen, und versprachen, bald zu kommen, sie möge nur einstweilen die Zubereitungen vollenden. Das Gedicht hieß: Vertumnus und Pomona.

Fünf und zwanzigstes Kapitel.

Fortsetzung der Geschichte der beiden Schwestern.

Die Gesellschaft fuhr fröhlich nach dem Gute hinaus; der Italiäner war vergnügt, sang scherzhafte Lieder, und schnitt den Baurenmädchen Gesichter aus dem Wagen; als sie aber den Schloßhof hineinfuhren, ward Wallpurgens Sarg in den Leichenwagen geschoben, die schwarzen Männer bewegten sich, und stille, wie das Geschäft einer andern Welt, ging der Zug an ihnen vorüber.

Sie konnten alle kein Wort sprechen, Joseph und Maria hatten sich angesehen, da der Wagen vorüber ging, und dann nicht wieder.

Nach dieser Pause sprang der Italiäner aus der Kutsche mit den Worten: das war dumm. – Dann folgten die andern.

Joseph erkundigte sich im Hause, und brachte die Nachricht, daß die Gräfin mit Annonciaten, gleich nach dem Tode ihrer Tochter, auf ihr anderes Gut gereist sey. Sie entschlossen sich daher, sogleich zurück zu kehren, nachdem sie einige Erfrischungen eingenommen hätten, für welche der Hausmeister sorgte.

Sie waren in den Garten gegangen, Wellner und den Italiäner reizten einige Statuen, einen andern Weg einzuschlagen, und die beiden Liebenden setzten sich in eine Laube. Anfangs sprachen sie nicht, es war, als seyen sie ganz fremd geworden, und müßten sich ihre Liebe von neuem gestehen, so war der Tod der armen Wallpurgis zwischen ihnen durchgefahren. Morgen war nun der Tag, an dem Josephs Abreise festgesetzt war, und wie traurig der Abend vorher. Er war herausgefahren, um Annonciaten noch manches zu sagen, was ihm das Herz schwer machte, denn er hatte in der letzten Zeit vieles verstehen lernen. Er wollte die Beiden heute in der weihenden Abschiedsstunde sich und einander fester verbinden, damit sie sich in seiner Abwesenheit gegenseitig unterstützen könnten, und nun mußte er sie in solcher Zerrüttung verlassen.

Der Hausmeister deckte zwei Tische im Garten, welche nur eine Taxuswand trennte, an den einen setzte sich unsre Gesellschaft, ohne zu wissen, wer den andern einnehmen werde. Es war schon dunkel, und man aß mit brennenden Lichtern; doch blieben sie nicht lange ungestört, und Wellner, Joseph und Maria verließen den Tisch, als sie die Leichenträger Wallpurgens sich an der andern Tafel versammeln sahen, ihren herkömmlichen Schmaus zu halten; der Italiäner allein blieb zurück.

Die ganze Begebenheit mit dem Leichenwagen und dem Schmaus war ihm äußerst fatal; er nahm sich daher ganz allein für sich vor, sich an den schwarzen Männern zu rächen. Um dieses zu bewerkstelligen, ging er nach dem Thore, einen der Gesellschaft, der noch kommen sollte, zu erwarten, und zu seiner Absicht zu gebrauchen. Er hatte die übrigen sehnlichst nach diesem verlangen hören, weil er der vierzehnte war, und sie nach einem alten Aberglauben, daß einer von dreizehnen, welche mit einander essen, sterben müsse, diesen Retter von Tod und Hunger wie den Messias erwarteten.

Der Italiäner empfing diesen am Thor, und bezahlte ihn so gut für einen Botengang, den er ihn eine halbe Stunde weit machen ließ, daß er ihm seinen schwarzen Mantel hingab, und sich sogleich auf den Weg machte. Er aber hüllte sich in den Mantel, und ging zu den übrigen hin. Diese machten ihm Vorwürfe über sein Ausbleiben; er schwieg; sie fuhren fort, ihren Unwillen zu äußern, und er stumm zu seyn; dann setzten sie sich nieder, um zu essen. Es war dunkel, sie hatten nur eine Lampe, welche an der entgegengesetzten Seite des Tisches an einen tiefen Ast des Baumes gehängt war, der neben dem Tische stand, und der Italiäner saß völlig im Schatten.

Da der Becher herumging, und die Reihe an ihn kam zu trinken, war er weg geschlichen, ohne daß man ihn bemerkt hatte. Die Leichenmänner stutzten hierüber nicht wenig, denn sie waren nun wieder dreizehn, und einer stand deswegen auf, ihren Kameraden zu suchen und zu prügeln. Die zurückgebliebenen aber ließen es sich indessen recht gut schmecken.

Als der dreizehnte weg war, setzte sich der Italiäner wieder hin, und da sie ihn bemerkten, fingen sie an sich zu zählen, indem sie ihre Namen hinter einander her nannten, und als die Reihe an ihn kam, warf er mit einer Erdscholle die Lampe vom Baum, und schrie laut: ecco mi. – Die Leute erschracken hierüber so sehr, daß sie aus einander liefen, um ihren Kameraden zu rufen, er aber nahm die große Leichenbrezel, kletterte, indem er sie um den Hals hängte, den Baum hinauf, und erwartete den Ausgang.

Bald kamen die Leute mit großem Lärm zurück, sie hatten einen Fremden in ihrer Mitte, der sich lebhaft vertheidigte. Da sie sich dem Tische genähert hatten, und einer aus-

rief, daß die Leichenbrezel auch fort sey, fragte der Fremde,
wer gestorben sey, und als er den Namen Wallpurgens
hörte, sank er an die Erde. Nun kam der Hausmeister mit
Fackeln gelaufen, auch Wellner, Joseph und Marie kamen
herbey, der Italiäner aber stieg bestürzt vom Baume, und
ging nach der Kutsche, welche schon angespannt war, ließ
die andern rufen, und sie fuhren weg.

Joseph erzählte, daß er in der Verwirrung gehört habe,
der junge Mensch sey der Mann, um dessen willen Wallpurgis gestorben sey; er habe sie besuchen wollen, und von ihrem Tode noch nichts gewußt, und als er zur Hinterthüre
des Gartens hereingekommen, sey er auf so eine lärmende
Weise von den Leichenmännern empfangen, und von ihrem
Tode unterrichtet worden, daß er fast vor Schreck gestorben
sey; doch habe er sich nicht zurückhalten lassen, und sey
gleich weiter geritten. Der Italiäner sagte nichts, und der
ganze Tag hatte sich traurig und polternd geendigt.

Den folgenden Morgen trennte sich Joseph und Marie
unter vielen Schmerzen, sie und der Vater begleiteten ihn
bis an den Hafen, und da das Schiff schon weit weg war,
und sie nicht mehr ihre winkenden Schnupftücher sehen
konnten, bedeckten Marie und der ferne Joseph sich die Augen und wendeten sich.

Sie und der Vater waren beide sehr niedergeschlagen
durch die ganze letztere Zeit, und die Munterkeit des Italiä-
ners ward ihnen unangenehm. An Annonciaten und die
Gräfin schrieben sie mehrmal, um sie zu bewegen zurück zu
kommen, aber die letzte bat dringend, ihr Annonciaten zu
lassen, und eröffnete zugleich ihren Willen, das Mädchen an
Kindesstatt anzunehmen, wenn er seine Einwilligung dazu
geben wolle. Sie schrieb:

Annonciata soll nichts davon wissen, es würde ihren ge-
reizten Sinn vielleicht kränken, aber lassen Sie es uns im
Stillen über sie verhängen.

Von dem Mädchen lag folgender Brief dabey.

Lieber Vater!

Deine Sorgen um mich sind nun meine einzigen Sorgen – Wallpurgis ist todt, und ich bin ruhig. Jemand so sterben sehen, giebt Ruhe, denn ein solcher Tod ist gastfrei, und wer zugegen ist, genießt alles mit: ich bin mit ihr ruhig geworden. Du sollst deswegen auch nicht mehr um meinen Zustand bekümmert seyn, denn alles, was Bangigkeit und Unruhe in mir war, ist mit ihr hinübergegangen, und sie wirft einen stillen Abglanz ihrer Seligkeit in mein Herz zurück; sie war immer ein freundliches, theilendes Wesen, und hat sich auch im Himmel nicht verändert. Es ist mir, wenn ich an sie denke, als stehe sie vor mir, empfange meine Gedanken, und gebe sie mir in einen stillen wohlthätigen Strom von Ruhe gelöst zurück.

Du kannst es nicht glauben, lieber Vater, was das für eine Empfindung ist, mit allem bin ich versöhnt, und kann so glücklich hier im Garten herumgehen, denn in jeder Blume liegt mir das ganze Leben. Ich will deswegen recht offen mit Dir reden, denn ich bin nun so, daß ich nichts mehr zu verbergen brauche, da auch in dieser Einigkeit meiner Seele jenes Verbergen ein Ende nahm: ob ich denke oder spreche, das ist einerlei.

Ich weiß, wie Du mich liebst, und wie Du immer um mich besorgt bist. Die Erziehung ist etwas, was der Erzieher immer weiß, und ein Gemüth ist etwas, was er nicht weiß; da er aber doch mit der sorgenden schönen Liebe, die ihn treibt, erziehen muß, so wird er sehr traurig, wenn er niemals das werden sieht, was er bezweckt. So warst Du und Joseph immer traurig um mich, und ihr würdet noch viel trauriger geworden seyn, wenn ich nicht die Hälfte des Verdrusses in mich genommen hätte, und obschon ich dadurch eure Einwirkung auf mich scheinbar wirkender machte, so erlag ich doch oft sichtbar dieser doppelten Thätigkeit des Selbstbildens und Sichbildenlassens, so daß dieser Betrug, den ihr in mir bemerktet, euch wieder kränkte.

Sey versichert, lieber Vater, daß alles aus mir werden
wird, was aus mir werden kann, denn ich bin ernsthaft und
unbefangen. Was man erkennen kann, erwäge ich und gebe
ich mir mit Sorgfalt und Verstand, und alles, was über den
Menschen schwimmt, wie die Luft über der Pflanze, giebt
mir das Leben: ich bin fromm und andächtig, es zu empfangen, denn fromm ist der, der das Schöne und Reine mit
Liebe sucht und emsig betet, wenn er vor der Natur und
schönen Werken steht, und andächtig ist der, welcher über
seinem Denken nicht ein trennendes Ende fühlt, sondern
einen leisen Uebergang in die unendliche Liebe. Die Andacht ist ein gelinder Rausch, der unsre geschlossene Gestalt
von allen Seiten eröffnet, und uns unsere Verwandtschaft
zeigt mit vielem, das wir nie sahen, noch wußten. So sind
die halben Töne in der Musik, und die milden Farben des
Uebergangs in der Malerei, und die Wellenlinie in der Gestalt fromme Züge, denn alle sie stehen an der göttlichen
Pforte des Ueberganges. – So auch ist mein ganzes Herz ein
frommes Herz, denn ich stehe zwischen meinem Leben und
Wallpurgis Tod – o! lasse mich diesem Herzen ruhig folgen.

Ich fühle auch schon, wie ich mich ins Leben zurück-
wende, und bald ganz froh seyn werde. Sicher hat Dir die
Gräfin schon geschrieben, wie mein Muth wohl oft zum
Muthwillen wächst – daß ich durch den Tod eines lieben
Mädchens so geworden bin, ist nicht wunderbar, denn
durch ihn habe ich erfahren, was ich erdulden muß – ich bin
in meiner Jugend schon mit meinem Tode verbunden, und
stiftete Freundschaft und Vertraulichkeit mit ihm, damit er
einstens wie mein Spielgeselle zu mir komme, wenn er
kömmt.

Lasse mich bey der Gräfin, die arme Frau hat Niemand
auf der Welt, und sie liebt mich.

Es ist vor einigen Tagen ein italiänischer Lautenist hierher gekommen, und hat vor der Gräfin gespielt. Sie
wünschte, daß ich es lerne, und der Mann bleibt nun einige
Wochen hier, mir Unterricht zu geben. Die Gräfin hat mir

eine schöne Laute dazu geschenkt, und ich werde Dir einmal viel Freude damit machen.

Ich lese der Gräfin viel aus dem Shakespear vor, und finde es sehr nützlich, denn es härtet mich gegen meine Empfindlichkeit ab. – Ich fürchte mich ordentlich vor seinen Personen, und vor denen immer am meisten, die ich besonders liebe. Wenn ich Abends allein im Garten gehe, gehe ich oft schnell oder langsam, und mögte beides zugleich, denn irgend ein Wesen aus diesen Gedichten geht mir entgegen, und verfolgt mich. In vielen einzelnen finde ich mich wieder, und erkenne eine ganze Welt in ihnen.

Könnte ich das nur zusammenstellen, und richtig aussprechen, so würden Begriffe und Erfahrungen draus werden. Nun aber bleibt es immer Empfindung, denn die ganze Natur um mich her wirkt eben so auf mich, und noch stärker, jede ihrer Erscheinungen strömt mit diesen Empfindungen zusammen, und dadurch scheinen sie mir so drückend werden zu können. Jede Beleuchtung des Himmels, und jede berührendere Zusammenstellung von Landschaft erhält für mich ein fantastischeres Leben, indem sie sich mit diesen Männern und Frauen Shakespears verwebt, und nicht mehr allein wie ein hingeboner Genuß da liegt, sondern in eine Art von Handlung, von dramatischem Leben tritt.

So gar meine Empfindungen selbst bestehen so, ja selbst in diesem Briefe sind Anklänge dieser Hinneigung zu einem bloßen allgemeinen Verkehr mit Allem, was lebt, und einer völligen Unfähigkeit, mich bestimmt zu einem einzelnen Wesen zu wenden.

Lieber Vater, ich hoffte nicht, daß es Dich schmerzen wird, dies so aufrichtig von mir zu hören, denn es ist mir sehr wohl, indem ich es schreibe, auch will ich nur immer an Dich schreiben, Du kannst dann Marien vorlesen, was Dir gut dünkt, daß sie es wisse.

Lebe herzlich wohl.

Annonciata.

Obschon für Wellner viel Unverständliches und Fantasti-
sches in diesem Briefe war, so rührte ihn doch das Vertrauen
Annonciatens, und er entschloß sich, sie noch bey der Gräfin zu lassen.

Der Italiäner war weggereist, ohne Abschied zu nehmen,
das verdroß Wellner, und es that ihm nun doppelt wohl,
keiner Verbindungen mehr zu bedürfen, da er mit Mariens
Glück auf dem Reinen war, und auch Annonciata glücklich
und zufrieden schien.

Sein Leben mit Marien währte so einige Monate fort, in
einer einsamen Stille. Dann und wann unterbrachen es die
Briefe Josephs, die der Vater mit Marien freundlich theilte.
Annonciatens Briefe wurden seltener, kürzer, und hatten
weniger Verhältniß zu einander, in einigen war sie helle
Glut, in andern schien sie zu verlöschen, und dann schrieb
sie wieder ruhig und getröstet.

Von Joseph erhielt Marie den letzten Brief aus England,
in dem er seine Ueberfahrt nach Amerika meldete. Dieser
Brief war sehr rührend, und Marie war lange nicht zu trösten. Sie beschäftigte sich nachher meistens mit Bildern aus
diesem Welttheil, sie las ihrem Vater nichts als Reisebe-
schreibungen durch Amerika vor. Ihren Geliebten suchte sie
unter jeden Umständen dieses Landes auf, und lebte in der
neuen Welt.

Dies gab ihrer Phantasie ein bestimmtes Uebergewicht
über ihre Ruhe, und neigte sie zu einem anderen sehnsüchtigen Daseyn hin. Wellner bemerkte mit Verdruß diese Veränderung, die doch bloß eine höhere Entfaltung war, denn
sie ward so mannichfacher, und machte auf ihrer Gedanken-
reise viele merkwürdige Entdeckungen für ihre Liebe. Sie
lernte nun erst wissen, daß sie liebe, berechtigte sich dazu,
und beschützte sich dies Recht.

Da ihre Einsamkeit aber immer tiefer ward, und es sehr
lange her war, daß Annonciata geschrieben hatte, so entschloß sich Wellner, mit ihr nach dem Gute der Gräfin zu
reisen.

Sechs und zwanzigstes Kapitel.

Als ich so weit geschrieben hatte, führte mich Godwi nach dem Bildersaal, wir traten vor ein großes Gemählde, er zog den Vorhang in die Höhe, und wir sahen es stille an, es stellte Wallpurgis und die Blumen vor, und war von dem nämlichen Künstler, der das Bild Annonciatens gemalt hatte, in demselben Stil, doch mystischer gearbeitet, so wie jenes Allegorie des Lebens, so dieses Hindeuten auf den Tod. Jenes Bild hatte mich heftig bewegt, und in diesem löste ich mich auf.

Vor diesem Bilde, sagte ich zu Godwi, kann ein liebes Mädchen ruhig sterben. Alles schwindet, es ist, als vergehe es unter meinen Augen. Die Farben sind beweglich, sie fliehen alle gegen die ferne Glut des Himmels, und scheinen schon im Nachklang zu wallen. Ich habe nicht gedacht, daß der Abend so könne gefesselt werden, wie er hier aus den dunklen Gewölben der Bäume dringt. Seine geheimnißreichen Seelen schleichen über den dicht belaubten Boden, fließen mit leisen Schimmern an den schlanken Blumen hinab und hinauf, aus deren Kelchen zarte Geister an der größten holdesten Blume des ganzen Bildes dem stillen liebe- und lebenmüden Mädchen hinauf steigen. Es herrscht um das Mädchen eine wunderbare Haltung des Lichtes, die Farben werden gleichsam zu verschiedenen Form-Atomen, und scheinen nur im Lichte zu schwimmen, besonders wo die Blumen ihr näher stehen, gegen ihren Busen wird es schon einiger, um ihre Wangen und Lippen verschwimmt es ganz, und aus ihren Augen strömt wieder völlige Einheit des Lichts, doch ein anderes unbeschreiblicheres. Ihre Stirn und ihre Locken aber brennen in den Flammen des sinkenden Tages, der von oben durch die geöffnete grüne Pforte der Bäume niederbricht, ringsum die Zweige in grüne Glut setzt, und den großen Früchten, die schwer aus ihnen niederblicken, feurige Blicke giebt.

Ich habe vergessen, sagte Godwi, Ihnen zu sagen, daß
diese Gemälde von Franzesko Fiormonti sind, dessen traurige Schicksale im ersten Bande Ihres Romans Seite 304*)
sein Bruder Antonio an meinen Vater schreibt, der ihn wieder gefunden hatte; es ist derselbe, von dem Römer Seite   5
81**) schreibt, daß er seine Stelle ersetze, und mit meinem
Vater viel allein sey. Ehe er sich in die Handlungsgeschäfte
einließ, an denen er seinen Geist wieder systematisiren
wollte, hat er hier auf dem Gute diese Bilder gemalt. Es war
damals eine begeisterte Melancholie in seiner Seele, in der   10
sich seine Verrücktheit gelöst hatte. Doch wir werden mehr
von ihm hören.

Alle seine Bilder haben einen eignen Karakter, und zwar
den, das sie eigentlich nicht sind, sondern ewig werden,
und dies entsteht durch eine Manier, indem er das Licht der   15
Pflanzen, des Himmels und des Fleisches in verschiedene Hal-
tungen setzt, obschon nur eine Beleuchtung statt findet. In
Bildern dieser Art macht dieses oft einen glücklichen Effekt.

Ja, fuhr ich fort, es ist auffallend, denn eben hierdurch
entsteht diese Bewegung, ich möchte sagen, dieses leise Wo-   20
gen der Farben über das Ganze, das Auge wird vor seinen
Bildern ein feines Gehör, das die Schwingungen der einzelnen Töne durch den vollen Akkord hört, und ich möchte
seine Malerei rhythmisch und declamatorisch nennen, es ist
als wallen die Wellen sanfter Jamben durch das Gemälde.   25

Es ist wunderbar dargestellt und gemalt, was ich für unmöglich hielt, ein Bild, das nicht historisch ist, keinen Moment erfüllt, sondern die fortdaurende stille Bewegung eines dichten Gemüthes vorstellt. Ich sehe, daß das Mädchen
spricht, obschon ihre Lippen nur leise geöffnet sind, ich   30
sehe, daß sie sich den Blumen vergleicht, und die Blumen
sich, denn nur auf ihren Lippen, in ihren Augen wird sie
Jungfrau; ihr schlanker Leib hebt sich in leidendem Streben

*) 〈In vorliegender Ausgabe S. 185.〉
**) 〈In vorliegender Ausgabe S. 55.〉

wie eine Pflanze, ihre Arme gleichen zarten Zweigen, ihre
Brüste drängenden sehnenden Knospen, welche gelinde
vorstreben, und um die sich die sammtenen Blätter lebendiger regen. Ueber diesem Throne des milden Herrschens
wallt ihr Antlitz wie Duft; auf den Lippen wird alles ein
stiller Erguß; die Augen sind reflektirendes holdseliges Sinnen, und das Haupt ergießt sich mit den Locken in das
flammende Element des Himmels. Alles, was sie empfindet,
steht in dem Lichtgrade, in dem ihre Empfindung selbst
steht und es beleuchtet.

Aber ich werde nimmer fertig, das Bild wächst unter meinen Augen, und hänge ich an den Formen des Mädchens,
und suche sie zu enträthseln, so rufen mich die Blumen, als
sollte ich sie hinauf heben, an ihr keusches begehrendes
Herz; gehe ich nieder, um die stummen Kinder zu brechen,
so werde ich zur Biene, und schwebe über ihren Kelchen,
deren Süßigkeit sie selbst nie leeren, dann zieht mich wieder
der feurige Himmel hinauf, und meine Empfindung verliert
alle Gestalt. Diese Geschichte meines Anschauens aber be-
ruhet allein auf diesen drei Lichtern, die in dem Bilde herr-
schen, und sich auf allen Punkten auswechseln.

Es scheint, sagte Godwi, als wären die Blumen in einem
Opfer entzündet, und alles andere sey nur ein Gedicht, das
sich in ihren Dampfwolken gebrochen habe, um zu erscheinen, und als wäre das Mädchen nur der Mittler zwischen
ihnen und dem Himmel, denn in diesen Blumen liegt ganz
der Karakter von Wallpurgis Gestalt und des Himmels. Es
ist als seyen die Blumen nur die Darstellung ihres Leidens,
das schon stille geworden, und ihre traurigen Blicke ins Leben, so wie der feurige Himmel ihr brennendes Begehren
nach dem Tod. Nach dieser Ansicht ruht der Mittelpunkt
des ganzen Bildes in ihrem Busen, dessen Schmerz und Andacht ich deutlich in mir fühle, ist es nicht, als sähe man, wie
ihr Herz bricht. Ihr ganzes Haupt bis auf die Brust wird
gierig vom Himmel angesogen, und von da, wie es schwer
nieder dringt, als zögen es Bande des Blutes hinab.

Und dennoch ist auch hier kein Ruhepunkt, sagte ich, denn auch die Glut des Himmels ist die Mutter des Ganzen: ist diese Röthe des Abends nicht reine Sehnsucht im Aether reflektirt, und ist Sehnsucht nicht Abendroth in der Empfindung, und ist das Bild etwas anders, als Sehnsucht im Aether, Sehnsucht in der Pflanze, und Sehnsucht im Mädchen?

Godwi sagte, es ist schön, wie die Natur unsere Ansicht begleitet hat, es ist nach und nach dunkel geworden, das Bild hat sich doppelt bewegt, in seinem Lichte, und in der Beleuchtung des Tages. – Die stille Fackel des Mädchens ist verloschen, die Blumen sind gestorben, die Schatten der Bäume haben ihre Arme um den Schmerz gelegt, die glänzende Pforte des grünen Gewölbes schließt sich der schönen Bahn, auf der die ganze Bescheinung hingezogen ist, nun ruhet das arme Herz, lebe wohl, Wallpurgis!

Es war dunkel geworden, und wir hatten es nicht bemerkt. Wir verließen nun die Stube, um ein anderes Gemälde zu besehen, das den Geliebten Wallpurgis' vorstellt, wie er Abends unter den Leichenmännern die Nachricht von ihrem Tode empfängt. Godwi sagte mir, daß dieses Bild sehr gut bey Licht gesehen werden könne, weil es selbst ein Nachtstück sey, und er steckte zu diesem Zwecke eine Lampe an, die an der Decke angebracht war.

Vorher theilte er mir aber noch ein Gedicht mit, welches Franzesko, während er das vorige Gemälde verfertigte, gemacht hatte. Es ist italiänisch, und in dieser Sprache wirklich voll Wärme, doch gleicht es seiner Schwester dem Gemälde bey weitem nicht, ich habe es den folgenden Morgen zu übersetzen gesucht, aber es war durch die Eigenthümlichkeit seines Ausdrucks eben so schwer, als das Gemälde zu kopiren seyn würde. Diese Uebersetzung füge ich hierbey und bitte, daß Sie immer Ihre Augen auf das Bild wenden, während Sie sie lesen.

Ueber dem Gedichte standen folgende Worte in Prosa, als Einleitung.

Es wollte Abend werden, da saß ein alter Harfenspieler
an einem öffentlichen Spatziergange, um ihn her wandelten
Jünglinge und Männer, die sich theils geschäftig bewegten,
theils gravitätisch schritten, und sehr nachdrucksvolle Bewegungen machten; einige lächelten auch bedeutend, oder
sahen gerührt gegen den Himmel; keine Jungfrau war zugegen, die Schüchternheit hatte sie zurückgeführt in ihre Wohnungen, sie saßen in dem einsamen Garten des Hauses oder
an dem Fenster ihrer Kammer, und sehnten sich, wie sich
die Jungfrau Gottes sehnte, ehe der Geist über sie kam. Das
wußte der Greis, denn es war ihm sein liebstes Kind gestorben, ach! und er wußte ja nichts, als das. Sie sagten von ihm,
wenn sie an ihm vorübergingen, er sey ein schwärmerischer
Mann, der nur Ideale im Kopf habe, und dem es an respek-
tablen Gefühlen mangle. Er aber sang folgendes Lied zu
seiner Harfe.

Der Abend.

Nach seiner Heimath kühlen Lorbeerhainen
Schwebt auf der goldnen Schale
Schon Helios, es glühen rings die Wellen,
Der Ozean erschwillt in frohen Scheinen,
Die wie im Blitzesstrale
Die ernste Nacht der fernen Ufer hellen,
Und über alle Schwellen
Ergießt der Gott die stillen Feuerwogen
Zum ewgen Himmelsbogen,
Daß von den Bergen durch das dunkle Leben
Des Tages Flammen wiederhallend beben.

Hoch auf den Bergen wehen seine Flammen,
Den raschen Mann zu führen,
Der seiner Reise Ziel noch nicht errungen,
Er stralet mit dem Glanze stets zusammen,
Wenn gleich die Füße gleiten,

Bleibt von dem Lichte doch sein Haupt umschlungen.
Nie von der Nacht bezwungen
Lenkt ruhig nach der Sterne heilgem Feuer,
Das ernste Schiff den Steuer
Und wandelt heimwärts durch die dunkeln Fluthen
Vertrauend auf des Leuchtthurms hohe Gluten.

Vom kühnen Felsen rinnen Lichter nieder,
Die Thäler zu ergründen,
Und wo des Feuers milde Quelle ziehet,
Verglimmen bald des Haines wilde Lieder,   10
Denn alle Töne schwinden,
Bis sie des Abends Flammen rein geglühet –
Und welch ein Lied erblühet –
Es flicht die Nachtigall die goldnen Schlingen
Und süß gefangen ringen   15
Im Liede Liebesschmerz und Schmerzes-Liebe,
Daß Schmerz in Liebe, Lieb' in Schmerz sich übe*).

So drang der Töne Frühling aus dem Schweigen,
So auch in reinen Seelen
Des Tages wilde Kämpfe bald zerrinnen,   20
Wenn Lieb und Schmerz sich hold zusammen neigen,
Die Zwietracht zu verhehlen,
Und rührend doch den ewgen Streit beginnen.
Ach keine mag gewinnen! –
Ein Wundergift fließt beiden von den Pfeilen,   25
Zu tödten und zu heilen –
Denn er muß stets an ihrem Pfeil gesunden,
Und sterbend lebt sie nur in seinen Wunden.

Doch bald wird nun die Ruhe niederschweben,
Daß alle Schmerzen fliehen,   30
Den heißen Kampf die stillen Schatten kühlen,
Dann mag der Sehnsucht ungelöstes Leben

---

*) Ich konnte das schöne Tonspiel des Italiänischen von amare und
amaro nicht anders geben.

In heilgen Phantasien,
In schönen Träumen dichtend sich erwühlen.
Könnt ihr solch Leben fühlen?
So will, mit seinem Rausch euch zu erfüllen,
Mein Bild ich gern enthüllen,
Mein Bild, wie in des Abends Heiligthumen
Die Jungfrau redet mit den holden Blumen.

Die Jungfrau und die Blumen.

Wo leis des Gartens dichte Schatten rauschen,
Und in den dunklen Zweigen
Die reifen goldnen Früchte heimlich schwellen,
Gleich holden Engeln, die in Wolken lauschen,
Und freundlich sich bezeigen,
Sehr ihr die weiße Jungfrau sich erhellen.
Des Lichtes letzte Wellen
Umfließen sie. Sie sitzt, und ihr zu Füßen
Unschuldge Blumen sprießen;
Sie spricht zu ihnen, weckt mit ihren Blicken,
Die schon die Augen schließen, schlafend nicken.

Es scheint ihr Wort sie mehr noch einzuwiegen,
Was ihre Lippen sprechen,
Wallt längst im Traum um ihre zarten Seelen
Und wohnt in ihrem Leben still verschwiegen –
Die Stummheit zu zerbrechen,
Sind sie zu schwach, und können's nicht erzählen,
Doch sie kann Nichts verhehlen,
Der stille Abend löst die keuschen Banden,
Die ihren Schmerz umwanden,
Sie klaget leis, und mit den blauen Augen
Will Antwort sie aus ihrer Stummheit saugen.

»Ihr blinden Kinder, wenn der ewge Schlummer
Von euren Augen weichet,

Wenn eure Lippen seufzend sich erschließen,
Ein warmes Herz euch bebt, und eurem Kummer
Die Götter Worte reichen,
Erblüh ich eine Blume euch zu Füßen.
Ihr werdet still mich grüßen,
Und für der Liebe jungfräuliches Bangen
Der Blume Trost verlangen,
Denn wir sind Schwestern, sind im harten Leben
Der tiefen Liebe frühem Tod gegeben.

Was Lilie keusch in deinem Kelche webet,
Was Rose roth dich mahlet
Und eure Augen stille Veilchen sagen,
Auch keusch und bang in meinem Busen strebet,
Von meinen Lippen strahlet
Und still und wild die blauen Augen klagen.
Uns faßt ein gleich Verzagen,
Ach! nimmer kann des Herzens still Verbrennen
Der keusche Mund bekennen,
Ach! nimmer will die wilde Welt verstehen,
Was unsrer Düfte stumme Lippen flehen.

Wenn linde Sonnenstralen nieder sehen,
Sich laue Weste regen,
Erkennen wir aus uns mit dunklem Sehnen,
Doch nimmer wissen wir, wie uns geschehen.
Was wir im Innern hegen,
Ist süßes Träumen und ein kindisch Wähnen.
Es fließen alle Thränen
Noch leicht herab, und weilen keine Schmerzen
Im unerschloßnen Herzen,
Bis von der ewgen Liebe tiefen Quellen
Das Herz sich dehnt, und leis die Knospen schwellen.

Im Busen keimet heimliches Begehren,
Und mildes Widerstreben,
Und wie sie liebend mit einander walten,

Erzeuget sich ein hoffendes Entbehren;
Der Blüthe junges Leben
Will nun die zarten Blätter schon entfalten.
Die freundlichen Gestalten,
Die in verborgner Werkstatt noch gefangen,
Nach Freiheit sehr verlangen,
Bis uns des Morgens goldner Pfeil erschließet
Und der geheimen Wunde Thräne fließet.

Nun lösen sich die räthselhaften Triebe
Und zu dem reinen Throne,
Der aus dem Herzen froh herauf gedrungen,
Steigt schüchtern und verschleiert unsre Liebe.
Es hat die bunte Krone
Der sanften Königin das Licht geschlungen.
Sie hat das Reich errungen,
Und blickt in ihres Sieges junger Wonne
So freudig nach der Sonne,
Die freundlich sich in ihrem Schooß ergießet
Und sie mit goldnen Stralen froh begrüßet.

Dir arme Königin, wie wird dir bange,
So einsam und verlassen,
So arm siehst du hinaus, ins weite Leben,
Die eignen Düfte küssen deine Wange,
Du mußt dich selbst umfassen,
Kein Volk, kein schöner Freund die Liebe geben.
Die zarten Säulen beben,
Auf denen sich dein leichter Thron beweget,
Vom Weste selbst erreget.
Die Nacht flieht lieblos dir in dunkeln Träumen,
Am Morgen Thränen deine Blicke säumen.

Sind nicht dein Thron des Busen junges Wogen,
Dein Purpur, rothe Wangen,
Dein Diadem, der Locken goldne Schlingen?
Ach bald sind all die Wellen weggezogen,

Der Purpur bald vergangen,
Gelöst die Flechten, die dein Haupt umfingen.
Der Liebe Pfeile dringen
Vom Himmel und der Schmerzen glühes Wühlen
Im Herzen zu erkühlen,
Löst du in stillen Thränen dein Geschmeide
Der Thränen Weide wirst du, Augenweide!

Du arme Königin! so ohne Wehre
Sollst schweren Kampf du führen,
Will keiner für die holde Braut denn streiten,
Will keinen, daß die Glut sie nicht verzehre,
Solch' zarte Schönheit rühren,
Des Schattens liebend Dach um dich zu breiten?
O stummes bittres Leiden!
Welch Leben, wo die Liebe ungedinget
Dir keine Hülfe bringet,
Und wolltest du den dichten Schleier heben,
So würde dir des Schatzes Geist entschweben.

Und heißer, immer heißer dein Begehren,
Und leiser deine Klagen!
Die Farben schon, die deinen Schmerz verkünden,
Der Düfte leise Worte sich verzehren,
Um lauter stets zu sagen,
Wie dich die wilden Flammen ganz entzünden.
Die Hülfe zu ergründen,
Willst du vom freien Throne niedersteigen,
Dem Frevel dich zu neigen?
Noch elender ein Handwerk voller Wehe,
Umzunfte dich der schnöde Tod, die Ehe. –

Nein! solcher Aermlichkeit dich hinzubieten,
Wird Armuth dich nicht zwingen,
Die freie Liebe läßt sich nicht umarmen,
Wo sie den Kuß in Zweck und Absicht schmieden,
Wo Trieb und Freiheit ringen,

Und alle Lüste an der Noth verarmen,
Dem Handwerk zum Erbarmen,
Wo zwei geübte Langeweilen weilen
Und Pflicht und Nothdurft theilen
Darfst du dich nicht ergeben – heilig Leben!
Dein Bild nicht in des Haushalts Linnen weben.

O könntest ruhig du dein Sterben leben,
Die Andern nicht erkennen,
Die alles Lebens eine Hälfte fassen,
Sich stille wandelnd hohes Ansehn geben,
Und hin und wieder rennen,
Als wäre ohne sie die Welt gelassen.
Ach wohl! ist sie verlassen,
Das Leben ist zur Selbstbetrachtung worden,
Die Liebe zu ermorden,
Und forscht die Schönheit tödtend nach Gesetzen,
Die Liebe und die Schönheit zu ersetzen.

Sie wähnen gar, die Liebe sey verloren,
Weil sie sich selbst vermissen,
Das Leben in Verzeichnisse schon bringen,
Als würde fernerhin nicht mehr geboren,
Als bräch' aus Finsternissen
Der Tod herauf, die Mutter zu verschlingen.
Mit solchen Wunderdingen
Vermeinen sie die längst verlornen Gränzen
Der Liebe zu ergänzen,
Und ordnen uns und stellen nach den Flammen
Dem Tode in Systeme uns zusammen.

Wie schöner Sieg! Wir können hier nicht sterben,
Denn hier war uns kein Leben,
Ein Frühling nur, wir sind es selbst gewesen,
Erblühen und Verglühen – kein Verderben
Kann unser Bild entweben,
Nur Opfer kann der Liebe Fessel lösen,

O freudiges Genesen!
Erhebe sanfte Königin den Schleier
Dem reinen Himmelsfeuer,
Will liebend nicht das Leben dich erringen,
So laß vom stillen Gotte dich umschlingen.

Wie glüht der Mittag heiß, in tiefem Schweigen
Eröffnet sie den Schleier,
Der Liebe Heiligthum muß sie enthüllen,
Und zu dem Throne gluhe Stralen steigen,
Des stillen Gottes Freier,   1
Die wachen Schmerzen tödtend ihr zu stillen.
Sie reicht dem mächtgen Willen
Die Liebe hin, und löset ihre Krone
Und breitet auf dem Throne
Die duftenden Gewänder, an den Gluten   1
Des Bräutigams sich opfernd zu verbluten.

Mir ist das schöne Opfer bald verglommen,
Es wallt das letzte Düften
Dem lichten Gott, der mit der Krone fliehet,
Er wand sie mir, er hat sie hingenommen,   2
Und in den reinen Lüften
Das bunte Leben mit ihm heimwärts ziehet,
Mein stiller Abend glühet,
Und wo des hohen Glanzes reine Wellen
In heißem Purpur schwellen,   2
Da brechen sich der Sehnsucht letzte Wogen,
Und ist der Streit der Liebe hingezogen.«

O Nacht! so voller Liebe,
Ergieße deine dunkle Flut der Bangen,
Umfange ihr Verlangen,   3
Laß kühlend um die kämpfenden Gestalten
Das stille Meer der ewgen Liebe walten!

———————————

Godwi zog nun den Vorhang des Nachtstückes in die Höhe. Das Bild nahm die eine Wand der kleinen Stube ganz ein, wir saßen gegen über auf einem Sopha. –

Der ganze Moment des Bildes war heftige Spannung, Männer mit schwarzen Mänteln ringsum, immer dunkler gegen den Rand. Mitten unter dem Baume ragt eine Fakkel heraus, welche grelle Lichter über die hagern plumpen Gesichter der Leichenmänner wirft: von ihren Hüthen fallen schwarze Flöre, welche schön durchsichtig dem hellen Scheine eine Halbtinte entgegensetzen. Etwas entfernt von den Fackeln, doch allein in ganzer Beleuchtung, lehnt der Jüngling ohnmächtig im Arme eines Dieners, sein Kopf sinkt abwärts, so daß er von oben beleuchtet wird; er hat schöne blonde Locken, und einen edlen Gesichtsschnitt; der Bediente zieht ihm das Halstuch ab, und hat ihm die Kleider geöffnet, ein grüner Mantel fällt von seinen Schultern, und antwortet dem Grüne des Baumes, der durch die Fackel von unten erleuchtet wird, in dem Baume sieht man den Italiäner dunkel sitzen. Im Ganzen sind keine heftigen Farben, nur starker Kontrast von Dunkel und Licht.

Es war, wie dumpfes Murren in den dunkelsten Stellen, um die Flamme der Fackel einige lauten Schreie, um den Jüngling stille Bangigkeit, und er selbst leises Athmen und Seufzen. – Man meinte, es müsse sich nun bald ändern, sie müßten bald aus einander gehn.

Godwi ließ den Vorhang wieder fallen, und ich sagte: Gut, es war Zeit, lange konnten die vielen Menschen nicht hier in der kleinen Stube seyn, der Athem ward mir schwer.

Wir verließen den Saal, und ich besuchte Georg den Diener, der sehr krank war.

Sechs und zwanzigstes Kapitel.

Fortsetzung der Geschichte der beiden Schwestern.

Marie und der Vater waren sehr stille auf ihrer Fahrt nach dem Gute der Gräfin: sie waren lange nicht im Freien gewesen, ihre Gemüther waren gleich ruhig, sie hatten sich nichts mitzutheilen, und es war ihnen beiden, als wären sie allein; doch fühlten sie eben durch dieses stillschweigende doppelte Daseyn in einander dies Alleinseyn nicht. –

(Dies mag wohl das eigentliche Wesen der Freundschaft seyn, das so selten lebt, ohne wirkliche Vermischung – bloßes stilles wohlthätiges Gefühl der schönen Umgebung, das neben einander Strömen harmonischer Töne. Der Freund kann nichts, als unser Selbstgefühl aufheben, indem er das seinige verliert, und sich wohl befindet. Wo man die Freundschaft selbst fühlt, giebt einer oder der andere zu viel oder zu wenig, und hat die Sache ihr Ende. Sie ist bloße Verstärkung des Daseyns, und Verminderung des Selbstgefühls im allgemeinen Medium des Lebens; aus den Einzelnen macht sie eine Summe, stellt sie dem Mächtigen entgegen, und macht den Begriff Volk allein ehrwürdig, im Gegensatze des Begriffes Herrscher, Weiser, Dichter. – Sie setzt in der höchsten Unschuld keine Nothwendigkeit der eignen Gattung voraus, der natürliche gesunde Mensch ist eben so Freund mit dem Licht und dem Dunkel, den grünen Bäumen, seinen Werkzeugen, Werken und Gedanken, als seinem menschlichen Freunde; ja die Freundschaft mit dem Menschen insbesondere ist Folge der verlornen Unschuld, es liegt ein Zusammentreten gegen die Natur, etwas Feindseliges und Boßhaftes in der bloßen Freundschaft mit seiner Gattung, und sie folgt dem Verluste der Eigenthümlichkeit und der Kraft des Einzelnen, der die Natur nicht mehr zwingen kann, und eine Menge gegen die größte Einheit bilden will, um sich ihr entgegen zu stemmen. –

Zwischen zwei Menschen, von denen einer sich die Welt nimmt, und der andre sich der Welt giebt, kann sie nie statt finden, denn in ihr kann sich keiner ergeben, und kann keiner nehmen, sie ist bloßes Daseyn ohne Thätigkeit. – Sie ist daher bloß im Frühling und Winter des Lebens, im Spiel und der Ruhe – wo uns der Zweck beherrscht, kann sie nicht seyn.)

Am Abend kamen sie dem Schlosse näher, und ihre Begierde Annonciaten zu sehen, ward größer; Marie hatte lange nach dem milden Lichte des Himmels gesehen, und sagte zu ihrem Vater, mit Thränen in den Augen:

Wo mag jetzt Joseph seyn? es ist mir oft, als wäre er doch gar zu weit von uns, als würde er nicht wieder kommen. – Annonciaten verstehe ich jetzt viel mehr, Vater! und es ist mir, als habe sich eine stille Aehnlichkeit mit ihr in mir gebildet – ich kann es nur nicht so sagen, ich bin nicht so stark –

Warte nur, bis Joseph wieder kömmt, sagte Wellner – Du sehnst dich nach ihm –

Wol sehne ich mich nach ihm, aber es ist noch mehr; mit ihm ist es nicht all – Wie wohl Annonciata seyn wird? Vater, sie hat uns lange nicht gesehen, ihr Herz ist so gut, sie wird recht gerührt seyn, uns wieder zu sehen.

Unter solchen Worten fuhren sie den Schloßhof hinein. Es machte ihnen ein alter Diener auf, und sie wunderten sich, daß in dem Hause der reichen Gräfin so wenig Geräusch war.

Der Alte führte sie langsam die Treppen hinauf, es war ihnen unheimlich zu Muthe. Man brachte sie in das Zimmer der Gräfin; – diese saß allein bey einem Lichte auf dem Sopha, und als sie Wellnern und Marien hereintreten sah, schrie sie laut auf, – o Gott, o Gott! – und sank ohnmächtig auf die Kissen, – Marie kam ihr zu Hülfe, ein Kammermädchen trat herein, und vereinigte sich mit ihr, und Wellner stand in einer großen Angst an das Fenster gelehnt –.

Als sich die Gräfin zu erholen anfing, bat das Kammermädchen Wellnern und Marien, in das Vorzimmer zu treten –

Hier waren sie stille, ohne ein Wort zu sprechen, Marie
setzte sich nieder, und konnte vor Schreck nicht weinen –.
Eine kleine Weile drauf brachte man sie in eine Stube, wo
sie die Nacht zubringen möchten; Wellner fragte nach seiner
Tochter, und die Dienerin verließ mit dem schmerzlichen
Ausruf die Stube, ach das ist es, daß Gott erbarm, das ist es!

Wellnern war es nun gewiß, daß sein Kind gestorben sey,
Marie war untröstlich, und wurde sehr krank in der Nacht;
eine Wärterin, und Wellner blieben bey ihr, der Arzt wurde
aus der Stadt geholt. –

Die Wärterin erzählte Wellnern, daß Annonciata nun schon
zehn Tage verloren sey, man wisse nicht, wo sie hingekommen
sey, sie sey Abends in den Garten, wie gewöhnlich, allein gegangen, aber nicht wieder gekommen, und wie man den Teich
abgelassen habe, aus der Vermuthung, sie sey hineingefallen;
wie alle Leute der Gräfin nun zum zweitenmal abgereist
seyen, da sie das erstemal keine Nachricht erhalten hätten.

Die Gräfin sprach den folgenden Tag mit Wellnern, und
beruhigte sich, da er sie gern schuldlos erkannte. Sie konnten keine andre Idee fassen, als Annonciata sey geraubt,
weil sie bey jeder andern Art von Entweichung sicher einigen Trost für die Zurückbleibenden da gelassen hätte.

So war dieser traurige Abend –

Alle Nachforschungen wurden verstärkt, ein ganzes Jahr
hindurch emsig fortgesetzt, aber umsonst –

Wellner grämte sich sehr über diesen Verlust, und Marie
ward immer stiller und schwermüthiger; sie stand oft Abends
an ihrem Fenster allein, wo sie sonst mit Annonciaten gestanden, und fühlte nun alles, was ihr jene damals gesagt hatte.

Von Joseph fehlten schon elf Monate die Briefe: der Vater
wußte gar nicht, was er Marien sagen sollte, wenn sie nach
Briefen fragte. Diesen beiden Menschen war alles zerstöret,
was sie mit der Zukunft verband, und sie erschracken vor
jedem Stundenschlag.

Marie war wol noch trauriger als Wellner, doch versteckte sie ihren Schmerz, und suchte ihn zu erheitern –. Annonciaten wieder zu finden, gaben sie die Hoffnung beynahe auf – und auch der Gedanke an Joseph ward schon dunkler und trauriger –. Wenn Wellner in den Handlungsbüchern blätterte, und sah, wo er geschrieben hatte, kamen ihm oft die Thränen in die Augen. –

Es war nun schon beynahe anderthalb Jahre, daß Joseph nicht geschrieben hatte, als Godwi*), ein Engländer, der Sohn einer reichen Handlung, nach dem Wohnort Wellners kam. Er war ein schöner feiner Mann, von seiner Familie mit einem Kredite empfohlen, der beynah Wellners Vermögen überstieg, und dabey sehr einfach und ernst bey aller seiner Freimüthigkeit; er gefiel diesem sehr wohl, und auch er befand sich gut bey Wellnern und Marien, und brachte seine meiste Zeit bey ihnen zu. –

Er wußte sich bald ihres Vertrauens zu bemeistern, und zog nach einiger Zeit ganz ins Haus. Marie war ihm gut, und er liebte sie schon sehr – doch war es nicht zum Geständniß gekommen, weil er zu oft Zeuge ihrer schmerzlichen Erinnerung an Joseph gewesen war. –

In Wellnern regte sich oft das Gefühl, daß er nicht mehr lange leben würde, dann sah er mit Trauer auf Marien, und sehnte sich heftiger nach Josephen – aber dieser blieb aus, und alle Nachricht von ihm.

Manchmal, wenn er sah, wie Godwi sich um Marien bewegte, faßte er den Muth, an die Möglichkeit zu glauben, der reiche Engländer nähere sich seinem Kinde mit ehrlicher Liebe, leichter aber hielt er es für Freundlichkeit, oder Sitte.

Er ward nun täglich stumpfer, und, hatte wenig Freude mehr an seinem Geschäfte. Bald aber erhielt sein Glück den heftigsten Stoß, mehrere fehlgeschlagene Operationen, und ein großer Banqueroutt machten ihn unzahlbar, – er war in der größten Verzweiflung – und beynahe auf dem Wege,

*) Der Vater des Unsrigen.

sich sein Leben zu nehmen. Diese Gemüthsstimmung empfand Marie schmerzlich: sie hatte schon einige Tage bemerkt, daß er sehr traurig war, ihr auswich, und wenig bey
Tische aß. Die Verschlossenheit ihres Vaters gegen sie bey
einem sichtbaren Leiden war ihr sehr drückend; sie hatte es
nie erfahren, und konnte nur glauben, sie selbst sey Schuld
daran, sie müsse ihn sehr gekränkt haben, daß er nicht einmal mit ihr sprechen könne. Wenn sie auch alles überdachte,
so konnte sie nichts in ihren Handlungen finden, bis sie
endlich vermuthete, ihrem Vater mißfalle ihre unbefangene
Vertraulichkeit mit Godwi, und er denke Böses von ihr.

Dieses bewog sie zu einer Kälte gegen den Engländer,
welche er sehr unverständlich fand. Zwei Tage war diese allgemeine Spannung im Hause –, als es endlich zu einer Erklärung kam.

Wellner, Godwi und Marie saßen Abends zu Tische, alle
stumm und traurig. Gegen das Ende konnte Marie es nicht
mehr verbergen. Wellner hatte sie sehr wehmüthig angesehen, sie konnte ihren Schmerz nicht mehr halten, die Thränen stiegen ihr in die Augen, und sie verließ, laut weinend
die Stube. Wellner folgte ihr mit den Ausrufungen, Gott,
Gott! du armes Kind, in die Nebenstube. Godwi saß nun
allein an dem Tische, spielte mit dem Messer, und fühlte
jene fatale Ruhe der Selbstverachtung, um die sich schöner
Schmerz bewegt –, er sang ohne zu wissen die Worte: god
save the king, und setzte mit einem fürchterlichen Bewußtseyn die Worte: and dam me, dazu. –

Er stand auf, ging schnell nach der Thüre, und blieb starr
vor ihr stehen, als er Mariens Worte hörte: –

O lieber, lieber Vater, ich liebe ihn nicht, ich liebe Godwi
nicht, o denkt nichts böses von mir –

Er hörte erstaunt folgendes Gespräch, und in seinem
Herzen waren viele schmerzliche Anklänge, die wir bald
verstehen werden –

Liebe Marie, das ist es nicht, was mich ängstigt, o wie
konnte ich deinem armen Herzen diesen Schmerz lassen!

Wir sind sehr unglücklich, lieber Vater, Annonciata ist verlohren, Joseph ist verlohren, ach und Euer Vertrauen ist verlohren, ach mein Vater, gebt mein einziges nicht so hin!

Das ist es nicht, Mädchen, das nicht, (hier hob er hart und kalt die Stimme) aber ich bin ein Bettler, bald, bald, und du die Tochter eines ehrlosen Bettlers – der Engländer bebte, und ward ruhiger, eine Zeitlang hörte er nicht mehr sprechen, – dann erhob Marie ruhiger die Stimme –

Lieber Vater, nur das, o das ist es nicht, ich verstehe es vielleicht nicht, aber das wird uns nicht unglücklich machen. – Leben, – das bischen Leben wollen wir gewinnen, und nach uns wird doch niemand kommen, der von uns begehrt; wir werden allein seyn, und lebt nur ruhig, sterbt ruhig, ich will ruhig nach Euch sterben. –

Godwi verließ die Stube, und ging nach seinem Zimmer, wo er alles empfand, was ein Mensch leidet, dem das Leben durch innere Fülle, und äußeren Ueberfluß lange so leicht als Tugend und Laster war, und der mit wenigem geretteten Selbstgefühl in die Geschichte einfacher liebender Menschen tritt, ohne doch von diesen eigentlich als ein Wesen anerkannt zu werden, das wirklich Theil an ihnen hat.

Sieben und zwanzigstes Kapitel.

Der Godwi, den ich hier nannte, ist unsers Godwis Vater. Ich las diesem vor, was ich schrieb, und er gab mir einige Blätter seines Vaters, die er in der Zeit seines Lebens bey Wellner, und auch an jenem Abend niedergeschrieben hatte: sie könnten eigentlich alle an diesem Abend geschrieben seyn, weil sich an ihm alles sammelte, was er damals empfand. Diese Blätter sind lauter Bruchstücke von Erinnerungen aus seinem Leben, die ihm zu Empfindungen wurden, und die sein Sohn historisch selbst nicht genau kannte. –

Ich setze davon das Merkwürdigste hieher, um seine Geschichte aus seinen Empfindungen den Lesern vermuthlich zu machen. – Es wird ihnen um so leichter werden, dieses zu thun, als es sehr viele Menschen giebt, denen alles leicht, und das Bedürfniß dringend war. Ich lasse diese Fragmente ohngefähr so folgen, wie sie mir in der Zeit gefolgt zu seyn scheinen –.

––––––

Ich möchte oft lachen und weinen über meine sogenannte Ungeschicklichkeit im Leben, die doch nichts, als eine wunderbare Ueberzeugung bleibt, daß alle Geschicklichkeit lächerlich ist – ich bleibe immer stehen, komme nicht weiter, wenn ich irgend eine Geschicklichkeit erlange, denn ist Geschicklichkeit etwas anders? als: bey einer Sache länger verweilen zu dürfen, als es schicklich ist. –

––––––

Es zieht mich alles an, aber ich stehe immer im Zweifel, ob ich willkommen bin, nähere ich mich einer Sache, so möchte ich meine Verlegenheit nicht merken lassen, und mache alle Wissenschaften in mir irren, wenn ich dann sehe, daß sie sich in mir geirrt, so sage ich etwa, kann ich die Wissenschaft betrügen, so kann sie das Leben auch betrügen, und sie weiß wol nicht, was sie will. Ich achte ihren guten Willen, aber ihr Wissen kommt mir verdächtig vor.

––––––

Mir ist sehr wohl über alles, was ich nicht weiß, was ich weiß, finde ich unnütz, weil es wol kann besser gewußt werden, ich wollte, ich lebte nicht, mein Leben könnte auch besser gewußt werden.

––––––

Das ganze Leben ist eine Geheimnißkrämerei, eine Deli-
catesse aller Existenzen gegen einander, das mir es oft ängstlicher drinne ist, als bey tugendhaften Mädchen, die in jeder
Stunde heurathen können, wenn nur ein Priester die Gelegenheit vom Strauche bricht.

———————

Es ist wahrhaftig nicht der Mühe werth, sich Mühe zu geben, die Sache bleibt ewig dieselbe; bohre ich ein Loch mit
meinem Verstande in die Welt, so muß es sich des allgemeinen Gleichgewichts halber wieder zustopfen, und es ist
recht unhöflich, die Natur der Dinge so zu bemühen.

———————

Vor vielen Dingen soll man Ehrfurcht haben, man soll sie
ehren, und nirgend möchte ich so gerne laut sprechen oder
pfeifen, als in der Kirche, nicht um gehört zu werden, sondern um es zu hören, – ich möchte auch wol gerne in einem
lüderlichen Hause beten, und über eben diese Gelüste kann
ich sehr traurig werden. –

———————

Tugendhaft seyn, wie man es ist, heißt, was ein Brownianer schlecht recipiren nennt; – ich möchte oft toll werden
über alle die Dinge, die dazu nöthig sind, und die ich oft gar
nicht auftreiben kann.

———————

Am Ende sind alle Menschen nur Formeln, um ein Stück
Weltgeschichte herauszubringen, denn warum hielt ich einst
nichts auf Tugend, und fange jetzt wieder an, was drauf zu
halten?

———————

Ich habe immer eine große Anlage gehabt, Weibern, die
sich mit ihrer Tugend breit machten, etwas die Ehre abzu-

schneiden, und ihre Tugend zu schmählern, damit die andern sich nicht so ängstlich drücken müßten, die ihre Tugend selbst schmählerten, und das that ich vielleicht gar des Wortspiels wegen.

───────────

Gott weiß, daß meine Wahrheit mein Unglück war! Ich hörte immer schon dann auf zu lieben, wenn ich merkte, daß meine Geliebte den Engel und den Menschen getrennt hatte, und habe manchem Menschen seinen Engel genommen, und ihn allein stehen lassen: das ist bös, aber es war so: ich habe alle Chemie erschöpft, die Unschuld wieder mit dem Mädchen zu vermischen, aber es ging nicht, und die Unschuld erschien mir endlich nicht schuld an der Schuldlosigkeit.

───────────

Eine Zeitlang trieb ich das Leben rückwärts, und that alles nicht, was ich gethan hatte, ich glaubte, das sey Besserung, aber ich kam mir bald so komisch vor, wie ein Riese, der Alt singt, und ein alter Mann, der die Leute mit seinen Kinderjahren unterhält – da machte ich denn das gebesserte Stückchen schnell wieder schlecht, und alle Besserung kam mir vor, als schüttelte ich ewig das Kissen auf, auf dem ich mit meinem Liebchen ruhe, müsse es immer wieder niederdrücken, und käme nie zur Ruhe selbst, oder man rasire mich so langsam, daß mir der Bart immer unter dem Messer wachse.

───────────

Ich habe nun so mancherlei gethan, viele Freunde gehabt, viel Geld ausgegeben, viele Mädchen geliebt, viele Ewigkeiten verlohren, und das alles ist vorbey, es bleibt nichts als die Narbe, und die schmerzt, wenn sich das Wetter ändert. Was soll ich mit allen den süßen Erinnerungen, die vorbey sind, und was mit aller der Gegenwart, die vorbey geht, –

so raisonire ich jetzt; sonst war dieses keine Empfindung, es
war Handlung: ich ärgerte mich einmal darüber, das Jenny
eine so liebenswürdige Dirne war, weil ich glaubte, das Laster müsse häßlich seyn; ich gab mir alle Mühe, sie häßlich
zu machen, aber das Mädchen ward der Tugend zum Trotz
immer artiger. – Ich glaubte nun, wenn sie tugendhaft
würde, würde sie ein Engel seyn, weil ihre Schönheit größer
war, als ihr Laster: das Mädchen bot mir Hände und Füße
zur Tugend, und ich bekehrte sie so gründlich, daß sie sich
die Haare und Schleppen abschnitt, damit ihre Tugend
wachsen solle; aber sie ward bald so langweilig und so häßlich, daß ich rieth, die Bußthränen in Reuethränen über die
verlohrne Sünde zu verwandlen, und ich brachte sie mit
Mühe soweit zurück, daß ihre Haare wieder wuchsen, und
ihre Röcke wieder schleppten.

Ich habe auch wol sechshundert große Wohlthaten gethan, viele kleine abgerechnet, aber empfinde, daß Thaten
nur Thaten sind, und daß bey den Wohlthaten ich nur durch
Danksagungen langweilt ward, mich aber irgend ein dum-
mer Streich sehr amüsirte, weil die Leute so lustig drauf
schimpften.

Manchmal ist mir's, als befände ich mich allein schlecht,
weil ich andern Leuten zu sehr traue: sie machen einen
Lärm von der Schönheit der Natur, als wäre es eine Selten-
heit, und streichen gewisse Empfindungen so heraus, als
wären sie nicht blos rein gebürstete Stellen des Lebens, sie
haben eine Aufrichtigkeit in allem diesem, daß ihnen die
Knöpfe vom Rocke springen, als sey alles dieses etwas anders, als Nacktgehen – und stelle ich mich hin und rüste
mich und strecke die Arme wie ein Fechter hinaus, ich
warte und warte auf die entsetzliche Vortrefflichkeit der
Dinge, als sollte nun bald ein Felsenstück auf mich nieder

rollen, und am Ende ist es immer das Alte, was sich von sich
selbst versteht, ich werde unwillig, und vergnüge mich in irgend einem Winkel der Erde, so lange es geht –.

———————

Es wäre mir recht angenehm, Weib und Kind zu haben,
aber ein Weib vom Vater oder von sich selbst begehren,   5
langweilt mich, und das Stehlen ist verboten.

———————

Marie Wellner liebe ich, aber es ist mir leid für sie, ich
habe kein Recht auf sie, und sie alle auf mich: ich will warten, ob sie diese Rechte gebraucht, ich befinde mich wohl in
diesem stillen Leben, ich glaube, es könnte gut werden, ob   10
ich gut werden kann? Gott weiß, wer schlecht ist.

———————

(An dem Abend, als die Scene zwischen Wellner und Marien vorfiel, fand sich Godwi sehr ergriffen: er vergaß alles,
was vor diesem sein Leben umfaßte, und entschloß sich fest,
Marien zu besitzen, an ihr und dem guten Alten ein einfa-   15
ches ruhiges Leben zu erbauen, und ruhig zu werden –,
er schwor sich selbst nur von dem Besitze Mariens aus zu
leben, und alles anzuwenden, sie zu erhalten. Die Lage des
Vaters schien ihm dazu eine Hülfe zu bieten, weil er reich
war, und ihn durch ein Darlehn decken konnte; er hoffte auf   20
die Dankbarkeit der Tochter, und faßte die Hoffnung, Joseph werde nicht zurück kommen –, wie ihn dieser Plan
rührte, wie er jetzt schon wieder auflebte, und eine ganz
andre Ansicht seines Lebens bekam, ist leicht aus folgenden
Zeilen zu sehen, die er schrieb, und die mehr Selbstgefühl   25
als Selbstverachtung athmen.) –

Ich habe lange auf den gewartet, der mich dem ewigen
Zweifel an ein besseres Leben in mir entrisse, und endlich
ist sie erschienen, die mich zur Einzelnheit erheben kann.
Marie hat sorgenvoll mit mir gespielt, und wenn sie ihren   30
eignen Schmerz an meinen Mängeln wegschneidet, so kann

ich immer schöner werden, und einst ihr Glück, das sie verlor, ihr in mir, ihrem Werke, zeigen.

———————

(Dieses wenige war mir verständlich, alles andere zeigte
mehr oder weniger Bitterkeit und Selbstverachtung, mitun-
ter eine Art von Muthfassen, die einer gewohnten Frivolität
sehr ähnlich war, dabey doch guten Willen, aber selbst für
diesen guten Willen Verachtung.) –

Er schrieb nach diesem ein Billet an Wellner, bot ihm eine
ansehnliche Summe an, und ließ einige Zeilen einfließen,
wie er sehr wünsche, mit ihm in eine nähere Verbindung zu
kommen. Wellner nahm die Summe an, und wünschte auch,
daß ihn Marie lieben möge –.

Auch dies fand sich. Godwi war mehr um sie, er hatte ihren Vater gerettet, sie war ihm dankbar, es kamen Briefe, Joseph sey todt, sie war sehr traurig, und dem Vater war es die
letzte Erfahrung: er ward krank, und wünschte Marien
noch bey seinem Leben mit Godwi verbunden zu sehen, sie
reichte ihm die Hand, es war an derselben Stelle, wo er sie
einst Josephen versprochen hatte – bald darauf starb er. –

Godwi besaß nun die ganze Handlung, und führte sie unter Wellners Firma fort. Marie war nicht glücklich und nicht
unglücklich mit ihm, aber sie liebte ihn nicht – sie liebte
immer nur Josephen. –

Abends ging sie oft, mit ihrem kleinen Sohne auf dem
Arm, am Hafen allein spazieren, und sah noch dahinaus, wo
ihr lieber Joseph hingefahren war, und weinte.

Als sie auch einmal so da ging, kam ein Schiff gefahren,
vorn auf dem äußersten Rand stand ein Mann, der aussah
wie Joseph; er hatte ein Fernrohr in der Hand, und sah nach
ihr, und winkte mit einem Tuch, sie bebte, und trat ganz
hervor an das äußerste Ende des Ufers, so daß der Knabe
sie bang um den Hals faßte. –

Der Mann sprang in ein Boot, und kam näher, ach er sah
immer aus wie Joseph! Er rief laut, Marie, Marie!

Es war Josephs Stimme, es war Joseph selbst, und er sah, wie Marie die Arme nach ihm ausstreckte, wie ihr Kind und sie in die See stürzte –.

Joseph wurde gerettet, das Kind wurde gerettet, aber Marie war todt.

Godwi nahm den Knaben und floh, Joseph blieb krank zurück, er litt sehr an seinem Verstande. Als er genas, erzählte man ihm, daß Marie verheurathet gewesen. Dies brachte ihn zu einem fürchterlichen Ernste, er fand ein Testament Wellners, in dem er eröffnete, daß Godwi das ganze Vermögen gehöre, weil er darin seinen Banqueroutt bekannt machte –.

Er verließ die Gegend, und lebte herumziehend von dem Wenigen, was er in Amerika erworben hatte –.

Dieses ist die Geschichte von Godwis Eltern, und die Leser werden nun die Stellen im ersten Bande, wo Werdo Senne Seite 126 singt, manche Stellen aus Otiliens Brief an Joduno, und die meisten dunkeln Stellen in den Reden Werdos gegen Godwi verstehen, denn Werdo Senne ist niemand anders, als dieser Joseph. Er erkennt in Godwi den Sohn Mariens, und dies bewegt ihn so heftig.

Acht und zwanzigstes Kapitel.

Gott sey Dank, sagte ich zu Godwi, nun bin ich mit den Papieren fertig, und es ist nun die Reihe an Ihnen zu erzählen, was Sie wissen –

Ich spreche von dem Meisten nicht gern, erwiederte Godwi, was ich von meinem Vater weiß, und es ist das einzigemal, daß mir es Mühe kostet, Ihnen bey Ihrem Buche

---

*) ⟨In vorliegender Ausgabe S. 82.⟩

zu helfen, Sie werden mir daher verzeihen, wenn ich mich
sehr kurz fasse: überhaupt schreiben Sie ja meine und nicht
meines Vaters Geschichte; ich will Ihnen also nur einiges
aus dem Leben meines Vaters, ehe er nach Deutschland
kam, erzählen, und etwas von Josephs fernern Schicksalen,
damit ich nachher frei bin, und Ihnen die wenigen Schritte
noch aufschreiben kann, die ich von da, wo Sie mich im ersten Bande ließen, bis hier hin that, von dem steinernen
Bilde der Mutter, bis hierher an Violettens Grabmahl. Der
Weg scheint lang von dem Denkmahle einer Mutter, bis zu
dem eines Freudenmädchens, er ist es nicht, aber er umfaßt
dennoch mein Gemüth. Sie haben im ersten Bande das Lied
von der Marmorfrau, mit dem das Buch hätte anfangen
müssen, hätten Sie die Geschichte meines Lebens, das ist,
meiner Empfindungen schreiben wollen, und mit dem, was
Sie von Violetten sangen, mußten Sie aufhören. –

In diesem Marmorbilde lag all mein Schmerz gefangen,
ich lag, wie das Kind in den kalten Armen des Bildes: was
in dem Teiche sich bewegt, das ist dasselbe immer wieder,
nur im beweglichen Leben gesehen; aber was dort über den
grünen Büschen in die Höhe strebt, das ist meine Freiheit,
in Marien lag der Schmerz und die Liebe gefangen, in Violetten ward das Leben frei. –

Doch ich will die fatalen Geschichten, die nicht zwischen diesen zwei schönen Polen, diesem Aufgang und
Untergang liegen, schnell erzählen, damit Sie, lieber
Freund, mit meiner Geschichte fertig werden, und wir
mit einander eine bessere lebendige des eignen Lebens anfangen können.

Mein Vater war früh elternlos und sein eigner Herr, lei-
denschaftlich und voll Enthusiasmus. Aber reich und frei
gab er seinem Enthusiasmus keinen Zweck. Er ergriff alles
mit ihm, was ihm in die Hände kam, die ganze Welt brannte
ihm in einem reinen Feuer, so oft er sie auf einen neuen
Punkte berührte, aber nur seine Leidenschaft berührte sie.
Er liebte früh, und ward bewundert, nie geliebt; es konnte

sich kein Wesen an ihn hängen, denn er sprach im Arm der Liebe vom Universum, wo er es hätte seyn sollen.

Die armen Geschöpfe, die er fallen ließ, wenn sie sich an seine Brust gelegt hatten, und er des Mädchens vergessend, die Arme nach der Weiblichkeit ausstreckte, fielen unsanft, und mußten schmerzlich empfinden, daß er sie nur dann wieder erheben konnte, wenn er seine Arme eben zufällig nach dem Elend ausstreckte. –

So ward ihm nichts, was ihn erquickte, denn der wird sich nie an einem kühlen Bronnen im einsamen schattichten Thale menschlich erfreuen, der immer die Idee der alten Philosophen im Kopfe hat, daß das Wasser das Erste und Höchste sey, von dem Alles komme, zu dem Alles kehre. –

Er war daher sehr unglücklich, denn er sehnte sich nach Liebe und Freundschaft, aber nicht nach Menschen. –

Es blieben ihm wenig Freunde, aber er hatte immer eine Menge; er war nie ohne eine Geliebte, aber er hatte immer eine verlohren – die armen unbefangenen Weiber sehnten sich nach dem Höchsten, wenn er einige Wochen hohe Worte vor ihnen gesprochen und Alles, wovon sie lebten, klein gemacht hatte; sie sehnten sich nach dem Höchsten, aber er zerbrach ihnen alle tiefere Sprossen der Leiter: da gaben sie sich hin, um mit ihm das Höchste zu erringen, aber sie gaben ihm ihr Höchstes hin – er machte sich ein Gedicht aus der Sache, sprach von der Göttlichkeit der Liebe so göttlich, daß die Menschen zu Idealen der Kunst zu werden strebten, und die Bildsäulen sich begattet hätten, wenn sie es wie jene gehört hätten. –

Wer ihn nehmen konnte, wie ein Element, wie einen Sommer, dem konnte er wohl thun, denn man konnte ihn durch mancherlei Arten von Verehrung dazu bringen, dies oder jenes Wetter zu erschaffen; wer ihn aber nahm, wie ein angewandtes Feuer, oder einen Gärtner, und sich von ihm in der Landwirthschaft unterrichten ließ, der konnte mit Weib und Kind verhungern. –

Er wickelte sich bald mit sehr großmüthigen Gefühlen
von den Menschen los, und kam nach Oxford, um zu studieren: dort ergab er sich dem Skeptizismus, und sein Enthusiasmus, den er doch nun nicht mehr ablegen konnte,
ward zu einem entsetzlichen viel bösern Ding, zum schwär-
menden Spotte. –

Er zweifelte an Allem; doch schien dieses, durch seinen
Enthusiasmus gemildert, lauter Bescheidenheit, und alle
Menschen waren so lange von ihm entzückt, bis sie sich
selbst an ihm verloren, dann nahm er ihre von ihm begeisterten Körper in den Arm, hob sie zum Himmel, opferte sie
der ganzen Natur, schlachtete sie mit seinem Spotte, mit der
Thräne der Rührung, daß es ihm verliehen sey, sie in so
göttlichem Rausche ohne Schmerzen zu tödten, verbrannte
sie dann mit schönen Gebeten im reinen Feuer des Enthusiasmus, streute ihre Asche in alle vier Elemente, und ver-
spottete sich hintennach selbst.

Sein Enthusiasmus nahm nun immer mehr ab, und eben so
wuchs sein Spott. Vorher hatte er die Menschen zernichtet,
weil er sie Engel nannte, jetzt zernichtete er sie, weil sich die
schöne Täuschung gelöst hatte – er, der vorhin mit so großen
herrlichen Wesen öffentlich war gesehen worden – wie
konnte er nun mit den schlechten Menschen umgehen! –

Er war noch eitel, und genoß nun in der Verachtung, und
wenn er vernichtete, war er in seinem Berufe. –

Und bey allem dem so unglücklich! – Oft hatte er helle
Minuten, und das waren die traurigsten: was hatte er nur
verbrochen? daß die Welt so schlecht war, und er so vortrefflich – warum war er nicht wie die andern schlechten
Menschen, unter deren Hand Alles aufblühte, warum
mußte er zerstören? –

Wenn er solche Momente gehabt hatte, gab er das Gold
haufenweis an die Armen, oder setzte sich zu Pferd und ritt
im Lande herum – denn das war ihm gleich viel.

Man kannte ihn um ganz Oxford herum, denn er kehrte
oft bey den adlichen Familien auf solchen Fahrten ein, weil

er doch nicht lange mit der Natur allein seyn konnte, die
ihm die Wahrheit zu sehr sagte. –

Bey diesen Gesellschaften nahm er manchem guten Fräulein die Ruhe, denn er legte es drauf an, und war ein schöner
liebenswürdiger Mann. –   5

In Oxford ging er mit ausschweifenden Mädchen um,
und bekehrte, was andere verführt hatten, um sie auf eine
richtigere Art zu verführen.

Alle hielten ihn für einen sehr gefährlichen Mann, und
fielen doch gerne in seine Schlingen, denn es waren die, in   10
denen es Mode und gleichsam honett war, einmal gefallen
zu seyn – und es war auch bequem, denn er war diskret aus
Hochmuth.

Er machte auf einer seiner kleinen Reisen die Bekanntschaft eines sehr schönen, in der ganzen Gegend als ein   15
Wunder von Verstand bekannten Mädchens: auch sie war
lange auf ihn begierig gewesen, sie war stolz, siegreich, und
wußte nicht, wie sinnlich. Sie hatte es lange gewünscht, sich
mit ihm zu messen, aber so hatte sie ihn nicht vermuthet.

Sie saß am Tische neben ihm, und koquettirte mit Todes-   20
angst, er aber war kalt, ohne allen Witz, beißend verständig,
zerlegte ihre Reize und ihre Worte sehr ruhig vor der ganzen Gesellschaft, und sah dabey aus, wie ein Engel der Güte
– diese Gattung war seine Hauptstärke. –

Das arme Mädchen war in der schrecklichsten Noth, ihr   25
ganzer Ruhm stand auf dem Spiel. Sie war daher fest entschlossen, ihn zu besitzen – und fing an alle seine kalten Reflexionen, seinen edlen Spott mit einer scheinbaren Unschuld aufzunehmen, und ihr Verstehn vor der Gesellschaft
in sehr gefühlvollen Auslegungen zu entwickeln.   30

Es that seine Wirkung, die Gesellschaft, besonders die
Weiber, welche sich anfangs gefreuet hatten, daß sie endlich
doch da gescheitert sey, wo alle scheiterten, verstanden bald
das Gespräch der beiden nicht mehr, und sahen nur mit
Eifersucht die gelogene Zufriedenheit Molly's von Hode-   35
field. –

Godwi merkte das alles recht gut, und er war zu beschäftigt, seinen Ton fort zu halten, und zugleich auf einen letzten vernichtenden Schlag zu sinnen, als daß er hätte empfinden können, wie liebenswürdig Molly war. –

Aber ihr blieb heute der Sieg, denn sie stand schnell vom Tische auf, und sagte, daß sie zu einer Freundin müsse, die krank sey, zugleich wendete sie sich, mit einer ziemlichen Vertraulichkeit zu unserm Spötter, und sagte unbefangen:

Ich hoffe, lieber Freund, Sie heute Abend überzeugt zu haben, wie ich Sie sehr gut verstehen, und wie ich gar nicht begreifen kann, daß man Ihren Grundsätzen einen so bösen Ruf gegeben – wahrlich wenn Sie in Ihrer Güte fortfahren, mich so wenig zu besuchen, weil Sie glauben, es könne meinem Rufe schaden, so übertreiben Sie; ich kann nicht begreifen, warum Sie mich nicht öfter besuchen sollten, wir sind immer so ungestört, als das letzte mal, denn Sie wissen, ich bin allein, und ganz mein Herr – Sie wackrer Mann, wie kann man Sie gefährlich nennen? es ist umgekehrt, Ihnen ist alles gefährlich, doch ich verspäte mich, denken Sie an den Weg zu mir. –

Sie hatte Godwi nie gesehen, trat ihm dabey auf den Fuß, den er mit einem spottenden Nichtverstehn zurückzog; aber das störte sie nicht, sie legte ihm freundlich die Hand auf die Schulter, und verließ die Stube.

Ihm war ein solches Weib interessant, er hatte lange keinen so ehrenvollen Kampf gehabt – und er nahm es stillschweigend an. Ihre Sicherheit schien ihm nur Sicherheit, aber sie hatte ihn doch um ihre Verlegenheit betrogen. –

Als sie weg war, war es nun seine Sache, die Anwesenden zu quälen, er sprach deswegen mit Begeisterung von der Liebenswürdigkeit Molly's, und ließ nachher jede einzelne Liebenswürdigkeit für sich über die Klinge springen. –

Neun und zwanzigstes Kapitel.

Den folgenden Morgen ritt er schon nach Molly's Landhaus. Als er an ihrem Garten vorbey kam, und sie in einer offnen Laube mit einem andern Frauenzimmer sitzen sah, rief er ihr zu: ich komme nun öfter – und sprengte dem Thore hinein.

Molly war sehr überrascht, ihn zu sehen, und wußte nicht, ob sie sich freuen oder bedauern sollte; aber sie fühlte sich schon in den bezauberten Strom, den jede Liebe unter exzentrischen Umständen bildet, hingezogen.

Arme Molly! ist dieser die Ursache deines Schweigens seit gestern, sagte Kordelia*) zu ihr, und verließ sie.

Godwi kam nun den Garten herauf, und da er sah, wie Kordelia Molly verließ, so beugte er um eine Allee herum, um ihr zu begegnen. Dies that er, um Molly's Stolz zu mildern, indem er sie sehen ließ, daß er nahe bey ihr noch einen Umweg nehmen konnte, um irgend einem andern Weibe zu begegnen. Kordelia grüßte ihn nicht, als er an ihr vorüber ging – er stand einige Minuten still und sah ihr nach, bis sie ihm aus den Augen kam. Dieser Moment ist ihm ein Stillstand seines Lebens geworden, er wußte nie warum? aber er hat nie vergessen, wie er still stand, und sie an ihm vorüber ging.

Verirren Sie sich nicht, hörte er Molly rufen, und seine wunderbare Rührung bey Kordeliens Anblick ward schnell ein Mittel, diese zu demüthigen, er trat vor sie mit den Worten:

Ihre Freundin ist so schön, so stolz, daß man leider verloren ist, ohne den Genuß zu haben, sich zu verlieren. –

Molly fühlte die Spitze, und erwiederte ihm, daß sie ihn wieder suchen wolle, um ihm die Freude zu machen, sich zu verlieren. –

*) Siehe erster Band.

Es spann sich bald ein Gespräch zwischen ihnen an, wie es zwischen dem schönen stolzen Spötter, und der stolzen sinnlichen Enthusiastin sich weben konnte. Godwi erkannte ihre Schwäche, und ihre Stärke, er fand, daß er ihren Kopf entwaffnen müsse, um sie zu demüthigen, und wie leicht war ihm das – denn sie antwortete schon auf seine Schönheit, als sein Verstand noch allein mit ihr koquettirte. –

Seine Besuche wiederholten sich, er schien ihr anhänglich zu werden, denn er faßte schon oft ihre schöne Hand bey diesen Unterhaltungen, und zählte seine Ursachen an ihren Fingern her.

Ihr Umgang erhielt auch schon jenen geheimnißvollen verführenden Reiz, wo sich das Geschlecht in die entferntesten Ideen mischt, sie waren schon so vertraut, daß sie hier und da manches sagten, was sie nicht recht ausgesprochen hatten, ihr Wort fing an Fleisch zu werden. – Molly wehrte sich, und Godwi ergötzte sich dran, wie sie in dieser Glut stets so heilig, und er immer witziger ward. –

Sie liebte ihn nun wirklich: wenn er nicht zugegen war, weinte sie oft heiße Thränen, und hatte in ihrer Liebe den sehnlichen Wunsch, an ihrem Herzen diesen Mann der Welt wieder zu gebähren; aber sie wollte ihn eigentlich nehmen, wie er war.

Er war der einzige Mann bis jetzt gewesen, der ihr Puncte vorschreiben konnte, die sie denkend nicht zu überschreiten wagte, und wenn das sinnliche Mädchen an ihrer Toilette saß, und ihre Locken ringelte, so riß sie oft alle die schönen Schlingen wieder aus einander, faltete die Hände, drückte sie gegen ihren entblößten Busen, und sagte mit heißen Thränen in den großen Augen – ach sollte der kalte Spötter hier an diesen beiden Leben nicht wieder zum Enthusiasten erwarmen können?

Kordelia entfernte sich immer mehr von ihr –.

Ich will Ihnen, unterbrach sich hier Godwi, nicht weiter erzählen, wie mein Vater dies Weib verführte. –

Bald lag er an diesen beiden Leben, aber er war nicht wieder zum Enthusiasten erwarmt, er spielte mit ihnen, wie mit allen Leben, nahm alles, was die volle Blüthe ihm entgegen drängte, schwor ihr, er habe mehr genossen, als er vermuthet habe, und verließ ihr Bett; sie faßte ihn mit ihren zarten Armen und verstand ihn nicht.

Löse deine Boßheit im einzigen Ergeben, lieber Godwi, sagte sie, o zürne nicht, daß du ein Mensch bist, hat dich doch das Leben noch geliebt? ach du glaubtest nicht, daß noch solche Einheit bestehe –

Sie kniete vor ihm, umschlang ihn, ihre holde Blöße bewegte ihn nicht.

Fräulein, sagte er, Sie erniedrigen sich, schonen Sie Ihrer Gesundheit, Sie werden sich verkälten, und eilte aus der Stube. –

Sie lag noch lange auf den Knien, und konnte am Morgen nicht mehr weinen. –

Als Godwi durch den Garten ging, stand er in einem Gebüsche still, er sah Kordelien im Mondscheine stehen, ruhig wie eine Bildsäule: er war wunderbar erbittert, und kalt, als er sie sah, er konnte sie nicht erdulden – und konnte er etwas schlechteres thun, als zu ihr hingehn, und sagen: guten Abend, Miß, noch so spät mit der Natur beschäftigt? gehen Sie doch zu Ihrer Freundin, sie befindet sich nicht ganz wohl – sehen Sie, es war nicht gut anders möglich, ich konnte nicht anders –.

Kordelia hatte nie mit ihm gesprochen; aber Molly hatte ihm ihr wunderbar andächtiges Gemüth in ihren Umarmungen verrathen. –

Kordelia floh erschrocken vor ihm, und er ritt weiter. Wie es ihm war, weiß Gott – er konnte nicht begreifen, als er so vor sich hin ritt, warum er ein so schlechter Mensch sey, und warum er sich nicht mit Molly verbunden habe: da fing er an, schneller zu reiten, und wußte nicht, warum er sein Gewissen durch einen starken Trab überreiten konnte. –

———————

Molly fühlte sich so erniedrigt, als es ein Weib je werden kann, die sich nicht hinbietet: sie hatte Kordelien alles vertraut, und diese ließ die merkwürdigen Worte fallen:

Das kenne ich wol –.

Kordelia konnte ihre Freundin nicht trösten, denn sie wußte, daß nichts trösten kann, wo das Edelste zertrümmert ist – und zu jener Erhebung des Gemüthes, zu der sie selbst sich gerettet hatte, war Molly nie fähig, da sie zu feste durch die Sinne ans Leben gebunden ward –.

Molly verließ nun ihre Wohnung nicht mehr, und ihre Trauer bewegte sich in der einförmigsten Umgebung, hätte sie weniger Leben in sich gehabt, sie würde wol den Verstand verlohren haben – aber sie sehnte sich dennoch nach Liebe, obschon nicht nach der ewigen; sie bildete neue Reize in sich, die weniger witzelten, und herrschten, jenen stummen tiefen Reiz, dem man sich ergiebt, wie dem Schlummer an heißen Tagen, und dem man am kühlen Abend rüstig entgeht –.

Sie konnte diese Schwermuth nicht bewegen, und war selbst leidend, wenn sie reizte, – dabey ein Bewußtseyn bey allem diesen, das sie zur Frevlerin machte.

Ihre Liebe zu meinem Vater war nicht ohne Leben geblieben, sie gebahr einen Sohn, (Sie kennen ihn unter dem Namen Römer), und liebte ihr Kind –.

In der Nacht seiner Geburt verschwand Kordelia von dem Landhause, ohne daß irgend eine Nachricht von ihr zu finden war.

Nun war sie ganz allein, und sehr unglücklich: sie schrieb mehrere mal an meinen Vater, ohne Antwort zu erhalten, er möge sich ihrer erbarmen; aber von seinem Kinde meldete sie nichts; sie gehe auf bösen Wegen, schrieb sie, ihre Ehre sey verloren, und sie werde noch tiefer sinken ohne ihn, er möge sie wieder aufrichten; sie erhielt keine Antwort –.

Um der Verzweiflung zu entgehen, zog sie in die nahegelegne Stadt, machte vielen Aufwand, und war eine galante Frau, mit einem armen zerrissenen Herzen.

Man gewöhnt sich an Alles, sie gewöhnte sich an den
freien Umgang mit Männern, an ihren üblen Ruf und seine
Folge, ihren üblen Beruf, sie hörte ihr Leben auf und fing
eine Lebensart an.

Sie war also keine exemplarische Frau, aber dennoch eine   5
vortreffliche Mutter: ihr Sohn erhielt die schlichteste reinste
Erziehung, von ihr getrennt; jährlich sah sie ihn mehrmal,
und wer sie in den Minuten gesehen hätte, wo sie ihn in den
Armen hielt, er hätte ihre Lebensart eine Lügnerin geschol-
ten.   10

So lebte sie mehrere Jahre: ihr letzter Günstling war Carl
von Felsen, ein Deutscher; er brannte so heftig für sie, und
die schönen Trümmer ihres ehemaligen Gemüthes rührten
ihn so tief, daß er sie verließ, ohne ihr zu sagen, wie er meinen Vater aufsuche, um ihn zur Rechenschaft zu ziehen; – er   15
reiste ihm lange nach, denn er hatte keinen festen Aufenthalt mehr. –

Molly konnte das plötzliche Verschwinden ihres Geliebten nicht begreifen, und es schmerzte sie um so mehr, da sie
den Entschluß gefaßt hatte, sich mit ihm zu verbinden, und   20
in ihm ihr unruhiges Leben zu lösen. Einige Monate nach
seiner Entfernung besuchte sie ein Mann, den Felsen empfohlen hatte, wie seinen einzigen Freund, dieser war niemand, als Joseph, der aus Deutschland nun einige Monate
weg war –.   25

In dem Briefe, den er von Felsen mitbrachte, standen folgende Zeilen –

»Geben Sie diesem Menschen Ihr ganzes Vertrauen, ich
hoffe, daß er vieles in Ihrem Herzen wieder erbauet, was ich
nicht kenne, und doch vermisse, denn ich liebe Sie: aus sei-   30
nen Händen empfange ich Sie gern, er soll unser Mittler
werden.«

Joseph konnte ihr nicht sagen, wo Felsen war, er hatte
seinen Brief in London ohne Anzeige seines Aufenthalts erhalten –.   35

Wie Joseph auf sie wirkte, wissen wir aus ihrem Briefe im

ersten Bande dieses Romans, Seite 142 –.*) Sie ging als ein
neues Wesen aus seiner Hand hervor, und war entschlossen,
einstens in Deutschland zu leben, wo er seyn werde. –

Joseph reiste nun nach Amerika. Molly harrte und harrte
auf Felsen, aber es sollte ihr nicht werden, sich ihm als ein
ruhiges entschloßnes Weib zu geben.

Felsen hatte meinen Vater gefunden, hart mit ihm gerech-
tet, und es kam zum Zweikampf: mein Vater wäre so gerne
todt geschossen worden, aber er sollte seinen Gegner
tödten –.

Molly erhielt diese Nachricht, ohne zu erschrecken; sie
sagte nur, warum mußte dieser sterben, und ich darf leben?
– Denn sie hatte nur gehört, daß er getödtet worden sey: da
sie aber einen Brief von meinem Vater erhielt: »daß er ihren
Geliebten erschlagen habe, und nun sehr gestraft sey, für
das, was er an ihr begangen habe,« wollte sie verzweifeln –.

Mein Vater floh nun nach Deutschland: er hatte sich fest
entschlossen, Alles in sich zu verschließen, und ruhig ein
neues einfaches Leben zu beginnen.

Sie wissen, was er that, aus Mariens Geschichte, Sie müssen aber noch wissen, warum Joseph ausblieb. Er hatte einen Sturm erlitten, war lange verschlagen gewesen, und fing
dann wieder an zu schreiben. – Diese Briefe hat mein Vater
aufgefangen, und der Todtenschein war falsch. – Als Joseph
nach England kam, besuchte er Molly, er fand sie wieder auf
ihrem Landhause mit wenigen Freunden umgeben, und
hörte Carl von Felsens Tod, durch Godwi's Hand. Mit
Molly traf er die Verabredung, ihr aus Deutschland zu
schreiben, ob und wo sie hinkommen solle –.

Was er dort fand, wissen Sie. –

*) ⟨ In vorliegender Ausgabe S. 91.⟩

Dreißigstes Kapitel.

Joseph war eine Zeitlang umher geirrt, verband sich endlich mit der Tochter eines Amtmanns in einem kleinen Städtchen, arbeitete mit seinem Vater zugleich: da dieser, und bald darauf sein Weib gestorben war, zog er auf den Berg, wo wir ihn unter dem Namen Werdo Senne kennen gelernt haben.

Godwi wendete sich hier lächelnd mit folgenden Worten zu mir:

Sie sind wunderbar mit dem guten Joseph im ersten Bande umgesprungen, Sie haben einen so geheimnißreichen Grabstein aus ihm verfertigt, daß kein Mensch rathen sollte, wen er bedeckt, eben so mit Otilien.

Ich kann mich nicht entschuldigen, erwiederte ich, aber ich wollte, es reute mich nicht, und ich hätte meine Geschichte ausschreiben dürfen, ich wollte immer an einem Himmelfahrtstage einen sterben, und am Allerseelen-Tage seine Nachkommen beten lassen, und alle hätte ich am Allerheiligen-Tage noch einmal im Himmel schlecht grouppirt – doch Lieber – erzählen Sie fort, damit wir das Volk nach und nach vom Halse bekommen, ich versichere Sie, es schleppt sich noch wie ein Leichenwagen, und ich glaube, ich werde ruhig seyn, wenn die ganze Geschichte aus ist, fahren Sie fort. –

Molly zog nun nach Deutschland in die Nähe von Josephs Aufenthalt, ihr Sohn blieb noch in England in einer Handlung.

Auf ihrem Wege begegnete ihr folgendes, was wieder einen Knoten in ihrem ersten Bande löset.

In einem Gasthofe hörte sie neben ihrer Stube sehr heftig weinen und klagen, es war eine Italiänerin. Molly ging zu ihr und bat sie, sich ihr zu vertrauen. Die Italiänerin erzählte ihr nun unter vielen Ausrufungen, daß sie von einem jungen Manne gegen den Willen seiner Eltern aus dem Kloster sey entführt worden, daß sie nun hier angekommen und ohne allen Unterhalt seyen, sie sey hier in einem lutherischen Lande getraut worden, und fühle nun den ganzen Fluch ihre Kirche: ach! sagte sie, Madam, hätte ich nur mein Kind gebohren, ich wollte gerne sterben. –

Molly versprach Hülfe, sie hörte, daß ihr Mann ein Maler sey, und verschaffte ihm Arbeit in der Stadt. Sie selbst verließ die junge Frau nie – und schwor ihr, für ihr Kind wie eine Mutter zu sorgen.

Die Italiänerin brachte einen Sohn zur Welt, und starb. – Der Mann kam in die Stube, sah sein todtes Weib, verließ das Haus und war nicht mehr zu finden. – Das Kind erhielt den Namen Eusebio – und Molly nahm es als das ihre an. – Nachdem sie den kleinen Eusebio zwei Jahre erzogen hatte, und er immer sehr kränklich gewesen war, brachte sie ihn zu Joseph hinauf, damit ihm die freie Luft gedeihen möge. –

Auch aus diesem Knaben haben Sie ein recht abentheuerliches Geschöpf zu machen gesucht, mein Freund! sagte Godwi hier zu mir.

Ich verdiene das alles, erwiederte ich, aber fahren Sie fort, jedes Wort der Geschichte langweilt mich so, daß es mir wirklich mehr Strafe ist, sie anzuhören, als alle mögliche Vorwürfe. –

Sie werden einsehen, lieber Maria, fuhr Godwi fort, daß dieser Maler Francesko Fiormonti, und das junge Weib seine Cecilia ist, von denen Antonio Fiormonti an meinen Vater schrieb. Seinen Brief haben Sie allein unverfälscht gelassen.

Ich wende mich nun wieder etwas zu meinem Vater. Dieser hatte während dem, was ich Ihnen erzählte, sich hier in der nahgelegenen Stadt etablirt, und dieses Landhaus gekauft. Mariens Tod, Josephs Elend hatten einen mächtigen Riß in sein Leben gemacht, er ward sehr melancholisch und überließ sich der Reue in einem fürchterlichen Grade. Er floh mich, und ich verzweifelte in den Händen der Lehrer.

Einen Freund hatte ich, der einige Jahre älter war; er war als
elternlos meinem Vater aus England geschickt worden,
denn er hatte jemand gesucht, um mir einen Gesellschafter
zu geben –. Dieses ist Römer, Molly's Sohn. Sie wußte es
wol, sie wollte Godwi zwingen, Vater zu seyn, und hatte
durch Römer einen Faden angelegt, sich wieder mit meinem
Vater zusammen zu spinnen. –

Ich führte ein trauriges Leben, bis mir endlich mein Vater
erlaubte, zu reisen, er wünschte, ich möchte nach Italien
gehn –; aber Sie wissen, wie ich reise, die Freiheit war so
wunderbar, so süß, daß ich oft in einem Dorfe einen halben
Tag zubrachte.

Als ich nach B. kam, ward ich mit Molly bekannt, von
deren Zusammenhang mit mir ich nichts wußte.

Die Frau war noch sehr schön, und es hatte mich vorher
noch kein Weib in die Arme gefaßt. Sie öffnete mir einen
ganz neuen Sinn fürs Leben, ich habe von niemand mehr
gelernt, als von ihr.

Sie ward sonderbar durch mich erregt, ihre Schwärmerei
besiegte ihre Erfahrung, und sie beweist in ihrem Briefe an
Joseph, den Sie im ersten Bande Seite 142*) mit ihren undeutlichen Kunststücken verdorben haben, daß keine sogenannte Besserung möglich sey, wenn man das als Sünde an-
nimmt, was unmittelbar aus dem Zentrum unsers Daseyns
aufflammt. Sie war als ein sinnliches Weib erschaffen worden, und war so unschuldig geblieben, wie sie Gott erschaffen hatte, das heißt sinnlich, und hatte ihr die Natur nicht
einen Fingerzeig gegeben, sollte sie etwa begehrend, und
liebenswürdig geblieben seyn länger als die meisten, um das
Rettungsmittel der Moral anzuwenden, da sie nicht zu
Grunde gegangen war.

Es klingt paradox, sagte ich, aber es ist doch wahr, wer zur
Wollust geboren ist, und sie nicht übt, führt ein recht lasterhaftes Leben. Es ist nichts Unkeusches, als ein recht sinn-

*) ⟨In vorliegender Ausgabe S. 91.⟩

liches Mädchen, das keusch ist, und eine Violette, die sich bekehrt, verliert ihre Unschuld. Der Staat aber ist nur auf eine Gattung eingerichtet, und besteht aus sehr schlechten Menschen, weil ein Theil gut, und der andere schlecht werden muß, um tugendhaft zu seyn, wie es der Staat will –.

Doch siegte das schlechte gute Prinzip in ihr, und sie schickte mich weiter. Wie ich zu Joduno und dann zu Otilien kam, wissen Sie.

Es bleibt mir noch etwas zu lösen, es ist die Erscheinung der weißen Frau mit dem Kinde im Arm, die Sie im ersten Bande 289*) so unerklärt erscheinen lassen, es ist niemand anders gewesen, als die Engländerin, die ihren Pflegling Eusebio besucht hatte, ohne mir doch begegnen zu wollen. Sie trennte sich eben im Walde von ihm: als ich mit Otilien auf die kleine Wiese hervortrat, hielt sie ihn in den Armen, und was Sie, mein lieber Maria, zu den stillen Lichtern gemacht haben, ist nichts anders gewesen, als eine kleine Handlaterne, mit der sie Eusebio zu ihrem Wagen zurückbegleitete –.

Ein und dreißigstes Kapitel.

Der Mann, welcher sich bey meinem Vater aufhielt, fuhr Godwi fort, und von dem ich Ihnen schon gesagt habe, daß er Annonciatens Bild, wie auch das von Marien und Wallpurgis mahlte, war Franzesko Fiormonti, wie Sie wissen.

Er war in London in einem Irrenhause von seiner Verrücktheit geheilt worden. Wie er hingekommen sey, wußte er nicht, und da er wieder hergestellt war, wollte er nach

---

*) ⟨In vorliegender Ausgabe S. 177.⟩

Deutschland, um eine gewisse Dame aufzusuchen, die, wie
er sich erinnerte, an dem Todesbette seiner Frau gesessen
habe; – wie sie hieß, konnte er sich nicht entsinnen.

An meinen Vater war er empfohlen worden, und arbeitete bey ihm, während dieser sich umsonst bemühte, jene
Dame auszukundschaften.

Ein glücklicher Zufall führte ihn endlich: er wollte, Franzesko solle ihm Molly malen, nach einem kleinen Gemälde,
das er noch aus jener Zeit besaß. Franzesko erkannte Molly,
und da ihm mein Vater ihren Namen sagte, so war er gewiß,
daß sie seine Wohlthäterin gewesen war.

Er war nun nicht mehr zu halten, und reiste zu ihr hin.
Sie freute sich innig, dem kleinen Eusebio seinen Vater wiedergeben zu können – und freuen Sie sich, lieber Maria,
freuen Sie sich, unterbrach sich Godwi. –

Ich fragte ihn verwundert, warum?

O es giebt nun bald einen herrlichen Zug, eine Völkerwanderung, die uns Luft machen wird! Sie erzählten mir,
wie Sie auf dem hohen Berge am Rhein auf einem Baume
saßen, und den Zugvögeln glückliche Reise wünschten, solche Zugvögel werden gleich an uns vorüber ziehen.

Durch Franzesko kamen Molly und mein Vater wieder
zusammen. –

Sie können sich denken, wie ich überrascht ward auf meiner alten Burg, da mein Vater und Molly ankamen, ich
kannte alle diese Verbindungen nicht –.

Mein Vater reichte mir zuerst die Hand, da er herein trat.

Ich hätte dich nirgend lieber gefunden, als hier, sagte er,
wo ich alles wieder finde, – dann wendete er sich zu Joseph
mit folgenden Worten –

Joseph, ich bin zu alt, um vor Dir niederzuknien, und
Dich um Verzeihung zu bitten, reiche mir Deine Hand,
meine kann nichts böses mehr thun, und Deine kann noch
verzeihen, ich habe schwer gebüßt. –

Der alte Joseph stand ruhig auf, weinte, und umarmte ihn;
wenn die Folgen sterben, sprach er, ist keine Ursache mehr. –

Otilie stand ruhig neben mir, auch ich stand ruhig –.
Lieben sich unsre Kinder? sagte mein Vater zu Joseph. –
Ich umarmte Otilien gerührt, und beide sagten wir ruhig:
Nein. –
Franzesko saß mit seinem Kinde im Arm stumm in ei-
nem Winkel.
Es fehlt noch einer, sagte Molly zu meinem Vater, dein
Pflegesohn Römer, – wisse, er ist unser Kind! Du hast einen
guten Menschen aus ihm erzogen; darum verzeihe ich Dir
so gern, daß Du mich nicht mehr liebtest, als ich ihn gebar.

————

Nun geht es zu Ende, unterbrach sich Godwi freudig,
nun sind wir gleich auf dem hohen Baume am Rhein, und
aller Druck stürzet hinab, wir werden gleich der ganzen fatal verwickelten Geschichte los seyn, die Zugvögel regen
schon ihre Schwingen –.
Ich erhielt von meinem Vater den Auftrag, nach F. zu reisen, Römern vorzubereiten, und ihn dann zurück zu seinen
Eltern zu bringen. –
Ich traf ihn aber schon unterweges, und zwar mit Joduno, es
war in einem kleinen Wirthshause, nahe bey Eichenwehen.
Wir umarmten uns herzlich, Joduno kam mir freundlich
entgegen, und küßte mich; sie sah sehr blaß aus, und ich
fragte, ob sie krank gewesen sey.
Römer wird Ihnen alles erzählen, sagte sie; und ich hörte
nicht ohne Rührung von Römer, daß er in seinem letzten
Briefe an mich nur zu wahr geweißagt hatte, denn er sagte
mir:
Die Brünette ist gestorben, sie hat unsre Liebe gestiftet,
meine und Joduno's Liebe, das war die letzte und schönste
That ihres Lebens; was sie am Allerseelen-Tage, da Joduno
in F. ankam, gesagt hatte, als sie mit ihren Geschwistern
vom Grabe ihrer Mutter zurückkam, ist wahr geworden.
Es hat sie leise hinab gezogen, sie ist vorige Woche gestorben –.

Römer sagte mir noch, daß er Joduno nach Hause begleite, um ihrem Vater seine Liebe darzustellen, und dann
hänge es von der Güte meines Vaters ab, ihn zu unterstützen, damit er sich irgendwo ehrenvoll niederlassen
könne. –

Hier sagte ich ihm nun, daß sein Vater und seine Mutter
gefunden sey, und ihn auf der Burg erwarteten. Wir eilten
dahin. –

So wunderbar verbunden waren nie Menschen, wie diese,
aber ich fühlte, daß ich nicht zu ihnen gehörte.

Mein Vater ging selbst nach Eichenwehen, um bey dem
alten Edelmann die Tochter für Römer zu begehren, und sie
ward ihm gegeben –. Römer aber übergab er seine Handlung, die dieser nach B. hinzog, damit Joduno näher bey
ihrer Heimath sey –.

Mir ward dieses Gut, und ein beträchtliches Vermögen zu
Theil, und mit dem kleinen Eusebio an der Spitze, zog nun
der Zug nach Italien.

An der Spitze flog Eusebio, hinter ihm Franzesko und
Otilie, und hinter diesen mein Vater nebst dem alten
Joseph, in ihrer Mitte aber Molly von Hodefield, so pirami-
dalisch, wie die Störche fliegen – adieu –.

Glückliche Reise, sagte ich, kommt um Gotteswillen
nicht wieder –!

Nein, sagte Godwi, eine gute Partie ist davon gestorben. – Otilie lebt noch, sie hat sich Francesko vermählt.

Nun sind wir mit dem verzweifelten zweiten Bande fertig – ich kniete mich vor meinen Freund, und bat ihn herzlich um Verzeihung. Ich will es nicht wiederthun, sagte
ich. –

Eins noch habe ich vergessen, hob er zu meinem Schrek-
ken wieder an, ich muß noch einiges erzählen, was ich auf
meinem Gute fand.

Ich reiste zurück frei und frank, und so gesund an Leib
und Seele, wie ich es nimmer gehofft hatte. Da ich in dem
Walde ankam, fand ich das neu angelegte Jägerhaus, und in

ihm Kordelien: wie sie hier hin gekommen war, habe ich nie
erfahren, sie rechtfertigte sich durch ein Legat von meinem
Vater, das ihr hier freien Unterhalt bis zu ihrem Tode versicherte. –

Auf dem Gute selbst brachte ich noch einige Zeit zu, und
beschäftigte mich theils mit den Gemälden und Statuen, die
seit meiner Abwesenheit entstanden waren, theils mit meinem Gemüthe.

Nachdem ich dann mit den Wiedertäufern meine Rech-
nungen abgeschlossen, und das Gut völlig übernommen
hatte, entschloß ich mich, an den Rhein zur Weinlese zu
reisen.

Nun sind wir eigentlich fertig. –

Hier nahm mich Godwi am Arme, wir gingen aus der
Eremitage zurück, und fanden Habern schon beschäftigt,
seine Rolle in Flamettens Lustspiel auswendig zu lernen. –

Fragmentarische Fortsetzung

dieses Romans

während der letzten Krankheit des Verfassers,
theils von ihm selbst, theils von seinem
Freunde.

Georg, der Bediente Godwi's, ist vorgestern gestorben. Als man ihn begrub, wo seine früher verstorbene Braut ruht, war es mir sehr traurig, ich konnte nur wünschen, auch da zu schlafen. – Warum man dieses wünschen kann, weiß kein Mensch. Meine Freunde sind wie Engel an meinem Lager, und sprechen mir freundlich Trost zu.

Godwi hat mir heute Manches von seiner Reise an den Rhein erzählt, was ich nieder geschrieben habe, so gut es meine Krankheit erlaubt.

———————

Godwi reiste mit frohem Muthe nach dem Rhein, trank mit den fröhlichen Weinlesern, und küßte die schönen lustigen Mädchen, wenn er mit ihnen getanzt hatte. Es war ein herrliches Leben, eine einzelne Liebe war nicht möglich, der Mensch konnte sich nicht zum einzelnen Menschen neigen, es war Alles wie in einer goldnen Zeit, man liebte Alles und ward von Allem geliebt. – Die Berge waren nicht zu hoch, und die Thäler nicht zu tief, und der Rhein nicht zu breit, die Freude und Gesundheit ebnete und einigte Alles zu einem mannichfaltigen Tummelplatze glücklicher Menschen. In einer Abtei, die er besuchte, fand er recht lustige Mönche, die ihn gern unter sich behalten hätten, denn er trank mit ihnen herzlich, und sang ihnen muntre italiänische Arien zur Orgel.

Bald aber drängte sich ihm Alles zusammen. Er ritt auf einem Streifzuge durch das freudige Land Abends durch die Weinberge, rings schallten die Gesänge der zurückkehrenden Arbeiter, aus den Gärten brannten Feuerwerke in die Höhe, und jauchzende Stimmen tönten von allen Seiten. Alle Herzen waren erschlossen und hingegeben, aber er

entbehrte doch einen Standpunkt, von dem er das alles hätte
übersehen können. Er wünschte sich einen dunkeln vertraulichen Vorgrund zu dem freien hellen Gemälde, und eilte
aus einem Zirkel in den andern.

Wie konnte er ein solches Bedürfniß nur auch in andern
voraussetzen unter diesen unbefangnen Menschen, die das
Fest des fröhlichen Gottes versammelt hatte, sie lebten ja
nur im Herbste, und waren zu dieser Freude aus dem ganzen Lande zusammen gezogen, und was wollte er dann,
warum lachte und scherzte er, und ging dann finster weg,
konnte er nicht genug haben, wo alle Ueberfluß fanden?

Das sind ganz öffentliche Fragen; er aber sehnte sich nach
Heimlichkeiten, er wünschte alle die Freude aus Liebchens
Fenster zu sehen, und still vor sich hinzudenken: mein
Herbst klingt nicht, und singt nicht, aber ich gebe ihn nicht
um den eurigen.

Er hätte zwar sehr leicht ein Liebchen finden können,
aber er wollte kein sehr leichtes, und hätte er sich Mühe gegeben, er wäre auch zu gediegneren Verbindungen gelangt,
aber er fürchtete die Dauer.

Genießen wollte er, und wie gern war es ihm zu verzeihen,
der so lange in traurigen Familien-Geschichten verstrickt
war. Mit Bequemlichkeit wollte er genießen, das Leben oben
auf dem Berge hatte ihn mit Bedürfnissen bereichert.

Otilien und den Greis und Kordelien, und Gott weiß,
wie die verschrobenen edlen Seelen alle hießen, vergaß er
gleich bey dem zweiten Becher Wein, bey dem dritten
schwor er, nie ihre Gesundheit zu trinken, und dem vierten,
sich selbst zu bewegen, und nun einmal ohne alle Barmherzigkeit zu leben.

Da er so Abends am Rheine hinab ritt, gesellte sich noch
ein Reiter zu ihm. Es dämmerte schon, er konnte ihn nicht
erkennen; doch bemerkte er an dem Tone, mit dem er ihn
grüßte, daß es ein sehr junger Mensch seyn müsse.

Man fragte sich, wo der Weg hingehe, Godwi sagte recht
aufrichtig:

Mein Weg geht schnurstracks irgend wohin, wo ich Vergnügen zu finden denke. –

Vergnügen? was nennen Sie so, wollen Sie etwa auf dem nächsten Dorfe mit ein paar Bäßchen irgend eines Weinhändlers Lotto spielen, oder sich von einem konservirten Mainzer Officianten alle Weinjahre herzählen lassen? – oder –

Nein, ich bitte Sie, zum Eckel, das habe ich genug! Aber ich reite immer zu, und käme ich nach Holland, ich suche, was ich eben nicht aussprechen kann, ich weiß nicht, ob es links oder rechts liegt, ich suche ein Verhältniß. –

Ein Verhältniß?

Nun ja, ich möchte gern lieben, und geliebt werden, und ohne Noth und Angst, ohne Sorgen und Mühe, denn ich fürchte mich vor nichts mehr als der Zärtlichkeit, einen geschwornern Feind von der sentimentalen Welt können Sie sich nicht denken: ich habe heute Abend einige rührende Gedanken bemerkt, die mir aus dem Herzen heraufkletterten, wenn die meiner nicht gedenken, so weiß ich nicht, ich habe ihnen gleich eine solche Quantität Wein entgegen geschickt, daß ihnen Hören und Sehen verging, und sie Kopf über hinab stürzten. –

Sie scheinen noch recht begeistert von ihrem Siege, und verdienen einen Lorbeerkranz, – reiten Sie mit mir links, ich will Sie in eine Gesellschaft bringen, wo Sie sicher alles finden werden, was man von Weibern verlangen kann. –

Ich reite mit. –

Nun wendete der Begleiter sein Rößlein feldeinwärts, den Berg hinan, und sang mit einer hübschen Stimme dieses Volkslied. –

> Ein Ritter an dem Rheine ritt
> In dunkler Nacht dahin,
> Ein Ritterlein, das reitet mit
> Und fragt: wohin dein Sinn?

Mein Sinn, der steht nach Minnen,
Ich hab mich rum geschlagen,
Und konnt doch nichts gewinnen,
Und mußt das Leben wagen.

Ei hast du nicht die Ehr' davon?   5
Die Ehr ist hohes Gut –
Ich hätt' die liebe Zeit davon,
Die Ehr ist mir kein Gut. –

Mein Blut ist hingeflossen
Roth zu der Erde nieder,   10
So warm ich es vergossen,
Giebt mir's die Ehr' nicht wieder.

Da sprach das kleine Ritterlein:
Daß Gott sich dein erbarm!
Du mußt ein schlechter Ritter seyn,   15
Weil deine Ehr' so arm. –

Ich will nun mit dir rechten,
Weil du nicht ehrst die Ehre;
Mein Ehr' will ich verfechten,
Setz deine nur zur Wehre.   20

Des Ritters Unwill war sehr groß,
Drum er vom Rosse sprang,
Auch machet sich der kleine los
Und sich zur Erde schwang. –

Da fühlt sich der Geselle   25
Von hinten fest umwinden,
Es ist die Nacht nicht helle,
Sie streiten wie die Blinden.

Und sinken beide in den Klee –
Ei sprich! wer hat gesiegt!   30
Der Ritter ohne Ach und Weh –
Bey einer Jungfrau liegt.

> Ei hast du nicht die Ehr' davon?
> Die Ehr' ist hohes Gut –
> Ich hätt' die liebe Zeit davon,
> Die Ehr' ist mir kein Gut. –

Godwi erfreute sich an dem muntern Liede seines Gesellschafters, und folgte ihm recht guten Muthes, und mit dunklen Hoffnungen.

An dem halben Berge lag ein altes Schloß, das noch bewohnt war, obschon es nicht ganz so aussah, denn es waren keine Lichter in den Fenstern, die Thore standen weit auf, und im Hofe regte sich weder Hund noch Mensch.

Steiget ab, mein Freund, und laßt euer Pferd nur laufen, sagte der kleine Geselle, herunter springend.

Godwi war es manchmal zu Muthe, als wäre der kleine Mann ein Gespenst aus alter Zeit, denn er hatte einen Federhut auf, und war in einen Mantel gehüllt. –

Aber wird mein Pferd nicht fortlaufen, wenn es kein Diener anhält – die Thore stehen ja sperre weit offen – mein Freund.

Der kleine Reiter aber machte nicht viel Komplimente, faßte Godwi beym Arm, zog ihn die Treppe hinauf, und lachte, wenn er anstieß.

Oben sagte er: nun legt euren Mantel ab, nehmt den Hut in die Hand – wir sind an der Thüre, gleich werden wir in der Gesellschaft seyn. –

Godwi that, wie er ihm sagte, der kleine machte die Thüre auf, stieß ihn in die dunkle Stube, in der er in seinem Leben nicht gewesen war, und schloß die Thür ab.

Vor der Thüre sang er lautlachend, indem er wegging:

> Es ist die Nacht nicht helle –
> Sie streiten wie die Blinden –,
> Da fühlt sich der Geselle
> Von hinten fest umwinden.

Zwei und dreißigstes Kapitel.

Godwi stand nun in der Mitte der Stube, und wußte nicht, wie ihm geschehen, er sah gar kein Licht, die Fenster schienen verschlossen zu seyn. Um sich nur ein wenig zu orientiren, tappte er an den Wänden herum, und was er fühlte, waren abentheuerliche Schränke mit einer Menge Säulen, dazwischen Teller und Porcellain-Figuren.

Er verfolgte seine Entdeckungsreise rechts an der Wand herum, und stieß auf eine Gipsstatue: das war ihm nun schon interessanter, seine Hand gleitete leis auf und nieder, und er verweilte hie und da mit mehr Antheil, er konnte auch kein Stückchen Gewand entdecken, und fand, daß es eine Venus sey.

Es that ihm Leid, daß er sie nicht ganz zugleich auffassen konnte, um den reinen Kunsteindruck zu haben, aber sie war nur zu fühlen, und es ging ihm, wie gewissen Kunstforschern, die das Gefühl der Antike in den Fingern haben, und um sich die Vortrefflichkeit der Formen einzuprägen, vom Nacken mit der Hand niedergleiten, am Hintern aber etwas modern werden, und einige freundliche Schläge mit Schalkheit drauf fallen lassen. –

Er verspätete sich allerdings etwas bey der Venus, und hätte er nicht etwas leise rauschen hören, so würde er über ihr Alles vergessen haben, außer was er vermißte, daß sie lebendig sey. –

Unruhig tappte er weiter, und berührte einen seidnen Bettvorhang: da er den Stuhl, der vor dem Bette stand untersuchte, fand er weibliche Kleider, ein gestricktes kurzes Röckchen, und ein gestricktes Jäckchen, seidne Strümpfe: unter das Bett faßte er mechanisch, und faßte ein paar niedliche Schuhe.

Als er den Bettvorhang zurückzog, hörte er athmen, das setzte ihn in keine geringe Verlegenheit, und da er untersuchen wollte, wer es sey, knurrte ein Hund, und machte

große feurige Augen. Er wollte nun nach dem Fenster hin,
um die Laden aufzustoßen, sein Fuß berührte etwas tönen-
des, er faßte nieder, es war eine Guitarre, die am Stuhle
lehnte, er klimperte darauf, aber das Athmen neben ihm
ward nun doppelt, er schritt etwas vorwärts und fand,
daß irgend ein Ausgang seyn müsse, denn es herrschte ein
Luftzug.

Da er drauf los ging mit den Händen, wie mit Fühlhörnern durch die dicke Finsterniß, fuhr er heftig zusammen,
seine Finger berührten einen Menschen, er zog die Finger
zurück, und bald waren sie wieder vorwärts; er gleitete über
kühlen festen Armen aufwärts, zu einem sehr schmalen
Aermel, eilte über diese Brücke, und es zitterte unter seinen Fingern, lachte und floh, er wollte nach dem Luftzug,
da schlug eine Thüre zu, die ihm dicht an der Nase vorbey flog.

Er ging nun unwillig quer durch die Stube, rannte einen
Tisch mit Gläsern um, und trat bald in einen erhobenen Erker, öffnete die Fensterladen, und sah glühend in die kühle
Nacht hinein. Sein Herz pochte heftig, er war ungeduldig,
und immer fühlte er nur noch seine Fingerspitzen.

Da stand er nun in einem dunklen Vorgrund zu dem hellen Gemälde, aber war dies Liebchens Fenster?

Es rauschte der breite Rhein nur noch als Musik aus der
Ferne, aus den Dörfern und dem naheliegenden Städtchen
klangen die lustigen Walzermelodien, unordentlich doch
gleich taumelnd und kreisend zusammen. Der süße Mostge-
ruch drang unter seinem Fenster von dem Weinberge herauf, der nahe Wald säuselte, und in der herrlichen trunknen
Landschaft schossen jauchzend Schwärmer und Raketen in
die Höhe, und zerplatzten noch fröhlich im Tode – aber
Godwi konnte seinen bösen Muth nicht bezwingen. Es war
ihm wie einem alten Popanz aus den Kindermährchen, der
Menschen gewittert hatte.

Nun wendete er sich von dem Fenster, um zu versuchen,
ob er nicht eine Klingel in der Stube finden könnte, einigen

Lärm zu machen; auch erinnerte er sich der Gläser, die er
umgeworfen hatte, und endlich war er entschlossen, zu
Bette zu gehen, wenn sich nicht bald jemand sehen ließe: als
er aber die Stufe des Erkers herabsteigen wollte, faßten ihn
zarte Hände, und zogen ihn auf einen kleinen Sopha, der an   5
der einen Seite des Erkers angebracht war. –

———————

So weit hat mir heute Godwi erzählt.

Es ist mir traurig zu Muthe, ich muß die Begebenheiten
der überfließenden Gesundheit in Mensch und Natur beschreiben, und mir löst sich dieser Gegensatz immer mehr;   10
ich schreibe mechanisch nieder, um meine Begräbnißkosten
herauszubringen. –

Lieber Leser, wenn Du wüßtest, wie traurig das ist, singen, fröhliche Lieder singen, und kaum die Lippe, viel weniger das Herz rühren zu können.   15

Während ich beschreibe, wie Godwi den herrlichen
Rheinwein trank, muß ich große Arzneigläser leeren, und
reicht mir Freund Haber Gerstenschleim.

Wenn ich schreibe, wie er in der dunklen Stube an der Venus den Kunsteindruck nur einzeln hatte, habe ich den Ein-   20
druck der häßlichen Wirklichkeit an einer alten Wärterin
ganz; – wenn er am seidnen Bettvorhang rauscht, und die
freundlichen Kleidungsstücke mustert, sehe ich traurig über
die Blumen der kattunenen Bettdecke, – für seine Empfindung, wie ihn der Hund mit glühenden Augen knurrend   25
ansah, habe ich wohl noch einiges Mitgefühl in schweren
Träumen, wenn mich das Alp drückt; aber ich stoße erwachend nicht an eine tönende Guitarre, wider den Boden des
trägen Bettes stößt mein Fuß, meine Hände klimpern nicht
auf den Saiten, sie spielen auf der Bettdecke hin, und Haber   30
sieht die alte Wärterin bedächtlich an, weil dieses kein gutes
Zeichen seyn soll.

Wo Godwi den süßen Schrecken hatte, und seine Finger
über den zitternden warmen Busen hingleiteten, macht man

mir schwerfällige Umschläge auf die Brust – wenn ich aus dem Bett spränge, würde ich nicht volle Weinflaschen mit dem freundlichen Tischchen umwerfen, leere Arzneigläser auf dem traurigen Nachttische würde mein schwankender Tritt erschüttern.

O! öffnet mir die Vorhänge, öffnet mir die Fenster, daß ich die grünen Bäume sehe, die kühle Luft herein wehe, daß mein Auge sich an dem hohen Himmel ergötze. – Aber mir wird nicht besser, die Krankheit ziehet mich mit kalten Armen auf die Kissen nieder.

Die lustigen Musikanten.

Da sind wir Musikanten wieder,
Die nächtlich durch die Straßen ziehn,
Von unsren Pfeifen lust'ge Lieder,
Wie Blitze durch das Dunkel fliehn. –
    Es brauset und sauset
    Das Tambourin,
    Es prasseln und rasseln
    Die Schellen drinn;
    Die Becken hell flimmern
    Von tönenden Schimmern,
    Um Kling und um Klang,
    Um Sing und um Sang
    Schweifen die Pfeifen, und greifen
    Ans Herz,
    Mit Freud und mit Schmerz.

Die Fenster gerne sich erhellen,
Und brennend fällt uns mancher Preis,
Wenn wir uns still zusammen stellen
Zum frohen Werke in den Kreis.
    Es brauset und sauset
    Das Tambourin,

Es prasseln und rasseln
Die Schellen drinn;
Die Becken hell flimmern
Von tönenden Schimmern,
Um Kling und um Klang,
Um Sing und um Sang
Schweifen die Pfeifen, und greifen
Ans Herz,
Mit Freud und mit Schmerz.

An unsern herzlich frohen Weisen
Hat nimmer Alt und Jung genug,
Wir wissen alle hinzureißen
In unsrer Töne Zauberzug.
    Es brauset und sauset
    Das Tambourin,
    Es rasseln und prasseln
    Die Schellen drinn;
    Die Becken hell flimmern
    Von tönenden Schimmern,
    Um Kling und um Klang,
    Um Sing und um Sang
    Schweifen die Pfeifen, und greifen
    Ans Herz,
    Mit Freud und mit Schmerz.

Schlug zwölfmal schon des Thurmes Hammer,
So stehen wir vor Liebchens Haus,
Aus ihrem Bettchen in der Kammer
Schleicht sie, und lauscht zum Fenster raus.
    Es brauset und sauset
    Das Tambourin,
    Es rasseln und prasseln
    Die Schellen drinn;
    Die Becken hell flimmern,
    Von tönenden Schimmern,

Um Kling und um Klang,
Um Sing und um Sang
Schweifen die Pfeifen, und greifen
Ans Herz,
Mit Freud und mit Schmerz.

Wenn in des goldnen Bettes Kissen,
Sich küssen Bräutigam und Braut
Und glauben's ganz allein zu wissen,
Macht bald es unser Singen laut.
Es sauset und brauset
Das Tambourin,
Es prasseln und rasseln
Die Schellen drinn;
Die Becken hell flimmern
Von tönenden Schimmern,
Um Kling und um Klang,
Um Sing und um Sang
Schweifen die Pfeifen, und greifen
Ans Herz,
Mit Freud und mit Schmerz.

Bey stiller Liebe lautem Feste
Erquicken wir der Menschen Ohr,
Denn holde Mädchen, trunkne Gäste
Verehren unser klingend Chor.
Es brauset und sauset
Das Tambourin,
Es rasseln und prasseln
Die Schellen drinn;
Die Becken hell flimmern
Von tönenden Schimmern,
Um Kling und um Klang,
Um Sing und um Sang
Schweifen die Pfeifen, und greifen
Ans Herz,
Mit Freud' und mit Schmerz.

Doch sind wir gleich den Nachtigallen,
Sie singen nur bey Nacht ihr Lied,
Bey uns kann es nur lustig schallen,
Wenn uns kein menschlich Auge sieht.

    Es brauset und sauset
    Das Tambourin,
    Es rasseln und prasseln
    Die Schellen drinn;
    Die Becken hell flimmern
    Von tönenden Schimmern,
    Um Kling und um Klang,
    Um Sing und um Sang
    Schweifen die Pfeifen, und greifen
    Ans Herz,
    Mit Freud' und mit Schmerz.

Die Tochter.

Ich habe meinen Freund verloren,
Und meinen Vater schoß man todt,
Mein Sang ergötzet eure Ohren,
Und schweigend wein' ich auf mein Brod.

    Es brauset und sauset
    Das Tambourin,
    Es rasseln und prasseln
    Die Schellen drinn;
    Die Becken hell flimmern
    Von tönenden Schimmern,
    Um Sing und um Sang,
    Um Kling und um Klang
    Schweifen die Pfeifen, und greifen
    Ans Herz,
    Mit Freud und mit Schmerz.

Die Mutter.

Ist's Nacht? ist's Tag? ich kann's nicht sagen,
Am Stabe führet mich mein Kind,
Die hellen Becken muß ich schlagen
Und ward von vielem Weinen blind.
  Es sauset und brauset
  Das Tambourin,
  Es rasseln und prasseln
  Die Schellen drinn;
  Die Becken hell flimmern
  Von tönenden Schimmern,
  Um Sing und um Sang,
  Um Kling und um Klang
  Schweifen die Pfeifen, und greifen
  Ans Herz,
  Mit Freud und mit Schmerz.

Die beiden Brüder.

Ich muß die lustgen Triller greifen,
Und Fieber bebt durch Mark und Bein,
Euch muß ich frohe Weisen pfeifen,
Und möchte gern begraben seyn.
  Es sauset und brauset
  Das Tambourin,
  Es rasseln und prasseln
  Die Schellen drinn;
  Die Becken hell flimmern
  Von tönenden Schimmern,
  Um Kling und um Klang,
  Um Sing und um Sang
  Schweifen die Pfeifen, und greifen
  Ans Herz,
  Mit Freud und mit Schmerz.

Der Knabe.

Ich habe früh das Bein gebrochen,
Die Schwester trägt mich auf dem Arm,
Aufs Tambourin muß rasch ich pochen –
Sind wir nicht froh? daß Gott erbarm!   5
  Es brauset und sauset
  Das Tambourin,
  Es rasseln und prasseln
  Die Schellen drinn;
  Die Becken hell flimmern   10
  Von tönenden Schimmern,
  Um Kling und um Klang,
  Um Sing und um Sang
  Schweifen die Pfeifen, und greifen
  Ans Herz,   15
  Mit Freud und mit Schmerz.

Drei und dreißigstes Kapitel.

Mit sanften Händen zog es ihn nieder, und er setzte sich
gerne.

 Ich weiß es nicht anders zu machen, lieber Freund, sagte   20
das Mädchen, es war mir angst und bange vor Ihnen. Da Sie
so wild ans Fenster stürzten, glaubte ich, Sie wollten hinaus
springen.

 Aber um Gottes willen, ich weiß ja gar nicht, wo ich bin,
wie von einem Gewitter in ein fremdes Haus, in eine   25
dunkle Stube getragen, und ich glaubte, in eine große Gesellschaft zu kommen. –

 Haben Sie eine solche Freude an großer Gesellschaft?

Nein! aber ich mache gern alle Bekanntschaften bey vielen Lichtern, im Lichte will ich leben, und in der Nacht sterben. –

Mit diesen Worten nahm er das Mädchen freundlich bey der Hand, und zog sie ans offne Fenster.

Kommen Sie ans Sternenlicht, meine Liebe. –

Das Mädchen sah schüchtern an die Erde, er faßte sie unter das Kinn, und hob ihr das Köpfchen in die Höhe: da sah sie ihn freundlich mit ihren großen dunklen Augen an, und es rollte eine Thräne auf seine Hand – die Thräne fiel Godwi aufs Herz. – Es war ihm, als habe er das Mädchen schon gesehen.

Sie weinen, sagte er freundlich zu ihr.

Ach mein Herr! es thut mir so manches leid, so leid, das Herz möchte mir brechen. – Da wendete sie sich schnell von ihm, und setzte sich auf das Sopha und weinte laut. –

Godwi stand am Fenster, er war so verlegen, so gerührt, er machte sich Vorwürfe, und wußte nicht warum, hatte er die Unschuld verführen wollen? Er hatte ja an keine Unschuld der ganzen Welt nur gedacht – warum weinte das Mädchen nur, warum war sie da, warum hatte sie ihn zu sich gezogen?

Er näherte sich ihr, und sprach mit sanfter gelassener Stimme:

Meine Liebe, weinen Sie nicht! ich weiß ja nicht, warum und wie ich herkomme. – Auch will ich Ihnen gar nichts thun, – sagen Sie mir, wo bin ich, wer sind Sie, wer hat mich hierher gebracht?

Da richtete sie sich in die Höhe und sagte: –

Ach mein Herr, ich bin Violette, die Tochter der Gräfin von G., und das ist unser Gut. Sie haben mir auch nichts gethan, und das ist es nicht; aber ich muß doch weinen. –

Was fehlt Ihnen nur, und wer hat mich nur hierher gebracht?

Meine Mutter hat Sie hergebracht. –

Ihre Mutter? es war ja ein Reiter. –

Meine Mutter reitet immer wie ein Mann gekleidet.

Aber waren Sie denn in der Stube, als ich hereintrat? –

Nein, meine Mutter schickte mich erst herein! Sie sagte, ich sollte Sie unterhalten, bis sie käme: dort neben dem Bette war die Thür offen, da kam ich herein, Sie rührten mich an, ich war fast des Todes vor Schrecken, und ich durfte doch nicht fortlaufen, da schlug ich die Thür zu und lief hierher. –

Aber ich hörte Sie ja nicht laufen.

Ach, das ist es eben, ich bin mit bloßen Füßen. –

Das Mädchen drängte sich in den Winkel und sagte:

Ach wie schäme ich mich. –

Godwi wußte nun gar nicht, was er mit ihr anfangen sollte. –

Sind Sie denn nicht gerne hierher gegangen? –

Gewiß nicht, gewiß nicht, heute nun gewiß nicht – die Mutter jagte mich aus dem Bette, ich war schon eingeschlafen, sie sagte: junge Mädchen müßten immer lustig seyn, und ich sollte mich nicht so kindisch betragen, wenn sie mich nicht wie ein Kind behandle – sie sey so freundlich gegen mich und wolle mir eine Freude machen, nun solle ich auch nicht eigensinnig seyn: – ach liebe Mutter, sagte ich, es macht mir sicher keine Freude; – zier dich nicht, Violette, sagte sie dann, – thue mir den Gefallen, und gehe hin, und sprich mit dem Manne, sag ihm, ich käme bald: es ist der artige Mann, der jüngst so freundlich mit dir tanzte, da zog sie mir die Decke weg, und lachte mich aus, ich mußte herüber, ich konnte mich nicht einmal ankleiden. –

Ihre Mutter ist ein seltsames Weib, glaubt sie denn wirklich, daß Ihnen so etwas Spaß mache. –

Wol muß sie es glauben, und ein andermal würde es mich auch so nicht betrüben – aber heute –

Waren Sie denn heute so müde?

Das nicht, aber ich bin lange nicht so zufrieden zu Bette gegangen, ich hatte den ganzen Tag überdacht, ja zwei Tage, und es fiel mir gar keine Sünde ein; ich habe am Sonntage erst gebeichtet, und ich verglich mein ganzes Thun mit dem, was mir der Pater gesagt hatte, und es war auch kein Fleckchen zu finden, ich betete noch, wie ich es nur machen sollte, der Mutter immer gehorsam zu seyn – da kam sie, da mußte ich herüber, und nun ist alle meine Freude hin. –

Meine Liebe, halten Sie es denn für Sünde, bey mir zu seyn? –

Ich weiß nicht, aber gut ist es nicht. Die Mutter hat mir es schon einmal so gemacht, da küßte mich der Mann, und war so heftig – mein Herr, ich kann es nicht vergessen, – ich konnte es lange nicht vergessen, und seit jener Zeit bin ich nicht mehr ruhig, ich kann an Nichts allein denken, es sind immer andre ängstliche Gedanken dabey, die ich nicht verstehe – als ich es beichtete, schmählte mich der Pater sehr, und sagte: ich sollte mir solche Gedanken aus dem Sinne schlagen, – sie führten zum Verderben – das wären böse weltliche Gedanken.

Und ist Ihnen das gelungen?

In der Beichte hatte ich gar nicht daran gedacht, daß ich nicht wisse, was das sey: aus dem Sinn schlagen, aber ich war des Paters Worten recht getreu, und gab mir alle Mühe, – doch ich konnte so gar nicht recht Reu und Leid erwecken vor den Gedanken, und je mehr ich mich quälte, je größer und wunderlicher wurden die Bilder in mir, – ich wußte mich nicht zu lassen, und gab mir alle Mühe – meine Mutter bemerkte es, – denn ich schnitt manchmal ordentlich Gesichter, – da ich ihr sagte, was es sey, lachte sie mich aus und sprach: ich sollte froh seyn, daß ich einmal zu denken anfange, der Pater meine das nicht so, wenn er sage: Schlage dir es aus dem Sinn, so heiße das, lasse dir nicht bang drum seyn. –

Godwi war fest entschlossen, so bald er mit der Mutter zusammen komme, sie recht ernstlich darüber zu Rede zu stellen, und sie dazu zu bewegen, das Mädchen lieber von sich zu entfernen. Er wendete sich wieder zu ihr und sprach:

Liebe Violette, Ihr Unglück thut mir sehr weh, wenn ich Sie irgend erschreckt habe, so sollen Sie mir es verzeihen;

ich will auch mit Ihrer Mutter sprechen, und mich bemühen, daß sie Sie mit allen solchen Anmuthungen verschont
– reichen Sie mir die Hand darauf, nicht wahr wir sind gute
Freunde? –

Violette gab ihm zitternd die Hand, und näherte sich ihm   5
vertraulich. –

Ich gebe Ihnen gern die Hand, und sind Sie so, wie sie
scheinen? Wir froh wäre ich, wenn Sie mein Freund seyn
wollten, ich bin recht verlassen hier. –

Hier ward sie wieder stumm, und lehnte die Stirne an   10
seine Schulter. – Godwi umfaßte sie leis, und sagte:

Gutes Mädchen, wie alt sind Sie? –

Ich bin funfzehn Jahre alt, wie alt sind Sie denn?

Diese Frage störte ihn etwas, und er antwortete lieber
nicht darauf.   15

Ihr Vater lebt wol nicht mehr, und Sie haben keine Geschwister?

Mein Vater ist schon einige Jahre todt, ich habe aber noch
eine kleine Schwester, sie ist nun fünf Jahre alt. Ich erinnere
mich meines Vaters noch wohl, er war ein kleiner Mann,   20
und nie recht freundlich; – zweimal erinnere ich mich recht
deutlich, wie er aussah, ich meine, ich sähe ihn noch. – Er
saß hier, wo wir sitzen, und zankte mit einem Pächter. Der
Pächter stand in der Mitte der Stube, und sagte immer: ich
kann nichts davor, gnädiger Herr, – die gnädige Frau hat   25
mir gesagt, sie würde mich von Haus und Hof peitschen
lassen, wenn ich dem Jungen noch einmal einen Schlag gäbe,
was soll ich nun machen? – Er soll den Burschen unter die
Soldaten schicken, oder ich schicke ihn hin – da kam meine
Mutter herein, und mein Vater schwieg still, schickte den   30
Pächter weg, und sagte: es ist gut. –

Meine Mutter aber sagte: Was haben Sie wieder mit dem
Manne gehabt, wollen Sie denn mit aller Gewalt einen Ge-
richtshof aus meiner Schlafstube machen? ich muß genug
wesentliche Schwächen hier von Ihnen ertragen, sparen Sie   35
Ihre unwesentlichen. –

Ich sorge für meine Ruhe und die Ihrige, Madam, sagte mein Vater. –

Meine Mutter aber lachte, Sie müssen sehr ruhig seyn, sagte sie, daß Ihnen der Sohn dieses Bauren so viel Unruhe macht; aber er soll nun bald immer um Sie seyn, damit Sie sich an den armen Jungen gewöhnen, ich habe ihn heute als Jokei angenommen: – da ging sie auf meinen Vater zu, und küßte ihn mit den Worten: – Sey nicht so kümmerlich alter Mann, da du ein junges Weib hast, mußt du auch hübsch freundlich seyn: – dann ging sie weg, – o ich weiß es noch recht gut, und kann es nicht vergessen! Ich saß hier auf der Stube des Erkers, und spielte mit dem Joli, der dort auf dem Bette liegt, er war damals noch ganz klein, – aber ich glaube, ich hätte es nicht so behalten, wenn nicht geschehen wäre, was gleich darauf folgte. –

Mein Vater saß so traurig da, und das that mir leid: ich näherte mich ihm, und sagte: sieh' Vater, der kleine Hund tanzt; da stieß er mich mit dem Fuße, daß der Hund schrie, und ging zur Thüre hinaus. –

Das andere mal, daß ich mir ihn ganz vorstellen kann, ist das letzte mal, er saß auch hier und hatte mich auf dem Schooße; er war still, und ich las in einem Buche; meine Mutter saß dort auf dem Stuhle am Bette, und zog lederne Beinkleider an – sie wollte spazieren reiten, – er sah dann und wann traurig nach ihr hin, und da sie es bemerkte, hielt sie ein, und sagte fragend, – eh bien? –

Ich freue mich über Ihre schönen Beine, Madam. – Das ist sehr freundlich und gut gemeint, sagte sie. –

Alle Bauern und Bürger freuen sich auch drüber, fuhr mein Vater fort, – das ist ein Beweis von Sinn, erwiederte die Mutter – und der Säkler von Mainz, versetzte der Vater, hat auch Sinn, denn er erzählt allen Domherren von Ihren Beinen, und das ganze Rheingau hat Sinn, denn jeder sechzehnjährige Bursche, der Sie reiten sieht, sagt: ich will ein Säkler, ein Hosenschneider werden, wenn die Gräfin sich neue Beinkleider machen läßt. –

Ja, sagte sie, das ganze Rheingau hat Sinn; aber Sie sind
ein Sonderling, und streben nach dem Gegentheil, da knallte
sie mit der Peitsche, stellte sich vor den Spiegel, kam zu
meinem Vater, und sagte, indem sie ihm die Wange hinbot,
embrassez votre petit Cavalier – adieu, und war zur Thüre   5
hinaus. –

Mein Vater schwieg still, ich knöpfte ihm die Weste auf
und zu, – Vater, sagte ich, warum hast du denn eine so weite
Weste an? – Mein Kind, sagte er, das kommt von Kummer
und Sorgen, die Eltern haben immer viel zu sorgen – und   10
davon wird man mager, und die Kleider werden zu weit; –
ich sagte – wenn ich nähen kann, will ich dir eine Falte hinein legen, – da ritt meine Mutter lustig zum Thore hinaus
und der Jokei mit ihr. – Sieh, was deine Mutter lustig reitet,
sagte mein Vater, – da setzte meine Mutter mit dem Pferde   15
über den Schlagbaum, und Friedrich hinter drein, und fort
waren sie um die Bäume herum, – die wird so lange über
die Schranken setzen, sagte mein Vater, – bis sie den Hals
zerbricht, – und ging weg. –

Das sind lauter traurige Sachen, meine Liebe – sagte   20
Godwi – aber erzählen Sie fort.

Mein Vater starb bald darauf, – und die Mutter war nicht
sehr traurig. – Friedrich lebte auch nicht mehr lang, er war
immer nach meines Vaters Tode um die Mutter herum gewesen. – Da er krank war, kam die Mutter nicht von seinem   25
Bette, und da er todt war, mußte ich einen Kranz von Rosen
flechten, den setzte sie ihm auf; – er ist in unserm Garten
begraben, und über dem Grabe ist ein Gartenhäuschen erbaut, in dem die Mutter oft von fremden Herrn besucht
wird. – Das Leben geht nun immer so fort, ich habe wenig   30
Freude, auch lerne ich nicht viel: für mich allein, wenn ich
sehr traurig bin, schreibe ich manchmal meine Gedanken
auf und zerreiß es dann wieder. Meine kleine Schwester
heißt Flametta. Man sagt, sie sey Friedrichs Kind, und
meine Mutter liebt sie sehr. – Ich bin immer allein, und   35
denke über meine Mutter und mich. –

Was denken Sie denn von Ihrer Mutter und von sich?

Von meiner Mutter? warum niemand mit ihr umgeht, warum die Leute sagen, sie habe keinen guten Ruf, warum ich gar keine Mädchen sehe, – und von mir, ach! da denke ich immer in die Zukunft, und muß manchmal ausrufen, es wird kein gut Ende nehmen! Und dann weine ich. – Sagen Sie mir, was ist das nur? –

Hier nahm sie Godwi bey der Hand, trat mit ihr ans Fenster: er hatte sie umschlungen, und ihre Wange lehnte an der seinigen, es war ihm sehr wohl, und sehr bang. –

Der Mond stand über der ruhigen Gegend, und wußte nichts von des Kindes Schmerz, und seiner Rührung, – da sang Violette mit ihrer freundlichen Stimme folgende Verse eines katholischen Liedes.

>   Was heut noch grün und frisch da steht,
>   Wird morgen schon hinweg gemäht,
>   Die edlen Narcissen,
>   Die Zierden der Wiesen,
>   Die schön Hiazinthen,
>   Die türkischen Binden.
>   Hüte dich schöns Blümelein!

———

>   Viel hundert tausend ungezählt,
>   Was nur unter die Sichel fällt,
>   Ihr Rosen, ihr Lilien!
>   Euch wird man austilgen,
>   Auch die Kaiser-Kronen
>   Wird man nicht verschonen,
>   Hüte dich schöns Blümelein! –

———

Das himmelfarbne Ehrenpreis,
Die Tulipane gelb und weiß,
Die silbernen Glocken,
Die goldnen Flocken,
Sinkt alles zur Erden,
Was wird daraus werden?
Hüte dich schöns Blümelein!

———

Ihr hübsch Lavendel, Roßmarin,
Ihr vielfarbige Röselin,
Ihr stolze Schwerdlilgen,
Ihr krause Basilgen
Ihr zarte Violen,
Euch wird man bald holen. –
Hüte dich schöns Blümelein! –

———

Godwi hatte dem kindischen Todtenliede schweigend zugehört – – das ist ein trauriges Lied, Violette, sagte er. –
Traurig? es ist ja ein Erndte-Lied – ich kann auch ein Lied
vom Säemann, das fängt an –

Es ist ein Sämann, der heißt Liebe –.

Godwi küßte das Mädchen, sie erwiederte es freundlich,
aber es war kein Kuß, der sich getreu blieb, er verweilte so
lange, daß die Gemüther sich wechselten, da klingelte es –.
Ich muß nun fort, Lieber, sagte Violette, die Mutter klin-
gelt, ich gehe jetzt schlafen, – ich werde von Ihnen träumen.
Godwi führte sie an die Thür, und sie umarmten sich
innig. –
Aber die Thür ging auf und die Mutter trat herein. –

———

Die Thür ging auf, der Arzt trat herein. Ich soll mich ruhiger halten, nicht so viel schreiben, sonst sey seine Mühe
umsonst, – grade das Gegentheil, wenn ich gar nicht

schreibe, wird seine Mühe umsonst seyn, denn ich werde
ihn nicht bezahlen können. –

Es kränkt mich sehr, daß wegen meiner Krankheit Flametten ihre Komödie verdorben ist, sie ist schon zweimal
bey mir gewesen – um zu sehen, ob ich bald gesund sey –
und um mich zu erlustigen, sagte sie mir Stücke aus ihrer
Rolle her. – Das Spiel heißt Vertumnus und Pomona, und
die Erfindung ist recht artig, – Flametta gefällt sich sehr als
spröde Pomona. – Um ihren Garten, der mit hohen Zäunen
umgeben ist, liegen zweihundert Zwerge, zwölf Riesen,
fünf und dreißig Satyren, zwei Dutzend Faunen, dann noch
Pan und Priap und Hanswurst. Alle diese zusammen halten
ein großes Geschrei, machen ihr die Kur, und werben um
sie, oder prügeln sich unter einander, Hanswurst ist des Vertumnus Nebenbuhler, beide können sich verwandeln, und
können allein in den Garten kommen.

Das Theater, sagte Flametta, wird mein Garten seyn,
der ringsum mit hohen Hecken umgeben ist, und ich habe
immer alle Hände voll zu thun, die Freier abzuwehren;
bald stehe ich mit einem Aepfelhaken da, und schneide
den Riesen die Nase ab, wenn sie herüber gucken, und
wenn die Zwerge unten durch kriechen, treten sie in
Fuchsfallen, da nehme ich sie dann, stecke sie in die Erde,
inoculire ihnen Aepfel und Birnen, und sie wachsen wie
Zwergobst. –

Sehn Sie, sagte Flametta, so lautet meine erste Scene. –

Und was ich treibe, was ich thue,
Ich komm’ doch nimmermehr zur Ruhe,
Meine Schönheit ist so weit bekannt,
Daß die ganze Welt in mich entbrannt.
Aus dem Thale und über die Berge,
Kommen Riesen, Satyren und Zwerge,
Viele hundert Waldteufel und Faunen –
Es ist ordentlich zu erstaunen,
Wo sich die Leute her beschreiben,

Zu Haus können sie sich doch nicht gleich auftreiben.
Ich kann kaum den Himmel mehr sehn,
So muß ich täglich den Zaun erhöhn –
Daß mich die plumpen Riesen
Nicht gar zu Tode niesen,   5
Wenn sie mit ihren großen Perucken
Ueber den Zaun herüber gucken. –
An der Thüre ist ein ewiges Klopfen,
Und ich kann nicht genug Löcher zustopfen,
Daß nicht die Zwerge herein schlüpfen,   10
Die draus wie Frösche herum hüpfen. –
Von den vielen Seufzern wird die Luft verderben,
Und meine Bäume wollen schon absterben;
Ich mag noch so viel faule Aepfel hinaus schleudern,
Das hilft nichts bey den mancherlei Bärnhäutern.   15

Das hatte sie recht lustig declamirt, und ihr lautes Sprechen
hatte einige von den Mennoniten ans Fenster gelockt.

Sie sehen, sagte sie, da sind die bärtigen Waldmänner wieder, da warf sie einige Aepfel auf die Zuschauer, und lief mit
den Worten fort: 20

Nun werden Sie nur gesund, – ich halte es nicht länger
bey kranken Leuten aus.

———————

Godwi besuchte mich heute Abend, er hatte selbst weiter
geschrieben, und las mir vor, wie folgt. –

Vier und dreißigstes Kapitel.

Alles, was Violette gegen mich geäußert hatte, war sich so ungleich, und wendete so schnell zwischen Heftigkeit und Geschämigkeit, was sie von ihren Eltern erzählt hatte, war so wenig die Rede eines ganz unschuldigen Mädchens, ihr ganzes Betragen ergriff mich so schnell, und stieß mich so leicht wieder zurück, daß ich in einer wechselnden Bewegung während ihren Worten, bald Mitleid, bald Unwillen empfand.

In jedem Falle mußte ihre Mutter ein höchst wunderbares Weib seyn, und ohne allen Charakter, das Mädchen hätte sonst nimmer so schwankend seyn können, und ich entschloß mich fest, diesen Ort schnell wieder zu verlassen; aber es gelang mir nicht.

Ich entschloß mich schon in einzelnen Augenblicken meines Gesprächs mit Violetten dazu, denn ich befand mich in einem widrigen Streite von Lust und Schonung. Sie webte ihre Thränen, ihr Naivetät und ihre frevelhaften Reden über ihre Mutter so verwirrt durch einander, und in ihrem Betragen dabey erschien die Lüsternheit und Heftigkeit so durch Blödigkeit und Unerfahrenheit gestört, daß mir es sehr abgeschmackt zu Muthe war. Ich konnte sie nicht bedauren, und nicht liebenswürdig finden, und dabey war ich doch so gespannt und gereizt durch meine ganze Lage, daß ich wünschte, das Mädchen wäre nicht so, und ergäbe sich ohne Prätension ihrer und meiner Freude.

Ich hätte mich gerne bemühet, ihre Verwirrtheit für sie und mich zu lösen, aber ich fürchtete mich vor irgend einem Hinterhalt, der mir hier gelegt seyn, und mich zu einer Verbindung zwingen könnte, die mich ewig zum Sklaven um eine kurze Freude gekauft hätte.

Ich verhielt mich während ihren Aeußerungen ganz leidend, und eben dadurch schien sie mir einigemal wahr zu werden: die Verse, die sie von dem Todtenliede:

Es ist ein Schnitter, der heißt Tod,

sang, sang sie nicht ohne Rührung, und ihr Uebergang auf
das Lied:

Es ist ein Sämann, der heißt Liebe,

war er vielleicht auch nicht ganz ohne Vorsatz, war doch
sehr artig. –

Was sie von ihrem Streit in der Beichte erzählte, war der
Punkt, der mich eigentlich zuerst aufmerksam machte: ein
unschuldiges Mädchen kann nicht von der Beichte reden,
und ein Mädchen von funfzehn Jahren streitet nicht mehr
so kindisch mit ihrem Gemüth, oder sie müßte in der reinsten Umgebung gelebt haben.

Alle diese Betrachtungen begleiteten mich, und verdarben
mir sogar ihre Küsse, indem sie ihrem ganzen Plan ungetreu
recht herzlich und mit Bewußtseyn küßte.

In dieser Verwirrung fand mich ihre Mutter, die ich mit
einigem Unwillen behandelte, aber sie war nichts weniger
als so verwirrt und widersprechend wie das Mädchen.

Ich fand in ihr ein leichtsinniges und fröhliches Weib, mit
einer Freiheit ohne Gränzen, die doch nicht ins Gemeine fiel.
Sie hatte gar keine Absicht, als zu leben, und lachte alle meinen
Unmuth hinweg, dabey nahm sie in ihrem Raisonnement so
tollkühne Flüge, daß es eine Lust war, sie anzuhören.

Das Mädchen hatte sie aus reinem Muthwillen herüber
geschickt, und da ich ihr vorstellte, wie ihr Kind zu Grunde
gehen würde, machte sie die Einwendung, daß das Mädchen
so sinnlich sey, daß sie sich an der ganzen schönen Welt fest
halten werde, auf dem festen Boden der Sinnenwelt gehe
niemand zu Grunde, und wenn Violette nur einmal aus den
Schwärmereien komme, so werde sie recht glücklich werden.

Sie äußerte dabey ganz wunderbare Ideen über Religion,
und verlor sich in einen Strom von Phantasien, daß sie mich
wirklich ergötzte.

Violette, behauptete sie, sey bey weitem nicht so unschuldig als sie selbst, und was das Mädchen von ihrem Streite mit der Andacht vorbringe, sey alles eine Folge davon, daß sie nicht recht beten könne.

So bisarr mir alles das schien, so behauptete sie es doch mit einer trotzigen Lustigkeit, und hatte sich ordentlich ein kleines System erraisonnirt. Ich will ihre Aeußerungen so getreu hierher schreiben, als ich mich ihrer entsinne, denn mich mit der Gräfin selbst redend einzuführen, wage ich nicht gern, da ich einer langweiligen Beschreibung ihres ganzen Betragens dabey nicht ausweichen könnte, und doch in die Gefahr kommen dürfte, nicht verstanden zu werden, oder mich der Beschuldigung auszusetzen, als suche ich meine Schwachheit zu entschuldigen, indem ich ein heftiges frevelndes Weib als ein bloß muthwilliges schwärmendes hinstellte. –

Es schien allerdings, daß sie einstens in einer ähnlichen Verwirrung wie Violette gewesen sey, und nur ihre Erfahrung aus ihr sprach, wenn sie sich über diesen Zustand ihrer Tochter so kalt zeigte.

Sie war im strengsten Katholizismus erzogen, und Violetten hatte der verstorbene Graf eben so erziehen lassen. Sie führte ihre eigne jetzige Lebensart, ihre Fröhlichkeit und Freiheit trotz aller Umgebung, auf ihre Religion zurück, denn sie sagte, diese habe ihr den ersten Antrieb zu allem gegeben, und der einzige Mißgriff in ihrem Raisonnement war der, daß sie sich in der Religion voraussetzte, da sie doch die Religion in sich annehmen mußte, wenn sie je welche wollte gehabt haben.

Es ist mir leid, daß ich alles das nicht so scherzend und so lustig ernsthaft sagen kann, denn sie parodierte sich selbst in jeder Minute, überraschte mich plötzlich mit einem Kusse, wenn ich Einrede thun wollte, und war ich darum unwillig, so fuhr sie so pathetisch fort zu predigen, bis ich lachen mußte, und war dabey so beweglich, daß sie bald aufsprang, ihre Bilder selbst vorzustellen, bald sich so schnell wieder

nieder setzte, daß sie mir einige mal etwas unsanft begegnete, dann bat sie mich sehr zärtlich und kindisch um Verzeihung, und das alles war so rasch und bunt hinter einander, daß ich ein freudiges, reizendes, freies Weib seyn
müßte, und mir gegenüber ein junger mehr ungeduldiger,
als gesetzter Mann, wenn ich es so hinstellen sollte, wie sie
es that. –

Sie behauptete:

Der sinnliche Mensch werde erbärmlich, wenn er, wie
man es nimmt, tugendhaft würde, denn er übe dann Tugenden, die von seinem ganzen Leben verachtet würden. Er
müsse sich zwingen, und werde eben dadurch lasterhaft,
denn er gäbe, um zu leben, endlich die Tugend hin, und
schweife, um sich zu trösten, nach Principien aus.

Religion sey nichts als unbestimmte Sinnlichkeit, das Gebet ihre Aeußerung.

Andacht sey es, wenn man nicht mehr als Mensch bete,
wenn man als Weib oder Mann bete; doch könne der Mann
es nie zur Andacht bringen, weil das Menschliche das
Männliche bey ihm überwiege.

Der schlechteste Moment im Leben sey, wo weder Jungfrau noch Jüngling recht wisse, woran sie seyen, und ein
verderblicher Streit zwischen Glauben und Wissen sich erhebe; in diesem stehe Violette.

In der Religion sey es eben so, es komme den Menschen
heut zu Tage eine boßhafte Lust an, sich ihrer selbst zu be-
mächtigen, um sich zu befreien, aber nur der sey ein Sclave,
der sich selbst besitze, nur im allgemeinen wäre Freiheit,
und in der Person die höchste Tyrannei.

In diesem schlechten Momente höre der Mensch auf zu
glauben und meine, Wissen sey etwas anderes, als ein lang-
weiligeres Glauben, das einen erst mit einer kleinen Reihe
von Schlüssen hinhalte, ehe es einen glauben lasse, denn
endlich müsse man doch glauben, was man wisse.

Das allererbärmlichste Aberwissen sey, die unbefleckte
Empfängniß für einen Aberglauben zu halten, wer denn

irgend eine Empfängniß wisse? und dieses sey grade der Punkt, wo der Mensch recht überführt werde, daß alle Seligkeit nur Glauben ist, und kein Bewußtseyn, und nur der sey ein Ketzer und Freigeist, der bey der Empfängniß noch denke, und sich selbst besitze, denn jeder fühle das Wissen erbärmlich, der aus solchem Glauben kehre.

Sie bete oft, weil sie ein Weib sey, und wer nicht sinnlich sey, habe keine Religion und eine Religion, die nicht sinnlich sey, habe keine Menschen.

Sie sey eine Heidinn, habe viele Götter, und auch Heroen, alle jung, kräftig, und in der Liebe menschlich.

Die Heiligen könnten sie so ziemlich rühren, aber sie hätten keine Religion, wären nichts als angehende Philosophen, welche die Liebe bestritten, die sie nicht bestreiten könnten, das heißt, der sie nicht gewachsen wären.

Der Gott der Katholiken sey zu geistig, und substanzlos, und ohne die Menschwerdung gar nicht da; aber es sey keine rechte Menschlichkeit in der Menschwerdung, es sey nichts als eine Allegorie auf Leben, Gedanken und Wort, eine Lehre die zum Lehrer geworden.

Jeder Gedanke sey eine unbefleckte Empfängniß, und jedes Wort eine Menschwerdung.

Doch sey die katholische Religion keine Religion des Lebens, sondern eine Religion der Auferstehung und Erinnerung – der untergegangenen herrlichen Welt der Götter und Menschen werde in ihr ein festliches Todtenopfer gebracht.

Die protestantischen Religionen seyen nicht gottlos, aber heillos, denn sie duldeten keine Heiligen – sie seyen keine Religionen, sondern bloß bequemliche Anstalten, keine Religion zu haben, – Consistorien wo keine Liebe mehr sey, um die Ehe zu unterstützen – auf Noten gebrachte Ehescheidungen zum Absingen – Religionen für Eunuchen, Amphibien und Hermaphroditen. –

Die christliche Religion werde vor dem Leben zu Grunde gehen, die heidnische aber werde länger seyn, als das Leben, weil sie Leben und Tod umfasse.

Einmal rief sie aus:

Ach arm ist der, der nur im Tode selig wird – die Erde sey ein Jammerthal! – Ich stehe auf den Bergen und bin glückselig, – denn der lebt nicht, dessen Haupt nicht im Himmel steht, auf dessen Brust nicht die Wolken ruhen, dem die Liebe nicht im Schooße wohnt, und der Fuß nicht in der Erde wurzelt. Mein Haupt steht ewig im Himmel, und klage ich, so hören es die Götter allein, daß mir keine Liebe im Schooße wohnt, und wohnt mir die Liebe im Schooße, so sehen nur die Götter meines Auges Andacht, weiter wird die Welt, denn mein Busen hebt den Himmel höher, und die Erde drängt sich bebend unter meinen regen Füßen zusammen.

––––––––

Sie bekehrte mich, aber ich glaubte nichts, als daß sie ein schönes, reizendes Weib sey, da die Decke des Zimmers sich öffnete, und eine dämmernde Alabaster-Lampe nieder sank, und der Glauben bald das Wissen besiegt hatte. –

An den Leser.

Die Krankheit meines Freundes nimmt zu, und ist mir um so schmerzlicher, als sie boßhaft ist. – Sie hätte keine unglücklichere Stelle erwählen können, um ihn mir noch bey seinem Leben zu rauben, sie hätte keine glücklichere Stelle nehmen können, um die letzten Ergießungen seines liebevollen Herzens gegen mich zu hemmen. – Es ist eine bösartige Zungenentzündung, an der ihm das Band mit allen seinen Freunden erlahmt. – Ich versichere seine menschenfreundlichen Leser, daß ich viel Schmerz an seinem Lager ertrage, und oft gerührt bin, wie sehr er das Publikum achtet. Er schrieb mir gestern mit Thränen Folgendes an die Schiefertafel, die neben seinem Bette hängt, damit er sich deutlich machen kann, und ich kann nicht umhin, es Ihnen mitzutheilen, weil ich fühle, wie sehr sich sein Charakter hier ans Licht stellt, und wie die Worte eines mit Ruhe dem Tode entgegen sehenden jungen Mannes sicher die Verläumder zum Schweigen bringen werden, die sein reines fühlendes Herz, und sein aufrichtiges frohes Gemüth hie und da zu beschmutzen suchen – o diese Zungen sind giftig und entzündeter, als die meines Freundes! O daß sie die Krankheit erlähme! die mir das freundliche Gespräch meines Maria raubt.

Zugleich bitte ich den Leser, die Darstellung meines Lebens zu entschuldigen, ich bin nicht geübt, vor das Publikum zu treten, und es verhindert mich auch der Antheil, den ich an meinem Freunde nehme, an größerer Aufmerksamkeit auf meinen Styl. –

Godwi.

»Was mich mehr drückt, als meine Krankheit, ist der Rückblick auf ein fruchtloses Leben; – mit dem vollen fröhlichen Muthe des Jünglings habe ich versäumt, eine Spur zurück zu lassen, daß ich da war: – ich wußte nicht, daß der Tod meiner Jugend schon folgen werde, ich hätte sie sonst geschmückt, und Künste gelehrt, damit ihm eine freudige Braut geworden wäre; dann hätte Sie der schöne Kranz am Wagen erfreuen sollen, der jetzt ungeschmückt die tiefen Gleisen mit mir hinschleichen wird, – die wir mit Recht die Runzeln unserer alten Mutter Erde nennen dürfen. –

O! hätten mich die Menschen besiegt, wäre ich im Kampfe um hohen Preis überwunden, so würde man mich mit dem Sieger nennen, und sein Werk wäre mein Grabstein und drückte mich nicht. – Aber das Leben hat mich besiegt, nicht mich, – nein nur den Jüngling, wie viele – denn ich war noch nicht, und warum sollte ich nicht werden?

Jetzt, da mein Herz sich öffnen wollte, um alles zu umfassen, was lebt und liebt, legt sich der Tod ihm in die Arme. –

Ich habe vieles noch zu thun, so vieles – und soll sterben – die Menschen wissen nicht, daß ich ihr Bruder bin, und daß ich es verdiene – o mein Freund! wenn Sie wüßten, was ich verlasse; – Einer nur wird wissen, was ich verlasse, und er wird es nicht glauben. –

Ich soll das Leben aufgeben? der die Liebe noch nicht aufgegeben, die ihn aufgab – dies ist kein schöner Tod – es bricht, es löst sich nicht. –

O! es ist ein großer Unterschied zwischen dem Traume der Liebe und der Liebe des Traumes. – Der Traum der Liebe ist in der Liebe, aber die Liebe des Traumes ist nur im Traume. –

Wenn die Liebe einschlummert und träumt, träumt sie den Traum der Liebe, und dieser Traum ist jener stille schöne Schmerz, jenes Bangen, ich möchte sagen, die Seele aller Sehnsucht, und die sentimentale Poesie der Liebenden. –

Mir ist jede unvollendete Harmonie in den Naturerscheinungen, jenes Streben des Formlosen und Todten nach Gestalt und Leben, wo Seele und Stoff mit innerm Drange zu einander streben, und der Stoff von dem Strahle des Geistes nur erglüht, und schmerzlich wieder in den Tod zurücksinkt, so ein Traum der Liebe. –

Verstehen Sie mich? – nein. –

So ist mein Ausdruck selbst ein Beispiel eines solchen Traumes der Liebe, in dem der Gedanke und das Zeichen nicht zum Worte wurden. –

Ich glaube es Ihnen aber deutlicher zu sagen, lieber Godwi, wenn ich schweige, und Sie bitte ans Fenster zu treten. – Sie sehen die rothen Flammen des Abends, wie die Berge von ihnen entzündet werden, und Feuer zu duften scheinen, und wie diese Flammen sich mannigfach gestalten, und ganze Landschaften zu werden scheinen. – Was ist die

Flamme anders, als die Gestalt des Feuers, und das Feuer anders, als die Gestalt der Wärme, und diese, als die Gestalt des Lichts?

Sie sehen, wie sich das Licht von dem Stoffe ergriffen zur Flamme zu bilden scheint, und wie die Flamme den Berg und den Wald entzündet, und sich die ganze Gegend nach dem Lichte sehnt, es ist, als sey nichts in Ruhe, und das innere willenlose Treiben kehre sich heraus, und doch ist alles Ruhe, eigentliches Gefühl der Ruhe, in dem sich die Ruhe aufhebt. – Dies ist ein Traum der Liebe. Und ist Liebe in Ihnen, so müssen Sie einstimmen in diesen allgemeinen Traum, auch Sie ergreift die allgemeine Sehnsucht; aber Ihre Sehnsucht ist nur die Ihrige, – und wer keine Liebe hat, möchte sterben in dieser Minute. –

Aber es giebt einen Traum des Lebens, der Liebe zu umfassen glaubt; aber Liebe ist nur Wahrheit – und jene luftigen unbestimmten Seelen, die es nur zum Reize und nie zur Schönheit bringen, träumen dieses Leben, und ihre Liebe ist eine solche Liebe des Traumes, – sie ist ohne Bestimmung, mit unendlichem Reize, ohne Ziel, wo sich alle diese Mittel zu einer Schöpfung vereinigten.

Wer sich ihnen hingiebt mit seiner Liebe, muß mit diesen Blumen verwelken – lieben darf man sie als Frühling und Poesie, aber nie als einzelne Blumen.

Nur das starke gesunde Gemüth wagt nichts mit ihnen, es blickt auf sie nieder, wie auf die Blumen, die es seiner Geliebten bricht, die es in den Triumph seines Lorbeers flicht, damit der Ernst auch lächle, und schützt sie sogar wie zarte Kinder, wie lieblose Unschuld, und nimmt sie, wie ein reines Bild der bloßen Schönheit.

Wendet er aber seine Liebe zu diesen hin, die sich nach seiner Liebe wenden müßten, so ist es, als wende sich die Sonne nach der Blume, und die Blume nicht nach ihr. –

Ihr Leben ist eine bloße Allegorie, ihre Liebe nur leiser Erguß, nicht der Schöpfung, nur des Todes. –

Mir, lieber Godwi, sollte ich sterben, sollen Sie einen einfachen Stein setzen, und darauf die letzte Terzine dieses
schlechten Sonnets.« –

Sonnett.

O schwerer heißer Tag, ihr leichtes Leben
Schließt müde weinend seine Augenlieder,
Schon senkt der Schlaf das thauende Gefieder,
Um solche Schönheit kühl ein Dach zu weben. –

Von ihren Lippen leise Worte schweben,
»Du Liebe süßer Träume kehre wieder!«   10
Da läßt sich ihr der Traum der Liebe nieder,
Um ihres Schlummers kranke Lust zu heben. –

»Du Traum! – ich bin kein Traum, spricht er mit Bangen,
O laß uns nicht so holdes Glück versäumen!«
Da weckt er sie, und wollte sie umfangen. –   15

Sprecht! Wessen bin ich? Wer hat mich besessen?
Ich lebte nie – war eines Weibes Träumen –
Und nimmer starb ich, – Sie hat mein vergessen.

Fünf und dreißigstes Kapitel.

Als ich erwachte, blickte ich durch die Stube hin. Nach der   20
Gräfin zu sehen hatte ich den Muth nicht. Es war eine ganz
eigne Empfindung, wie ich mich mit allem verwandt fühlte,
mit den alten Schränken und dem Gypsbilde, den Sesseln
und mit dem kleinen Sopha im Erker.

Meine Augen liefen an den sauren Gesichtern der Ritterbilder, und den süßlich ernsten der neuern Ahnherrn auf und ab, wie auf meinen Verwandten; ich ergötzte mich eben so an den Damen, und wunderte mich, wie freundlich ihre Schnürbrüste aus einem Gesichtspunkte waren; ich nahm sie nämlich, als cornu copiae, und freute mich der schönen Früchte, die aus ihnen hervordrangen, und hier und da zierlich mit Blumen zusammengestellt waren.

Es war mir, als hätte ich von allen den Leuten erzählen hören, und konnte mich nicht enthalten, dem Bilde des verstorbenen Grafen, der mir gegenüber hing, ein kleines lächelndes Kompliment zu machen, denn ich erinnere mich nicht, daß es mir je so leicht und so lustig zu Muthe war. –

Nachdem ich alle fremde Geschäfte besorgt hatte, wendete ich meine Gedanken auf meine eigne Person, und bekam keine geringe Hochachtung vor ihr. –

Zuerst in welchem herrlichen, ja herrschaftlichen Bette, vielmehr Schlafgebäude, Schlummerpallast, Ruhetempel befand ich mich, wenn ich heute Nacht sollte geschnarcht haben, – die hochwürdigen Herrn des Klosters, das ich am Anfange meiner Herreise besuchte, konnten in ihren Chorstühlen so ehrenvoll nicht gesungen haben, – ein wahrer Krönungssaal schien dieses vortreffliche Ehebett zu seyn.

Hierauf die wackere Bettdecke, deren Lob ich keineswegs verschweigen darf, denn ich fand sie den schwebenden Gärten der Semiramis zu vergleichen, meine Augen lustwandelten durch die tausend Irrgänge ihres damastnen Grundes, und ergötzten sich an dem prächtigen verschlungenen Namen des Grafen und der Gräfin, der in der Mitte allegorisch gestickt war.

O! und ich selbst – ein blauatlaßner Schlafrock, mit rothen Aufschlägen, an dem Ermel mit dem kleinen gräflichen Wappen gezeichnet, sollte ich nicht stolz seyn, in so ehrenvoller Uniform? Ich drückte die Füße zusammen, um mich zu überzeugen, daß ich keine Stiefel anhabe, denn ich hatte

die Empfindung, als wäre ich in Diensten, aber ich sah bald
ein, daß es Interimsuniform war. –

Vor dem Bette knieten vier Unterthanen, recht zärtlich
abwechselnd, ein Pantoffel von mir, und dann ein Pantöffelchen, sie harrten unterthänigst, daß wir sie mit Füßen treten   5
sollten.

Ich wendete mich nun gegen meine Gemahlin, und bemerkte, wie witzig das batistene Betttuch mit Spitzen durch-
brochen war, und wie naiv ihre weiße Schulter durchblickte. –

Ach welche reizende Gemahlin habe ich, wie hinreißend,   10
wie fesselnd, es ist ordentlich unangenehm, und erschwert
einem die Menschenfreundlichkeit, sie ruhig schlafen zu
lassen. – Wie glücklich, und wie unglücklich bin ich! – muß
ich nicht eifersüchtig seyn?

Aber was liegt vor mir auf dem Stuhle, ein schwarzer   15
Frack, lederne Beinkleider, und dort ungrische Stiefeln, ein
runder Hut auf dem Tische, das sind ja meine Kleider nicht.
– Welcher junge Herr hat sich hier ausgekleidet, – habe ich
nicht Ursache, eifersüchtig zu seyn? – Ich sehe ja meine kai-
serliche Uniform nirgends; sollte ich diese Nacht betrogen   20
worden seyn, sollte mein Weib ihre Untreue hier in meiner
Gegenwart – der junge Mann hat in der Dunkelheit meine
Kleider vielleicht ergriffen? –

Da bewegte sich die Gräfin, und meine Einbildung, als
sey ich der verstorbene Graf, verschwand. –   25

Ich stellte mich schlafend, und beobachtete durch die Augen blinzend, was die Gräfin für Betrachtungen den meinigen entgegen setzen würde.

Aber sie setzte die Betrachtung meiner Person meinen
Betrachtungen entgegen.   30

Sie lehnte den Kopf auf ihren weißen Arm, und blickte
mich freundlich an, und ich betrog das Glück, das mir im
Schlafe zu kommen glaubte, ich nahm ihre Küsse stille hin.

Ich biß auf die Zunge, um nicht zu lächeln, ich biß auf die
Zunge, um die Lust zu ertragen, wie andere es thun, um den   35
Schmerz.

Moralisch freute ich mich, als ich merkte, daß sie aufstand, ohne mich zu wecken, denn es war wirklich ein Beweis eines sehr liebenden Herzens, daß sie mich schlafen ließ, da sie wußte, daß ich nicht zu Leiden erwachen würde, ja es lag mir in dem Augenblick viel Unschuld in dieser Handlung, sie konnte noch denken, daß der Schlaf süßer sey, als die Lust. –

Wie sie sich leise in die Höhe richtete, als erstehe ein tugendhaftes Weib zur Seligkeit, wie sie mit Grazie und schüchterner Lust auf mich nieder sah, daß ihr zarter Fuß mich nicht berühre. – Wie die Wurzel unter der Rose, lag ich und drängte ihr Liebe entgegen, – wie sie über mich hintrat, stand mein Puls still und mein Leben hielt ein, als griffe ein schöneres Leben in seine Räder. – Ich ruhte wie die Asche eines Geweihten unter den Säulen des Tempels der Liebe. –

Und leiser soll mein Geist einst nicht über das Grab meiner Geliebten schweben, als sie über mich hinschritt. –

Sie schlüpfte in ihre Pantöffelchen, und zeigte mir, indem sie sich sorglos vor mir ankleidete, mehr keusche Blöße, als eine tugendhafte Jungfrau, die ganz allein sich auskleidet.

Da sie ihre männliche Kleidung angelegt hatte, schrieb sie mit Bleistift ein Zettelchen, kam vor das Bett, kniete nieder und steckte es mir mit einer Nadel auf das gräfliche Wappen, das am Ermel meines Schlafrocks war, dann verließ sie in Stiefeln und Sporn die Stube.

Auf dem Zettelchen standen folgende Worte –

Guten Morgen, schöner Freund! gut geschlafen? Ich habe ein moralisches Kunststückchen gemacht, Sie nicht zu erwecken, was kann man von einer Heidin, gegen die man als Frauenzimmer doch galant seyn muß, mehr begehren, wie kann man seinen Tag besser anfangen? Doch Scherz beiseite – Sie schlafen aber auch, ich habe sie herzlich geküßt – und nicht zu erwachen – ei wo will das hinaus? – Denken Sie nicht, ich

sey eine Zauberin, und noch nicht von der Fahrt zurückgekommen, wenn Sie sich allein finden, – ich habe nie etwas mit dem Kamine zu thun gehabt, als daß es mich
wärmte, und einmal einen Liebhaber zu mir brachte – ich
reite nur ein wenig spazieren, und zwar auf Ihrem Pferde,
um an seinen Launen den Mann kennen zu lernen. Adieu,
heio popejo – ich bin eine Heidin, und will mein Morgen-
gebet unter freiem Himmel verrichten. –

Ich ergötzte mich an der muntern Laune der Gräfin, und
war ich verführt, oder idealisirte ich? ich weiß nicht, aber
ich fand sie sehr liebenswürdig, oder liebte sie ein wenig. –
Ich konnte immer noch nicht aufstehen, obschon ich
sonst kein Schläfer bin, aber ich lag, wie an Ketten geschlossen in einer ewgen Betrachtung meines lustigen Zustandes:
ich konnte manchmal gar nicht begreifen, wie ich hieher gekommen sey, und hatte einen recht deutlichen Begriff, wie
es sich so schön breit auf dem Throne sitzt, und wie unausstehlich es seyn muß, Kron und Zepter hinzureichen. – –
Wie einem Kinde, das zum erstenmal Komödie gespielt hat,
und die bunten Kleider nicht ausziehen mag, war mir zu
Muthe – nein, sagte ich, du kannst den vortrefflichen Schlafrock gar nicht wieder ausziehen, – und wünschte wirklich
sehnlich, es möchten ein paar Diebe herein kommen, und meinen schwarzen Frack und die ledernen Beinkleider stehlen. –
Da ging die Thüre neben dem Bette leise auf, ich schämte
mich ein wenig. –
»Ach er ist noch nicht auf!«
sagte eine weibliche Stimme; der Vorhang über meinem
Kopfe wurde zurückgezogen. Ich machte die Augen zu, wie
der verfolgte Vogel Strauß mit dem Glauben den Kopf versteckt, wenn er nicht sehe, werde er nicht gesehen, und es
ergoß sich ein Körbchen mit Blumen über mein Gesicht. –
Da ich hörte, daß die freundliche Geberin forteilte, nachdem sie mir ihren Liebesdienst erzeigt hatte – sprang ich aus
dem Bette und verriegelte die Thür.

Ich trat in meinem Ornate vor den Spiegel, und freute mich meiner kindischen Eitelkeit, dann guckte ich etwas zum Fenster hinaus: die Arbeiter waren wieder rings in den Hügeln und Gärten beschäftigt, ich war recht froh, und die Natur viel schöner, als mein Lebtage – ich sagte recht von Herzen:

Dies ist Liebchens Fenster, und ich sehe nun in das heitere Gemälde aus einem traulichen Vorgrund, leset nur eure Weinbeeren, Küsse sind doch süßer; mein Herbst klingt nicht, und singt nicht, aber ich gebe ihn doch nicht um den eurigen. –

Dann kleidete ich mich schnell an, und wie ich den seidnen Schlafrock ablegte, legte ich viel frohen Muth ab, und als ich in meinem schwarzen Fracke steckte, war ich wieder voller Grundsätze –, aber ich ärgerte mich drüber.

Sechs und dreißigstes Kapitel.

Ich verließ die Stube und ging durch die langen Gänge des Hauses, und betrachtete die verschiedenen alten Bilder. Da ich neben eine Thür vor ein solches Bild trat, hörte ich in der Stube sprechen, und erkannte Violettens Stimme, die mit einem kleinen Mädchen sprach, das Kind sagte: –

Violette nun habe ich dir helfen die Blumen suchen, nun lehre mich auch singen.

Nun komm her, Flametta, sagte Violette, aber höre auch hübsch zu, und singe mit.

Da es das Kind versprochen hatte – sang Violette mit ihm folgendes Kinderlied: –

Anne Margritchen!
Was willst du mein Liebchen?
Ich trinke so gerne
Gezuckerten Wein.

Zwei Pfund Zuckerchen,   5
Ein Pfund Butterchen,
Schütt es ins Kesselchen,
Rühr' es mit dem Löffelchen.

Zwei Maaße Wein,
So muß es gut seyn.   10
Anne Margritchen
Was Zipfel ist das?

Eine Weinsupp, eine Weinsupp!

Nun kann ich es, sagte Flametta, nun will ich auch wieder
mit in den Garten gehn, – aber sage mir, warum hast du so   15
ein Holz in deinem Bettchen liegen? –

Das Kissen ist mir zu niedrig, sagte Violette. –

Hier trat ich an die Thür, die nur angelehnt war, und
fragte: darf ich mit in den Garten gehn, Violette?

Als sie meine Worte hörten, sprangen sie hinter die Thür,   20
die ich leise eröffnete: vor mir stand Violettens Bett, in dem
ich ein scharfes eckigtes Scheid Holz liegen sah. – Violette
sprang plötzlich hervor, und riß den Vorhang des Bettes zu,
sie glühte über und über vor Schaam.

»Fort, fort aus der Mädchen-Stube!«   25
rief sie dann heftig. –

Jage ihn fort, Flametta. –

Flametta nahm einen kleinen Stecken, und ging auf mich
los, mit den Worten:

»Fort, fort, aus der Mädchen-Stube!«   30
Einer solchen Uebermacht konnte ich nicht widerstehen,
und verließ die Kinder. Vor der Thüre rief ich:

Violette kommen Sie doch zu mir in den Garten.

Da rief sie heraus: –

Vielleicht – ja, ja ich komme. –

Im Hause sah ich wenige Diener, nur zwei hübsche Mädchen in der Küche: sie lachten, als sie mich sahen, und versteckten sich, ich mußte mich zusammen nehmen, und rief der einen zu: –

Guten Morgen, Mädchen, war heute Nacht dein Schatz bey dir? –

Ei gewiß! sagte sie. –

Ich ging über den geräumigen Hof nach dem Garten, und sah unterweges mit einem seltsamen Gefühle zum Thore hinaus, durch das ich gestern Abend in diese neue Welt eingegangen war.

Da ich durch den Garten an einem Seitengebäude des Schlosses hinging, wurden mir aus einem Fenster einige Kränze von Weinlaub auf den Kopf geworfen, und da ich hinauf blickte, sah ich Violetten und Flametten, die sich lachend zurückzogen.

Auf der rechten Seite des Gartens war ein großer Teich, in dessen Mitte ein hoher alter Thurm stand; da ich näher hinging, bemerkte ich noch auf der andern Seite des Thurms eine kleine Insel, auf der ein weißes, mit Laub umzogenes Häuschen durch dichte Gebüsche hervor sah, aber ich mochte mich nicht in den gebrechlichen Kahn wagen, um hinüber zu fahren – ich ging deswegen nach dem großen Gartenhause, das vor mir auf einer Terrasse stand.

Da ich in den Saal trat, erblickte ich einen jungen Kapuziner-Mönch, der mit einem Teller voll Trauben in der Hand essend auf und nieder ging: wir grüßten uns. –

Ich. Guten Morgen Ihr Hochwürden!

Er. Ich wünsche Ihnen wohl geschlafen zu haben. –

Ich. Sie genießen den angenehmen Morgen. –

Er. Ich bin des Gärtners Bruder, und trete manchmal hier ab, wenn mich mein Beruf vorüberführt: Sie sind wol der Herr, für den das gnädige Fräulein die Blumen holte. –

Ich. War es das Fräulein, die mir die Blumen brachte? –

Er. Kennen Sie sie noch nicht? Sie sagte mir doch, sie
habe gestern Abend mit Ihnen gesprochen. –

Ich. Ich lag noch im Bette.

Er. So! – Ich habe viel gutes von Ihnen durch das Fräulein gehört.

Ich. Ich nehme immer Antheil an der Familie meiner
Freunde.

Er. Sind Sie anverwandt mit der gräflichen Familie? –

Ich. Nein, ich bin der Freund der Gräfin.

Er. Der Gräfin? –

Ich. Wundert Sie das?

Er. Sie verzeihen, Sie müssen mich verstehen, ich vermuthe, daß Sie der Gräfin sicher das Bessere rathen – und
besonders in Hinsicht der Fräulein.

Ich. Die Gräfin ist Mutter, und eine kluge Frau. –

Er. O sie ist eine Dame von vielen Gaben, nur etwas
weltlich gesinnt – und das Wohl ihrer Kinder könnte ihr
mehr am Herzen liegen. –

Ich. Sie hat mir mit vielem Antheil von Violetten gesprochen. –

Er. Sprechen – sprechen – aber das Kind geht zu Grund!
Ich will nicht sagen, als solle sie den Katechismus auswendig können, und alle Heiligen glauben, die Welt ist weiter
gegangen, aber die Moral –

Ich. Sie scheinen aufgeklärt, das ist selten in Ihrem
Rocke.

Er. Sie sind gütig, sollen wir ewig fort in altem Unsinn
brüten? –

Ich. Nennen Sie die Geheimnisse Ihrer Religion alten
Unsinn, Herr Pater? – das ist neuer Unsinn. –

Hier trat die Gräfin herein.

Sie ging auf mich zu und küßte mich – der Mönch zog
sich zurück – und die Gräfin wendete sich zu ihm mit den
Worten: –

Ei Pater Sebastian! seyn Sie nicht böse, daß ich Sie nicht auch
küsse, ich hätte es wol gethan, aber Sie verdienen es nicht.

Der Mönch sagte beschämt: –

Frau Gräfin, ich verdiene solche Freundlichkeit nicht, weil sie mein Stand verbietet, aber Ihren Unwillen verdiene ich auch nicht. –

Die Gräfin erwiederte hierauf gelassen: –

Herr Pater, Sie verderben meine Violette, Sie setzen dem Mädchen Gespenster in den Kopf, und nehmen ihr den schönen Theil Ihrer Religion, der für Kinder gemacht ist. – Sie geben ihr für die goldnen Früchte des Himmels leere moralische Nußschaalen, und verführen mein Kind. –

Er. Verführen! Frau Gräfin, das ist ein schändliches Wort. –

Sie. Kein Wort ist schändlich, die That ist schändlich! Sie quälen das Mädchen, und fragen Sie nach allen sieben Sachen, so daß sie keine Ruhe mehr vor sich hat, und sich allerlei unreif einbildet, was sich reif ausbilden sollte – und so rauben Sie ihr ihre Unschuld – und verführen sie – ich bitte Sie daher, dem Seelenheil meiner Violette nicht länger nachzustellen, denn ihre Seele ist gesund, hat kein Heil nöthig, und Sie stiften hier wahres Seelenunheil – wenn Sie es gut meinten, so kann ich nichts dafür, daß Sie es schlecht machten. – Leben Sie wohl. –

Der Mönch ging weg; – die Gräfin rief den Gärtner und sagte ihm: –

Er kann heute Nachmittag in die Stadt gehen, und seinem Bruder ein Dutzend Schnupftücher kaufen; sage Er ihm dabey, ich und Violette hätten sie gesäumt, und schickten sie ihm zum Danke für seine Bemühungen: aber kaufe Er feine weiße, und bitte Er ihn, er möge mir zu Liebe sich das Tabackschnupfen abgewöhnen, es steht ihm zu seiner feinen Miene, und zu seinem hübschen Barte gar nicht gut.

Der Gärtner lächelte und ging weg. –

Ich war über die Heftigkeit der schönen leichtfertigen Frau verstummt, aber ihr munterer Nachsatz an den Bruder des Gärtners that mir wohl, sie gewann durch diese Scene

sehr in meinen Augen. – Da der Gärtner weg war, nahm sie
mich bey der Hand, und sagte, indem sie mich fortzog:

Sehen Sie, wie ich zanken kann, sollte man sich es vorstellen? Sie sind wirklich erschrocken, daß das, was ich
Ihnen gestern von meinen Grundsätzen sagte, mein
Ernst zu seyn scheint. – Gott weiß, woher ich die
Grundsätze habe, sie sind glaube ich meine Natur, ich
glaube, es sind solche, die man nicht für Grundsätze
hält, und das ist das Beste. –

Sie hing an meinem Arm, und lief mit mir die Terrasse
herab. Violette und Flametta begegneten uns, und die Gräfin führte uns alle nach dem Teich.

Sie sollen mich nun auch nach meinem politischen Glauben kennen lernen,

sagte sie, als wir an den baufälligen Kahn kamen. Sie
machte Anstalt hineinzusteigen. –

Er wird uns nicht alle tragen. –

Die Kinder sprangen mit ihr hinein.

Nun, mein Kind, sagte sie freundlich zu mir, willst du allein draus bleiben, adieu, so fahr ich fort. –

Sie sagen das so liebenswürdig, und wenn wir mit einander untergehen, wär es ein freundlicher Tod. –

Mit diesen Worten stieg ich in den Kahn, die Gräfin ru-
derte, und sagte:

Dies ist meine ganze Seemacht, ich wollte sie mit meinem
politischen Glauben bekannt machen, auf der Insel wird
sich es aufweisen: – damit Sie sich aber zuerst etwas abhär-
ten, wollen wir einmal um den Teich fahren. Violette singe
ein Liedchen! –

Violette sang folgendes Lied: –

> Zu Bacharach am Rheine
> Wohnt eine Zauberin,
> Sie war so schön und feine
> Und riß viel Herzen hin.

Und brachte viel zu schanden
Der Männer rings umher,
Aus ihren Liebesbanden
War keine Rettung mehr.

Der Bischoff ließ sie laden
Vor geistliche Gewalt –
Und mußte sie begnaden,
So schön war ihr' Gestalt.

Er sprach zu ihr gerühret:
»Du arme Lore Lay!
Wer hat dich denn verführet
Zu böser Zauberei?«

»Herr Bischoff laßt mich sterben,
Ich bin des Lebens müd,
Weil jeder muß verderben,
Der meine Augen sieht.

Die Augen sind zwei Flammen,
Mein Arm ein Zauberstab –
O legt mich in die Flammen!
O brechet mir den Stab!«

»Ich kann dich nicht verdammen,
Bis du mir erst bekennt,
Warum in diesen Flammen
Mein eigen Herz schon brennt.

Den Stab kann ich nicht brechen,
Du schöne Lore Lay!
Ich müßte dann zerbrechen
Mein eigen Herz entzwei.«

»Herr Bischoff mit mir Armen
Treibt nicht so bösen Spott,
Und bittet um Erbarmen,
Für mich den lieben Gott.

Ich darf nicht länger leben,
Ich liebe keinen mehr –
Den Tod sollt Ihr mir geben,
Drum kam ich zu Euch her. –

Mein Schatz hat mich betrogen,   5
Hat sich von mir gewandt,
Ist fort von hier gezogen,
Fort in ein fremdes Land.

Die Augen sanft und wilde,
Die Wangen roth und weiß,   10
Die Worte still und milde
Das ist mein Zauberkreis.

Ich selbst muß drinn verderben,
Das Herz thut mir so weh,
Vor Schmerzen möcht ich sterben,   15
Wenn ich mein Bildniß seh.

Drum laßt mein Recht mich finden,
Mich sterben, wie ein Christ,
Denn alles muß verschwinden,
Weil er nicht bey mir ist.«   20

Drei Ritter läßt er holen:
»Bringt sie ins Kloster hin,
Geh Lore! – Gott befohlen
Sey dein berückter Sinn.

Du sollst ein Nönnchen werden,   25
Ein Nönnchen schwarz und weiß,
Bereite dich auf Erden
Zu deines Todes Reis'.«

Zum Kloster sie nun ritten,
Die Ritter alle drei,   30
Und traurig in der Mitten
Die schöne Lore Lay.

»O Ritter laßt mich gehen,
Auf diesen Felsen groß,
Ich will noch einmal sehen
Nach meines Lieben Schloß.

Ich will noch einmal sehen
Wol in den tiefen Rhein,
Und dann ins Kloster gehen
Und Gottes Jungfrau seyn.«

Der Felsen ist so jähe,
So steil ist seine Wand,
Doch klimmt sie in die Höhe,
Bis daß sie oben stand.

Es binden die drei Ritter,
Die Rosse unten an,
Und klettern immer weiter,
Zum Felsen auch hinan.

Die Jungfrau sprach: »da gehet
Ein Schifflein auf dem Rhein,
Der in dem Schifflein stehet,
Der soll mein Liebster seyn.

Mein Herz wird mir so munter,
Er muß mein Liebster seyn!« –
Da lehnt sie sich hinunter
Und stürzet in den Rhein.

Die Ritter mußten sterben,
Sie konnten nicht hinab,
Sie mußten all verderben,
Ohn Priester und ohn Grab.

Wer hat dies Lied gesungen?
Ein Schiffer auf dem Rhein,

Und immer hats geklungen
Von dem drei Ritterstein:*)

Lore Lay
Lore Lay
Lore Lay   5

Als wären es meiner drei.

Als wir an der Insel ausgestiegen waren, sagte die Gräfin:
Der Kahn ist so schlecht, aber ich liebe ihn und mag keinen andern, ich bin oft recht vergnügt auf ihm gefahren.
Nun kamen wir an das kleine runde Haus, es war ganz   10
mit Epheu überzogen, auf dem runden Dache stand ein geflügeltes Pferd, das sich in die Höhe bäumt, auf ihm ein
nackter Jüngling, und vor ihm zwei Liebesgötter, die das
Pferd am Zügel niederziehen, auf dem Fußgestell aber war
die Inschrift: 15

Friedrich dem Einzigen.

_____

Sehen Sie meinen politischen Abgott, ich freue mich oft
über meinen Witz, ich wollte den neugierigen Baumeister
nicht in mein Geheimniß sehen lassen, denn eigentlich
müßte es heißen, Friedrich dem Meinigen.   20
Doch Lieber! seyn Sie nicht böse, weil ich Sie wissen
lasse, daß ich vor Ihnen schon liebte. –
Wir gingen in das Häuschen, in dem es recht freundlich
war; aber da ich wußte, daß ich über einem Grabe saß, was
mir die Gräfin verschwiegen hatte, konnte ich nicht ganz 25
froh werden, – und das zubereitete Frühstück schmeckte
mir nicht recht. –

*) Bei Bacharach steht dieser Felsen, Lore Lay genannt, alle vorbeifah-
rende Schiffer rufen ihn an, und freuen sich des vielfachen Echo's.

Sieben und dreißigstes Kapitel.

In dieser Umgebung lebte ich zwei Monden, während denen ich mehrere Streifzüge an den freudigen Ufern des Flusses und in das Land einwärts machte.

Ich trat stets mit einer eignen Empfindung solche Wallfahrten an, denn die bunte Einsamkeit des Lebens bey der Gräfin machte mich immer zu einem weltfremden Menschen, wenn ich durch die ruhige große Natur ging, die gar keine Gattung von Principien hat, und deren Lust und Leid sich in einen schönen Wechsel von Jahrszeiten flechten.

So oft ich zurückkehrte, behauptete die Gräfin, ich sey ein ganz neuer unbekannter Mensch, sie habe aber eine Ahndung, oder Erinnerung von einer alten Bekanntschaft mit mir. –

Gott, wie werde ich alt, sagte sie einmal, schon wieder jemand, der mir bekannt scheint, und ich weiß gar nicht, wo ich Sie zum erstenmale gesehen habe.

Es war am Abend, Madame, war es nicht in der Dämmerung, begegneten wir uns nicht zu Pferde am Rhein?

Sie haben ganz recht, seyn Sie mir willkommen. –

Dann küßte sie mich freundlich, ich schien wieder so ernsthaft, als das erstemal, und sie bekehrte mich wieder sehr emsig.

Violette war immer stiller geworden in der letzten Zeit, und schien sich mit einer schmerzlichen Zuneigung an mich zu hängen. Das Mädchen machte mir bange und jetzt, da ich meine ganze damalige Lage ruhig übersehe, bemerke ich mit Schaam und Reue, warum ich diese Bangigkeit zu vermeiden suchte. –

Violette mochte seyn, wie sie wollte, war nicht der erste Abend im Schlosse, und meine Unterhaltung mit ihr, das Einzige, auf das ich mit reiner Freude zurücksehen konnte? – Wie hatte sich die Jungfrau in ihrem Streite mit der Lust mit ihrem Reinsten in mich gerettet, und was versprach ich

ihr, das ich ihr nicht hielt! – Die Gräfin mochte seyn, wie sie
wollte, aber mit ihrem Kinde zusammen war sie schlecht. –
Das Leben eines genialischen Menschen kann aus sich selbst
hervorgeführt, mit eigner Kraft vertheidigt und durchge-
setzt, ein gutes selbstgedeihliches Leben seyn, denn es ist   5
das Leben der Eigenthümlichkeit, aber die Jugend kann sich
an ihm nicht entwickeln; sie ist eine Allgemeinheit, und
muß an dem Frühling, und nicht am Menschen hervor-
wachsen; denn das letztere heißt der Psyche die Flügel aus-
einander zupfen, oder ihr mit einem künstlichen Lichte die   10
Sonne ersetzen wollen, ohne die Rücksicht, daß sie hinein-
fliegt und stirbt. –

Brachte ich Violetten nicht zur völligen Uneinigkeit mit
sich, indem mein Verhältniß mit ihrer Mutter immer ihrer
unschuldigen Neigung zu mir entgegen trat? –   15

Ich konnte in der letzten Woche gar nicht mehr offen mit
ihr reden, denn ich bemerkte, daß sie stets verlegener ward,
wenn ihre Mutter in ihrer Gegenwart mit mir vertraulich
war. –

Diese Empfindung war es, die zu meinen Spazierritten   20
mit wirkte, und ich wünschte so gar einigemal wieder zu
Hause zu seyn.

Das letzte mal, da ich ausritt, nahm ich meinen Weg nach
einem der schönsten Punkte am Rheine, dem Ostein, einem
schönen Lustschlosse auf dem Niederwald, einem hohen   25
Berge, dem Städtchen Bingen gegen über; dieser Berg macht
den Winkel, um den sich hier der Rhein scharf herumwendet.

Der Besitzer des Schlosses war nicht gegenwärtig, und
obschon ich den Mann zu kennen wünschte, der eine solche
Anlage bloß zu seinem Vergnügen machen durfte, war es   30
mir lieb, daß er nicht hier war. Ich hätte ihn hier meines
Dankes ohne einigen Neid nicht versichern können.

So tröstete ich mich und dachte, er habe dieses Werk voll-
bracht, wie j e d e r, wenn er es gleich nicht weiß,
durch irgend Etwas ein höchst wichtiger Mensch   35
ist, so daß ich mir hieraus die Ursache erkläre,

warum die Worte: es war ja ein gemeiner Mensch, keinen Todtschlag entschuldigen. Diese Wichtigkeit des Lebendigen ist mir der einzige Grund irgend eines Rechtes, so wie mir der einzige Grund der Moral ist, daß der Mensch aus den Augen heraussieht, daß er ein Repräsentant des Lebens ist. – Doch ich kehre zurück. –

Das kleine Lustschloß ist ein wahres Lustschloß, denn es ist voll lustiger Einrichtungen, voll geheimer Thüren, verborgner Treppen und doppelter Wände; man kann darin herumirren, wie ein verwünschter Prinz, und ich finde diese luftige, scherzende Gattung von Bauart hier recht angebracht, denn es würde in jedem Falle eine Stümperei geworden seyn, hätte man hier ein gediegenes Gebäude hersetzen wollen, wo selbst kaum des Menschen Herz sich erhalten kann, gegen die vollen reichen Ansichten der Natur.

Wo die Architektur der Natur so erhaben ist, zwischen den Massen der Felsen, den Ergüssen der Aussichten, den brausenden Wäldern hätte nicht leicht ein Gebäude stehen können, ohne plump und mühselig auszusehen, das im mindesten affektiren konnte, als wolle es etwas bedeuten. Ja ich glaube, es ist ein äußerst trotziger melancholisch hoffärtiger Gedanke, auf solchen herrlichen Gesichtspunkten der größten und reichsten Natur, die durch unendliche mannigfaltige Freiheit harmonische Unordnung der Aussicht mit einer pralend wichtigen Bausimmetrie äffen zu wollen, die in solcher Zusammenstellung nur unverdaute Mathematik an der Stirne trägt.

Ein leichtes luftiges Freudengezelt müßte hier aufgeschlagen werden, ein ergötzlicher Feenpallast, voll Muthwill und koketter Mädchenhaftigkeit, doch ohne Prüderie und Sittenpedanterei, – und so ist es hier, man möchte sich umsehen, wo die fröhliche Gesellschaft geblieben ist, die hier in voller fürstlicher Freude, mit Maitressen, Haidukken, Laufern, Opernmädchen, und einem witzigen Hofnarren gehaust hat. – Wo ist die junge etwas schmachtende

Gräfin, die hier an den militairisch schönen Prinzen denkt? –
wo ist der muntere Dichter, der hier Singspiele dichtet, und
Elegien schreibt, weil er in die junge Gräfin verliebt ist? – Ich
wandelte durch die Stuben mit großen Spiegeln in buntge-
malten Bretterwänden – verirrte mich auf den kleinen Trep-   5
pen von Boudoir zu Boudoir; in den Weiberstuben berührte
ich mit Herzklopfen umherliegende Kleinigkeiten, zerrissene Liebesbriefchen, Locken, und gemachte Blumen, welche
die holden leichten Wesen von Frühling zu Frühling, wie den
bunten Staub der Schmetterlingsflügel abstreifen. –   10

Und verzeihen Sie – aber es ist nicht anders – wenn ich es
hin und her überlegte, und das ganze lustige Haus in einem
Zuge zu genießen, mir einen Plan erdachte, so war es der,
mit einem Schock nackter Mädchen, voll Freude, Witz,
Tanz und Sing-Talent, drinne Haschen zu spielen.   15

Auf dem höchsten Punkte des Schlosses steht ein Belvedere, und ein gutes Perspektiv, für die, welche das ganze
Buch nicht verstehen, einzelne Stellen erklären wollen, und
gerne wüßten, ob auch dieses oder jenes Städtchen mit hier
notirt wäre.   20

Dieses Thürmchen ist die Spitze des Schlosses, und die
Pointe des ganzen epigrammatischen Gebäudes, das wie ein
guter freundlicher Einfall hier oben hingeflogen ist, und
mir wie das Lied eines Thurmdeckers auf dem Münster vor-
kömmt.   25

Das Schlößchen scheint sich, wie ein fröhliches scherzhaf-
tes Mädchen in den Mantel von Königen, hier in die herrlichen Berge zu verstecken, mit den Worten: ich bin auch da,
liebt mich; am Ende, wenn's Nacht wird und nicht grade
der Mond scheint, wenn's draußen stürmt, kommt ihr doch   30
zu mir.

Ich sprach von dem Schlosse zuerst, weil es heißer Mittag
war, da ich herauf kam, und ich mich in den kühlen Stuben
erfreute.

Als sich der Abend nahte, ging ich in den Wald, der auf   35
wenigen Punkten von der Kunst berührt, doch nichts von

seiner Schönheit verlor. Seine Gränze um den Berg herum
ist die unbeschreibliche Aussicht, die alle Worte übersteigt.
Man kann nicht zurück, der dunkle Wald liegt ängstlich
hinter einem. Nirgends ward mir meine Geschichte so erbärmlich und so klein. Ich glaubte, hier zu stehen, sey der
Zweck und das Ende meines Lebens. – Wie ein kleiner Bach
sich durch dunkle Thäler, durch Klippen und Felsen stille
oder nur brausend hinwindet, weil seine Ufer ihm weichen,
oder ihm widerstreben, wie er endlich sich in eine unabsehbare See, sich selbst vernichtend hinstürzet, so stand ich
hier.

Alles, Alles freudig hingeben, Freude und Lust, Freundschaft und Liebe, alle stolze Leiden der Demuth, alle
Träume und Pläne freudig hingeben, in dieses Wehn der
Luftströme, diese Tiefe voll großer Natur, diese freundlich
heran dringende Ferne, war meine letzte Reflexion, meine
Begierde war Schweben, und ich sah mit gefährlichem
schwindelnden Neide den wilden Tauben nach, die sich
freudig hinabstürzten, wo der Rhein den Fuß der grünen
Berge küßte, deren Häupter von seiner rauschenden Umarmung trunken zu drehen schienen, und es war mir, als walle
die Seele des kräftigen Stromes herauf durch die Adern des
Berges, wie warmes lebendiges Blut, und der Boden lebe
unter mir, und alles sey ein einziges Leben, dessen Pulsschlag in meinem Herzen schlage.

Hier hat alles sein Ende, und alles ist gelöst, hier ist alles
vergessen, und ein neues Leben fängt an. – Der Mensch ist
das Höchste nicht im Daseyn, sonst wäre keine Mühe in
ihm, und keine Stuffung der Vollkommenheit: der Mensch
ist nicht frei, er könnte sonst nicht wieder zurück ins enge
dunkle Haus, er stürzte sich eher hier hinab. – Gefangen
sind wir, wie das Weib, das ewig nach den Schmerzen der Geburt sich gerne wieder zum Werke der
Lust hinwendet, gefangen sind wir, wie Leichtsinn
und Schwermuth, zwischen Schmerz und Lust, und
die Freiheit besteht in der Wahl zwischen zweien,

wo uns das eine schon so ermüdet, daß wir das andere gern ergreifen – und was ist endlich die heiligste stolzeste philosophische Ansicht, als die
Krankheit der Flamme, die zu verlöschen droht,
um sich selbst zu sagen: ich bin das Licht und entzünde Alles. – Man kann höchstens so eine traurige
Ansicht haben, wenn man nach Hause geht, und sich mit
Hoffart trösten will, oder wenn man kömmt und sich vornimmt, doch etwas bessers zu seyn; – aber was hilft es endlich, wenn man hier steht, da muß das traurige Zeug, der
konsequente eitle Trost doch zurück bleiben, denn wahrlich
er ist das verdienstliche Bemühen der schweren Arbeit, und
es wäre für jeden, der hier steht, eine sehr mitleidswürdige
moralische Betrachtung, an die Verdienste der Philosophen
und Gelehrten zu denken. –

Fast möchte ich glauben, daß das ruhige volle Genießen
des einfachen unschuldigen Menschen der Gipfel des Lebens ist, und ich will mich bestreben, ein Trinker zu werden, und mir meine Weingärtner zu halten.

Der Punkt, wo ich stand, war ein kleiner runder Tempel
auf fünf Säulen, die voll von den Namen der Menschen
standen, die eine solche Minute in ihrem Leben hatten –
und wenn unter den vielen hunderten nur einem zu Muthe
war, wie mir, so sind zwei Menschen hier ruhig geworden,
und besser. –

Etwas später ging ich nach einem andern Punkte, einem
alten Thurme, der auf dem Winkel steht, den der Berg
macht und den Punkt bestimmt, auf dem sich der Rhein
schnell und heftig wendet.

Die Aussicht ist hier nicht so ergossen, sie ist nicht ein
ruhiges, willenloses Meer, das wie ein lebendiges unendliches Element ohne Fortschreiten durch die Größe schon
fern und nah ist. Sie ist thätiger, drohender gegen den Stolzen, umarmender und erwärmender für den Liebenden.

Dort wird man vernichtet, man vergißt sich, und muß
trunken ertrinken; hier drängen sich die Berge heran, die

beiden Ufer wollen sich die Arme reichen, oder die Stirne
bieten, die Brust der Berge will zusammendringen, um den
reißenden Fluß zurückzuhalten, der ihnen hier zu entfliehen scheint.

Dort ist man hingegeben, hier rückt die Natur heran, und
bietet einem die kräftigen Hände, und man rüstet sich im
Herzen, die Riesin zu empfangen.

Der alte Thurm ist mit einem bequemen Saale versehen,
der ganz in dem derben Geschmacke jener braven Zeit eingerichtet ist, und auf einem kleinen Pulte am Fenster fand
ich das Heldenbuch, und in einem Schranke in der Wand
eine schöne Sammlung der neuern Werke, welche die Reste
der Poesie des deutschen Mittelalters enthalten. –

An die Wand hatte der Graf selbst die Worte geschrieben:
»Was waren das für gesunde Menschen, welche solcher Natur gegenüber stark warden, die uns heut zu Tage nur rührt
und erschüttert.« –

Der Wechsel der Aussicht machte einen sehr wohlthätigen Eindruck auf mich, ich war mir hier als besserer
Mensch zurückgegeben. Ich war dort mit unruhigem Gemüthe hinausgesegelt, und hier setzte mich das Meer
geprüft und reich ans Land. Ich erkannte hier, wie viel
Antheil der Mensch an der Natur hat, denn hier, wo alles
näher an mich heran trat, sah ich in den eignen Busen,
und fühlte, wie ich größer geworden war, seit wenigen
Stunden. –

Der Sonnenuntergang, zwischen den Felsen und Wäldern, war eine Zwischenrede der Natur in mein Leben, ich
war entzückt, wie ein Heiliger, die Flammen und Gluten
brachen sich so geisterisch, so tausendfaltig lebendig, gestaltlos und beweglich in der heftig und rauh grouppirten
Wildniß, und das Rauschen des Rheins stieg so mächtig in
der allgemeinen Stille, als höre ich das Sieden der flammen-
den Geister um mich her, die in einem geheimnißvollen feu-
rigen Tanze sich gaukelnd über die dunkeln Wälder und
Schluchten hinschleuderten. –

Ich sah mit einer mir noch unbekannten Ruhe zu, wie ein Licht nach dem andern dem Schatten wich, und fühlte, wie sich zugleich im Ebenmaße mein Gemüth veränderte.

Jedem weichenden Lichte zog eine Erinnerung nach, und es schien mir als bezeichne ich die Stellen, von denen eine Farbe des Glanzes geschwunden war, mit Dingen, die mir lieb gewesen, oder noch waren.

Nun war es ganz ruhig, nur glänzte noch die Pforte, durch die alle die Flammen hingezogen waren, und auch diese schloß sich mit der Aussicht –, ich dachte an Violetten, und entschloß mich fest, nicht wieder zu der Gräfin zurück zu kehren. – Ich nahm mir vor, graden Weges von hier zurückzureisen, denn ich schämte mich meines Verhältnisses mit der leichtsinnigen Frau, sie schien mir so weit unter mir, und ich konnte nicht begreifen, wie sie mich verblendet hatte.

Hier rief mich ein Diener aus dem Schlosse zurück, er sagte mir, daß jemand angekommen sey, der mich sprechen wolle. –

Ich ging mit ihm zurück, und fand Violetten; der Gärtner hatte sie auf ihr dringendes Begehren hierher geführt. –

Sie überraschte mich auf eine unangenehme Art, und der gütige Eindruck der Natur auf mein Gemüth ward durch sie gewaltsam unterbrochen. –

Als wir allein waren, blieben wir noch lange stumm, bis sie sich mir mit Thränen näherte, und mich um Verzeihung bat, daß sie hierher komme, um meine Freude zu stören – sie müsse mir Vorwürfe machen, daß ich ihr Hülfe versprochen, und sie noch tiefer verstrickt habe.

Sie zeigte mir mit geschämiger Umständlichkeit, wie ich so verderblich für sie mich ihrer Mutter ergeben hätte, wie sie nun ihre Mutter hassen müsse, die ihr ihren einzigen Freund genommen: ach, sagte sie, Sie selbst sind mir ein peinlicher Gedanke, ich muß immer an Sie denken, und Sie haben mich doch so sehr gekränkt! –

Ich sprach ruhig mit ihr, und sagte, was ich für wahr hielt, wie ich das alles empfände und wie ich mich herzlich

schämte, mich so hingegeben zu haben; – doch gestand ich
ihr auch offen, wie sie selbst einigen Theil dran habe, obschon in aller Unschuld, denn ihre Aeußerungen gegen
mich hätten so zwischen kindischer Naivetät, Frömmigkeit
und Sinnlichkeit geschwankt, ihre Reden gegen mich hätten
am ersten Abende schon eine solche Unbestimmtheit verrathen, daß ich oft nicht gezweifelt habe, sie sey eine angehende Koquette, und schon so gut als verloren. –

Violette hörte das alles ruhig an. Sie haben recht geglaubt,
sagte sie, hätte ich mich nicht in Ihnen betrogen gefunden in
jener ersten Unterhaltung, so wäre ich es wohl geblieben,
aber ich erwartete, daß Sie mich lieben würden, und da ich
eben dieser Liebe meine Mutter aus dem Wege rücken
wollte, zeigte ich mich Ihnen in einem unschuldigen Gewande, um Ihnen meine Mutter verhaßt zu machen; aber
ich konnte mich gegen Ihre einfachen Antworten und Fragen nicht erhalten, und Sie wurden, was ich nicht wollte,
nur gerührt: ich fühlte selbst, daß ich, als ich von meinem
Vater und meiner Mutter sprach, mehr sagte, als ein Kind
sagen kann, dennoch konnte ich mich nicht mehr fassen,
und redete grade heraus, wie es mir mein Verdruß eingab,
ich war in meinem Leben nicht so wunderbar zerrüttet, als
an diesem Abend, ich fühlte, wie ich so gar nichts tauge, um
zu lügen. – Meine Mutter hatte mich wirklich zu Ihnen geschickt, und ich stellte mich, als ging ich ungern, um ihr allen Verdacht der Eifersucht zu nehmen – aber wie ist alles
geworden? – Es ist wahr, daß jene Angst in mir war, und ich
habe lange gestritten mit der Andacht, aber das ist nicht
mehr – meine Mutter kennt mich nicht, sie glaubt mich
theils schlechter, theils besser, als ich bin. – Sie haben etwas
fürchterliches in mir hervorgebracht, – ich faßte mich wieder zusammen und wendete mich mit Gewalt zu Gott. –
Ich habe die ganze Nacht gebetet und geweint nach jenem
Abend, – und als ich Sie am Morgen sah, mußte ich mich
meiner und Ihrer schämen. – Doch ich muß Ihnen noch sagen, Sie sind nicht zufällig zu uns gekommen, meine Mutter

hat Sie ausgesucht, – wir haben Sie auf einem Balle gesehen, und sie entschloß sich gleich, Sie zu besitzen, und auch ich faßte meine kindischen Anschläge. – Ich habe in der letzten Zeit Ihren Mißmuth bemerkt, und so sehr es mich schmerzte, daß Sie mir aus dem Wege gingen, so sehr war es mir lieb, daß Sie über Ihre Lage zu reflektiren schienen. – Ich fühle, daß ich zu Grunde gehen werde, – ich fühle, daß Sie mir helfen können. –

———

Ich breche hier Violettens Worte ab, die sich immer mehr verwirrten – sie konnte bald nicht mehr sprechen, und brach in bittre Thränen aus. –

Meine Verlegenheit konnte nicht kleiner seyn, als die ihrige, ich fühlte, daß sie auch diese Rede mit einer Standhaftigkeit und einer ernsten Gleichheit reden wollte, der sie, wie jener naiven, unschuldigen Rolle, nicht gewachsen war, ihr armes verwirrtes Gemüth, das mit Leidenschaft, Selbstverachtung, und Unschuld, und Vorsatz stritt – kam endlich zu Tage. –

Dies arme Geschöpf war auf eine traurige Weise in die Höhe getrieben worden – ich konnte nichts erwiedern, denn auch ich stand sehr unwürdig, ja unwürdiger, als sie, da –

Sie kniete vor mir nieder, und bat mich heftig, sie mit zu nehmen, oder sie umzubringen, sie wolle mir wie eine Magd dienen, ich solle sie mißhandeln, aber zu ihrer Mutter könne sie nicht zurück. –

Ich fragte sie, ob ihre Mutter wisse, daß sie hier sey, und erfuhr, daß ihre Mutter es nicht wisse, daß sie verreist und sie gleich nach ihrer Abreise hierher gegangen war, um mir alles zu sagen, wie es ihr Gott in den Mund legen würde. –

Ich dachte nun nach, wie ich in der Sache handeln sollte, aber ich fand keinen Ausweg, immer verirrte ich mich in unnütze Betrachtungen, oder ertappte mich auf einer Bequemlichkeit, mich heraus zu ziehen.

Während dem war es ganz dunkel geworden, Violette hatte sich mir weinend zu Füßen gesetzt, und meine Hand ergriffen, und wir waren beide in jene dumpfe Sorglosigkeit gefallen, die einen geselligen Schmerz unter so vertraulichen Umständen leicht begleitet.

Ich fuhr auf, denn ich hörte ein Pferd im Hofe ankommen, ich sah zum Fenster hinab, und es war die Gräfin. –

Violette! Ihre Mutter, sagte ich bestürzt, wir müssen uns nicht verrathen, Ihr Hierseyn wird sie leicht entschuldigen, seyn Sie froh und munter, so gut Sie es können, ich will für Ihr Wohl denken.

Violette sprang von der Erde auf. –

Gott! Gott! sagte sie, und ging mit mir ihrer Mutter entgegen. –

Diese war, wie immer, leichtfertig und zierlich gemein, sie scherzte mit Violetten, und freute sich, sie hier zu finden: dies ist dein erster Geniestreich, sagte sie, und ich hoffe für dich. –

Wir brachten den Abend so gut zu, als ich und Violette heucheln konnten – der Schloßvogt wies uns einige Stuben zum Schlafen an – und wir trennten uns.

Dies war die fürchterlichste Nacht meines Lebens: ich wußte mir nicht anders zu helfen, als daß ich der Mutter einen Brief schrieb, in dem ich ihr alles sagte, was ich empfand, und sie dringend bat, ihre Tochter von sich zu entfernen.

An Violetten schrieb ich auch und suchte sie aufzurichten, und ihren Entschluß zum Guten zu befestigen. Dann ging ich hinab, bezahlte den Schloßvogt, es war drei Uhr des Morgens und ritt weg. –

Von meiner Reise lassen Sie mich schweigen, ich reiste Tag und Nacht nach Haus, und war mehr todt, als lebend.

Ich zweifle nicht, daß viele meiner Leser unwillig seyn werden, daß ich Violetten verließ, jetzt bin ich selbst unwil-

lig darum, aber damals war es nicht anders möglich, wenn
ich nicht selbst zu Grunde gehen wollte, ich hatte mich zuerst zu retten.

Man soll hier nicht denken, als habe mich mein Leben
mit der Gräfin um seiner selbst willen gereut, nichts weniger, aber ich fühlte, daß dies freie Leben einen Charakter
annehmen wollte, und darüber erschrack ich.

Die freie Lust ist wohlthätig, aber eine gebundne Unbän-
digkeit, die mich mit Zügellosigkeit zügelt, ist das verderb-
lichste und alles Gute geht dadurch zu Grunde.

Acht und dreißigstes Kapitel.

Als ich zu Hause eintraf, fand ich Kordelien sehr krank,
und sie starb bald darauf in der freien Luft, unter der Eiche,
am hintern Eingange des Haines, der das Jägerhaus umgiebt, sie hatte sich dort hinbringen lassen. –

Ich war auf dem Gute, als sie starb, denn meine Gegenwart war ihr auf dem Jägerhause beschwerlich. – Als ich sie
einige Tage vorher besucht hatte, reichte sie mir, ohne mehr
als einige Worte zu sprechen, einen versiegelten Brief, den
ich nach ihrem Tode erbrechen sollte.

Sie war während meiner Abwesenheit mehrere mal am
steinernen Bilde meiner Mutter gewesen, und der alte Anton sagte, er habe sie einmal dort heftig weinend gesehen.

An der Eiche hatte sie Nachts oft gestanden, und sie war
überhaupt ihr liebster Aufenthalt. Sie hatte mehrere große
Aeolsharfen in der Eiche anbringen lassen, und sich besonders mit Blumenzucht und Gesang unterhalten.

Der Jäger sagte mir, als ich auf die Nachricht ihres Todes
hinüber ging, daß sie ihre Stube versiegelt habe, ehe man sie

nach der Eiche geführt habe, es sey gegen Abend gewesen, und um sechs Uhr sey sie dort gestorben.

Als ich ihren Brief erbrach, las ich nichts, als daß sie wünschte, unter der Eiche begraben zu werden, und mich beschwor, ihre Stube nicht eher zu öffnen, bis ihr Name entdeckt sey.

Sie mochte damals ohngefähr vierzig Jahre als seyn, ihre Figur war schlank, ihr Haar schwarz, und ihr Auge lebhaft. In der letzten Zeit ihres Lebens sprach sie beynahe gar nicht. Sie ward unter der Eiche begraben. –

Bald darauf erhielt ich Briefe von meinem Vater aus Italien, der mich aufforderte, ihn zu besuchen, und ich reiste gerne und gleich ab. –

Hier liegt ein Zeitraum von einigen Jahren, die ich in Italien bis zu meines Vaters Tod zubrachte.

Neun und dreißigstes Kapitel.

Da ich nach Deutschland zurückgekommen war, nahm ich meinen Weg zuerst nach dem Rheine, ehe ich nach meinem Gute ging. Ich fand eine traurige Veränderung, der französische Revolutionskrieg hat seine Verheerungen dort ausgebreitet; die Natur war noch dieselbe, aber die Menschen nicht mehr. –

Ich ritt Abends mit pochendem Herzen nach dem Schloß der Gräfin, der Weg war aufgerissen, und rings die Weinberge zerstört, das Thor stand offen, wie damals, aber die Thorflügel waren zerschmettert, der Hof war mit Gras bedeckt: ich rief nach jemand, und ein alter Diener kam mir mit einer Laterne entgegen: ich fragte nach der Gräfin.

Die ist seit anderthalb Jahren todt, war die Antwort, das
Schloß steht unter der Aufsicht ihrer Schuldner, sie ist mit
den Franzosen herumgezogen, hat alles zu Grunde gerichtet, und am Ende mußte sie auch sterben. –

Nach Violetten zu fragen, wagte ich nicht, ich fragte, ob
er mich wol heute Nacht beherbergen könne, er brachte
mich hinauf, nach der nehmlichen Stube, in der ich den ersten Abend mit der Gräfin gewesen war.

Das ist die einzige Stube, an der noch eine Thür ist, sagte
er, und in ihrem Mantel können Sie wol hier auf dem Arm-
sessel schlafen.

Er stellte mir das Licht hin, und verließ mich.

Wie ein Todter, der die Welt nach langen Jahren wieder
betritt, ging ich in der Stube umher, in der eine fürchterliche
abentheuerliche Verwüstung herrschte.

Das Brustbild der Gräfin war mit Degenstichen zerfetzt,
und auf eine militairische Art verunreinigt, die Wände waren
mit allerlei abgeschmackten Figuren mit Kohlen bemalt, am
Boden umher lagen zerrissene Dokumente in Haarwickel verwandelt, in einem Winkel stand ein Gemälde, das sonst auf der
Hausflur gehangen hatte, und zwei nackte Weiber vorstellte,
die sich um ein Paar Beinkleider schlugen, alle Meubel waren
auf eine muthwillige Art zerschmettert, – ich rückte den Armstuhl in die Mitte, setzte meine Füße auf mein Felleisen, und
versuchte zu schlafen, aber es war lange umsonst.

Gegen Morgen erwachte ich, und Gott! wie erschrack ich,
als ich zwischen meinen Knien ein halb nacktes Mädchen
sitzen sah, das eingeschlafen war. Meine Hände, die ich in
meinem Schooß liegen hatte, waren mit ihren langen Haaren zusammen gebunden.

Ich wickelte mich los, stand auf ohne sie zu wecken, und
betrachtete sie näher, es war Violette, – ich warf meinen
Mantel über sie, sie saß auf dem Felleisen, und lehnte den
Kopf an das Kissen des Armstuhls. –

Ich trat ans Fenster und sah wieder in dieselbe Gegend,
nichts hatte sich verändert, und wie sah es in meiner Seele

aus. Wie der Morgen herauf stieg, und es heller wurde, sah
ich wieder nach Violetten, aber sie öffnete ihre großen Augen, schrie laut, und ich faßte sie in meine Arme, sie war
ohnmächtig: ich setzte mich in den Armstuhl, und hielt sie
so, von Herzen umarmt, heiße Thränen flossen über meine
Wangen, die ganze Vorzeit erwachte um mich, und schlug
mich mit schmerzlichen Schlägen.

Auch Violette erwachte wieder, und sagte laut weinend:
ach warum verließen Sie mich damals, hatte ich nicht gesagt,
ich würde zu Grunde gehen? –

Ist es denn so, Violette? –

Ach es ist so, es ist nun alles vorüber. –

Die Mutter hatte sich mitten in der Glut des Krieges das
freie Zelt ihrer Lust aufgeschlagen, auch Violetten hatte sie
der wilden Liebe hingegeben, die Mutter war gestorben,
Violette war allein zurück geblieben, Flametten hatte ein
nahe wohnender Förster zu sich genommen. Das Schloß
und die Güter waren durch Krieg, und die Erpressungen
der Gräfin selbst zu Grunde gegangen. Violette hatte keine
Heimath mehr, der letzte Mann, den sie wirklich liebte, –
denn er hatte sie zu sich genommen, und wenigstens aus
Mangel und Noth gerettet, – war ein französischer General,
der am Abende vor der Schlacht meistens alle sein Vermögen zu verspielen pflegte, um ohne Testament, und ohne Erben dem Tode entgegen zu gehen.

Er setzte Violetten auf die letzte Karte und verlor sie an
einen seiner Waffenbrüder – wenn ich todt bleibe, sagte er,
ist sie dein, und komme ich davon, so gebe ich dir meine
zwei Schimmel. – Er blieb todt, – Violette floh und verbarg
sich bey dem Förster, der Flametten erzog. – Die Armee
drang siegend vorwärts, und unter den Elenden, die der
Krieg hinter sich läßt, war auch sie.

Der Förster wollte sie nicht länger um sich haben, das Leben war schwer zu erwerben, und die Bauren haßten alles,
was der Gräfin angehörte, sie war deswegen Nachts in das
Schloß zurückgegangen. –

Es war ja kein Mensch, der sie hinderte, der wilde Krieg hatte ja alle Thore gesprengt, und die Armuth und das Elend konnten aus und eingehen. Sie war nach der Stube gegangen, in der sie sonst mit Flametten gewohnt, und dem Kinde das Lied von der Weinsuppe vorgesungen hatte, ihr Bettchen stand noch da, aber es war kein Boden mehr darinne, auch waren keine Fenster mehr in der Stube und keine Thür, der Wind zog traurig durch die leeren Fensterrahmen, und ging wehklagend durch die wüsten Gänge des Hauses: sie setzte sich auf den Boden auf ein Stück Holz nieder, und weinte, ihre Kleider waren zerrissen, und es war eine kühle Nacht. – Ach es war das nehmliche Holz noch, das sie mit banger Frömmigkeit sonst unter ihr Kopfkissen gelegt hatte, um hart zu schlafen, und sich zu kasteien.

Sie dachte an Godwi und erinnerte sich wieder an alle ihr Elend, und ihr Verderben, seit er sie verlassen hatte. Ihr Schmerz hatte keine Gränzen mehr, sie lief wie verrückt nach der Stube ihrer Mutter. – Hier schlief der nehmliche Mensch auf einem Stuhle, sie kannte ihn nicht, die Laterne stand in einem Winkel und brannte dunkel, sie betrachtete ihn aufmerksam, und er war es, er – der sie in alles Elend gestürzt hatte: sie mochte ihn nicht wecken, setzte sich zu seinen Füßen, und bedeckte seine Hände mit Thränen und Küssen, – es ergriff sie eine schreckliche Zerrüttung, sie zerraufte sich die Haare, und rang die Hände: dann ließ sich ein guter Geist auf sie nieder, sie drückte Godwi's Hände an ihr zerrissenes Herz, und fesselte sie mit ihren langen schönen Haaren, dann sanken ihre Blicke, und sie entschlummerte zu seinen Füßen.

Violette sprach wenig, aber sie bat mich, sie umzubringen. Liebe Violette, ich kann dich nicht zweimal ermorden, sagte ich, gehe mit mir nach Hause, und wohne bey mir, ich will den Förster und Flametten auch mitnehmen.

Sie begleitete mich zu dem Förster, ich bot ihm meine
Dienste an, er zog gerne mit mir in ein friedliches Land,
und wir wohnten mehrere Monate ruhig mit einander. Fla-
metta war so geworden, wie meine Leser sie schon kennen,
Violette aber ward nicht wieder froh, aber sie war wie ein
Engel, alles vortreffliche, was sie in wilden Flammen der
Leidenschaft geopfert hatte, gab der Himmel ihr in mildem
strahlenden Glanze wieder. Sie ging nicht von meiner Seite,
und als der Frühling wieder kam, reichte ich ihr meine
Hand, und fragte sie, ob sie ewig mein seyn wolle. –

Kein Priester verband uns, aber auch das Leben nicht, die
Liebe war es allein – und da es Morgen wurde, fand ich sie
nicht an meiner Seite, ich suchte sie im ganzen Hause. –

Im Garten saß sie zwischen den Blumen und sang:

> Ihr hübsch Lavendel Roßmarin,
> Ihr vielfarbige Röselin,
> Ihr stolze Schwerdlilgen,
> Ihr krause Basilgen,
> Ihr zarten Violen,
> Und dich Violette,
> Euch wird man bald holen,
> Hüte dich schöns Blümelein! –

Ich glaubte, sie scherze, und sang: es ist ein Sämann, der
heißt Liebe. –

Aber sie kannte mich nicht mehr. – Bald starb sie, – wo
sie jenen Morgen saß, steht jetzt ihr Grabmahl. –

Maria ist heute Morgen gestorben, er wollte einige Minuten vor seinem Tode, da er sich sehr heiter fühlte, noch auf
der Laute spielen, aber seine Krankheit, die, wie ich erzählt
habe, eine Zungenentzündung war, war in eine Herzentzündung übergegangen, der Schmerz ergriff ihn plötzlich
sehr heftig, er ließ die Laute fallen, und sie zerbrach an der
Erde. –

Er starb in meinen Armen, wir haben viel an ihm verloren. In der letzten Zeit las er meistens in Tiecks Schriften.

In der zerbrochenen Laute, deren sich einstens Kordelia bedient hatte, wie ich oben angeführt habe, stand der Name: Annonciata Wellner – Kordelia und Annonciata sind also dieselben, – nun durfte ich die Stube eröffnen, denn ihr Name war entdeckt, ich fand viele Papiere von ihrer eignen Hand, und besonders viele Gedichte an die Natur.

Ich hoffe in einer weniger traurigen Zeit alles dieses bekannt zu machen, und eröffne nur folgendes:

Als Annonciata aus dem Schlosse verschwunden war, hatte sie der Geliebte Wallpurgis' entführt, sie liebte ihn gränzenlos, – aber er verließ sie, nachdem sie ihm das höchste Opfer gebracht hatte, das ein Weib bringen kann, – meine Leser glauben zu wissen, was dieses Opfer sey, aber ich schwöre ihnen auf meine Ehre, sie irren sich, das höchste Opfer ist nicht das heilige Liebeswerk – ich kenne es allein, und wenn ich aufgehört habe, zu staunen und zu verehren, will ich dieses höchste Opfer des Weibes bekannt machen.

Einige Nachrichten

von

den Lebensumständen

des

verstorbenen Maria.

Mitgetheilt

von

einem Zurückgebliebenen.

Der Leser, der in den vorhergehenden Blättern bald mehr bald weniger gerührt und angesprochen wurde, wird nicht ohne Interesse diesen Erinnerungen an den verstorbenen Verfasser begegnen. Sein ganzes Leben war so geheimnißvoll, daß ich statt einer vollständigen Entwicklung seines Gemüths und seiner Jugend, nur mittheilen kann, wie ich ihn kennen gelernt, wie er mir und unsern Freunden erschienen ist und wie wir noch jetzt um ihn weinen. Der Kummer findet in jeder Klage Trost – und an verlorne Hoffnungen denken wir leichter, wenn wir auch Andere dafür interessirt wissen.

Seine äußere Erscheinung bizarr oder angenehm, aber immer anziehend – seine Unterhaltung schnell, sehr lebhaft, immer witzig – vielen fremd, einigen sehr lieb – in seinem ganzen Daseyn ein gewaltsames Ringen seines Gemüths und der äußern Welt – so sah ich Maria zuerst in J. und fühlte mich schnell zu ihm hingezogen. Keiner, der in J. war, nennt diesen Abschnitt seines Lebens ohne Dankbarkeit und angenehme Erinnerung! – Elise! – Dieser Sommer, in dem ich Maria kennen lernte und das Jahr, das wir mit einander verlebten, sind mir unvergeßlich. Wie es überhaupt Ton in J. war, mit allen bekannt, mit wenigen vertraut zu seyn – denn eine anständige Freiheit schuf eine glückliche Geselligkeit, in der Jeder leicht den fand, den er suchte – so fanden auch wir, Maria und ich, uns bald in einem fröhlichen Kreise gleichgesinnter Freunde. Ihr guten Jünglinge, du vor allen treuer Wr., wo ihr auch seyd, entfernt, zerstreut – Maria hat euch nie vergessen – ihr begegnet den letzten Blicken, die er zurück warf – neben seinem Schatten reicht mir die Hand, nicht wahr? wir lieben uns noch und vergessen ihn nicht? –

Darf ich nennen, was uns alle verband? Ein Dichter hatte uns alle geweckt; der Geist seiner Werke war der Mittelpunkt geworden, in dem wir uns selbst und einander wiederfanden, mannigfach von einander unterschieden waren wir, wie unsre Zeitgenossen, ohne Religion und Vaterland, wer die Liebe kannte, fühlte sie zerstörend – ohne diese Dichtungen wäre der lebendige Keim des bessern Daseyns in uns zerstört, wie in so vielen. Im Genusse dieser Werke wurden wir Freunde, in Erkenntniß seiner Vortrefflichkeit gebildet, mit dem Leben einig, zu allen Unternehmungen muthig, zu einzelnen Versuchen geschickt. Deutschland hätte unser Studium Göthens kennen gelernt, wenn mehrere von uns Maria's poetisches Talent gehabt. Sein Gemüth war früher von einem andern Dichter berührt und seine dunkle verstimmte Jugend konnte sich lange dem heitern Genius nicht vertrauen; aber bald verdankte er ihm, daß sein Schmerz Klage, sein Unglück Kraft, seine Trauer um Liebe Streben nach Kunst wurde.

Alle Erinnerungen seiner Kindheit verloren sich in den Schmerz, keine Eltern zu haben, alle Hoffnungen seiner Jugend brach die Verzweiflung der Liebe. Wie sein Leben bedeckte auch diese Leidenschaft ein Schleier. Daß er ein edles Weib, getrennt durch Verhältnisse, unglücklich liebe, war keinem von uns verborgen, denn es war der Inhalt seines ganzen Daseyns. Das Geheimniß selbst schläft in deiner Brust, Clemens Brentano! Du hattest Maria's ganzes Vertrauen, und weil du weißt, was er litt, darum hast du am tiefsten gefühlt, wie werth ihm die Ruhe!

Er gestand uns gern, wie er sich erheitre in unserm Umgange; er fing an sich und seinen Talenten zu vertrauen – mehrere Aufsätze, die noch nicht gedruckt wurden, sind in dieser Zeit geschrieben – sein Godwi entworfen, hin und wieder ausgeführt.

In keinem glücklichern Momente hätte er das angenehmste Verhältniß finden können, das er jemals hatte – Deine Bekanntschaft T. und den Umgang mit Dir Fr. S. und Dei-

ner edlen Freundin. Freundlicher T., führt Dir ein Zufall
diese Blätter in die Hände, siehst Du sie lächelnd durch, wie
Du pflegst, darf ich Dich anreden, darf ich Dir sagen, wie
wir alle Dich liebten, wie Du uns im Leben begegnetest wie
5 in der Dichtung, einfach, gütig, der Gottheit und der Vorzeit empfänglich, reich an treffendem Witz, reicher an Gefühl, Dichter und Künstler, wie es wenige sind? Von uns allen hatten Deine Werke Maria am meisten gerührt, er pries
sich glücklich, je mehr er Dich sahe, er ward fleißig, von Dir
10 zu lernen, noch auf seinem Krankenlager erquickten ihn
Deine Erfindungen.

T. Umgang war ihm ermunternd – S. Nähe bildender.
Wenige haben sich Dir, gute fromme Seele, mit diesem Vertrauen genähert – Deinen Verstand, Deinen Blick, Deine
15 tiefe gefühlte Würde, F. S., achtete Maria, – Deinen verhüll-
ten Enthusiasmus erkannte er. Sein Schicksal war ein ewiger
Irrthum – so hat er Euch verloren.

Daß ich unter seinen Freunden noch die auszeichne, die
am meisten auf ihn gewirkt haben. Die Wissenschaft mag R.
20 Genie, den erfindsamen Fleiß, den tiefen Geist und die heilige Ahndung seiner Untersuchungen dankbar bewundern –
Maria liebte die Heiterkeit, mit der er ein großes Leben begann und den kühnen Witz seiner Unterhaltung. Von einer
andern Seite berührte ihn die seltene Erhabenheit in Kl. Ge-
25 müthe. Trefflicher Spiegel Deines Zeitalters! Dich weckte
schon in früher Jugend der Genius, mit versteckten Erfindungen dem Irrthume zu begegnen – was Du geschrieben,
ist eine stille Persiflage der herrschenden Schwäche – mit
kluger Mäßigung verhüllst Du Dein Vorhaben und Deine
30 Originalität – Viele sind Dir begegnet, ohne Dich zu erkennen – unbesonnene Kritiker tadeln Deine Werke, die sie
dem Aeußern nach beurtheilen – die Nachwelt wird Dir
danken!

Entzündet von der Nähe jener großen Männer, erheitert
35 durch den Umgang dieser und der andern Freunde, ward
er gesunder, heitrer wie je vorher. In wenigen fröhlichen

Stunden schrieb er das muthwillige Spiel: Gustav Wasa.
Wer es beurtheilen wollte, müßte den Witz und die Laune
kennen, mit der es geschrieben wurde und die Erbitterung,
mit der er den verderbten nichtswürdigen Geschmack um
so mehr haßte, je mehr ihn der Geist der Poesie durch-   5
drang.

Im Sommer 1800 verließ Maria J. und ging nach D. Hier
fand er, unvermuthet, wie ich glaube – die Frau, die er
liebte, wieder. Sie kam von einer Reise aus Italien zurück –
er sah sie, um sie nie wieder zu sehen – ihm ward sein Un-   10
glück gewiß, uns sein Tod wahrscheinlich. Wie gern vertraut' ich dem theilnehmenden Leser alle Briefe, die er mir
in dieser merkwürdigen Zeit geschrieben – was ich geben
darf, sind nur einige Stellen:

»Mir ist wohl, recht wohl: Es wird dich freuen, daß ich   15
das sage, aber es freut mich noch mehr, daß ich es sagen
kann. Ich hatte den Frühling nie gesehen, darum hat er
mich so überrascht auf dem Wege hieher. Von meinen Beschäftigungen kann dir K. erzählen. Auch an Godwi habe
ich viel geschrieben.«   20

»Hier ist mir alles lieb, nur nicht einige junge Philosophen, die die Kunst üben, ohne alle Kunst von der Kunst zu
reden. Ach, ich wollte gern die Philosophie achten, aber so
lange solche Leute ihre Nichtswürdigkeit in den philosophischen Mantel verhüllen können –«   25

»Von meinem Studium der Antiken und der andern
Kunstwerke habe ich auch an K. geschrieben. Ich trete nie
ungerührt, immer mit der gespanntesten Aufmerksamkeit
in diese Gesellschaft der Götter, aber nicht lange, so wider-
stehe ich mir vergeblich; der Ernst meiner Betrachtungen   30
wird tiefe Wehmuth, und wenn ich hinauf sehe zu der schönen Griechin und der rührenden Trauer in ihren stillen
Mienen, dann ergreift mich das Gefühl von Vernichtung,
mit dem mich die Musik zu erfüllen pflegt, und ich muß
hinaus und habe alles vergessen, nur meinen ewigen   35
Schmerz nicht. –«

»– Großer Gott, wie mich das gefaßt, zerstört hat! Sie ist
wieder in Deutschland, sie ist hier. Ich werde sie vielleicht
heute noch sehen. Denke dir: ruhig sitz' ich zu Tische, da
erzählt ein Fremder, wie unterhaltend es heut in der Gallerie war; eine große schöne Frau ging, die Gemälde zu betrachten und wie sie ging, sahen alle Maler von ihrer Arbeit
und ihr nach. Alle, so schien es, vergaßen ihre Ideale über
den Anblick – ›Und wer war die Zauberin?‹ – Ach, da nennt
er sie und von dem Augenblicke weiß ich nicht, wo ich bin
und wie mir geschieht. Diese Menschen vergessen über Ihre
Erscheinung ihre Ideale, und ich, der die ganze Gottheit
dieses Weibes kennt und fühlt – ich soll Sie vergessen, über
dem, was ihr Ideal der Kunst nennt! –«

»Ich habe dir lange nicht geschrieben, ich werde dir auch
wol nicht viel mehr schreiben. Ich fühle mich sehr schwach.
In dieser romantischen Gegend bin ich sehr gern, diese Verwirrung zerbrochner Felsstücke, einsame Wasserfälle, überall Trümmern und Zerstörung, thut mir sehr wohl. Doch
werde ich diese Thäler bald verlassen und wieder nach D.
gehen. Ich muß in die Welt, in diesen Einöden bin ich nicht
einsam genug, und einsam muß ich doch seyn, wenn ich ihr
mein Wort halten und leben und dichten will – darum will
ich zurück zu den Menschen.«

Gegen den Herbst verließ er D. und ging an den Rhein.
Von hier schrieb er selten: aber seine ganze Stimmung
drückt sich in folgenden Worten eines Briefes ganz aus, die
ich nie vergessen werde: »Vorige Nacht saß ich oben bey
dem Schlosse der Gisella und sah unter mir den Rhein und
in den dunkeln Fluten den Mond und die Gestirne abge-
spiegelt und von den schäumenden Wellen gegen die Felsen
geworfen, als würden sie zertrümmert. Sieh, so steht die
Tugend und die Schönheit ewig unverrückt und nur ihr
Abglanz wird von unserm dunkeln tosenden Leben bewegt« –

Dann lebte er auf einem Landhause v. S. Die romantische
Gegend und die einsamen Verhältnisse dieses Aufenthalts

hat mein Freund im zweiten Theile des Godwi selbst beschrieben. Den guten Geist dieser Wohnungen, der auch
Maria tröstete, in dessen Armen er gern starb, an dessen
Brust er wieder zu erwachen wünscht, Dich, mein S., hat
er nicht beschrieben. Und wer könnte die ruhige Würde
Deiner Erscheinungen, die stille Güte Deiner Mienen und
die liebende Consequenz Deines Lebens mit Worten an-
deuten? Ich mag Dich nicht erinnern, was Du für Maria
gewesen bist, aber ich bitte Dich, wenn die gestorben
sind, für die ich lebe, laß mich auch in Deinen Armen einschlafen.

Von seiner Krankheit hab' ich nichts zu sagen. Seine
Liebe war sein Leben, seine Krankheit und sein Tod. Bis in
dem letzten Augenblick war er thätig – wir mußten seiner
Begierde zu lesen und zu schreiben auf den Befehl des Arz-
tes nachgeben. Er würde nicht sterben, behauptete dieser,
wenn er immer fort schriebe. Die letzten hellen Tage und
Stunden verdankt er Dir, A., Deine Ironie, Dein reines Gefühl und Dein jugendliches poetisches Daseyn heiterten den
Kranken ach, wie sehr! auf. Nun sterbe ich ruhig, sagte Maria einst lächelnd, ich habe den Humor gesehen. Die Freude,
die Dir in Tiecks Dichtungen geworden, mag Dir belohnen,
was Du an ihm gethan. Bleibe um Gotteswillen so lustig,
wenn Du ein großer Physiker wirst.

Von den Anlagen, die mit ihm verloren gegangen sind,
hat der Freund nicht zu reden. Nur das darf ich bemerken,
daß die schönsten lebendigsten Stellen dieses zweiten Theils
wenige Tage vor seinem Ende geschrieben wurden. Der
Sinn seiner Dichtungen spricht sich deutlich genug aus –
daß in unserm Zeitalter die Liebe gefangen ist, die Bedin-
gungen des Lebens höher geachtet sind wie das Leben
selbst, und die Nichtswürdigkeit über die Begeisterung sie-
gen kann, hatte er mit seiner Jugend und seinem Leben bezahlt. Er wandte seine letzten Kräfte auf, Andern dies Opfer zu ersparen. Streit mit der Liebe war sein Schicksal,
Streit für die Liebe sein Beruf.

Nahe an S. Gute lagen hoch und mit einer reizenden Aussicht die Trümmern einer Burg – zwischen den Ruinen wohnte in einem kleinen Häuschen ein Kastellan, bey dem wir in frühern Zeiten oft sehr vergnügt lebten. Es war ein eigener Aufenthalt zwischen den alten Thürmen und Mauern: aus einem Theile der alten Burgkapelle war die Kirche des Dorfes geworden. Maria, der immer mehr seinen Tod sah und wünschte, bat uns, ihn zu dem alten Kastellan zu bringen. Hier lebte er einige Wochen oben, fleißig, heiter und freier, je näher sein Tod kam. S. und A. waren beständig um ihn; die kleine Sophie, des Kastellan Tochter, war seine Wärterin.

Von seinem Tode laßt mich schweigen. Ich habe ihn nicht sterben gesehen. S. las ihm Tiecks Herkules am Scheidewege vor.

> »Und da kömmt noch die Ewigkeit,
> Da hat man erst recht viele Zeit.«

Maria lachte noch einmal, er drückte S. Hand stärker und S. hat ihm nicht weiter vorgelesen.

Man hatte mich auf das Schloß gerufen. Als ich hinauf kam, saß S. an dem alten Thurme und sah still in den Abend. Seine Hand wies mich in die kleine Kirche. Lächelnd lag der bleiche Freund in dem besten Ruhebette. Die kleine Sophie legte ihm Rosen in die Hände. Als ich heftig an ihm niedersank, ihn zu umarmen, bat mich das Kind leise: Wecken Sie ihn nicht! Er hat lange nicht so gut geschlafen und wie wird er sich freuen, wenn er aufwacht und die Rosen sieht! –

Wir theilen dem Leser noch die bey dieser traurigen Gelegenheit erschienenen traurigen Gedichte traurig mit.

I.

An S .... y.

Erhebe dich von dem verschloßnen Munde,
Komm von dem Lager, wo Maria ruht:
Er schläft so heiter, ruhig, still und gut,
So lächelnd sah er der Befreiung Stunde;
Noch streitend fühlt er schon, daß er gesunde,
Frei wird in seiner Brust der höhre Muth,
In Ahndung löst sich die verschwiegne Glut,
Geheilt ist bald des Lebens tiefe Wunde.
Maria schläft: verschlossen ist sein Mund,
Er ist die Antwort schuldig mir geblieben,
Ach, wirst denn du sie meiner Liebe geben?
Ist es denn wahr? kann denn der Mensch nicht lieben?
Ist keine Wahrheit in dem dunklen Leben?
Wird jeder Schmerz im Tode nur gesund?

II.

Nachgefühl
von N – M.

Wenn die Blumen wieder blühen,
Regt es sich im stillen Herzen,
Wenn die Rosen wieder glühen,
Fühl' ich tiefer Ahndung Schmerzen.

Thränen rinnen von den Wangen,
Meine Blicke muß ich senken,
Stiller Sehnsucht zart Verlangen,
Faßt des Freundes Angedenken.

Ach und Niemand kann mir sagen,
Wo der theure Freund geblieben,
Trauer hätt' ich gern getragen,
Gern ein Lied auf ihn geschrieben!

———

III.

Als Stammblatt.

Bitter tadelst du den Schöpfer,
Daß er deinen Freund zerstöret,
Und daß er ihn nur deswegen
In des Lebens Mitte führte,
Um dann auf dem letzten Blatte
Der Verwesung ihn zu weihen.
Nicht den Schöpfer, nein das Leben,
Trifft, o Freund, dein bittrer Tadel!
Ach, das Leben ist so kurz,
Ach, so kurz und doch so lang!
Ist es denn auch nicht das längste,
Laß es uns zum dicksten machen!
Sein Gebein stürz' in den Abgrund,
Lebt er doch im Grunde ewig.
Sein Geist, der ewig schaffende,
Lebt tönend fort in dir und mir
Von einer Messe zu der andern
Ertönet sein belebend Werde,
Das ist das Loos des Schönen auf der Erde.

IV.

Der duftgen Wolken Schleier
Verhüllt der Landschaft Moor,
Um fallendes Gemäuer
Klagt der Sylphiden Chor.

Was hemmt in goldnen Lüften
Der hehren Ahndung Flug,
Was bringt aus dunkeln Grüften
Der stillen Gnomen Zug?

Es ist des Jünglings Leiche,
Sie tragen ihn empor,
Der sich im Geisterreiche
An Laura's Hand verlor.

Erglänzt von Luna's Blicken   5
Ruht dunkel die Gestalt,
Und durch die Dämmrung zücken
Errinnrungsblizze kalt.

—————

V.

Genius senke die Fackel, hier ruht der erbleichete Jüngling,   10
   Ach, der heftige Schmerz schließt uns den klagenden
                            Mund!
Zwischen der Form und der Sache da irren die
                       menschlichen Triebe,
   Und ein ewiger Streit trennet das Ich und das Nichts,   15
Trennet die Pflicht und die Liebe, trennt das Gesetz und die
                     Freiheit,
   Bindet zu Formen den Thon, trennt dann den Thon und
                die Form.

VI.   20

Grausam eröffnet schon der alte Tod
Das tiefe Grab, nimmt edle schöne Knochen
Heraus, um unserm Freunde Platz zu machen.
Maria duldet still die Arzeneien,
Wie grausam ist des Edlen Schicksal!   25
Der nichts, der ach! nichts nachzutrinken hat!
So duldet er sein Schicksal, bis
Der Athem (wehe, wehe dem Verräther!)
Heimtückisch, wie ein Seufzer, ihn verläßt,
Nun liegt er da, die edle schöne Seele,   30
Wir beben alle, wir verstummen!

Da erscheinest du, der Leichen Muse,
Entwindest dich des Todtengräbers Armen,
Hüllst den Verstorbenen freundlich
In deinen dichten Schleier,
Und bringst den Schlummernden
Der dunkeln Erde in die Arme –
Da ruht der Jüngling, bis dem Mutterschooße
In neuen Formen die Geburt entsteigt,
Lebend in Blüthen oder Liedern
Den Vater grüßt!

VII.

Von A. W–nn.

Du hattest schon, o Freund! den Weg gefunden,
Vertrauend bald der heilgen neuen Lehre!
Du hattest schon die heilge drei verbunden,
Bis dir die viere deutlich worden wäre,
Ließ dich der Blick ins Centrum schon gesunden!
Ein tapfrer Krieger für der Gottheit Lehre,
Ein Phönix, wirst du dich der Liebe weihen,
Die junge Brust in ewger Lust erfreuen!

VIII.

(Mel. der Vogelfänger u. s. w.)

Maria liegt nun schlafend da,
  Lustig, mein Mädchen, Hopsasa!
Der Tod ist Schlaf, der Schlaf ist Tod
Zwischen dem Morgen und Abendroth.

Maria liegt nun schlafend da,
  Lustig, mein Mädchen, Hopsasa!
Kann der Begriff die Liebe fassen,
Kann der Kaptain das Fluchen lassen.

Maria liegt nun schlafend da,
   Lustig, mein Mädchen, Hopsasa!
Wär ich schon todt, ich kehrte mich um,
Ohne das Salz ist die Erde dumm!

Maria liegt nun schlafend da,
   Lustig, mein Mädchen, Hopsasa!
Sieht doch der Kaiser den Sonnenbrand!
Kirschen, o Kirschen! lustiger Tand!

Maria liegt nun schlafend da,
   Lustig, mein Mädchen, Hopsasa!
Ackerleute des lustigen Weins,
Liebe! du Tausend und immer Eins!

IX.

Von K. R.

Heil dir, der du der Dichtung magern Rappen,
Gespornet frisch, wie Ritter Donquixote,
Entrissen kühniglich aus Glück und Nothe
Hast du dich aus dem Streit poetscher Knappen.
Wozu nach Abentheur und Reimen tappen?
Dich traf der Wettlauf mit gar harter Pfote,
Dann kam des Tods entschuldigender Bote
Und nahm dem Leben seine Schellenkappen.
Nun sind zu Ende alle die Geschichten,
Dich hat ein Gott der Littratur entzogen,
Du badest dich allein in blauen Wogen.
Wozu noch länger reimen, dichten, richten,
Du hast verlassen unsre Katakomben
Und freuest dich der Götter Hekatomben.

An Clemens Brentano.

Dir so theuer wie mir, war diese freundliche Jugend,
   Die sich, in heiliger Glut sterbend, in Liebe gelöst!
Weinend wendest du dich – wir scheiden mit ewigen
5   Thränen,
   Daß diese Liebe verstummt, welche so zart uns vermählt!
Sieh noch einmal zurück auf die schöne heilige Ahndung,
   Ueber der Schlummernden gieb mir zu dem Bunde die
                        Hand.
10 Ist es uns nicht geworden, zu rächen die Wünsche der
                        Jugend?
   Blieb ein Vermächtniß nicht dir, was sie so glühend
                        erstrebt,
Dir, dem die Götter die reiche Fülle der freundlichen
15   Dichtung,
   Dem sie die Sprache verliehn und ihre bildende Kraft?
Schon ergreifst du die Leier, zu rächen, zu retten die Liebe,
   Und ein neues Geschlecht dankt dir den freien Genuß.
Wie du hinunter jetzt steigst in das Dunkel des irrenden
20   Lebens,
   In die Tiefe der Brust kehrst du begeistert zurück,
Dort die verlorne Jugend umringt von Schatten zu finden,
   Kühn bezwingend den Tod führst du die Dichtung
                        zurück.
25 Also zum Orkus hinab stieg einst der thrazische Orpheus,
   Suchte, die er geliebt, fand sie dem Tode vertraut,
Aber die göttliche Leier bezwang des Tartarus Mächte,
   Seinem Gesange vermählt kehrt die Geliebte zurück.
Ja, schon lächelt das Licht, doch an der Schwelle des Lebens
30   Faßt ihn des Zweifels Gewalt, raubt ihm den schönen
                        Besitz.
Unglückseliger Mann! sie war dem Vertrauen gegeben,
   Was dir der Glaube gewährt, kann es der Zweifelnde
                        sehn?
35 Doch was fürchtetest du, dir nahe tödtend der Zweifel

Und dir mislänge dein Werk, kühn zu gestalten den
                                          Schmerz?
Dir bewahret die Liebe der Guten das schöne Vertrauen
  Und der kindliche Sinn schützt dir das kindliche Glück.
Heilige Jugend erscheint in deinen fröhlichen Werken   5
  Uns dann auf ewig erneut, dir dann auf ewig vermählt!

Anhang

Zu dieser Ausgabe

Der Text der vorliegenden Ausgabe folgt dem Erstdruck:

Godwi oder Das steinerne Bild der Mutter. Ein verwilderter Roman von Maria. 2 Bde. Bremen: Friedrich Wilmans, 1801 bis 1802.

Orthographie und Interpunktion der Druckvorlage wurden gewahrt, auch die unterschiedliche Schreibweise von Eigennamen. Eine Ausnahme bildet die Anrede in den verschiedenen, im Erstdruck häufig klein geschriebenen Höflichkeitsformen, die durchgehend groß geschrieben werden, um das Verständnis nicht zu erschweren (*Sie, Ihr, Er* und deren Flexionsformen). Auch wurden Anführungszeichen, die gelegentlich vor dem Schlußpunkt der wörtlichen Rede stehen, hinter den Punkt gesetzt.

Weitere Eingriffe in den Text sind im folgenden aufgelistet:

13,27 Herr«, sagst du] Herr, sagst du«   18,10 ruft:] ruft;   24,6 nehmen.«] nehmen.   25,3 sie Sie] Sie sie   27,20 Excellenz«] Excellenz   32,6 Entfernung,] Entfernung   40,12 meine] meune   55,20 dreyßig] dreyßig   58,25 -weilegen] weiligen   62,6 aussaugt] aussagt   35 Sklaven-] Sklaven   67,1 sie] fie   73,34 parallel] parllael   84,31 liest] ließt   91,7 gehüllt.] gehüllt,   102,13 Nothwendigkeit«] Nothwendigkeit   21 in: »Ich] in:« Ich   123,33 F.] B.   141,3 wild] mild   145,29 begrüßend.] begrüßend,   147,29 die] di e   148,16 hin«] hin   dir.] dir.«   149,19 verschlingt.] verschlingt   151,29 Tilie.] Ich.   153,12 Dunkel] dunkel   154,5 Sollst] Solltst   6 warm] marm   158,34 erfind'st] erfindst'   159,12 vertraut,] vertraut.   174,9 heftiger] htftiger   191,23 Francescos] Antonios   193,6 Cecilien] Cicilien   197,2 Corrieri] Cerrieri   5 volate] rolate   198,2 schrieb:] schrieb;   201,31 erzählte,] erzählte,,   203,30 Ihrer] ihrer   205,4 den] die   217,19 sagen:] sagen;   225,24 daß] dasi   228,7 Sie] sie   231,24 spitzen] Spitzen   246,19 f. dein Kuß] den Kuß   248,10 Blüthen] Blühten   260,25 daß] das   269,17 Bewußtseyn] Bewustseyn   271,36 sich nicht]

sich 272,35 gestaltvollste] gestalltvollste 273,11 Erlösers] Erlö-
ses 276,11 welche] welches 277,3 Haber:] Haber. 23 ich:]
ich 281,30 einen] einem 284,1 Siebentes] Zweites 287,18 ob's
ein] ob sein 290,13 allen] allein 291,21 rhythmische] rythmi-
sche 293,18 Petrarch] Petrach 299,19 Intensität] Itensität
303,5 sie] Sie 9 leisem] leisen 306,12 Blüthen] Blühten 307,2
Rosen] Rasen 312,10 schien] schon 29 wehte?] wehte. 314,35
Gesanges:] Gesanges. 315,31 den Teufel um] um den Teufel
und 319,33 Sie] sie 320,15 sechsten] sechssten 28 Wasser-Ge-
sichter] Wasser Gesichter 326,35 Lust:] Lust. 329,28 nach lan-
ger] langer 337,7 er hebt] erhebt reckt] recht 339,1 stiller]
stille 341,6 Alphorns] Alphores 343,33 ihn] ihm 353,17 thun,
was] thun, waß 357,33 Jungfrau,] Jungfrau 361,18 oben] eben
362,15 scheint?] scheint. 365,9 puote] poute 28 elemosina] cle-
mosina 29 fate] fatte 366,24 sonno] sono 30 non] no 367,4
è] e 15 ha˜] hä 20 Deh] Dhe 24 siete] sete 25 è fedel] e fe-
del 28 Corvo] Corvu 368,2 Cerchia] Cerchia˜ 370,12 Duc,]
Duc 376,30 Scaramuz] Scaranuz 381,3 fort:] fort 382,17 O
lo] U'lo 387,24 Marie] Maria 390,31 schrieb:] schrieb. 396,6
81] 82 15 indem] in dem 24 rhythmisch] rythmisch 27 hielt,]
hielt 397,23 das] daß 398,19 Wallpurgis'] Wallpurgis 403,26
Säulen] Seulen 408,13 indem] in dem 409,9 ward] war 410,8
daß Gott] das Gott 33 wußte] wuste 416,22 rasire] rassire
419,3 mir, ihrem Werke,] mir ihrem Werke 422,10 einem] einen
425,25 interessant] interressant 428,1 Godwi,] Godwi 431,1
142] 145 434,21 142] 143 435,11 289] 281 28 Marien] Mariens 452,3 flimmern] flimmern, 454,20 auf] auch 455,2 ist's
Tag] ists Tag 460,1 f. bemühen] bemuhen 461,33 denn] den
462,18 setzen,] setzen; 466,20 fort:] fort. 469,1 Violette,] Violette 475,15 einen] ein 485,15 daß] das 491,15 einmal,] einmal 492,25 Niederwald,] Niederwald 497,7 Riesin] Riesen
499,23 so gar] sogar 508,12 Wallpurgis'] Wallpurgis 16 ihnen]
Ihnen 511,28 euch] Euch 515,8 ›Und] »Und Zauberin?‹] Zauberin?« 518,2 S . . . y.] S . . . g. 519,2 Stammblatt] Stammblat
521,12 W–nn.] W–ne.

Anmerkungen

Die folgenden Erläuterungen beruhen teilweise auf der eingehenden Kommentierung des Romans *Godwi* durch Werner Bellmann in Band 16 der *Sämtlichen Werke und Briefe Brentanos* (zit. als: HKA 16), in der die biographischen Zusammenhänge, die Entstehungsgeschichte der zahlreichen Gedichte und Gedichtzyklen sowie die Anspielungen auf die damalige Literatur erfaßt sind. Für eine genauere Beschäftigung mit Brentanos Roman bleibt diese Kommentierung unerläßlich.

Erster Theil

3,2 [Titel] *Godwi:* Der Name taucht in einem bislang unveröffentlichten Lustspielfragment Brentanos auf: »ich glaub er heist wie Gott, [...] nein Gottweißwie, God – godwi ja Godwi«, also als etwas nicht Bestimmtes; vgl. aber auch ahd. *godwin(i)* ›Gottesfreunde‹ (vgl. HKA 16, S. 625).

3,5 *verwilderter Roman:* eine Steigerung des von Friedrich Schlegel, z. B. in der *Lucinde*, für den Autor in Anspruch genommenen »Verwirrungsrechtes«.

9,1–8 *Den schönen Launen ... Tendenz:* Die Widmung richtet sich an die Schwestern Wilhelmine (Minna), Juliane (Julie) und Henriette Reichenbach in Altenburg, die Brentano durch Sophie Mereau kannte und mit denen er ein kokettes Verhältnis unterhielt. *ohne Tendenz:* zweckfrei, ohne moralische oder sonstige Absichten, als reine Kunst.

11,21 *das Buch ist schon ein Jahr alt:* Die Widmung wurde erst nach der Vollendung des 1. Teils im Sommer 1800 geschrieben.

12,11 *mögte:* hier: könnte.

12,26 *Ossianschen:* nach den von James Macpherson (1736–96) veröffentlichten *Ossian*-Dichtungen (1760), die der Autor als Übersetzung alter gälischer Lieder ausgab; »ossianisch« i. S. v. ›geheimnisvoll, rätselhaft‹.

13,25 *Popanz:* Schreckgestalt.

16,1 *Vorrede:* Die hier geäußerte Selbstkritik bezieht sich offensichtlich auf die Brentano bekanntgewordenen kritischen Äußerungen über sein Manuskript.

16,2 *gehalten:* maßvoll, beherrscht.

16,24 *1800. Juni:* Diese Datierung bezeichnet die endgültige Fertigstellung des 1. Teils.

17,2 *Römer:* nach Brentanos Jugendfreund Heinrich Remigius Sauerländer (1776–1847) gezeichnet.

17,16 *Rüstwagen:* Plan-, Fracht-, Kriegswagen.

18,7 *Schwagers:* »Schwager« seit dem 18. Jh. häufig für ›Postillion‹.

18,11–14 *So weit als die Welt . . .:* kein Zitat, sondern Brentanos eigene Dichtung.

18,21 *Käuzchen:* gilt im Volksglauben als Vorbote des Todes.

18,22 *die Anlage des Schwans:* Nach alter Tradition soll der Schwan vor seinem Tod wunderbare Gesänge anstimmen.

19,5 *Bataillon carré:* (frz.) im Quadrat aufgestelltes Bataillon.

19,29 *Tischbein:* wohl Johann Friedrich August Tischbein (1750 bis 1812), berühmter Porträtmaler seiner Zeit.
pinxit: (lat.) malte (es).

19,34 *B.:* Kassel.

22,4 *Ludwig der achtzehnte:* Bruder des französischen Königs Ludwig XVI., der nach dem Tod Ludwigs XVII. 1795 den Titel Ludwig XVIII. annahm und im Exil in Kurland lebte.

23,29 *Intressen:* Zinsen.

26,1 f. *einem Ausschusse, wie die Herren zu Paris:* die französische Nationalversammlung.

26,14 *Haarbeutel:* männliche Haartracht des 18. Jh.s: schwarzer Beutel, in den das lange Nackenhaar mit einer Schleife eingebunden wurde.
Grandezza: (ital., ›Größe, Bedeutsamkeit‹) würdevoll-elegantes Auftreten.

26,21 *preußischen Zopfe:* Soldatenfrisur im preußischen Heer.

26,22 *Kuppel Hunde:* zwei zusammengekoppelte Hunde; auch: Meute.

26,25 *häufig:* hier: in großen Mengen.

27,8 *Castellan:* Aufsichtsbeamter in Schlössern; Schloßvogt.

27,31 *Generation:* hier: Reihe von Vorstellungen.

27,33 *Redoutensaal:* Redoute: Maskenball.

28,5 f. *in Wielands Göttergesprächen: Neue Göttergespräche* (1791) von Christoph Martin Wieland (1733–1813); vgl. HKA 16, S. 636.

28,17 *Göthe sagt doch:* vgl. Goethes *Triumpf der Empfindsamkeit* (1784), Prolog zum 4. Akt.

31,15 *Hirschkopf:* Anspielung auf die volkstümliche Vorstellung des Gehörntseins betrogener Ehemänner.

31,30 *Karl:* Vorname Godwis, den dieser mit Römer teilt.

32,5 *incroyablen:* Incroyable (frz., ›unglaublich‹): Modegeck des französischen Directoire (1795–99).

32,7 *Merveilleuse:* (frz., ›die Wunderbare‹) spöttisch für die allzu modisch gekleidete Dame des Directoire.

32,26 *Caprice:* (frz.) Laune.

33,25 *Mozart:* Wolfgang Amadeus Mozart (1756–91), österreichischer Komponist.

34,9 f. *habe ich keinen Beruf erhalten:* steht mir nicht zu.

35,14 *B.:* Kassel.

35,17 *F.:* Frankfurt.

35,19 *Buttlar:* auch: Budlar, Butler.

35,21 *Joduno von Eichenwehen:* nach Claudine Piautaz (1772–1840) gezeichnet; vgl. HKA 16, S. 637.

35,22 *Otilie:* auch: Ottilie.

37,19 *weltfremder:* hier: wildfremder.

38,8 *Claudia:* auch: Klaudia.

41,6 *kindisch:* hier u. ö.: kindlich.

42,26 f. *Philomele:* (griech.) Nachtigall.

43,8 f. *Rheinischen Fuß:* etwa 30 cm.

43,9 *Toisen:* französisches Längenmaß: 1,95 m.

43,10 *Gulden Fuß:* nach Feinsilber berechneter Münzfuß (Maßeinheit, die festlegt, wie viele Münzen aus einer bestimmten Menge Edelmetall geprägt werden dürfen).

43,25 *glimmen:* klimmen, klettern.

43,31 *überreichen:* darüber hinausreichen, übertreffen.

44,6 *Potpourri:* ein mit Blumen und Kräutern angefüllter Topf, der angenehmen Geruch ausströmt.

44,31 *Schreckenberger:* Name einer alten Münze, die in Schreckenberg geprägt wurde.

45,11 *stoischen:* unerschütterlichen, gleichmütigen; nach der spätantiken Philosophenschule der Stoa.

45,25 *Gemeinnützlings-Stelle:* Stelle im öffentlichen Dienst.

45,26 *Supernumerairs:* Anwärter auf eine Stelle im öffentlichen Dienst.

46,19 *accompagniren:* begleiten.

46,20 *Adagio:* (ital.) langsamer Musiksatz.

47,4 *Elle:* altes Längenmaß: meist zwischen 50 und 80 cm.

47,23 f. *liquidesten Solutionen:* flüssigsten Lösungen.

47,28 *Bebe beym heiligen Christophor:* Das »bebé« (Jesuskind), das vom riesigen Christophorus nach der Legende über einen Fluß getragen wurde und dabei ein enormes Gewicht annahm.

47,31 *Steinschleifer Meyer aus Carlsruhe:* nicht ermittelt.

47,35 *Keuschheits-Lilie des heiligen Aloysius:* Der heilige Aloysius von Gonzaga (1568–91) hatte die Lilie zum Kennzeichen.

47,36 *Jupiters goldner Regen:* In der griechischen Mythologie zeugte Jupiter (Zeus) in der Gestalt eines goldenen Regens mit der eingekerkerten Danae den Perseus.

48,1 *aus Landwein zum heiligen Blute:* ironische Anspielung auf die Eucharistie, die Wandlung von Wein in Christi Blut.

48,5 *Maxime:* Grundsatz.

48,13 *Lied an die Freude von Schiller:* die Ode »An die Freude« (1786).

52,11 f. *die mein Wiedersehn tödtete:* Marie Wellner; vgl. die Szene des Wiedersehens in Kap. 27 (419,29–420,7).

53,5 *la luna:* (ital.) der Mond.

53,21 *Marie ***:* Marie Wellner, mit der Werdo Senne verlobt war.

55,16 *ein Fremder:* Francesco Firmenti; vgl. Kap. 26 (396,1–12).

56,20 *Caprise:* (frz.) Kutsche.
     Huldin: grazienhafte Frau; gemeint ist Molly Hodefield.

56,27 *D.:* Dresden.

56,28 *Chodowieki's und Jury's:* Daniel Chodowiecki (1726–1801) und Johann Friedrich Wilhelm Jury (1763–1829), Kupferstecher.

56,29 *Feldpredigers:* August Lafontaine (1758–1831), Verfasser trivial-sentimentaler Familienromane; er war 1790–1800 Feldprediger.
     spasmodischen: krampfhaften.

56,31 *Vaters ... Jungfrauen:* Christian Heinrich Spieß (1755–99), Verfasser der Gespenstergeschichte *Die zwölf schlafenden Jungfrauen* (1794–96), starb in geistiger Umnachtung.

56,33 *H.:* Halle.

56,36–57,1 *den Balken ... andern:* vgl. Mt. 7,3.

57,4 *Transito:* (ital.) Durchgang, Transit.

57,7 *Landesaccise:* Zollbehörde.

57,12 *Freudendebet:* Debet: Sollseite eines Kontos.

57,15 *J.:* Jena.

57,17 *F.:* Fichte.

Capital Conto des Ichs: Anspielung auf Johann Gottlieb Fichtes (1762–1814) Theorie des Ich in dessen *Wissenschaftslehre* (1794).

57,22 *B:* Kassel.

57,36 *Calypso:* Nymphe, die in Homers *Odyssee* den gestrandeten Odysseus auf ihrer Insel festhalten will; hier auf Molly Hodefield zu beziehen.

58,3 *das erste Princip der Morgenröthe:* auf Jakob Böhmes (1575 bis 1624) Schrift *Aurora oder Morgenröthe im Aufgang* zu beziehen.

58,9 *Spitzruthen:* Spießruten.

58,11 *Freut euch des Lebens:* bekanntes Lied von Johann Martin Usteri (1763–1827); die Gründe für ein Verbot sind nicht bekannt.

58,13 *»Herr Gott dich loben wir«:* erste Zeile des Ambrosianischen Lobgesangs »Te Deum laudamus«.

58,15 *alle Wasser in dem Lustgarten Seiner Durchlaucht:* die Wilhelmshöhe in Kassel mit berühmten Wasserspielen (erbaut 1786 bis 1799).

58,17 *Geburt des zukünftigen Volksvaters:* Geburt eines Sohnes des Erbprinzen Wilhelm von Hessen-Kassel am 9. April 1798.

58,20 f. *Pontinischen Sümpfe:* malariaverseuchtes Küstengebiet südöstlich von Rom, um dessen Trockenlegung sich die Päpste bemühten.

58,23 *jenen Fontainen:* Anspielung auf August Lafontaine (vgl. Anm. zu 56,29); nicht zu verwechseln mit dem französischen Fabeldichter Jean de La Fontaine (1621–95).

58,32 *Gesners:* Salomon Geßner (1730–88), Idyllendichter.

59,2 f. *Ritardando, Decrescendo ... Diminuendo:* (ital.) langsamer, leiser, schwächer werdend.

59,5–7 *la pointe ... au coeur:* (frz.) Die Höhe ihrer Taille befindet sich noch im Unterleib, und die heutige geht bis zum Herzen; Anspielung auf das modische Hochgeschnürtsein der Damen.

59,10 *pag. 5. der kleinen Taschenausgabe:* Taschenausgaben der *Idyllen* erschienen innerhalb von Geßners *Schriften*, Bd. 3, Zürich 1789 und 1795.

59,14 *Taille:* Mischen und Abheben der Spielkarten.

59,15 *Pharotische:* Pharo oder Pharao war ein im 18. Jh. weit verbreitetes Glücksspiel.

F.: Frankfurt.

59,23 *Simson:* Nach Ri. 15,15 erschlug Simson 1000 Philister mit einer Eselskinnbacke.

59,26 *Lustschlosse:* Schloß Wilhelmshöhe.

59,32 f. *einen satyrischen Almanach, wie F.: Taschenbuch für Freunde des Scherzes und der Satyre* (1797–1806) von Johann Daniel Falk (1768–1826).

60,3 *Cothurn:* hoher Bühnenschuh der Schauspieler in der griechischen Tragödie.
Ifländischen Hofraths: stereotype Figur aus August Wilhelm Ifflands (1759–1814) Dramen.

60,4 *Stiefel eines bissigen Katers:* Anspielung auf die satirische Komödie *Der gestiefelte Kater* (1797) von Ludwig Tieck (1773 bis 1853).

60,8 *Herrmann Lange:* Titel eines Romans (1798) von August Lafontaine.

60,10 f. *Nikolai in seiner zwölfbändigen Reisebeschreibung:* Friedrich Nicolai (1733–1811), *Beschreibung einer Reise durch Deutschland und die Schweiz 1781* (1783–96).

60,13 *der Verfasser des Romans Godwi:* eine die Illusion der Erzählung durchbrechende Wendung.

60,29 *Flegels:* Beschimpfungen als Flegel.

60,30 *Xenien:* satirische Distichen nach dem Vorbild von Goethe und Schiller im *Musenalmanach für das Jahr 1797.*

60,32 *Podagristen:* an Podagra (Fußgicht) Leidende.

60,33 *Laufern:* Bediente, welche vor dem Wagen oder Pferd ihres Herrn herlaufen.

61,2 *Merkur:* römischer Gott des Handels, auch der Diebe (griech. Hermes).
Charon: Fährmann der griechischen Mythologie, der die Toten in seinem Nachen über den Styx in die Unterwelt bringt.

61,5 *von B. bis nach F.:* von Kassel nach Frankfurt.

61,9 *W.:* Wilhelmshöhe.

61,17 f. *Beckers Erholungen:* die von Wilhelm Gottlieb Becker (1753–1813) herausgegebene Zeitschrift *Erholungen* (1796–1810).

61,27 *die guten Arbeiten ihrer Hände:* Die englischen Stoffe waren wegen ihrer Qualität berühmt und begehrt.

61,33 *Castrum doloris:* (lat.) ›Lager des Schmerzes‹, Grabmonument.

61,36 *Chorea sancti Viti:* (lat.) Veitstanz, eine Gehirnerkrankung, die sich in ruckartigen Muskelbewegungen äußert.

62,1 *Marseillaner Marsch:* die Marseillaise von Rouget de Lisle (1760–1836), Revolutionslied, dann französische Nationalhymne.

62,21 f. *Hostie ... wird:* Die Hostie, das zum Fleisch Christi gewordene Brot, wird während der Eucharistiefeier emporgehalten.

62,35 *Sedative:* Beruhigungsmittel.

63,18 *Faun:* römischer Fruchtbarkeits-, Feld- und Waldgott (griech. Satyr).

63,22 f. *mediceischen Venus:* berühmte römisch-hellenistische Marmorstatue in den Uffizien von Florenz.

64,4 *Diogenes:* der griechische Philosoph Diogenes von Sinope (404–323 v. Chr.), Inbegriff der Bedürfnislosigkeit.

64,13 f. *Weg ... Halstuch!:* Zitat nach Friedrich Schlegels (1772 bis 1829) Roman *Lucinde* (1799), Kapitel »Treue und Scherz«.

64,30–32 *Platon ... unterschieben wollte:* Anspielung auf die Knabenliebe, die dem griechischen Philosophen Platon (427–347 v. Chr.) als höhere Liebe galt.

lebendigen Orgelpfeifen: Gemeint sind die in Italien besonders geschätzten Kastraten, Sänger, die als Knaben kastriert wurden und daher ihre Sopran- oder Altstimme behielten.

65,9 *Casimir:* Gemeint ist der Landgraf von Hessen-Kassel.

65,12 *der Moschee des großen Propheten:* der Kaaba in Mekka, dem Geburtsort Mohammeds.

66,11 *Pfeile im Busen des heiligen Sebastians:* Der Märtyrer Sebastian wurde nach der Legende durch Bogenschützen hingerichtet.

66,29 *gemeine:* banale.

68,8 *Impromptu:* (frz.) scheinbar aus dem Stegreif geschaffene musikalische Phantasie.

68,12 *Glyzerenz:* Glycera: griechischer Hetärenname.

68,13 *Elysium:* in der griechischen Mythologie die Gefilde der Seligen.

68,25 *Hieroglyphisch:* nach der schwer les- und deutbaren altägyptischen Bilderschrift der Hieroglyphen.

69,7 *Salzsäule:* Loths Frau erstarrte zur Salzsäule, als sie entgegen dem Gebot auf das brennende Sodom zurückblickte (1. Mose 19,17–26).

69,9 *Sansfaçon:* frz. *sans-façon:* ungeniert, unverfroren.

71,21 *geizenden:* hier: angestrengt lauschenden.

71,33 f. *quelle volubilité de gosier:* (frz.) welche Geläufigkeit der Kehle.

72,5 f. *Pleyelsche:* Ignaz Pleyel (1757–1831), österreichischer Komponist.

72,16 *Madame vient:* (frz.) Die Dame kommt.

72,33 *Ruinen des Schwarzwaldes:* der Roman *Die Ruinen im Schwarzwalde* (1798–99) von August Klingemann (1777–1831).

73,26 *Stein der Weisen:* das Arcanum der Alchimisten, mit dem sie unedles Metall in Gold verwandeln wollten.

73,27 *Caput mortuum:* (lat.) wertloser Restbestand nach dem Ausbrennen von Eisensulfaten durch die Alchimisten.

73,34 *Affenkasten:* hier für: Sänften.

73,34 f. *Jalousieladen:* (frz.) *jalousie* ›Eifersucht‹.

74,11 f. *Phöbe und Proserpina, Hekate?:* Gestalten aus Wielands *Göttergesprächen* (5. Gespräch); vgl. Anm. zu 28,5 f.

74,19 f. *die Sünde, durch die ich zur Selbsterkenntniß gekommen bin:* vgl. 1. Mose 3,5–7.

74,24 *Syrenengesang:* Durch ihren Gesang lockten die Sirenen, griechische Sagengestalten, Seeleute ans Ufer, um sie zu töten (vgl. Homer, *Odyssee,* 12. Gesang).

74,29 f. *Ave's und Paternoster im Rosenkranze:* Die größere Perle im Rosenkranz bezeichnet den Paternoster (Vaterunser), worauf zehn kleinere folgen, die je für ein Ave Maria stehen.

74,30 *Ave und Vale:* (lat.) Sei gegrüßt und lebe wohl.

77,19 *Idolmios:* (ital.) *idolo mio* ›mein Abgott‹; bezieht sich auf Eusebio.

lallet: möglicherweise »hallet«; vgl. HKA 16, S. 657.

78,7 f. *pochen . . . Todtenuhren:* Das Picken des Holzwurms galt im Volksglauben als Vorbote des Todes.

78,15 f. *das Kind meiner Marie in einem edlen Manne zu sehen:* Der Vater Godwis verließ Molly Hodefield, nachdem er mit ihr ein Kind (Karl Römer) gezeugt hatte, und heiratete Marie Wellner, die Verlobte Werdo Sennes. Dieser Ehe entstammt Godwi.

80,4 *Blödsichtige:* Kurzsichtige.

80,5–7 *großer Mann . . . gehen:* Diogenes äußerte diese Bitte, als ihm Alexander der Große einen Wunsch freistellte; vgl. Anm. zu 64,4.

sub umbra alarum: (lat.) unter dem Schatten der Flügel (vgl. Ps. 17,8).

80,15 f. *Geschichte der Stubenvögel:* Johann Matthäus Bechstein (1757–1822), *Naturgeschichte der Stubenvögel [. . .]* (1795).

80,17 f. *blenden der Nachtigall die Augen, damit sie immer singt:* vgl. 115,21 f.

80,32 *Orden pour le merite:* ein 1740 von Friedrich II., dem Großen, gestifteter Orden.

80,35 *J.:* Jena.

82,29 *Broglio:* Victor François Duc de Broglie (1718–1804), Oberbefehlshaber über die Armee des französischen Königs, trat in die russische Armee ein.

82,30 *Condé:* Louis-Joseph de Bourbon, Prince de Condé (1736 bis 1818), Befehlshaber einer antirevolutionären Emigrantenarmee, seit 1797 in russischen Diensten.

82,31 *Zeitungen:* Nachrichten.

92,8 f. *des einzigen, der außer Ihnen Ansprüche auf meine Liebe hat:* ihr Sohn Karl Römer.

93,32 *die Welt gewürdiget hat:* die Welt seiner würdig gemacht hat.

94,32 f. *prätendirt:* voraussetzt, erwartet.

95,4 f. *Scheidekünstlers:* Chemikers.

95,20–22 *wie Abraham ... stehe:* vgl. 1. Mose 17,16 und 18,10.

95,28 *den Berg Getsemane:* vgl. Mt. 26,36.

96,4 f. *determinirtesten:* entschiedensten, standhaftesten.

96,20 *Renommisten:* Prahler.
Freigeisterei: Der Begriff meint ein Christentum außerhalb der Kirchen, später allgemein für Atheismus.

96,21 *Parvenus:* (frz.) Emporkömmlinge.

96,23 f. *als ihren eigenen Magen zu verschlingen:* satirische Anspielung auf Fichtes Theorie des Ich.

99,12 *Karl von Felsen:* der Vater Godwis und letzte Liebhaber Mollys.

99,32 *Pallas:* Beiname der griechischen Göttin Athene, die ewig jungfräulich blieb.

100,2 *Metamorphose:* (griech.) Verwandlung.

101,31 *Heckethalers:* einer sich immer wieder verdoppelnden (heckenden) Münze.

101,36–102,1 *Ich entdeckte ihm versteckt unsre Verwandtschaft:* Godwis Vater ist auch der Vater ihres Sohnes Römer.

102,27 *Pendul:* Pendel.

102,30 f. *wie Emma mit ihrem Eginhard durch den Schnee:* Emma, eine Tochter Karls des Großen, soll ihren Geliebten Eginhard über den Burghof getragen haben, damit man seine Spuren im Schnee nicht sehen konnte.

104,33 f. *die Kinder ... fähiger:* vgl. Ludwig Tiecks *Leben und Tod der heiligen Genoveva* (1800): »Man spricht, daß solche Kinder, Liebeskinder, / Wie man sie nennt, stets schöner, größer werden, / Als Kinder rechter Ehen« (*Werke in vier Bänden*, hrsg. von Marianne Thalmann, München 1963–66, Bd. 2, S. 418).

106,10 *Briefbuche:* ein sogenannter Briefsteller mit Musterbriefen für viele Lebenssituationen.

106,14 f. *Flötenuhr:* Spieluhr mit Flötenton.

106,15 *akkompagnirt:* begleitet.

108,3 *Perpetuum mobile:* (lat.) Maschine, die ohne Energiezufuhr arbeitet (nach dem Energiesatz unmöglich).

117,8 *Bastille:* das Pariser Staatsgefängnis, das zu Beginn der Revolution 1789 zerstört wurde.

117,25 *eine pur angelegte Sache:* eine genau kalkulierte Angelegenheit.

118,17 *vierten Band vom Acacienbaum:* Casimir Friedrich Medicus, *Unächter Acacian-Baum* (5 Bde., 1794–1803; der 4. Band erschien 1798/99).

118,18 *Pockennoth:* Man führte Pockenschutzimpfungen ein.

118,19 *Runkelrüben-Zucker:* Man bemühte sich besonders in Preußen, Zucker aus Rüben herzustellen.

118,20–23 *unsre Kühe ... können:* Die Rüben und damit Zucker fressenden Kühe lieferten aufgrund der Kuhpocken Impfstoff gegen die Pocken.

118,22 *Blattern:* Pocken.

118,23 *inokuliren:* propfen; einimpfen von Krankheitserregern zur Immunisierung.

118,27 *Residenz:* Kassel.

118,27 f. *Savoir vivre:* (frz.) Lebenskunst, feine Lebensart.

118,33 *ennui:* (frz.) Langeweile.

119,4 *Negligence:* (frz.) svw. *Negligé:* Hauskleid, Morgenrock.

119,8 f. *Der Friseur ... Komödienzetteln auf:* offenbar wegen Papiermangels.

119,11 *Gustav Wasa und Bayart von Kotzebue:* historische Schauspiele (beide 1801) von August von Kotzebue (1761–1819).

119,17 *Wallenstein:* Schillers *Wallenstein*-Trilogie (1800).

119,26 *indianischen:* indischen.

119,32 *eine Hetze Soldaten:* analog zu »eine Hetze Hunde« in der Jägersprache.

120,8 *Rund!:* Kommandowort des Unteroffiziers.

121,7 *deschöniren:* aus frz. *déjeuner* ›frühstücken‹.

121,18 *Aurora:* römische Göttin der Morgenröte.

121,35 *Matrosenpresser:* gewaltsame Anwerber für den Dienst auf Kriegsschiffen.

122,2 *Fill de Schoa:* aus frz. *fille de joie* ›Freudenmädchen‹.

122,2 f. *Karson de Poliß:* aus frz. *garçon de police* ›Polizist‹.

122,30 *stichdunkel:* stockdunkel.

123,21 f. *Allart ... Packan:* Hundenamen.

123,22 f. *haue ich ... Schwanz und Ohren ab:* lasse ich Schwanz und Ohren stutzen.

123,26 *englisiren:* den Schweif stutzen.

123,29 *Kasette de Kolong:* frz. *Gazette de Cologne:* Zeitung von Köln.

123,35 *Musje:* aus frz. *Monsieur* ›mein Herr‹.

124,13 *Gassen gelaufen:* Spießruten gelaufen, eine grausame Militärstrafe.

124,15 *verschreiben:* hier i. S. v. ›durch Schreiben etwas kommen lassen‹.

124,16 *Amtmann:* der Kastellan von Schloß Eichenwehen.

124,21 *die Komödie Mackbeth:* Shakespeares Tragödie *Macbeth.*

124,31 f. *es marschire ein Dolch vor seinen Augen in der Luft:* vgl. Macbeth II,1.

125,23 *im großen Irrgarten:* im Park der Wilhelmshöhe.

125,24 *der große Christoffel:* kolossale Statue des Herkules, deren Inneres durch Leitern zugänglich war.

125,34 *evitiren:* vermeiden.

126,8 *Postskriptum:* (lat.) Nachschrift.

126,12 *Gepimper:* pimpern: einen hellen Schall hervorbringen.

126,13 *verhöre:* überhöre.

126,14 *Vivat:* (lat.) Er lebe (hoch).

126,15 *in Oel getränkt:* auf Transparenten aus Ölpapier.

126,18 *Rewü:* aus frz. *revue:* Musterung, Heerschau.

126,19 *Kamaschen:* Gamaschen: über Strumpf und Schuhe getragene Beinbekleidung.

126,33 *Potentaten:* Machthaber, regierende Fürsten.

127,4 *Säkulo:* Dativ von lat. *saeculum* ›Jahrhundert‹.

127,27 *Zufälle:* hier u. ö.: Vorfälle.

131,32–132,21 *Sieh, dort kömmt der sanfte Freund gegangen ...:* Eusebios Gesang an den Mond, mit Anklängen an Goethes Gedicht »An den Mond« (1789); vgl. HKA 16, S. 680.

134,28–137,30 *Wenn der Sturm das Meer umschlingt ...:* Bezüge zu Novalis' (1772–1801) 1800 erschienenen *Hymnen an die Nacht;* vgl. HKA 16, S. 680.

140,26–33 *Die Liebe fing mich ein mit ihren Netzen ...:* Zum Gebrauch der Stanzen s. HKA 16, S. 681.

141,22 *peinlich:* peinvoll.

141,25 *jener:* der Vater.

143,19 *Wird sie dort freundlich stehn?:* Gemeint ist Molly Hodefield; s. Kap. 30 (435,9–19).

145,21 *Der . . . Nymphen und Sirenen Fessel:* das Eis.
Nymphen: Naturgöttinnen der griechischen Mythologie.

147,29 *Hier folgt die Fortsetzung meines Tagebuchs.:* Anschluß an 146,26; Fortsetzung 156,1.

157,1–6 *Schnell nieder mit der alten Welt . . .:* Godwi an Römer. Zur Vorform dieses Gedichtes vgl. HKA 16, S. 685.

157,17 *Engländerin:* Molly Hodefield.

157,23 *die allgemeine Verbindung einer Schweiz:* 1798 wurde die Schweizer Republik gegründet.

159,21–165,20 *Scene aus meinen Kinderjahren . . .:* an Otilie gerichtet; vgl. HKA 16, S. 686 f.

159,26 *Sandrat:* Joachim von Sandrart (1606–88), bedeutender Maler und Kunsthistoriker, Verfasser der *Teutschen Academie der Edlen Bau-, Bild- und Mahlerey-Künste* (1675–79).
Merian: Die Kupferstecher und Verleger Matthäus Merian d. Ä. (1593–1650) und sein Sohn Matthäus Merian d. J. (1621–87) schufen die Städteansichten zu M. Zeillers *Topographia* (1642–88).

162,30 *jene Fremde, die das Meer verschlang:* Marie Wellner, Godwis Mutter; vgl. 419,29–420,7.

170,13 *Pas:* (frz.) Schritt.

172,16 *stilles Licht:* Irrlicht.

176,11 *verschoben:* hier: verachtet, verschmäht.

177,10 f. *Venus aus dem Schaume des Meeres:* Nach antiker Mythologie ist die Liebesgöttin Venus/Aphrodite aus dem Schaum des Meeres geboren.

177,24 *die weiße Marmorfrau:* vgl. 435,9–19.

177,28 *sinnlos:* besinnungslos.

178,26 *immer:* hier etwa: ohne weiteres.
dürfen: hier u. ö.: können, müssen.

179,11 f. *Chevalier d'honneur:* (frz., ›Ehrenritter‹) Ehrenbegleiter, Kavalier.

179,15 f. *kindische:* kindliche.

180,18 f. *zusammengesetzter:* komplizierter.

180,22 *Charaden:* Scharade: Rätsel, bei dem das zu erratende Wort, in Teile zerlegt, mimisch dargestellt wird.
Witzes: hier u. ö.: Verstandes, Geistes.

180,27 f. *Kanten:* Spitzen.

181,28 *dummzierige:* Wortschöpfung Brentanos; *zierig:* sich zie-
rend, gespreizt.

182,19 *Paladine:* Halstücher.

182,21 *künstliches:* hier u. ö.: kunstvolles.

182,27 *die Legende:* wohl die *Legenda aurea* von Jacobus de Vo-
ragine (um 1230–98).

182,28 *hundert königlichen Jagdgeschichten:* nicht ermittelt.

183,19 *Dichten und Trachten:* nach 1. Mose 6,5 und 8,21.

185,19 *englischen Patentblicke:* erkünstelt engelhafte Blicke.

185,25 *Firmenti:* auch: Fiormenti, Fiormonti.

185,28 *Francesco:* auch: Franzesco, Franzesko, Franzescho.

186,27 *waren Mönchsköpfe seine Maschienen:* Der Sinn ist wohl:
Mönche wurden bezahlt, um für sein Seelenheil zu beten. Bei
Brentano kommt »Mönchskopf« allerdings auch als Münze vor.

187,3 *Nepotismus:* Vetternwirtschaft.

188,30 *Muhme:* Tante.
    Ankona: Ancona: italienische Stadt an der Adria-Küste.

196,6–21 *So bricht das Herz, so muß ich ewig weinen ...:* Zu dem
handschriftlichen Entwurf dieses Liedes vgl. HKA 16, S. 692.

197,1–8 *I miei pensieri ... portate:* wörtlich: Meine Gedanken /
Treue Kuriere / lauft, fliegt / Und bringt Leidenschaft.

200,27 *Peterskirche:* Hauptkirche Roms im Vatikan.

202,34 *Vesper:* Vespergottesdienst.

206,26 *starre ich:* bin ich erstarrt.

207,26 *krittliche:* kritische, kitzlige, heikle.

207,28 f. *du kannst das Wesen nicht mit der Ofengabel aus mir heraustreiben:* vgl. Horaz: »Naturam expellas furca, tamen usque re-
curret« (»Du magst die Natur mit der Mistgabel heraustreiben,
dennoch wird sie stets zurückkehren«; *Epistulae* 1,10,24).

208,8 *Spleen:* (engl.) Hypochondrie, seltsame Eigenart, Verschro-
benheit.

208,12 *den tollen Lear:* In Shakespeares Trauerspiel *King Lear* wird
die Titelfigur wahnsinnig.

208,14 *Kotzebue's sämmtlichen Werken:* Schauspiele, 5 Bde., Leipzig 1797; 1798 begannen die *Neuen Schauspiele*, 23 Bde. (bis
1819), ebenfalls in Leipzig zu erscheinen.

208,16 *Leibstuhl:* Nachtstuhl.

208,24 *halb Schock:* ein Schock: 60 Stück.

208,27 *Patent-Esel:* Anspielung auf Kotzebues Stück *Der hyper-*

boreeische Esel (1799), eine gegen die Frühromantik gerichtete Satire.

208,28 *Apollo:* griechischer Gott, u. a. der Künste.

Kararischem: Bei der italienischen Stadt Carrara wird bis heute besonders schöner Marmor gebrochen.

208,30 *vor:* hier: als.

209,23 *Sirocco:* Schirokko: heißer, feuchter Wind in Südeuropa.

210,20 *Die sogenannte Türkin:* Molly Hodefield.

211,17 *Antiken:* antike Kunstwerke.

212,3 *Standselbstig:* selbständig.

212,19 *Bureau d'Esprit:* (frz., ›Büro des Geistes‹) spöttische Bezeichnung für ›literarischer Salon‹.

212,21 *Zwei junge Pappeln:* Joduno und Otilie.

213,3 *Lapis Lazuli:* Lapislazuli: Lasurstein; meist blauer Schmuckstein.

213,4 *kuriöses:* kurios: seltsam.

213,24 *a priori* (lat., ›vom Früheren her‹) von der Wahrnehmung unabhängig, aus Vernunftgründen.

213,25 *Ablaßzettel:* Bestätigung des Ablasses, d. h. des Sündennachlasses, den man nach katholischer Lehre durch die Autorität der Kirche erlangen konnte.

213,33 f. *Sirenenwesen … Fischschwanz:* Die Sirenen wurden häufig mit einem Fischschwanz dargestellt.

213,35 *Il faut dorer la pillule:* (frz.) Man muß die Pille vergolden.

214,17 *Jaspis:* Halbedelstein von intensiver, unterschiedlicher Färbung.

214,23 *Robinson:* nach Daniel Defoes (1660[?]–1731) Roman *Robinson Crusoe* (1719–20).

215,16 *Senne:* Sehne.

217,9 *Zeug:* Stoff.

217,9 f. *Damis:* ein wie Seide glänzender Baumwollstoff.

217,17 f. *die Anekdote der Herren von Viereck:* nicht nachweisbar; nach HKA 16, S. 698 eine Freimaureranekdote.

218,24 *Codex:* (lat.) Gesetzessammlung.

218,28 *Atlas:* Riese der griechischen Mythologie, der den Himmel auf seinen Schultern tragen muß.

219,2 *meine Türkin:* Molly Hodefield.

219,23 *Basrelief:* (frz.) Flachrelief.

219,27 *Tiecks Genoveva:* Das Trauerspiel *Leben und Tod der heiligen Genoveva* (1800) von Ludwig Tieck.

219,30 *Bambino:* (ital.) Kind, Knabe.

222,13 *Türkin in B.:* Molly Hodefield in Kassel.

223,3 *Die Engländerin:* Molly Hodefield.

227,16 *Charmants riens:* (frz.) bezaubernde Nichtse.

227,16–18 *Titus ... Merveilleux:* modische Frisuren der damaligen Zeit, nach Herrschern oder Epochen benannt.

227,25 *parvenü:* von frz. *parvenu* ›Emporkömmling‹.

227,26 *eklatanteste:* extravaganteste, aufsehenerregendste.

228,27 *tres incroyable:* (frz., ›sehr unglaublich‹) in der Mode außerordentlich ungewohnt oder gewagt; vgl. Anm. zu 32,5.

229,18 *Nervenfieber:* früher Bezeichnung für ›Typhus‹.

229,26 *asthenisch:* Asthenie in der Medizin bedeutet ›allgemeine Körperschwäche‹; vgl. aber HKA 16, S. 701.

230,2 *Prätension:* Prätention: Anmaßung, Selbstgefälligkeit, (angeblicher) Anspruch.

230,20 *Egard:* (frz.) Rücksicht, Achtung.

232,21 *kommode:* (frz.) bequeme.

232,29 *Aisance:* (frz.) Leichtigkeit, Ungezwungenheit, Wohlstand.

232,34 *à contre-coeur:* (frz.) widerwillig, gezwungenermaßen.

235,35 *Caprice:* (frz.) Laune.

236,23 f. *Sakontala:* Titelheldin des Dramas des indischen Dichters Kalidasa aus dem 4./5. Jh., das von den Romantikern hochgeschätzt wurde.

Zweyter Theil

242,1 *B:* Brentanos Schwester Bettine (1785–1859).

243,9 *Egmonts Gebet:* vgl. Goethes Drama *Egmont* (1788) V,2.

244,5–246,26 *Als hohe in sich selbst verwandte Mächte ...:* u. d. T. »Heimweh« in die *Weltlichen Gedichte* (*Gesammelte Schriften*, Bd. 2, Frankfurt a. M. 1852) aufgenommen.

245,28 *was ich in dir liebe:* die Poesie, von der dieses Buch nur ein prosaischer Ausdruck ist.

246,8 f. *um des Schatzes willen ... liegt:* die in der Natur und im Menschen verborgen liegende Poesie.

246,24 *da sich die Zeiten trennen:* Hinweis auf die bevorstehende Jahrhundertwende.

246,24 f. *die Philosophie ... Reflexion:* die Fichtesche Reflexionsphilosophie.

246,25–30 *Töpfe des Prometheus ... Nahrung:* Nach griechischer Mythologie schuf der Töpfer Prometheus Menschen aus Lehm; auch stahl er von den Göttern das Feuer und brachte es den Menschen; zur Strafe wurde er an einen Felsen geschmiedet; ein Adler frißt tagsüber seine nachts immer wieder nachwachsende Leber.

247,3 *Trommeten:* Trompeten.

247,22 *Hiazynth:* Hyakinthos, von Apoll geliebter und versehentlich durch einen Diskuswurf getöteter Jüngling, aus dessen Blut die Hyazinthe entsprang. In Ovids *Metamorphosen* 10,162–216 überliefert; vgl. HKA 16, S. 708 f.

250,21 *Zephirus:* Westwind.

253,8 *Hollundermännchen:* Stehaufmännchen.

253,20 *Propyläen:* Vorhalle griechischer Tempel; übertr. ›Zugang, Eingang, Prachteingang‹.

256,2 *Stadt nahe bey Godwi's Gut:* Hanau.

256,21 *Absprechen:* Aburteilen.

257,10 *Comptoir:* (frz.) Kontor, Büro.

257,23 *Menonitischen:* der Sekte der »Wiedertäufer« (Menoniten) zugehörig, welche die Erwachsenentaufe praktizierte.

258,18 *Factoren:* Handlungsgehilfen.

259,8 f. *den letzten Feldzug am Rheine:* wohl die Befreiung von Mainz und anderen Rhein-Gegenden, die von der französischen Revolutionsarmee besetzt waren, durch die hessisch-preußische Koalitionsarmee Ende März 1793.

262,19 f. *eine gewisse Gattung junger Philosophen:* der Fichteschen Philosophie anhängende Philosophen; das folgende ist eine Satire auf die Fichtesche Philosophie.

264,8 *der Dichter Haber:* Karikatur des Übersetzers Johann Friedrich Gries (1775–1842); vgl. HKA 16, S. 712–714. Die Szene ist auch eine Karikatur des geistigen Lebens in Jena.

264,20 *Anstande:* in der Jägersprache Ort, wo der Jäger auf das Wild wartet.

267,10–12 *Complimenteurs ... Lügners:* vgl. Hans Michael Moscherosch (1601–69), *Gesichte Philanders von Sittewald* (1650). Es geht um die Übersetzung von *Completamentum* entweder als *ex completa mente* (›aus vollkommenem Gemüt‹) oder als *completum mendacium* (›völlige Lüge‹); vgl. HKA 16, S. 715 f.

270,6 *Halbtinte:* in der Malerei eine Mischfarbe; auch: Halbschatten.

270,13 *Generalbaß:* einem Musikstück zugrunde liegende Baßstimme.

270,33 f. *die Liebe in seiner eignen Blüthe:* Vergleich mit der Zwei-geschlechtlichkeit der Bäume.

271,20 *hudeln:* plagen, quälen.

273,4 *Metastase:* Verschleppung von Krankheitskeimen.

274,29 *meistens:* zumeist, die Mehrheit von ihnen.

275,7 *Stockbande:* ein schmückendes Band an einem Stock.

276,14 *die Alten:* die antiken Menschen.

277,19 *Stanzen:* italienische Strophenform, achtzeilig, mit festem Reimschema.
Sonnetten: Das streng aufgebaute Sonett, ebenfalls italienischer Herkunft, ist in zwei 4- und zwei 3zeilige Strophen (Quartette und Terzette) gegliedert.

277,24–279,29 *Unter des lebenden . . .:* u. d. T. »Der Verirrte« in die *Weltlichen Gedichte* aufgenommen.

277,32 *Jupiters:* Jupiter: römischer Göttervater (griech. Zeus); die Eiche gilt als sein Baum.

278,3 *Olympos:* heiliger Berg, Sitz der Götter.

278,29 *Daphne:* Nymphe, die auf der Flucht vor Apollos Liebe in einen Lorbeerbaum verwandelt wird.

279,15 *Echo:* Nymphe, die aus Gram über ihre nicht erwiderte Liebe zu Narziß zu Stein wurde; nur ihre Stimme blieb lebendig.

279,22 *ambrosisch:* von *Ambrosia,* der Speise der Götter: himmlisch.

279,27 *Dryaden:* Baum-, Waldnymphen.

280,8 *Flametta:* nach ital. *fiametta* ›Flämmchen‹; »Fiametta« heißt eine der Erzählerinnen in Giovanni Boccaccios (1313–75) *Deca-merone.*

283,20 *Homer:* gilt als Dichter (8. Jh. v. Chr.) der Epen *Ilias* und *Odyssee.*

284,26 *Dianenbusen:* Diana: römische Göttin der Jagd, Beschütze-rin der Jungfräulichkeit.

284,27 *Costum:* von frz. *costume* ›Mode-, Zeitgebrauch‹.

285,1 *Cyparissus:* nach Ovids *Metamorphosen* 10,106–142 Liebling Apolls, von ihm in die immergrüne Zypresse verwandelt, da er über die versehentliche Tötung seines Hirsches ewig trauern will. Brentano besaß eine überarbeitete Fassung der *Metamorphosen;* vgl. HKA 16, S. 721.

285,31 *Phöbus:* Beiname von Apoll als Licht- und Sonnengott.

288,24 *Trauerweide:* auch »Trauerzypresse« genannt.

289,21 *Ossian:* vgl. Anm. zu 12,26.

289,27 f. *Perspectiv:* Fernglas.

290,34 *Tasso's befreites Jerusalem:* das von Haber (Gries) übersetzte Werk Torquato Tassos (1544–95) *La Gerusalemme liberata* (1581).

292,16 *Musenalmanachen:* literarische Jahrbücher, die vorwiegend Erstveröffentlichungen brachten; bedeutend die von Schiller herausgegebenen Musenalmanache (1796–1800).

292,26 *Schlüsseln:* Notenschlüsseln.

292,31 *auf den Kauf:* nicht maßgeschneidert, sondern fertig gekauft.

293,1 *Recipe:* (lat.) Hole zurück, nimm wieder.

293,18 *Petrarch:* Francesco Petrarca (1304–74), der wegen seiner vielen Wortspiele als besonders schwierig zu übersetzender Lyriker gilt.

293,18 f. *Florilegium:* (mlat.) ›Blütenlese‹, Sammlung poetischer Texte, Anthologie.

293,20 *officinelle:* Offizin: Apotheke.

293,27 *Dante:* bezieht sich auf Dante Alighieris (1265–1321) *Divina Commedia.*

294,1 *Simson:* vgl. Anm. zu 59,23.

295,36 *Faust:* Gemeint ist das Volksbuch *Historia von D. Johannes Fausten* (1. Fassung 1587).

298,18 *Phalanx:* (griech.) geschlossene mehrgliedrige Schlachtordnung.

302,10 *Akteon:* Aktäon wurde von der Jagdgöttin Diana/Artemis, die er im Bade beobachtete, in einen Hirsch verwandelt und von seinen eigenen Hunden zerrissen.

302,23 *der wilde Jäger:* Anführer des wilden Heeres, eines Geisterheers, das nach dem Volksglauben nachts durch die Luft braust.

304,1–307,29 *An S.:* u. d. T. »An Sophie Brentano, seine Schwester. (Gestorben in Weimar 1800)« in die *Weltlichen Gedichte* aufgenommen. Im Kontext des Romans richtet sich die Hymne an Sophie Butler, die Brünette, in der Brentano seine Schwester Sophie nachzeichnet; vgl. HKA 16, S. 726.

309,30–312,7 *O Tannebaum! o Tannebaum . . .:* Zur Überlieferung dieses Liedes vgl. HKA 16, S. 726 f.

314,1 *Mennoniten:* vgl. Anm. zu 257,23.

315,26 *ins Stecken:* ins Stocken.

316,3 f. *Bildung:* die menschliche kultivierte Welt.

317,1 *das Gut:* eine Schilderung von Savignys Gut Trages, auf dem dieser 2. Teil konzipiert wurde; vgl. HKA 16, S. 729 f.

317,19 *Erzählung an Otilien:* die »Scene aus meinen Kinderjahren« (159,21–165,20).

317,26 f. *Perpendicul:* Perpendikel, Uhrpendel.

318,21 f. *bacchantischen:* trunkenen, ausgelassenen, nach den Bacchantinnen im Gefolge des Weingotts Dionysos.

319,14 *dort steht mein Vater ... willkommen:* autobiographische Bezüge Brentanos zu seinen verstorbenen Eltern; vgl. HKA 16, S. 731.

321,13 *Fräuleins:* Die Bezeichnung »Fräulein« blieb unverheirateten adligen Damen vorbehalten.

321,21 *Urtheil Salomons:* vgl. 1. Kön. 3,16–28.

323,2–324,15 *Maria, wo bist zur Stube gewesen? ...:* Wechselgesang zwischen Mutter und Kind, der 1805 ohne Sprecherbezeichnung u. d. T. »Großmutter Schlangenköchin« und mit dem Zusatz »Aus mündlicher Überlieferung in Maria's Godwi« in Bd. 1 der Sammlung *Des Knaben Wunderhorn* aufgenommen wurde. Nach einem Brief Brentanos an Arnim vom Februar 1806 wurde ihm das Lied in seiner Jugend von einer 80jährigen schwäbischen Amme vorgesungen; vgl. HKA 16, S. 733 f.

324,17 *Ça ira:* beliebtes französisches Revolutionslied.

325,15 f. *sich mehr appliciren:* sich besser anpassen.

325,18 *abzuschlafen:* einzuschlafen.

325,26 *kaudisch:* schlangenmäßig.

326,7 f. *Violettens Denkmal:* vgl. 335,2–339,24.

326,36 *der kalte Genius:* Apollon.

327,8 *emporgehoben ... opfert:* wie die Hostie in der katholischen Messe.

327,11 *nimm hin, das ist mein Leib:* vgl. 1. Kor. 11,23–25; Mt. 26,26; Mk. 14,22.

327,27 *Apotheose:* Vergottung, Verklärung.

328,10 f. *was hat so eine arme Violette gethan?:* Die Grafentochter Violetta wird zur Dirne herabsinken (vgl. 505,8–507,26).

328,14 *Aspasien:* Aspasia war eine berühmte griechische Hetäre (Dirne), die Gattin des Perikles und Freundin des Sokrates wurde.

329,24 *zünftig:* wie eine Zunft betrieben, also etwa: in Konvention erstarrt.

332,3 *den Gürtel:* den Gürtel der Venus, die Scham.

332,11 *Schwan:* der Vogel des Apollon.

335,2–339,24 *Violettes Denkmal:* Dieser Gedichtzyklus bildet die Entsprechung zum Lied von der Marmorfrau im 1. Teil (421,12 bis 16); vgl. HKA 16, S. 738.

335,7 *Faun:* Waldgott der griechischen Mythologie.

337,12 *Canzone:* liedhafte Gedichtform, in Frankreich und besonders in Italien gepflegt.

338,10 *Phoebe:* Beiname der griechischen Mondgöttin Artemis.

341,12 *Pointe:* (frz.) Punkte; vielleicht Wortspiel mit *pointe* ›sprin-
gender Punkt‹.

342,12–16 *Schon lange seh ich Tasso kommen …:* wörtliches Zitat
aus Goethes *Tasso* (V. 373–377), das der Tasso-Übersetzer liest;
vgl. HKA 16, S. 739.

342,25–29 *Hat ihn der Zufall, hat ein Genius …:* parodistisches Zitat aus *Tasso* (V. 463–467).

342,32 f. / 343,4 f. / 11 f. *Du gönnest mir … / O nehmt ihn weg … /
Denn wer sich rüsten will …:* parodistische Zitate aus *Tasso.*

343,23 *Flöte Douce:* (von frz. *douce* ›süß‹) Blockflöte.

345,28 *wir wollen den zweiten Band mit einander machen:* Ausdruck der besonderen Erzähltechnik des 2. Bandes.

346,30 f. *Ich kann mir Ihre Otilie kaum wie eine Hostie denken:*
Anspielung auf 327,7 f.
Baum ihres Sündenfalls: vgl. 1. Mose 3,3–7.

347,19 *Eine neue Mythologie ist ohnmöglich:* Anspielung auf Friedrich Schlegels Postulat einer neuen Mythologie.

348,13 *des Alten:* Werdo Sennes, der in den folgenden Teilen als
Joseph bezeichnet wird.

349,15 f. *den ich Joseph nennen will:* Umbenennung Werdo Sennes
in Joseph.

350,22 *speculativ:* zu spekulieren i. S. v. ›berechnen, (gewagte) Geschäfte machen‹.

351,19 *den … Commissionairs:* (frz.) den Geschäftsvermittlern.

355,14 *verwechselten:* hier: wechselten.

356,24 *bis auf eine Handlung:* Gemeint ist der Betrug Godwis gegenüber Marie und Joseph (Werdo Senne).

357,27 *Pietisterei:* Die protestantische Bewegung des Pietismus er-
strebte eine vertiefte, jede Sinnenlust bekämpfende Frömmigkeit.

362,13 *Bilde des jungen Mannes:* Josephs (Werdo Sennes).

363,28 *Schnirkel:* Schnörkel.

364,13 *Libation:* in der Antike Trankopfer, bei dem der Wein zu
Ehren der Götter verschüttet wurde.

364,20 f. *Ave maris stella etc. / Meerstern ich dich grüße:* altes
Marienlied.

364,29–371,6 *Dorme la bella Amor …:* Wechselgesang, der auf einem italienischen Gedicht beruht, das Brentano vorgelegen hat. Die Strophen 8, 10, 12, 14, 16, 18 und 20 der Übersetzung hat Brentano in sein »Lieblingslied des Geizigen« übernommen; vgl. HKA 16, S. 744.

369,20 *Pistolen:* Doppelsinn: Schußwaffe und spanische Goldmünze.

370,9 *Kremnitzer:* im slowakischen Kremnitz hergestellte Münzen.

370,10 *Zechienen:* Zechine: venezianische Münze.

370,12 *Duc:* (frz.) Herzog.

370,17 *Duka:* ital. *duca* ›Herzog‹.

370,18 *Severinen:* englische (Souvereigns) und niederländische Münze.

370,25 *Cupiden:* deutscher Akkusativ von *Cupido,* Sohn der Venus, Liebesgott, dem griechischen Eros entsprechend.

370,30 *Reale:* spanische Silbermünze.

373,23 f. *Hofmeister:* Privatzieher in adligen oder wohlhabenden bürgerlichen Häusern.

376,29–31 *Harlekins, Pantalons ... Scaramuz ... Colombine:* typisierte Figuren der italienischen Stegreifkomödie, der Commedia dell'arte: Arlecchino, der Diener; Pantalone, der Kaufmann; Scaramuccia, der prahlerische Offizier; Colombina, die untreue Partnerin Arlecchinos.

376,34 *a l'amore spielen:* (ital.) Liebe vorspiegeln.

382,16 f. *Non gridate ... ajuto:* Schreit nicht um Hilfe, oder ich werde es ohne jede Hilfe tun.

383,21–386,16 *Ein Fischer saß im Kahne ...:* Ballade, von der es eine erweiterte Fassung mit dem Titel »Auf dem Rhein« gibt, die in die *Weltlichen Gedichte* aufgenommen wurde, hier dem kranken Diener Georg in den Mund gelegt; vgl. HKA 16, S. 749 f.

385,10 *Metten:* morgendliches, auch mitternächtliches Stundengebet der Mönche.

386,30 f. *Atalanta:* Heldin der griechischen Mythologie, die nur den zum Gemahl wollte, der sie im Wettlauf besiegte.

387,14 *Vertumnus und Pomona:* vgl. 465,7–16.

389,4 *Messias:* Christus als Erlöser.

389,29 *ecco mi:* (ital.) hier bin ich.

396,25 *Jamben:* Versmaß des antiken und des deutschen klassischen Dramas (auf eine kurze/unbetonte folgt eine lange/betonte Silbe).

399,17–406,32 *Der Abend / Die Jungfrau und die Blumen:* zwei Kanzonen, die durch die Verse 401,4–7 miteinander verbunden sind. Sie beziehen sich auf das Gemälde »Wallpurgis und die Blumen« (395,4–399,26); vgl. HKA 16, S. 752 f.

399,20 *Helios:* griechischer Sonnengott, der bei Sonnenuntergang auf einem goldenen Kahn nach Osten zurückfährt.

400,33 f. *amare und amaro:* ital. *amare* ›lieben‹, *amaro* ›bitter‹.

407,10 *Halbtinte:* vgl. Anm. zu 270,6.

411,33 *Banqueroutt:* von frz. *banqueroute* ›Bankrott‹.

412,25 f. *god save the king:* (engl.) Gott schütze den König; Schlußzeile der englischen Nationalhymne.

412,27 *and dam me:* (engl.) und verdamme mich (richtig: *damn*).

415,17 f. *Brownianer:* Anhänger John Browns und dessen medizinischer Reiz- und Erregungslehre; vgl. Anm. zu 229,26.

422,12 f. *daß das Wasser das Erste und Höchste sey:* Lehre des Thales von Milet (um 625 – um 547 v. Chr.), nach der die alles vom Wasser ausgeht und in dieses zurückkehrt.

423,11 *hob sie zum Himmel:* vgl. 327,8.

427,16 *ihr Wort fing an Fleisch zu werden:* vgl. Joh. 1,14.

428,9 *Boßheit:* Zorn.

434,13 *B.:* Kassel.

437,16 *F.:* Frankfurt.

438,21 f. *piramidalisch:* in Form einer Pyramide.

439,2 *Legat:* Vermächtnis.

439,9 *Wiedertäufern:* vgl. Anm. zu 257,23.

444,7 *des fröhlichen Gottes:* Dionysos.

444,23 f. *oben auf dem Berge:* auf Burg Reinhardstein bei Otilie und Werdo Senne.

445,6 *Officianten:* Bürokraten.

445,31–447,4 *Ein Ritter an dem Rheine ritt . . .:* 445,30 als »Volkslied« bezeichnet.

447,30–33 *Es ist die Nacht nicht helle . . .:* vgl. Str. 8 des vorhergehenden Liedes.

448,16–21 *wie gewissen Kunstforschern . . . fallen lassen:* Anspielung auf Goethes »Römische Elegie V« (entst. zwischen 1788 und 1790).

449,30 *Schwärmer:* kleine Feuerwerkskörper.

449,33 *Popanz:* Schreckgestalt.

451,11–456,16 *Die lustigen Musikanten:* mit einigen Änderungen in den 6. Auftritt des gleichnamigen Singspiels (1803) aufgenommen.

457,30 *Violette:* Ihr Schicksal ist in Kap. 16 und 17 mit dem Denkmal allegorisch dargestellt.

457,30 f. *Gräfin von G.:* nach der Emigrantin Louise de Gachet gezeichnet; vgl. HKA 16, S. 764.

461,26 *eh bien?:* (frz.) nun?

461,31 *Säkler:* Säckler: Lederarbeiter, Beutelmacher.

462,5 *embrassez votre petit Cavalier:* (frz.) küßt Euren kleinen Reiter.

463,15–464,14 *Was heute noch grün . . .:* 2.–5. Strophe, mit geringfü-
gigen Abweichungen, des Volkslieds »Es ist ein Schnitter, der
heißt Tod«, in Bd. 1 von *Des Knaben Wunderhorn* u. d. T.
»Erndtelied«.

463,20 *türkischen Binden:* Türkenbund (Liliengewächs).

464,4 *goldnen Flocken:* vielleicht Goldphlox (Zierpflanze).

464,11 *Basilgen:* Basilien, Basilikum.

465,7 *Vertumnus und Pomona:* vgl. 387,14; groteske Abwandlung
der Erzählung Ovids (*Metamorphosen* 14,623–694) von der
Baumnymphe Pomona und dem um sie werbenden Vertumnus;
vgl. HKA 16, S. 767 f.

465,11 *Satyren:* in der griechischen Mythologie lüsterne, bocksge-
staltige Fruchtbarkeitsdämonen im Gefolge des Dionysos.

465,12 *Pan:* griechischer Waldgott; Führer der Satyrn im Gefolge
des Dionysos.
Priap: Priapos: griechischer Fruchtbarkeitsgott mit übergroßem
Phallus.
Hanswurst: Spaßmacher, Narr auf dem Theater; oft als Schürzen-
jäger dargestellt; von Johann Christoph Gottsched (1700–66) von
der Bühne verbannt; von Lessing und den Romantikern vertei-
digt.

465,13 *machen ihr die Kur:* machen ihr den Hof (von frz. *cour*
›Hof‹).

465,24 *inoculire:* vgl. 118,23.

465,27–466,15 *Und was ich treibe . . .:* ins Groteske gewendete Anklänge an Ovids *Metamorphosen* (V. 628–631).

466,15 *Bärnhäuter:* Bärenhäuter: Schimpfwort, mehr oder weniger
gutmütig; auch i. S. v. ›Kerl‹.

467,21 *Blödigkeit:* Schüchternheit.

467,32 f. *leidend:* passiv.

468,1 *Es ist . . . Tod:* vgl. Anm. zu 463,15–464,14.

471,33 *Hermaphroditen:* Zwitter mit Brüsten und Phallus.

472,2 f. *die Erde sey ein Jammerthal:* vgl. Ps. 84,7.

477,6 *cornu copiae:* (lat.) Füllhorn, Sinnbild des Überflusses.

477,26 f. *schwebenden Gärten der Semiramis:* Die sagenhaften hängenden Gärten zu Babylon gehörten zu den Sieben Weltwundern; Semiramis: assyrische Königin, der die Gründung von Babylon zugeschrieben wird.

478,2 *Interimsuniform:* Ausgehuniform; von lat. *interim* ›inzwischen, unterdessen‹.

480,2 f. *ich habe nie etwas mit dem Kamine zu thun gehabt:* ich bin nie durch den Kamin gekommen, d. h. bin nie eine Hexe gewesen.

480,30 *Vogel Strauß:* Er steckt angeblich bei Gefahr den Kopf in den Sand.

482,1–13 *Anne Margritchen! …:* geringfügig geändert im Anhang »Kinderlieder« in *Des Knaben Wunderhorn*; wahrscheinlich ein Lied aus Brentanos Kindheitserinnerungen (vgl. HKA 16, S. 772).

482,12 *Was Zipfel:* Was für ein Ding.

486,31–490,6 *Zu Bacharach am Rheine …:* eine der beiden Lorelay-Balladen, die von Brentano überliefert sind; vgl. HKA 16, S. 772–774.

490,16 *Friedrich dem Einzigen:* Friedrich I., der Große (1740–86), König von Preußen.

491,2 *Monden:* Monate.

492,9 *Psyche:* (griech.) Seele; als kleines geflügeltes Wesen dargestellt.

493,21 *affektiren:* vorspiegeln.

493,34 f. *Haiducken:* Lakaien in ungarischer Tracht.

493,35 *Laufern:* vor dem Wagen her rennende Bedienstete.

494,6 *Boudoir:* elegantes Damenzimmer.

494,16 f. *Belvedere:* (ital., ›schöne Aussicht‹) Aussichtspunkt; hier: Aussichtsturm.

494,17 *Perspektiv:* Fernglas.

497,11 *Heldenbuch:* Sammlung deutscher Heldenepen, das sog. *Gedruckte Heldenbuch* (1477 u. ö.).

497,12 *eine schöne Sammlung:* wohl die von Bodmer und Breitinger veranstaltete *Sammlung von Minnesingern aus dem schwaebischen Zeitpuncte* (1758–59).

498,33 *peinlicher:* peinvoller, schmerzlicher.

499,8 *Koquette:* (frz.) Dirne.

501,4 *geselligen:* gemeinschaftlichen.

503,19 f. *französische Revolutionskrieg:* Gemeint ist der Krieg der verbündeten europäischen Mächte gegen das revolutionäre Frankreich 1792–97.

504,16 *Das Brustbild der Gräfin:* bezieht sich auf den Kupferstich, der dem 2. Band beigegeben ist (S. 238).

504,24 *Felleisen:* Reisesack, Ranzen.

507,15–22 *Ihr hübsch Lavendel . . .:* Wiederholung der 4. Strophe des Toten-Liedes (464,8–14).

508,2 *Tiecks Schriften: Sämmtliche Schriften*, 12 Bde. (Raubdruck bei Friedrich Nicolai, Berlin 1799).

509,1–8 *Einige Nachrichten . . . Zurückgebliebenen:* Der Verfasser dieser Aufzeichnungen ist Brentanos Freund Stephan August Winkelmann (1780–1806).

511,16 *J.:* Jena.

511,19 *Elise:* Sophie Mereau (1770–1806), die zum Jenaer romantischen Kreis um die Brüder Schlegel gehörte.

511,27 *Wr.:* Gustav Ludwig Johann von Wrangel (1770–1811), Freund Brentanos.

512,1 *Ein Dichter:* Goethe.

512,14 *von einem andern Dichter:* wohl auf Schiller zu beziehen, vgl. HKA 16, S. 782.

512,22 f. *ein edles Weib . . . Verhältnisse:* Sophie Mereau wurde 1801 geschieden.

512,36 *T.:* Ludwig Tieck.
Fr. S.: Friedrich Schlegel.

513,1 *edlen Freundin:* Dorothea Veit (1763–1839; 1804 Heirat mit Friedrich Schlegel).

513,19 *R.:* der Physiker Johann Wilhelm Ritter (1776–1810).

513,24 *Kl.:* Ernst August Friedrich Klingemann (vgl. Anm. zu 72,33).

514,1 *Gustav Wasa: Gustav Wasa. Satiren und poetische Spiele von Maria* (1800).

514,7 *D.:* Dresden.

514,19 *K.:* Klingemann oder eher dessen und Brentanos Freund Theodor Friedrich Arnold Kestner (1779–1847).

514,21 f. *junge Philosophen:* gemeint wohl die Anhänger Friedrich Wilhelm Joseph von Schellings (1775–1854).

514,31 f. *der schönen Griechin:* eine Aphrodite-Statue? (vgl. HKA 16, S. 785).

515,5 *eine große schöne Frau:* Sophie Mereau.

515,8 *die Zauberin:* Molly Hodefield, die Züge der Sophie Mereau trägt.

515,28 *Schlosse der Gisella:* die Brömserburg in Rüdesheim, vgl. HKA 16, S. 785 f.

515,35 *Landhause v. S.:* das Landhaus Trages des Juristen Friedrich
Karl von Savigny (1779–1861).

516,18 *A.:* der Dichter Achim von Arnim (1781–1831), mit Brentano befreundet.

517,1 *S. Gute:* Savignys Gut.

517,10 *S. und A.:* Savigny und Arnim.

517,16 f. *Und da kömmt ... Zeit:* aus Tiecks parodistischem Gedicht »Der neue Hercules am Scheidewege« (1800), in dem er
Brentano wegen dessen Nachahmungen seiner Poesie karikierte;
vgl. HKA 16, S. 787.

518,2 *S .... y:* Savigny; das Sonett stammt von Winkelmann. Zu
den folgenden Gedichten vgl. HKA 16, S. 788–794.

518,19 *N – M.:* Nicolaus Meyer (1775–1833), Medizinstudent an
der Universität Jena.

519,1–21 *Als Stammblatt:* Parodie des Widmungsgedichtes »Meinem Freunde Clemens Brentano als ein Stammblatt zugeeignet«,
das August Klingemann seinem Roman *Romano* (1800) voranstellte.

519,21 *Das ist ... Erde:* Zitat aus Schillers *Wallensteins Tod* IV,12
(1800).

519,23–520,8 *Der duftgen Wolken Schleier ...:* Parodie auf Friedrich Matthisson (1761–1831), der zwei Gedichte an »Laura« gerichtet hatte.

519,26 *Sylphiden:* weibliche Luftgeister im mittelalterlichen Zauberglauben.

520,5 *Luna's:* Luna: römische Mondgöttin; auch poetische Bezeichnung des Mondes selbst.

520,10–19 *Genius, senke die Fackel ...:* Der griechische Todesgott
Thanatos wurde mit umgekehrter Fackel, Zeichen des erlöschenden Lebens, dargestellt. Parodiert werden Schiller (»Die Götter
Griechenlandes«, 1800; »Der Genius mit der umgekehrten Fakkel«) und das wahrscheinlich von Winkelmann stammende Distichon »Genius! senke die Fackel!«.

520,21–521,10 *Grausam eröffnet schon ...:* Parodiert wird Johann
Bernhard Vermehren (1774–1803).

521,12 *A. W–nn.:* Stephan August Winkelmann.

521,14 *heilgen neuen Lehre:* bezieht sich auf Friedrich Schlegel; vgl.
HKA 16, S. 792.

521,22 *Mel. der Vogelfänger:* Lied Papagenos »Der Vogelfänger bin
ich ja ...« aus Mozarts *Zauberflöte*.

521,23–522,12 *Maria liegt nun schlafend da . . .:* Parodiert wird Johann Ludwig Paulmann (1728–1807), der als Prediger in Braunschweig, dem Geburtsort Winkelmanns, wirkte; vgl. HKA 16, S. 792 f.

522,14–28 *Von K. R.:* nicht entschlüsselt; möglicherweise eine Mystifikation. Gegenstand der Parodie ist August Wilhelm Schlegels Sonett »Don Quixote de la Mancha« (1800); vgl. HKA 16, S. 792.

522,16 *Donquixote:* Don Quijote, »der Ritter von der traurigen Gestalt«, Titelfigur des Romans (1605–15) von Miguel de Cervantes Saavedra (1547–1616).

522,28 *Hekatomben:* (griech.) großes Opfer; urspr. ein Opfer von 100 Rindern.

523,1–524,6 *An Clemens Brentano:* Der Autor ist Winkelmann; die Parodie bezieht sich auf den elegischen Stil Goethes; vgl. HKA 16, S. 794.

523,25–31 *Also zum Orkus . . . Besitz:* Nach griechischer Mythologie durfte der Sänger Orpheus seine verstorbene Gattin Eurydike aus der Unterwelt (Tartaros) ins Leben zurückholen; da er sich entgegen dem Befehl nach ihr umkehrte, verlor er sie für immer.

Zu Entstehung und Wirkung des Textes

Wie aus einer brieflichen Äußerung an seinen Stiefbruder Franz vom 20. Dezember 1798 hervorgeht, hatte Clemens Brentano zu dieser Zeit die Arbeit an einem Roman aufgenommen, dessen ersten Teil er im Sommer 1800 beendete und unter dem Titel *Godwi oder Das steinerne Bild der Mutter* veröffentlichte. Er weilte damals als Student der Medizin an der Universität Jena und beteiligte sich am literarischen Leben dieser Stadt. Dorothea Schlegel las das Manuskript des ersten Teils noch vor der Drucklegung und charakterisierte daraufhin Brentano in einem Brief an Schleiermacher vom 16. Juni 1800 als einen Autor, der unbedingt »Tieck's Nachahmer« (also ein satirisch-ironischer Schriftsteller) sein wolle und sich »seiner sentimentalen Ader« schäme. Besser als sein *Gustav Wasa* habe ihr und Friedrich Schlegel der »Anfang eines sentimentalen Romans« von ihm gefallen, was Brentano aber wieder »verdrieße«, da er »von Teufels Gewalt satirisch sein« wolle (zit. nach: HKA 16, S. 583 f.). Wieland bot das Manuskript am 3. April 1800 seinem Verleger Friedrich Wilmans in Bremen an und pries es als »ersten Theil eines Romans, der mit großer Raschheit der Handlung, viel Genialität, feines Gefühl, Wizz, Geist des Raisonnements, ungetheiltes Interesse der Ansicht, und einen durchaus neuen, scharfen und originellen Umriß der Darstellung verbindet« (zit. nach: HKA 16, S. 585). Besondere Erwartungen hatte Wieland in bezug auf den zweiten Teil, da der erste den Leser »mit einer ganz eignen Spannung« zurücklasse. Er meinte, daß dieser zweite Teil »das Ganze in einer schönen Ruhe und Gleichmuth vollenden wird« (ebd.), womit er sich freilich ebenso gründlich irrte wie Dorothea Schlegel mit der Annahme eines vorherrschend »sentimentalen« Tons in diesem Werk. Der Druck wurde von K. I. Frommann und J. Wesselhöft in Jena übernommen. Friedrich Schlegel teilte Brentano am 17. Januar 1802 den Erhalt des ersten Teils seines Romans mit.

Nach einem Brief Brentanos an Dorothea Schlegel von Ende August / Anfang September 1800 verließ er zu dieser Zeit Jena beinahe fluchtartig und begab sich zusammen mit Johann Diederich Gries auf das bei Hanau gelegene Landgut Trages seines Freundes Friedrich Karl von Savigny. Hier wurde der zweite Teil konzipiert, der nach Absprache mit dem Verleger Ostern 1801 beendet sein sollte. Dieser Termin wurde jedoch beträchtlich überschritten, was Brentano in erheblichen Zeitdruck geraten ließ, zumal der Verleger auf der Ablieferung des Manuskripts bestand und den Autor im Juli 1801 deswegen sogar persönlich aufsuchte. Die sich hinschleppende Darstellung in den Schlußpartien des zweiten Teils ist hiernach nicht nur freie selbstreflexive Ironie über das Zu-Ende-Bringen eines schriftstellerischen Werkes, sondern entspricht auch der tatsächlichen Situation, in der dieser Roman entstand, sowie der deprimierten Stimmung seines Autors. Verschiedene Hinweise in den Briefen Brentanos und seiner Freunde erweisen den befreundeten Mediziner Stephan August Winkelmann als Verfasser der den zweiten Band beschließenden »Nachrichten von den Lebensumständen des verstorbenen Maria« wie auch der meisten Gedichte in diesem zweiten Teil. Ein von Achim von Arnim verfaßter Beitrag für den Abschluß des Romans wurde aus Rücksicht auf den Stil des Werkes nicht aufgenommen. Am 5. August 1801 konnte Brentano den zweiten Teil endlich an Savigny übersenden, was er mit der Bemerkung verband: »es ist wüst, wüst, hinten stirbt Maria, und eine Satirische Lebensbeschreibung von ihm hat Winkelmann dazu gemacht, in der Sonnette an Sie sind, und Parodien auf Gedichte großer Meister, als Leichengedichte« (zit. nach: HKA 16, S. 594).

Die geringschätzige Meinung, die Brentano wiederholt über seinen Roman zum Ausdruck brachte, hat sicher auch in diesen Umständen der Entstehung ihre Ursache. Außerdem mußte er schon bald nach dem Erscheinen von den großen Kritikern jener Zeit wenig schmeichelhafte Urteile über sein neues Werk entgegennehmen. Friedrich Schlegel, der den ersten Teil noch im Manuskript mit Gefallen als sentimentalen Roman gelesen hatte, meinte über den zweiten, wie er Brentano selbst am 26. November 1801 schrieb, daß, wenn dessen »Absicht auf eine heitre Ausgelassenheit geht oder doch gehn sollte«, er statt dessen leicht »in das Gebiet der Unsauberkeit« gerate, was ihn, Schlegel, daran gehindert habe, den Roman »zu Ende zu lesen« (zit. nach: HKA 16, S. 666). Seine persönliche Ansicht drückte er in einem von Caroline Schlegel überlieferten Distichon vom Dezember 1801 viel drastischer aus (ebd.):

Hundert Prügel vorn A[rsch] – die wären Dir redlich zu gönnen,
Fr[iedrich] Schl[egel] bezeugts, andre Vortreffliche auch.

Auch Tieck muß sich recht negativ geäußert haben, denn Brentano antwortet ihm am 11. Januar 1802 auf seinen (nicht erhaltenen) Brief, daß er sich wie ein Vater fühle, »der ein krankes krüppelhaftes Kind erzeugte, das Theils nicht verstanden, und meistens verachtet wird«. Jedoch hatte Tieck sich auch über einzelne Stellen positiv geäußert, was Brentano den Eindruck vermittelte, daß ein »glücklicher Vater« – nämlich Tieck – über seine Mißgeburt – also Brentanos – sagt: »ich habe mich heute doch an Manchem deines armen Sohnes gefreut« (zit. nach: HKA 16, S. 607). Auch Caroline Schlegel rühmte Einzelheiten dieses »verwilderten Romans Theil 2«, wobei sie sich auf die Romanzen des zweiten Teils bezog. In einem Brief an August Wilhelm Schlegel vom 10. Dezember 1801 meint sie, es seien Romanzen darin, die »ordentlich so aussehn, als wenn sie nicht eben gemacht worden wären, sondern sich vor langer Zeit selbst gemacht hätten«, und fügt dann hinzu: »Gedichte so gut wie die besten aus dieser Schule, Einfälle, Wortspiele, derbe gute Szenen«. Insgesamt aber meinte sie in bezug auf diesen Roman: »kurz sehr viel Kluges, nur das Ganze ists nicht, versteht sich« (zit. nach: HKA 16, S. 607). Es hat auch positivere Stellungnahmen zu diesem Roman z. B. von Adelbert von Chamisso, Wilhelm Heinse und Jean Paul gegeben, aber im ganzen ging Brentanos *Godwi* ziemlich unbeachtet über die literarische Bühne.

Eine ausführlichere Rezension im 69. Band von Friedrich Nicolais *Neuer allgemeiner deutscher Bibliothek* von 1802 hält sich bei Brentanos selbstkritischen Bemerkungen »verwildert« und »Dies Buch hat keine Tendenz, ist nicht ganz gehalten, fällt hie und da in eine falsche Sentimentalität« (S. 16) auf und knüpft daran die Frage: »Warum muß eine Jugendarbeit, welche keine Tendenz hat, und worin die Charaktere ohne Haltung sind, gerade gedruckt werden?« (zit. nach: HKA 16, S. 611). Das positivste Urteil aus der Zeit des Erscheinens stammt zweifellos von Dorothea Schlegel, die Brentano am 13. März 1801 schrieb: »Ich habe gestern an meine Freundin in Berlin, die mich nach Ihrem Roman fragte, etwas recht hübsches darüber geschrieben. Ich will es Ihnen auch schreiben. ›Rührend‹, schrieb ich, ›ist der immer wiederkommende Hass gegen den Vater, die Liebe zur Mutter und die Anhänglichkeit an die Geschwister. Seine Romane sind wie eine Gallerie der Ahnen und der Bekannten, an deren Ende man ihn selbst in Lebensgrösse erblickt und zwar so, dass man ihn von Anfang an immer in den Augen hat und ihn nicht wieder verliert; oder er geht auch wie ein gesprächiger Cicerone neben einem her und erklärt einem die Gesichter.‹ Was ich sonst noch geschrieben, das erfahren Sie nicht von mir, denn es war nicht impertinent; das mögen Sie also immer von andern hören – es war lauter Lob und gutgemeintes« (zit. nach: HKA 16, S. 595).

Am 20. Oktober 1814 empfahl Otto Heinrich von Loeben den Roman nachdrücklich an Eichendorff, wobei er vom einen Vergleich mit »Fouqués Poesie« ausging. Natürlich stand ihm Fouqué »in der Gesinnung wieder reiner und gediegener da, als alles, was Brentano schaffen kann – Brentano ist aber der Zauberberg – was ist darum auch unwiderstehlicher, als sein Gitarrenspiel und Gesang?« (zit. nach: HKA 16, S. 612). Diese Bemerkung Loebens hat zu dem vielleicht besten und treffendsten Urteil über Brentanos Roman aus dem 19. Jahrhundert geführt. Es stammt von Eichendorff und findet sich in seiner Schrift *Über die ethische und religiöse Bedeutung der neueren romantischen Poesie* von 1847: »Dieser Roman enthielt schon damals (1801 und 1802) alle Elemente, womit die jetzige Literatur als mit neuen Erfindungen prahlt: Weltschmerz, Emanzipation des Fleisches und des Weibes und revolutionaires Umkehren der Dinge. Und dennoch ist er wieder gänzlich verschieden von jener neuesten Literatur. Denn einmal klingt auch im Godwi in den einzelnen eingestreuten Voksliedern überall schon ein tieferer, ja religiöser Ernst fast sehnsüchtig hindurch; und sodann überkommt den Dichter selbst mitten in dieser Verwirrung die tödlichste Langeweile, Ekel und Abscheu davor, und er vernichtet sofort, was er im ersten Band geschaffen, im zweiten Bande schonungslos wieder durch die bitterste Ironie« (zit. nach: HKA 16, S. 612). In seinen *Erinnerungen an den Dichter Clemens Brentano* von 1845 formulierte Guido Görres dagegen die inzwischen zum Klischee gewordenen Vorurteile gegen den Roman als »gänzlich verfehlte Jugendschrift des unreifen Dichters«, »ungenießbarste Faseleien romantischer Ueberschwänglichkeit«, »Flatterhaftigkeit« und »romantischer Venusberg« (zit. nach: HKA 16, S. 614 f.).

Die stärkste Kraft in dieser rückhaltlosen, bis zur Verdammung des Werks gehenden Kritik an *Godwi* war eigentümlicherweise der Dichter Brentano selbst, nicht nur in der bereits auf dem Titelblatt (»verwilderter Roman«), in der Widmung und in der Vorrede zum Ausdruck kommenden unnachsichtigen Selbstkritik, sondern mehr noch in seinen späteren Stellungnahmen zu dem Roman, die aus seiner inzwischen tief christlich gewordenen Haltung hervorgingen. Guido Görres wendet sich in seiner Kritik scharf gegen die Auf-

nahme des *Godwi* in die Herausgabe der Schriften des 1842 verstorbenen Dichters und hegt die Hoffnung, daß die Verantwortlichen
»seinem Andenken die Schmach und den Verdruß nicht antun werden, das in jeder Hinsicht mißglückte Buch wieder zu drucken und
die Reihe seiner Werke damit zu eröffnen«. Görres verband damit
die rhetorische Frage: »Oder soll das nach seinem Tode erneuert
werden, was der Jüngling schon mit Verachtung, als seiner unwert,
zur Seite geschoben, ehe es noch vollendet war, und der Mann mit
Unwillen verdammte und jedem aus der Hand nahm« (zit. nach:
HKA 16, S. 613 f.). Tatsächlich hatte sich Brentano, als er in der
zweiten Hälfte der dreißiger Jahre von Johann Friedrich Böhmer zu
einer Auswahl aus seinen Werken aufgefordert wurde, nur mit einem Abdruck einiger Lieder aus dem *Godwi* einverstanden erklärt
und Böhmer am 15. Januar 1837 geschrieben, man möge ihm nicht
zumuten, »das Zeug alles wieder von neuem durchzusündigen«. Bereits am 8. Februar 1824 hatte er Böhmer gegenüber seinem Befrem-
den Ausdruck gegeben, daß dieser »aus einem weltlich freundschaft-
lichen Irrtum« heraus ein Buch von ihm wiedergelesen habe, »dessen
Namen ich nicht einmal aussprechen mag, aus Furcht zur Salzsäule
zu werden.« Als Grund für diese vehemente Ablehnung des *Godwi*
lassen sich zwei in der Schrift von Guido Görres genannte Einwände
anführen, von denen sich einer auf den Inhalt (»unsittliche Tenden-
zen dieser falschen Romantik«), der andere auf die Form (»unzu-
sammenhängende Formlosigkeit« – »trockene Sandwüsten wirrer
Phantasien«; zit. nach: HKA 16, S. 613 f.) bezieht und die Brentano
eine wahre Qual bereitet haben. So kam es, daß der Roman *Godwi*
aus den *Gesammelten Schriften* (1852–55) Brentanos ausgeschlossen
blieb und erst wieder 1906, also über hundert Jahre nach der Erst-
ausgabe, von Anselm Ruest in Berlin in einer Einzelausgabe herausgegeben wurde. Der Roman ging dann auch in die *Sämtlichen Werke*
(1909–17), herausgegeben von Carl Schüddekopf, und die *Gesammelten Werke* (1923), herausgegeben von Heinz Amelung und Karl
Viëtor, ein. Von besonderer Bedeutung ist die Ausgabe des *Godwi*
innerhalb der *Werke* Brentanos im Hanser-Verlag durch Friedhelm
Kemp (1963), weil diese die ersten Bemühungen um eine Textkritik
und Kommentierung des Romans enthält. Die eingehendste kritische, kommentierte und dokumentierte Ausgabe ist die Werner Bell-
manns von 1978 (als Band 16 der *Historisch-kritischen Ausgabe*).
Auf diese stützt sich auch im wesentlichen der hier gegebene Abriß
der Entstehungs- und Wirkungsgeschichte des Textes.

Ebenso zurückhaltend wie die Editoren haben sich die Literaturwissenschaftler in bezug auf Brentanos Roman *Godwi* verhalten. Im Zusammenhang mit dem gegen Ende des 19. Jahrhunderts wiedererwachten Interesse an der Romantik wies 1894 Alfred Kerr in seiner Dissertation wieder auf den vergessenen *Godwi* hin, die 1898 in Berlin auch in Buchform erschien. In ihr steht das biographische und autobiographische Interesse deutlich im Vordergrund, das schon Bemerkungen Dorothea Schlegels charakterisiert. Der Zugang zu dem Roman von der Transzendentalphilosophie oder vom Ironie-Begriff aus, womit sich ganz wesentlich eine Würdigung des oft verschmähten zweiten Teils verbindet, wurde 1934/35 von Paul Böckmann in einer fundamentalen Arbeit über die Grundlagen der Poesie Brentanos bei Friedrich Schlegel und Tieck erschlossen. Im Gefolge des von Wolfgang Frühwald u. a. wiedererweckten Interesses an Brentanos Werk fand in der kritischen Literatur der letzten Jahrzehnte auch eine Beschäftigung mit dem *Godwi* statt. Benno von Wieses umfangreicher Aufsatz über den Roman nimmt hier eine markante Stelle ein, insofern in ihm mit Nachdruck gezeigt wird, wie sich der Roman im zweiten Teil auf sich selbst zurückwendet und damit erst das dem ersten, sentimentalen Teil entsprechende kritische Gegengewicht erhält. Böckmann und Wiese scheinen damit dem von Eichendorff gegebenen Hinweis auf die Ironie des *Godwi* nachzugehen. Jedoch gilt dies bei diesen beiden Kritikern hauptsächlich in formaler Hinsicht und schließt nicht die von Eichendorff hervorgehobene religiöse Komponente der Ironie ein, die im Roman selbst deutlich durch das Symbol der »Wunde« markiert ist. Nach dem hauptsächlich akademischen Interesse an Brentanos »verwildertem Roman« steht seine Entdeckung durch das an der Romantik interessierte Lesepublikum noch aus.

Zu den Kupferstichen

Jedem der beiden Teile des Romans sind zwei Kupferstiche (s. S. 6 f., 238, 241) beigegeben, die sich direkt auf den Inhalt beziehen. Die betreffenden Motive wurden wohl von Brentano selbst ausgewählt. Der Verleger Wilmans gab sie als Zeichnungen bei Johann Heinrich Ramberg in Hannover in Auftrag, und nach dessen Zeichnungen wurden die Kupfer des ersten Bandes von dem in Leipzig tätigen George Christian Schule, die des zweiten von »Weinrauch sc. Vienne« gestochen. Zwei dieser Kupferstiche bilden die Titelseiten der beiden Teile des Romans, wogegen sich die beiden anderen auf bestimmte Szenen der betreffenden Teile beziehen.

Die Titelseite des ersten Teils zeigt die Muttergestalt der Marie Wellner mit dem Knaben Godwi auf dem Arm und hat auf den ganzen Roman vorausweisende Visionskraft. Anklänge an die Madonna mit dem Jesuskind sind unverkennbar. Dichterisch ist dies Bild in den vier Strophen aus der »Scene aus meinen Kinderjahren« dargestellt, die mit den Zeilen beginnen:

> Und es schien das tiefbetrübte
> Frauenbild von Marmorstein (162,33–163,22).

Nach einer späteren Bemerkung Godwis hätte mit diesem »Lied von der Marmorfrau« das Buch anfangen müssen: »In diesem Marmorbilde lag all mein Schmerz gefangen« (421,17). Der zweite Kupferstich des ersten Teils zeigt Otilie, Godwi und den Knaben Eusebio vor der Ruine der Burg Reinhardstein (vgl. S. 131,12–26).

Das Titelkupfer des zweiten Teils stellt den Wechselgesang zwischen Cyparissus und Phöbus dar, der im Roman durch das Mädchen Flametta (Cyparissus) und einen Jägerburschen (Phöbus) ausgeführt wird (285,1–288,28, insbes. 285,30–286,2). Das Frontispiz repräsentiert die 504,26–30 dargestellte Szene, in der Godwi in einem in wüster Unordnung befindlichen Zimmer mit der halbnackt zwischen seinen Knien sitzenden Violette erwacht und seine Hände mit ihren Haaren zusammengebunden findet. Auf dem großen Gemälde über den beiden ist die Gräfin, Violettes Mutter, dargestellt (504,16), mit der Godwi Liebesbeziehungen unterhält. Auf dem Bild

rechts daneben streiten sich »zwei nackte Weiber« um »ein Paar
Beinkleider« (504,21 f.). Die kleine Reiterstatue soll auf den Jockei
Friedrich, einen verstorbenen Geliebten der Gräfin, verweisen
(490,10–22). Durch all dies soll wohl die Dreiecksbeziehung zwischen der Gräfin, Violette und Godwi sowie Godwis Stellung zwischen Mutter und Tochter versinnbildlicht werden.

Literaturhinweise

Ausgaben

Godwi oder Das steinerne Bild der Mutter. Ein verwilderter Roman von Maria. 2 Bde. Bremen: Friedrich Wilmans, 1801–02.

Clemens Brentano: Godwi oder Das steinerne Bild der Mutter. Ein verwildeter [!] Roman. Hrsg. und eingel. von Anselm Ruest. Berlin: Hermann Seemann Nachf., [1906].

Clemens Brentano: Godwi oder Das steinerne Bild der Mutter. Ein verwilderter Roman von Maria. Hrsg. von Heinz Amelung. In: C. B.: Sämtliche Werke. Bd. 5. München/Leipzig: Georg Müller, 1909.

Clemens Brentano: Godwi oder Das steinerne Bild der Mutter. Ein verwilderter Roman von Maria. In: C. B.: Gesammelte Werke. Hrsg. von Heinz Amelung und Karl Viëtor. Bd. 2. Frankfurt a. M.: Frankfurter Verlags-Anstalt, 1923.

Clemens Brentano: Godwi oder Das steinerne Bild der Mutter. Ein verwilderter Roman von Maria. In: C. B.: Werke. Bd. 2. Hrsg. von Friedhelm Kemp. München: Carl Hanser, 1963. 2., durchges. Aufl. 1973.

Godwi oder Das steinerne Bild der Mutter. Ein verwilderter Roman von Maria. Hrsg. von Werner Bellmann. In: Clemens Brentano: Sämtliche Werke und Briefe. (Frankfurter Brentano-Ausgabe.) Hist.-krit. Ausg. Hrsg. von Jürgen Behrens, Wolfgang Frühwald, Detlev Lüders. Bd. 16: Prosa I. Stuttgart/Berlin/Köln/Mainz: Kohlhammer, 1978. [Zit. als: HKA.]

Forschungsliteratur

Amelung, Heinz: Einleitung [zu »Godwi«]. In: Clemens Brentano: Gesammelte Werke. Bd. 1. Frankfurt a. M. 1923.

Bach, Adolf: Aus Goethes rheinischem Lebensraum. Menschen und Begebenheiten. Neuss 1968. S. 349–388.

Behler, Ernst: Der Roman der Frühromantik. In: Handbuch des deutschen Romans. Hrsg. von Helmut Koopmann. Düsseldorf 1983. S. 273–301.

Bellmann, Werner: Brentanos »Lore Lay«-Ballade und der antike Echo-Mythos. In: Clemens Brentano. Beiträge des Kolloquiums im Freien Deutschen Hochstift. Hrsg. von Detlev Lüders. Tübingen 1980. S. 1–9.

Böckmann, Paul: Die romantische Poesie Brentanos und ihre Grundlagen bei Friedrich Schlegel und Tieck. Ein Beitrag zur Entwicklung der Formensprache der deutschen Romantik. In: Jahrbuch des Freien Deutschen Hochstifts (1934/35) S. 56–176.

– Der Roman der Transzendentalpoesie in der Romantik. In: Geschichte, Deutung, Kritik. Literaturwissenschaftliche Beiträge. Hrsg. von Maria Bindschedler. Bern 1969. S. 165–185.

Borcherdt, Hans Heinrich: Der Roman der Goethezeit. Urach/Stuttgart 1949. S. 435–452.

Brown, Marshall: »Godwi« und die Krise der deutschen Romantik. In: Goethezeit. Studien zur Erkenntnis und Rezeption Goethes und seiner Zeitgenossen. Festschrift für Stuart Atkins. Hrsg. von Gerhart Hoffmeister. Bern/München 1981. S. 301–312.

Cardauns, Hermann: Klemens Brentanos Beiträge namentlich zur Emmerich-Frage. Köln 1915. S. 27–30.

David, Claude: Clemens Brentano. In: Die deutsche Romantik. Poetik, Formen und Motive. Hrsg. von Hans Steffen. Göttingen 1967. S. 159–179.

Eilert, Heide Christina: Clemens Brentano: »Godwi« (1800/02). In: Romane und Erzählungen der deutschen Romantik. Hrsg. von Paul-Michael Lützeler. Stuttgart 1981. S. 125–140.

Emmel, Hildegard: Geschichte des deutschen Romans. Bd. 1. Bern/München 1972. S. 312–314.

Encke, Helga: Bildsymbolik im »Godwi« von Clemens Brentano. Eine Strukturanalyse. Diss. Köln 1958.

Fertonani, Roberto: Zu einem Gedicht in italienischer Sprache in Clemens Brentanos »Godwi«. In: Clemens Brentano. Beiträge des Kolloquiums im Freien Deutschen Hochstift. Hrsg. von Detlev Lüders. Tübingen 1980. S. 25–32.

Fetzer, John: Clemens Brentanos Godwi: Variations on the meloseros theme. In: The Germanic Review 42 (1967) S. 108–123.

Grenzmann, Wilhelm: Clemens Brentanos »Godwi«. In: Etudes germaniques 6 (1951) S. 252–261.

Grob, Elisabeth Cornelia: Die verwilderte Rede in Brentanos »Godwi« und L. Sternes »Tristram Shandy«. Bern / Frankfurt a. M. 1980. – Zugl. Diss. Zürich 1980.

Gundolf, Friedrich: Clemens Brentano. In: Zeitschrift für Deutschkunde (1928) S. 9–14.

Hayer, Horst Dieter: Brentanos »Godwi«. Ein Beispiel des frühromantischen Subjektivismus. Frankfurt a. M. / Bern 1977.

Henschen, Hans H.: Godwi. In: Kindlers Literatur-Lexikon. Bd. 3. Zürich 1967. Sp. 925–928.

Hinck, Walter: Aufhebung der erzählerischen in der lyrischen Imagination. Zu Brentanos »Auf dem Rhein«. In: Gedichte und Interpretationen. Bd. 3: Klassik und Romantik. Hrsg. von Wulf Segebrecht. Stuttgart 1984. S. 216–226.

Hunscha, Christa: Stilzwang und Wirklichkeit. Über Brentanos »Godwi«. In: Romananfänge. Versuch zu einer Poetik des Romans. Hrsg. von Norbert Miller. Berlin 1965. S. 135–148.

Jacobs, Jürgen: Wilhelm Meister und seine Brüder. Untersuchungen zum deutschen Bildungsroman. München 1972. S. 135–138.

Janz, Marlies: Marmorbilder. Weiblichkeit und Tod bei Clemens Brentano und Hugo von Hofmannsthal. Königstein (Ts.) 1986.

Kemp, Friedhelm: Nachwort. In: Clemens Brentano: Werke. Hrsg. von Wolfgang Frühwald, Bernhard Gajek und F. K. Bd. 1. München 1968. S. 1278–1324.

Kempner, Alfred: Clemens Brentanos Jugenddichtungen. Abschn. 1: Der Ideengehalt des Godwi. Diss. Halle 1894.

Kerr, Alfred: Godwi. Ein Kapitel deutscher Romantik. Berlin 1898.

Kluckhohn, Paul: Einführung zu »Geschichte der Mutter Godwis« und »Violette«. Eine Erzählung aus Godwi. In: P. K.: Frühromantische Erzählungen. Bd. 2. Leipzig 1933. S. 1–14.

Kunz, Josef: Clemens Brentanos »Godwi«. Ein Beitrag zur Erkenntnis des Lebensgefühls der Frühromantik. Diss. Frankfurt a. M. 1947.

Matthias, Ursula: Kontextprobleme der Lyrik Brentanos. Eine Studie über die Verseinlagen im »Godwi«. Frankfurt a. M. / Bern 1982. – Zugl. Diss. München 1980.

Meixner, Horst: Denkstein und Bildersaal in Clemens Brentanos »Godwi«. Ein Beitrag zur romantischen Allegorie. In: Jahrbuch der Deutschen Schillergesellschaft 11 (1967) S. 435–468.

Mennemeier, Franz Norbert: Rückblick auf Brentanos »Godwi«. Ein Roman ›ohne Tendenz‹. In: Wirkendes Wort 16 (1966) S. 24 bis 33.

Mittag, Susanne: Clemens Brentano. ›Eine Autobiographie in der Form‹. Heidelberg 1978.

Nienhaus, Stefan: Godwis »Heilige Stunden«. Brentanos Gedicht »Sprich aus der Ferne« im Kontext des »Godwi«-Romans. In: Annali. Studi tedeschi 30 (1987) S. 45–64.

Prang, Helmut: Die romantische Ironie. Darmstadt 1972. S. 47–52.

Reed, Eugene: The union of the arts in Brentanos Godwi. In: The Germanic Review 29 (1954) S. 102–118.

Regener, Ursula: Arabesker »Godwi«. Immanente Kunsttheorie und Gestaltreflexion in Brentanos Roman. In: Modern Language Notes 103 (1988) S. 588–607.

Reifenberg, Bernd: Die »schöne Ordnung« in Clemens Brentanos »Godwi« und »Ponce de Leon«. Göttingen 1990.

– Von der Zungenentzündung zur Herzentzündung. Perspektivenprobleme in Brentanos »Godwi«. In: Frühe Formen mehrperspektivischen Erzählens von der Edda bis Flaubert: ein Problemaufriß. Hrsg. von Armin Paul Frank und Ulrich Mölk. Berlin 1991. S. 114–126.

Schad, Brigitte: Quellenanverwandlung beim frühen Brentano. Dargelegt an Liedeinlagen im »Godwi« und den unbekannten Wandzeichnungen im »Dichterzimmer« des Savignyschen Hofgutes Trages. Frankfurt a. M. / Bern 1983.

Scholz, Felix: Clemens Brentano und Goethe. Leipzig 1927. S. 93 bis 111.

Schuller, Marianne: Romanschlüsse in der Romantik. München 1974. S. 116–158.

Schultz, Hartwig: Geist und Sinnlichkeit. Friedrich Schlegels »Lucinde« und die Folgen. In: »Die Liebe soll auferstehen.« Die Frau im Spiegel romantischen Denkens. Hrsg. von Wolfgang Böhme. Karlsruhe 1985. S. 56–68.

– »Quellenanverwandlungen«, Zitat oder Kopie? Neue Funde zu den Wandzeichnungen und -inschriften des »Dichterzimmers« auf Gut Trages. In: Jahrbuch des Freien Deutschen Hochstifts (1986) S. 242–256.

Wiese, Benno von: Brentanos »Godwi«. Analyse eines ›romantischen‹ Romans. In: B. v. W.: Von Lessing bis Grabbe. Studien zur deutschen Klassik und Romantik. Düsseldorf 1968. S. 191–247, 353–357.

Nachwort

Die tiefe Skepsis, ja absolute Ablehnung, die Brentano während seines ganzen Lebens seinem Roman *Godwi* gegenüber geäußert hat, kommt bereits im Titel, der »Widmung« und der »Vorrede« zum ersten Band zum Ausdruck, wurde also schon beim Erscheinen des Werkes artikuliert. Im Untertitel bezeichnet er den *Godwi* als einen »verwilderten Roman«; in der »Widmung« meint er, »das Buch hat wenige meiner Tugenden, und alle meiner Fehler« (S. 14); und in der »Vorrede« heißt es, das Buch habe »keine Tendenz« und falle »hie und da in eine falsche Sentimentalität« (S. 16). Zweifellos haben diese Selbstzweifel an dem Werk ihre Gründe auch in den Stellungnahmen zeitgenössischer Kritiker, unter ihnen sogar ein Friedrich Schlegel, die den Roman bereits im Manuskript, aber doch nur auf unvollständige Weise kannten und mit ihren vorschnellen, von Ratschlägen und Ermahnungen begleiteten Urteilen den jungen Autor nur verunsichern konnten. In der damaligen kritischen Fachsprache lauteten diese Urteile, besonders jene von Friedrich und Dorothea Schlegel, der Roman sei zu »subjektiv« und solle sich zum »Objektiven« erheben; oder er sei zu sehr im »sentimentalen« Aussprechen seiner selbst befangen und solle sich zu einer »kritischen« Sehweise emporarbeiten.

Dabei handelt es sich um ein unglückliches Mißverstehen, das damit erklärt werden kann, daß Schlegel hauptsächlich der erste Teil des *Godwi*, und auch dieser nur oberflächlich, bekannt war. In Wirklichkeit kann von dem Roman mit guten Gründen die Auffassung vertreten werden, daß er »alle im ›Athenäum‹ erhobenen Forderungen über die romantische Poesie bis an die Grenze des Absurden« verwirklicht (v. Wiese, S. 247). Das gilt vor allem für den ständigen

Wechsel von Enthusiasmus und Skepsis, »Selbstschöpfung«
und »Selbstvernichtung«, den Schlegel bekanntlich als Gang
der Ironie bezeichnet hatte und als dessen Resultat er die
»Selbstbeschränkung«, d. h. die Bemeisterung des künstlerischen Schaffens ansah. Als wollte er seinen Roman gegenüber dem Vorwurf eines übertriebenen Subjektivismus ver-
teidigen und indem er bewußt die Schlegelsche Terminolo-
gie verwendet, bittet der Autor den Leser in der »Vorrede«,
ihm sein Wohlwollen zu bewahren, weil er sich »mit diesem
Buche, das nur zu sehr mehr von mir als sich selbst durchdrungen ist, gleichsam selbst vernichte, um schneller zur
Macht der Objektivität zu gelangen« (S. 16). Dieser Vorstoß
zur Objektivität durch die Selbstvernichtung des Subjektiven sollte offenbar im zweiten Band des Romans erfolgen,
der beim Erscheinen des ersten noch nicht vollendet war.
Daß dem Autor jedoch die gesamte Konzeption des Werkes
zu diesem Zeitpunkt bereits vor Augen stand, geht aus der
Widmung des ersten Bandes hervor: »Du sollst es lesen und
auf den zweiten Theil hoffen, der mehr für dich allein seyn
wird« (S. 12). Außerdem trägt der erste Band bereits den für
die Struktur des Ganzen entscheidenden Autorennamen
Maria.

Damit erweist sich aber die Kategorie der Verwilderung
nicht mehr bloß als negativ, selbstkritisch, sondern sie hat
gleichzeitig eine Nuance der »Selbstrechtfertigung« (Mennemeier, S. 74), ja des Programmatischen (vgl. Hayer,
S. 155). Sie kündigt indirekt, auf selbstironische Weise an,
daß es sich bei diesem Roman nicht um »das wirre Produkt
unreflektierter Improvisationen« (Hayer, S. 156), sondern
um eine »gebildete Wildniß« (S. 326) oder, in Schlegels
Sprache, um ein »gebildetes künstliches Chaos« handelt.
Dieser Tatbestand zeigt sich sofort, wenn man den Roman
im Ganzen nach seiner Aufgliederung in zwei Teile betrachtet. Von allen Romanen der deutschen Frühromantik ist er
der einzige, der dem Buchstaben nach abgeschlossen ist und
wirklich bis ans Ende gelangt. Dennoch will dieser Ab-

schluß nicht als wirklich erscheinen, und genausogut ließe sich sagen, daß der Roman mehr als alle anderen in der Schwebe bleibt und noch unvollendeter als jene ist. Was zuerst und noch lange vor einer Ergründung seines Inhalts an *Godwi* fasziniert, ist die Art und Weise, *wie* hier erzählt und das Geschehen dargestellt wird. Im ersten Teil werden uns 28 undatierte Briefe vorgeführt, deren Verfasser sich unmittelbar aussprechen, während der zweite Teil in die Erzählung des Autors Maria übergeht, der das im ersten Teil spontan Mitgeteilte in seiner Rätselhaftigkeit ergründet und auf seinen Wirklichkeitsgehalt hin überprüft. Die zwei Teile scheinen demnach im Rhythmus von Selbstschöpfung und Selbstvernichtung, von Enthusiasmus und Skepsis, Passion und Kritik, Subjektivität und Objektivität aufeinander bezogen zu sein. Doch bei näherem Zusehen erscheinen die Verhältnisse noch komplizierter und der Zusammenhang zwischen den beiden Teilen viel inniger, als es zunächst den Anschein hat. So geht die Briefform des ersten Teils gelegentlich in Erzählung und Gespräch über, welche im zweiten Teil vorherrschen; und die Erzählform des zweiten Teils erreicht oft eine Unmittelbarkeit, die in den Briefen des ersten Teils fehlt. Ohne daß wir dies von Anfang an wissen, ist der Autor Maria zudem das verbindende Glied der beiden Teile. Allgemein läßt sich sagen, daß sich vom ersten zum zweiten Teil ein Übergang von spontaner poetischer Imagination zu kritischer Korrektur und Distanz bemerkbar macht, womit »die Frage nach dem eigentlich Wirklichen in den Mittelpunkt rückt« (Böckmann, S. 134).

Die rückhaltlos spontane Selbstaussprache in den Briefen des ersten Teils wird an zwei Stellen durch eine »geblendete Nachtigall« illustriert, »die sich zu Tode singt, weil sie die Stunden der Ruhe nicht mehr erkennen kann« (S. 115; vgl. auch S. 80). Das Blenden versinnbildlicht dabei zweifellos das Auslöschen des Geistes, der Kritik und der Erkenntnis, damit das bloße Gefühl desto ungehemmter schwelgen kann. Angesichts solcher Gefühlsausbrüche bemerkt Karl

Römer in seiner Korrespondenz mit Karl Godwi: »Ich habe
nie einen Brief gesehen, in dem ein solcher Gefühlswechsel
des Schreibers hervorleuchtete« (S. 207). Dies verwundert
ihn um so mehr, als es sich bei Godwis Berichten doch meistens um bereits vergangene Dinge handelt, und Römer
wird es bange um den Freund, der sich derart von der »Illusion der Darstellung« ergreifen läßt (ebd.). Ein anderes
Sinnbild für den Stimmungszustand Godwis ist die Wendeltreppe, und in einem der ersten Briefe des Romans ist sug-
gestiv geschildert, wie Godwi vom Kastellan in das Schloß
von Herrn Jost, Stammherr von Eichenwehen, geleitet wird
und die Wendeltreppe, auf der er hinaufgeführt wird, ihm
unversehens zur Wendeltreppe seines Gemüts wird. Plötzlich bewegt sich Godwi, wie er sagt, auf der »Wendeltreppe
meiner Laune aus dem traulichen Wollustdüstern Boudoir
meines Herzens hinauf zu dem wüsten todten Leben in
meinem Kopfe« (S. 27). In diesen Bildern und Szenen
äußert sich offenbar das, was Schlegel und nach ihm viele
andere als das übertrieben Subjektive dieses Romans empfunden haben.

Dieser Eindruck läßt sich aber nicht einmal für den ersten
Teil des Romans aufrechterhalten. Denn seine 28 Briefe
bringen eine große Varietät von sich gegenseitig ergänzen-
den und ausgleichenden Stimmungen und Perspektiven
zum Ausdruck, in denen »die Dinge und Ereignisse sich je
nach dem Blickpunkt verschieden darstellen« (Böckmann,
S. 137). Oft wird dasselbe Ereignis von verschiedenen Er-
lebnispartnern geschildert, womit dem Leser das Mittel zur
objektiven Orientierung in diesem Gewirr von subjektiven
Stimmungen und Perspektiven an die Hand gegeben wird.
In der »Scene aus meinen Kinderjahren« (S. 159–165) und
dem Brief von »Antonio Firmenti an Godwis Vater«
(S. 185–206) hat sich das unmittelbare Darstellen im Brief
zu einer vergangenheitsbezogenen Schilderung verwandelt,
aus der Aufschlüsse über die spontanen Gefühlsausbrüche
der Briefpartner gewonnen werden können. Antonio Fir-

menti kritisiert sich selbst dafür, wenn er sich veranlaßt fühlt, an einer bestimmten Stelle seiner Erzählung seiner Stiefmutter in die Rede zu fallen (S. 199). An diesen und anderen Stellen wird Dionysos, der Gott der Unmittelbarkeit, des Rausches und der Subjektivität, durch Apollo, den Gott der Ferne, der Besonnenheit und Objektivität, bereits im ersten Teil des Romans ergänzt.

Brentanos Meisterschaft zeigt sich vor allem in der großen Varietät der hier vorgeführten Perspektiven und Möglichkeiten der spontanen Selbstaussprache. Wie Römer von den Briefen seines Freundes Godwi bemerkt, ist der erste »Thatendürstend, Molly; der zweite Küssedürstend, Joduno, der dritte Thränendürstend, Otilie; und alle folgenden Ruhedürstend und voller Heimgehenwollen in die Natur« (S. 207). Dieser reiche Stimmungswandel zeigt sich fast bei allen Korrespondenzpartnern, aber auf besonders ausgeprägte Weise bei Karl Römer im Übergang von seiner anfänglich bürgerlich-rechtschaffenen Haltung zu den spielerischen und geistreich-zynischen Briefen an Godwi, mit denen der erste Band ausklingt (S. 206–237). Bemerkenswerte Beispiele für diese Kunst Brentanos, in denen sich sein satirisches und zeitkritisches Talent bekundet, ist die Szene mit den Barbierern Christ und Heidenblut, die um den Haarschnitt Römers wetteifern (S. 227 f.), aber vor allem der Brief von Jost von Eichenwehen an seine Schwester Joduno (S. 118–127), in dem diesem ätherischen Mädchen von ihrem Bruder im rotzigen Junkerton ein Bericht vom Leben auf der Wilhelmshöhe bei Kassel gegeben wird. Mit Recht hat Paul Böckmann in bezug auf die hier verwendete Briefform bemerkt, daß diese nicht mehr wie im traditionellen Briefroman »auf die einfache Gefühlsaussprache gerichtet« ist, sondern »das Lebensverhältnis als solches zum Problem« macht (Böckmann, S. 138).

Außerdem erfahren wir gleich zu Beginn des zweiten Teils, daß uns die Briefe des ersten gar nicht in unverfälschter Spontaneität vorliegen, sondern der Autor Maria sie, wie

er es formuliert, »mit dem meinigen vermischt« hat (S. 253).
Von Karl Römer, der ihm den Packen der Briefe zur Edition
übergeben hatte, war ihm sogar der Rat zuteil geworden,
»diese Briefe nach dem Faden, den ich Ihnen geben will, zu
reihen, und hier und da zu ändern, damit mehr Einheit hinein kömmt« (S. 254). Freilich ist Römer über Marias »ungeschickte Behandlung aufgebracht« (ebd.), die ihm als »unbeholfne Buchverderberei« erscheint (S. 255). Auch Godwi
bemerkt diese Änderungen, wenn er später, im zweiten
Band, den von Maria bearbeiteten Teil liest, und meint z. B.
über den Brief Mollys an Werdo, daß Maria diesen im ersten Band mit seinen »undeutlichen Kunststücken verdorben« habe (S. 434). Lediglich den Brief des Malers Francesco Fiormenti habe Maria »unverfälscht gelassen«
(S. 433). Auch diese redaktionellen Eingriffe führen also
von der vermeintlichen Subjektivität des ersten Teils weg,
doch gehört dies bereits zu den Themen und Kunstgriffen
des zweiten Teils des Romans.

Die Handlung des ersten Teils besteht im großen und
ganzen darin, daß sich ein Kreis zahlreicher Personen, die
zum Teil getrennt voneinander leben und nichts voneinander wissen, immer mehr integriert und sich in vielen Fällen
als miteinander verwandt herausstellt. Das Zentrum der
Handlung liegt in Karl Godwi, über dessen Kindheit ein
düsteres Geheimnis liegt (S. 34). Obwohl er selbst nicht an
der Lüftung dieses Geheimnisses interessiert zu sein scheint
(S. 49), führt sein aus »Abenteuerlichkeit« unternommenes
»unnützes Reisen« in der Bekanntschaft reizender Frauen
und Mädchen zum Finden oder doch wenigstens zum Suchen seiner selbst. Zu Anfang erscheint Godwi als völlig
vom Zufall, von der Laune und äußeren Eindrücken bestimmt. Joduno von Eichenwehen kommt er als »leicht wie
ein Schmetterling« vor, aber doch »bey aller seiner Leicht-
fertigkeit äußerst gut« (S. 39). Nachdem er das väterliche
Haus verlassen hat, führt ihn sein Weg »Von dem Landhause einer Engländerin in die Burg eines Landedelmanns,

von da zu einer Ruine, zu einem Einsiedler« (S. 207). Jede
dieser Stationen verbindet sich mit einem besonderen Er-
lebnis, das meist durch Frauengestalten bestimmt ist. Der
Vater sandte ihn auf den Weg, weil das Geheimnis aus Karls
Kindheit ihn, »wenn ich ihn noch lange um mich gesehen
hätte«, töten würde (S. 34). Dabei handelt es sich um den
Betrug, den der alte Godwi veranstalten mußte, um Marie
von ihrem Geliebten Joseph (Werdo Senne) zu lösen und
zur Heirat mit sich selbst zu bewegen. Mit Molly, der Engländerin Lady Hodefield, begegnet Karl Godwi einer Ver-
treterin der freien Liebe, ja einer Künstlerin in diesem Fach,
welche das »Talent des Bildens in der Geschlechtsliebe« ver-
körpert (S. 111). Da sie in ihm aber den Sohn ihres ehemaligen Geliebten Godwi erkennt (der der Vater ihres Kindes
Karl Römer ist), hat sie den jungen Godwi »aus Liebe zu
ihm« (S. 95) von sich gedrängt und ihm in einem versiegelten Brief den wahren Grund ihrer Zurückweisung mitge-
teilt. Karl Römer stellt sich damit als der Halbbruder Godwis heraus.

Godwis nachfolgende Beziehung mit der jungen Joduno
von Eichenwehen hat eine mehr geschwisterliche Note, und
wie Godwi selbst sagt, konnte sie ihn nur reizen, weil er
Lady Hodefield verlassen mußte (S. 22). Mit Otilie und
dem Aufenthalt bei ihr und ihrem Vater Werdo Senne auf
der Ruine aber scheinen Godwi »Natur, Ruhe, Erinnerung
und innerer Friede« zuteil zu werden (S. 81). Beim Anblick
dieses lieblichen Geschöpfes, zusammen mit dem Knaben
und dem jungen Reh, scheint Godwi »mit der ganzen Ordnung der Dinge versöhnt« (S. 89). »Ich bin im Leben«
(S. 128), versichert er seinem Freund Römer; »ich fühle, daß
ich am Busen der Natur in einer elastischen Ruhe des Genießens liege« (S. 129). In der Gegenwart Otiliens empfindet er sich wie »aufgelöst in der Natur« (S. 131), und dieses
»kunstlose Weib« hat »alle Hindernisse« und »alle Krankheiten einer Welt« in ihm geheilt, die sie selbst gar nicht
kannte (S. 133). Freilich bedeutet diese Heilung auch Lei-

den, denn diese Frau »heilt, wie die Natur, alle Wunden, ohne sich zu einzelnen hinzuwenden; sie heilt mit einer eigenthümlichen heilenden Kraft, mit einem Balsam, der wie ihre eigne Gesundheit in ihr lebt« (S. 154). Gesundheit und Natürlichkeit sind tatsächlich die Attribute, die Otilie am deutlichsten zu kennzeichnen scheinen, und in diesem Sinne war sie für Godwi »nie anders, sie ist nie so geworden, und wird nie anders werden. Sie ist so, und ewig so« (S. 158).

Was Godwis Aufenthalt auf dieser Ruine ferner so angenehm macht, ist die ihm von Werdo Senne geschenkte Zuneigung, der in ihm den Sohn der von ihm geliebten und ihm von Godwis Vater geraubten Marie erkennt. Mit seiner Gitarre und seinen Balladen erscheint ihm Werdo wie die Verkörperung der Poesie. Aber Godwi erkennt auch, daß Wahnsinn und Poesie sich nicht nur um Werdos Geist streiten, sondern viel allgemeiner miteinander verbunden sind, insofern nämlich der Wahnsinn »wie der unglückliche Bruder der Poesie« ist (S. 138). So fallen auf das scheinbar durch Gesundheit und Natürlichkeit bestimmte Leben bei diesen »seltsamen Menschen hier oben« dunkle Schatten, die sich auch in der inzestuös gefärbten Beziehung Otiliens zu ihrem Vater bekunden. Im zweiten Teil werden wir von Godwi erfahren, daß der Autor Maria das Leben auf der Ruine in der Wiedergabe der Briefe stark idealisiert und besonders Otilie viel zu fein gezeichnet hat. Aber wir brauchen nicht auf diese Desillusionierung des zweiten Teils zu warten, da Karl Römer, der ein scharfes Organ für derartige Idealisierungen besitzt, dies bereits im ersten Teil erkennt und auch ausspricht. Die »Tilie« seines Freundes Godwi erscheint ihm, wie er ironisch bemerkt, »sehr natürlich, und zwar so natürlich, daß sie nach meinen armen Begriffen schon ein wenig ins Uebernatürliche geht« (S. 207). Godwi wird krank in dieser Umgebung der Gesundheit (S. 166), und obwohl er bald wieder genest, erkennt er doch, daß er hier nicht in den Besitz seiner selbst gelangt, sondern alles »immer im Bezuge auf etwas Unbekanntes, Ewiges« betrachtet. Dies Rätsel läßt ihn nie zur Ruhe kommen, »weil«, wie er sagt, »mit jedem Schritte, den ich vorwärts thue, der Endpunkt der Perspektive einen Schritt vorwärts thut« (S. 167).

Diese dunkle Ahnung verdichtet sich gegen Ende des ersten Teils immer mehr in die Frage nach dem steinernen Bild der Mutter, das zunehmend Gewalt über Godwi gewinnt. »Eins nur kann ich noch nicht lösen«, sagt er nach der Erholung von seiner Krankheit, »wer war sie, die mit dem Knaben auf dem Arm am Ende der Wiese stand?« (S. 174). Dabei handelt es sich nach der »Scene aus meinen Kinderjahren« um jenes »tiefbetrübte Fauenbild von Marmorstein«, das in die »kalten, engen Marmorfesseln« eingeschlossen, nicht einmal weinen kann (S. 162 f.). So endet der erste Teil nicht mit der wiederhergestellten Gesundheit und Natürlichkeit Godwis, sondern mit dem Ausruf Karl Römers: »O Godwi, wo ist deine Mutter! die Schmerzen des steinernen Bildes fielen mir ein«, woran sich noch Römers eigene Klage anschließt: »wo ist meine Mutter!« (S. 237).

Godwis Frage an Römer: »Werden wir unsre Herzen herausfinden aus diesen Falten augenblicklicher Stimmung?«, scheint also im ersten Teil eine negative Antwort zu erhalten. In bezug auf den gesamten ersten Teil hat man sogar von »sich wiederholendem Scheitern« und der »Entstehung des Felds zerstörter zwischenmenschlicher Beziehungen« gesprochen (Hayer, S. 46, 55). Wenn dies auch zu diesem Zeitpunkt noch als vorschnelle Beurteilung erscheint, empfiehlt es sich doch, jede Aussage des ersten Bandes im Lichte dieses Ausganges neu zu sehen. Das gilt insbesondere für die antibürgerliche, abenteuerliche, hedonistische und sinnliche Botschaft, die in ihm so deutlich ausgesprochen und auf der Hand zu liegen scheint. Diese begegnet uns z. B., wenn Godwi dem Freund und Halbbruder Römer seine Philosophie auseinandersetzt, derzufolge auf der »Mittelstraße« nie die »Vortrefflichen« gefunden werden (S. 42) und das bürgerliche Zwecksystem den denkbar kleinsten

Zirkel darstellt, nämlich: »Arbeit um Geld, Geld um Brod, Brod um Nahrung, Nahrung um Stärke zur Arbeit« (S. 44). Demgegenüber will Godwi individuellen Genuß und persönliches Glück als den einzigen Zweck des Lebens. Auch Molly ist der Meinung, daß zwar alle Menschen »mit der süßen Gewalt der Geschlechtsliebe im Innern auf die rege Bahn« treten, sich aber nur einige wenige »mit der Allmacht der freien Liebe ins Leben« wagen (S. 109). Nach ihr vermag die Ehe zwar »gesunde Kinder« hervorzubringen, »aber die Kinder der Liebe sind genialischer, und schöner, und fähiger« (S. 104). Von hier aus betrachtet, erscheint es durchaus plausibel, daß der, welcher »zur Wollust geboren ist und sie nicht übt«, ein lasterhaftes Leben führt, gerade wie es nichts Unkeuscheres gibt »als ein recht sinnliches Mädchen, das keusch ist«. Godwi hofft auf nichts nach seinem Tode, und dies ist für ihn »eine Ursache mehr, gut zu seyn«. Denn die Maxime, die ihn handeln macht, nämlich die »Genugthuung«, mit sich selbst zufrieden zu sein, wird dadurch »ganz menschlich, ganz natürlich« und ganz sein Eigentum. Diese Art von Menschlichkeit erscheint in den anfänglichen Partien des Romans als das Höchste, das der Mensch erringen kann (S. 48). Es soll hier keineswegs die Auffassung vertreten werden, daß dieser hedonistische und anarchische Züge tragende Humanismus mit dem dunklen Ausgang des ersten Teils überwunden ist, denn auch der zweite Teil des Romans ist noch deutlich von solchen Vorstellungen bestimmt. Wohl aber ist diese Weltanschauung durch die Suche nach der Mutter als dem Urgrund des Daseins in andere Dimensionen gerückt, von wo aus sie in ihrer oberflächlichen Auffassung nicht mehr akzeptierbar und haltbar ist.

In der Vorrede zum zweiten Teil des *Godwi* erfahren wir dann, daß Maria der Herausgeber und Bearbeiter des ersten Bandes gewesen ist. Mit seinem Versuch, durch direktes Aufsuchen des auf dem Landgut seines reichen Vaters lebenden Godwi das begonnene Werk zu vollenden, bewegt

sich der Roman, wie man treffend bemerkt hat, »ausdrück-
lich auf sich selber zu, er reflektiert sich selber, wird sich selber zum Objekt« (Mennemeier, S. 28). Das geschieht einmal
dadurch, daß wir im zweiten Teil vollständige Aufklärung
über alle dunkel gebliebenen Stellen des ersten erhalten.
Das bezieht sich auf Joseph, den wahren Geliebten Maries,
von dem diese vor seiner Überfahrt nach Amerika den letzten Brief aus England erhielt (S. 394) und dessen Nachrichten von da an von Godwis Vater unterschlagen wurden;
dies gilt für Godwis Vater, einen Engländer und Sohn eines
reichen Kaufmanns, der das Geschäft von Maries Vater nach
dessen Bankrott übernahm (S. 411 f.); es trifft zu für Molly,
d. h. Lady Hodefield, die nach ihrer sittlichen Zerstörung
durch Godwis Vater »eine galante Frau, mit einem armen
zerrissenen Herzen« wurde (S. 429); vor allem gilt dies aber
für Godwis Mutter, die sich bei der unvermuteten Rückkehr des geliebten Joseph aus Amerika ins Meer stürzte und
deren trauriges Lebensschicksal zusammen mit dem ihrer
Schwester Annonciata in der fortsetzungsreichen »Geschichte der Mutter Godwi's und ihrer Schwester« dargestellt ist (S. 349–413). Diese letzte Erzählung zieht sich wie
eine eigene, freilich durch Unterhaltungen und Reflexionen
immer wieder unterbrochene Novelle durch den zweiten
Band des Romans und ist auf Grund ihrer erzählerischen
Geschlossenheit sogar gesondert gedruckt worden (Böckmann, S. 140). Auf ähnliche Weise hat auch der gegen Ende
des Romans geschilderte Aufenthalt Godwis auf dem
Schloß der Gräfin G. und sein Verhältnis mit deren Tochter
Violetta novellistischen Charakter, wobei diese Geschichte
allerdings ständig durch Berichte über die Krankheit des
Dichters Maria unterbrochen wird.

Am deutlichsten und zugleich verblüffendsten äußert sich
diese sich auf sich selbst rückbeziehende Tendenz des Romans aber darin, daß der um eine Generation jüngere Dichter Maria den inzwischen älter und reifer gewordenen
Godwi aufsucht, um sich von ihm bei der Fertigstellung des

zweiten Bandes, d. h. bei der weiteren Darstellung von
Godwis Lebensgeschichte, beraten zu lassen. Inzwischen
sind zwischen dem ersten und zweiten Teil des Romans
etwa 20 Jahre verstrichen. »Dies war also der Godwi, von
dem ich so viel geschrieben habe – es ist eine eigne Aufklärung, wenn so plötzlich die Wirklichkeit vor das Ideal tritt«,
meint Maria nach der ersten Begegnung. Seine Überra-
schung rührt offenbar daher, daß er sich seinen Helden
»ganz anders vorgestellt« hatte (S. 265). Aus dem jungen
Enthusiasten ist nämlich ein »verschlossener« Mann geworden, den eine »ganz eigne Einsamkeit« (S. 266) und »eine
Art von Ruhe« umgibt, »von der die Erfahrung begleitet
wird« (S. 276). Nachdem Godwi den ihm von Maria über-
gebenen ersten Band (S. 341) gelesen hat, meint er, daß »ihm
vieles in dem Buche sehr lustig vorgekommen sey« (S. 344),
und als sie an dem See mit der Statue der marmornen Mutter vorbeiwandeln, bemerkt er beiläufig: »Dies ist der Teich,
in den ich Seite 266 [164] im ersten Bande falle« (S. 345).
Mit dem von ihm selbst gezeichneten Porträt zeigt sich
Godwi aber zufrieden und meint, er sei in dem »Buche
ziemlich getroffen« (S. 346). Offenbar erinnert er sich noch
deutlich an sein früheres stimmungsreiches Gemütsleben.
Denn als der jüngere Autor Maria an einem Abend sich mit
dem grauenvollen Großmutterlied und der scheußlichen
Ausdeutung des Gemäldes vom Salomonischen Urteil dazu
hatte hinreißen lassen, von seiner mutterlosen Jugend mit
seiner älteren Schwester zu berichten, mahnt ihn Godwi,
sich »solchen Stimmungen nicht hinzugeben«, und fügt
hinzu: »ich kenne dieselbe Empfindung, und es hat mir viel
Mühe gekostet, ihre Narbe zu verlieren« (S. 340).

Von der Darstellung Otiliens und ihres Vaters zeigt sich
Godwi jedoch amüsiert, aber er entschuldigt den Herausgeber, da dieser schließlich nichts über sie in Händen hatte
»als die Worte eines glühenden Jünglings«, nämlich die seinigen (S. 346). Nicht ohne Spott bemerkt er, daß es Maria
vor diesem »zweiten Band sehr gebangt haben« müsse, und

fragt mokant: »denn wo sollten Sie mit Otilien, mit dem Alten, mit mir selbst hinaus« (ebd.). Eine Möglichkeit hätte darin bestanden, Godwi und die ganze Gesellschaft vom Blitz erschlagen zu lassen; eine andere, Godwi mit Otilien zu verheiraten. Aber wie hätte wohl dann das »Volk bey seiner armseligen Liebe« gelacht, Godwi »bey Otilien im Bette zu wissen, bey dem sternenreinen Mädchen, die so fein ist, daß Ahndung und Erinnerung wahre Telegraphsbalken für sie sind« (ebd.). Besser wäre es vielleicht gewesen, wenn Godwi Selbstmord begangen hätte, weil Otilie ihn nicht nehmen wollte oder konnte (ebd.). Der Autor Maria zeigt sich von diesen Überlegungen beeindruckt und gesteht zu, daß ihm die Gestalt der Otilie »freilich etwas sublime schlecht gerathen« (ebd.) und er sogar einige Male entschlossen gewesen sei, ihre Tugend durch Godwi angreifen zu lassen. Zweifellos wäre es auch zu einem solchen Komplott mit Godwi und Otilie gekommen, wenn ihn nur der Buchdrucker nicht mit der Fertigstellung des ersten Bandes so bedrängt hätte, daß er »nicht Zeit hatte, sie zu verführen« (S. 347).

Über diese desillusionierenden Gesprächen sind wir bis ins 18. Kapitel, also weit über die Hälfte des zweiten Bandes vorgedrungen, in dem Godwi mit Maria den wichtigen Entschluß faßt: »Ja, [. . .] wir wollen den zweiten Band mit einander machen« (S. 345). Maria hatte ja beschlossen, den zweiten Teil mit Godwis Hilfe »auszuschreiben« (S. 255), weil ihm nach Beendigung des ersten Teils die Erkenntnis gekommen war, daß die ganze Begebenheit »zuletzt wie ein schwankendes Gerüste« dastehe, das »den Lesern Todesangst für sich und sein Interesse« einjage (S. 253). Es dürfte unmittelbar einleuchten, daß der Zweck derartiger Techniken darin besteht, die Schwierigkeit bei der Fortsetzung des Romans zu überspielen, indem diese selbst auf reflexive Weise in das Romanganze integriert wird. Die Aufgabe der Romangestaltung besteht aber darin, wie Godwi dem Autor Maria erklärt, »aus mir, dem Denksteine meines Lebens,

meine Geschichte [zu] entwicklen« (S. 341). Zu diesem
Zweck übergibt Godwi an dieser Stelle Maria ein Bündel
Papiere mit fragmentarischen Aufzeichnungen über seine
Eltern und das meiste der Jugendgeschichte Mollys und
Werdos, freilich nichts von sich selbst, und beauftragt ihn,
aus all diesem den zweiten Band zusammenzuschreiben, indem er auf die Nebenpersonen des ersten Bandes so wenig
wie möglich eingehe, da diese ohnehin bald abtreten würden. Godwi liest Maria aus diesen Aufzeichnungen vor,
während dieser daraus die folgenden Erzählungen bildet
(S. 348). Diese Erzählungen werden aber immer wieder
durch die verschiedensten Begebenheiten und zum Teil
recht banale Vorfälle unterbrochen. So hört Maria bei einem
Abschnitt seiner Komposition ein Geräusch im Busch, das
von dem Diener Georg verursacht wird, der am Teich die
Fische füttert. Dies erinnert ihn an den Gitarrenunterricht,
den er dem Diener geben wollte, und als Maria diesen veranlaßt, auch noch eine Melodie dazu zu singen, kommt es
zur Einlage des hochbedeutsamen Rheinliedes »Ein Fischer
saß im Kahne« (S. 383–386). Godwi und Maria unterhalten
sich auch über die jeweils von Maria vollendeten Teile der
Erzählung, und als Maria wieder einen Teil vorgelesen hat,
führt ihn Godwi in eine Galerie, um ihm die Gemälde der
betreffenden Personen zu zeigen (S. 355). Bei entsprechen-
der Gelegenheit zeigt er ihm sogar das Bild seiner Mutter
Marie, und auf die verblüffte Frage Marias: »Dieses ist Ihre
Mutter?«, antwortet er: »Dies ist sie, ziehen Sie von diesem
Bilde, bis zum steinernen Bilde eine Linie, so haben Sie das
Unglück meiner Mutter ermessen« (S. 362). Bei einer anderen Gelegenheit hat Maria etwas über den Vater Godwis
verfaßt, und dieser gibt ihm prompt »einige Blätter seines
Vaters«, die dieser in der betreffenden Zeit niedergeschrieben hatte (S. 413). Endlich, im 28. Kapitel, hat sich Maria
durch die vorhandenen Materialien durchgearbeitet und
sagt erleichtert zu Godwi: »es ist nun die Reihe an Ihnen zu
erzählen, was Sie wissen« (S. 420).

Marias Erzählung, die sich bislang auf mehr oder minder fragmentarische Dokumente stützen konnte, muß sich von nun an auf das gründen, was Godwi ihm aus der Erinnerung zu erzählen vermag. Dabei hält sich dieser bewußt kurz, vor allem, wenn er auf seinen Vater zu sprechen kommt, denn es ist ihm lästig, Maria bei der Vollendung des Buches zu helfen, außerdem geht es darin ja um Godwis Geschichte und nicht um die des Vaters oder der vielen anderen Nebenpersonen (S. 420 f.). So fertigt er z. B. den Autor an einer interessanten Stelle mit der kurzen Bemerkung ab: »Ich will Ihnen [. . .] nicht weiter erzählen, wie mein Vater dies Weib verführte« (S. 428). Godwi will auch deshalb mit der Geschichte möglichst schnell fertig werden, damit er zusammen mit Maria »eine bessere lebendige des eignen Lebens anfangen« kann (S. 421). Er beschränkt sich deshalb darauf, die wenigen Ereignisse von dem steinernen Bilde der Mutter bis zu Violettens Grab zu umreißen, d. h. jene Schritte mitzuteilen, wie er Maria sagt, »die ich von da, wo Sie mich im ersten Bande ließen, bis hier hin that«. »Der Weg scheint lang«, fügt er hinzu, »von dem Denkmahle einer Mutter, bis zu dem eines Freudenmädchens, er ist es nicht, aber er umfaßt dennoch mein Gemüth« (ebd.).

So wird das Problem der literarischen Mitteilung in immer neuen und erfindungsreicheren »Verschränkungen« und »Brechungsverhältnissen« bewußt gemacht, »bis schließlich das Romanschreiben selbst glossiert wird« (Böckmann, S. 139). Die hier verwandten Techniken dienen aber nicht allein der philosophischen Frage nach der Entstehung und Existenz des literarischen Kunstwerks, sondern haben gleichzeitig einen direkten Bezug auf Brentano selbst. Von seinem Verleger bedrängt, arbeitete dieser im Jahre 1801 verzweifelt an der Vollendung des zweiten Teils, der erst Anfang August abgeschlossen wurde und im November erschien (vgl. Hayer, S. 110–112). Die Arbeit fiel ihm um so schwerer, als er damals von tiefen Zweifeln an sich als Dichter gequält wurde. Die »neuästhetische Kritik«

Friedrich Schlegels hatte ihn zwar nicht niedergeschlagen, wie er sagte, aber er wollte es sich dennoch wirklich überlegen, ob er »das Dichten nicht sein lasse« (zit. nach: Hayer, S. 110). »Ich bin so müd und leer geworden«, schrieb er damals, »so ohne Freude, daß ich mich kaum an das schlechte Ende meines Romans schleppen kann« (zit. nach: Hayer, S. 111). Diese Stimmung spiegelt sich im Roman wider, indem Maria, zu Füßen des Marmorbildes sitzend, sich wünscht, nicht *mehr* von diesem zu wissen als die Hechte und Karpfen im Teich davor, was er noch mit der Bemerkung verbindet: »denn eine Geschichte aus bloßem Respect gegen den Leser zu schreiben, ist unangenehm« (S. 372). Aus dieser Stimmung heraus bittet er Godwi eindringlich, mit der Erzählung doch fortzufahren, damit die beiden »das Volk nach und nach vom Halse bekommen«, und als dieser zu der Stelle kommt, an der sich der größte Teil der Romanpersonen nach Italien begibt, unterbricht sich Godwi mit dem Ausruf: »freuen Sie sich, lieber Maria, freuen Sie sich«. Wie er Maria auf dessen verwunderte Frage nach dem Grund der Freude mitteilt, gibt es nämlich bald »eine Völkerwanderung, die uns Luft machen wird« (S. 436) und die Geschichte zum Ende bringt. »Glückliche Reise«, sagt Maria nur, »kommt um Gotteswillen nicht wieder« (S. 438).

Freilich sind die beiden mit dem »verzweifelten zweiten Band« (ebd.) immer noch nicht fertig: Godwi antwortet bald danach und zu Marias Schrecken mit der Bemerkung: »Eins noch habe ich vergessen . . .« (ebd.). Über diese immer neuen Schwierigkeitsstufen gelangen wir in die »Fragmentarische Fortsetzung« des Romans, die teils von Godwi, teils von seinem Freunde Maria erzählt wird, der über all diesen Anstrengungen immer mehr ermattet und schließlich einer tödlichen Krankheit verfällt. Godwi erzählt ihm von einer wilden Fahrt an den Rhein, die er unternahm, um zu lieben, geliebt zu werden und Vergnügen zu finden (S. 444). Sie führte ihn in die Arme eines leichtsinnigen und fröhlichen Weibes, »mit einer Freiheit ohne Gränzen«, die keine

andere Absicht hatte »als zu leben« (S. 468). Maria muß
nun, so gut es seine Krankheit erlaubt, von den Liebesaben-
teuern seines Freundes mit der Gräfin G. und ihrer Tochter
Violette erzählen (S. 443), und wenn er ermattet, schreibt
Godwi selbst weiter und liest das Niedergeschriebene Maria
anschließend vor (S. 466). Maria sagt von sich selbst, er
schreibe »mechanisch«, um seine »Begräbnißkosten herauszubringen« (S. 450), und wenn ihn der Arzt ermahnt, aus
Gesundheitsrücksichten nicht zu viel zu schreiben, kommt
ihm der trübe Gedanke: »wenn ich gar nicht schreibe, wird
seine Mühe umsonst seyn, denn ich werde ihn nicht bezahlen können« (S. 464 f.). Das Schreiben wird auch vor allem
deshalb zu einer solchen Mühe, weil der Schriftsteller so unendlich weit entfernt ist von dem, was er zu Papier bringt.
Während Maria beschreibt, wie Godwi den herrlichen
Rheinwein trinkt, muß er Arzneigläser leeren und Gerstenschleim trinken (S. 450); während er darstellt, wie Godwis
Hände über den zitternden warmen Busen der Gräfin hin-
gleiten, werden ihm nasse Umschläge um die Brust gelegt;
und während er die Szene in Worte zu fassen sucht, wie die
Tür aufgeht und die Mutter Violettas hereintritt, geht seine
eigene Tür auf, und der Arzt erscheint (S. 464). Mit diesen
Kontrasten wird nicht nur die von Godwi und der Gräfin
repräsentierte Haltung dionysischer Lebenslust relativiert,
sondern gleichzeitig die Entfremdung des Dichters von der
Unmittelbarkeit des Lebens zum Ausdruck gebracht.
    Die am meisten »verblüffende Pointe« des Romans be-
steht aber zweifellos darin, »daß der Autor, der Dichter Maria, am Ende stirbt, während die Romanfigur Godwi in voller Gesundheit am Leben bleibt« (v. Wiese, S. 196). Godwi
übernimmt gegen Ende des Romans das Wort und berichtet, daß Maria an einer »bösartigen Zungenentzündung«
(S. 472) erkrankt sei. Er bittet den Leser, es zu entschuldigen, daß er nun selber sein Leben darstellen müsse, denn er
sei »nicht geübt, vor das Publikum zu treten«, und außerdem hindere ihn die Anteilnahme an der Krankheit des

Freundes an größerer Aufmerksamkeit auf seinen Stil (S. 473). Die »Zungenentzündung« Marias geht schließlich in eine »Herzentzündung« (S. 507) über, und in der letzten Zeit vor seinem Tod »las er meistens in Tiecks Schriften« (S. 508). Auch dieses Sterben Marias hat man als autobiographischen Ausdruck der Depression Brentanos wegen der Weiterführung seines Romans gedeutet (vgl. Hayer, S. 119), und tatsächlich hat Brentano selbst darüber zu Achim von Arnim gesagt: »Im Godwi steht mein Schicksal laut geschrieben« (zit. nach: Hayer, S. 77).

Das wirkliche Ende des Romans schiebt sich über diesen Begebenheiten immer mehr hinaus. Die abschließenden »Nachrichten von den Lebensumständen des verstorbenen Maria« sind nicht mehr von Brentano selbst, sondern von seinem Jenaer Freund Stephan August Winkelmann verfaßt, der über die literarischen Beziehungen des Dichters in Jena mit Tieck, Friedrich Schlegel und Goethe berichtet, den Autor damit »objektiviert« und in die zeitgenössische Szene verflicht. Dies wird noch durch die zehn letzten Gedichte auf den Tod Marias unterstrichen, in denen Dichter dieser Epoche parodiert werden. Das letzte dieser Gedichte ist »An Clemens Brentano« überschrieben (S. 523 f.).

Viele Besonderheiten dieses ungemein komplexen Romans können nur noch angedeutet werden. Die Integration der Theorie des Romans in den Roman selbst und der Versuch einer Theoretisierung der im Roman verwirklichten Romankonzeption zeigt sich vor allem in dem bedeutenden Exkurs des 8. Kapitels aus dem zweiten Band über das Wesen des romantischen im Gegensatz zum bloß schönen Kunstwerk. Während das letztere »seinen Gegenstand bloß darstellt«, ist das romantische Kunstwerk jenes, »welches seinen Gegenstand nicht allein bezeichnet, sondern seiner Bezeichnung selbst noch ein Colorit giebt« (S. 291). Dieser Gestus des Zeigens und des Reflektierens wird auch als ein »Perspectiv« (ein Fernglas; S. 289) oder als »Uebersetzung«

(S. 319) bezeichnet, und zweifellos sind damit dem Leser wichtige Begriffe an die Hand gegeben, die im *Godwi* vorwaltende Darstellungstechnik zu erkennen. Die große Varietät von Darstellungsformen zeigt sich im Übergang vom Brief zum Selbstbekenntnis (S. 127) und »Tagebuch« (S. 147), in den Dialogen und Unterhaltungen des zweiten Teils mit Haber und vor allem im Hinübergleiten von der Prosa in die Poesie. Dies geschieht ebenfalls auf die vielfältigste Weise, indem das Gespräch wie von selbst in rhythmische Sprache oder in einen lyrischen Dialog zwischen dem »Ich« und »Tilie« (als Verkörperung der Natur) verfällt (S. 147–154) bzw. sogar Gedichte entstehen. Diese beziehen sich manchmal auf den Inhalt des Romans, erscheinen aber auch völlig unvermittelt, womit das Werk eine ungemein reichhaltige poetische Qualität gewinnt. Dabei ist vor allem an die Balladen »Ein Fischer saß im Kahne ...« (S. 383 bis 386), »Zu Bacharach am Rheine ...« (S. 486–490) und an das Gedicht zu denken: »Sprich aus der Ferne / Heimliche Welt ...« (S. 175 f.).

Ein besonders interessanter, aber noch kaum untersuchter Aspekt des Romans ist die in ihm deutlich erkennbare Satire und Zeitkritik. Diese richtet sich nicht allein gegen Besonderheiten und Schrullen im gesellschaftlichen Leben der Zeit, sondern ist ebenfalls für den Literaturhistoriker und Philosophiegeschichtler von Interesse, insofern hier ungemein witzige Parodien der romantischen Schule und der Fichteschen Transzendentalphilosophie von einem direkten Beobachter dieser Zeiterscheinungen geboten werden. In eher düsteren Farben ist die Darstellung der beiden Denkmale, das steinerne Bild der Mutter und das Grabmal der Violette, in den Roman verflochten. Die Gegensätzlichkeit beider wird von Godwi mit den Worten umrissen: »in Marien lag der Schmerz und die Liebe gefangen, in Violetten ward das Leben frei« (S. 421). Der »Totaleindruck« des letzteren Denkmals geht aber nicht in der glücklichen Botschaft »Wollust, Jugend, Freiheit, Liebe und Poesie« auf, sondern

besteht im »Siege des Wahnsinns«, mit dem jene Eigen-
schaften den Göttern geopfert werden, aber gleichzeitig
eine Verbindung mit der Poesie errungen wird (S. 331). Der
Roman reicht ferner tief in »Strukturen des Unbewußten«
hinein und gewinnt mit der Darstellung der »Ödipuskon-
stellation« und der »Elektrakonstellation« eine »Dimen-
sion, die Brentano wohl kaum bewußt gewesen sein dürfte
und die seit Freud der Lektüre offenliegt« (Hayer, S. 156).

Eng damit zusammen hängen die autobiographischen
Züge dieses Romans, die den *Godwi* tatsächlich wie die
Quintessenz der Individualität und Eigentümlichkeit Brentanos erscheinen lassen. Das gilt für das sogenannte
»Selbstzerstörerische in Brentanos Wesen« und das bei ihm
vorherrschende ständige »Umschlagen der Stimmung in ihr
Gegenteil« (v. Wiese, S. 200 f.) wie auch für eine Fülle von
einzelnen Begebenheiten aus dem Leben des Dichters –
angefangen beim frühen Tode der Mutter bis zum Versuch
des Vaters, ihn zum Kaufmannslehrling zu machen. Seit
Görres, ja seit Dorothea Schlegel hat die Tendenz bestanden, »alle Personen des Romans, wes Alters und Ge-
schlechts sie seien«, als Spiegelbilder und Masken von
Brentano selbst anzusehen (v. Wiese, S. 199 f.). Freilich
scheint für das dichterische Verständnis des Romans wenig
gewonnen zu sein, wenn man diesen wie eine Konfession
mit Protokollcharakter für den chronologischen Verlauf der
Jahre 1798–1801 in Brentanos Leben liest, oder gar für jede
Szene im *Godwi* eine »biographische Konstellation« ermit-
teln will (Hayer, S. 129, 112). Das führt bestenfalls zu solchen Spekulationen, daß der Betrug von Godwis Vater an
Josephs Braut Marie möglicherweise »eine Darstellung des
Verhältnisses von Friedrich Schlegel zu Sophie Mereau« ist
(Hayer, S. 115).

Der anarchische Hedonismus der Individualität wird
auch im zweiten Teil des Romans wiederholt zum Thema
erhoben. Maria denkt z.B. »mit einiger Boßheit an die Ehe,
die nur in die Breite geht«, um dadurch »die Fläche des

Staates zu begründen« (S. 329). Ehe erscheint ihm als eine »unendliche Fläche mit dem tiefsten Haß gegen alles Streben in die Höhe«, der »Stand der freien Weiber« dagegen »wie eine senkrechte Linie zum Himmel« (ebd.); »wir werden einen Staat haben, wenn sich die Gesetze selbst aufheben, wir werden eine Liebe haben, wenn wir keine Ehe mehr kennen«, sagt er. »Bis dahin seyen die Thiere des Waldes gepriesen, wegen ihrer Gesundheit« (S. 330). Auch die Gräfin G. vertritt diese Auffassung der freien Liebe, die bei ihr im Unterschied zur milderen Molly sogar noch eine dionysisch-vitalistische Note hat. Daß hiermit aber nur eine vordergründige Perspektive des Romans angesprochen ist, geht nicht allein daraus hervor, daß uns diese Ausbrüche ungezügelter Sinnlichkeit von einem Kranken berichtet werden und damit »geradezu ein Totentanz mit der Venus aufgeführt« wird (Böckmann, S. 140). Violettens Denkmal, in dem sich ihr Lebensschicksal darstellt, transzendiert auf entschiedene Weise die Sinnlichkeit oder verlagert sie doch in andere Dimensionen, ebenso wie das Bild der Mutter als »Sinnbild des Ursprungs, des transzendentalen Daseinsgeheimnisses« (Mennemeier, S. 26) auf andere Bereiche als den des unmittelbaren Lebensgenusses verweist. Das entscheidendste Symbol für diese tiefere Botschaft des *Godwi* ist sicherlich die geheimnisvolle »Wunde«, in der sich »Lust und Schmerz« vereinen und die »voll« den Eindruck von Violettens Denkmal wiedergibt.

Dieses tiefsinnige Symbol begegnet an entscheidenden Stellen nicht nur dieses Romans, sondern auch in anderen Werken Brentanos; die bedeutendste jedoch findet sich im 16. Kapitel des zweiten Teils (S. 331–334). In einer berühmt gewordenen Interpretation, die sich aber nicht nur auf *Godwi*, sondern das Gesamtwerk Brentanos, vor allem auch auf seine späte Lyrik bezieht, hat Friedhelm Kemp die reichen Assoziationen gedeutet, die sich mit diesem Symbol verbinden (Kemp, S. 1314):

Hier vor allem durchdringen und steigern sich Sinnliches und Geistiges, Lust und Schmerz, Leben und Tod
im äußersten Grade. Wunde bei Brentano heißt einmal
Riß, Bruch und Spaltung, heißt Lücke, Mangel, Verlet-
zung, deutet auf Messer, Dolch, Mord; heißt damit
aber auch schon Zugang, Öffnung, Offenbarung; heißt
innigste Entblößung und Ergießung; heißt Mund,
Quell und Schoß. Als Mund lächelt die Wunde, ent-
strömen ihr Worte, Gesang und Musik; als roter Quell
blüht sie in Rosen aus, blutet im Abendrot; als weiblicher Schoß gebiert sie die Sünde, die Erbschuld, den
Tod. Als Seitenwunde Christi, als Stigma der Seherin
von Dülmen tränkt sie die Kirche und wirkt die Erlösung. Durch die rote Farbe des Blutes deutet sie ande-
rerseits auf das innerste Lebensfeuer, das in jeder Lust
und Trunkenheit auflodert, um den Ergriffenen in
Nacht, Wahnsinn und Untergang zu reißen.

Das Symbol der Wunde findet eine wichtige Ergänzung
in einem von Lady Hodefield bereits im ersten Band ge-
brauchten Bild. Sie spricht darin von der Zeit, »da die Liebe
die Erde verließ« und nur noch »schreckliche Mühe« für die
Menschen zurückblieb. Damals waren die Menschen nur in
der Lage, in aller Eile einige Stücke aus dem ehemaligen
»herrlichen Haushalte« zu retten und diese in »künstlichen
Kisten und Kasten« zu verschließen. Dies sind die Bestand-
teile, die ihnen wie »traurige Denksäulen verlorner Göttlichkeit« geblieben sind, die sie »ängstlich zusammensuchen« und die sie in jene Welt locken, »die vor uns geflohen
ist, und die wir mit unendlicher Sehnsucht erwarten«. Lady
Hodefield sieht es als ein »schönes Beginnen« an, »die göttlichen Trümmer mit Mühe zu ergänzen«. Aber sie befällt
gleichzeitig der traurige Gedanke, »daß wir uns dann selbst
mit zerlegen und zusammensetzen müssen, um in unserm
Einzelnen die wenigen Stralen, die das Verlorne zurückgelassen hat, aufzufinden, und so aus uns verderbten und ver-

kehrten Wesen die entarteten Gliedmaßen herzustellen, die den Torso ergänzen sollen« (S. 107 f.). Brentanos *Godwi* mit dem Motiv der Suche nach der verlorenen Mutter ist der Versuch einer solchen Rekonstruktion des Selbst. Die »verwilderte« Form, in der dies Suchen gestaltet ist, zeigt aber die Überzeugung des Dichters von der gleichzeitigen Notwendigkeit und Unmöglichkeit dieser Aufgabe an. Die Wichtigkeit dieser Aufgabe wird wiederholt betont, aber durch die Form des Romans und den weiteren Handlungsverlauf zeigt Brentano »mit aller Radikalität das Illusionäre und Utopische des Versuchs, eine neue Lebenstotalität zu gewinnen, die Vereinzelung des Subjekts in einer neuen Allverbundenheit zu überwinden« (Eilert, S. 134 f.). Was also vielen Lesern als Mangel des Romans erschienen ist, erweist sich bei sorgfältiger Analyse als genaue Entsprechung von Form und Inhalt, Theorie und Praxis in diesem frühen Werk des Dichters Clemens Brentano.

Verzeichnis der Gedichtüberschriften
und Gedichtanfänge

Ein charakteristisches Merkmal des *Godwi* besteht in den zahlreichen Verseinlagen, die strukturell in den Text verflochten sind und Stimmungen des Gemüts oder des Tagesablaufs versinnbildlichen, den Dialog zwischen Gesprächspartnern tragen, Rückblicke in die Vergangenheit eröffnen oder auf zweck- und gegenstandsfreie Weise Stimmungsmalerei sind. Dieser Zusammenhang von Poesie und Prosa oder dieser Übergang von handlungsgebundener Erzählung in die Freiheit des Gesangs ist ein wesentliches Merkmal des frühromantischen Romans, das ebenfalls bei Tieck (*Franz Sternbalds Wanderungen*) und Novalis (*Heinrich von Ofterdingen*) beobachtet werden kann, das jedoch von jedem dieser Autoren auf eigentümliche Weise gehandhabt wird. Der besondere Charakter von Brentanos Gedichteinlagen besteht in dem mühe- und lückenlosen Übergang von Prosa in Poesie. Dies zeigt sich im ersten Teil auf eindrucksvolle Weise in den Wechselgesängen zwischen Godwi und Otilie. Einige dieser Gedichte wurden, dem Kontext des Romans enthoben, in spätere Gedichtsammlungen aufgenommen, andere beruhen auf früheren handschriftlichen Vorlagen und wurden dann dem Geschehen des Romans angepaßt. Die Erforschung dieser Entstehungsgeschichten und Textvarianten ist von Werner Bellmann auf vorbildliche Weise geleistet (vgl. seinen Kommentar in HKA 16).

Inhalt

Godwi · Erster Theil

Godwi · Zweiter Theil

Inhalt

Anhang